人名の漢字語源辞典

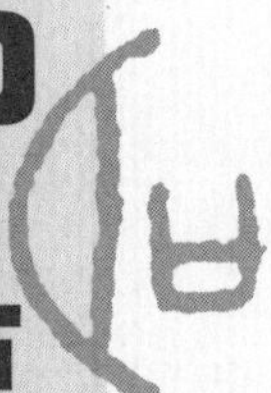

新装版

加納喜光【著】

東京堂出版

まえがき

世界遺産は自然環境や歴史遺物に目を向けがちだが、精神や知性にかかわるものも対象にしてよいのではあるまいか。それは漢字である。漢字は四千年前の中国で発明され、現在この瞬間も世界の十数億の人間の脳に蓄えられ、知性のために働いているのである。これを奇跡と言わずして何と言うか。筆者は漢字を世界遺産に登録したいくらいだ。

漢字が上代の日本に伝わるや、日本人は必死に学んで日本語の表記に定着させていった。ただ言葉だけの問題ではなく、日本人の名前と切っても切れない縁が生じた。漢字は各個人とあまりにも密接であるため、それが特別のものであることに中々気がつかない。それは日本の長い歴史の流れと無縁ではないのである。例えば筆者の名前である喜光の喜は誰が「よし」と読んだのであろうか、光は誰が「みつ」と読んだのであろうか。名前には過去の多くの人々の知恵が潜んでいるに違いない。

漢字は中国人の発明だが、日本人はそれの応用面で新機軸を打ち出した。訓の発明である。例えば「犬」を中国語由来のケンと読むほかに、日本語の「いぬ」でも読んだ。かくして「犬」に対して、音＝ケン、訓＝いぬの図式が成立する。古代の日本人は試行錯誤を経て、ほとんどすべての漢字にこの図式を完成させるのである。訓の発明のおかげで日本語の世界が豊かになっただけではない。日本人の名前が途方もない広がりを見せるのである。もちろん不比等、比羅夫のような音読みの名前もあるが、ほとんど同時に馬子、鎌足のような訓読みの名前が登場する。

訓というのは漢字（正確に言うと漢語）の本来の意味と対応する日本語である。しかしぴったり対応せず、ずれることも多い。勝手読みや読み違い（意味の取り損ない）も出てくる。人名ではけっこうずれた読みや勝手読みが多い。というよりも、意識的、意図的に、本来の意味から想像の翼を働かせて、新しい訓を導き出すのである。例えば頼朝の朝をなぜ「とも」と読むか。朝廷に仕える朝臣は大臣のお伴をするし、また互いに仲間でもあるから、朝を「とも」と読んだ（これが筆者の推測)。この例を見てもわかる通り、連想や縁語などで次々に名前独特の訓が生まれてくる。これを筆者は「人名読み」と称する(一般的には「名乗り」という)。本書は人名漢字の語源・字源の解説のほかに、人名読みの究明にも努めた。語源・字源は本来の意味を正確に知るために必要である。それは人名読みがどうして生まれたかの根拠となるからである。

本書の漢字語源論のコンセプトはコアイメージである。例えば「亞」は「上から下のものを押さえつける」がコアイメージで、これが具体的な文脈では、「(上から押さえつけられてトップに出られず)いつも二番手に甘んじている」という意味が実現される。これを中国の古典学者は「次」という訓詁(意味の解釈)を与え、日本では「つぐ」という訓が生まれた。以上のように漢字の語源を説き、同時に「亞」の図形の解釈を行う。田中国亜(戦国時代の人)がクニツグと読まれるのはこれによって納得できるはずである。もっと詳しい語源・字源の方法について知りたい読者は拙著『漢字の成立ち辞典』『動物の漢字語源辞典』『植物の漢字語源辞典』を参照してほしい。

本書は人名漢字を一一〇二字収めている。官の認めた常用漢字と人名用漢字併せて二九二八字のうち三七パーセントである。人名に向かない漢字の方がむしろ数が多い。人名用漢字表でも、侠・倦・肘・腎・灸・狼・耽・醬・酎・錆・鍋等々、人名になりそうにない漢字がたくさんある。不思議な選定である。それはともかく、人名になりそうにない漢字、過去に用例のない漢字、また極端にイメージの悪い漢字などを省いた。またスペースの関係でやむなく採らなかった漢字もある。凡例は次の通り。

【親文字】数字は総画数。括弧内は部首と部首内画数。常は常用漢字。配列については目次を参照。

【読み】音…呉音と漢音、必要に応じて慣用音・唐音。訓…代表的な訓(常用漢字表にない訓も含む)。

【語源】語源と字源を同時に説明する。必要に応じて古代文字を掲げる。甲は甲骨文字、金は金文、篆は篆文。まれに古(古文)、籀(籀文)もある。

【字体】現在の字体が以前の字体と異なる場合、その由来について説明。

【人名】まず人名に使われるときの読み方（音読み・訓読み）を五十音順に羅列。次に▽の後に、人名読みの由来を探求。最後に実例（♂は男性名、♀は女性名）。主に歴史上の人物から選び、フルネームで出す。時代名はその人物が生まれた年であるが、それがはっきりしない場合は生存した時代とする。現代の人物については新聞などで名前の出た各界の有名人から選んだ。

略記号は次の通り。

古（飛鳥以前、または飛鳥を含むこともある）・飛（飛鳥時代）・奈（奈良時代）・安（平安時代）・鎌（鎌倉時代）・南（南北朝時代）・室（室町時代）・戦（戦国時代）・土（安土桃山時代）・江（江戸時代）・明（明治時代）・大（大正時代）・昭（昭和時代）・平（平成時代）

最後に本書の目的について一言すると、第一に人名読みの由来・根拠を漢字の語源・字源を通して解明すること、あるいは、自分の名に使われた漢字の由来を知りたい読者に情報を提供すること、第二に日本人の名前の変遷を歴史的に通覧し、名前の文化史に対する一助とすること、第三に将来の子どもの名づけの参考にしてほしいこと、以上である。

二〇〇九年初夏　加納喜光

［参考文献］

名乗辞典　荒木良造　東京堂出版　一九五九年

日本人名大辞典　上田正昭ほか編集　講談社　二〇〇一年

日本人名辞典　芳賀矢一　思文閣　一九六九年

コンサイス日本人名事典　上田正昭ほか監修　三省堂　一九九〇年

新訂大言海　大槻文彦　冨山房　一九六六年

岩波古語辞典・補訂版　大野晋ほか編　岩波書店　一九九六年

学研新漢和大字典　藤堂明保ほか編　学習研究社　二〇〇五年

漢字源・改訂第四版　藤堂明保ほか編　学習研究社　二〇〇七年

目次

人名の漢字語源辞典

あ行

【亜】7（二・5）　常　【亞】8（二・6）

［読み］ 音 ア（漢）　エ（呉）　訓 つぐ

［語源］ 亜流・亜熱帯の亜は「次の」「トップの下」という意味。この語のコアには「上から押さえつけられているため、トップに出られない」というイメージがある。このイメージを形に表すため、「亞」が考案された。これは建物の基礎を描いた図形である。基礎の上に建物が乗るから、逆に基礎に視点を置くと、いつも上から下に押さえつけられていることになる。

甲 　金 　篆 

［字体］ 「亞」（旧字体）は篆書からできた楷書。「亜」はその略字で、近世中国で用いられた。

［人名］ あ・つぎ・つぐ　▽トップの次の意味から「つぎ」「つぐ」と読む。♂田中国亜《クニツグ》（戦）・得能亜斯登《アスト》（江）・鈴木亜夫《ツギオ》（明）・虫明亜呂無《アロム》（大）・宇野亜喜良《アキラ》（昭）・小林亜星《アセイ》（昭）・宮本亜門《アモン》（昭）・鈴木亜久里《アグリ》（昭）・吉井亜彦《ツグヒコ》（昭）　♀北原亜以子《アイコ》（昭）・水森亜土《アド》（昭）・城戸真亜子《マアコ》（昭）・八代亜紀《アキ》（昭）・川田亜子《アコ》（昭）・柴田亜衣《アイ》（昭）・松浦亜弥《アヤ》（昭）

【阿】8（阜・5）

［読み］ 音 ア（呉・漢）　訓 くま・お・おもねる

［語源］ 阿は山や川の奥まった所、つまり「くま」の意味。このような地形はくねくねと曲がっていて見通しが悪い。「『型に曲がる」というコアイメージをもつ「可」を用いて（該項参照）、「可（音・イメージ記号）＋阜（限定符号）」を合わせた「阿」でもって「くま」を表した。

［人名］ あ・お・くま　♂東漢長阿利麻《アリマ》（飛）・新家阿久多《アクタ》（飛）・稗田阿禮《アレ》（飛）・朝倉阿君丸《クマギミマル》（戦）・栗本阿波《アワ》（江）・大石阿吉《アキチ》（江）・田中阿歌麿《アカマロ》（明）・田中阿喜良《アキラ》（大）　♀出雲阿国《オクニ》（戦）・浅野阿久利《アグリ》（江）・原阿佐緒《アサオ》（明）・鯨岡阿美子《アミコ》（大）・牧阿佐美《アサミ》（昭）

【娃】9（女・6）

［読み］ 音 アイ（漢）　エ（呉）　ワ（漢）　ア（慣）

［語源］ 美しい女性、また、女性が美しいという意味。

「圭《けい》」は「かどが∧型にとがっている」というイメージがある（該項参照）。「∧型」は「┐型」や「└型」などのイメージにもなる。このような形は美意識においては、すっきりと整って美しいというイメージを呼び起こす（佳の項参照）。したがって顔や姿が整って美しい女性を「圭（音・イメージ記号）＋女（限定符号）」を合わせた娃で表した。

【人名】あ・あい・え

【愛】 13（心・9）常

【読み】㊥アイ（呉・漢）㊟いとおしむ・めでる・いとしい・うい・まな

【語源】愛情・恋愛の愛は「（好きな人を思って）胸が詰まり切なくなる」という意味。「いっぱい詰まる」というのがコアイメージである。このイメージを実現するために「旡《き》」を利用する。これは「既」の右側と同じで、食べ物を食べた人が後ろを振り向いてげっぷをする様子を描いた図形。腹いっぱい食べ、胸が詰まってげっぷをすることから、「（腹や胸が）いっぱい詰まる」というイメージがある。「旡（音・イメージ記号）＋心（限定符号）」を合わせた「㤅《あい》」は、これだけで「胸がいっぱい詰まって切なくなる」ことを表すことができるが、さらに「夊」（足をひきずって歩く動作を示す符号）をつけたのが「愛」で、相手を思って切なくなり、ふらふらと歩く場面を設定している。

(甲)  (篆)  〔旡〕 (篆)  〔㤅〕 (篆)  〔愛〕

【人名】あい・え・ちか・なり・なる・のり・まな・めぐみ・めぐむ・よし　▽「ちか」は近しい（親しい）の語幹、「なる」（戯《な》る、馴《な》る）は親しみなれることで、いずれも愛の縁語。「めぐむ（恵）」も愛情の一表現である。「よし」は「友善《うるは》し。交りに異《け》しき心なし」（大言海）の意がある。　♂善淵愛成《チカナリ》（安）・北信愛《ノブチカ》（戦）・秋田愛季《ヨシスエ》（土）・中山愛親《ナルチカ》（江）・樺山愛輔《アイスケ》（江）・藤山愛一郎《アイイチロウ》（明）・川喜多愛郎《ヨシオ》（明）・岡本愛彦《ヨシヒコ》（大）・太田愛人《アイト》（昭）・前田愛《アイ》（昭）　♀愛姫《メゴヒメ》（土）・柳原愛子《ナルコ》（明）・佐藤愛子《アイコ》（大）・杉山愛《アイ》（昭）・遠藤愛《マナ》（昭）・吉田愛《メグミ》（昭）・比嘉愛未《マナミ》（昭）・愛子《アイコ》内親王（平）

【悪】 11（心・7）常　**【惡】** 12（心・8）

【読み】 音 アク(呉・漢)　オ(漢)　ウ(呉)　訓 わるい・あし・にくむ

【語源】 醜悪・悪臭の悪は、「胸をむかつかせる(ほどいやだ)」という意味。つわり(妊娠初期の吐き気)を悪阻《おそ》というのも「むかむかさせる」という意味から来ている。このような不快感は「上から押さえつけられて中がふさがり、はけ口がない」というイメージをもつ。「亞」は「上から押さえつけられて、下のものが上に出られない」というコアイメージをもつ記号である(亜の項参照)。「亞(音・イメージ記号)+心(限定符号)」を合わせて、押さえつられてはけ口のないような不快感、すなわち「むかつく気分」を表している。

【展開】 アクとオ(↑ヲ)は語源的に同じだが、意味で読み方を区別する。人に嫌な気分を与えるような行為などの意味の場合はアクと読む(悪事・凶悪)。嫌なことに対してむかつくという意味の場合はオと読む(憎悪・好悪)。

【字体】 亜の項参照。

【人名】 あく　♂悪源太《アクゲンタ》(安)・悪七兵衛《アクシチベエ》(安)・赤井悪右衛門《アクエモン》(戦)・三浦悪四郎《アクシロウ》(江)　♀悪戸《アクド》御前(江)

【渥】12(水・9)

【読み】 音 アク(呉・漢)　訓 あつい

【語源】 「水分をたっぷり含んで艶がある」というのが本来の意味。ここに「中に物を入れてふさぐ」というイメージがある。このイメージを実現するのが「屋」という記号(該項参照)。「屋根を上からかぶせる」というイメージから、中に視点を置くと、「内部にものをふさぐ」というイメージに展開する。「屋(音・イメージ記号)+水(限定符号)」によって、水分を中に入れてふさぐ様子を暗示させる。

【展開】 水分で潤って艶があることから、恩沢にたっぷりひたるという意味を派生する。この訓が「あつい」である。

【人名】 あく・あつ・あつし　♂白川渥《アツシ》(明)・谷川渥《アツシ》(昭)・宮崎渥巳《アツミ》(昭)　♀岡田渥美《アツミ》(昭)・木戸渥子《アツコ》(昭)

【安】6(宀・3)　常

[読み] 音 アン（呉・漢） 訓 やすい・やすらか

[語源] 「安」は「宀（いえ）＋女」を合わせて、女性が家の中に居る状況を設定した図形で、腰を落ち着けてじっとしている様子を暗示させる。この語には「上から下に落ち着いて、じっと止まる」というコアイメージがある。「安」とは、動いているものがじっと落ち着いて定まる（やすらかに落ち着く）ことを意味する。

甲  金  篆 

[人名] あ・あん・やす・やすし ♂太安麻呂《ヤスマロ》（飛）・越田安万《アマ》（奈）・紀安雄《ヤスオ》（安）・源安《ヤスシ》（安）・秋篠安人《ヤスヒト》（安）・橘安吉雄《アキオ》（安）・脇坂安治《ヤスハル》（土）・大久保忠安《タダヤス》（江）・可部安都志《アツシ》（江）・会沢安《ヤスシ》（江）・宮崎安貞《ヤスサダ》（江）・小津安二郎《ヤスジロウ》（明）・坂口安吾《アンゴ》（明）・田井安曇《アズミ》（昭） ♀藤原安子《ヤスコ》（安）・待賢門院安芸《アキ》（安）・真田安岐《アギ》（土）・大森安仁子《アニコ》（江）・山本安英《ヤスエ》（明）・狩野安《ヤス》（昭）・芝田安希《アキ》（昭）

【晏】10（日・6）

[読み] 音 アン（呉・漢） 訓 おそい・やすい・やすらか

[語源] 時刻が遅い意というのが本来の意味。「安」には「じっと落ち着く」「じっと止まる」というイメージがあり（前項参照）、「安（音・イメージ記号）＋日（限定符号）」を合わせた「晏」でもって、日が西の方に落ち着く様子を暗示させる。時刻が遅い意味のほかに、安（やすらかに落ち着く）と同じような意味でも使われる。

[人名] あ・あん・はる・やす・やすし ♂幸阿弥長晏《チョウアン》（戦）・狩野晏川《アンセン》（江）・沼田晏宏《ヤスヒロ》（昭）・原田嘉晏《ヨシヤス》（昭）・宇野瑠晏《ルアン》（昭） ♀晏子《アンシ［ヤスコ］》内親王（安）・日野晏子《ヤスコ》（明）・晏由美《アユミ》（昭）

【庵】11（广・8）

[読み] 音 アン（漢） オン（呉） 訓 いおり

[語源] 草で屋根を覆っただけの粗末な家、つまり「いおり」の意味。「覆いかぶせる」というコアイメージをもつ「奄《えん》」を用いて、「奄（音・イメージ記号）＋广（限定符号）」を合わせた「庵」ができた。

[人名] あん・いおり ♂北条幻庵《ゲンアン》（戦）・小瀬甫庵《ホアン》（土）・緒方洪庵《コウアン》（江）・香川修庵《シュウアン》（江）・木下順庵《ジュンアン》（江）・小杉放庵《ホウアン》（明）・鷲森庵《イオリ》（明）

【以】5（人・3）　常

[読み]　音 イ（呉・漢）　訓 もって・もちいる・ゆえ・より

[語源]　以心伝心の以は「（何かを）もちいて」「（何かで）もって」という意味。これを形に表すため、農具のすきから発想された。「㠯《い》」はすきを描いた図形である。これが後に「以」と書かれた。台の「厶」も同じ。道具を用いて動作や行為を起こす（何かをし始める）というイメージがあり、「何かを用いる」というイメージに展開する。

甲  金  篆 

[展開]　「動作を起こす」「し始める」というイメージがあるので、「ある場所や時間を起点としてそこから」という用法が生まれた。以東（東から）、以来（その時から）などはそれである。

[人名]　い・これ・さね・とも・もち・ゆき　▽「これ」は以後・以東など「これより～」の意に取れることから。　♂大江以言《コレトキ》（安）・以仁王《モチヒト》（安）・大道一以《イチイ》（鎌）・前田玄以《ゲンイ》（戦）・角倉了以《リョウイ》（戦）・前田秀以《ヒデモチ》（土）・島津以久《モチヒサ》（土）・酒井忠以《タダザネ》（江）・前田利以《トシモチ》（江）・松平勝以《カツユキ》（江）・岡田以蔵《イゾウ》（江）・中野以佐夫《イサオ》（明）・山内以九士《イクジ》（明）・堀井令以知《レイイチ》（大）・米谷三以《カズモチ》（昭）　♀以登《イト》（江）・以呂《イロ》（江）・阿部以幾子《イキコ》（明）・北原亜以子《アイコ》（昭）・菊池真以《マイ》（昭）

【伊】6（人・4）

[読み]　音 イ（呉・漢）　訓 これ・かれ

[語源]　伊《い》尹《いん》は古代中国の賢者（神話的人物）の名であった。「尹」は「君」を構成し、「全体をまるくまとめる（調和させて治める）」というイメージを表す記号（君の項参照）。「尹（音・イメージ記号）＋人（限定符号）」を合わせて、全体（宇宙）をうまく調和させる人を暗示させた。国家を治める人が君、宇宙を治める人が伊である。

甲  金  篆 〔尹〕 篆 〔伊〕

[展開]　中国では助詞（発語の「これ」）や、人名・地名に借用する。日本の伊賀、伊予、伊豆、伊太利などはイの当て字。

[人名]　い・おさむ・これ・ただ・よし　▽「おさむ」

は宇宙・国家を治める意から。「ただ」は正しく政治をとることから。「よし」（寄し）は「統治者としてゆだねる」意がある（岩波古語辞典）。♂紀伊保《イホ》（奈）・佐伯伊多智《イタチ》（奈）・藤原伊房《コレフサ》（安）・島津伊久《コレヒサ》（南）・赤尾伊豆《イズ》（土）・前原伊助《イスケ》（江）・宮本伊織《イオリ》（江）・豊永伊佐馬《イサマ》（江）・蘆田伊人《コレト》（明）・林伊佐緒《イサオ》（明）・矢内原伊作《イサク》（大）・團伊玖磨《イクマ》（大）・木村伊量《タダカズ》（昭）・金田伊功《ヨシノリ》（昭）・古舘伊知郎《イチロウ》（昭）　♀伊勢《イセ》（安）・留守伊予子《イヨコ》（江）・入江伊津子《イツコ》（江）・京極伊知子《イチコ》（江）・梨本伊都子《イツコ》（明）・岡部伊都子《イツコ》（大）・黒川伊保子《イホコ》（昭）・松本伊代《イヨ》（昭）・室田伊緒《イオ》（平）

【衣】6（衣・0）常

【読み】㊀イ（漢）　エ（呉）　㊁ころも・きぬ

【語源】「衣」は胸の前で衿を閉じ合わせた着物の図形。衣服は肌身を隠すものというイメージで捉えられ、イという語のコアには「（何かの陰に身を）隠す」というイメージがあり、衣—隠は同源である。なお、エが古い読み方。衣紋、衣鉢、法衣、紫衣、白衣などエと読むことが多い。

【人名】い・え・きぬ・ころも・そ　▽「そ」はころもの古語。そで（袖）やすそ（裾）のソも同じ。♂武島羽衣《ハゴロモ》（明）・永田耕衣《コウイ》（明）・石田衣良《イラ》（昭）　♀衣通姫《ソトオリヒメ》（古）・石井衣子《キヌコ》（明）・天津羽衣《ハゴロモ》（昭）・梶芽衣子《メイコ》（昭）・会田千衣子《チエコ》（昭）・福田衣里子《エリコ》（昭）・村中李衣《エリ》（昭）・倉木麻衣《マイ》（昭）

【位】7（人・5）常

【読み】㊀イ（呉・漢）　㊁くらい

【語源】官位・座位などの位は、「人や物のあるべき位置」という意味。「立」は人が両足を広げてしっかり地面に立つ姿を描いた形で、「並び立つ」「並ぶ」というイメージがある（普の項参照）。「立（イメージ記号）＋人（限定符号）」を合わせた「位」は、人（臣下）が並んで座に就く場面を設定した図形。朝廷の中で、君主を取り巻くようにして臣下が占める座（定まった位置）を暗示させている。臣下だけでなく帝王の座も王位・即位のように使い、さらに一般に人や物のあるべき位置を意味するようになった。

【人名】い・かた・くら・たか・たかし・つら・のり・ひら・み　▽「たか」「たかし」は「くらい」に高い座席の意味があることから。「つら」はつらなる（列）のツラで、連なり並ぶ仲間、連れの意味がある。「のり」には基準の意味があり、位には決まった順序があるから。♂東郷重位《シゲカタ》（安）・徳川斉位《ナリクラ》（江）・土井利位《トシツラ》（江）・松平頼位《ヨリタカ》（江）・森脇俊位《トシヒラ》（江）・丸木位里《イリ》（明）・渡辺位《タカシ》（大）・内藤幸位《コウイ》（昭）　♀大弐三位《ダイニノサンミ》（安）・藤原位子《シイ》（鎌）・福田圭位子《ケイコ》（昭）

【依】8（人・6）　常

【読み】㊊ イ（漢）　エ（呉）　㊙ よる

【語源】依頼の依は「何かに寄り添って頼りにする」という意味。「何かの陰に身を隠す」というのがコアにあるイメージである。着物は肌を隠す機能があるから、「衣」にも「隠す」というコアイメージがある（該項参照）。「衣（音・イメージ記号）＋人（限定符号）」を合わせて、人や物の陰に寄り添って身を隠す様子を暗示させる。仏に身を寄せることを帰依という。

【人名】い・え・よ・より　♂小笠原依氏《ヨリウジ》（江）・石川依平《ヨリヒラ》（江）・東伏見宮依仁《ヨリヒト》（明）・白坂依志夫《ヨシオ》（昭）　♀依子《ヨリコ》内親王（安）・島田依史子《イシコ》（明）・上村依子《ヨリコ》（昭）・中山依里子《エリコ》（昭）・加護亜依《アイ》（昭）

【威】9（女・6）　常

【読み】㊊ イ（呉・漢）　㊙ おどす・たけし

【語源】強い力を加えて押さえつけるという意味。威嚇・威圧の威はこれである。「威」は「戌（武器）＋女」を合わせ、女性を武器でおどす場面を設定した図形によって、「力で押さえつける」というコアイメージを表現する。

㊎

㊞

【展開】圧力を加えておどすことから、相手を従わせるたけだけしい力や勢いという意味を派生する。威光、武威などの威はこれである。

【人名】あきら・い・おどし・たか・たけ・たけし・たける・つよし・とし・なり・のり　▽「たけ」「たか」「たけし」はたけだけしい勢いの意味から。また「つよし」「とし」(手きびしい、はげしい)の名乗りに展開する。「なり」は人の威厳が身形《みなり》に表れるからであろう。♂安藤国威《クニタケ》(室)・鳥居忠威《タダアキラ》(江)・長尾重威《シゲタカ》(江)・有栖川宮威仁《タケヒト》(江)・西野義威《ヨシトシ》(江)・佐竹重威《シゲノリ》(江)・平野威馬雄《イマオ》(明)・鳩山威一郎《イイチロウ》(大)・平岡公威《キミタケ》(大)・石井威望《タケモチ》(昭)・三沢威《タケシ》(昭)・赤沢威《タケル》(昭)　♀藤原威子《イシ[タケコ]》(鎌)・増山江威子《エイコ》(昭)

【為】 9(火・5)　常　**【爲】** 12(爪・8)

[読み] ㊥ イ(呉・漢)　㊈ なす・なる・する・たり・ため

[語源]「~となる」「~にする」という意味の古代漢語を表記する字が「爲」である。これは古代文字を見るとわかるように、「爪(て)+象(ゾウ)」と分析できる。象を手なずける情景を図形にした。「(自然のものに手を加えて)性質や姿を別のものに変える」というコアイメージがある。だから「AをBにする」「AがBになる」という意味に使うことができる。

㊙ 　㊎ 　㊞ 

[字体]「爲」(旧字体)は篆書から変化した楷書の字体。「為」は形が崩れて部首を失った。仮に火の部に入れる。「為」は中国では使われない。

[人名] い・す・すけ・ため・なり・よし　▽「す」は「する」の古語。ちなみに「し」はその活用形で、仕事・仕合(試合)などの仕はその当て字である。♂源為朝《タメトモ》(安)・京極為兼《タメカネ》(鎌)・飯尾為種《タメタネ》(室)・和田昭為《アキタメ》(戦)・天野為之《タメユキ》(江)・前田利為《トシナリ》(明)・岡西為人《タメト》(明)・成田為三《タメゾウ》(明)・梶和為《カズタメ》(大)・戸山為夫《タメオ》(昭)・冷泉為人《タメヒト》(昭)　♀為子《タメコ》内親王(安)・秋間為子《タメコ》(江)・赤木有為子《ウイコ》(昭)

【尉】 11(寸・8)　常

[読み] ㊥ イ(呉・漢)　㊈ じょう

[語源] 本来は軍事・警察にかかわる古代中国の官名である。この語には「力で押さえつける」というコアイメージがある。上から下へ重力をかけて押さえつける具体的な場面として、ひのし(昔のアイロン)がある。これから発想されたのが「尉」という図形である。「尸(しり)+=(ある物)+火+寸(て)」を組み合わせて、尻に敷く行為のように、火を使った道具で衣類に押しつ

けて皺を伸ばす様子を暗示させる。熨斗《ひのし》の熨の原字である。

(篆) 

【展開】日本では四等官の第三位（判官）のうち、軍事の官に尉の字を当て、「じょう」と読む。現代では「一尉」「二尉」など自衛隊の階級名にも使われる。

【人名】い・じょう・やす　▽「やす」は慰安の慰（なだめて落ち着かせる）と通用することから。♂長島尉信《ヤスノブ》（江）・遠山左右衛門尉《サエモンノジョウ》（江）・川上尉平《ジョウヘイ》（大）・伊藤尉太郎《イタロウ》（昭）・大内尉義《ヤスヨシ》（昭）・池田貴尉《キイ》（昭）　♀お尉《ジョウ》の方（江）

【惟】11（心・8）

【読み】(音) イ（漢）　ユイ（呉）　(訓) おもう・ただ・これ

【語源】「そのことだけをひたすら思う」という意味（思惟）。「一つのことに重点を置く」というのがコアイメージである。「隹《すい》」はずんぐりした鳥を描いた図形で（維の項参照）、下ぶくれした感じを与えるので、「ずっしりと重い」というイメージがあり、「一点に重みをかける」というイメージにも展開する。かくて「隹（音・イメージ記号）＋心（限定符号）」を合わせた「惟」ができた。

【展開】「一つのことに重点を置く」というイメージから「ただそれだけ」の意味を派生する（唯と同義）。また、漢文で「発語の辞」に使い、訓では「これ」と読む（維新の維と同じ）。

【人名】い・これ・ただ・のぶ・ゆい・よし　♂平惟世《コレヨ》（安）・大内惟義《コレヨシ》（鎌）・阿蘇惟時《コレトキ》（南）・愛洲惟孝《イコウ》（室）・和田惟政《コレマサ》（戦）・狩野惟信《コレノブ》（江）・井伊直惟《ナオノブ》（江）・児島惟謙《イケン》（江）・妹沢克惟《カツタダ》（明）・蔵原惟人《コレヒト》（明）・相良惟一《イイチ》（明）・辻惟雄《ノブオ》（昭）・荒木経惟《ノブヨシ》（昭）・牛込惟浩《タダヒロ》（昭）　♀藤原惟子《コレコ》（安）・惟子《シイ》内親王（南）・鷲尾惟子《ユイコ》（昭）

【移】11（禾・6）　常

【読み】(音) イ（呉・漢）　(訓) うつす・うつる

【語源】「A点からB点に移って場所が変わる」という意味。「両点の間をずるずると延びていく」というのがコアイメージである。そのイメージの図形化は、具体的な状況を、稲の穂が風に揺れて横になびく姿に設定する。かくて「多（音・イメージ記号）＋禾（限定符号）」を合わせた「移」ができた。「多」は肉を重ねた図形で（該項参照）、「たっぷりある」というイメージだが、一方では、「次々に重なりつながっていく」というイメージも表せる。

【人名】い・ゆき・より ▽「より」は「AよりBまで移り渡る」という意味を示す助詞なので、名乗りに用いた。♂愛洲移香《イコウ》（室）・西尾忠移《タダユキ》（江）・大岡忠移《タダヨリ》（江）・田川移竹《イチク》（江） ♀馬場移公子《イクコ》（大）

【偉】12（人・10） 常

【読み】音 イ（呉・漢） 訓 えらい

【語源】体格が優れて立派であるという意味（偉丈夫）。この語には「形が大きくて目立つ」というコアイメージがある。「韋《い》」は回りをまわるというイメージを示すが（衛の項参照）、まわりをまるく取り巻く→周囲がまるくて目立って大きいというイメージにも展開する。かくて「韋（音・イメージ記号）＋人（限定符号）」を合わせた「偉」が生まれた。

【展開】体格が優れて立派だという意味から、人の品格や性格が優れている（偉大）、また物の規模が大きい（偉容）という意味を派生する。

【人名】い・いさむ・たけ・つよし・ひで・まさる・よし ▽「いさむ」「たけ」「つよし」は偉を勇・武・強と類縁の語と見たことから。「ひで」は秀（ひいでる）との類縁から。♂小口偉一《イイチ》（明）・亀岡偉民《ヨシタミ》（昭）・菅義偉《ヨシヒデ》（昭）・水垣偉弥《タケヤ》（昭）・長島偉之《ヒデユキ》（昭）・角偉三郎《イサブロウ》（昭）・春日偉知郎《イチロウ》（昭）・中島卓偉《タクイ》（昭）・玉本偉《マサル》（昭） ♀神林偉子《ヒデコ》（昭）

【意】13（心・9） 常

【読み】音 イ（呉・漢） 訓 こころ・おもう

【語源】胸のうちにこめる思いという意味（意志・誠意）で、「中にこもる」というのがコアイメージである。「音」には「中に入れてふさぐ」というイメージがあるので（該項参照）、「音（音・イメージ記号）＋心（限定符号）」を合わせた「意」でもって、（言葉として出さないで）心の中にこめている思いや考えを暗示させる記号とした。

【人名】い・お・おき・のり・むね・もと ▽「お」

「おき」は意の古音に由来。「むね」は胸のうちの意味から。また、仏教では意（意識の根源）を六根の一つとするところから、「もと」の名乗りを生じた。♂中臣意美麻呂《オミマロ》（飛）・三浦義意《ヨシオキ》（戦）・田沼意次《オキツグ》（江）・馬場信意《ノブノリ》（江）・井上正意《マサムネ》（江）・五十嵐意成《モトナリ》（江）・大久保意吉《イキチ》（明）・井川意高《モトタカ》（昭）・藤田意作《イサク》（昭）　♀酒井美意子《ミイコ》（大）

【葦】 13（艸・10）

［読み］ ㊥イ（呉・漢）　㊞あし・よし

［語源］ 植物のアシを指す（芦と同義）。アシの特徴の一つは茎が円筒形であることだ。そこで「まるい」というイメージをもつ「韋《い》」を用いて（衛の項参照）、「韋（音・イメージ記号）＋艸（限定符号）」を合わせて、アシを表記する字とした。

［人名］ あし　♂火野葦平《アシヘイ》（明）　♀今野葦子《アシコ》（昭）

【維】 14（糸・8）　常

［読み］ ㊥イ（呉）　ユイ（漢）　㊞つな・つなぐ・これ

［語源］ 太い綱が本来の意味。「隹《すい》」は丸みを帯びてずんぐりした鳥を描いた図形で、「ずっしりと重い」というイメージに抽象化される。「隹（音・イメージ記号）＋糸（限定符号）」を合わせて、重いものを支える太い綱を表す字とした。

㊙  ㊎  ㊧ 〔隹〕 ㊧ 〔維〕

［展開］ 太綱の意味から「しっかりとつなぎとめる」意を派生する（維持）。漢文では発語の詞（文章の頭に来て調子を整える助詞）に用いて「これ」と読む。

［人名］ い・これ・すみ・ただ・たもつ・つな・つなぐ・ふさ・まさ・ゆい・ゆき　▽「すみ」は大地の隅にあって天をつなぎとめる綱の意味から。「ふさ」は糸の類縁から。「ただ」は唯と通用するから。♂平維盛《コレモリ》（安）・大仏維貞《コレサダ》（鎌）・河島維頼《コレヨリ》（南）・越智維道《コレミチ》（室）・徳大寺公維《キンフサ》（戦）・松平宣維《ノブスミ》（江）・和田維四郎《イシロウ》（江）・菊井維大《ツナヒロ》（明）・松平維秋《タダアキ》（昭）・中村維夫《マサオ》（昭）・西田隆維《タカユキ》（昭）・泉留維《ルイ》（昭）　♀藤原維子《コレコ》（江）・大高坂維佐子《イサコ》（江）・佐々木維子《ユイコ》（昭）

【慰】 15（心・11）　常

[読み] ㊨ イ(呉・漢)　㊟ なぐさめる

[語源] 不安な気持ちを落ち着かせるという意味（慰安）。「押さえつける」というのがコアイメージである。「尉」にはこのイメージがある（該項参照）。そこで「尉（音・イメージ記号）＋心（限定符号）」を合わせた「慰」ができた。

[人名] やす　▽「やす」は慰に安らかにするという意味合いもあることから。古訓に「やすむ」がある。

♀有栖川慰子《ヤスコ》(江)

【育】 8(肉・4)　常

[読み] ㊨ イク(呉・漢)　㊟ そだつ・そだてる・はぐくむ

[語源] 赤ん坊がすくすくと成長するという意味（生育・発育）。「𠫓《とつ》」は「子」の逆転文字で、頭を下にして生まれる子を示す。「𠫓（イメージ記号）＋肉（限定符号）」を合わせた「育」は、子が生まれる状況を設定した図形。図形には成長することまでは示されていないが、イクという語は「伸びる」、また「充実する」というコアイメージをもつので、生まれた子に肉がついて成長するということは想像力によって補わせる仕組みである。

㊫  〔𠫓〕　㊫  〔育〕

[人名] いく・なり・なる・やす　▽「なる」「なり」は「ひととなる」の古訓があり、人間になる（成る）ことから。「やす」は養育の養の訓を流用。♂小笠原長育《ナガナリ》(江)・安斎育郎《イクロウ》(昭)・大岡育造《イクゾウ》(江)・春山育次郎《イクジロウ》(明)・安田育生《イクオ》(昭)・野村正育《マサイク》(昭)・河本育之《ヤスユキ》(昭)・出久根育《イク》(昭)　♀藤原育子《ヤスコ》(安)・梅本育子《イクコ》(昭)・田中育美《イクミ》(昭)・小川育海《イクミ》(昭)

【郁】 9(邑・6)

[読み] ㊨ イク(呉・漢)

[語源] 二つの起源がある。第一は古代中国の地名で、「有（音記号）＋邑（限定符号）」を合わせた字。第二はある部分だけはっきり目立つ様子をイクイク（郁郁）、また、香気が特に引き立つ様子をフクイク（馥郁）といい、一番目の表記を借りる。その理由は「有」に「一定の枠の中に囲い込む」というイメージがあり（該項参照）、「一定の部分だけ特に目立つ」というイメージに展開

しうるからである。

[人名] あや・いく・か・かおる・たかし・ふみ　▽「あや」「ふみ」は郁郁をあや（文彩、目立つ模様）のあるさまという意味にとることから。♂所郁太郎《イクタロウ》（江）・安井郁《カオル》（明）・横田郁《タカシ》（明）・竹中郁《イク》（明）・田中郁三《イクゾウ》（大）・平山郁夫《イクオ》（昭）・秦郁彦《イクヒコ》（昭）・水月郁見《イクミ》（昭）・藤井郁弥《フミヤ》（昭）・山本徳郁《ノリフミ》（昭）　♀荒木郁子《イクコ》（明）・神谷郁代《イクヨ》（昭）・林郁《イク》（昭）・榊原郁恵《イクエ》（昭）

【一】 1（一・0） 常

[読み] (音) イチ（呉） イツ（漢） (訓) ひと・ひとつ

[語源] 古代漢語では数詞の1を*·iet（↓イチ）といった。1という数は物がひとつあることを抽象化したものである。そこで1本の横線でもって、その語を表記する図形とした。

(甲) 一　(金) 一　(篆) 一

[人名] い・いち・いつ・おさむ・か・かず・かつ・くに・ただ・はじむ・はじめ・ひ・ひで・ひと・ひとし・まこと・もと　▽一は数の始めであり、宇宙の始源・根源の象徴とされたので、「かず」「はじめ」「もと」の名乗りが生まれた。「おさむ」は統一の意味から。「まこと」「ただ」は専一の意味から。「ひとし」は同一の意味から。♂山内一豊《カズトヨ》（戦）・生駒一正《カズマサ》（土）・石川一《ハジメ》（江）・辰巳一《ハジム》（江）・渡辺一《カズ》（江）・吉田一士《カズシ》（江）・中川一介《イチスケ》（江）・人見一太郎《イチタロウ》（江）・長沖一《マコト》（明）・三浦一雄《クニオ》（明）・岡本一平《イッペイ》（明）・松本一三《カズミ》（明）・松村一人《カズト》（明）・川瀬一馬《カズマ》（明）・中一弥《カズヤ》（明）・長谷川一夫《カズオ》（明）・永井一孝《ヒデノリ》（明）・早見一十一《イソイイ》（明）・野崎一《ヒトシ》（大）・住谷一彦《カズヒコ》（大）・長洲一二《カズジ》（大）・佐久間一《マコト》（昭）・五十嵐一《ヒトシ》（昭）・加藤一二三《ヒフミ》（昭）・沢村一樹《イッキ》（昭）　♀一位局《イチイノツボネ》（戦）・豊増一女《ハジメ》（明）・富本一枝《カズエ》（明）・石原一子《イチコ》（大）・沢井一恵《カズエ》（昭）・佐藤一美《カズミ》（昭）・小池一子《カズコ》（昭）

【壱】 7（士・4） 常

[読み] (音) イチ（呉） イツ（漢） (訓) ひとつ

[語源] いろんなものをまとめて、ひとつだけに集中させる（専一にする）というのが本来の意味。「ひとつにまとめる」というコアイメージを図形化するために、

「いっぱい詰まる」というイメージをもつ「吉」を利用する（該項参照）。「吉（音・イメージ記号）＋壺（イメージ補助記号）」を合わせて、「壺の中にいっぱい詰める」という意匠をこめた図形（旧字体の「壹」）が生まれた。

㊫ 

【展開】ひとつだけに集中する意味から、単に「ひとつ」という意味にもなる。特に「一」の大字（改竄を防ぐため書類などに使う数字）に使われる。

【字体】「壱」は書道で生まれた「壹」の略字。

【人名】い・いち・いつ・かず・はじめ　♂壱和《イワ》（安）・立花壱岐《イキ》（江）・田沼意壱《オキカズ》（江）・田中静壱《シズイチ》（明）・時本壱《ハジメ》（昭）・いしだ壱成《イッセイ》（昭）・佐藤有壱《ユウイチ》（昭）・吉村萬壱《マンイチ》（昭）・安西壱哉《カズヤ》（平）　♀壱与《イヨ》（古）

【逸】11（辵・8）常　【逸】12（辵・8）

【読み】㊥イツ（漢）　イチ（呉）　㊰はやる・それる

【語源】「その場からするりと抜け去る」という意味（逸走・後逸）。ウサギは逃げ足が速く、さっと草むらに身を隠す動物なので、「兔（イメージ記号）＋辵（限定符号）」を合わせた図形が考案された。

【展開】「するりと抜け去る」というコアイメージから、世間から抜け出る（逸民）、他人より頭一つ抜け出る（逸材）、ストレスが抜け出る（安逸）などの意味を派生する。さっと素速く逃げることから、「はやる」の国訓も生まれた。

【字体】「逸」は旧字体。「逸」は兔の点を抜かして免許の免と同じになった俗字に由来。

【人名】いち・いつ・すぐる・とし・はや・はやる・やす　▽「すぐる（勝）」は秀逸の意味から。「とし（敏）」は素速く逃げることから。「やす」は安逸の意味から。♂橘逸勢《ハヤナリ》（安）・中臣逸志《イチシ》（安）・島津久逸《ヒサヤス》（室）・野宮定逸《サダトシ》（江）・福羽逸人《ハヤト》（江）・若尾逸平《イッペイ》（江）・後藤逸《イツ》（江）・向坂逸郎《イツロウ》（明）・牧逸馬《イツマ》（明）・高木逸雄《トシオ》（明）・兼若逸之《トシユキ》（昭）・大泉逸郎《イツロウ》（昭）・吉田洋逸《ヨウイチ》（昭）・福田逸《ハヤル》（昭）　♀高群逸枝《イツエ》（明）・長谷川逸子《イツコ》（昭）・大沢逸美《イツミ》（昭）

【允】4（儿・2）

【読み】㊥イン（呉・漢）　㊰まこと・ゆるす・じょう

[語源]　允文允武という語があり、允は「まことに」と読み、本当、信実、誠実などの意味。「偏らず調和がとれている」というコアイメージがあるので、バランスよくすらりと立つ人の姿を描いた「允」という図形で、「まことのありさま」を暗示させた。「允」は夋《しゅん》(俊・駿・竣)の字に含まれている。

(甲)

(金)

(篆)

[展開]　古代日本で四等官のうち、三等官を「じょう」といい、寮の第三位にこの字を当てた。

[人名]　こと・さね・じょう・すけ・ただ・ちか・のぶ・まこと・まさ・み・みつ・よし　▽信実の意味から「まこと」「こと」「のぶ(信)」「みつ(実)」「さね(実)」の名乗りが生まれた。「まさ(まさし)」「ただ(ただし)」「よし」は偏りがなくまっすぐのイメージから。♂源允明《スケアキラ》(安)・惟宗允亮《タダスケ》(安)・中内右馬允《ウマノスケ》(戦)・大島友之允《トモノジョウ》(江)・間部詮允《アキサネ》(江)・松平宗允《ムネタダ》(江)・阿部正允《マサチカ》(江)・有馬允純《マサズミ》(江)・木戸孝允《タカヨシ》(江)・有地品之允《シナノジョウ》(明)・山宮允《マコト》(明)・沢田允茂《ノブシゲ》(大)・佐藤允《マコト》(昭)・佐藤允彦《マサヒコ》(昭)・開原成允《シゲコト》(昭)・和田昭允《アキヨシ》(昭)・黒岩信允《ノブミツ》(昭)　♀朝香宮允子《ノブコ》(明)・大野允子《ミツコ》(昭)・塩見允枝子《ミエコ》(昭)

【引】　4(弓・1)　常

[読み]　(音)イン(呉・漢)　(訓)ひく

[語源]　「ひっぱる」という意味だが、そのコアには「ずるずると長く伸ばす」というイメージがある。「弓(ゆみ)＋｜(のばす符号)」を合わせて、矢を弓につがえて手元の方へひきよせる情景を設定する図形によって、そのイメージを表した。

[人名]　いん・ひき　♂鳥居引拙《インセツ》(戦)・大石千引《チビキ》(江)

【因】　6(口・3)　常

[読み]　(音)イン(呉・漢)　(訓)よる・ちなむ

[語源]　「ある物事(行為や判断の基準・根拠になるもの)を踏まえて、それにしたがう」(和訓では「よる」)という意味(因習・因循)。この語のコアに「あるものの上に乗っかる」というイメージがある。これを表すために「口(囲い、敷物)＋大(大の字型になった人)」を合わせて、敷物の上に人が乗っかるといった具体的な情景を設定

した図形が考案された。

(甲)  (金)  (篆) 

【展開】「その事態が何を踏まえて起こったか、その根拠」という意味を派生する。原因・要因の因はこれ。

【人名】いん・ちなみ・ゆかり・よし・より・よる ♂宇喜多宗因《ソウイン》（戦）・富森正因《マサヨリ》（江）・仙石政因《マサヨリ》（江）・西山宗因《ソウイン》（江）・有賀長因《チョウイン》（江）・井上因碩《インセキ》（江）・高森正因《マサヨシ》（江）・小平信因《ノブヨリ》（昭） ♀因幡《イナバ》内親王（安）・藤原因香《ヨルカ》（安）

【胤】

9（肉・5）

【読み】(音) イン（呉・漢） (訓) たね

【語源】血筋を受け継ぐ子孫の意味（落胤）。「八（分かれる）+幺（細い糸）+肉」を合わせて、親から分かれて、糸筋のようにとぎれなく、引き継いでいくものを暗示させる。

(金)  (篆) 

【人名】いん・かず・たね・つぐ・み ▽親から生まれて引き継ぐことから、「たね（種）」「み（身・実）」「つぐ（継）」の名乗りが生まれた。「かず」は子孫の数が多く殖えていくことから。♂慶滋保胤《ヤスタネ》（安）・千葉胤綱《タネツナ》（鎌）・相馬胤頼《タネヨリ》（南）・中御門宣胤《ノブタネ》（室）・宝蔵院胤栄《インエイ》（戦）・大野治胤《ハルタネ》（土）・平田篤胤《アツタネ》（江）・原胤昭《タネアキ》（江）・高田好胤《コウイン》（大）・飯島英胤《ヒデタネ》（昭）・長谷川栄胤《ヨシツグ》（昭）・佐藤憲胤《ノリカズ》（昭） ♀藤原胤子《インシ「タネコ」》（安）

【員】

10（口・7） 常

【読み】(音) イン（漢） ウン（呉）

【語源】人や物の数の意味（員数・人員）。「一定の枠の中に入る」というコアイメージがある。古い字は「口（まるい枠）+鼎（かなえ）」を合わせた図形であった。鼎は古代中国で作られた三本足の器で、口がまるく、その中に食べ物を入れて煮炊きするものである。まるい枠の中に物を入れる情景を設定した具体的な図形によって、枠の中に収める一定の物や人という抽象的な意味をもつ語を表記する。

(甲)  (金)  (篆) 

【人名】かず・さだ　▽「さだ」は定まった数であることから。♂加藤光員《ミツカズ》(安)・中原師員《モロカズ》(鎌)・磯野員昌《カズマサ》(戦)・石川員矩《カズノリ》(土)・歌川芳員《ヨシカズ》(江)・百武兼員《カネサダ》(江)・鹿子木員信《カズノブ》(明)・白川義員《ヨシカズ》(昭)　♀松本員枝《カズエ》(明)・渋谷員子《カズコ》(昭)

【寅】11(宀・8)

【読み】㊟音 イン(呉・漢)　㊟訓 とら

【語源】「寅」は「矢＋臼(両手)」の組み合わせで、矢をまっすぐ伸ばしている姿から、「長く伸びる」というイメージを作り出す記号である(演の項参照)。これを十二支の三番目に用いた。

甲 　金 　篆 

【補説】十二支は子・丑・寅・卯・辰・巳・午・未・申・酉・戌・亥。殷代に生まれた日や年の順番を記す序数詞の一種。これに動物の名をつけたのは千年後の漢代である。

【人名】とも・とら・のぶ・はじめ　▽「のぶ」は「伸びる」というイメージがあることから。「とも」は中国で同僚に対する敬称に用いたことに由来するか。♂安倍三寅《ミトラ》(安)・土屋寅直《トモナオ》(江)・吉村寅太郎《トラタロウ》(江)・河内山寅《トラ》(江)・瓜生寅《ハジメ》(江)・寺田寅彦《トラヒコ》(明)・藤田太寅《タカノブ》(昭)・宮川寅雄《トラオ》(明)・高沢寅男《トラオ》(大)・中村寅吉《トラキチ》(大)・布袋寅泰《トモヤス》(昭)

【陰】11(阜・8)常

【読み】㊟音 イン(漢)　オン(呉)　㊟訓 かげ・くもる

【語源】山の北側の意味(山陰)。日が当たらない所なので、「覆い被さる」というコアイメージがある。「今」がそのイメージを示す記号である(該項参照)。「云」は雲の原字。したがって「今(音・イメージ記号)＋云(イメージ補助記号)」を合わせた「侌《いん》」は、雲が被さって下界を覆う情景を暗示させる図形。「陰」は「侌(音・イメージ記号)＋阜(限定符号)」を合わせて、山の峰が覆い被さるために日光が当たらずかげになった所(つまり山の北側)を暗示している。

【展開】「日の当たらない所」から、「かげ」「暗い」「かげでひそかに」などの意味を派生する。

【人名】いん・かげ　♂武者小路実陰《サネカゲ》(江)・由良貞

陰《サダカゲ》（江）・塩谷宕陰《トウイン》（江）・吉田松陰《ショウイン》（江）・滝田樗陰《チョイン》（明）

【蔭】14（艸・11）

［読み］㊥イン（漢）　オン（呉）　㊐かげ

［語源］草木の枝葉で覆い被さって日の当たらない所の意味だが、陰（日の当たらない所）から派生した語である（前項参照）。そのため漢字表記を「陰（音・イメージ記号）＋艸（限定符号）」を合わせた「蔭」とした。

［展開］上から覆い被さるというコアイメージから、庇い護るというイメージに展開したのが「お蔭様」の「かげ」の意味である。

［人名］かげ　♂藤原有蔭《アリカゲ》（安）・和気蔭成《カゲナリ》（鎌）・加藤千蔭《チカゲ》（江）・荒巻利蔭《トシカゲ》（江）・楠瀬清蔭《キヨカゲ》（江）・三井高蔭《タカカゲ》（江）

【右】5（口・2）常

［読み］㊥ウ（呉）　ユウ（漢）　㊐みぎ・たすける・たっとぶ

［語源］古代漢語で、「みぎの手」（また、方向としてのみぎ）も「（右の手で相手をかばうようにして）たすける」ことも、ともにウといい、「又」という記号で表した。「又」は右手を描いた図形である。のちに「又（音・イメージ記号）＋口（イメージ補助記号）」を合わせて「右」となった。ある物を右手で囲う場面を暗示させる意匠になっている。これで「みぎ」と「たすける」に使ったが、さらに後者には「祐」「佑」ができた。

㊙

㊎

㊮

［人名］あき・う・すけ・たか・たすく・みぎ・ゆう▽「たか」は右が尊ばれ、「高い」「上位」の意味を派生したことによる。♂大友義右《ヨシスケ》（室）・吉田兼右《カネミギ》（戦）・高山右近《ウコン》（土）・藤井右門《ウモン》（江）・中条右京《ウキョウ》（江）・高木右馬助《ウマノスケ》（江）・高安右人《ミギト》（江）・田口右源太《ウゲンタ》（明）・坂口右左視《ウサミ》（明）・松岡洋右《ヨウスケ》（明）・高瀬右光《アキミツ》（昭）・神山裕右《ユウスケ》（昭）・岡田圭右《ケイスケ》（昭）・赤木右《タスク》（昭）・町田右《ウユ》（昭）　♀建礼門院右京太夫《ウキョウノダイブ》（安）・右近《ウコン》（安）・雲野右子《ユウコ》（昭）

【宇】6（宀・3）常

［読み］㊥ウ（呉・漢）　㊐のき

［**語源**］本来は建物の上にかぶさる大きな屋根や軒の意味で、これを「宇」と表記する。「于《う》」は「一＋丂（上につかえて曲がる符号）」の組み合わせで、一線につかえて⌒形や)形に曲がるというイメージを示す。「于（音・イメージ記号）＋宀（限定符号）」を合わせて、⌒形に被さる屋根を暗示させる。

［**展開**］意味が拡大して、ドーム形に覆い被さる天空を宇宙という。また、眉は⌒形になっているので、眉のことを眉宇という。

［**人名**］う・うま・お・さかい・たか・のき　▽「たか」は高い大空のことから。「うま」は藤原宇合《ウマカイ》の名乗りだが、馬養《ウマカイ》の宛読みという。♂物部宇麻乃《ウマノ》（飛）・藤原宇合《ウマカイ》（奈）・紀宇美《ウミ》（奈）・田宮宇内《ウナイ》（江）・建部政宇《マサノキ》（江）・中村敬宇《ケイウ》（明）・中谷宇吉郎《ウキチロウ》（明）・大下宇陀児《ウダル》（明）・江川宇礼雄《ウレオ》（明）・橋本宇太郎《ウタロウ》（明）・番匠宇司《タカシ》（大）・清水建宇《タテオ》（昭）・田中宇《サカイ》（昭）♀宇奈比売《ウナヒメ》（古）・藤原宇比良古《ウヒラコ》（奈）・伊藤宇多《ウタ》（江）・渡瀬悠宇《ユウ》（昭）

【羽】6（羽・0）　常

［**読み**］㊥ウ（呉・漢）　㊙は・はね

［**語源**］二つ並ぶ鳥の「はね」を描いた図形。ただしウという語は、鳥の体を覆う機能から、「覆いかぶさる」というコアイメージがある。宇—雨—羽は同じコアイメージをもつ同源の語である。

［**字体**］「羽」が旧字体。「羽」は古くから書道で行われた。

［**人名**］う・は・はね・わ・わね　♂葛野羽衝《ハツキ》（飛）・三嶋豊羽《トヨハネ》（奈）・師岡一羽《イチハ［イッパ］》（戦）・荒木政羽《マサハネ》（江）・川村羽積《ハヅミ》（江）・狩野永羽《エイウ》（江）・市村羽左右衛門《ウザエモン》（江）・武島羽衣《ハゴロモ》（明）・大橋乙羽《オトワ》（明）・時雨音羽《オトハ》（明）・佐野常羽《ツネハ》（明）♀野沢羽紅《ウコウ》（江）・天津羽衣《ハゴロモ》（昭）・松倉羽鶴《ハヅル》（昭）・後藤羽矢子《ハヤコ》（昭）・鈴木砂羽《サワ》（昭）・宍戸梨羽《リウ》（平）

【雨】8（雨・0）　常

【読み】㊥ウ（呉・漢）㊨あめ・あま
【起源】空から雨粒が点々と落ちてくる情景を暗示させる図形。地上に対しては覆い被さってくるものだから、ウという語には「覆いかぶさる」というコアイメージがある。

㊙甲　金　篆

【人名】あめ・う・ふる　♂藤原時雨《トキフル》（安）・和気時雨《シグレ》（安）・大倉雨村《ウソン》（江）・斎藤緑雨《リョクウ》（明）・野口雨情《ウジョウ》（明）・青山杉雨《サンウ》（大）・福井達雨《タツウ》（昭）・青木雨彦《アメヒコ》（昭）
♀長谷川時雨《シグレ》（明）・坂本美雨《ミウ》（昭）

【運】12（辵・9）常

【読み】㊥ウン（呉・漢）㊨はこぶ・めぐる・めぐらす
【語源】運転・運動の運とは、もともと「同じところをぐるぐると回転する」ことを意味する。「まるく取り巻く」「まるくめぐる」というイメージをもつ「軍」を用いて（該項参照）、「軍（音・イメージ記号）＋辵（限定符号）」を合わせた「運」でもって、その意味を暗示させる。
【展開】「まるく回る」というコアイメージから「ころがるようにして物事がスムーズに動く」というイメージに展開する。「はこぶ」「巡り合わせ」もそれから派生する。
【人名】うん・かず・たか・ゆき　▽「かず」は運数という言葉があり、運命の意味をもつ数の訓をとったもの。「ゆき」は運行（めぐりゆく）の意味から。♂運慶《ウンケイ》（安）・島津運久《ユキヒサ》（室）・杉興運《オキカズ》（戦）・高橋紹運《ジョウウン》（戦）・大久保運十郎《ウンジュウロウ》（土）・久世広運《ヒロタカ》（江）・毛利元運《モトユキ》（江）・狩野昌運《ショウウン》（江）・池田好運《コウウン》（江）・高津運記《ウンキ》（江）・宗田運平《ウンペイ》（江）・佐藤運雄《カズオ》（明）・大森運夫《カズオ》（大）・石塚運昇《ユキノリ》（昭）

【雲】12（雨・4）常

【読み】㊥ウン（呉・漢）㊨くも
【語源】「云《うん》」は雲気が巻いて空中に漂っている様子を暗示させる図形。気のようなものがもやもやと漂うというイメージがある。「云（音・イメージ記号）＋雨（限定符号）」を合わせて、空中に浮かび漂う「くも」を暗示させる。

(甲) (古) (篆)〔云〕 (篆)〔雲〕

【人名】うん・くも・も ♂北条早雲《ソウウン》(戦)・竹田出雲《イヅモ》(江)・酒井雲《クモ》(江)・草野雲平《ウンペイ》(江)・梅田雲浜《ウンピン》(江)・小泉八雲《ヤクモ》(江)・高村光雲《コウウン》(江)・武田双雲《ソウウン》(昭) ♀雲井《クモイ》(江)・薄雲《ウスグモ》(江)・宮中雲子《クモコ》(昭)

【絵】 12(糸・6) 常

【読み】(音)エ(呉) カイ(漢)

【語源】古代漢語で「え」を意味する語を*fuad(↓エ)という。これを表記する図形が「繪」。「會」には「多くのものを集める」というコアイメージがある(会の項参照)。「會(音・イメージ記号)+糸(限定符号)」を合わせた「繪」は、いろいろな色の糸を取り合わせて模様を作る様子を暗示させる。これは刺繡を意味するのではないが、刺繡のような模様を描き出す具体的な場面を設定することによって、「え」を表象したものである。

(甲) (金) (篆)〔會〕 (篆)〔繪〕

【字体】「絵」は「繪」(旧字体)の宋元以来の俗字。

【人名】え ♀絵式部《エシキブ》(安)・絵島《エシマ》(江)・森絵都《エト》(昭)・渡部絵美《エミ》(昭)・半井小絵《サエ》(昭)・永千絵《チエ》(昭)・佐藤絵子《エコ》(昭)

【慧】 15(心・11)

【読み】(音)エ(呉) ケイ(漢) (訓)さとい

【語源】心が細かく働いて賢い(さとい)という意味(智慧)。ここに「細かく働く」というコアイメージがある。「彗《すい》」は「甡(先が細かく枝分かれした穂の形)+又(て)」を合わせて、ほうきを手にもつ図形。これは「細い」「細かい」というイメージを示す記号となる。「彗(音・イメージ記号)+心(限定符号)」を合わせて、心が細々と働く様子を暗示させる。

(篆)〔彗〕 (篆)〔慧〕

【人名】え・けい・さと・さとし・さとみ・さとる・とし ♂前田慧雲《エウン》(江)・河口慧海《エカイ》(明)・飯沼慧《ケイ》(大)・一柳慧《トシ》(昭)・鎌田慧《サトシ》(昭)・林慧《サトル》(昭)・石井慧《サトシ》(昭) ♀慧子《サトコ〔ケイシ〕》内親王(安)・慧春尼《エシュンニ》(室)・能沢慧子《ケイコ》(昭)・兵頭慧美《エミ》(昭)・長津慧《サトミ》(昭)・加賀美慧《ケイ》(昭)

【永】5（水・1） 常

［読み］ （音） エイ（漢） ヨウ（呉） （訓） ながい

［語源］ いつまでも長く続く意味。これを、水がいくつ筋にも分かれて流れる情景を暗示させる図形である「永」によって表記する。時間を表すのに空間的なイメージを利用したものである。

（甲）  （金）  （篆） 

［人名］ え・えい・つね・とお・なが・ながし・のぶ・はるか・ひさ・ひさし ▽「のぶ」は長く伸びるイメージから。♂橘永名《ナガナ》（奈）・城資永《スケナガ》（安）・寺崎盛永《モリナガ》（戦）・狩野永徳《エイトク》（土）・京極高永《タカナガ》（江）・有馬頼永《ヨリトオ》（江）・坂正永《マサノブ》（江）・庄司永建《エイケン》（大）・阿部永《ヒサシ》（昭）・北村永《ハルカ》（昭）・谷沢永一《エイイチ》（昭）・塚本祝永《トキツネ》（昭）・栄原永遠男《トワオ》（昭）・葛原稔永《トシヒサ》（昭）・川島永嗣《エイジ》（昭） ♀尾崎左永子《サエコ》（昭）・日原永美子《エミコ》（昭）・鈴木里永《エリ》（昭）

【英】8（艸・5） 常

［読み］ （音） エイ（漢） ヨウ（呉） （訓） はな・はなぶさ・ひいでる

［語源］ 植物の「はな」が本来の意味。これを「英」と表記する。「央」は人体の中心である首根っこを押さえつける情景を図にしたもので、「真ん中を押さえる」というイメージがあり、これが「中心で上下にくっきりと分かれる」というイメージに展開する（該項参照）。「央」（音・イメージ記号）＋艸（限定符号）を合わせて、植物体の中で特にくっきりと目立つ形をしたもの、つまり「はな」を暗示させた。

［展開］ 「くっきりと目立つ」というコアイメージから、「とりわけ優れている」という意味に展開する。

［人名］ あきら・え・えい・すぐる・たけし・てる・とし・はな・はなぶさ・ひで・ふさ・よし ▽「あきら（明）」「てる（照・輝）」「よし（吉・美）」は輝くばかりに美しい花のイメージから。「ひで（秀）」「とし（敏）」「たけし（長・武）」は優れて立派である意味から。♂百済英孫《エイソン》（奈）・源英明《フサアキラ》（安）・赤橋英時《ヒデトキ》（鎌）・小出吉英《ヨシフサ》（土）・蜂須賀忠英《タダテル》（江）・江川英竜《ヒデタツ》（江）・清水谷実英《サネアキラ》（明）・広池千英《チブサ》（明）・野口英世《ヒデヨ》（明）・吉川英治《エイジ》（明）・円谷英二《エイジ》（明）・川西英《ヒデ》（明）・安部英《タケシ》（大）・赤石英《スグル》（大）・松永英《イエ》（大）・田英夫《ヒデオ》（大）・海渡英祐《エイスケ》

（昭）・二谷英明《ヒデアキ》（昭）・石川英輔《エイスケ》（昭）・中田英寿《ヒデトシ》（昭）
♀英子《ヒデコ》内親王（安）・福田英子《ヒデコ》（明）・森英恵《ハナエ》（大）・
武原英子《エイコ》（昭）・松浦理英子《リエコ》（昭）・一色紗英《サエ》（昭）・伊
藤華英《ハナエ》（昭）

【映】 9（日・5） 常

［読み］ 音 エイ（漢） ヨウ（呉） 訓 うつる・うつす・はえる

［語源］「物の姿がくっきりと現れる」という意味。この語を表記するために、「中心で上と下にくっきりと分かれる」というイメージをもつ「央」を用いる（該項参照）。「央（音・イメージ記号）＋日（限定符号）」を合わせて、日の光に照らされて、明と暗のさかいがくっきりと分かれて際立つ様子を暗示する。

［人名］ あき・あきら・え・えい・てる・みつ　▽「あき」「あきら」「てる」「みつ」は姿がはっきりと映し出されることから。「みつ（満）」にはあまねく行き渡る意がある。　♂秋田映季《アキスエ》（江）・鍋島直映《ナオミツ》（明）・岡映《アキラ》（明）・成瀬映山《エイザン》（大）・大沼映夫《テルオ》（昭）・天野道映《ミチエ》（昭）　♀大宅映子《エイコ》（昭）・大貫映子《テルコ》（昭）・和久井映見《エミ》（昭）・石川多映子《タエコ》（昭）・小池映《アキ》（昭）

【栄】 9（木・5） 常 　【榮】 14（木・10）

［読み］ 音 エイ（漢） ヨウ（呉） 訓 さかえる・はえ・はえる

［語源］「はな」「はなが咲く」というのが本来の意味で、これを「榮」と表記する。「榮」の上部の「𤇾」は「熒《けい》」と同じ。「熒」は「火＋火＋冖＋火」を合わせて、枠の周りを火が取り巻く情景を図にしたもので、「光の輪が取り巻く」「周りをまるく取り巻く」というイメージを示す。サクラのように木全体を取り巻いて咲く花をエイといい、「熒（音・イメージ記号）」の略体＋木（限定符号）」を合わせた「榮」でもって表記した。英とはイメージが違う。

金 　篆 〔熒〕　篆 〔榮〕

［展開］ 木の全体を取り巻いて花が咲くことから、「さかえる」という意味を派生する。

［字体］「栄」は「榮」の上部を簡単にした日本製の俗字。

［人名］ え・えい・さか・さかえ・しげ・しげる・たか・てる・なが・はる・ひさ・ひさし・ひで・よし

▽花が盛んに多く咲き誇ることから、「しげる（繁）」「ひさ（久）」「なが（永）」「てる（照）」「よし（美）」の名乗りが生まれた。「たか（貴）」「ひで（秀）」は栄華から顕貴の意味が出てくるから。「はる（春）」は花の縁語。♂栄仁《ヨシヒト》親王（南）・奥村栄明《ハルアキ》（土）・奥村栄実《テルザネ》（江）・烏丸光栄《ミツヒデ》（江）・狩野栄信《ナガノブ》（江）・田村邦栄《クニヨシ》（江）・勝部栄忠《シゲタダ》（江）・渋沢栄一《エイイチ》（江）・田原栄《サカエ》（江）・木村栄《ヒサシ》（明）・佐藤栄作《エイサク》（明）・伊藤栄樹《シゲキ》（大）・田中角栄《カクエイ》（大）・坂田栄男《エイオ》（大）・斎藤栄《サカエ》（昭）・山本栄彦《タカヒコ》（昭）・北野良栄《ヨシハル》（昭）　♀高階栄子《エイシ》（安）・栄子《ヒデコ》内親王（鎌）・鍋島栄子《ナガコ》（江）・町田栄子《エイコ》（江）・葛飾栄《エイ》（江）・伊能栄《サカエ》（江）・壺井栄《サカエ》（明）・東山千栄子《チエコ》（明）・松島栄利子《エリコ》（昭）

【瑛】12（玉・8）

【読み】㊥ エイ（漢）　ヨウ（呉）

【語源】玉の輝く光という意味。これを「英（音・イメージ記号）＋玉（限定符号）」を合わせた「瑛」で表記する。「英」は「くっきりと目立つ」というコアイメージがある（該項参照）。

【人名】あき・あきら・え・えい・てる　♂土岐瑛昌《エイショウ》（江）・瑛九《エイキュウ》（明）・下山瑛二《エイジ》（大）・安徳瑛《アキラ》（昭）・奥田瑛二《エイジ》（昭）　♀藤原瑛子《エイシ》（鎌）・山本瑛子《エイコ》（明）・柴田瑛代《テルヨ》（昭）・瀬川瑛子《エイコ》（昭）・桑名里瑛《エリ》（昭）・五條瑛《アキラ》（昭）

【詠】12（言・5）　常

【読み】㊥ エイ（漢）　ヨウ（呉）　㊙ よむ

【語源】声を長く引いて詩歌をうたう意味（詠歌・朗詠）。これを「詠」と表記する。「永」には「長く伸ばす」というコアイメージがあるので（該項参照）、「永（音・イメージ記号）＋言（限定符号）」の組み合わせとした。

【人名】うた・え・えい・なが　♂宮島詠士《エイシ》（明）・大滝詠一《エイイチ》（昭）・森詠《エイ》（昭）　♀四方山詠女《ナガメ》（江）・坪内美詠子《ミエコ》（大）・山田詠美《エイミ》（昭）・吉岡詠美子《エミコ》（昭）・佐藤春詠《ハルエ》（昭）

【影】15（彡・12）　常

【読み】㊥ エイ（漢）　ヨウ（呉）　㊙ かげ

【語源】光に照らされて生じる物のかげという意味（陰

影)。これを「影」と表記する。「景」は日の光のことで、「くっきりと境界をつける」というイメージがある（該項参照)。「かげ」も同じイメージで、光とかげは明暗の違いだけである。したがって「かげ」には「景（音・イメージ記号）＋彡（模様を示す限定符号）」を合わせた「影」の字を作った。

【人名】え・えい・かげ ♂藤原松影《マツカゲ》(安)・朝井影長《カゲナガ》(江)・野尻抱影《ホウエイ》(明)・北影一《エイイチ》(昭)・睦月影郎《カゲロウ》(昭)・三浦影虎《カゲトラ》(昭) ♀日影《ヒカゲ》皇女(古)・物部影媛《カゲヒメ》(古)・内蔵影子《エイシ》(安)・頼梨影《エリ》(江)

【鋭】15(金・7) 常

【読み】㊇ エイ(漢) ヨウ(呉) ㊈ するどい

【語源】刃物の先がとがってよく切れる意味（鋭利)。それを表すために、刃物の切っ先が鞘から抜け出る場面を想定し、「中身が抜け出る」というコアイメージをもつ「兌《だ》」を用いて（説の項参照)、「兌（音・イメージ記号）＋金（限定符号）」を合わせた「鋭」が考案された。

【字体】「鋭」が正字だが、崩して書くと旁の「八」が「丷」の形になり、これが定着した。

【展開】中身がするどく抜け出るというイメージから、「勢いや動きなどが素速い」という意味を派生する。

【人名】えい・さと・さとき・さとし・とし ▽「さとし」「とし」は鋭敏の意味から。♂鵜殿長鋭《ナガトシ》(江)・江見鋭馬《エイマ》(江)・馬淵鋭太郎《エイタロウ》(江)・桑野鋭《エイ》(江)・金子鋭《トシ》(明)・坪内鋭雄《エイオ》(明)・井上鋭夫《トシオ》(大)・中村鋭一《エイイチ》(昭)・新村鋭男《トシオ》(昭)・塚本鋭司《サトシ》(昭) ♀本多鋭子《エイコ》(江)

【叡】16(又・14)

【読み】㊇ エイ(漢) エ(呉) ㊈ さとい

【語源】物事を深くはっきりと見通すこと、つまり「さとい」という意味。「叡（＝壑）（イメージ記号）＋目（限定符号）」を合わせた「叡」でそれを表記する。「叡《がく》」は「谷」が含まれており、深い谷間のことで、「深い」というイメージを示している。

㊉  〔叡〕 ㊉  〔叡〕

【人名】あきら・え・えい・さと・さとし・とおる・とし ▽「あきら」「とおる」ははっきりと見通す意味

から。♂藤原乙叡《タカトシ》（安）・藤村叡運《エイウン》（江）・島田叡《アキラ》（明）・磯崎叡《サトシ》（大）・笠井叡《アキラ》（昭）　♀叡努《エヌ》内親王（安）・叡子《エイシ［トシコ］》内親王（安）

【衛】 16（行・10）　常　**【衞】** 16（行・10）

［読み］ ㊟音 エイ（漢）　エ（呉）　㊟訓 まもる

［語源］ 回りを防いで中のものを守る意味（護衛）。「物の周囲を回る」というのがコアにあるイメージである。これを表すのが「韋《い》」。これはある地点の上に右向きの足、下に左向きの足（篆文ではその逆）を配置した図形で、「ある場所の回りをぐるりと回る」というイメージを示す。「韋（音・イメージ記号）＋行（限定符号）」を合わせた「衛」は、ある物の回りをぐるぐる回り歩く様子を暗示させる。図形は舌足らずの意匠であるが、防ぎ守るために周囲を固めることは想像力によって補わせる仕掛けである。

(甲) 　(金) 　(篆) （韋）　(篆) （衞）

［字体］ 篆文では「帀」（めぐる意）が含まれていて、楷書では「衞」（旧字体）と書かれた。しかし「衛」が金文に合う古い字体で、中国ではこの字体も使われていた。今は繁体字の「衞」だけが使われている。

［人名］ え・えい・まもり・まもる・もり　♂藤原衛《マモル》（安）・蓮田兵衛《ヒョウエ》（室）・谷衛友《トモモリ》（江）・市川衛《マモリ》（江）・藤山衛門《エモン》（江）・武田右衛門《ウエモン》（江）・長野衛介《エイスケ》（江）・由比光衛《ミツエ》（江）・木村素衛《モトモリ》（明）・三沢勝衛《カツエ》（明）・小林多津衛《タツエ》（明）・堀田善衛《ヨシエ》（大）・田中邦衛《クニエ》（昭）・毛利衛《マモル》（昭）　♀赤染衛門《エモン》（安）・加賀左衛門《サエモン》（安）・上西門院兵衛《ヒョウエ》（安）・野間左衛《サエ》（明）

【亦】 6（亠・4）

［読み］ ㊟音 エキ（漢）　ヤク（呉）　㊟訓 また

［語源］ 一つの事態の次に別の事態が同じように重ねて起こることをいう副詞をエキといい、「亦」と表記する。「A～B亦～」（Aが～、Bもまた～）という表現である。「同じものがもう別に一つある」というコアイメージを図形に表すために、人の両脇を描いたのが「亦」である。「亦」は「夜」「跡」の構成記号になる。

(甲) 　(金) 　(篆) 

【人名】また ♂粟屋亦助《マタスケ》(江)・鈴木亦人《マタンド》(江)・山田亦介《マタスケ》(江)・松本亦太郎《マタタロウ》(江)・石榑千亦《チマタ》(明)・佐貫亦男《マタオ》(明)

【易】8(日・4) 常

【読み】①音 エキ(漢) ヤク(呉) 訓 かえる・かわる ②音 イ(呉・漢) 訓 やさしい・やすい

【語源】二つの語が同じ字を共有する。①は変易のエキで、「物が変わる」の意味。②は平易のイで、「動きや働きがスムーズである(たやすい)」の意味。本来は前者のために「易」の表記が生まれた。「易」はトカゲを描いた図形である。中国ではカメレオンのように色を変えるトカゲが棲息したので、「あるものが変化して別のものになる」ことを意味するエキという語の表記として「易」が選ばれた。トカゲという原初的なイメージは蜥蜴の蜴に残されている。

一方、トカゲが地面を平らに這ってのびていく姿に着目すると、「抵抗がなくスムーズに動く」というイメージが生まれる。これが平易、容易などの易の用法になる。

甲  金  篆 

【展開】「別の物に変わる」というコアイメージから、「(物と物を)取りかえる」の意味を派生する(交易・貿易)。

【人名】えき・おさ・おさむ・やす・やすし ▽平らというイメージから、平らにならして治めるという意味を派生するので、「おさ」「おさむ」の名乗りが生まれた。 ♂奥村易英《ヤスヒデ》(土)・錦小路頼易《ヨリオサ》(江)・加納易久《ヤスヒサ》(江)・寺西易堂《エキドウ》(江)・金易二郎《ヤスジロウ》(明)・川村易《オサム》(昭)・片岡易之《ヤスユキ》(昭)

【益】10(皿・5) 常

【読み】音 エキ(漢) ヤク(呉) 訓 ます・ますます

【語源】物がいっぱいになってふえる意味。これを「益」で表記する。「水」を横にした形と「皿」(さら)を合わせた図形である。水がいっぱいになるという具体的な状況を設定したもの。

甲  金  篆 

【展開】足りないところを満たすもの、つまりためになるものや、もうけの意味を派生する。

[字体] 「益」が旧字体。「益」は近世の中国で「益」の上部が変わった俗字。

[人名] あり・えき・すすむ・まさる・まし・ます・よし ▽「あり」はいっぱい有る意味から。「すすむ」は利益が増進する意味から。「よし(善・好・良)」は利益が人にとってよいことから。♂田口益人《マスヒト》(飛)・筑紫益《マス》(飛)・出雲益方《マスカタ》(奈)・源益《マサル》(安)・北条時益《トキマス》(鎌)・六角益継《マスツグ》(室)・滝川一益《カズマス》(戦)・保科正益《マサアリ》(江)・貝原益軒《エキケン》(江)・安藤有益《アリマス》(江)・相馬益胤《マシタネ》(江)・大村益次郎《マスジロウ》(江)・日置益《マス》(江)・山口益《ススム》(明)・上野益三《マスゾウ》(明)・増村益城《マシキ》(明)・室崎益輝《ヨシテル》(昭)・前田益穂《マスホ》(昭) ♀紀益女《マスメ》(奈)・益子《マスコ》内親王(江)

【悦】 10(心・7) 常

[読み] 音 エツ(漢) エチ(呉) 訓 よろこぶ

[語源] 悦楽・喜悦の悦は「よろこぶ」と訳されるが、歓・喜・慶などとは違い、「心配のたねが消えて、心が晴れ晴れする」という意味。「中身が抜け出る」というのがコアイメージで、そのイメージを表す「兌《だ》」を用いて(説の項参照)、「兌(音・イメージ記号)＋心(限定符号)」を合わせた図形が作られた。心の中にわだかまるもの(しこりやストレス)が抜け出る様子を暗示させる。

[字体] 「悅」が正字だが、崩して書くと旁の「八」が「丷」の形になり、これが定着した。

[人名] え・えつ・のぶ・よし ▽「のぶ(伸)」は伸びとくつろぐ意味から。「よし(善・良)」は心配事が取れて心中がよくなることから。♂本阿弥光悦《コウエツ》(江)・植木悦《エツ》(江)・柳宗悦《ムネヨシ》(明)・岩淵悦太郎《エツタロウ》(明)・加藤悦郎《エツロウ》(明)・鷲尾悦也《エツヤ》(昭)・豊川悦司《エツシ》(昭)・小沢征悦《ユキヨシ》(昭) ♀悦子《ヨシコ》女王(安)・佐竹悦子《エツコ》(江)・宮里悦《エツ》(明)・市原悦子《エツコ》(昭)・前田悦智子《エチコ》(昭)・北川悦吏子《エリコ》(昭)

【越】 12(走・5) 常

[読み] 音 エツ(漢) エチ(呉) オチ(呉) 訓 こえる・こす

[語源] 物の上をとびこえる意味。これを「越」と表記する。「戉《えつ》」は刃が大きく反り返ったまさかり(鉞)の図形だが、まさかりという具象的イメージは捨象して、「反り返る」という抽象的イメージだけを用いる。

「戉（音・イメージ記号）＋走（限定符号）」を合わせて、足で地面を蹴って弾力をつけてはね返り、物の上をとびこえる様子を暗示させる。

甲  金  篆 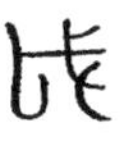〔戉〕 篆 〔越〕

【人名】 えち・えつ・こし　♂堀越《ホリコシ》公方（室）・竹本越路太夫《コシジダユウ》（江）・福原越後《エチゴ》（江）・大岡越前守《エチゼンノカミ》（江）・越智越人《エツジン》（江）・尾竹越堂《エツドウ》（明）・阪本越郎《エツロウ》（明）　♀川上越子《エツコ》（昭）

【円】4（冂・2）常　【圓】13（囗・10）

【読み】 音 エン（呉・漢）　訓 まる・まるい・まどか

【語源】「まるい」意味。この語を表記するのが「圓」。「員」は「まるい枠の中に入れる」というイメージがあり、「まるく囲む」というイメージに展開する（該項参照）。「員（音・イメージ記号）＋囗（囲いを示すイメージ補助記号）」を合わせて、まるい形を暗示させた。

【展開】「まるい」ことから、全体に行き渡って角がないという意味を派生する（円満・円熟）。

【字体】「円」は「圓」（旧字体）の崩れた俗字。中国にも存在したが、現在は使われていない。

【人名】 えん・つぶら・のぶ・まど・まどか・まる・まろし・みつ　▽「みつ」は円満の満から。「のぶ（伸）」は「伸び伸びとくつろぐ」の意味があり、円満の心理的状態から連想したか。♂葛城円《ツブラ》（古）・源義円《ギエン》（安）・赤松円心《エンシン》（鎌）・永井直円《ナオミツ》（江）・安島直円《ナオノブ》（江）・大石円《マドカ》（江）・児島円《エン》（江）・平岡円四郎《エンシロウ》（江）・樺山三円《サンエン》（江）・池田円男《マルオ》（明）・平松隆円《リュウエン》（昭）・佐藤円《エン》（昭）・田村円《マロ》（昭）　♀円《ツブラ》皇女（古）・円方《マドカタ》女王（奈）・山口円《マドカ》（昭）・市川円香《マドカ》（昭）

【延】8（廴・5）常

【読み】 音 エン（呉・漢）　訓 のびる・のばす

【語源】 ずるずると長くのびる意味。これを表記する図形が歩行の場面から発想された。「止」は足の形、「廴」は「彳」（行の左半分をとった形）の下の部分を引き延ばしたもので、「のびる」ことを示す符号。「止（イメージ記号）＋廴（限定符号）」を合わせた「延《てん》」は歩幅を縮めてせかせか歩くのではなく、歩幅をゆったりのばして歩く様子を暗示させる。これにさらに「ノ」（横にずれていく符号）をつけて「延《えん》」となった。空間的、時間的に間がのびることを表す。

甲  金  篆 〔延〕 篆 〔延〕

【字体】古くは「延」と書き、7画に数えたが、右下は「止」であったから、8画に数えるのが正しい。

【人名】えん・すすむ・とお・なが・のぶ・のぶる ▽「のぶ」「なが」「とお」「すすむ」は長くのびて行くことから。♂源延光《ノブミツ》（安）・今川貞延《サダノブ》（室）・朝倉延景《ノブカゲ》（戦）・木下延俊《ノブトシ》（土）・青山光延《ミツノブ》（江）・日野西延光《トオミツ》（江）・田中延香《ノブカ》（江）・金井延《ノブル》（江）・石森延男《ノブオ》（明）・萩原延寿《ノブトシ》（大）・大沼啓延《ヒロノブ》（昭）・大内延介《ノブユキ》（昭）・高田延彦《ノブヒコ》（昭） ♀藤原延子《エンシ［ノブコ］》（安）・延子《エンシ》内親王（鎌）・幸田延《ノブ》（明）・津田延代《ノブヨ》（大）・柴山延子《ノブコ》（昭）

【苑】8（艸・5）

【読み】音エン（漢） オン（呉） 訓その

【語源】古代中国で、植物を栽培したり、動物を放し飼いしたりする所（一種の植物園・動物園）をエンといい、「苑」と表記した。「夗《えん》」は「夕＋卩（背を丸める形）」を合わせて、夜に背を丸めて寝る場面を設定した図形で、「まるく曲がる」というイメージを示す。平面に視点を置けば、「円形」のイメージにも展開する。「夗（音・イメージ記号）＋艸（限定符号）」を合わせて、周囲をまるく柵や垣根などで巡らした所を暗示させた。

篆 〔夗〕 篆 〔苑〕

【人名】えん・おん・その ♂関口苑生《エンセイ》（昭） ♀杉本苑子《ソノコ》（大）・佐々木苑子《ソノコ》（昭）・石村玉苑《ギョクエン》（昭）・水原紫苑《シオン》（昭）・市川苑美《ソノミ》（平）

【媛】12（女・9） 常

【読み】音エン（呉・漢） 訓ひめ

【語源】美しい女性の意味。これを「媛」と書くわけは、「爰《えん》」に「ゆったりしている」というイメージがあるからである（猿の項参照）。「爰（音・イメージ記号）＋女（限定符号）」を合わせて、物腰がゆったりしたおやかな女を暗示させる。美の基準は容貌だけではない。

【人名】ひめ ♀弟媛《オトヒメ》（古）・糸媛《イトヒメ》（古）・厳媛《イツヒメ》（古）・

押媛《オシヒメ》（古）・御刀媛《ミハカシヒメ》（古）・物部宅媛《ヤカヒメ》（古）・吉備稚媛《ワカヒメ》（古）・葛城韓媛《カラヒメ》（古）

【淵】 12（水・9）

［読み］ 音 エン（呉・漢）　訓 ふち

［語源］「ふち」の意味で、これを「淵」と表記する。「𣶒《えん》」は川の両岸の間に水が深くたまっている様子の図形。これだけで「ふち」を表せるが、限定符号の「水」を添えた。

篆  〔𣶒〕　篆  〔淵〕

［字体］「渕」は書道で生まれた略字だが、人名漢字には入っていない。

［人名］ えん・ひろ・ふか・ふかし・ふち　▽「ひろ（尋）」は水深を測る単位から。♂源長淵《ナガフチ》（安）・大中臣淵魚《フチナ》（安）・賀茂真淵《マブチ》（江）・佐藤信淵《ノブヒロ》（江）・中西淡淵《タンエン》（江）・池永淵《エン》（江）・浅見淵《フカシ》（明）・中川宋淵《ソウエン》（明）

【園】 13（囗・10） 常

［読み］ 音 エン（漢）　オン（呉）　訓 その

［語源］ 垣をめぐらして植物を植える庭や畑の意味。この語を「園」と表記する。「袁《えん》」は飾りのついた衣の中に「○」の符号を入れて、内部を広くして体にゆったりとめぐらすガウンの類を暗示させる図形である。したがって「周囲がまるくて中がゆったりしている」というイメージを表しうる。「袁（音・イメージ記号）＋口（限定符号）」を合わせて、囲いを周囲にめぐらせた所を暗示する。

篆  〔袁〕　篆  〔園〕

［字体］「袁」には下はねがあるが、「園」「遠」には古くから下はねがない。

［人名］ えん・その　♂藤原園人《ソノヒト》（安）・三浦梅園《バイエン》（江）・橘御園《ミソノ》（江）・木村園治《ソノジ》（江）・野口園生《ソノオ》（明）・柏井園《エン》（明）　♀斯波園女《ソノジョ》（江）・竹原園子《ソノコ》（大）・堂垣園江《ソノエ》（昭）・清水園美《ソノミ》（昭）

【塩】 13（土・10） 常

［読み］ 音 エン（呉・漢）　訓 しお

［語源］ 古代漢語で「しお」をエンといい、「鹽」と表記する。これは「監」と「鹵」に分析できる。「監」には「一定の枠の中に収める」というイメージがある（該項参照）。「監（音・イメージ記号）＋鹵（限定符号）」を合わせた「鹽」は、塩田の中で塩を造る情景を設定した図形になっている。「鹵」は塩田あるいは塩地を描いた象形文字である。

［字体］「塩」は近世中国で発生した「鹽」の俗字「塩」が変わったもの。

［人名］ しお　♂紀塩手《シオテ》（飛）・文塩麻呂《シオマロ》（奈）・盛田小塩《オジオ》（江）・加茂川野塩《ノシオ》（江）・堀内塩八《シオハチ》（江）

【猿】 13（犬・10）常

［読み］ ㊅エン（漢）　オン（呉）　㋙さる

［語源］ 古代漢語ではテナガザルをエンといった。その語の表記は蝯→猨→猿となった。「爰《えん》」は「爪（下向きの手）＋紐状の物＋又（上向きの手）」を合わせて、上下から紐状の物を引っ張って中間にゆとりを開ける様子を暗示させる図形。「中に引き入れてゆったりさせる」というイメージがあり、「間に手を入れて引っ張る」というイメージにも展開する。テナガザルが木の枝や蔓を引っ張って移動する習性に着目して、「爰（音・イメージ記号）＋虫（限定符号）」を合わせた「蝯」が考案された。「猿」は音記号を袁に、限定符号を犬に替えた字である。

㊙ 　㊎ 　㊞ 〔爰〕　㊞ 〔蝯〕

［字体］「猿」の旁には下はねがあるが、「遠」「園」にはない。

［人名］ えん・さる　♂巨勢猿《サル》（古）・市川猿之助《エンノスケ》（江）・森猿男《サルオ》（江）・片桐宗猿《ソウエン》（江）・林伯猿《ハクエン》（明）・市川猿翁《エンオウ》（明）・谷山花猿《カエン》（昭）・市川喜猿《キエン》（昭）・皆川猿時《サルトキ》（昭）

【遠】 13（辵・10）常

［読み］ ㊅エン（漢）　オン（呉）　㋙とおい・とおざける

［語源］ 距離が大きく離れている意味。これを「遠」と表記する。「袁《えん》」は「周囲がまるくて中がゆったりしている」というイメージがある（園の項参照）。「袁（音・イメージ記号）＋辵（限定符号）」を合わせた「遠」は、

近道を行かないで、ゆったりと距離を取って遠回りする場面を設定した意匠になっている。

[字体] 「袁」には下はねがあるが、「遠」「園」には古くから下はねがない。

[人名] えん・おん・とお・とおし　♂百済遠宝《エンホウ》（江）・藤原遠経《トオツネ》（安）・遠藤盛遠《モリトオ》（安）・足立遠親《トオチカ》（鎌）・河野通遠《ミチトオ》（鎌）・西園寺実遠《サネトオ》（室）・伊木遠雄《トオカツ》（戦）・小堀遠州《エンシユウ》（土）・坂田諸遠《モロトオ》（江）・大浦遠《トオシ》（江）・穂積重遠《シゲトオ》（明）・大木遠吉《エンキチ》（明）・霜川遠志《エンジ》（大）・石井道遠《ミチトオ》（昭）　♀蘇我遠智娘《オチノイラツメ》（飛）・緒月遠麻《トオマ》（昭）・梶原千遠《チオン》（昭）

【演】 14（水・11） 常

[読み] ㊅ エン（呉・漢） ㊆ のびる

[語源] 長く引き延ばすというのが本来の意味。「長くのびる」というコアイメージを表すのが「寅《いん》」である（該項参照）。「寅（音・イメージ記号）＋水（限定符号）」を合わせて、水が長々とのびて流れる情景を暗示させる。水という具体物は捨象して、ただ「長くのびる」というイメージだけを取る。

[展開] 長く引き延ばすことから、話やしぐさを展開させるという意味を派生する（演武・演説）。

[人名] えん・のぶ・ひろ・ひろし　▽「ひろ（広）」は長く伸びることの縁語。　♂浅井井演《イヒロ》（戦）・辻演年《エンネン》（江）・釈宗演《ソウエン》（江）・勝部演之《ノブユキ》（昭）

【緣】 15（糸・9） 【縁】 15（糸・9） 常

[読み] ㊅ エン（呉・漢） ㊆ ふち・へり・よる・えにし・ゆかり

[語源] 物の周辺部（へり、ふち）の意味だが、もとは「衣のふち飾り」という意味もあった。これを「緣」で表記する。「彖《たん》」は頭の大きなブタを図形化したもの。大きなブタはたいてい腹が垂れているから、「彖」を「垂れ下がる」というイメージを表す記号とする。「彖（音・イメージ記号）＋糸（限定符号）」を合わせて、衣のへりに垂れ下がるレースやフリルのような飾りを暗示させた。

㊇  〔彖〕　㊇  〔緣〕

[展開] 衣とふち飾りのような関係から、つながり・手づるという意味を派生する。また、手がかり（手づる）

によって探るという意味にもなる。

[字体]「緣」は正字（旧字体）。「縁」は近世の中国ででき た俗字だが、現代の中国では使われていない。

[人名]えん・ゆかり・よし・より　▽「ゆかり」「よし」は縁由の意味から。♂飛鳥井雅縁《マサヨリ》(南)・東常縁《ツネヨリ》(室)・庵原忠縁《タダヨリ》(戦)・平縁信《ヨリノブ》(江)・渥美契縁《ケイケン》(江)　♀縁妙尼《エンミョウニ》(安)・青山縁《ユカリ》(昭)

【燕】16(火・12)

[読み]㊅エン(呉・漢)　㊗つばめ

[語源]古代の中国でツバメのことをエンといい、「燕」と表記する。これはツバメの全形を描いたもの。エンはツバメの鳴き声を写した擬音語に由来する。

㊙ 　㊘ 

[人名]えん・つばめ・なる・やす・よし　▽「やす」「よし」は「燕」の音が「安」「宴」に通じ、「やすらか」「たのしむ」の意味になるところから。「なる」はツバメが子育ての象徴なので愛・育の名乗りを用いたか。♂北条氏燕《ウジヨシ》(江)・花園公燕《キンナル》(江)・志水燕十《エンジュウ》(江)・東燕志《エンシ》(江)・日柳燕石《エンセキ》(江)・桃川燕雄《エンユウ》(明)・西村燕々《エンエン》(明)・柳亭燕路《エンジ》(昭)

【艶】19(色・13)　常

[読み]㊅エン(呉・漢)　㊗つや・あでやか・なまめかしい

[語源]女性がセクシーであるという意味で、これを「艶」と表記する。「豐（たっぷり満ちる）＋色（いろ、セックス）」を合わせて、女性が色香に満ちてセクシーな様子を暗示させる。

[字体]豐→豊に倣って、豔→艶となった。

[人名]つや　♂玉村艶之助《ツヤノスケ》(江)・横田艶士《エンシ》(江)・井尻艶太《ツヤタ》(明)　♀艶《エン》(江)・北島艶《ツヤ》(明)・三宅艶子《ツヤコ》(大)・山下艶子《ツヤコ》(昭)・山口艶香《ツヤカ》(昭)

【於】8(方・4)

[読み]㊅オ(漢)　ウ(呉)　㊗おいて・おける

[語源]「於」は「烏」の古文（戦国時代の書体）といわれる。カラスの鳴き声のように喉に詰まった感じの擬音語をウーフーといい、於乎（＝烏乎・嗚呼）と書く。日本では「ああ」と読む。人名では音読みのオを利用す

る。

㊎  ㊍ 

【人名】お ♂服部於田《ウエダ》(奈)・森於菟《オト》(明)・三上於菟吉《オトキチ》(明)・江崎玲於奈《レオナ》(大)・加納光於《ミツオ》(昭)・上村以和於《イワオ》(昭)・宮本政於《マサオ》(昭) ♀於大《オダイ》(江)・加納佐於梨《サオリ》(昭)

【王】 4(玉・0) 常

【読み】㊀ オウ(呉・漢) ㊁ きみ・おおきみ

【語源】君主・天子・キングのことを古代漢語ではワウ(↓オウ)という。この語は偉大な人、巨人というイメージでとらえたもので、これを「王」の図形で表記する。「王」は儀式用の大きなまさかりを描いた象形文字で、「大きく広がる」というイメージを表すことができる。

㊊  ㊎  ㊑ 

【人名】お・おう・きみ ♂出口王仁三郎《オニサブロウ》(明)・田中王堂《オウドウ》(明)・赤羽王郎《オウロウ》(明)・舞城王太郎《オウタロウ》(昭)

【央】 5(大・2) 常

【読み】㊀ オウ(漢) ヨウ(呉) ㊁ なかば

【語源】「真ん中」の意味。これを表す字が「央」である。「大(大の字型に立つ人)+冂(枠)」を合わせた「央」は、人体の中心(頭部と体部の中間)である首根っ子を押さえる情景を設定した図形。これによって「上下(または左右)に分かれるちょうど中心」を暗示させる。この語のコアには「真ん中を押さえて上下に分ける」というイメージがある。

㊊  ㊎  ㊑ 

【人名】あきら・お・おう・ちか・てる・なか・なかば・ひさ・ひさし・ひで・ひろ・ひろし・よう ▽「あきら」「てる」は「央々」に鮮明の様子という意味があるから。「ひさ」「ひろ」は央の派生義として久、広の意味があるから。♂吉良義央《ヨシナカ［ヨシヒサ］》(江)・相良頼央《ヨリヒサ》(江)・神尾春央《ハルヒデ》(江)・蜂須賀至央《ヨシヒロ》(江)・久世央《ナカバ》(江)・菊池央《オウ》(江)・関川夏央《ナツオ》(昭)・不破央《ヒサシ》(昭)・奥田央《ヒロシ》(昭)・水原央《ヨウ》(昭) ♀大地真央《マオ》(昭)・羽仁未

央《ミオ》（昭）・林央子《チカコ》（昭）・石川央子《ヨウコ》（昭）・佐野央子《ナカコ》（昭）・矢板央子《ヒサコ》（昭）・平井理央《リオ》（昭）・浅田真央《マオ》（平）

【応】7（心・3）常　【應】17（心・13）

［読み］ 音 オウ（呉）　ヨウ（漢）　訓 こたえる・まさに

［語源］ 外から来る問いや要求などをきちんと受け止める意味。この語を表記したのが「應」。「雁《よう》」の金文は「人＋丨＋隹（とり）」からできていて、人が鷹を胸に抱きとめる場面を設定した図形で、「先方から来るものを受け止める」というイメージを示す記号になる（鷹の項参照）。「雁（音・イメージ記号）＋心（限定符号）」を合わせた「應」は、外から来るシグナルを心にしっかり受け止めることを暗示させた。

［字体］「応」は「應」（旧字体）を略した俗字。

［人名］ お・おう・かず・たか・のぶ・のり・まさ　▽「のぶ（述）」「のり（宣）」は応答することから。「まさ」は漢文で「まさに」と読むことから。「たか」は鷹の読みの流用。「かず」は「たか」が嵩と通ずるからか。♂真里谷信応《ノブマサ》（戦）・池坊専応《センオウ》（戦）・池田政応《マサタカ》（江）・田島応親《マサチカ》（江）・由良守応《モリマサ》（江）・岡田正応《マサカズ》（江）・浅野応輔《オウスケ》（江）・円山応挙《オウキョ》（江）・飯尾景応《ケイオウ》（大）・奥沢信応《ノブオ》（昭）　♀丹羽応樹《マサキ》（昭）

【旺】8（日・4）常

［読み］ 音 オウ（呉・漢）　訓 さかん

［語源］ 勢いが盛んという意味（旺盛）。「王」は「大きく広がる」というイメージを示す記号なので（該項参照）、「王（音・イメージ記号）＋日（限定符号）」を合わせて、日の光が大きく広がる様子を暗示させた。

［人名］ あきら・お・おう　▽「あきら」は光が広がって明るいという意味もあるから。♂小林経旺《ツネオ》（大）・川合伸旺《ノブオ》（昭）・桑原辰旺《タツオ》（昭）・若生哲旺《テツオ》（昭）・吉田旺《オウ》（昭）・前田旺四郎《オウシロウ》（平）

【欧】8（欠・4）常

［読み］ 音 オウ（漢）　ウ（呉）　訓 はく

［語源］ もともと嘔吐の嘔と同じで、「はく」「もどす」という意味であった。「區」は「小さく曲がる」「細かく入り組む」というイメージがある。「區（音・イメージ記号）＋欠（しゃがんで口を開ける動作にかかわる限定符号）」

を合わせた「歐」は、食べたものが胃から戻って、のどもとでつかえて曲がり、口からゲエーと吐き出すこと、つまり「もどす」ことを表す。

【展開】近世中国でEuropaを欧羅巴と音写したことから「ヨーロッパ」には欧、「はく」には嘔と使い分けるようになった。

【字体】「欧」は「歐」(旧字体)の略字。

【人名】お・おう　♂本間欧彦《オウヒコ》(昭)・根本巳欧《ミオウ》(昭)・谷野欧太《オウタ》(平)　♀館野美欧《ミオ》(昭)

【桜】10(木・6)　常　【櫻】21(木・17)

【読み】音 オウ(漢)　ヨウ(呉)　訓 さくら

【語源】古代中国ではシナミザクラのことをアウ(→オウ)といい、「櫻」と表記した。「賏《えい》」は「貝」を二つ並べて、ネックレスを表す図形で、「丸い輪」「丸く巻きつく」というイメージがある。「嬰《えい》」は「賏(音・イメージ記号)+女(限定符号)」を合わせて、母親の首にまといつく赤ちゃんを暗示させる。「嬰(音・イメージ記号)+木(限定符号)」を合わせた「櫻」は、赤ちゃんとネックレスの両方のイメージが取られた。すなわちサクランボは赤ちゃんの赤い唇にも似ているし、ネックレスの珠にも似ているからである。

篆  〔賏〕　篆  〔嬰〕　篆  〔櫻〕

【展開】「櫻」の字が日本に伝わると、日本人はサクラに誤解して、「さくら」の訓が生まれた。ただし中国でも現在はサクラを櫻花という。

【字体】「桜」は「櫻」(旧字体)を略した字。中国では使われない。

【人名】お・おう・さくら　♂芳野桜陰《オウイン》(江)・石川桜所《オウショ》(江)・福地桜痴《オウチ》(明)・桜井桜洲《オウシュウ》(明)・水原秋桜子《シュウオウシ》(明)・岡本桜《サクラ》(明)　♀友井桜子《サクラコ》(大)・松井菜桜子《ナオコ》(昭)・山尾志桜里《シオリ》(昭)・高橋実桜《ミオ》(昭)・渡部桜《サクラ》(昭)・高原里桜《リオ》(平)・大亀美桜《ミオ》(平)・小林万桜《マオ》(平)

【翁】10(羽・4)　常

【読み】音 オウ(漢)　ウ(呉)　訓 おきな

【語源】年取った男性(おきな)の意味で、「翁」と表記する。もともと「翁」は鳥の頭から首にかけて両側に分かれて垂れた毛を表したが、同音であることと、その姿が長髪の老人を髣髴させるため、同じ表記となった。「公」は「両側に分ける」というイメージがある（該項参照）。ある種の鳥の頭の毛をこのイメージで捉えて、「公（音・イメージ記号）＋羽（限定符号）」を合わせた「翁」ができた。
［字体］「翁」が旧字体。書道では「羽」が「羽」の形になることが多い。これに倣って「翁」と書かれる。
［人名］お・おう・おきな・とし　▽「とし」は長寿の意から。♂黒沢翁満《オキナマロ》（江）・氷室長翁《ナガトシ》（江）・並木翁輔《オウスケ》（江）・大久保一翁《イチオウ》（江）・市川猿翁《エンオウ》（明）・阿木翁助《オウスケ》（大）・小山貢翁《ミツオウ》（昭）・原田奈翁雄《ナオオ》（昭）・高橋幸翁《サチオ》（昭）・鈴木翁二《オウジ》（昭）

【凰】11（几・9）

［読み］㊥オウ（呉）　コウ（漢）
［語源］空想上の大鳥の名。初めはホウ（鳳）の一音節語であったが、後にホウオウ（鳳凰）の二音節語となり、雄が鳳、雌が凰とされるようになった。「皇」は「大きい」というイメージがあり（該項参照）、「皇（音・イメージ記号）＋几（鳳の略体）」を合わせたもの。
［人名］おう・こう　♂三宅凰白《コウハク》（明）

【奥】12（大・9）常　【奧】13（大・10）

［読み］㊥オウ（呉・漢）㊞おく
［語源］もともと部屋の西南の隅という意味の語で、「奥」と表記する。これは「宀（覆い）＋釆（手を開いて物をまき散らす）＋廾（両手）」を合わせて、手を覆いのおくに差し入れて散らばったものを探る場面を設定した図形。おく深くて薄暗い場所を暗示させた。なお「釆」は「番」や「巻」にも含まれ、種子を播くために握った手のひらを開くことを表す記号である。

㊦

［字体］「奧」は「奥」の「釆」を「米」に略した字。中国では古くから書道で使われ、現在に至っている。
［人名］おき・おく・すみ・ふか　▽「おき（沖）」と「おく（奥）」は同源。「すみ」「ふか」は奥の縁語。♂長奥麻呂《オキマロ》（飛）・阿倍奥道《オキミチ》（奈）・大神奥守《オキモリ》（奈）・畑奥実《スミザネ》（室）・浅尾奥山《オクヤマ》（江）・荘田奥三郎《オクサブロウ》（江）・及川奥

郎《オクロウ》(明)　♀滋野奥子《オクコ》(安)

【横】15(木・11) 常　【橫】16(木・12)

[読み] 音 オウ(呉)　コウ(漢)　訓 よこ

[語源] 縦に通る線に対して、よこに通る線という意味で、これを「横」と表記する。縦を中心線とすると、よこは左右あるいは東西に延びるというイメージなので、「四方に広がる」のコアイメージをもつ「黄」を用いて(広の項参照)、「黄(音・イメージ記号)+木(限定符号)」を合わせた「橫」でもって、「よこ」を意味する語を表記した。

[字体] 「横」は「橫」の俗字の「黄」にならったもの。中国では古くから書道では「横」の字体があった。

[人名] おう・よこ　♂吉弥侯横刀《タチ》(奈)・中川横太郎《ヨコタロウ》(江)・長野横笛《オウテキ》(江)・川谷横雲《オウウン》(明)　♀横笛《ヨコブエ》(安)

【鴨】16(鳥・5)

[読み] 音 オウ(漢)　ヨウ(呉)　訓 かも

[語源] 中国ではアヒルをアフ(↓オウ)といい、「鴨」と表記する。「甲」は「表面に覆いかぶさる」というイメージがあり、「枠をかぶせて手なずける」というイメージに展開する(該項参照)。「狎」は「なれる、なじむ」意となる。「甲(音・イメージ記号)+鳥(限定符号)」を合わせて、野生のものを飼い慣らした鳥を暗示させる。カモを飼い慣らしたのがアヒルである。

[展開] 日本では取り違えてカモを鴨、アヒルを家鴨と書く。中国ではカモを鳧、または野鴨と書く。

[人名] おう・かも　♂吉備鴨別《カモワケ》(古)・当麻鴨継《カモツグ》(安)・芹沢鴨《カモ》(江)・岡田鴨里《オウリ》(江)・安田鴨波《オウハ》(明)

【鷗】22(鳥・11)

[読み] 音 オウ(漢)　ウ(呉)　訓 かもめ

[語源] 詩経ではカモメを鷖《えい》と書くが、列子では漚鳥《おうちょう》とする。漚は「あわ」の意味。カモメが泡のように白く海上に浮いて見えるところから、その名がついた。のち「漚」の水を鳥に代えた「鷗」が生まれた。

[字体] 「鴎」は俗字。

[人名] おう・かもめ　♂武野紹鷗《ジョウオウ》(戦)・森鷗外《オウガイ》(明)・金子鷗亭《オウテイ》(明)・久田勘鷗《カンオウ》(昭)

【屋】

9（尸・6）　常

【読み】 ㊥オク（呉・漢）　㊞や

【語源】 建物に被せる屋根の意味で、「屋」と表記する。「至」は矢がやじりを逆さにして地面に届く情景を描いた図形で、「これ以上は行けない所まで到達する」というイメージがあり、「すきまがない」というイメージにも展開する（該項参照）。「至（イメージ記号）＋尸（屋根を示す限定符号）」を合わせた「屋」は、建物の上にすきまなく覆いかぶせるもの、つまり屋根を表した。

【人名】 いえ・おく・や　♂大部屋栖古《ヤスコ》（古）・物部守屋《モリヤ》（古）・大伴室屋《ムロヤ》（古）・多治比屋主《ヤヌシ》（奈）・井口在屋《アリヤ》（江）・栗本光屋《ミツイエ》（江）・本城梅屋《バイオク》（江）・丸山素屋《ソオク》（明）

【億】

15（人・13）　常

【読み】 ㊥オク（呉）　ヨク（漢）

【語源】 十進法で万の次の単位（十万）を古代漢語でオクといい、「億」（篆書は僾）と表記する。「啻《よく》」は「言＋中」を合わせて、言葉が口や心の中にこもる様子を暗示させる。「啻（音・イメージ記号）＋心（限定符号）」を合わせたのが「意《おく》」で、心の中に思いがいっぱいこもる様子。楷書では「意」の代わりに「意」となった。「意」も「意」と同様、「ふさがれていっぱいこもる」というイメージがある（該項参照）。胸の中で思うだけで、数えきれないほどいっぱいあるというのが「億」の図形的意匠である。「億」という漢数字はすでに詩経に出てくる。

㊎ 

㊫ 〔意〕

㊫ 〔億〕

【人名】 おく　♂三島億二郎《オクジロウ》（江）・里村昌億《ショウオク》（江）・鴻池道億《ドウオク》（江）

【乙】

1（乙・0）　常

【読み】 ㊥オツ（呉）　オチ（呉）　イツ（漢）　㊞きのと

【語源】 十干の第二位をオツと呼び、「乙」で表記した。これは何かが伸びようとするが押さえられて曲がり、それ以上伸びきらない状態を示す図形。植物がやっと芽を出した状態を象徴的に表した。十干と十二支を組み合わせて日（また、年）を記す方法は、殷代に始まる。

甲

金

篆

【人名】いつ・お・おつ・おと・きのと・くに・たか・つぎ・つぐ・とどむ　▽「おと」はきのと（木の弟）から。「つぎ」は次（二番目）の意味から。「とどむ」は文を止める印（乚）という意味から。♂石上乙麻呂《オトマロ》（奈）・和乙継《オトツグ》（奈）・藤原乙縄《オトタダ》（奈）・藤原乙叡《タカトシ》（安）・東郷実乙《サネクニ》（江）・岩間乙二《オツニ》（江）・松木乙児《オツジ》（江）・深海乙吉《オトキチ》（江）・藤井乙男《オトオ》（江）・大橋乙羽《オトワ》（明）・大須賀乙字《オツジ》（明）・磯村乙巳《オトミ》（明）・加賀乙彦《オトヒコ》（昭）・坂崎乙郎《オツロウ》（昭）・斉藤乙《キノト》（昭）　♀藤原乙牟漏《オトムロ》（奈）・紀乙魚《オトイオ》（安）・坂本乙女《オトメ》（江）・辻村乙未《オトミ》（江）・天津乙女《オトメ》（明）・野村乙美《オトミ》（昭）・乙葉《オトハ》（昭）

【音】9（音・0）常

【読み】音 オン（呉）　イン（漢）　訓 おと・ね

【語源】「おと」の意味で、これを「音」と表記する。「言」の「口」の部分に「一」の印を入れて、ことばを口の中に入れてふさぐ状況を暗示させる図形である。「中に入れてふさぐ」というのがコアイメージ。「言《げん》」とはことば、つまり、口で調音して分節化したものだが、これに対し、切れ目のない連続した「おと」を「音《おん》」という。

金

篆

【人名】いん・お・おと・おん・と・なり・ね　♂大江音人《オトンド》（安）・片桐定音《サダナリ》（江）・丹羽氏音《ウジオト》（江）・川上音二郎《オトジロウ》（江）・三枝博音《ヒロト》（明）・宮城音弥《オトヤ》（明）・織田音也《オトヤ》（大）・物集高音《タカネ》（昭）・石田音人《ネヒト》（昭）　♀紀音那《オンナ》（飛）・山田音羽子《オトワコ》（江）・中村音子《オトコ》（昭）・清水和音《カズネ》（昭）・鳥羽美音子《ミネコ》（昭）・幸田真音《マイン》（昭）

【恩】10（心・6）常

【読み】音 オン（呉・漢）

【語源】人のなさけをありがたいと思う気持ちという意味。これを「恩」と表記する。「因」は「上に乗って下のものを踏まえる」というイメージがある（該項参照）。「因（音・イメージ記号）＋心（限定符号）」を合わせて、心の負担となってのしかかるもの、つまり心に重くしるされる「ありがたい」という気持ちを暗示させる。

〔人名〕おき・おん・めぐみ　▽「おき（起・興・発）」はありがたい気持ちが起こる意味からか。♂人見恩阿《オンア》（鎌）・念阿弥慈恩《ジオン》（南）・南部信恩《ノブオキ》（江）・関本理恩《リオン》（江）・楠美恩三郎《オンザブロウ》（江）・大中恩《メグミ》（大）・長谷川恩《メグミ》（大）・長谷志恩《シオン》（昭）・吉田理恩《リオン》（平）　♀日明恩《メグミ》（昭）・河合恩《メグミ》（昭）

【温】12（水・9）常　**【溫】**13（水・10）

〔読み〕㊥オン（呉・漢）　ウン（唐）　㊞あたたかい・あたためる・ぬくい・ぬるい

〔語源〕熱気であたたかい意味で、これを「溫」と表記する。「囚」は「囗（囲い）＋人」を合わせて、人を囲いに閉じこめる様子だが、具体を捨象して、単に「中に押しこめる」というイメージだけを取る。「囚（イメージ記号）＋皿（限定符号）」を合わせた「昷《おん》」は、食器に蓋をして熱が逃げないようにしている場面を設定したもの。これで十分「熱気がこもってあたたかい」を表せるが、「昷（音・イメージ記号）＋水（限定符号）」を合わせて「溫」とした。これは水を熱する場面に設定しなおしたものである。

㊦〔昷〕　㊦〔溫〕

〔展開〕比喩的に「性格がおだやか」の意味を派生する（温厚・温情）。

〔字体〕「溫」が正字（旧字体）で、「温」は俗字。しかし「温」も中国では古くから書道で使われていた。

〔人名〕あつ・あつし・おん・すなお・なが・ならう・のどか・のぶ・はる・やす・ゆたか・よし　▽「あつ」「のどか」「はる（春）」は温かの縁語。「やす（安）」「ゆたか」は温和の意味から。「よし」「すなお」「なお」は温良の意味から。「ならう」は温習（学習する意）の意味から。♂溝口直温《ナオアツ》（江）・有馬温純《ハルズミ》（江）・松平直温《ナオノブ》（江）・本多正温《マサハル》（江）・秋良貞温《サダヨシ》（江）・都築温《アツシ》（江）・岡田温《ユタカ》（明）・塩谷温《オン》（明）・岡田温《ナラウ》（明）・湯浅啓温《ヒロハル》（明）・北川原温《アツシ》（昭）・長谷川温雄《ハルオ》（昭）・水野温氏《アツシ》（昭）・小林温《ユタカ》（昭）　♀藤原温子《オンシ》［ヨシコ］（安）・浅野温子《アツコ》（昭）

【穏】16（禾・11）常

〔読み〕㊥オン（呉・漢）　㊞おだやか

【語源】安定している、おだやかだという意味で、これを「穩」と表記する。「𤔣《いん》」は「爫（下向きの手）＋工（ある物）＋又（上向きの手）」を合わせて、手の中に物を隠す様子。「㥯《いん》」は「𤔣（音・イメージ記号）＋心（限定符合）」を合わせて、心の中に物思いを隠す様子。いずれも「中に隠して外に出さない」というコアイメージがある。「㥯（音・イメージ記号）＋禾（限定符号）」を合わせた「穩」は、作物を倉に隠して安心できる状態に置く場面を設定した図形である。ここから「落ち着いて安定している（おだやかである）」様子を暗示させる。

㊞篆  〔𤔣〕　㊞篆  〔㥯〕

【字体】「穩」が正字（旧字体）。「穏」は近世の中国で生まれた俗字。

【人名】おん・やす・やすき　▽「やす（安）」は穏やかの縁語。♂松平乗穏《ノリヤス》（江）・穏仁《ヤスヒト》親王（江）・新井穏《ヤスキ》（江）　♀藤原穏子《オンシ》［ヤスコ］（安）

【下】3（一・2）　常

【読み】㊥カ（漢）・ゲ（呉）　㊫した・しも・もと・くだる・さがる・おりる

【語源】「上から下の方へくだる」、また「低くさがった方」という意味だが、そのコアには「（下のものを上から）覆いかぶさる」というイメージがある。これを「下」の図形（古代文字）によって象徴的に表した。ちなみに「上」は「（下になったものの上に）乗っかっている」というイメージである。

㊞甲 　㊞金 　㊞古 　㊞篆 

【人名】か・じ・しず・した・しも・もと　▽「しずえ（しづえ）」は下の枝の意。♂藤原蔵下麻呂《クラジマロ》（安）・伊能下野《シモツケ》（江）・柴廼戸下蔭《シタカゲ》（江）・植田下省《カセイ》（江）・山川下物《カブツ》（江）　♀四条宮下野《シモツケ》（安）・後鳥羽院下野《シモツケ》（鎌）・横河下枝《シズエ》（明）

か行

【化】4（匕・2）常

【読み】㊔カ（漢）・（呉）ケ ㊙ばける

【語源】変化の化は「A（の姿や性質）がBという別の物にかわる」というのがコアイメージ。「化」の左側（A）は正常に立つ人、右側（B）はひっくり返った人である。A↓Bと読んで、「別の物や状態に姿が変わる」と解釈できるようにしたのが「化」の図形的意匠である。

㊙甲  ㊎金  ㊕篆 

【人名】か・け ♂馬越化生《ケショウ》（江）・村越化石《カセキ》（大） ♀平木理化《リカ》（昭）

【加】5（力・3）常

【読み】㊔カ（漢）・ケ（呉） ㊙くわえる

【語源】増加の加は「上にのせる」がコアイメージ。「力」は腕力、「口」は言語で、二つとも人間の能力の象徴である。「力＋口」の図形を作り、腕力の上に更に言語力をプラスすることによって、相手に打ち勝つ場面を設定する。相手をしのぐことの根底には、「ある物の上にのる」というイメージがある。

金 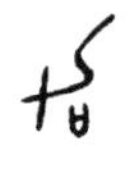 篆 

【人名】か・くわう・ます ♂藤原辛加知《シカチ》（安）・源加《クワウ》（安）・和気定加《サダマス》（土）・竹内加賀之助《カガノスケ》（江）・荒木加友《カユウ》（江）・岡野加穂留《カオル》（昭）・東由多加《ユタカ》（昭）・米倉斉加年《マサカネ》（昭）・尾崎加寿夫《カズオ》（昭） ♀待賢門院加賀《カガ》（安）・華岡加恵《カエ》（江）・松野加寿女《カズジョ》（明）・安川加寿子《カズコ》（大）・岩崎加根子《カネコ》（昭）・白石加代子《カヨコ》（昭）・岸本加世子《カヨコ》（昭）・小倉千加子《チカコ》（昭）・中野友加里《ユカリ》（昭）・神田沙也加《サヤカ》（昭）

【可】5（口・2）常

【読み】㊔カ（呉・漢） ㊙よい・べし

【語源】一気呵成の呵はどなること。誰何は不審なものに「だれだ！」とどなること。「可」は呵・何と関係があり、「丂」の形と「口」を合わせた図形によって、息が喉で「型にぶつかって吐き出される様子を暗示させる。これによって、怪しいけれども「まあ、よし！」とどなって、しぶしぶ認めることを表す。「可行（行くべし)」は「まあ、行ってよろしい」の意味。可は良とは違い、成績評価では優・良・可・不可の順になる。「まあ、どうにか認めてやる」というニュアンスである。

甲  金  篆 

【人名】 か・よし ♂森可成《ヨシナリ》(戦)・金森可重《ヨシシゲ》(土)・五味可都里《カツリ》(江)・下平可都三《カツミ》(江)・町野可名生《カナオ》(江)・太田可夫《ヨシオ》(明)・大沢可直《ヨシナオ》(昭)・牧野由多可《ユタカ》(昭) ♀向井可南《カナ》(江)・日下可明子《カメコ》(江)・村山可寿江《カズエ》(江)・岡田可愛《カワイ》(昭)・樋口可南子《カナコ》(昭)・小谷実可子《ミカコ》(昭)・柳原可奈子《カナコ》(昭)

【禾】 5(禾・0)

【読み】 音 カ(漢)・ワ(呉) 訓 のぎ

【語源】 アワやイネの穂が実って垂れた姿を象る。アワ、イネの意。「のぎ」は細い穂先のことで、本来の訓ではなく、部首としての「禾」を「ノ+木」と分析して読んだもの。

甲  金  篆 

【人名】 あわ・いね・か・のぎ・ひいず・ひで ▽「ひいず(ひいづ)」は穂出づが語源。♂池原禾守《アワモリ》(奈)・安養寺禾麿《ノギマロ》(江)・田中千禾夫《チカオ》(明)・平出禾《ヒイズ》(明)・川村禾門《カモン》(大) ♀福田和禾子《ワカコ》(昭)・徳光由禾《ユカ》(昭)

【何】 7(人・5) 常

【読み】 音 カ(漢)・ガ(呉) 訓 なに・なん・いずれ・いずこ

【語源】 「可」は「「型に曲がる」というコアイメージを示す(該項参照)。「可(音・イメージ記号)+人(限定符号)」を合わせて、肩に「型に荷物を担ぐことを表す。「になう」が本義だが、わからないものを「なんだ!」「どこだ!」と問う言葉になり、「になう」の意味は「荷」で代用する。

金  篆 

【人名】 いず・か・なに ♂何鹿王《イカルガオウ》(奈)・小沢何丸《ナニマル》(江)・横田何求《カキュウ》(江)・渡辺去何《キョカ》(江) ♀山崎何恵《イズエ》(明)・伏見知何子《チカコ》(昭)

【伽】 7(人・5)

［読み］㊥ カ・ガ(慣)　キャ(漢)・ギャ(呉)　㊦ とぎ
［語源］中国で梵語(サンスクリット)の音の当て字として作られた(伽藍・伽羅など)。「とぎ」は話し相手を務めることで(お伽話)、日本の用法。
［人名］か・が　♀神野美伽《ミカ》(昭)・伽代子《カヨコ》(昭)・平井有伽《ユカ》(平)

【花】7(艸・4)　常

［読み］㊥ カ(漢)・ケ(呉)　㊦ はな
［語源］「化」は「姿を変える」というコアイメージがある(該項参照)。「化(音・イメージ記号)＋艸(限定符号)」を合わせて、植物の「はな」を表す図形とする。その理由は、花は蕾から姿を変えるものだし、植物体の中では最も変わりやすい部分だからである。
［人名］か・はな　♂柴田花守《ハナモリ》(江)・徳冨蘆花《ロカ》(江)・泉鏡花《キョウカ》(明)・田山花袋《カタイ》(明)・麻生花児《カジ》(昭)　♀真木花藻《ハナモ》(戦)・木城花野《ハナノ》(江)・ベルツ花《ハナ》(江)・萩花妻《ハナヅマ》(江)・生田花世《ハナヨ》(明)・村岡花子《ハナコ》(明)・三宅花圃《カホ》(明)・寿美花代《ハナヨ》(昭)・石川三千花《ミチカ》(昭)・鳥羽美花《ミカ》(昭)・森青花《セイカ》(昭)・末吉里花《リカ》(昭)

【佳】8(人・6)　常

［読み］㊥ カ(慣)　カイ(漢)・ケ(呉)　㊦ よい
［語源］「圭」は「(∧型や「型に) 先がとがる」というコアイメージがある(該項参照)。「圭(音・イメージ記号)＋人(限定符号)」を合わせて、姿形がすっきりと整ってきれいなことを表す。古代中国人の美意識では角のある形が美しくて良いと見なされた(義・廉の項参照)。
［人名］か・けい・よし　▽「けい」は圭に引きずられた読み。♂京極高佳《タカヨシ》(戦)・田中佳政《ヨシマサ》(江)・箕作佳吉《カキチ》(江)・永井佳之輔《ヨシノスケ》(明)・春日佳一《カイチ》(明)・町田佳声《カセイ》(明)・白井佳夫《ヨシオ》(昭)・小椋佳《ケイ》(昭)・南木佳士《ケイシ》(昭)・桑田佳祐《ケイスケ》(昭)・谷佳知《ヨシトモ》(昭)　♀藤原佳美子《カミコ》(安)・藤原佳珠子《カズコ》(安)・佳子《ヨシコ》内親王(安)・三田佳子《ヨシコ》(昭)・園佳也子《カヤコ》(昭)・高見知佳《チカ》(昭)・村山由佳《ユカ》(昭)・村治佳織《カオリ》(昭)・佳子《カコ》内親王(平)

【果】8(木・4)　常

［読み］㊥ カ(呉・漢)　㊦ はたす・はてる・はて
［語源］木の上に果実が生っている様子を描いた図形。

「丸い」がコアイメージである。顆粒の顆（丸い粒）や踝（くるぶし）にこのイメージが残っている。

㊙甲  ㊎金  篆 

【展開】果実は最終的にできあがったものなので、成果や結果、また「はたす」の意味に展開する。

【人名】あきら・か・はた・はたす・まさる　♂蘇我果安《ハタヤス》(飛)・果心居士《カシンコジ》(戦)・海内果《ハタス》(江)・植松果堂《カドウ》(江)・真山青果《セイカ》(明)・北島大果《タイカ》(昭)・伊藤果《ハタス》(昭)　♀山口果林《カリン》(昭)・南果歩《カホ》(昭)・堤末果《ミカ》(昭)・丸山明日果《アスカ》(昭)

【河】8(水・5)　常

【読み】音 カ(漢)・ガ(呉)　訓 かわ

【語源】「可」は「┐型に曲がる」というコアイメージがある（該項参照）。「可（音・イメージ記号）＋水（限定符号）」を合わせた「河」は黄河の専用字であった（黄を添えた名は水が濁り出して以後の称）。黄河は何度も直角に曲がる川である。一般に大きな川の意味となる。

【人名】か・が・かわ　♂秦河勝《カワカツ》(飛)・藤原清河《キヨカワ》(奈)・紀豊河《トヨカワ》(奈)・葛井河守《カワモリ》(奈)・伴河男《カワオ》(安)・田中河内介《カワチノスケ》(江)・中島河太郎《カワタロウ》(大)・妹尾河童《カッパ》(昭)・沢井比河流《ヒカル》(昭)・佐野光河《コウカ》(平)　♀藤原河子《カワコ》(安)・駿河《スルガ》内親王(安)・大和悠河《ユウガ》(昭)

【夏】10(夂・7)　常

【読み】音 カ(漢)・ゲ(呉)　訓 なつ

【語源】衣冠を被った大きな人を描いた図形。古代中国人は東方の異民族を夷（背の低い人）と呼び、自分たちを夏と称した。また、「大きく被さる」というコアイメージがあるので、季節の「なつ」に用いた。樹木が大地を覆い被さるほど成長する特徴を捉えている。

金  篆 

【人名】か・なつ　♂紀夏井《ナツイ》(安)・清原夏野《ナツノ》(安)・津守国夏《クニナツ》(鎌)・洞院実夏《サネナツ》(南)・橋本公夏《キンナツ》(室)・森夏水《ナツミ》(江)・石井夏海《ナツミ》(江)・加納夏雄《ナツオ》(江)・光吉夏弥《ナツヤ》(明)・朱牟田夏雄《ナツオ》(明)・千田夏光《カコウ》(大)・阿部夏丸《ナツマル》(昭)・池沢夏樹《ナツキ》(昭)・京極夏彦《ナツヒコ》(昭)　♀藤原緒夏《オナツ》(安)・久世夏子《ナツコ》(江)・和田夏十《ナット》(大)・中山千夏

《チナツ》(昭)・桐野夏生《ナツオ》(昭)・伍代夏子《ナツコ》(昭)・源純夏《スミカ》(昭)・藤井来夏《ライカ》(昭)・三並夏《ナツ》(平)

【家】10(宀・7) 常

【読み】音カ(漢)・ケ(呉) 訓いえ

【語源】「上から覆い被せる」というのがコアイメージ。屋根を覆い被せた建物をカといい、「家」と書く。これは「宀(屋根)+豕(ブタ)」を合わせたもの。豚は人間とともに生活する大切な家畜の代表である。屋根を被せて大切な命を雨露から守るというのが図形的意匠である。別に豚小屋の意味ではない。

甲  金  篆 

【人名】いえ・え・か・や・やか ♂大伴家持《ヤカモチ》(奈)・阿倍家麻呂《ヤカマロ》(奈)・源義家《ヨシイエ》(安)・藤原定家《サダイエ》[テイカ](鎌)・吉良貞家《サダイエ》(南)・山科家豊《イエトヨ》(室)・徳川家康《イエヤス》(戦)・宇喜多秀家《ヒデイエ》(土)・酒井家次《イエツグ》(江)・岡田家武《イエタケ》(明)・家弓家正《イエマサ》(昭) ♀三家家刀自《イエトジ》(奈)・紀家子《イエコ》(安)

【華】10(艸・7) 常

【読み】音カ(漢)・ケ(呉)・ゲ(呉) 訓はな

【語源】「華」の下部は「于《う》」の変形で、「(型や)型をなす」というコアイメージを示す(宇の項参照)。真ん中は「𠂹」(植物の枝葉の垂れた形で、垂の原形)の変形。「于(音・イメージ記号)+𠂹(イメージ補助記号)」を合わせた「雩《か》」は、(型や)型に大きく目立って咲く植物の「はな」を表す。さらに「艸(くさ)」を添えて「華」となった。

金  篆  (雩) 篆  (華)

【字体】「蕐」は本字。「華」(12画)は旧字体。「華」は書道で発生した俗字。

【人名】か・げ・さかえ・はな・はる ▽「さかえ」は華やかに咲くことから。「はる」は春との連想からか。♂伊勢華《サカエ》(江)・山県太華《タイカ》(江)・木下華声《カセイ》(明)・高畠華宵《カショウ》(明)・斎藤空華《クウゲ》(大)・金剛英華《エイカ》(昭)・博多華丸《ハナマル》(昭) ♀三田華子《ハナコ》(明)・上田知華《チカ》(昭)・梅内美華子《ミカコ》(昭)・武田華《ハナ》(昭)・伊藤華英《ハナエ》(昭)・細野由華《ユカ》(昭)

【嘉】14(口・11)

[読み] 音 カ(漢) ケ(呉) 訓 よい・よみする

[語源] 「けっこうである」「めでたい」という意味。「加(音・イメージ記号)＋壴(イメージ補助記号)」を合わせたのが「嘉」。「加」は「上にのせる」というコアイメージがある(該項参照)。「壴」は喜の上部、鼓の左側と同じ。音楽を添えて喜びや楽しみを倍加させる様子を暗示させる。

[人名] か・ひろ・よし・よしみ・よみし ♂大江嘉言《ヨシトキ》(安)・少弐嘉頼《ヨシヨリ》(室)・九鬼嘉隆《ヨシタカ》(戦)・加藤嘉明《ヨシアキ》(土)・片山国嘉《クニカ》(江)・小笠原貞嘉《サダヒロ》(江)・馬淵嘉平《カヘイ》(江)・山本嘉次郎《カジロウ》(明)・細川嘉六《カロク》(明)・辻嘉一《カイチ》(明)・稲山嘉寛《ヨシヒロ》(明)・加藤嘉《ヨシ》(大)・笠原嘉《ヨミシ》(昭)・加納嘉徳《ヨシノリ》(昭)・大久保嘉人《ヨシト》(昭) ♀橘嘉智子《カチコ》(安)・嘉子《カシ［ヨシコ］》内親王(安)・巌本嘉志子《カシコ》(江)・岡田嘉子《ヨシコ》(明)・大村嘉代子《カヨコ》(明)・村田嘉久子《カクコ》(明)・松尾嘉代《カヨ》(昭)・瀬川嘉《ヨシミ》(昭)・中島美嘉《ミカ》(昭)

【歌】 14(欠・10) 常

[読み] 音 カ(呉・漢) 訓 うた・うたう

[語源] 「可」は「「型に曲がる」というコアイメージを示す記号である(該項参照)。これを二つ重ねた「哥《か》」は、喉元で息を「型に曲げて調節する様子を示す。「哥(音・イメージ記号)＋欠(かがんで息を吐く行為を示す限定符号)」を合わせて、音を調節して出すこと、つまり節をつけてうたうことを表した。

[人名] うた・か ♂喜多川歌麿《ウタマロ》(江)・勝歌女助《カメスケ》(江)・山本歌門《カモン》(明)・菊田歌雄《ウタオ》(明)・巽聖歌《セイカ》(明)・桂歌丸《ウタマル》(昭) ♀中島歌子《ウタコ》(明)・三ツ矢歌子《ウタコ》(昭)・酒井和歌子《ワカコ》(昭)・島田歌穂《カホ》(昭)・日野美歌《ミカ》(昭)・水野歌夕《カユウ》(昭)・鬼頭歌乃《ウタノ》(平)

【霞】 17(雨・9)

[読み] 音 カ(漢)・ゲ(呉) 訓 かすみ

[語源] 空中で水気が太陽の光でかすむ現象(朝焼け、夕焼け)をカといい、「霞」と表記する。「叚《か》」は金文では「厂(垂れた布)＋＝(ある物)＋爪(下向きの手)＋又(上向きの手)」を合わせた図形になっていて、ベールのようなものを両手で物に覆い被せるといった意匠が読み取れる。端的に、仮面を被る情景と考えてもよい。したがって「叚」には「カバーして実体を隠す」という

イメージが存在する。かくて「叚（音・イメージ記号）＋雨（限定符号）」を合わせて、右の意味を暗示させた。日本では特に「かすみ」にこの字を当てる。

金  篆 〔叚〕 篆 〔霞〕

【人名】か・かすみ ♂北条霞亭《カテイ》（江）・宇野明霞《ミョウカ》（江）・中村霞仙《カセン》（明） ♀勅使河原霞《カスミ》（昭）

【我】

7（戈・3） 常

【読み】音 ガ（呉・漢） 訓 わ・われ

【語源】刃のぎざぎざした武器の図形。これを一人称の語を表記するのに用いた。

甲  金  篆 

【人名】が ♂村国志我麻呂《シガマロ》（奈）・片岡我童《ガドウ》（江）・竹脇無我《ムガ》（昭）・鹿島我《ガ》（昭）・河相我聞《ガモン》（昭）・京本大我《タイガ》（平）

【芽】

8（艸・5） 常

【読み】音 ガ（漢）・ゲ（呉） 訓 め

【語源】植物の「め」の意味。これを「芽」と表記する。「牙」は二つのものが互い違いにかみ合った様子を示す象徴的符号で、動物の「きば」を表した。「牙」は「互い違いにかみ合う」というイメージから、「食い違ってちぐはぐになる」「∧型（ぎざぎざ）を呈する」というイメージに展開する。植物の「め」は、茎から∧型に出てくるという特徴を捉えて、「牙（音・イメージ記号）＋艸（限定符号）」を合わせた「芽」ができた。

金  篆 〔牙〕 篆 〔芽〕

【人名】め ♂平良夏芽《ナツメ》（昭） ♀河本香芽子《カメコ》（明）・梶芽衣子《メイコ》（昭）・宮原芽映《メバエ》（昭）・黒川芽以《メイ》（昭）・志村比芽子《ヒメコ》（平）

冴→ご

【賀】

12（貝・5） 常

【読み】音 ガ（呉）・カ（漢）

【語源】相手の善事に対して（礼物などを持って）祝うという意味（祝賀）。「上にのせる」のコアイメージをもつ

「加」を用いて、「加（音・イメージ記号）＋貝（限定符号）」を合わせた「賀」ができた。礼物を何かの上に載せて行くという場面を設定している。

【人名】いわう・か・が・のり・よし　▽「のり（宣）」は祝いを述べることから。「よし（善）」はよいことを祝うことから。♂大宅賀是麻呂《ガゼマロ》（奈）・多治比賀智《カチ》（奈）・島津久賀《ヒサカ》（戦）・室谷賀親《ヨシチカ》（江）・山崎一賀《カズヨシ》（江）・安美賀《ミヨシ》（明）・麻生太賀吉《タカキチ》（明）・藤岡和賀夫《ワカオ》（昭）♀石川賀係女郎《カケノイラツメ》（飛）・賀茂《カモ》女王（奈）・藤原賀登子《カトコ》（安）・賀々女《カガジョ》（南）・賀子《ヨシコ》内親王（江）・徳川美賀子《ミカコ》（江）・清水千賀《チカ》（江）・宮城千賀子《チカコ》（大）・橋田寿賀子《スガコ》（大）・稲葉賀恵《ヨシエ》（昭）

【雅】13（隹・5）常

【読み】音 ガ（漢）・ゲ（呉）　訓 みやびやか

【語源】形がきちんとしている（美しい、また、正しい）という意味の語（優雅）。これを「牙（音・イメージ記号）＋隹（限定符号）」を合わせた「雅」で表記した。「牙」は「かみ合う」「∧型をなす」というイメージがある（芽の項参照）。とがった形が美観につながることは古代中国人の言語感覚である（佳の項参照）。図形になぜ鳥が出てくるかというと、「雅」はアとも読み、「鴉」と同じくカラスを意味していたからである。カラスはかみ合って∧型をなす大きなくちばしが特徴である。というわけで、形が角だってきちんとしていることを意味する語にもこの「雅」が転用された。

【人名】が・ただ・ただし・つね・のり・ひとし・まさ・まさし・まさり・まさる・みやび・もと　▽「まさ（正）」は正しいの意味から。「つね（常）」「もと（素）」は雅に平素という意味もあることから。♂源雅通《マサミチ》（安）・藤原雅隆《マサタカ》（鎌）・飛鳥井雅世《マサヨ》（室）・望月信雅《ノブマサ》（戦）・石川雅望《マサモチ》（江）・荒木田経雅《ツネタダ》（江）・亀田末雅《スエモト》（江）・長井雅楽《ウタ》（江）・池大雅《タイガ》（江）・森雅之《マサユキ》（明）・河合雅雄《マサオ》（大）・津川雅彦《マサヒコ》（昭）・市川雅《ミヤビ》（昭）・遠藤雅《マサシ》（昭）・中山雅史《マサシ》（昭）・塚地武雅《ムガ》（昭）♀雅子《ガシ》［マサコ］内親王（安）・藤原雅子《マサコ》（鎌）・宇津宮雅代《マサヨ》（昭）・夏目雅子《マサコ》（昭）・久本雅美《マサミ》（昭）・上野雅恵《マサエ》（昭）

【介】4（人・2）常

【読み】音 カイ（漢）・ケ（呉）　訓 すけ

［語源］「介」は「人＋八（左右に分ける符号）」を合わせて、人を左右からはさんだ様子を示す図形。空間をそれによって二つに分けるさかい目というイメージがある（境界の界はこのイメージ）。両側のものに視点を置くと、中のものをはさむというイメージになる（介意）。また、中のものをはさむような形で守る固いもの（魚介）、また、中のものを両側から盛り上げて助けるという意味（介助）に展開する。中間に視点を置くと、中間に立って双方を取り持つこと（仲介）、また、両側に分かれて離れるという意味に展開する。

㊙甲  ㊙篆 

［人名］かい・かたし・すけ・たすく・ゆき　♂増田宗介《ムネスケ》（安）・佐々孫介《マゴスケ》（戦）・小倉勝介《ショウスケ》（土）・長尾介一郎《スケイチロウ》（江）・早川竜介《リュウスケ》（江）・中里介山《カイザン》（明）・加東大介《ダイスケ》（明）・斎藤隆介《リュウスケ》（大）・三波伸介《シンスケ》（昭）・大内延介《ノブユキ》（昭）・北島康介《コウスケ》（昭）

【会】6（人・4）常

［読み］㊥カイ（漢）・エ（呉）　㊙あう

［語源］「出会う」「集まる」という意味（会合・集会）だが、「多くのものが一か所に集まる」というコアイメージをもつ。これを表記するのが「會」である。「亼」は三方から中心に寄り集まることを示す象徴的符号。その下部は「曾」の「八」を略したもの。「曾」は「増」の「重なって増える」というイメージを受ける記号である（曽の項参照）。したがって「曾（イメージ記号）の略体＋亼（イメージ補助記号）」を合わせた「會」は、多くの物（人）が一点（一か所）に寄ってきて、重なるように数が増える状況を暗示する図形的意匠になっている。

［字体］「会」は「會」の俗字で、近世中国で発生した。

［人名］あい・え　♂物部会津《アイヅ》（飛）・葛井諸会《モロエ》（奈）

【快】7（心・4）常

［読み］㊥カイ（漢）・ケ（呉）　㊙こころよい

［語源］「気分がすかっとする」という意味（愉快）で、「切り分けて中身をえぐり取る」がコアイメージである。「夬《かい》」が「コ型にえぐり取る」というイメージを示す記号。「夬（音・イメージ記号）＋心（限定符号）」を合わせて、ストレスや病根など、心身によくないものを

取り去って、気持ちがすっきりすることを暗示させる。「通りがよく、もたもたしない」という意味（快速・快刀）にも展開する。

篆 〔夬〕　篆 〔快〕

【人名】かい・とし・はや・やす・よし　▽「やす（安）」「よし（良）」は心身がよくなることから。♂源満快《ミツヨシ》（安）・上杉快尊《カイソン》（室）・坂田快太郎《カイタロウ》（江）・森快温《ハヤアツ》（江）・伊藤快彦《ヨシヒコ》（明）・徳間康快《ヤスヨシ》（大）・阿藤快《カイ》（昭）・棟居快行《トシユキ》（昭）・恩田快人《ヨシヒト》（昭）・井ノ原快彦《ヨシヒコ》（昭）

【海】9（水・6）　常　【海】10（水・7）

【読み】音 カイ（呉・漢）　訓 うみ

【語源】古代中国人の言語感覚では、「うみ」は「暗い」というイメージで捉えられた。「毎」が「暗い」というイメージを示す記号。これは「母（音・イメージ記号）＋中（草とかかわる限定符号）」の組み合わせで、母が子を産み出すように、草がどんどん生える様子を暗示している。母は暗い胎内から子を生むし、草は暗い地下から芽を出すものなので、「毎」は生（有）—無—暗というイメージの連鎖があり、「暗い」というイメージも表しうる。そこで「毎（音・イメージ記号）＋水（限定符合）」を合わせた「海」で「うみ」を表象した。

甲 　金 　篆 〔母〕　甲 

金 　篆 〔毎〕　篆 〔海〕

【字体】「海」が旧字体で、「海」は書道で生じた字体。

【人名】あま・うな・うみ・かい・み　♂中臣勝海《カツミ》（古）・橘海雄《アマオ》（安）・細川皇海《コウカイ》（南）・渋川春海《ハルミ》（江）・山本晴海《ハルミ》（江）・勝海舟《カイシュウ》（江）・長谷川海太郎《カイタロウ》（明）・今日出海《ヒデミ》（明）・伊藤海彦《ウミヒコ》（大）・長倉洋海《ヒロミ》（昭）・清水将海《マサウミ》（昭）・大久保海太《カイタ》（昭）・山口海《カイ》（平）　♀海上《ウナカミ》女王（奈）・森南海子《ナミコ》（昭）・竹内海南江《カナエ》（昭）・葛城奈海《ナミ》（昭）・前田海嘉《ミカ》（昭）・玉井夕海《ユウミ》（昭）・末永直海《ナオミ》（昭）

【皆】9（白・4）　常

【読み】音 カイ（漢）・ケ（呉）　訓 みな

【語源】「並びそろう」がコアイメージ。「比」は右向きの人を二つ並べた図形で、同じようなものが並ぶ様子を示す。「白」は白色の白ではなく、「自」（鼻の形）の別体である。「自」は「それを起点として何かを始める」というイメージをもち、人の行為を示すための限定符号となる。「比（イメージ記号）＋白（限定符号）」の組み合わせによって、同じようなものがそろって全部という意味の語を表記する。

金 　篆 

【人名】かい・とも・みな　♂藤田皆之丞《ミナノジョウ》（江）・橋本皆助《カイスケ》（江）・石上皆応《カイオウ》（江）　♀葵七皆《ナナトモ》（明）・金子皆子《ミナコ》（大）・村仲皆美《トモミ》（昭）

絵→え

【開】12（門・4）常

【読み】音 カイ（漢）・ケ（呉）　訓 ひらく・あける

【語源】閉まっているものを開け放す意味。門を開ける場面を設定して、「門＋一＋廾（両手）」を組み合わせた図形を作り、両手で門のかんぬきを外す情景を暗示させる意匠とした。

古 　篆 

【人名】あきら・か・かい・はる・ひら・ひらき・ひらく　▽「あきら」は開けると明るくなることから。「はる（春）」は年があけることから。♂太田開《ヒラク》（江）・関口開《ヒラキ》（江）・日野開三郎《カイサブロウ》（明）・山口開生《ハルオ》（大）・亀関開《アキラ》（昭）・宍戸開《カイ》（昭）　♀須田開代子《カヨコ》（昭）

【解】13（角・6）常

【読み】音 カイ（漢）・ゲ（呉）　訓 とく・わかる・ほどく

【語源】「一体化したものを切り分ける」という意味（解剖）。それを表記する図形は牛の解体の場面を念頭に置いて発想され、「角＋刀＋牛」を組み合わせる。ばらばらに解き分けるということから、もつれた事態を分けてはっきりさせる（解説）とか、意味のこんがかった箇所を整理して意味をつかむという意味（理解）に展開する。

甲 　金 　篆 

【人名】かい・げ・さとる・とき・ひろ　♂酒井忠解

《タダトキ》(江)・佐藤解記《ゲキ》(江)・中平解《サトル》(明)・青柳志解樹《シゲキ》(昭)・滝沢解《カイ》(昭)　♀松田解子《トキコ》(明)

【魁】14(鬼・4)

【読み】(音)カイ(漢)・ケ(呉)　(訓)さきがけ

【語源】長い柄に丸い頭のついた柄杓の意味。「丸い頭」のイメージをもつ「鬼」を用いて(該項参照)、「鬼(音・イメージ記号)＋斗(限定符号)」の組み合わせで、その語を表記した。頭→かしら→さきがけという意味に転じる。

【人名】いさお・いさむ・かい・さきがけ・はじめ　▽「いさむ(勇)」「いさお」は容貌魁偉の魁(大きくて目立つ意)から。♂飯島魁《イサオ》(江)・島田魁《カイ》[サキガケ](江)・林魁一《カイイチ》(明)・東山魁夷《カイイ》(明)・長井魁一郎《カイイチロウ》(大)・田代素魁《ソカイ》(大)・国房魁《ハジメ》(昭)・芦沢魁作《カイサク》(昭)・田中魁秀《カイシユウ》(昭)・塩野魁斗《カイト》(平)

【懐】16(心・13)　常　【懷】19(心・16)

【読み】(音)カイ(漢)・エ(呉)　(訓)なつく・いだく・ふところ

【語源】「心の中に思いをいだく」意味(懐抱・追懐)。これを表記するのが「懷」である。「褱《かい》」を分析すると「衣＋眔」となり、「眔《とう》」を分析すると「目＋水」となる。「眔」は目から涙が垂れ落ちる情景である。「衣」の中に「眔」を入れることによって、衣で涙を隠すしぐさを暗示させる。よって「褱」は「中に包み隠す」というイメージを表しうる。「褱(音・イメージ記号)＋心(限定符号)」を合わせた「懷」は、何かに対する思いを大切に抱くという心理を表象する。「中に包み隠す」から「丸く抱きこむ(なつける)」というイメージにも展開する。

㊎ 　(篆) 〔褱〕　(篆) 〔懷〕

【字体】「懐」は「懷」(旧字体)の俗字で、近世中国で発生した。

【人名】かい・かね・きたす・ちか・もち・やす　▽「きたす(来)」はなついて来ることから。「ちか(近・親)」「やす(安)」は親しくなつけ、安心させることから。「もち(持)」は懐に抱え持つことから。「かね(兼)」は懐に抱くといろんなものを兼ね合わせることになるから。♂藤原懐忠《カネタダ》(安)・藤原義懐《ヨシチカ》(安)・宇都宮懐

久《カネヒサ》(鎌)・懐良《カネナガ［カネヨシ］》親王(鎌)・豊浦懐《イカ》(江)・中川懐春《ヤスハル》(明)　♀藤原懐子《カイシ［チカコ］》(安)

【外】5(夕・2)　常

【読み】(音)ガイ(漢)・ゲ(呉)　(訓)そと・ほか・はずす

【語源】「そと」を意味する古代漢語は「月《げつ》」や「抉《けつ》(えぐる)」と同源で、「中身が欠ける」がコアイメージ。この語を「月(音・イメージ記号)＋卜(占いにかかわる限定符号)」の組み合わせ図形で表記する(夕は月と同じ)。月が欠けると弦が残り、外側だけが見える。同じように、占いの際、亀の腹甲を焼け火箸でえぐると、その外側に硬い部分が残る。内部をえぐって残ったそと側の部分というイメージをこめたのが「外」である。

(篆) 

【人名】がい・げ・そと・と・ほか　♂三島外記《ゲキ》(南)・阿部正外《マサト》(江)・瓜生外吉《ソトキチ》(江)・長岡外史《ガイシ》(江)・宮武外骨《ガイコツ》(江)・森鷗外《オウガイ》(江)・石田和外《カズト》(明)・橘外男《ソトオ》(明)・片山外美雄《トミオ》(明)・渋谷天外《テンガイ》(明)・平岩外四《ガイシ》(大)・草鹿外吉《ソトキチ》(昭)・野田真外《マコト》(昭)　♀安曇外命婦《ゲミョウブ》(奈)・坂の外夜《トヨ》(昭)

【亥】6(亠・4)

【読み】(音)ガイ(漢)・カイ(呉)　(訓)い

【語源】獣の体内にある骨格の全形を描いた図形で、骸骨の骸の原字。これを十二支の「い」に当てる。

(甲) 　(金) 　(篆) 

【人名】い・がい　♂佐藤亥三郎《イサブロウ》(江)・黒田武亥《タケイ》(江)・石坂白亥《ハクガイ》(江)・岩出亥之助《イノスケ》(明)・藤島亥治郎《ガイジロウ》(明)・秋野亥左牟《イサム》(昭)・石坂亥士《ガイシ》(昭)

【凱】12(几・10)

【読み】(音)ガイ(慣)・カイ(呉・漢)

【語源】勝利の軍楽の意味(凱旋)。「豈《き》」は飾り紐のついた太鼓を描いた図形。「几」は物を載せる台の図形。「豈(音・イメージ記号)＋几(イメージ補助記号)」を合わせて、勝利を喜ぶにぎやかな音楽を表した。

(篆) 　〔豈〕

【人名】かい・がい・かつ・たのし・とき・よし　▽「とき」は勝ち鬨から。「よし（喜）」「たのし」は喜ぶことから。♂杉原凱《ガイ》（江）・岩佐凱実《ヨシザネ》（明）・富樫凱一《ガイイチ》（明）・花田紀凱《カズヨシ》（昭）・菊川凱夫《ヨシオ》（昭）・松野凱典《カツノリ》（昭）・中島凱斗《カイト》（平）

【角】

7（角・0）　常

［読み］㊥カク（呉・漢）　㊒かど・つの・すみ

［語源］「つの」の意味。「角」は獣のつのを描いた図形である。つのの外形のイメージから、∧型のとがった形、また、それが作りなす「かど」や「すみ」の意味を派生する。

㊙ 　㊎ 　㊢ 

【人名】かく・かど・すみ・つぬ・つの　♂紀角《ノツ》（古）・役小角《オヅヌ》（飛）・掃部角麻呂《ツヌマロ》（飛）・賀茂角足《ツノタリ》（奈）・長谷川角行《カクギョウ》（土）・深尾角馬《カクマ》（江）・北条角麿《スミマロ》（江）・吉田角丸《カドマル》（江）・宝井其角《キカク》（江）・椿角太郎《カクタロウ》（明）・松井角平《カクヘイ》（明）・田中角栄《カクエイ》（大）・佐野角夫《スミオ》（昭）・瀬池山角《カク》（昭）

【拡】

8（手・5）　常

［読み］㊥カク（呉・漢）　㊒ひろげる

［語源］「枠を張り広げる」意味（拡大）。これを「廣（音・イメージ記号）＋手（限定符号）」を合わせた「擴」で表記する。廣（＝広。ひろい）は形容詞、擴は動詞に使われ、元来同源である。

［字体］「擴」が旧字体。「拡」は由来不明の略字。

【人名】かく・ひろ・ひろし・ひろむ　♂吉田拡斎《カクサイ》（江）・安田拡了《カクリョウ》（昭）・青木拡憲《ヒロノリ》（昭）・鈴木拡樹《ヒロキ》（昭）・仲田拡輝《ヒロキ》（平）　♀岡本拡子《ヒロコ》（昭）

【格】

10（木・6）　常

［読み］㊥カク（漢）・キャク（呉）　コウ（慣）　㊒いたる

［語源］本来は、外から来る力に対して、止めたりつかえたりする固い木の棒や柵という意味であった。「各」は「夂（下に向く足）＋口（石ころのような固いもの）」の組み合わせで、歩いてきた足が固いものにぶつかって止まる情景を暗示する意匠である。「各（音・イメージ記号）＋木（限定符号）」を合わせた「格」によって、右

の意味の語を表記する。

甲  金  篆 〔各〕 篆 〔格〕

［展開］「つかえて止まる」「固くぶつかる」というイメージから、向こうから来るものを遮って止める意、向こうからやって来てある場所で足を止める（いたる）意、固いしんが通るようにゆがみをきちんと正す意、また、固いしんが通ってきちんとした品質の意、押さえて止めたりして、はみ出たりしないようにするために設けた基準や決まりの意（資格）などを派生する。

［人名］いたる・かく・きわめ・ただ・ただし・ただす・つとむ・とおる・のり　▽「きわめ（極・究）」「とおる（通）」はしんまで突き詰める、しんまで通っていくことから。「つとむ」は突き詰めることからの連想か。「のり（則）」は決まり（格式）の意味から。♂佐竹義格《ヨシタダ》（江）・山本格安《タダヤス》（江）・辻格亮《タダスケ》（江）・辛島格《イタル》（江）・大山格之助《カクノスケ》（江）・村上格一《カクイチ》（江）・神保格《カク》（明）・若槻有格《アリノリ》（明）・高川格《カク》（大）・富永格郎《タダオ》（昭）・酒井格《イタル》（昭）・百瀬格《タダシ》（昭）・村岡格《タダス》（昭）・豊島格《トオル》（昭）・岸井成格《シゲタダ》（昭）

【覚】 12（見・5）常

［読み］音 カク（呉・漢）　訓 さめる・おぼえる・さとる

［語源］「眠りから目ざめる」という意味。目ざめることを「何かが何かと交わる」というイメージで発想し、「交わる」というイメージをもつ「學」を利用して、「學（音・イメージ記号）の略体＋見（限定符号）」を合わせた「覺」が考案された。眠っていて物が見えない意識が現実の物と交わって、物が見えるようになると捉えたものである。覚醒の覚（目がさめる）から、物事をはっきりと知る、意識がはっきりしてさまざまの感覚が働くという意味を派生する。

［字体］旧字体は「覺」。「覚」は書道で生まれた「覺」の俗字。

［人名］あきら・かく・さと・さとし・さとる・ただし・よし　▽「あきら」は意識がはっきりすることから。「さとし」「ただし」「よし」は感覚がよく働くことから。♂文成覚《カクジョウ》（飛）・源覚《サトル》（安）・菊池覚勝《カクショウ》（鎌）・明石覚一《カクイチ》（南）・一乗院経覚《キョウカク》（室）・上井覚兼《カクケン[サトカネ]》（戦）・井戸覚弘《サトヒロ》（江）・中村覚《サトル》（江）・安積覚《カク》

（江）・黒沢覚介《カクスケ》（江）・岡倉覚三《カクゾウ》（江）・松田覚太《カクタ》（明）・岡部覚弥《カクヤ》（明）・伊藤英覚《ヒデサト》（大）・小林覚《サトル》（昭）・飯田覚士《サトシ》（昭）　♀覚子《カクシ》内親王（鎌）・覚鎮《カクチン》女王（戦）・清岡覚子《カクコ》（江）

【確】15（石・10）常

【読み】音 カク（呉・漢）　訓 たしか・たしかめる

【語源】「たしか」という意味のコアには「固く定まっている」というイメージがある。これを「隺（音・イメージ記号）＋石（限定符号）」を合わせた「確」で表記する。「隺《かく》」は「鶴」を念頭に置いて作られた図形で（次項参照）、ツルという鳥自体がもつイメージ、つまり「白くてはっきりと目立つ」というイメージを示す記号として使われている。このイメージは「事態がはっきりして動かせない」というイメージに展開しうる。石のように固く、事態がはっきりと定まって動きようがないということを示すため、「確」という図形が生まれた。

【人名】あきら・かた・かたし・かつ　♂石河確太郎《カクタロウ》（江）・石塚確斎《カクサイ》（江）・中平定確《サダカツ》（江）・前芝確三《カクゾウ》（明）・栗田確也《カクヤ》（明）

【鶴】21（鳥・10）

【読み】音 カク（漢）・ガク（呉）　訓 つる

【語源】「隺《かく》」は「冖（枠を示す符号）＋隹（とり）」を合わせて、鳥が枠を突き出て高く遠く飛び立つ情景を暗示する図形。「隺（音・イメージ記号）＋鳥（限定符号）」を合わせて、ツルを意味する語を表記する。

篆  〔隺〕　篆  〔鶴〕

【人名】かく・ず（づ）・たず（たづ）・つ・つる　♂陶鶴寿丸《ツルジュマル》（戦）・豊臣鶴松《ツルマツ》（土）・松川鶴麿《ツルマロ》（江）・賀古鶴所《ツルド》（江）・浅見田鶴樹《タヅキ》（江）・佐々鶴樹《タヅキ》（江）・井原西鶴《サイカク》（江）・安藤鶴夫《ツルオ》（明）・山口鶴男《ツルオ》（大）・田辺一鶴《イッカク》（昭）・垣野多鶴《タヅル》（昭）・片岡鶴太郎《ツルタロウ》（昭）　♀矢島鶴《ツル》（土）・織田鶴姫《ツルヒメ》（江）・井上田鶴子《タヅコ》（江）・近藤鶴代《ツルヨ》（明）・春野鶴子《ツルコ》（大）・十返千鶴子《チヅコ》（大）・宮迫千鶴《チヅル》（昭）・喜多川千鶴《チヅル》（昭）・蒲池美鶴《ミツル》（昭）

【学】8（子・5）常

【読み】音 ガク（呉）・カク（漢）　訓 まなぶ

【語源】「まなぶ」という行為は、二人が互いに交わって知識をやりとりするという発想で捉えられ、交差することを示す符号の「乂」を二つ重ねた「爻《こう》」を用い、「爻（音・イメージ補助記号）＋子（限定符号）＋臼（イメージ補助記号）＋冖（イメージ補助記号）」を組み合わせた「學」を作った。「臼」は両手、「冖（＝宀）」は建物を示している。子弟（生徒）が師匠（先生）と交わって、建物の中で学習の行為をしている場面を設定した図形である。

(甲) 　(金) 　(篆) 

【字体】「学」は「學」（旧字体）の草書から生まれた字体。

【人名】あきら・がく・さと・さとる・たか・のり・まこと・まなぶ・みち　▽「あきら」「さとる」は学問を学んで明晰になることから。「たか」は学識が高くなることから。「みち」「のり」は学ぶ内容（人の道や決まり）から。♂五条為学《タメサト》（室）・内田正学《マサアキラ》（江）・松平頼学《ヨリサト》（江）・織田信学《ノブミチ》（江）・酒井忠学《タダノリ》（江）・浅野大学《ダイガク》（江）・清水一学《イチガク》（江）・川崎学《ガク》（江）・三好学《マナブ》（江）・佐野学《マナブ》（明）・佐々学《マナブ》（大）・宮崎学《マナブ》（昭）・森本学《サトル》（昭）・下山学《マコト》（昭）

【岳】8（山・5）常

【読み】(音)ガク（呉・漢）(訓)たけ

【語源】「ごつごつと角立っている」というのがこの語のコアイメージ。「獄」は二つの「犬」の間に「言」をはさんだ構図で、いがみ合う二匹の犬を比喩として、原告と被告が対立して言い争う場面を暗示させる。ここに、かみ合わないで角が立つというイメージがあり、ごつごつ、ぎざぎざして角のある物体のイメージにも展開する。「獄（音・イメージ記号）＋山（限定符号）」を合わせた「嶽」はごつごつと鋭角的にそびえる山を表す。「丘＋山」を合わせた「岳」が古い字だが、図形にコアイメージが込められていないため、「嶽」が考案されたもの。

(古) 〔岳〕　(篆) 〔嶽〕

【字体】日本では「嶽」が旧字体、「岳」が新字体の扱いになっている。

【人名】おか・がく・たか・たかし・たけ・たけし・やま　♂紀惟岳《コレオカ》（安）・藤原岳守《タケモリ》（安）・武者小路実岳《サネオカ》

（江）・大沢岳太郎《ガクタロウ》（江）・松平春岳《シュンガク》（江）・小田嶽夫《タケオ》（明）・宮永岳彦《タケヒコ》（大）・平林岳《タケシ》（昭）・薬丸岳《ガク》（昭）・吉本岳史《タカフミ》（昭）・平岳大《タケヒロ》（昭）・田村岳斗《ヤマト》（昭）　♀青岳尼《ショウガクニ》（戦）・北村岳子《タカコ》（昭）

楽→らく

【活】9（水・6）常

［読み］ 音 カツ（漢）・ガチ（呉）　訓 いきる・いかす

［語源］ 本来は、水が勢いよく流れる状態を形容する語を「活」で表記した。「舌」は「昏《かつ》」の変形で、「氒（音・イメージ記号）＋口（イメージ補助記号）」の組み合わせ。「氒《けつ》」はY型または∪型の彫刻刀の図形である。よって「昏」は「∪型に穴をえぐる」「穴を開けてスムーズに通す」というイメージを示す記号になる。「昏（＝舌。音・イメージ記号）＋水（限定符号）」を合わせた「活」は、水が穴から押し出されるように勢いよく流れるというのが、その図形的意匠である。勢いよく動くというイメージを含むので、エネルギーをもって動いていること、つまり「いきいきしている」「いきている」という意味に展開する。

［人名］ いく・かつ　♂粟屋活輔《カツスケ》（江）・大神活都《イクト》（江）・那波活所《カッショ》（江）・成瀬活雄《カツオ》（昭）・西成活裕《カツヒロ》（昭）・川口能活《ヨシカツ》（昭）　♀有江活子《カツコ》（昭）

【葛】12（艸・9）

［読み］ 音 カツ（漢）・カチ（呉）　訓 くず・かずら・つづら

［語源］ 植物のクズを「葛」で表記する。クズの特徴は他の植物を枯らしかねないほど強く巻きつくことにある。そこに「遮り止める」というイメージを見て、「曷（音・イメージ記号）＋艸（限定符号）」を合わせた「葛」ができた。「曷《かつ》」は「匃（音・イメージ記号）＋曰（言語行為にかかわる限定符号）」を合わせたもの。「匃《かい》」は「人＋亡（人をついたて状の縦線で遮る形）」を合わせて、物乞いをするために、人を遮って押し止める場面を設定する。そこに「遮り止める」というイメージがある。したがって「曷」は声が摩擦や障害に遮られてスムーズに通らず

にかすれることで、ここにも「遮り止める」というイメージがある。

甲 

金  〔匃〕

篆  〔曷〕

篆  〔匃〕

篆  〔葛〕

【字体】「葛」は俗字。

【人名】かず・かずら・かつ・かつら・かど・くず・さき・さち・つら・ふじ ♂筑紫葛子《クズコ》(古)・佐伯葛城《カツラギ》(奈)・藤原葛野麻呂《カドノマロ》(奈)・葛井《フジイ》親王(安)・藤原諸葛《モロクズ》(安)・千葉葛野《カドノ》(江)・芝葛盛《カズモリ》(明) ♀葛王《カズラノオオキミ》(奈)・松平葛子《サキコ》(江)・千代田葛彦《クズヒコ》(大) ♀山中葛子《カツコ》(昭)

【干】3(干・0) 常

【読み】音 カン(呉・漢) 訓 ほす・ひる・たて・おかす

【語源】攻撃にも防御にも使用する棒状の武器(ほこ、たて)をカンといい、先端がふたまたになった長くて太い棒の図形である「干」で表記した。この武器の機能の面から、「無理に突き進む」というイメージが派生する。また、形態の面から、「固くて強い心棒」とか、「高く上がる」というイメージが派生する。

甲 

金 

篆 

【人名】かん・たて ♂谷干城《タテキ》[カンジョウ](江)・島村干雄《タテオ》(江)

【完】7(宀・4) 常

【読み】音 カン(漢)・ガン(呉) 訓 まったし

【語源】「全体に欠けたところがなくそろっている」という意味(完全)。これを「元(音・イメージ記号)+宀(限定符号)」を合わせた「完」によって表記する。「元」は「丸い」というイメージがある(該項参照)。家の周囲に丸く垣(あるいは屋根)を巡らすという場面を設定した図形である。「全体に丸く行き渡る」というコアイメージを表している。

【人名】かん・さだ・たもつ・なる・ひろ・ひろし・まさ・また・またし・みつ・ゆたか ▽「さだ(貞)」「まさ(正)」は欠けたところがないことから。「たもつ(保)」「なる(成)」は全うすることから。「みつ(満)」「ひろし(広)」「ゆたか(豊)」は全体に行き渡ることか

ら。♂坊城俊完《トシマタ》（江）・本多康完《ヤスサダ》（江）・伊藤完伍《カンゴ》（江）・新井完《タモツ》（明）・武藤完雄《マサオ》（明）・邦枝完二《カンジ》（明）・波多野完治《カンジ》（明）・風間完《カン》（大）・小林完吾《カンゴ》（昭）・松岡完《ヒロシ》（昭）　♀豊臣完子《サダコ》（土）

【侃】8（人・6）

【読み】音カン（呉・漢）

【語源】まっすぐにあからさまに述べる様子を侃々諤々という。「信（イメージ記号）の略体＋川（イメージ補助記号）」を合わせたのが「侃」。「信」は「まっすぐ伸びる」というイメージがある。川の流れのように後ろに退かず、まっすぐひるまずに進む様子を暗示させる。

【人名】あきら・かん・すなお・ただ・ただし・つよし・なお　▽「すなお（直）」「ただし（正）」「つよし」は剛直の意味から。「あきら」はあからさまではっきりした様子から。♂菊池侃二《カンジ》（江）・菊池侃《スナオ》（明）・坂崎侃《カン》（明）・川田侃《タダシ》（大）・井戸田侃《アキラ》（昭）・佐々木侃司《カンジ》（昭）・安田侃《カン》（昭）・杉本侃《ツヨシ》（昭）・小川侃《タダシ》（昭）

【官】8（宀・5）常

【読み】音カン（呉・漢）　訓つかさ

【語源】もとは、多くの役人が働く建物をカン（↑クワン）といい、「官」と書いた。「𠂤」は「阜」の上部と同じで、丸く盛り上がった土が連なる人工的な堆積物を描いた図形。タイと読み、堆の原字である。しかし雑然とした寄せ集めではなく、丸くまとまった物の集まりというイメージを示している。このイメージから、「丸く取り巻く」「たくさん集まる」「いくつかのものがつながる」などのイメージに展開する。「𠂤（イメージ記号）＋宀（限定符号）」を合わせた「官」の図形的意匠は、多くの人を集めて、周囲を塀で丸く取り巻いた建物ということである。普通は、役所で働く人や、その役目（官吏・官職）という意味に用いられる。

〔𠂤〕〔官〕

【人名】かん・たか・のり・ひろ　▽「たか（高）」「ひろ（広・大）」「のり（範）」は民よりも位が高く、学徳が広く、模範とされるところから。♂黒田官兵衛《カンベエ》（土）・赤尾可官《ヨシタカ》（江）・小川官次《カンジ》（江）・森村官十郎《カンジュウロウ》・今官一

《カンイチ》（明）・宮藤官九郎《カンクロウ》（昭）　♀官子《カンシ》内親王（安）

【冠】9（冖・7）常

［読み］（音）カン（呉・漢）（訓）かんむり

［語源］帽子は「上から覆う」というイメージで発想されたが、かんむりは「丸く取り巻く」というイメージで捉えられた。「丸い」というイメージをもつ「元」を利用して（該項参照）、「元（音・イメージ記号）+寸（手を示すイメージ補助記号）+冖（かぶりものとかかわる限定符号）」を合わせた「冠」が考案された。頭を丸く取り巻いたかぶりものというのが「冠」の図形的意匠である。

（篆）

［人名］かん・まさる　▽「まさる」はトップに立つという意味から。　♂武田冠者《タケダカジャ》（安）・嵐冠十郎《カンジュウロウ》（江）・岡島冠山《カンザン》（江）・杉村楚人冠《ソジンカン》（明）・清水冠助《カンスケ》（昭）・中野冠《マサル》（昭）・加藤冠《カン》（平）

【巻】9（己・6）常　【卷】8（卩・6）

［読み］（音）カン（慣）ケン（呉・漢）（訓）まく・まき

［語源］「平らな状態にあるものを丸く曲げてまく」という意味で、これを表記するのが「巻」。「龹（音・イメージ記号）+卩（イメージ補助記号）」を合わせたもの。「龹《けん》」は「釆+廾（両手）」からできている。「釆」は手を握った状態（握りこぶし）をぱっと開いた図形で、「（種子などをまくために）四方に開く」というイメージを表す記号である。播種の播（まく）にこのイメージが残っている。物を播くために両手で握りこぶしを作る状態が「丸くまく」というイメージを提供する。「卩」は背を丸めて膝を曲げている人の図形で、「丸く曲げる」というイメージがある。この二つの記号を合わせた「巻」によって、右の意味をもつ語を表記する。

（篆）〔弮〕　（篆）〔卷〕

［字体］「卷」が旧字体。「巻」は書道に由来する俗字。

［人名］けん・まき　♂文室巻雄《マキオ》（安）・長尾巻《マキ》（江）・森巻耳《ケンジ》（江）・牧巻二郎《マキジロウ》（明）・足立巻一《ケンイチ》（大）　♀大橋巻子《マキコ》（江）・栗原小巻《コマキ》（昭）・宇土巻子《マキコ》（昭）

【看】9（目・4）常

【読み】㊥カン（呉・漢）㊐みる
【語源】対象を注意深くうかがい見る意味（看護）。「手+目」を組み合わせ、よく見えるように手をかざして視線を走らせる情景を暗示する図形によって、この語を表す視覚記号とした。

㊫ 

【人名】かん・み　♂松平頼看《ヨリミ》（江）・大塚看造《カンゾウ》（江）・伊藤宗看《ソウカン》（江）

【栞】10（木・6）

【読み】㊥カン（呉・漢）㊐しおり
【語源】本来は、山中で道しるべの木を切ること。「幵《けん》」は「平らにそろえる」というイメージを示す記号（研の項参照）。「幵（音・イメージ記号）+木（限定符号）」を合わせて、木を切りそろえて標識にする様子を暗示させた。日本では、本などにはさむ標識の紙切れ、つまり「しおり」に当てる。
【人名】かん・しおり　♀内栞《シオリ》（昭）・五十野栞《シオリ》（昭）・佐藤栞里《シオリ》（平）・有原栞菜《カンナ》（平）

【莞】10（艸・7）

【読み】㊥カン（呉・漢）㊐い・ふとい
【語源】植物のフトイの意味。フトイの特徴は太い円柱形の茎にある。「丸い」というイメージをもつ「完」を用いて（該項参照）、「完（音・イメージ記号）+艸（限定符号）」を合わせて漢字表記とした。
【人名】かん　♂丸岡莞爾《カンジ》（江）・石原莞爾《カンジ》（明）・井上莞《カン》（大）・大山莞爾《カンジ》（昭）・石黒莞二《カンジ》（昭）

【乾】11（乙・10）常

【読み】①㊥カン（呉・漢）㊐かわく　②㊥ケン（漢）・ゲン（呉）㊐いぬい
【語源】①は物がかわく意味（乾燥）。「かわく」とは物に含まれている水分が蒸気となって上がった結果をいうことばなので、「高く上がる」というイメージをもつ「倝《かん》」を用い、「倝（音・イメージ記号）+乙（イメージ補助記号）」を合わせた「乾」によって表記した。「倝」は「㫃（高く上がる旗）+昜（高く上がる太陽）」を合わせて、「高く上がる」というイメージを示す。「乙」は曲がりつつ出ていくありさまを示す象徴的符号である。②は天をシンボルとする卦の名で、音は違うが同じ字を利用した。高く上がっている空をこの図形によって暗示させるのである。乾坤とは天地の意。

篆 〔倝〕　篆 〔乾〕

【人名】いぬい・きみ・けん・すすむ・たけし・つとむ　▽「いぬい（西北の方位）」「きみ（君）」「たけし（＝健。男性的な強さ）」は乾の卦の表すシンボルの一つ。「すすむ」「つとむ」は高く力強く上がるというイメージがあるから。♂有馬乾信《ケンシン》（戦）・多久乾一郎《ケンイチロウ》（江）・尾形乾山《ケンザン》（江）・丹下乾三《ケンゾウ》（明）・浦野乾哉《ケンヤ》（明）・大倉乾吾《ケンゴ》（昭）・高見乾司《ケンジ》（昭）・大野乾《ススム》（昭）・遠藤乾《ケン》（昭）
♀乾局《イヌイノツボネ》（江）

【勘】11（力・9）常

【読み】音 カン（漢）・コン（呉）

【語源】「過失や誤りを突き詰めて調べる」という意味（校勘）。「程度が深い」というイメージをもつ「甚」を用いて（該項参照）、「甚（音・イメージ記号）＋力（限定符号）」を合わせた「勘」でもって、この語を表記した。

【人名】かん・さだむ・のり　▽「さだむ」は誤りを正し定める意味から。♂西村勘九郎《カンクロウ》（戦）・山本勘介《カンスケ》（戦）・中村勘三郎《カンザブロウ》（土）・横川勘平《カンペイ》（江）・榊原勘解由《カゲユ》（江）・祖父江勘文《ノリフミ》（明）・加藤勘十《カンジュウ》（明）・中勘助《カンスケ》（明）・生駒勘七《カンシチ》（大）・壺井勘也《カンヤ》（昭）

【菅】11（艸・8）

【読み】音 カン（漢）・ケン（呉）　訓 すが・すげ

【語源】中国ではメガルガヤの一種を表す語。太く管状をなす茎が特徴である。「丸く取り巻く」というイメージをもつ「官」を用いて（該項参照）、「官（音・イメージ記号）＋艸（限定符号）」を合わせた表記とした。日本ではスゲの総称に当てる。

【人名】かん・すが・すげ　♂綾菅麻呂《スガマロ》（奈）・藤原菅雄《スガオ》（安）・藤原菅根《スガネ》（安）・長谷川菅緒《スガオ》（江）・大鳥居菅吉《カンキチ》（江）・朱楽菅江《カンコウ》（江）　♀芳野菅子《スゲコ》（江）

【貫】11（貝・4）常

【読み】音 カン（呉・漢）　訓 つらぬく

【語源】本来は、穴開き銭にひもを通したもの、つまり、ぜにさしの意味。「毌《かん》」は丸いものを横の線で貫いた様子を示す象徴的符号で、「毌（音・イメージ記号）＋貝（限定符号）」を合わせたのが「貫」。「貫き通す」というイメージから、主張や行動などが始めから終わりまで一筋に行われる意味（貫徹・一貫）などを派生する。

篆 〔毌〕　篆 〔貫〕

【人名】かん・つら・とおる・ぬき・やす・ゆたか ▽「やす」はやすやすと通ることから。「ゆたか」はぜにさしの銭の連想からか。♂紀貫之《ツラユキ》（安）・赤星武貫《タケツラ》（南）・一色義貫《ヨシツラ》（室）・天野景貫《カゲツラ》（戦）・立花貫長《ヤスナガ「ツラナガ」》（江）・上島鬼貫《オニツラ》（江）・板橋貫雄《ツラオ》（江）・守住貫魚《ツラナ》（江）・鈴木貫太郎《カンタロウ》（明）・川上貫一《カンイチ》（明）・伊藤貫《カン》（昭）・藪田貫《ユタカ》（昭）・大泉一貫《カズヌキ》（昭）・伊奈貫太《カンタ》（昭）

【寒】12（宀・9）常

【読み】音 カン（漢）・ガン（呉）　訓 さむい

【語源】「さむい」「さむさ」の意味。これを表記する視覚記号として、「宀（屋根）＋茻（草を四つ重ねた形）＋人＋冫（こおり）」を組み合わせた「寒」が考案された。屋根の下で人が氷の冷たさに震えているという場面が設定されている。

篆 

【字体】「寒」が正字（旧字体）であるが、古くから書道などでは「寒」と書かれる。

【人名】かん ♂淡島寒月《カンゲツ》（江）・堤寒三《カンゾウ》（明）・宮内寒弥《カンヤ》（明）・荒畑寒村《カンソン》（明）・石寒太《カンタ》（昭）

【閑】12（門・4）常

【読み】音 カン（漢）・ゲン（呉）　訓 ひま

【語源】本来は、門前で人や馬の進入を遮る木の柵の意味で、「門＋木」を合わせた「閑」で表記した。「遮り止める」というコアイメージから、悪事をしないように制止する決まりや法則の意味を派生する。また、仕事などを一時的に止めて生じる「ひま」な時の意味、さらに、ひまができてゆったりと落ち着く、ひっそりと静かにしているなどの意味に展開する。

【人名】かん・きよ・しず・しずか・のり・もり・やす

▽「きよ（清）」「やす（安）」は俗事から離れて落ち着くことから。「もり（守）」は悪事を防ぎ守る意味から。♂松井友閑《ユウカン》（戦）・宝生一閑《イッカン》（戦）・役尊閑《タカヤス》（江）・鍋島閑叟《カンソウ》（江）・長谷川如是閑《ニョゼカン》（明）・中安閑一《カンイチ》（明）・上田閑照《シズテル》（大）・佐々木閑《シズカ》（昭）・宝生閑《カン》（昭）
♀清谷閑子《キヨコ》（明）

【寛】13（宀・10）常　【寬】14（宀・11）

［読み］㊥カン（呉・漢）㊀ひろい・くつろぐ

［語源］「（態度・気質・行為などにおいて）ゆったりとゆとりがある」という意味（寛大）。これを「萈（音・イメージ記号）＋宀（限定符号）」を合わせた「寬」で表記した。「萈《かん》」はヤギを描いた図形。ヤギは性質がおとなしく、行動もゆったりしている動物なので、「ゆったりしている」というイメージがある。家の中でゆったりとくつろいでいる場面を暗示させるのが「寬」の図形的意匠である。「ゆったりと余裕がある」というイメージから、空間的に広いという意味にも展開する。

㊕  〔萈〕　㊕  〔寬〕

［字体］「寬」が正字。「寛」「寛」は書道などで古くから使われた「寬」の俗字。

［人名］かん・ちか・とお・とみ・とも・のぶ・のり・ひろ・ひろし・ゆたか・よし　▽「とお（遠）」「のぶ（伸・延）」「ゆたか（裕）」は空間的に広い意味から。「とみ（富）」「よし（嘉）」は「ゆたか（豊）」のつながり。「ちか（親）」は寛大に接することから。「とも（友）」は「ちか」のつながり。♂源寛《ヒロシ》（安）・田部井泰寛《ヤスヒロ》（鎌）・鹿島幹寛《モトヒロ》（南）・織田寛村《トオムラ［ヒロムラ］》（戦）・加藤康寛《ヤスヒロ》（土）・戸田忠寛《タダトオ》（江）・毛利広寛《ヒロトモ》（江）・九鬼隆寛《タカノブ》（江）・京極高寛《タカノリ》（江）・大久保忠寛《タダヒロ》（江）・辻寛《ユタカ》（江）・菊池寛《カン》（明）・嵐寛寿郎《カンジュロウ》（明）・小野田寛郎《ヒロオ》（大）・黒田寛一《ヒロカズ》（昭）・五木寛之《ヒロユキ》（昭）・山本寛斎《カンサイ》（昭）・槇原寛己《ヒロミ》（昭）・阿部寛《ヒロシ》（昭）　♀藤原寛子《カンシ［ヒロコ］》（安）・五条寛子《ヒロコ》（江）・竹西寛子《ヒロコ》（昭）・山崎寛代《ヒロヨ》（昭）・柳沼寛香《ヒロカ》（昭）

【幹】13（干・10）常

［読み］㊥カン（呉・漢）㊀みき

［語源］本来は、壁を築く際、土を挟む板を支える木の柱のことで、これを「倝（音・イメージ記号）＋木（限定符

号)」を合わせた「榦」で表記した。「倝《かん》」は「高く上がる」というイメージを示している（乾の項参照）。したがって、高く突っ立つ木というのが「榦」の図形的意匠である。「榦」は高く立つ木の「みき」という意味、また、物事の中心となるものという意味を派生し、後者の意味に限定するために木偏を「干」に替えて「幹」が生まれた。「干」は「固くて強い心棒」というイメージがあり（該項参照）、そこから「中心となるもの」「高く上がる」というイメージに展開する。

【人名】 かん・き・たかし・つね・つよ・つよし・とし・とも・まさ・みき・もと・もとい・もとき・よし
▽「もと」は根幹の意味から。「つね」（動かず変わらぬこと）は「もと」のつながり。「たかし（高）」「まさ（正）」はまっすぐで高い樹幹のイメージから。「つよし（強）」「とし（敏）」「とも（智）」は才幹の意味から。♂藤井幹高《ミキタカ》（安）・橘直幹《ナオモト》（安）・鹿島幹重《モトシゲ》（南）・真壁秀幹《ヒデモト》（室）・真壁久幹《ヒサモト》（戦）・前田利幹《トシツヨ》（江）・吉川経幹《ツネマサ》（江）・石川貞幹《サダモト》（江）・小笠原忠幹《タダヨシ》（江）・長松幹《ミキ》（江）・牧野幹《カン》（江）・織田幹雄《ミキオ》（明）・安藤幹衛《ミキエ》（大）・氏家幹人《ミキト》（昭）・平幹二朗《ミキジロウ》（昭）・沼上幹《ツヨシ》（昭）・梅原幹《モトイ》（昭）・清野幹《モトキ》（昭）・志田幹《ミキ》（昭）・北村朋幹《トモキ》（平）・
♀徳川幹子《モトコ》（明）・中河幹子《ミキコ》（明）・大野幹代《ミキヨ》（昭）・原幹恵《ミキエ》（昭）・立原幹《ミキ》（昭）

【関】

14（門・6）常

【読み】 音 カン（漢）・ケン（呉）　訓 せき・かかわる

【語源】 本来は、門をしめる道具（かんぬき）、また、門をしめる意味。これを「𢇇（音・イメージ記号）＋門（限定符号）」を合わせた「關」で表記する。「丱《かん》」は「卝」とも書き、二本の縦線の間に一本の横線を通すさまを象徴的に示す符号である。「丱（音・イメージ記号）＋絲の略体（イメージ補助記号）」を合わせた「𢇇《かん》」は、機織りで、杼《ひ》に糸を通す姿を暗示させる。ここに「貫き通す」というイメージがある。「かんぬき」を貫き通して門をしめるというのが「關」の図形的意匠である。「せき」の意味も派生した。

【字体】 「關」が正字（旧字体）。「関」は近世中国で生まれた俗字。

【人名】 かん・せき　♂藤原関雄《セキオ》（安）・佐伯関之助《セキノスケ》（江）・五十嵐関八《カンパチ》（江）・二井関成《セキナリ》（昭）　♀茨田関媛

《セキヒメ》(古)・戸坂関子《セキコ》(明)

【歓】15(欠・11) 常

【読み】 音 カン(呉・漢) 訓 よろこぶ

【語源】「声を上げて喜びどよめく」という意味(歓喜)。「一緒にそろえる」というコアイメージをもつ「雚《かん》」を用いて、「雚(音・イメージ記号)+欠(限定符号)」を合わせた「歡」によって表記した。「雚」は「卝(二つの頭)+吅(二つの口)+隹(とり)」を合わせて、雌雄が仲良く並んでいる鳥を暗示させる図形で、鸛(コウノトリ)の原字である。コウノトリは雌雄がそろって巣の上で子育てをする習性があり、また、一生同じつがいを守る鳥である。古代中国ではコウノトリは夫婦仲の良い鳥とされた。ここから「雚」は「同じようなものが左右にバランスよくそろう」というイメージを示す記号となる。みんな一緒に声を合わせてわいわいと喜びはしゃぐ場面を設定した図形が「歡」である。

甲  金  篆  (雚) 篆  (歡)

【字体】「歓」は近世中国で生まれた「歡」の俗字。

【人名】 かん・よし ▽「よし」は喜び楽しむ意味から。「喜」「悦」の名乗りと通じる。♂松本歓次郎《カンジロウ》(江)・友清歓真《ヨシサネ》(明)・蒲池歓一《カンイチ》(明)・石井歓《カン》(大)・福田歓一《カンイチ》(大)・若松歓《カン》(昭)・小泉歓晃《ヨシアキ》(昭) ♀藤原歓子《カンシ》[ヨシコ](安)

【監】15(皿・10) 常

【読み】 音 カン(漢)・ケン(呉) 訓 みる

【語源】「決められた範囲をよく見張る」という意味(監督)。「臣(目玉)+人+一+皿(さら)」を組み合わせ、人が水を張った器の上を見下ろしている姿、つまり水鏡に顔を映して見ている場面を暗示させる図形を作ることによって、その語を表記した。「一定の枠の中に収める」というのがコアイメージである。

甲  金  篆 

【人名】 あき・かた・かね・かん・けん・てる・のり・み ▽「かた(型)」は枠のイメージから。「てる(照)」は水鏡に照らして見ることから。「あき」「かね」「のり」は「鑑」の名乗りを流用。♂大野将監《ショウゲン》(土)・

長岡監物《ケンモツ》（江）・岡本監輔《カンスケ》（江）・桜井能監《ヨシカタ》（江）・木下俊監《トシテル》（江）・湯地定監《サダノリ》（江）・井辻尚監《ナオミ》（江）

【環】 17（玉・13） 常

［読み］ ㊔ カン（漢）・ゲン（呉） ㊙ たまき・わ

［語源］ ドーナツ型の円形の玉器をカン（↑クワン）という。「睘（音・イメージ記号）＋玉（限定符号）」を合わせた「環」で表記する。「睘《けい》（＝瞏）」は「袁《えん》（音・イメージ記号）＋目（限定符号）」の組み合わせ。「袁」は「周囲にまるくめぐらす」というイメージを示す記号である（園の項参照）。そこで「瞏」は驚いて目玉をきょろきょろさせて見回す様子を暗示させる。ここにも「まるく回る」というイメージがある。

㊎ 　㊧ 〔睘〕　㊧ 〔環〕

［人名］ あきら・かん・たま・たまき・わ　▽「あきら」は玉が明るいことから。♂内藤政環《マサアキラ》（江）・後藤環爾《カンジ》（明）・小川環樹《タマキ》（明）・今井環《タマキ》（昭）　♀花園環伎《タマキ》（明）・三浦環《タマキ》（明）・内山環《タマキ》（昭）・梅島三環子《ミワコ》（昭）・鈴木環那《カンナ》（昭）・松元環季《タマキ》（平）

【簡】 18（竹・12） 常

［読み］ ㊔ カン（漢）・ケン（呉） ㊙ えらぶ

［語源］ 文字を書く竹や木の札の意味（木簡）。この札はすきまのあいた状態で綴り合わせるので、「閒（音・イメージ記号）＋竹（限定符号）」とした。「閒」は「門＋月」を合わせ、門のあいだから月が見える場面を設定したものである。「すきまがあく」というイメージから、間が省かれているとか、間があいて込み入っていない（簡単）という意味を派生する。

㊎ 　㊧ 〔閒〕　㊧ 〔簡〕

［字体］ 「簡」が正字（旧字体）であるが、古くから「簡」が使われていた。

［人名］ かん・こと・ひろ・ふみ・やす・やすし　▽「ふみ（文）」「こと（言）」は文字を書いた文書の意味から。「ひろ」「やす」は間が開いてゆったりしている意味から。♂多紀元簡《モトヤス》（江）・阿部正簡《マサヒロ》（江）・松井秀簡《ヒデコト》（江）・松井簡治《カンジ》（江）・武田簡吾《カンゴ》（江）・根来簡二《カンジ》（明）　♀簡子《カンシ［フミコ］》内親王（安）

【観】 18（見・11）常

［読み］ 音 カン（呉・漢）　訓 みる・しめす

［語源］「対象を仔細に見渡す」（観察）、「景色などを一望のうちに見る」（観光）という意味。「左右にそろう」「合わせそろえる」というイメージをもつ「雚《かん》」を用いて（歓の項参照）、「雚（音・イメージ記号）＋見（限定符号）」を合わせた「觀」でその語を表記する。対象がどんな様子であるかを知るために、全体を合わせてまとめるようにして、よく考えながら見ることを意味する。対象を総体的に見渡すことから、手のうちの全部を相手に見せて示すという意味（観閲）を派生する。

［字体］「観」は近世中国でできた「觀」の俗字。

［人名］ あき・かん・しめす・み・みる　▽「あき（明）」は対象をはっきりと見ることから。♂観阿弥《カンアミ》（室）・藤堂長観《ナガミ》（江）・稲葉観通《アキミチ》（江）・内田五観《イツミ》（江）・横山大観《タイカン》（江）・下村観山《カンザン》（明）・小関観三《カンゾウ》（明）・佐藤観次郎《カンジロウ》（明）・咲村観《カン》（昭）・佐藤観樹《カンジュ》（昭）・米沢観児《カンジ》（昭）・宝智山幸観《ユキミ》（昭）・後藤泰観《ヒロミ》（平）　♀観心《カンシン》女王（室）

【鑑】 23（金・15）常

［読み］ 音 カン（漢）・ケン（呉）　訓 かがみ・かんがみる

［語源］「かがみ」が本来の意味。「監」は水鏡で姿を映す場面を設定した図形で、「一定の枠の中に収める」というイメージを示す記号となる（該項参照）。「監（音・イメージ記号）＋金（限定符号）」を合わせて、一定の枠をもって、その中で姿を映す金属製の「かがみ」を表す。かがみは客観的に本当の姿を映して教えるものだから、反省する手本になるもの（殷鑑）、また、照らし合わせて本当の姿をはっきりと見分けるという意味（鑑賞）を派生する。

［人名］ あき・あきら・かね・かん・のり・み・みる　▽「あき（明）」ははっきりと鏡に映すことから。「かね」は金属製であることから。「のり（範）」は手本（模範）の意味から。♂山崎宗鑑《ソウカン》（室）・大友義鑑《ヨシアキ》（戦）・高橋鑑種《アキタネ》（戦）・首藤鑑続《アキツグ》（土）・立花鑑虎《アキトラ》（江）・六郷政鑑《マサアキラ》（江）・三鬼鑑太郎《カンタロウ》（江）・内村鑑三《カンゾウ》（江）・池田亀鑑《キカン》（明）・藤浪鑑《アキラ》（明）・井上鑑《アキラ》（昭）・貞広一鑑《カズミ》（昭）・辺見鑑孝《ノリタカ》（昭）　♀関鑑子《アキコ》（明）

【丸】3（丶・2）常

［読み］㊥ガン（呉）・カン（漢）　㊎まる

［語源］まるいもの、球状の物体のことをガン（↑グワン）といい、これを「丸」で表記する。これは「仄」の鏡文字（左右反転の字）とされている。「仄」は「厂（がけ）＋人」を合わせて、人ががけで行き詰まる情景を暗示させる図形。一方に偏ってバランスを欠いた状態、つまり「かたむく」ことを表している。この図形を反転させた「丸」の意匠は、一方に傾かずバランスのとれた状態を暗示させることにある。この状態の理想型が円環のイメージである。

㊫ 

［人名］がん・まる・まろ　♂牛若丸《ウシワカマル》（安）・足利茶々丸《チャチャマル》（室）・森蘭丸《ランマル》（戦）・堀部金丸《カネマル》（江）・歌川国丸《クニマル》（江）・安井大江丸《オオエマル》（江）・島津長丸《ナガマル》（明）・蟹江義丸《ヨシマル》（明）・佐々木孝丸《タカマル》（明）・塩田丸男《マルオ》（大）・我孫子武丸《タケマル》（昭）・阿部夏丸《ナツマル》（昭）・博多華丸《ハナマル》（昭）・岩田丸《ガン》（昭）　♀仁川高丸《タカマル》（昭）

【岩】8（山・5）常

［読み］㊥ガン（漢）・ゲン（呉）　㊎いわ

［語源］ごつごつした大きな石の意味。「岩」は三国時代のころに発生した「巖（＝巌）」の俗字で、「山＋石」を合わせたもの。

［人名］いわ・いわお・がん　♂山下岩吉《イワキチ》（江）・中沢岩太《イワタ》（江）・石田梅岩《バイガン》（江）・土屋岩保《イワホ》（明）・高野岩三郎《イワサブロウ》（明）・高山岩男《イワオ》（明）・藤野岩友《イワトモ》（明）・小川岩雄《イワオ》（大）・高橋岩和《イワカズ》（昭）　♀瓜生岩子《イワコ》（江）・畑岩子《イワコ》（明）

【岸】8（山・5）常

［読み］㊥ガン（呉・漢）　㊎きし

［語源］水の近くで「型に切り立っている地形、つまり「きし」の意味。「「型をなす」というイメージをもつ「厂《かん》」を用いて、「厂（音・イメージ記号）＋干（イメージ補助記号）＋山（限定符号）」を合わせた「岸」で表記した。「干」は「高く上がる」というイメージを示す記号である（該項参照）。

【人名】きし　♂加藤岸太郎《キシタロウ》（江）・里見岸雄《キシオ》（明）・手塚岸衛《キシエ》（明）　♀春日岸子《キシコ》（江）・数住岸子《キシコ》（昭）

【雁】12（隹・4）

【読み】〔音〕ガン（漢）・ゲン（呉）　〔訓〕かり

【語源】マガンの意味、またガン類の総称。ガンは列を作ってかぎ型に飛ぶ特徴があるので、「ㄴ型をなす」というイメージをもつ「厂《かん》」を利用して、「厂（音・イメージ記号）＋人（イメージ補助記号）＋隹（限定符号）」を合わせて、その語を表記した。「人」を添えたのは人の行列になぞらえたもの。「鴈」は異体字。

【人名】かり・がん　♂安藤野雁《ノカリ》（江）・蒔田雁門《ガンモン》（江）・谷川雁《ガン》（大）・芦屋雁之助《ガンノスケ》（昭）・芦屋小雁《コガン》（昭）　♀飯島夕雁《ユカリ》（昭）

【巌】20（山・17）　【巖】23（山・20）

【読み】〔音〕ガン（漢）・ゲン（呉）　〔訓〕いわ・いわお

【語源】ごつごつした大きな石の意味。「嚴（音・イメージ記号）＋山（限定符号）」を合わせた「巖」で表記する。「嚴」は強い力や堅い意思をもって困難を押しのけて行動することを意味し、「強く硬い」というイメージがある。このイメージは心理的なものだが、物体のイメージにも転用できる。「𠪚《がん》」は「敢（音・イメージ記号）＋厂（がけとかかわる限定符号）」を合わせて、固く角立ったがけを暗示させる。

【字体】「巌」は嚴→厳に倣った「巖」の俗字。

【人名】いわ・いわお・お・がん　♂佐々木巌流《ガンリュウ》（土）・武田巌雄《イワオ》（江）・大山巌《イワオ》（江）・梁川星巌《セイガン》（江）・浜口巌根《イワネ》（明）・松岡巌鉄《ガンテツ》（昭）・中谷巌《イワオ》（昭）

【己】3（己・0）常

【読み】〔音〕キ（漢）・コ（呉）　〔訓〕おのれ・つちのと

【語源】自分、おのれの意味の語を「己」で表記した。もとは十干の「つちのと」であった。「己」は伏せたものが次第に起き上がって、はっきりとした姿を現す様子を象徴的に示す符号で、「起き上がって、目立つ姿を現す」というイメージがある。恐らく植物の成長過程を象徴化した図形と考えられる。

【人名】お・おと・き・こ・み・われ　▽「おと」はつちのと（土の弟）から。「み」は昔自分のことをみ（身）と称したことから。♂大村由己《ユウコ》（土）・塙保己一《ホキイチ》（江）・渡辺直己《ナオキ》（明）・竹腰正己《マサワレ》（明）・梅本克己《カツミ》（明）・伊藤正己《マサミ》（大）・植村直己《ナオミ》（昭）・三浦誠己《マサキ》（昭）・明楽一己《カズキ》（昭）　♀玉川紗己子《サキコ》（昭）・安井己美子《キミコ》（昭）・堀越真己《マミ》（昭）

【伎】6（人・4）

【読み】㊥キ（漢）・ギ（呉）　㊦わざおぎ

【語源】細々した技をもつ人、つまり俳優の意味。「技」から派生した語で、芸妓の妓と同源。「支」は枝分かれの意味で、「細かい」とイメージがある（枝の項参照）。

【人名】き　♂石川美奈伎麻呂《ミナキマロ》（奈）・好原万図伎《マズキ》（江）・磯矢阿伎良《アキラ》（明）・阪井久良伎《クラキ》（明）　♀花園環伎《タマキ》（明）・田岡由伎《ユキ》（昭）

【気】6（气・2）常　【氣】10（气・6）

【読み】㊥キ（漢）・ケ（呉）

【語源】息・湯気・水蒸気など、ガス状のものをキという、「气（音・イメージ記号）＋米（限定符号）」を合わせた「氣」で表記した。「气」は蒸気がもやもやと屈曲しつつ上がって行く姿を暗示させる図形で、「もやもやといっぱい立ち込める」というイメージがある。米を炊くときに湯気が立ち込めて出ていく場面を設定している。身体・精神に生命や活力を与える根源的物質という意味に展開する。

【字体】「氣」が旧字体。「気」は由来不明の俗字。

【人名】おき・き・け　▽「おき」は息の古語。♂大竹多気《タキ》（江）・小柳司気太《シキタ》（明）・大和田啓気《ケイキ》（大）・須藤元気《ゲンキ》（昭）・宮村浩気《コウキ》（昭）・田北雄気《ユウキ》（昭）

【岐】7（山・4）常

【読み】㊥キ（漢）・ギ（呉）　㊦わかれる・また・ちまた

【語源】枝分かれする道の意味（岐路）。これを「支（音・イメージ記号）＋山（限定符号）」を合わせた「岐」で表記する。「支」は竹の枝を示す図形で、「いくつかに枝分かれする」というイメージがある（枝の項参照）。

［人名］き・ぎ・ちまた・みち　♂立石岐《チマタ》（江）・山中多都岐《タツキ》（江）・多湖岐陽《キヨウ》（江）・井原美岐雄《ミキオ》（明）・高島一岐代《カズキヨ》（大）・村松岐夫《ミチオ》（昭）　♀二条院讃岐《サヌキ》（安）・真田安岐《アギ》（土）・村田壱岐《イキ》（江）・三宅由岐子《ユキコ》（明）・小林夕岐子《ユキコ》（昭）・足助美岐子《ミキコ》（昭）

【希】7（巾・4）　常

［読み］㊅キ（漢）・ケ（呉）　㊫まれ・こいねがう

［語源］びっしり詰まっていず、小さなすきまが開いていること、つまりまばらな状態を意味することばを「希」で表記した。「爻」は「乂（×型の符号）」を二つ重ねた図形。「爻（イメージ記号）＋巾（限定符号）」を合わせた「希」は、糸を×型に交差させて布を織る姿を図形化したものである。稠密な絹織物とは違って、麻のような織り目のまばらな夏服を念頭に置いている。「すきまがまばら」というイメージから「小さい」「少ない」「わずか」というイメージにつながり、めったにないという意味（希有）、また、めったにないことをあってほしいと望むという意味（希望）に展開する。

［人名］かず・き・のぞみ・のぞむ・まれ　▽「かず」は希少（数が少ない）からの連想か。数が少ないことは多かれという願望につながる。♂源希《マレ》（安）・源希義《マレヨシ》（安）・倉科希言《カズトキ》（江）・乃木希典《マレスケ》（江）・朝倉希一《キイチ》（明）・児玉希望《キボウ》（明）・粕谷一希《カズキ》（昭）・富沢希《ノゾム》（昭）　♀若城希伊子《キイコ》（昭）・田中希代子《キヨコ》（昭）・岡田有希子《ユキコ》（昭）・樹木希林《キリン》（昭）・天海祐希《ユウキ》（昭）・塚田真希《マキ》（昭）・沢穂希《ホマレ》（昭）・安藤希《ノゾミ》（昭）

【其】8（八・6）

［読み］㊅キ（漢）・ゴ（呉）　㊫その・それ

［語源］「其」は「甶（箕の形）＋丌（台の形）」を合わせた図形で、箕《み》（穀類の殻やごみを選り分ける道具）の原字。四角い形をしたものなので、「四角い」というコアイメージをもつ。漢文では「その」「それ」などの助辞に使われる。

㊙甲

㊎

㊮篆

［人名］き・ご・その　♂木食応其《オウゴ》（戦）・宝井其角《キカク》（江）・鈴木其一《キイツ》（江）・椎名其二《ソノジ》（明）・高橋其三《キゾウ》（明）　♀其扇《ソノギ》（江）・井上其子《ソノコ》（明）

【季】 8（子・5）　常

［読み］ ㊥キ（呉・漢）　㊦すえ

［語源］ 年が若いこと、また、末っ子の意味。「禾」は穂が実ったばかりの稲を描いた形。「子」はよちよち歩きの子どもの形。この二つを組み合わせた「季」でもって、「年が若い」ということを暗示させた。月を三区分したうちの末の時期（季春）、また、年を四区分した各時期（四季・夏季）の意味を派生する。

㊙  ㊎  ㊞ 

［人名］ き・すえ・とき・とし　♂藤原季経《スエツネ》（安）・安藤季長《スエナガ》（鎌）・正親町忠季《タダスエ》（南）・一色義季《ヨシスエ》（室）・世尊寺行季《ユキスエ》（戦）・愛甲季平《キヘイ》（江）・青野季吉《スエキチ》（明）・梶山季之《トシユキ》（昭）・種村季弘《スエヒロ》（昭）・河村季里《キリ》（昭）　♀藤原季子《スエコ》（鎌）・植村季野《スエノ》（江）・松江美季《ミキ》（昭）・司凍季《トキ》（昭）・相武紗季《サキ》（昭）・丸山亜季《アキ》（平）

【紀】 9（糸・3）　常

［読み］ ㊥キ（漢）・コ（呉）　㊦おさめる・しるす・のり

［語源］ 昔、絹糸を製するとき、繭の糸束の先に結び目の印をつけ、糸束を煮てから糸を引き出す作業をした。先端の目印になる「いとぐち」をキといい、「己」（音・イメージ記号）＋糸（限定符号）」を合わせた「紀」で表記した。「己」は「起き上がって、目立つ姿が現れる」というイメージがあり、「目立つ形や印」というイメージに展開する（該項参照）。目印となる「いとぐち」によって整理がスムーズに進むので、物事を順序立てて整理する（おさめる・しるす）という意味（紀行・紀要）を派生する。

［人名］ あき・おさ・おさむ・かず・かなめ・き・ただ・ただし・つぐ・つな・とし・のり・はじめ・もと・よし　▽「のり」は筋道・規則の意味から。「とし」「かず」は一紀（十二年）、世紀（百年）の意味から。「あき（秋）」は「とし」の縁語。「つな」「もと」「かなめ」は綱紀の意味から。「はじめ」はいとぐちの意味から。「よし」「ただし（正）」は順序よく整理する意味から。♂朝倉景紀《カゲノリ》（戦）　本多紀貞《ノリサダ》（土）・松平乗紀《ノリタダ》（江）・早川正紀《マサトシ》（江）・稲葉紀通《ノリミチ》（江）・柳原紀光《モトミツ》（江）・宮脇紀雄《トシオ》（明）・板谷紀之《トシユキ》（大）・池内紀《オサム》（昭）・荻原紀

タダシ(昭)・大矢紀《ノリ》(昭)・連城三紀彦《ミキヒコ》(昭)・山田正紀《マサキ》(昭)・中村紀洋《ノリヒロ》(昭)　♀紀女王《キノジョオウ》(奈)・紀伊局《キイノツボネ》(室)・堀河紀子《モトコ》(江)・津村紀三子《キミコ》(明)・堀内紀子《トシコ》(昭)・秋篠宮妃紀子《キコ》(昭)・川久保賜紀《タマキ》(昭)・藤原紀香《ノリカ》(昭)・仲間由紀恵《ユキエ》(昭)・中上紀《ノリ》(昭)

【軌】 9(車・2) 常

【読み】音キ(呉・漢)

【語源】本来は、車軸の末端という意味。「九(音・イメージ記号)+車(限定符号)」を合わせた「軌」で表記する。「九」は腕を曲げる姿を描いた図形で、「曲がってつかえる」というイメージから、「つかえて進めないどん詰まり」というイメージに展開する(該項参照)。車軸が穴を通っていって、つかえて止まった末端というのが「軌」の図形的意匠である。車軸の両端→両輪の間隔→車輪の通る跡・レール→一定の筋道という意味に展開する。

【人名】き・のり　▽「のり(則)」は筋道の意味から。

♂黒田長軌《ナガノリ》(江)・加藤明軌《アキノリ》(江)・川口軌外《キガイ》(明)・河野友軌《ユウキ》(昭)　♀細川軌子《ノリコ》(江)・大原由軌子《ユキコ》(昭)

【姫】 10(女・7) 常

【読み】音キ(呉・漢)　訓ひめ

【語源】古代中国で、周国の姓であるとともに、女性の美称であった。「𦣝《い》」は二重あごを描いた図形で、頤(あご、おとがい)の原字。ふくよかなイメージを与えるので、高貴な美女を「𦣝(音・イメージ記号)+女(限定符号)」を合わせた「姫」で表記した。

【字体】「姬」が正字(旧字体)。「姫」は元来シンと読む別の字であった。

【人名】き・ひめ　♀弟姫《オトヒメ》(古)・紀橡姫《トチヒメ》(奈)・藤原祐姫《スケヒメ》(安)・源潔姫《キヨヒメ》(安)・濃姫《ノウヒメ》(戦)・千姫《センヒメ》(土)・織田冬姫《フユヒメ》(土)・徳川振姫《フリヒメ》(土)・篤姫《アツヒメ》(江)・森夏姫《ナツキ》(昭)・安藤美姫《ミキ》(昭)

【帰】 10(巾・7) 常

【読み】音キ(呉・漢)　訓かえる・かえす

【語源】古代中国で、女性が嫁ぐことを意味する語を表記するために、「𠂤（イメージ記号）＋帚（イメージ補助記号）＋止（限定符号）」を合わせた「歸」が考案された。「𠂤」は「丸く回る」というイメージを示す記号（官の項参照）。「帚」は箒を手にもつ形で、「婦」と同様に女性とかかわることを象徴する。「止」は足の形で、歩行の意味領域に限定する符号である。A氏とB氏の間に通婚関係があれば、A氏の女性は当然のこととしてB氏に帰着することになる。女性がぐるりと回るようにして元の所に戻っていくというのが「歸」の図形的意匠である。したがって「かえる」という意味にもなる。

㊚甲  ㊎金  ㊕篆 

[字体]「歸」が旧字体。「帰」は近世中国で発生した俗字。なお「歸」は止の部に属していた。「帰」は形が崩れたので仮に巾の部に入れる。

[人名] き・もと・ゆき・より　▽「もと」「ゆき」は元の所に帰って行くことから。「より（寄・依）」は本来あるべき所に寄り着くことから。♂伊東祐帰《スケヨリ》（江）・松岡帰厚《モトアツ》（江）・島田帰《キ》（江）・杉山帰一《キイチ》（江）・村島帰之《ヨリユキ》（明）・近辻宏帰《コウキ》（昭）・藤原帰一《キイチ》（昭）

【記】10（言・3）　常

[読み] ㊀キ（漢）・コ（呉）　㊁しるす

[語源] 忘れないように書きとめる意味。これを「己（音・イメージ記号）＋言（限定符号）」を合わせた「記」で表記する。「己」は「起き上がって、目立つ姿が現れる」というイメージがあり、「目立つ形や印」というイメージに展開する（該項参照）。言葉や文字という印をつけるというのが「記」の図形的意匠である。文字で書きとめる（しるす）、ことばで心にしるしづける（おぼえる）という二通りの意味になる。

[人名] き・とし・のり・ふみ・よし　▽「ふみ」は文書の意味から。「とし」「のり」「よし」は紀の名乗りを流用したか。♂森長記《ナガノリ》（江）・近藤弘記《ヒロブミ》（江）・斉藤有記《ユウキ》（江）・高橋記内《キナイ》（江）・水野軍記《グンキ》（江）・今里広記《ヒロキ》（明）・小島直記《ナオキ》（大）・伊能秀記《ヒデキ》（大）・深谷忠記《タダキ》（昭）・三崎亜記《アキ》（昭）・吉田尚記《ヒサノリ》（昭）　♀福地記代《キヨ》（昭）・是永美記《ミキ》（昭）・長嶋万記《マキ》（昭）

【起】10（走・3）　常

【読み】音 キ（漢）・コ（呉）　訓 おきる・たつ

【語源】伏せたものが立ち上がる意味。これを「己（音・イメージ記号）＋走（限定符号）」を合わせた「起」で表記する。「己」は伏せたものが次第に起き上がって、はっきりとした姿を現す様子を象徴的に示す符号（該項参照）。前半に視点をおけば「伏せたものが立ち上がる」、後半に視点をおけば「見えなかったものや、活動をやめていたものが姿を現し出す」という意味になる。

【人名】おき・かず・き・たつ・のり　▽「かず」「のり」は紀の名乗りを流用したか。♂三条実起《サネオキ》（江）・堀直起《ナオノリ》（江）・三村起一《キイチ》（明）・石本美由起《ミユキ》（大）・浦野起央《タツオ》（昭）・向井万起男《マキオ》（昭）・加藤康起《コウキ》（昭）・中西清起《キヨオキ》（昭）　♀轟夕起子《ユキコ》（大）・渡辺真起子《マキコ》（昭）・今井麻起子《マキコ》（昭）・庄司夕起《ユキ》（昭）

【鬼】10（鬼・0）常

【読み】音 キ（呉・漢）　訓 おに

【語源】死者の亡霊という意味。これを「鬼」で表記する。丸くて大きな頭をした人の姿を図形化している。「丸くて目立つ」というイメージで幽霊を捉えた。

甲 金 篆

【人名】おに・き　♂上島鬼貫《オニツラ》（江）・森鬼太郎《キタロウ》（江）・松村鬼史《キシ》（江）・村上鬼城《キジョウ》（江）・岡本鬼太郎《オニタロウ》（明）・金田鬼一《キイチ》（明）・西東三鬼《サンキ》（明）・山根青鬼《アオオニ》（昭）・団鬼六《オニロク》（昭）・六角鬼丈《キジョウ》（昭）

【基】11（土・8）常

【読み】音 キ（漢）・コ（呉）　訓 もと・もとい・もとづく

【語源】建築物の土台の意味（基礎）。これを「其（音・イメージ記号）＋土（限定符号）」を合わせた「基」で表記する。「其《き》」は「四角い」というイメージを示す記号である（該項参照）。土台のことから、物事のもとになるものという意味を派生する。

【人名】き・のり・はじむ・はじめ・もと・もとい　▽「のり（則）」は基準の意味から。「はじめ」は「もと」のつながり。♂藤原基房《モトフサ》（安）・北条基時《モトトキ》（鎌）・二条良基《ヨシモト》（南）・上杉憲基《ノリモト》（室）・大河内基高《モトカタ》（戦）・後藤基次《モトツグ》（土）・松平直基《ナオモト》（江）・堀基《モトイ》（江）・佐藤基《ハジメ》（明）・遠藤嘉基《ヨシモト》（明）・梶井基次郎《モトジロウ》（明）・佐々木基

一《キイチ》(大)・依田紀基《ノリモト》(昭)　♀藤原基子《モトコ》(安)・源基子《モトコ》(鎌)・山根基世《モトヨ》(昭)

【規】11(見・4)　常

【読み】㊚キ(呉・漢)　㊛のり

【語源】円を描く道具(コンパス)をキといい、その視覚記号が「規」である。「夫」は篆文で「矢」とよく似ているため、間違えたとされる。「矢」は端末が「△」の形をしているというイメージを取る。「見」は姿を現すというイメージを取る。そこで、「△」の形を回して「〇」の形を現出させる様子を「矢＋見」の組み合わせ図形によって暗示させた。丸い枠を描くことから、外れてはならない一定の枠(のり)、枠から外れないように正す、何かをしようと心に思い描く(はかる)などの意味に展開する。

㊫ 

【人名】き・ただ・ただし・ただす・のり・もと　▽「もと」は基準になるものの意味から。♂藤原惟規《ノブノリ》(安)・賀茂規清《ノリキヨ》(江)・徳川千規《チノリ》(江)・徳永規矩《モトノリ》(江)・正岡子規《シキ》(江)・緒方規雄《ノリオ》(明)・長沢規矩也《キクヤ》(明)・長野規《タダス》(大)・高村規《タダシ》(昭)・菅谷規矩雄《キクオ》(昭)・山田三規生《ミキオ》(昭)　♀規子《キシ》[ノリコ]内親王(安)・緒方規矩子《キクコ》(昭)・荻原規子《ノリコ》(昭)

【亀】11(龜・0)　常

【読み】㊚キ(呉・漢)　㊛かめ

【語源】カメの全形を描いた図形。「枠で回りを囲ってかばう」というのがコアイメージで、「柩」と同源。長寿の動物なので、「久」と同源という説もある。

㊙ 

㊎ 

㊫ 

【字体】「龜」が正字。「亀」は「龜」を崩した俗字で、近世中国で発生した。

【人名】かめ・き・ひさ・ひさし　▽「ひさし(久)」は長寿のイメージから。♂足利亀王丸《カメオウマル》(室)・田安亀之助《カメノスケ》(江)・望月亀弥太《カメヤタ》(江)・土浦亀城《カメキ》(明)・瀬永亀次郎《カメジロウ》(明)・立花大亀《ダイキ》(明)・池田亀鑑《キカン》(明)・坂本一亀《カズキ》(大)・吉野亀三郎《カメサブロウ》(大)・野本亀久雄《キクオ》(昭)　♀亀前《カメノマエ》(安)・亀菊《カメギク》(鎌)・亀姫《カメヒメ》(土)・島津亀寿《カメジュ》(土)・

横田亀代《ヨキ》(江)・小倉遊亀《キユ》(明)

【喜】12(口・9) 常

【読み】㊅キ(漢)・コ(呉) ㊈よろこぶ

【語源】よろこぶ意味の語を「喜」で表記する。これは「壴＋口」と分析できる。「壴」は「鼓」に含まれ、太鼓を立てた図形。太鼓はにぎやかな音を出す楽器として選択された。したがって「壴（イメージ記号）＋口（限定符号）」の組み合わせによって、にぎやかに声をたてて楽しむ様子を暗示させる。笑い声をたてたり、はしゃいだりしてよろこぶというのが本来の意味である。

㊙甲  ㊎金  ㊫篆 

【人名】き・このむ・たのし・のぶ・はる・ひさ・ゆき・よし ▽「このむ」「たのし」は喜び・めでたさの縁語。「はる」は楽しい季節のイメージから。「のぶ（伸）」は喜んで心が伸びやかになることから。「よし」は喜ばしい意。♂金春喜家《ヨシイエ》(戦)・大村喜前《ヨシアキ》(土)・牧野貞喜《サダハル》(江)・徳川慶喜《ヨシノブ》(江)・尾崎喜八《キハチ》(明)・角田喜久雄《キクオ》(明)・横田喜三郎《キサブロウ》(明)・中田喜直《ヨシナオ》(大)・宮沢喜一《キイチ》(大)・五十嵐喜芳《キヨシ》(昭)・吉田喜重《ヨシシゲ》(昭)・森喜朗《ヨシロウ》(昭) ♀藤原喜娘《キジョウ》(奈)・喜子《キシ［ヨシコ］》内親王(安)・喜佐姫《キサヒメ》(土)・林喜和《キワ》(江)・楠瀬喜多《キタ》(江)・峰島喜代《キヨ》(江)・尾崎喜久《キク》(明)・甲斐喜与《キヨ》(明)・飯島喜美《キミ》(明)・久松喜世子《キヨコ》(明)・若山喜志子《キシコ》(明)・加藤喜美枝《キミエ》(大)・村田喜代子《キヨコ》(昭)・太地喜和子《キワコ》(昭)

【幾】12(幺・9) 常

【読み】㊅キ(漢)・ケ(呉) ㊈いく

【語源】事態がわずかな距離まで接近している（「ほとんど」「ちかい」）という意味。これを表記するために「𢆶（イメージ記号）＋人＋戈（二つともイメージ補助記号）」を合わせた「幾」が考案された。「幺」は「糸」の上の部分で、細く小さな糸のこと。これを二つ並べて、「小さい」「わずか」「かすか」などのイメージを示す。人に戈《ほこ》をわずかな距離まで近づけている状況を設定するのが「幾」の図形的意匠である。これによって、「ちかい」「わずか」「小さい」「かすか」などのコアイメージを表すことができる。そこから、数や時間が少ないこと、また、小さい数を問う疑問詞を派生する。

(金)  (篆) 

【人名】いく・き・ちか・ちかし　♂紀幾男麿《キオマロ》(飛)・稲葉幾通《イクミチ》[チカミチ](江)・森下幾馬《イクマ》(江)・安田幾久男《キクオ》(明)・西田幾太郎《キタロウ》(明)・清水幾太郎《イクタロウ》(明)・荒川幾男《イクオ》(大)・麻生幾《イク》(昭)・吉幾三《イクゾウ》(昭)・井上雄幾《ユウキ》(昭)　♀幾島《イクシマ》(江)・幾松《イクマツ》(江)・武田幾《イク》(江)・菊池幾久子《キクコ》(江)・佐々木由幾《ユキ》(明)・和田幾子《イクコ》(昭)

【稀】12(禾・7)

【読み】(音) キ(漢)・ケ(呉)　(訓) まれ

【語源】「希」が「まれ」「まばら」の意味であったが、「こいねがう」意味に転じたため、禾偏を添えた「稀」で本来の意味を表した。

【人名】き・まれ　♂山本淑稀《ヨシキ》(昭)・井上滉稀《コウキ》(平)　♀長谷川稀世《キヨ》(昭)・麻倉未稀《ミキ》(昭)

【葵】12(艸・9)

【読み】(音) キ(漢)・ギ(呉)　(訓) あおい

【語源】本来はフユアオイの意味。この植物は太陽の方を向くと信じられた。「癸《き》」は四方に刃の出た武器の図形で、「ぐるぐる回る」というイメージを示す。「癸(音・イメージ記号)＋艸(限定符号)」を合わせて、右の語を表記した。後世、太陽を向く植物はヒマワリ(向日葵)に取って代わられた。

(甲)  (金)  (篆) 〔癸〕 (篆) 〔葵〕

【人名】あおい・き・まもる　▽「まもる」はフユアオイが自分の身を守るという信仰から。♂田中葵園《キエン》(江)・重光葵《マモル》(明)・重光貴葵《タカキ》(昭)・斉藤悠葵《ユウキ》(昭)・竹内葵《アオイ》(昭)　♀葵《アオイ》の前(安)・大和美代葵《ミヨキ》(明)・椎名葵《アオイ》(昭)・柳原早葵《サキ》(平)

【貴】12(貝・5)　常

【読み】(音) キ(呉・漢)　(訓) たっとい・とうとい・たっとぶ・とうとぶ

【語源】物の価値や身分が高い意味。これを表記する視覚記号が「貴」である。上部は「蕢《き》」の古文である「臾」が変わったもので、あじか(物を入れて運ぶ道具)を描いた図形。この道具の用途から、「空っぽな囲いの中に物を詰める」というイメージが取られる。「臾（音・イメージ記号）＋貝（限定符号）」を合わせて、財貨が（袋や財布などに）いっぱい詰まり、丸く膨れて目立つという状況を設定した。物の値打ちという抽象的なことを、具体的な物の図形化を通して、大きくて目立つ→値打ちがあるというふうに、イメージを転化させた。

㊀古 〔臾〕　㊀篆 〔貴〕

［人名］き・たか・たかし・たけ・よし　▽「たけ（長・丈）」は高い意。「よし（好・宜）」はすぐれている意で、貴いのつながり。♂薬師寺貴能《タカヨシ》（室）・島津貴久《タカヒサ》（戦）・小笠原長貴《ナガタカ》（江）・松平斉貴《ナリタケ》（江）・丹羽長貴《ナガヨシ》（江）・平尾貴四男《キシオ》（明）・仲畑貴志《タカシ》（昭）・中井貴一《キイチ》（昭）・山崎貴《タカシ》（昭）・太田雄貴《ユウキ》（昭）　♀百済貴命《キミヨウ》（安）・藤原貴子《キシ》（安）・高階貴子《タカコ》（安）・升川貴志栄《キシエ》（明）・中井貴恵《キエ》（昭）・工藤夕貴《ユウキ》（昭）・余貴美子《キミコ》（昭）・片平夏貴《ナツキ》（昭）

【暉】13（日・9）

［読み］㊀音 キ（呉・漢）　㊀訓 ひかり

［語源］四方に広がる光の意味。「軍（音・イメージ記号）＋日（限定符号）」を合わせた「暉」によって表記する。「軍」は「丸くめぐる」というイメージがある（該項参照）。光が光源から丸く広がっていく様子を暗示させる。「輝」と同源である。

［人名］あき・あきら・き・てらす・てる・ひかる　♂池尻暉房《テルフサ》（江）・久世暉之《テルユキ》（江）・新崎盛暉《モリテル》（昭）・蛇川忠暉《タダアキ》（昭）・松田暉《ヒカル》（昭）・富野暉一郎《キイチロウ》（昭）　♀暉子《シキ》内親王（鎌）

【毅】15（殳・11）

［読み］㊀音 キ（慣）　ギ（漢）・ゲ（呉）　㊀訓 つよい

［語源］態度や意志が強い意味（毅然・弘毅）。「豙《ぎ》」は「辛（先のとがった刃物）＋豕（イノシシ）」を合わせて、イノシシが毛を逆立てる様子を暗示させる図形。決然と押し出して後ろにひかない強い態度や意志のありさまを「豙（音・イメージ記号）＋殳（限定符号）」の組み合わせによって表象する。

㊀金 　㊀篆 〔豙〕　㊀篆 〔毅〕

【人名】かた・かつ・き・こわ・こわし・さだむ・しのぶ・たか・たけ・たけし・たける・つよ・つよし・とし・はたす　▽「かた（堅）」「こわし（強）」は意志が堅く強い意から。「たけし（猛）」「しのぶ（忍）」「とし（敏）」「かつ（勝）」は猛々しいイメージがあることから。「はたす（果）」は果敢の意味から。♂牧野忠毅《タダカツ》（江）・松岡康毅《ヤスコワ》（江）・山口弘毅《ヒロタカ》（江）・江川英毅《ヒデタケ》（江）・井上毅《コワシ》（江）・横田毅《シノブ》（江）・牧野毅《タケシ》（江）・犬養毅《ツヨシ》（江）・長島毅《ハタス》（明）・佐薙毅《サダム》（明）・木村毅《キ》（明）・広田弘毅《コウキ》（明）・松田毅一《キイチ》（大）・別所毅彦《タケヒコ》（大）・森毅《ツヨシ》（昭）・森本毅郎《タケロウ》（昭）・田中直毅《ナオキ》（昭）・谷山毅《タケル》（平）

【熙】15（火・11）

【読み】㊥キ（呉・漢）　㊞ひろい

【語源】光が盛んに興るさま、また、徳が広く行き渡るさまの意味。「𦣝《い》」は二重あごの形で、「ふっくらしている」「広い」とイメージがある（姫の項参照）。「巸《き》」は「𦣝（音・イメージ記号）＋巳（限定符号）」。「巳」は胎児の形（包の項参照）。「巸」は「𦣝（音・イメージ記号）＋巳（限定符号）」を合わせて、胎児がふっくらと大きくなる様子。「巸（音・イメージ記号）＋火（限定符号）」を合わせた「熙」は、火の光が上がって丸く広がる様子を暗示させる。

㊢  〔巸〕　㊢  〔熙〕

【人名】おき・き・さと・てる・ひろ・ひろし・ひろむ・よし　▽「てる」は光の意味から。「よし（喜）」は和（なごやか）の意味から。「さと（聡・慧）」は明（あかるい）のつながり。♂北条熙時《ヒロトキ》（鎌）・吉田兼熙《カネヒロ》（南）・熙永《ヨシナガ》親王（南）・山名熙貴《ヒロタカ》（室）・熙明《ヒロアキ》親王（戦）・山内豊熙《トヨテル》（江）・土岐頼熙《ヨリオキ》（江）・河田熙《ヒロシ》（江）・松浦熙《ヒロム》（江）・琴陵光熙《ミツサト》（明）・吉田熙生《ヒロオ》（昭）・細川護熙《モリヒロ》（昭）　♀熙子《キシ[テルコ]》女王（安）・熙子《キシ[ヒロコ]》内親王（鎌）・明智熙子《ヒロコ》（戦）

【輝】15（車・8）常

【読み】㊥キ（漢）・ケ（呉）　㊞かがやく

【語源】光りかがやく意味。「軍」は「周囲を丸く取り巻く」というイメージがある（該項参照）。「軍（音・イメージ記号）＋光（限定符号）」を合わせて、火の回りを丸い輪をなして光が四方に発散する情景を暗示させる。

【人名】 あきら・かがやき・き・てる・ひかる　♂江馬輝経《テルツネ》(鎌)・田村輝顕《テルアキ》(南)・足利義輝《ヨシテル》(室)・上杉輝虎《テルトラ》(戦)・毛利輝元《テルモト》(土)・松平忠輝《タダテル》(土)・永井直輝《ナオテル》(江)・香川輝《テル》(江)・浅岡有輝《ユウキ》(江)・宮崎輝《カガヤキ》(明)・北一輝《イッキ》(明)・多湖輝《アキラ》(大)・杉原輝雄《テルオ》(昭)・横山光輝《ミツテル》(昭)・宮本輝《テル》(昭)・松本輝《アキラ》(昭)・北村一輝《カズキ》(昭)　♀日野輝子《テルコ》(土)・吉武輝子《テルコ》(昭)

【機】 16(木・12) 常

【読み】 ㊥キ(漢)・ケ(呉) ㊫はた

【語源】 仕掛けのある装置(からくり)の意味。これを「幾(音・イメージ記号)＋木(限定符号)」を合わせた「機」で表記する。「幾」は「わずかな距離まで近づく」、また「小さい」「細かい」というイメージがある(該項参照)。細かい部品どうしを近づけて、互いに連係させることによって動かせるようにした装置が「機」である。細かい部品のかみ合う仕掛けという意味から、つなぎ目の大切なポイント、触れ合うチャンス、表面に見えないきざしなどの意味に展開する。

【人名】 き　♂外島機兵衛《キヘエ》(江)・田辺機一《キイチ》(江)・東条英機《ヒデキ》(江)・小堺一機《カズキ》(昭)　♀薗田悠機子《ユキコ》(江)・山室機恵子《キエコ》(明)

【磯】 17(石・12)

【読み】 ㊥キ(漢)・ケ(呉) ㊫いそ

【語源】 本来は、水が水際の石にぶつかる意味。「わずかな距離まで近づく」というイメージをもつ「幾(音・イメージ記号)＋石(限定符号)」を用いて(該項参照)、「幾(音・イメージ記号)＋石(限定符号)」によって表記する。後に、水面に石が露出した岩場の意味になったので、日本では「いそ」に当てた。

【人名】 いそ　♂磯城《シキ》皇子(飛)・糟谷磯丸《イソマル》(江)・加藤磯足《イソタリ》(江)・安部磯雄《イソオ》(江)・嘉村磯多《イソタ》(明)・麻生磯次《イソジ》(明)　♀小余綾磯女《イソメ》(江)・服部磯子《イソコ》(江)・朝吹磯子《イソコ》(明)

【麒】 19(鹿・8)

【読み】 ㊥キ(漢)・ゴ(呉)

【語源】 古代中国で空想された聖獣の名、すなわちキリン(麒麟)。麒が雄、麟が雌である。体にチェック模様(格子縞)があるので、「其(音・イメージ記号)＋鹿(限定符号）」を合わせた。「其《き》」は「四角い」というイメージを示す記号である（該項参照）。

【人名】き　♂落合麒一郎《キイチロウ》（明）・南部麒次郎《キジロウ》（明）・田能村祐麒《ユウキ》（大）

【宜】8（宀・5）　常

【読み】㊀ギ（呉・漢）　㊁よろしい・むべ

【語源】「形や程度、物のあり方がちょうどよい」「あるべき姿としてふさわしい」という意味（適宜・時宜）。古くは、秩序を正すために兵を起こす時、社で祭るという意味にも使われた。これの表記として、「宀（建物）＋多（肉が重なったさま）＋一」の組み合わせ図形が考案された。建物の中で供え物が重なって供えてある情景を暗示させる。後に「宀＋且（重なることを示す象徴的符号）」となった。いずれも「形がきちんと整っている」というコアイメージを示している。

【人名】き・ぎ・こと・たか・のぶ・のり・まさ・やす・よし・より・よろし　▽「こと」はふさわしい事柄の意味から。「のり（範・則）」は手本となるべき在り方や事柄の意味から。「まさ（正）」「よし（良）」「やす（安）」は形がほどよく整っている意味から。「より（寄）」は「よろし」（良い方へ寄りつきたい意）から。「たか」は高い↓格好がよいという連想からか。「のぶ」（長く延びる）は「たか」の縁語。♂吉田宜《ヨシ》（飛）・加納久宜《ヒサヨシ》（江）・徳川義宜《ヨシノリ》（江）・川島武宜《タケヨシ》（明）・阪倉宜暢《ヨシノブ》（大）・柴宜弘《ノブヒロ》（昭）・藤田宜永《ヨシナガ》（昭）・浦山宜也《タカヤ》（昭）・尾崎弘宜《ヒロキ》（昭）　♀源宜子《ギシ「ヨシコ」》（安）・徳川宜子《コトコ》（昭）・長尾宜子《ヨリコ》（昭）・立河宜子《ノリコ》（昭）

【祇】9（示・4）

【読み】㊀ギ（呉）・キ（漢）

【語源】「くにつかみ」（地神）の意味。天神と地神を合わせて神祇という。祭壇の図形である「示」だけで、地神を表したが、後に限定符号の「氏」を添えて「祇」となった。

【字体】「祗」は「祇」の俗字。

【人名】ぎ・のり・まさ・もと・よし　▽「まさ」は祗（音はシ。まさに。ちょうどよい意）との混同による。♂飯

尾宗祇《ソウギ》(室)・佐竹義祇《ヨシモト》(江)・山崎治祇《ハルヨシ》(江)・炭太祇《タイギ》(江)・森祇晶《マサアキ》(昭) ♀藤原祇子《ギシ「マサコ」》(安)

【義】13(羊・7) 常

【読み】音 ギ(呉・漢) 訓 よし

【語源】人道などにおける正しい筋道の意味(正義・道義)。「きちんと筋が通っている」というのがコアイメージで、これを表す記号が「我」(該項参照)。「∧型のかどがある」というイメージから、「形がきちんと整っている」というイメージに展開する。「羊」は形のよい動物の代表として、比喩的限定符号に使われる。「我(音・イメージ記号)+羊(限定符号)」を合わせて、羊のように物の形がきちんと整っていることを暗示させる。

甲  金  篆 

【人名】ぎ・ただし・ちか・つとむ・のり・みち・よし・より ▽「よし(善)」は形がよい意味から。「のり(則)」は人ののっとるべき道の意味から。「より(依)」「ちか(近)」「つとむ(務)」は人道を依りどころとし、それに近づき、務めることから。♂源義経《ヨシツネ》(安)・佐藤義清《ノリキヨ》(安)・新田義貞《ヨシサダ》(鎌)・義良《ノリナガ》親王(南)・足利義満《ヨシミツ》(室)・松浦義《ヨシ「タダシ」》(室)・今川義元《ヨシモト》(戦)・最上義光《ヨシミツ》(土)・徳川義直《ヨシナオ》(江)・西郷吉義《ヨシミチ》(江)・田中義一《ギイチ》(江)・藤原義江《ヨシエ》(明)・平野義太郎《ヨシタロウ》(明)・有馬頼義《ヨリチカ》(大)・田端義夫《ヨシオ》(大)・立木義浩《ヨシヒロ》(昭)・森田一義《カズヨシ》(昭)・清水義範《ヨシノリ》(昭)・久間十義《ジュウギ》(昭) ♀藤原義子《ギシ「ヨシコ」》(安)・義子《ギシ》内親王(鎌)・潮谷義子《ヨシコ》(昭)

【儀】15(人・13) 常

【読み】音 ギ(呉・漢)

【語源】形がきちんと整った手本・基準(のり)の意味(儀礼・儀式)。「形がきちんと整っている」というコアイメージを示すのが「義」である(前項参照)。「義(音・イメージ記号)+人(限定符号)」を合わせて、右の意味の語を表記する。

【人名】ぎ・ただし・のり・よし ▽「ただし(正)」「よし(善・好)」は形が正しく整って美しい意味から。♂敦儀《アツノリ》親王(安)・楠木正儀《マサノリ》(南)・福留儀重《ヨシシゲ》(戦)・松井儀長《ノリナガ》(土)・松平頼儀《ヨリノリ》(江)・若山儀一《ヨシカズ》(江)・野中儀《ギ》(江)・小沢儀明《ヨシアキ》(明)・小山儀《タダシ》(明)・加茂儀一《ギイチ》

(明)・篠原儀治《ヨシハル》(大)・中山儀助《ギスケ》(昭)・臼井儀人《ヨシト》(昭)・内野儀《タダシ》(昭)　♀儀子《ギシ》〔ノリコ〕内親王(安)

【菊】11(艸・8)　常

[読み]　(音)キク(呉・漢)

[語源]　植物のキクの意味。視覚記号化には、花の特徴を捉えて「匊《きく》」を利用する。これは「勹（周囲を丸く囲む符号）＋米」を合わせて、掌を丸めて米を掬う様子を設定した図形。「周囲を丸く引き締めて中心に集める」というイメージがある。「匊（音・イメージ記号）＋艸（限定符号）」を合わせて、多くの小花が周囲を丸く取り巻いて中心に集まった花をもつ植物を暗示させた。

(金) 　(篆) 〔匊〕　(篆) 〔菊〕

[人名]　きく　♂菊王丸《キクオウマル》(安)・尾上菊五郎《キクゴロウ》(江)・石井菊次郎《キクジロウ》(江)・清水菊平《キクヘイ》(明)・栗谷菊生《キクオ》(大)・野本菊男《キクオ》(大)・篠原菊紀《キクノリ》(昭)　♀吉弘菊姫《キクヒメ》(戦)・瀬川菊《キク》(士)・卜部菊子《キクコ》(江)・後閑菊野《キクノ》(江)・山川菊栄《キクエ》(明)・牧瀬菊枝《キクエ》(明)・網野菊《キク》(明)・花柳小菊《コギク》(大)・花村菊江《キクエ》(昭)

【吉】6(口・3)　常

[読み]　(音)キチ(呉)・キツ(漢)　(訓)よい

[語源]　幸いなこと、めでたいという意味（吉祥）。この語の表記には、凶（からっぽで縁起が悪い）と反対に、中身が充実した様子を図形化することから発想された。「士（被せる物）＋口（入れ物）」を合わせて、容器に物を詰め込んで蓋を被せる情景を設定する。これによって、「良いことがいっぱいあってめでたい」というイメージを作り出した。

(甲) 　(金) 　(篆) 

[人名]　きち・きつ・さち・とみ・よし　▽「とみ（富）」は中身がいっぱいあることから。♂舎人吉年《ヨシトシ》(飛)・安曇広吉《ヒロヨシ》(奈)・県犬養吉男《ヨシオ》(奈)・各務吉雄《ヨシオ》(安)・安倍吉平《ヨシヒラ》(安)・工藤吉隆《ヨシタカ》(鎌)・豊臣秀吉《ヒデヨシ》(戦)・堀尾吉晴《ヨシハル》(士)・徳川吉宗《ヨシムネ》(江)・勝小吉《コキチ》(江)・八条隆吉《タカトミ》(江)・三木武吉《ブキチ》(明)・臼井吉見《ヨシミ》(明)・宇野重吉《ジュウキチ》(大)・古井由吉《ヨシキチ》(昭)・喜納昌吉《ショウキチ》(昭)　♀吉備《キビ》内親王(奈)・紀吉継《ヨシツグ》(奈)・藤原吉日《ヨシヒ》(奈)・藤原吉子

《ヨシコ》(安)・生駒吉乃《ヨシノ「キツノ」》(戦)・村上吉子《キッコ》(江)・若柳吉登代《キチトヨ》(明)・祢宜吉子《ヨシコ》(昭)

【九】2(乙・1) 常

[読み] 音 キュウ(漢)・ク(呉) 訓 ここのつ

[語源] 数詞の9は最後の数ということから名づけられた。基数では1が最初で、9が最後の数である。究極の究と同源である。「九」は腕を曲げた図形。伸ばそうとして最後につかえて曲がってしまうから、「もうこれ以上は行けないどん詰まり」というイメージがある。だから数詞の9をキュウ(↑キウ)といい、「九」と書くのである。

甲  金  篆 

[人名] きゅう・く ♂家喜九郎《クロウ》(南)・万里集九《シュウク》(室)・西村勘九郎《カンクロウ》(戦)・大賀宗九《ソウク》(土)・竹田庄九郎《ショウクロウ》(土)・坪井九馬三《クメゾウ》(江)・市川九女八《クメハチ》(江)・十返舎一九《イック》(江)・友成九十九《ツクモ》(明)・加藤唐九郎《トウクロウ》(明)・千田九一《クイチ》(大)・都丸十九一《トクイチ》(大)・坂本九《キュウ》(昭)・小嵐九八郎《クハチロウ》(昭)・宮藤官九郎《カンクロウ》(昭) ♀素九鬼子《クキコ》(昭)・有希九美《クミ》(昭)・藤井九華《キュウカ》(昭)

【久】3(ノ・2) 常

[読み] 音 キュウ(漢)・ク(呉) 訓 ひさしい

[語源] 時間が長くたっている意味(永久)。これを「久」と表記する。背の曲がった人の形に「乀」(長く引っ張る印)をつけて、いつまでも命を長らえている様子を象徴的に表現した。

篆 

[人名] きゅう・く・つね・なが・ひさ・ひさし ♂陽侯久爾曽《クニソ》(飛)・佐伯久良麻呂《クラマロ》(奈)・平盛久《モリヒサ》(安)・大江久兼《ヒサカネ》(鎌)・巨勢俊久《トシヒサ》(南)・尼子経久《ツネヒサ》(室)・松永久秀《ヒサヒデ》(戦)・島津家久《イエヒサ》(土)・間瀬久太夫《キュウダユウ》(江)・島村久《ヒサシ》(江)・田部久《キュウ》(明)・三船久蔵《キュウゾウ》(明)・植村正久《マサヒサ》(江)・川田晴久《ハルヒサ》(明)・北村久寿雄《クスオ》(大)・森繁久弥《ヒサヤ》(大)・稲尾和久《カズヒサ》(昭)・三浦久《ヒサシ》(昭) ♀久子《ヒサコ》内親王(安)・石黒久賀子《クガコ》(江)・吉田久《ヒサ》(明)・錦織久良子《クラコ》(明)・島本久恵《ヒサエ》(明)・山岡久乃《ヒサノ》(大)・沢地久枝《ヒサエ》(昭)・今井久仁恵《クニエ》(昭)・波乃久里子《クリコ》(昭)・水野久

美《ミク》(昭)・秋吉久美子《クミコ》(昭)・麻木久仁子《クニコ》(昭)

【弓】3(弓・0)　常

【読み】音 キュウ(漢)・ク(呉)　訓 ゆみ

【語源】ゆみの意味。ゆみを描いた図形が「弓」である。「曲がる」がコアイメージで、穹（アーチ状の天空）に残っている。

甲 　金 　篆 

【人名】ゆみ　♂紀小弓《オユミ》(古)・紀弓張《ユミハリ》(飛)・内山真弓《マユミ》(江)・櫛田弓人《ユミンド》(江)・那須弓雄《ユミオ》(明)・中原弓彦《ユミヒコ》(昭)・豊田弓乃《ユミノ》(昭)　♀弓削《ユゲ》女王(奈)・平岩弓枝《ユミエ》(昭)・大空真弓《マユミ》(昭)・大島弓子《ユミコ》(昭)・箕浦聖弓《マサミ》(昭)・桜井亜弓《アユミ》(昭)・木村弓《ミユ》(昭)

【休】6(人・4)　常

【読み】音 キュウ(漢)・ク(呉)　訓 やすむ・やむ

【語源】活動をやめてやすむ意味（休息）。これを「人＋木」の組み合わせで表記する。人が木陰で休むと解釈するのは図形の意匠であって、そのまま意味ではない。

甲 　金 　篆 

【人名】きゅう・やす・やすみ・やすむ・よし　▽「よし」は安らかで幸せ、めでたいという意味から。♂千利休《リキュウ》(戦)・宇喜多休閑《キュウカン》(土)・稲葉正休《マサヤス》(江)・酒井忠休《タダヨシ》(江)・益満休之助《キュウノスケ》(江)・大菅休《ヤスム》(江)・上田休《ヤスミ》(江)・野原休一《キュウイチ》(明)・坂本休《ヤスム》(昭)　♀休子《キュウシ[ヤスコ]》内親王(安)

【求】7(水・2)　常

【読み】音 キュウ(漢)・グ(呉)　訓 もとめる

【語源】「もとめる」という意味だが、「こちらの方へ引き寄せる」というイメージである。この語を表記するのが「求」。これは獣の毛皮で作った衣を描いた図形で、裘（かわごろも）の原字。皮の衣服は体にぎゅっと締めて着るものだから、「中心に向けて引き締める」というイメージがある。だから「求」でもって右の意味の語を表記できる。

金 　古 

［人名］ きゅう・もと・もとむ・もとめ　♂中島宗求《ムネモト》（土）・鳥居忠求《タダモト》（江）・吉岡求馬《モトメ》（江）・斎藤求三郎《キュウサブロウ》（江）・橋本求《モトム》（明）・船橋求己《モトキ》（明）・相原求一郎《キュウイチロウ》（大）・古田求《モトム》（昭）　♀花柳求女《モトメ》（昭）

【究】 7（穴・2） 常

［読み］ ㊥キュウ（漢）・ク（呉）　㊟きわめる

［語源］ とことんまで突き詰める（究明）、また、最後の行き詰まりの意味（究極）。「九」には「もうこれ以上は行けないどん詰まり」というイメージがある（該項参照）。「九（音・イメージ記号）＋穴（限定符号）」を合わせて、穴の奥のどん詰まりまで探る情景を設定した。

［人名］ きゅう・きわむ・はかる　▽「はかる」（推しはかる）は推究からの連想か。　♂井上究一郎《キュウイチロウ》（明）・山茶花究《キュウ》（大）・加部究《キワム》（昭）・松岡究《ハカル》（昭）

【宮】 10（宀・7） 常

［読み］ ㊥キュウ（漢）・ク（呉）・クウ（呉）　グウ（慣）　㊟みや

［語源］ 帝王などの住む大きな建物、御殿の意味（宮殿）。これを「宮」と表記する。「呂」は背骨の図形である（該項参照）。脊柱は椎骨がいくつもつながっている。したがって「点々とつながる」というイメージがある。「呂（イメージ記号）＋宀（限定符号）」を合わせて、幾棟も点々と続いた大きな建築物を暗示させる。

㊙ ㊎ ㊕

［人名］ く・み・みや　♂石川宮麻呂《ミヤマロ》（飛）・嶋田宮成《ミヤナリ》（奈）・佐味宮守《ミヤモリ》（奈）・清瀬宮継《ミヤツグ》（安）・海賀宮門《ミヤト》（江）・奈良宮司《ミヤジ》（江）・千葉宮次郎《ミヤジロウ》（江）・高杉宮内《クナイ》（江）・岡本宮之助《ミヤノスケ》（昭）・三木宮彦《ミヤヒコ》（昭）　♀藤原宮子《ミヤコ》（飛）・近藤宮子《ミヤコ》（明）・うつみ宮土理《ミドリ》（昭）・藤代宮奈子《ミナコ》（昭）

【赳】 10（走・3）

［読み］ ㊥キュウ（呉・漢）

［語源］ 武勇のありさまを「赳々」と表現する。「丩《きゅう》」は二つの曲がった線をよじり合わせる様子を示す象徴的符号（収の項参照）。「引き締まる」というイメージにも展開する。したがって、筋肉が引き締まって力強く動作する様子を「丩（音・イメージ記号）＋走（限定符号）」

の組み合わせで表した。
【人名】たけ・たけし　♂竹内赳夫《タケオ》(江)・森赳《タケシ》(明)・福田赳夫《タケオ》(明)・湯浅赳男《タケオ》(昭)・松延赳士《タケシ》(昭)・後藤赳司《タケシ》(昭)

【球】
11(玉・7)　常
【読み】音 キュウ(漢)・グ(呉)　訓 たま
【語源】丸い玉の意味。中心から周辺まで等距離をなす立体的な物体である。これを図形に表すために、「中心に向けて引き締める」というイメージをもつ「求」を用いて(該項参照)、「求(音・イメージ記号)+玉(限定符号)」を組み合わせた。
【人名】きゅう・たま　♂南部球吾《キュウゴ》(江)・工藤球卿《キュウケイ》(江)・犬童球渓《キュウケイ》(明)・徳田球一《キュウイチ》(明)・大和球士《キュウシ》(明)・広岡球志《キュウシ》(昭)・石川球太《キュウタ》(昭)　♀片岡球子《タマコ》(明)・林田球《キュウ》(昭)

【鳩】
13(鳥・2)
【読み】音 キュウ(漢)・ク(呉)　訓 はと
【語源】ハト類の鳥の総称。これを「鳩」と表記するわけは「九」のイメージにある。「九」は基数で最大の数で、多数のイメージがある。これが「多くのものが一緒に集まる」というイメージに展開する。群れをなすハトの習性を捉えて、「九(音・イメージ記号)+鳥(限定符号)」を合わせた「鳩」が生まれた。
【人名】きゅう・はと・やす　▽「やす(安)」は一所に集まって落ち着くという意味から。♂浜野鳩三《キュウゾウ》(江)・平岡鳩平《キュウヘイ》(江)・室鳩巣《キュウソウ》(江)・椋鳩十《ハトジュウ》(明)・朝香宮鳩彦《ヤスヒコ》王(明)

【牛】
4(牛・0)　常
【読み】音 ギュウ(漢)・グ(呉)　ゴ(慣)　訓 うし
【語源】ウシを描いた図形。ウシの頭部の特徴を強調している。

甲

金

篆

【人名】うし・ぎゅう　♂建部牛麻呂《ウシマロ》(奈)・大伴牛養《ウシカイ》(奈)・牛若丸《ウシワカマル》(安)・太田牛一《ギュウイチ》(戦)・斎藤牛之助《ウシノスケ》(戦)・富田牛生《ウシオ》(戦)・中西牛郎《ウシオ》(江)・吉雄耕牛《コウギュウ》(江)・篁牛人《ギュウジン》(明)・奥村土牛《ドギュウ》(明)・高山樗牛《チョギュウ》(明)・

天児牛大《ウシオ》(昭)

【巨】5(|・4)　常

【読み】(音)キョ(漢)・ゴ(呉)　コ(慣)　(訓)おおきい

【語源】サイズなどがかなり大きい意味(巨大)。これを表記するのが「巨」である。これは古代中国の定規の一種を描いた図形。匚の枠に取っ手のついたもので、角度や長さを測る。上下の幅を広げて長さを測るので、「両点間の距離が隔たる」というイメージがある。巨(隔たりがあって大きい)は距離の距(隔たり)や拒否の拒(距離を置く)と同源の語である。

(古) 　(篆) 

【字体】旧字体の「巨」は工の部に属していたが、「巨」は形が崩れたため部首が存在しない。仮に|の部とする(|は第一筆)。

【人名】おお・きょ・こ・しげ・なお・ひろ　▽「しげ(繁・茂)」は沢山(多い)の意味から。「ひろ(広)」は「大きい」の縁語。「なお(尚)」は程度がいっそう大きくなることからか。♂藤原巨勢麻呂《コセマロ》(奈)・中科巨都雄《コツオ》(奈)・和気巨範《シゲノリ》(安)・大久保巨川《キョセン》(江)・大西巨人《キョジン》(大)・大橋巨泉《キョセン》(昭)・近藤巨士《ヒロシ》(昭)・桑原巨守《ヒロモリ》(昭)・篠原巨樹《ナオキ》(昭)・高橋巨典《キョテン》[ナオノリ](昭)

【挙】10(手・6)　常

【読み】(音)キョ(漢)・コ(呉)　(訓)あげる・こぞる

【語源】手を高く上げる意(挙手)。この語を「擧」と表記する。「與(=与)」は「一緒に組み合う」というイメージを示す(与の項参照)。「與(音・イメージ記号)+手(限定符号)」を合わせた「擧」は、手を組んで持ち上げる様子を暗示させる。

【字体】「擧」は旧字体。「挙」は草書に由来する俗字。

【人名】きょ・しげ・たか・たつ・ひら　▽「しげ(繁・茂)」は「ことごとく」(たくさん、全部)の意味からか。「たつ」は「あがる」の縁語。「ひら(開・啓)」は事を起こし始めることからか。♂大江挙周《タカチカ》(安)・仁賀保挙誠《タカノブ》(土)・土屋挙直《シゲナオ》(江)・鳥居忠挙《タダヒラ》(江)・神戸挙一《キョイチ》(江)・円山応挙《オウキョ》(江)・村山長挙《ナガタカ》(明)

【魚】11(魚・0)　常

[読み] ㊥ギョ(漢)・ゴ(呉) ㊧うお・さかな

[語源] ウオの総称。「魚」はウオを描いた図形。

㊢  ㊎  ㊫ 

[人名] いお・うお・お・ぎょ・な ♂藤原魚名《ウオナ》(奈)・相李魚成《ウオナリ》(奈)・朝野魚養《ナカイ》(奈)・大中臣諸魚《モロナ》(奈)・秦大魚《オオナ》(奈)・守住勇魚《イサナ》(江)・佐藤魚丸《ウオマル》(江)・楫取魚彦《ナヒコ》(江)・三田村鳶魚《エンギョ》(明)・松丸東魚《トウギョ》(明)・田村魚菜《ギョサイ》(大)・岡崎光魚《ミツオ》(昭)・あがた森魚《モリオ》(昭) ♀紀乙魚《オトナ》(安)・紀魚員《イオカズ》(安)

【御】12(彳・9) 常

[読み] ㊥ギョ(漢)・ゴ(呉) ㊧おん・み

[語源] 扱いにくいものをならす、コントロールするという意味(御者・統御)。「午」にコアイメージがある。これは餅などをつきならす杵を描いた図形である(該項参照)。ここに「なれないものをうまくならし、コントロールする」というイメージがある。乗り手が馬をあやつること、あるいは、君主が民を支配し治めることなどをギョといい、その視覚記号を「午(音・イメージ記号)+卩(限定符号)」の組み合わせとした。のち「彳+止」(=辵。進行や行いを示す符号)を添えて「御」となった。

㊢  ㊎  ㊫ 

[人名] お・おん・ぎょ・のり・み ▽「のり(乗)」は御風(仙人が風に乗ってあやつる意)から。♂佐伯御室《ミムロ》(古)・御馬《ミマ》皇子(古)・大伴御行《ミユキ》(飛)・犬上御田鍬《ミタスキ》(飛)・藤原御楯《ミタテ》(奈)・下毛野御安《ミヤス》(安)・奥御賀丸《オンガマル》(室)・橘御園《ミソノ》(江)・富士谷御杖《ミツエ》(江)・荷田御風《ノリカゼ》(江)・徳田御稔《ミトシ》(明)・相馬御風《ギョフウ》(明)・速水御舟《ギョシュウ》(明) ♀橘御井子《ミイコ》(奈)・乾御代子《ミヨコ》(明)

【匡】6(匚・4)

[読み] ㊥キョウ(漢)・コウ(呉) ㊧ただす

[語源] ゆがみや間違いを正しく直す意味(匡正)。「王」は往や狂に含まれる「㞷《おう》」と同じで、「むりに伸び広がる」というイメージがある。「㞷(音・イメージ記号)+匚(枠を示す限定符号)」を合わせて、型に合うようにむりやり広げて修正する様子を暗示させる。

㊙甲  ㊎  ㊧篆 （㞷） ㊧篆 （匡）

【人名】きょう・たすく・ただ・ただし・ただす・まさ・まさし　▽「まさ（正）」は正しくする意味から。「たすく」は悪くならないように助ける意味から。♂大江匡房《マサフサ》（安）・小槻匡遠《タダトオ》（南）・毛利匡邦《マサクニ》（江）・本多康匡《ヤスタダ》（江）・飯沢匡《タダス》（明）・楠田匡介《キョウスケ》（明）・江頭匡一《キョウイチ》（大）・酒巻匡《タダシ》（昭）・烏丸匡《タスク》（昭）・松本匡史《マサシ》（昭）・乙武洋匡《ヒロタダ》（昭）　♀道下匡子《キョウコ》（昭）・田名部匡代《マサヨ》（昭）

亨→こう

【杏】7（木・3）

【読み】㊥音 キョウ（漢）・コウ（呉）・アン（唐）　㊥訓 あんず

【語源】植物のアンズの意味。視覚記号の「杏」は「口（イメージ記号）＋木（限定符号）」を合わせて、食べておいしい果実の生る木を暗示させる。

【人名】あん・あんず・きょう・もも　▽「もも」はアンズの古語の唐桃から。♂堀杏庵《キョウアン》（土）・頼杏坪《キョウヘイ》（江）・帆足杏雨《キョウウ》（江）・土田杏村《キョウソン》（明）・酒井杏之助《キョウノスケ》（明）　♀小堀杏奴《アンヌ》（明）・黒田杏子《モモコ》（昭）・江波杏子《キョウコ》（昭）・鈴木杏樹《アンジュ》（昭）・小林杏奈《アンナ》（昭）・渡辺杏《アンズ》（昭）・永井杏《アンズ》（平）

【京】8（亠・6）常

【読み】㊥音 キョウ（呉）・ケイ（漢）　㊥訓 みやこ

【語源】大きな都市、また首都の意味。古代中国では湿地を避けた場所に都を造営したので、高い丘の上に建物が建っている情景を描いた図形によって、右の意味の語を表記した。これが「京」である。「京」は「高く大きい」というコアイメージがある。

甲  金  篆 

【人名】きょう・たかし・ひろし・みさと・みやこ　▽「ひろし」は「たかし」の縁語。「みさと」はみやこの意味。♂中条右京《ウキョウ》（江）・中沼左京《サキョウ》（江）・山東京伝《キョウデン》（江）・金田一京助《キョウスケ》（明）・籠山京《タカシ》（明）・森京介《キョウスケ》（大）・森山京《ミヤコ》（昭）・花紀京《キョウ》（昭）・小松左京《サキョウ》（昭）・西村京太郎《キョウタロウ》（昭）・筒美京平《キョウヘイ》（昭）・片山右京《ウキョウ》（昭）

♀建礼門院右京太夫《ウキョウノダイブ》(安)・帆足京子《キョウコ》(江)・浜口京子《キョウコ》(昭)・望月京《ミサト》(昭)

【享】8（亠・6）常

[読み] ㊌キョウ(漢)・コウ(呉)　㊗うける

[語源] 神に物を供え、すすめる意味、また、もてなしを受ける意味（享受）。祖先を祭る建物（宗廟）を描いた図形である「亯《きょう》」で表記する。Aが与え、Bが受けるので、二つの間に何かが⇅型に通い合うというイメージがある。「亯」は「享《きょう》」と「亨《こう》」に分化した。

㊙甲 　㊎金 　㊕篆 

[人名] きょう・すすむ・たか・たかし・つら・とおる・みち・ゆき　▽「たか（孝）」は祖先に孝をなすことから。「とおる（通）」「つら（貫）」「ゆき（行）」は通っていくイメージから。「みち」は通るの縁語。♂稲垣定享《サダミチ》(江)・烏丸光享《ミツユキ》(江)・村上享一《キョウイチ》(江)・逸見享《タカシ》(明)・船田享二《キョウジ》(明)・古川享《ススム》(昭)・杉浦享《トオル》(昭)・西森享平《キョウヘイ》(昭)　♀浅沼享子《キョウコ》(明)・松岡享子《キョウコ》(昭)

【恭】10（心・6）常

[読み] ㊌キョウ(漢)・ク(呉)　㊗うやうやしい

[語源] 態度が丁寧で慎み深い意味（恭順）。拱手の拱（両手を胸の前で組み合わせるお辞儀）と同源。「共」は「廿（物を示す符号）＋廾（両手）」を合わせて、手を一緒にそろえて物を捧げる様子を示す。拱手をするときのようなうやうやしい気持ちを「共（音・イメージ記号）＋心（限定符号）」を合わせた「恭」で表した。

㊙甲 　㊎金 　㊕篆 〔共〕　㊕篆 〔恭〕

[人名] あつ・うや・きょう・すみ・たか・たかし・ただ・ただし・ちか・つか・つつしむ・のり・もと・やす・やすし・ゆき・よし　▽「たか（尊）」「あつ（厚）」「すみ（澄）」「ちか（親）」は敬意をもって接する態度が、手厚く、親しみがあり、心が澄んでいるという印象から。「やす（安）」「よし（好）」はその態度が安心で気持ちのよい効果を与えるからか。「ゆき（幸）」は「やす」「よし」のつながり。「つか」は「奉え」のつかで、両手で捧げる意。「ただし（正）」「のり（法・則）」は中

国の古辞書に恭の訓として出る。「もと（基・本）」は「のり」の縁語。♂源恭《ツツシム》（安）・川路利恭《トシアツ》（江）・酒井忠恭《タダズミ》（江）・松平頼恭《ヨリタカ》（江）・原恭胤《ヤスタネ》（江）・冷泉為恭《タメチカ》（江）・木下利恭《トシモト》（江）・池田政恭《マサユキ》（江）・岩城隆恭《タカヨシ》（江）・恒藤恭《キョウ》（明）・小川政恭《マサタダ》（明）・末広恭雄《ヤスオ》（明）・多岐川恭《キョウ》（大）・大塚恭男《ヤスオ》（昭）・柴田恭兵《キョウヘイ》（昭）・横内恭《タダシ》（昭）・飯田恭《タカシ》（昭）　♀恭子《キョウシ》内親王（安）・吉田恭子《キョウコ》（明）・宮崎恭子《ヤスコ》（昭）・岩崎恭子《キョウコ》（昭）

【強】11（弓・9）　常

［読み］　㊥キョウ（漢）・ゴウ（呉）　㊒つよい・しいる・つとめる

［語源］　固くて丈夫という意味（強固）。この語を表記するため、ある種の虫の性質から発想された。「厶」がコアイメージを提供する記号。これは肱を張り広げる図形で、弘・雄を構成する（各項参照）。「弘（音・イメージ記号）＋虫（限定符号）」を合わせて、虫がはさみや甲羅をぴんと張り広げるように、固くこわばる様子を暗示させる。

［人名］　あつ・かつ・きょう・こわ・すね・たけ・つと む・つよ・つよし　▽「あつ（厚）」は「固い」の縁語。「かつ（勝）」は「強い」からの連想。「こわ」はコハシ（固い意）から。「すね（拗）」（ひねくれて反抗する意）は「強い」のつながり。「たけ（武・猛）」は「強い」の縁語。♂鳥居強右衛門《スネエモン》（戦）・酒井忠強《タダツヨ》（江）・石川強《ツトム》（江）・児島強介《キョウスケ》（江）・荒川強啓《キョウケイ》（昭）・山岡強一《キョウイチ》（昭）・石井強司《ツヨシ》（昭）・伊藤強《ツヨシ》（昭）

【教】11（攴・7）　常

［読み］　㊥キョウ（呉）・コウ（漢）　㊒おしえる

［語源］　上のものから下のものに知識などを与え導く意味（教化）。二人の間で知識をやりとりする行為のうち、与える方をいうことば（逆は学）。やりとりの行為には「↑↓型をなす（交差する）」というイメージがある。これを表す記号が「爻《こう》」である。「爻（音・イメージ記号）＋子（イメージ補助記号）＋攴（限定符号）」を合わせた「敎」は、先生が子供と交わって知識のやりとりをする情景を暗示させる。

甲

金

篆

［字体］　「敎」が正字（旧字体）。書道では古くから「教」

と書かれた。

［人名］おしえ・きょう・さとし・たか・のり・みち　▽「のり（則）」は教師に則ることから。「さとし」は教え諭す意味から。「みち」は正しい道に導くことから。「たか（高）」は教化して人格を高めることからか。♂池百済教徳《キョウトク》（奈）・平教盛《ノリモリ》（安）・九条教実《ノリザネ》（鎌）・西尾田教正《ノリマサ》（南）・山名教清《ノリキヨ》（室）・北畠具教《トモノリ》（戦）・浅川光教《ミツノリ》（土）・大久保教寛《ノリヒロ》（江）・前田重教《シゲミチ》（江）・木庭伯教《ノリタカ》（明）・遠藤教三《キョウゾウ》（明）・沢田教一《キョウイチ》（昭）・平教《サトシ》（昭）・八木沢教司《サトシ》（昭）　♀百済教仁《キョウニン》（奈）・平教子《ノリコ》（安）・阿武教子《ノリコ》（昭）

【郷】11（邑・8）　常

［読み］㊀音 キョウ（漢）・ゴウ（呉）　㊀訓 さと

［語源］都会に対する田舎の意味。これを「鄕」と表記した。「卿」が元になってできた字である。「卿」はごちそうを挟んで二人が向かい合う図形で、饗の原字。「↓↑型に向かい合う」というイメージから、「↑↓型に通い合う」というイメージにもなる。向き合う二人を向き合う邑に替えると「郷」となる。向かい合って人が行き交う村を暗示させる。

(甲)

(金)

(篆)

〔卿〕
(篆)

〔鄕〕

［字体］「鄕」は旧字体。「鄉」は異体字。「郷」は書道で生まれた俗字。

［人名］きょう・くに・ごう・さと　♂藤原秀郷《ヒデサト》（安）・北畠政郷《マササト》（室）・吉良義郷《ヨシサト》（戦）・蒲生氏郷《ウジサト》（土）・佐野郷成《クニナリ》（江）・芝原千郷《チサト》（江）・小川郷太郎《ゴウタロウ》（明）・川崎郷太《キョウタ》（昭）・西寺郷太《ゴウタ》（昭）・小坂真郷《マサト》（昭）　♀郷御前《サトゴゼン》（安）・井上郷子《サトコ》（昭）

【卿】12（卩・10）

［読み］音 キョウ（呉）・ケイ（漢）　訓 きみ

［語源］臣下で最も位の高いもの、すなわち大臣の意味。「卿」は二人が会食する場面を描いた図形で、饗宴の饗の原字である（前項参照）。饗宴を取り仕切るものが村の長老であったことから、右の意味の語を「卿」で表記した。

［字体］「卿」は異体字。「卿」は俗字。

［人名］あき・きみ・きょう・けい・のり　▽「のり

(則)」は大臣が臣下の手本とされることから。「あき(明)」は卿雲（めでたい雲）から連想したか。♂大久保忠卿《タダアキ》(江)・内藤頼卿《ヨリノリ》(江)・杉田成卿《セイケイ》(江)・手島右卿《ユウケイ》(江)・澁澤卿《ケイ》(昭)　♀卿局《キョウノツボネ》(鎌)・卿内侍《キョウノナイシ》(戦)

【喬】12（口・9）

【読み】㊥キョウ(漢)・ギョウ(呉)　㊞たかい

【語源】木などが高い意味（喬木）。「高（音・イメージ記号）の略体＋夭（イメージ補助記号）」を合わせたのが「喬」である。「夭」は頭をかしげ体をくねらせる人の図形で、「先が曲がる」というイメージがある。「喬」は高くて上が曲がる様子を示しているが、単に「高く上がる」というイメージにもなる。

㊧ 

【人名】きょう・たか・たかし・のぶ　▽「のぶ（伸・延）」は「高い」の縁語。♂小野喬木《タカキ》(安)・浦添朝喬《チョウキョウ》(士)・大木喬任《タカトオ》(江)・岡喬《タカシ》(江)・志村喬《タカシ》(明)・白井喬二《キョウジ》(明)・丹羽喬四郎《キョウシロウ》(明)・杉浦喬也《タカヤ》(大)・辻井喬《タカシ》(昭)・岡村喬生《タカオ》(昭)・朝倉喬司《キョウジ》(昭)　♀喬子《タカコ》女王(江)・矢野喬子《キョウコ》(昭)

【橋】16（木・12）常

【読み】㊥キョウ(漢)・ギョウ(呉)　㊞はし

【語源】「はし」の意味。これを「橋」と表記する。「喬」は「高く上がる」というイメージがある（前項参照）。「喬（音・イメージ記号）＋木（限定符号）」を合わせて、水の上に木を高く上げて渡したもの、つまり「はし」を暗示させる。

【人名】きょう・はし　♂村田橋彦《ハシヒコ》(江)・関橋守《ハシモリ》(江)・小笠原午橋《ゴキョウ》(江)・矢野橋村《キョウソン》(明)・大川橋蔵《ハシゾウ》(昭)　♀浄橋《キョハシ》女王(安)・浮橋《ウキハシ》(江)

【鏡】19（金・11）常

【読み】㊥キョウ(呉)・ケイ(漢)　㊞かがみ

【語源】「かがみ」の意味。これを「鏡」と表記する。「竟《きょう》」は「音（音楽）＋儿（人）」から成る。音楽家という意味ではなく、音楽を歌い終えることを表す。ここに「区切りをつける」というイメージがあり、境（区切り目）と同源である。「竟（音・イメージ記号）＋金（限定符号）」を合わせて、表面を磨いて、明と暗の区切り目がはっきりつく（つまり、姿が映る）ようにした道具を暗示させる。

篆  〔竟〕 篆  〔鏡〕

【人名】あき・あきら・かがみ・かね・きょう ▽「あきら（明）」は姿がはっきり映ることから。「かね」は金属製であることから。♂百済鏡仁《キョウニン》（奈）・弓削道鏡《ドウキョウ》（安）・渋川義鏡《ヨシカネ》（室）・朝倉景鏡《カゲアキラ》（戦）・二見鏡三郎《キョウザブロウ》（江）・泉鏡花《キョウカ》（明）・積木鏡介《キョウスケ》（昭）・宮島鏡《カガミ》（昭） ♀夏目鏡子《キョウコ》（明）・紀和鏡《キョウ》（昭）

【尭】8（儿・6） 【堯】12（土・9）

【読み】㊥ギョウ（呉・漢） ㊫たかい

【語源】古代中国の伝説的な聖王の名。気高いという意味で名づけられた。「垚《ぎょう》」は「土」を三つ重ねて、「高く上がる」というイメージを示す。「垚（音・イメージ記号）＋兀（人体を示す限定符号）」を合わせた「堯」は、背の高い人、また気高い人を暗示させる。

篆  〔垚〕 甲  篆 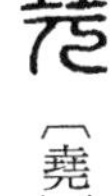 〔堯〕

【字体】「堯」は正字（旧字体）。「尭」は草書で生じた俗字。

【人名】あき・ぎょう・たか・たかし・とお ▽「あき（明）」（明敏）は「たか」（高潔）のつながり。「とお（遠）」はたか（高）の縁語。♂北条氏尭《ウジタカ》（室）・種子島時尭《トキタカ》（戦）・山名尭熙《アキヒロ》（土）・毛利元尭《モトタカ》（江）・本多忠尭《タダトオ》（江）・安藤尭雄《タカオ》（明）・大田尭《タカシ》（大）・犬塚尭《ギョウ》（大）・高坂正尭《マサタカ》（昭）・井上尭之《タカユキ》（昭）・山口尭二《ギョウジ》（昭）・荒川尭《タカシ》（昭） ♀日高尭子《タカコ》（昭）

【暁】12（日・8） 常 【曉】16（日・12）

【読み】㊥ギョウ（慣） キョウ（呉・漢） ㊫あかつき・さとる

【語源】明け方の意味（春暁）。これを「曉」と表記する。「堯」は「高く上がる」というイメージがある（前項参照）。「堯（音・イメージ記号）＋日（限定符号）」を合わせて、日が地の果てから上に上がろうとする時刻を暗示させる。明るくなる時（あかつき）の意味から、事情に明るくなる（さとる）という意味（通暁）を派生する。

［字体］「曉」は旧字体。「暁」は堯→尭にならった俗字。

［人名］あか・あかつき・あき・あきら・あけ・ぎょう・さとし・さとる・とし　▽「とし（敏）」は「あきら（明）」の縁語。♂無住道暁《ドウギョウ》（鎌）・松平忠暁《タダアキラ》（江）・板倉勝暁《カツトシ》（江）・河鍋暁斎《ギョウサイ》（江）・上林暁《アカツキ》（明）・森暁《サトル》（明）・野見山暁治《ギョウジ》（大）・渡辺暁雄《アケオ》（大）・伊ヶ崎暁生《アキオ》（昭）・早坂暁《アキラ》（昭）・岡野暁《アカツキ》（昭）・星野暁《サトル》（昭）・千葉暁《サトシ》（昭）・藤井暁《ギョウ》（昭）・山上暁之進《アキノシン》（平）　♀藤原暁子《ギョウシ》（安）・杉村暁《アキ》（昭）・下重暁子《アキコ》（昭）・岩田暁美《アケミ》（昭）・太田暁音《アカネ》（平）

【業】

13（木・9）　常

［読み］㊥ギョウ（漢）・ゴウ（呉）　㊙わざ

［語源］本来は、「楽器を架ける板」の意味。それを表記する「業」は、楽器を吊す横木を架ける柱を描いた図形である。すべらないように鋸状のぎざぎざがついている。ここに「つかえてスムーズにいかない」というイメージがある。人生において苦労して稼いだり習ったりする仕事（生業、学業など）をギョウといい、右の図形で表記するようになった。

㊫

［人名］おき・なり・のぶ・のり・はじめ　▽「なり」はナリハヒ（生業）のナリ（生・成）で、暮らしを立てることから。「おき（起）」「のぶ（伸）」「のり（伸）」は暮らしが立って、伸びていくことからか。「はじめ」は起こす（起業）の縁語。♂在原業平《ナリヒラ》（安）・北条業時《ナリトキ》（鎌）・清原業忠《ナリタダ》（室）・和田業繁《ナリシゲ》（戦）・吉田業茂《ナリシゲ》（土）・久世広業《ヒロナリ》（江）・内藤政業《マサノブ》（江）・福田敬業《タカノリ》（江）・山口勝業《カツナリ》（昭）　♀日野業子《ナリコ》（南）

【驍】

22（馬・12）

［読み］㊥ギョウ（慣）　キョウ（呉・漢）

［語源］背が高く勇ましい馬の意味。「高く上がる」というイメージのある「堯」を用いて、「堯（音・イメージ記号）＋馬（限定符号）」の組み合わせで表記した。

［人名］いさ・ぎょう・すぐる・たかし・たけし・つよし　♂野本驍《タケシ》（江）・渋川驍《ギョウ》（明）・水谷驍《タケシ》（昭）

【旭】

6（日・2）

【読み】音キョク（漢）・コク（呉）　訓あさひ
【語源】朝初めて日が出ることをキョクといい、「旭」と表記する。「九」は腕を伸ばそうとしてつかえて曲がる様子を描いた図形（該項参照）。前半に視点を置いて、「次第に伸びていく」というイメージを表しうる。「九（音・イメージ記号）＋日（限定符号）」を合わせて、太陽がだんだんと昇っていく様子を暗示させた。
【人名】あき・あきら・あさ・あさひ・きょく・てる・のぼる　♂柳沢里旭《サトアキラ》（江）・愛宕通旭《ミチテル》（江）・広瀬旭荘《キョクソウ》（江）・小林照旭《テルアキ》（明）・小林旭《アキラ》（昭）・栗塚旭《アサヒ》（昭）・井上旭《ノボル》（昭）・伊藤旭彦《アキヒコ》（昭）　♀旭姫《アサヒヒメ》（戦）・筒井旭《アサヒ》（昭）

【玉】5（玉・0）常

【読み】音ギョク（漢）・ゴク（呉）　訓たま
【語源】美しく貴い石の意。宝石を連ねた装飾品の図形である「玉」でこれを表記する。

甲 　金 　篆 

【人名】ぎょく・たま　♂葛城玉田《タマタ》（古）・河野玉澄《タマスミ》（飛）・坂東玉三郎《タマサブロウ》（江）・宮崎玉緒《タマオ》（江）・川端玉章《ギョクショウ》（江）・斎藤玉雄《タマオ》（明）・悠玄亭玉介《タマスケ》（明）・船田玉樹《タマキ》（大）・野口玉雄《タマオ》（昭）　♀玉依姫《タマヨリヒメ》（古）・玉櫛媛《タマクシヒメ》（古）・為奈玉足《タマタリ》（奈）・玉槻《タマツキ》（奈）・大荒木玉刀自《タマトジ》（安）・玉日《タマヒ》（鎌）・玉島《タマシマ》（江）・清原玉《タマ》（江）・横井玉子《タマコ》（江）・清川玉枝《タマエ》（明）・吉岡玉恵《タマエ》（明）・中村玉緒《タマオ》（昭）・青木玉《タマ》（昭）・有吉玉青《タマオ》（昭）・沢田玉恵《タマエ》（昭）

【均】7（土・4）常

【読み】音キン（呉・漢）　訓ひとしい・ならす
【語源】全体にひとしく行き渡る意味（平均）。「匀《いん》」は「勹（手をぐるりと回す形）＋二（並べそろえる符号）」を合わせて、全体に渡って等しくそろえる様子を示す。「匀（音・イメージ記号）＋土（限定符号）」を合わせて、土を平らにならす様子を暗示させる。

金 　篆 〔匀〕　篆 〔均〕

【字体】「匀」の内部は「二」が正しいが、中国では「冫」と書くことが多い。
【人名】きん・ちか・なお・ひとし・ひら　▽「ひら」

は平らに均すことから。「なお（直）」（まっすぐの意）は平らの縁語。「ちか（近）」は平均化されると、すべてが近くなることからか。♂本多政均《マサチカ》（江）・柳原均光《ナオミツ》（江）・坂本政均《マサヒラ》（江）・芦田均《ヒトシ》（明）・天岡均一《キンイチ》（明）・竹内均《ヒトシ》（大）・石井均《キン》（昭）・桜井均《ヒトシ》（昭）・菊池均也《キンヤ》（昭）　♀均子《キンシ》内親王（安）

【近】7（辵・4）常

【読み】音 キン（漢）・ゴン（呉）　コン（慣）　訓 ちかい

【語源】ちかい意、また、ちかづく意。これを「近」と表記する。「斤」は斧を木の板にちかづけて切る様子を描いた図形。「ちかづける」というイメージと「断ち切る」というイメージがある。前者のイメージを用いて、「斤（音・イメージ記号）＋辵（限定符号）」を合わせて、ちかくまで来る様子を暗示させる。

甲  金  篆 〔斤〕 篆 〔近〕

【人名】きん・こん・ちか・ちかし　♂藤原近成《チカナリ》（安）・狛近真《チカザネ》（鎌）・松平近正《チカマサ》（戦）・高山右近《ウコン》（戦）・島左近《サコン》（土）・金森長近《ナガチカ》（土）・松平綱近《ツナチカ》（江）・小牧近江《オウミ》（明）・三山近六《キンロク》（江）・秋元近史《チカシ》（昭）　♀右近《ウコン》（安）・山田近子《チカコ》（安）・菊川近子《チカコ》（昭）

【欣】8（欠・4）

【読み】音 キン（漢）・コン（呉）　訓 よろこぶ

【語源】よろこぶ意味。「斤」の「断ち切る」というイメージを利用して（前項参照）、「斤（音・イメージ記号）＋欠（限定符号）」を合わせて、憂さを断ち切って喜ぶことを表した。

【人名】きん・やすし・よし　▽「よし（喜）」は喜ばしい意。「やすし（安）」は喜んだ結果心が安やらになることから。♂長坂欣之助《キンノスケ》（江）・秀村欣二《キンジ》（明）・信欣三《キンゾウ》（明）・沢木欣一《キンイチ》（大）・深作欣二《キンジ》（昭）・長谷川欣佑《キンスケ》（昭）・北大路欣也《キンヤ》（昭）・北沢欣浩《ヨシヒロ》（昭）・吉松欣史《ヨシフミ》（昭）　♀欣子《キンシ》内親王（鎌）・欣子《ヨシコ》内親王（江）・佐藤欣子《キンコ》（昭）・田村欣子《ヨシコ》（昭）

【金】8（金・0）常

【読み】音 キン（漢）・コン（呉）　訓 かね・かな

【語源】金属の総称。「金」は「今」と同源で、「今」

が「中にふさぐ」というコアイメージを示している（該項参照）。「今（音・イメージ記号）＋ハ（イメージ補助記号）＋土（限定符号）」を組み合わせて、地中に点々と閉じ込められた砂金を暗示させる。

㊎  ㊩ 

［人名］かな・かね・きん　♂大伴金村《カナムラ》（古）・中臣金《カネ》（飛）・巨勢金岡《カナオカ》（安）・海部金麿《カネマロ》（安）・堀部金丸《カネマル》（江）・大石良金《ヨシカネ》（江）・二宮金次郎《キンジロウ》（江）・増子金八《キンパチ》（江）・大塚金之助《キンノスケ》（明）・清水金一《キンイチ》（明）・丸谷金保《カネヤス》（大）・森川金寿《キンジュ》（大）・福島金治《カネハル》（昭）・大木金太郎《キンタロウ》（昭）・桜金造《キンゾウ》（昭）　♀近江於金《オカネ》（鎌）

【衿】9（衣・4）

［読み］㊞キン（漢）・コン（呉）　㊚えり

［語源］衣服のえりの意味。えりの機能は前を閉じ合わせることにあるので、「中にふさぐ」「閉じ込める」というイメージをもつ「今」を用いて（該項参照）、「今（音・イメージ記号）＋衣（限定符号）」でその語を表記した。

［人名］えり・きん　♂小川衿一郎《キンイチロウ》（昭）　♀岸田衿子《エリコ》（昭）・佐藤衿香《エリカ》（平）

【菫】11（艸・8）

［読み］㊞キン（漢）・コン（呉）　㊚すみれ

［語源］古くは野草のタガラシ（田枯らし）の意味であった。「漢」の右側の「𦰩」は「革＋火」を合わせ、動物の革を火で乾かす図形。「𦰩＋土」が「堇《きん》」で、乾いた土のこと。ここに「水分が尽きる」というイメージがある。「堇（音・イメージ記号）＋艸（限定符号）」を合わせた「菫」は、田に生えてイネを枯らしてしまう雑草を表した。この字をスミレに用いたのは唐代以後である。

㊙  ㊎  ㊩ 〔菫〕 ㊩ 〔菫〕

［字体］「菫」が本字。「菫」は形の崩れた俗字。

［人名］きん・すみれ　♂宮林菫哉《キンサイ》（明）・薄田泣菫《キュウキン》（明）　♀麻木菫《スミレ》（昭）

【勤】12（力・10）常　【勤】13（力・11）

［読み］㊞キン（漢）・ゴン（呉）　㊚つとめる・いそしむ

【語源】精を出して働く意味。これを「勤」と表記する。「菫《きん》」は水分が尽きることから、単に「尽きる」「なくなる」というイメージに展開する（前項参照）。「菫（音・イメージ記号）＋力（限定符号）」を合わせて、力を出し尽くす様子を暗示させる。

【字体】「勤」は正字（旧字体）。「勤」は書道で発生した字体。

【人名】いそ・いそし・きん・つとむ・とし　▽「とし（敏）」は勤勉からの連想か。♂源勤《ツトム》（安）・谷勤《イソシ》（江）・小関増勤《マストシ》（江）・佐藤勤也《キンヤ》（江）・森勤作《キンサク》（明）・清水勤二《キンジ》（明）・角田勤一郎《キンイチロウ》（明）・落合勤一《キンイチ》（昭）・関根勤《ツトム》（昭）　♀勤子《キンシ［イソコ］》内親王（安）・波多野勤子《イソコ》（明）

【欽】12（欠・8）

【読み】㊥キン（漢）・（呉）　㊟つつしむ
【語源】敬いつつしむ意味。「中に閉じ込める」というイメージをもつ「金」を用い（該項参照）、「金（音・イメージ記号）＋欠（限定符号）」を合わせて、貴人の前で、感情を閉じ込めてかしこまる様子を暗示させる。敬いかしこまることから、天子の事柄につける語（欽定）となる。
【人名】きん・たか・まこと・よし　▽「たか（尊）」は敬う意味から。「まこと」は敬いの縁語。「よし（良・好）」は敬いの態度が好ましいことから。♂大石良欽《ヨシタカ》（江）・一柳頼欽《ヨリヨシ》（江）・姉崎欽吾《キンゴ》（江）・樫山欽四郎《キンシロウ》（明）・古田紹欽《ショウキン》（明）・森山欽司《キンジ》（大）・愛川欽也《キンヤ》（昭）・萩本欽一《キンイチ》（昭）

【琴】12（玉・8）常

【読み】㊥キン（漢）・ゴン（呉）　㊟こと
【語源】楽器の「こと」の意味。もとは「珡」と表記した。これは「こと」を描いた図形。後に下部が「今」に変わり、音・イメージ記号を兼ねる。「今」は「中にふさぐ」というイメージがあり（該項参照）、胴をふさいで中で音を共鳴させることを寓意する。

㊔

【人名】きん・こと　♂弾琴緒《コトオ》（江）・近藤真琴《マコト》（江）・稲垣琴也《コトヤ》（江）・浦上春琴《シュンキン》（江）・颯田琴次《コトジ》（明）・久保田麻琴《マコト》（昭）　♀藤原琴節郎女《コトフシノイラツメ》（古）・青木琴

《コト》(江)・清水紫琴《シキン》(明)・坂本真琴《マコト》(明)・藤原琴《コト》(昭)・坂倉琴乃《コトノ》(昭)・長沢琴枝《コトエ》(昭)・日向琴子《コトコ》(昭)・井上美琴《ミコト》(昭)・池田琴弥《コトミ》(平)

【錦】16(金・8)　常

【読み】 音 キン(漢)・(呉)　訓 にしき

【語源】 色糸で美しい模様を織り出した織物、つまり「にしき」の意味。これを「錦」と表記する。「金」は「中に閉じ込める」というイメージがある(該項参照)。「帛」は絹織物。「金(音・イメージ記号)+帛(限定符号)」を合わせて、色糸を中に織り込んだ絹織物を表す。

【人名】 かね・きん・つら・にしき　▽「かね」は金糸から。「つら(連)」は模様が連なることから。♂金森頼錦《ヨリカネ》(江)・織田信錦《ノブツラ》(江)・大田錦城《キンジョウ》(江)・成島錦江《キンコウ》(江)・新見錦《ニシキ》(江)・今西錦司《キンジ》(明)・田村錦人《キント》(昭)・万屋錦之助《キンノスケ》(昭)　♀錦木《ニシキギ》(江)・武田錦子《キンコ》(江)・正田錦江《キンコウ》(江)・神代錦《ニシキ》(昭)

【謹】17(言・10)　常　【謹】18(言・11)

【読み】 音 キン(漢)・コン(呉)　訓 つつしむ

【語源】 細やかに気を配り、慎む意味(謹慎)。「堇《きん》」は「水分が尽きる」というイメージがあり(堇の項参照)、「わずか」「少ない」「細かい」というイメージに展開する。「堇(音・イメージ記号)+言(限定符号)」を合わせて、言動に細かく気を配る様子を表す。

【字体】 「謹」は正字(旧字体)。「謹」は書道で発生した字体。

【人名】 きん・のり・もり　▽「もり(守)」は行いを守る意味から。♂松平信謹《ノブノリ》(江)・田中信謹《サネモリ》(江)・古賀謹一郎《キンイチロウ》(江)・長谷川謹介《キンスケ》(江)・三浦謹之助《キンノスケ》(江)・島田謹二《キンジ》(明)・樋口謹一《キンイチ》(大)・阿部謹也《キンヤ》(昭)・中居謹蔵《キンゾウ》(昭)　♀阿部謹子《キンコ》(江)

【吟】7(口・4)　常

【読み】 音 ギン(漢)・ゴン(呉)

【語源】 含み声でうなる意味(呻吟)、また、歌をくちずさむ意味(詩吟)。含(中にふくむ)と同源。「今」は「中にふさぐ」というイメージがある(該項参照)。「今(音・イメージ記号)+口(限定符号)」を合わせた「吟」は、口をふさいでうんうんとうなる様子を暗示させる。

[人名]　ぎん　♂北村季吟《キギン》（江）・清水吟次郎《ギンジロウ》（江）・岸田吟香《ギンコウ》（江）・江川吟舟《ギンシュウ》（明）・前田吟《ギン》（昭）　♀千吟《ギン》（土）・荻野吟子《ギンコ》（江）

【銀】 14（金・6）　常

[読み]　㊥ギン（漢）・ゴン（呉）　㊞しろがね

[語源]　金属の一種、「ぎん」の意味。これを「銀」と表記する。「艮《こん》」は「目＋匕（ナイフ）」を合わせて、目に施術をする情景を設定した図形。「いつまでも痕を残す」というイメージを示す。「艮（音・イメージ記号）＋金（限定符号）」を合わせて、はめこんで印や模様を残す金属、つまり、象嵌などの用途になった白色の金属を表した。

㊧〔艮〕　㊧〔銀〕

[人名]　かね・ぎん・しろがね　♂山田銀《シロガネ》（奈）・斯波義銀《ヨシカネ》（戦）・戸田銀次郎《ギンジロウ》（江）・立川銀馬《ギンバ》（江）・山根銀二《ギンジ》（明）・内田銀蔵《ギンゾウ》（明）・長谷川銀作《ギンサク》（明）・中部銀次郎《ギンジロウ》（昭）・小川銀次《ギンジ》（昭）・佐藤銀平《ギンペイ》（昭）・炭谷銀二朗《ギンジロウ》（昭）　♀銀王《シロガネノミコ》（古）

【玖】 7（玉・3）

[読み]　㊥ク（呉）・キュウ（漢）

[語源]　玉についで貴い黒色の石の意味。「久」はひさしい意味だが、物は時間がたつと黒ずむ傾向があるから、「黒い」イメージを示す記号となりうる。「久（音・イメージ記号）＋玉（限定符号）」によって、右の語を表記した。九の代わりの大字にも使われる。

[人名]　きゅう・く　♂林玖十郎《クジュウロウ》（江）・松山玖也《キュウヤ》（江）・團伊玖磨《イクマ》（大）・大島紀玖夫《キクオ》（昭）　♀谷玖満子《クマコ》（江）・鳥飼玖美子《クミコ》（昭）・橘玖海子《クミコ》（昭）

【矩】 10（矢・5）

[読み]　㊥ク（呉・漢）　㊞のり

[語源]　さしがね（曲がり尺）の意味。直角や方形を引く大工道具である。「巨」がそれを描いた図形（該項参照）。古代中国の矩は幅も測ったらしい。「矢」は「まっすぐ」のイメージがあり、一定の長さの目安になるものの比喩。「巨（音・イメージ記号）＋矢（イメージ補助記号）」を合わせて、右の道具を表記する。また、一定の基準

（のり）の意味を派生する。

［人名］かね・く・ただし・ただす・つね・のり　▽「かね」は金属製であることから。「ただし（正）」は方形のイメージから。「つね」は決まった基準のことから。♂内藤弘矩《ヒロノリ》（室）・竹中重矩《シゲノリ》（戦）・柳生宗矩《ムネノリ》（戦）・亀井政矩《マサノリ》（土）・浅野長矩《ナガノリ》（江）・志摩好矩《ヨシカネ》（江）・松浦矩《タダシ》（江）・北川矩一《クイチ》（江）・佐伯矩《タダス》（明）・戸松淳矩《アツノリ》（昭）・鋏山矩幸《ツネユキ》（昭）　♀津崎矩子《ノリコ》（江）・秋野不矩《フク》（明）・緒方規矩子《キクコ》（昭）・浜矩子《ノリコ》（昭）

【駒】　15（馬・5）

［読み］㊥ク（呉・漢）　㊈こま

［語源］小さなウマの意味。「句」はかぎ型の符号二つと「口」を合わせて、かぎ型で文章に切れ目をつける様子を暗示させる図形。「小さく曲がる」というイメージがあり、単に「小さい」というイメージにもなる。「句（音・イメージ記号）＋馬（限定符号）」を合わせて、「こま」の意味の語を表記する。

甲  金  篆  〔句〕 篆  〔駒〕

［人名］く・こま　♂東漢駒《コマ》（古）・吉士駒《コマ》（飛）・鳥井駒吉《コマキチ》（江）・八代駒雄《コマオ》（江）・日下生駒《イコマ》（江）・岡白駒《ハクク》（江）・中村駒蔵《コマゾウ》（明）・松岡駒吉《コマキチ》（明）・竹本駒之助《コマノスケ》（昭）・林駒夫《コマオ》（昭）　♀原駒子《コマコ》（明）・酒井駒子《コマコ》（昭）・竹内駒英《コマエ》（昭）

【具】　8（八・6）　常

［読み］㊥グ（呉）・ク（漢）　㊈ともに・そなわる・つぶさに

［語源］「必要なものを取りそろえてそなえる」という意味、また、「一緒にそろって（ともに）」の意味。この語を「具」で表記する。「目」は「鼎」を省略した形。したがって「具」は「鼎（かなえ）＋廾（両手）」を合わせて、家具をそなえる情景を設定している。

甲  金  篆 

［字体］「具」（旧字体）よりも「具」が篆文に合った字体である。「算」にも含まれている。

［人名］ぐ・とも　♂下毛野多具比《タグヒ》（奈）・具平《トモヒラ》親王（安）・源通具《ミチトモ》（鎌）・久我具房《トモフサ》（鎌）・北畠教具《ノリトモ》（室）・斎藤祐具《ユウグ》（室）・北畠具親《トモチカ》（戦）・岩倉具視《トモミ》（江）・田

坂具隆《トモタカ》(明)・小野具定《グテイ》(大)・勝間田具治《トモハル》(昭)・秋山具義《グギ》(昭)　♀庭田具子《トモコ》(土)

【君】 7(口・4)　常

[読み] ㊣音 クン(呉・漢)　㊣訓 きみ

[語源] 国を治める主や王の意味(君主・君王)。「尹《いん》」は「丨(棒の形)＋又(手の形)」を合わせて、指揮棒を手にして采配する情景を設定した図形。「多くのものを一つにまとめる」というイメージがある(伊の項参照)。「尹(音・イメージ記号)＋口(限定符号)」を合わせた「君」は、多くの人々をまとめて、うまく治める様子を暗示させる。

甲 　金 　篆 

[人名] きみ・くん　♂犬養五十君《イキミ》(飛)・和珥部君手《キミテ》(飛)・山田君麻呂《キミマロ》(奈)・朴井雄君《オキミ》(奈)・藤原忠君《タダキミ》(安)・穴山信君《ノブキミ》(戦)・中野君矩《キミノリ》(江)・蒲生君平《クンペイ》(江)・佐々木君五郎《キミゴロウ》(明)・土居君雄《キミオ》(大)・由良君美《キミヨシ》(昭)・加地君也《キミヤ》(昭)　♀蘇我小姉君《オアネノキミ》(飛)・君子《キミコ》(昭)・内親王(安)・中西君尾《キミオ》(江)・坂井君美枝《キミエ》(大)・井村君江《キミエ》(昭)・栗原君子《キミコ》(昭)・柏木君予《キミヨ》(昭)

【訓】 10(言・3)　常

[読み] ㊣音 クン(呉・漢)・キン(唐)　㊣訓 おしえる・よむ

[語源] 筋道を説いて教える意味(教訓)。これを「訓」と表記する。「川」は水が筋をなして流れる様子を示す図形で、「筋をなして通る」というイメージがある(順の項参照)。「川(音・イメージ記号)＋言(限定符号)」を合わせて、わからない物事を解き分けて、きちんと筋を通してわからせる様子を暗示させる。

[人名] くに・くん・さとし・とき・とし・のぶ・のり・みち・よし　▽「くに」はクンの訛り。「みち(道)」「とき(説・解)」は筋道を説いて教える意味から。「のぶ(述)」「のり(宣)」は「説く」の縁語。「さとし(諭)」は教え諭すことから。「とし(敏・慧)」は「さとし」のつながり。「よし(良)」はよい方向に教え導くことから。♂社部訓麻呂《クニマロ》(奈)・松平昭訓《アキクニ》(江)・荒木田守訓《モリノリ》(江)・浅野長訓《ナガミチ》(江)・石橋和訓《カズヨシ》［ワクン］(明)・石神良訓《ヨシノリ》(昭)・藤田訓弘《ノブヒロ》(昭)・三反園訓《サトシ》(昭)　♀長崎訓子《クニコ》(昭)・千田訓子《トシコ》(昭)

【勲】15（力・13）常　【勳】16（力・14）

［読み］㊥クン（呉・漢）㊦いさお・いさおし

［語源］立派な手柄の意味。功績をほめたたえて「薫」（かおる）と同源の語で呼び、「熏（音・イメージ記号）＋力（限定符号）」を合わせた「勳」で表記した。「熏《くん》」は「屮（くさ）＋黑（煙突に煤ができる形）」を合わせて、火を焚いて草をくすべる情景を設定した図形で、「香気がたちこめる」というイメージを示す。「力」は努めることを示すための限定符号。「勳」は香りの高い立派な功績というニュアンスがある。

㊎　㊞〔熏〕　㊞〔勳〕

［字体］「勳」は正字（旧字体）。「勲」は書道で発生した字体。

［人名］いさ・いさお・くん・こと・つとむ・のり・ひろ　▽「こと」（仕事の意）は功績の縁語。「のり（則）」は手本となるほどの功績ということから。「ひろ（広・大）」は大きな功績の意味から。「つとむ（努）」は努力して立派な手柄を立てることから。♂浅野長勲《ナガコト》（江）・三条西実勲《サネイサ》（江）・月成勲《イサオ》（江）・岩崎勲《イサオ》（明）・山形勲《イサオ》（大）・張本勲《イサオ》（昭）・前田勲男《イサオ》（昭）・桜井秀勲《ヒデノリ》（昭）・秋山成勲《ヨシヒロ》（昭）・北勝城勲《ツトム》（昭）　♀藤原勲子《クンシ［イサコ］》（安）・黒田勲子《イサコ》（昭）

【薫】16（艸・13）常　【薰】17（艸・14）

［読み］㊥クン（呉・漢）㊦かおる・かおり

［語源］もとは霊香草という香りのよい草の名であった。これを「熏（音・イメージ記号）＋艸（限定符号）」を合わせた「薰」で表記する。「熏《くん》」は「香気がたちこめる」というイメージを示す記号である（前項参照）。「薰」は一般に「かおる」という意味で使われる。

［字体］「薰」が正字（旧字体）。「薫」は書道で発生した字体。

［人名］かおり・かおる・くん・しげ・てる・にお・のぶ・ひで・ゆき　▽「しげ（繁・重）」は盛んに香気がたちこめることから。「のぶ（伸・延）」「ゆき（行）」は香気が広がっていくことから。「てる」（光を放つ意）は香気を放つことの類似。「ひで（秀）」（穂が発出する意）は香気が発散することの類似。「にお」は香りがにおうこ

とから。♂今井宗薫《ソウクン》(土)・丹羽薫氏《シゲウジ》(江)・池田薫彰《テルアキ》(江)・香月薫平《クンペイ》(江)・堀江薫雄《シゲオ》(明)・小山内薫《カオル》(明)・別当薫《カオル》(大)・魁輝薫秀《ノブヒデ》(昭)・北村薫《カオル》(昭)　♀若江薫子《ニオコ》(江)・鳩山薫《カオル》(明)・高村薫《カオル》(昭)・岡野薫子《カオルコ》(昭)

【軍】 9(車・2) 常

[読み] ㊥グン(慣)　クン(呉・漢)　㊙いくさ

[語源] 兵士の集団の意味。「勹(丸く取り巻く符号)＋車」を合わせて、陣地を作るため戦車を丸くめぐらす様子を暗示させる。「丸くめぐる」「丸く取り巻く」というのがコアイメージで、兵士の集まりの意味の語を「軍」で表記する

㊎ 　㊮ 

[人名] いくさ・いさ・ぐん・すすむ　▽「いさ(勇)」「すすむ(進)」は兵士が勇ましく行進することから。♂軍王《イクサノオオキミ》(飛)・水野軍記《グンキ》(江)・木村軍太郎《グンタロウ》(江)・松下軍治《グンジ》(江)・望月軍四郎《グンシロウ》(明)・山室軍平《グンペイ》(明)・川崎軍二《グンジ》(昭)

【郡】 10(邑・7) 常

[読み] ㊥グン(呉)・クン(漢)　㊙こおり

[語源] 行政区画の単位の一つ。村や町をいくつかまとめた単位なので、「君(音・イメージ記号)＋邑(村や町とかかわる限定符号)」を合わせて、その語を表記した。「君」には「多くのものを一つにまとめる」というイメージがある(該項参照)。

[人名] くに・ぐん・さと　▽「くに(国)」「さと(里)」は郡の縁語。♂多賀忠郡《タダクニ》(土)・神山郡廉《クニキヨ》(江)・高田郡兵衛《グンベエ》(江)・海老名郡次《グンジ》(江)・関根郡平《グンペイ》(明)・佐藤郡衛《グンエイ》(昭)

【群】 13(羊・7) 常

[読み] ㊥グン(呉)・クン(漢)　㊙むれ・むら・むれる

[語源] 一かたまりになった集まり、「むれ」の意味。「多くのものを一つにまとめる」というイメージをもつ「君」を用い(該項参照)、「君(音・イメージ記号)＋羊(限定符号)」を合わせてその語を表記する。「羊」は群れを作る家畜の代表として選ばれた。

【人名】ぐん・とも・むら　▽「とも（友・共）」（一緒にいる仲間の意）は群れの縁語。♂竹腰睦群《ムツムラ》（江）・東海園鶴群《ツルムラ》（江）・淵辺群平《グンペイ》（江）・牧野群馬《グンマ》（江）・村山群鳳《グンポウ》（明）・川村群太郎《グンタロウ》（昭）　♀佐島群巳《トモミ》（昭）

【兄】5（儿・3）常

【読み】音 ケイ（漢）・キョウ（呉）　訓 あに

【語源】「あに」の意味。比較的頭の大きくなった子供を描いた「兄」の図形でもって、その語を表記した。言葉は「弟」と対するが、図形は「兄」（＝児。まだ頭の固まらない子の形）と対する。

甲

金

篆

【人名】あに・え・きょう・けい・さき・もり　▽「え」はあにの古語。「さき」は弟より先に生まれたから。♂漆部兄《アニ》（古）・蘇我赤兄《アカエ》（飛）・角兄麻呂《エマロ》（飛）・橘諸兄《モロエ》（奈）・三田兄人《エヒト》（奈）・安倍兄雄《アニオ》（安）・川上忠兄《タダエ》（戦）・相良頼兄《ヨリモリ》（土）・久我通兄《ミチエ》（江）・吉井友兄《トモエ》（江）・小林澄兄《スミエ》（明）・智内兄助《キョウスケ》（昭）・高原兄《イケ》（昭）　♀兄媛《エヒメ》（古）

【圭】6（土・3）

【読み】音 ケイ（漢）・ケ（呉）　訓 たま

【語源】先端が三角形にとがった玉の意味。古代中国ではこれを礼器として用いた。とがった形を美とする習慣があったのである。その語の視覚記号として、「土」を二つ重ねた「圭」が作られた。「圭」は∧形だけでなく、∨形・∟形・┐形など、角のとがった形のイメージを示す記号に使われる。

金

篆

【人名】か・かど・きよ・きよし・けい・たか・たま・まさ・よし　▽「きよし（清・潔）」「よし（良）」は形の美しいことから。「たか（尊・貴）」は貴い礼器の意味から。「まさ（正）」は「良い」の縁語。「か」は佳の音の流用。♂松平信圭《ノブカド》（江）・大鳥圭介《ケイスケ》（江）・青山圭男《ヨシオ》（明）・藤田圭雄《タマオ》（明）・下八川圭祐《ケイスケ》（明）・小野圭次郎《ケイジロウ》（明）・御園生圭輔《ケイスケ》（大）・高橋圭三《ケイゾウ》（大）・宇佐美圭司《ケイジ》（昭）・赤木圭一郎《ケイイチロウ》（昭）・東野圭吾《ケイゴ》（昭）・錦青山圭秀《マサヒデ》（昭）・山内圭哉《タカヤ》（昭）・桜井圭記《ヨシキ》（昭）・錦

織圭《ケイ》(平)　♀藤圭子《ケイコ》(昭)・河本圭代《タマヨ》(昭)・飯田圭織《カオリ》(昭)

【奎】9(大・6)

[読み] 音 ケイ(漢)・ケ(呉)　訓 また

[語源] 股の意味、また、一またぎの意味。「圭」は「∧形をなす」というイメージがある(前項参照)。「大」は両足を広げた人の形。「圭(音・イメージ記号)＋大(限定符号)」を合わせて、∧形をなす「また」を暗示させる。

[人名] けい・ふみ　▽「ふみ(文)」は文章を司るとされる奎星(またぎぼし)から。♂清浦奎吾《ケイゴ》(江)・渡辺奎輔《ケイスケ》(江)・諸熊奎治《ケイジ》(昭)・植松奎二《ケイジ》(昭)　♀辻奎子《ケイコ》(昭)

【計】9(言・2)　常

[読み] 音 ケイ(漢)・ケ(呉)　訓 はかる

[語源] 数を集めて数える意味(計算)。これを「計」と表記する。「十」は基数(一から九)が終わった後の新しい単位を表す数字である。ここに「まとめて締めくくる」「いくつかのものを一つに集める」というイメージがある。「十(イメージ記号)＋言(限定符号)」を合わせて、数を読みながら、全部を集めて一つにまとめる様子を暗示させる。いろいろの方策を集めて、はかり考えるという意味(計画)にも転じる。

[人名] かず・かずえ・けい・はかる　♂神谷主計《カズエ》(戦)・稲垣定計《サダカズ》(江)・新庄直計《ナオカズ》(江)・帆足計《ケイ》(江)・谷村計介《ケイスケ》(江)・須山計一《ケイイチ》(明)・松井計《ケイ》(昭)・深山計《ハカル》(昭)　♀源計子《ケイシ［カズコ］》(安)・椚計子《カズコ》(昭)

【恵】10(心・6)　常　【惠】12(心・8)

[読み] 音 ケイ(漢)・エ(呉)　訓 めぐむ

[語源] 温かい思いやりの意味。これを「恵」と表記する。「叀《せん》」は糸を縒る紡錘のおもりを描いた図形(専の項参照)。くるくる回って糸を巻き取るので、「一つにまとめる」というイメージのほかに、「丸く包み込む」というイメージを表すこともできる。「叀(イメージ記号)＋心(限定符号)」を合わせて、物や恩を施して相手を丸く包み込む様子を暗示させた。

金 　篆 

[字体]「恵」は正字（旧字体）。「恵」は近世中国でできた俗字。

[人名] え・けい・さと・さとし・しげ・とし・めぐみ・めぐむ・やす・よし ▽「さとし」「とし」は慧と通用することから。「よし」は善の意味があることから（恵方は縁起のよい方角の意）。「やす（安）」は温かく穏やかという意味から（恵風の恵）。「しげ（繁・茂）」は恵みの雨や風が万物を繁殖させることからか。♂船恵尺《エサカ》（飛）・松平忠恵《タダシゲ》（江）・柳沢保恵《ヤストシ》（明）・喜連川恵氏《ヤスウジ》（江）・岩田恵則《ヨシノリ》（江）・今田恵《メグミ》（明）・内田恵太郎《ケイタロウ》（明）・岡崎義恵《ヨシエ》（明）・松本恵雄《シゲオ》（大）・木下恵介《ケイスケ》（大）・佐々木恵彦《サトヒコ》（昭）・坂部恵《メグミ》（昭）・池内恵《サトシ》（昭）・吉田恵《メグム》（昭）・江原恵《ケイ》（昭） ♀恵子《サトコ［ケイシ］》内親王（安）・小出恵知《エチ》（江）・神崎恵舞《エン》（明）・八雲恵美子《エミコ》（明）・藤沼恵《ケイ》（明）・岸恵子《ケイコ》（昭）・吉行理恵《リエ》（昭）・山口百恵《モモエ》（昭）・唯川恵《ケイ》（昭）・栗原恵《メグミ》（昭）

【桂】 10（木・6）

[読み] ㊥ ケイ（漢）・カイ（呉） ㊙ かつら

[語源] 元来はモクセイの意味であった。「圭」は「先端が∧形にとがる」というイメージがある（該項参照）。モクセイの葉は先端が急にとがった形をしているので、「圭（音・イメージ記号）＋木（限定符号）」を合わせて表記した。日本では誤ってカツラに用いる。

[人名] かつら・けい ♂格翁桂逸《ケイイツ》（戦）・了庵桂悟《ケイゴ》（室）・金森桂五《ケイゴ》（江）・大橋宗桂《ソウケイ》（江）・丸岡桂《カツラ》（明）・大町桂月《ケイゲツ》（明）・伊藤桂一《ケイイチ》（大）・小林桂樹《ケイジュ》（大）・小堀桂一郎《ケイイチロウ》（昭）・鈴木桂治《ケイジ》（昭）・木下桂《ケイ》（昭） ♀桂内親王《カツラ》（奈）・内海桂子《ケイコ》（大）・森村桂《カツラ》（昭）・国井桂《ケイ》（昭）

【啓】 11（口・8） 常

[読み] ㊥ ケイ（漢）・ケ（呉） ㊙ ひらく

[語源] 閉じたものを開く意味。戸も口も開けたり閉じたりするものだが、「戸＋口」を合わせた「启《けい》」は前半に視点を置く。「启（音・イメージ記号）＋攴（限定符号）」を合わせて、「開ける」という意味の語を表記する。口を開いて意向を述べる意味（啓白・拝啓）にもなる。

㊙甲

㊙金

㊙篆

［字体］「啟」は正字。「啓」はその異体字（旧字体）。「啓」は戶→戸に倣った字体。

［人名］あき・あきら・けい・さとし・さとる・たか・のぶ・のり・はじめ・はる・ひら・ひらき・ひらく・ひろ・ひろし・ひろむ・ゆき・よし　▽「あきら（明）」は闇を開く、つまり夜が明ける意味（啓明）から。「はる（晴）」「よし（良）」は明らか・明るいの縁語。「さとし（慧・敏）」は明敏の明の縁語。あるいは、蒙を啓くと賢くなるから。「はじめ」は開始する意（啓行）から。「ひろ（広）」「のぶ（伸）」「ゆき（行）」は開く→広がる→伸びて行くというイメージの連鎖から。「のり（宣・告）」「のぶ（述）」は申し上げる意味から。♂源啓《ヒラク》（安）・南坊宗啓《ソウケイ》（土）・水野忠啓《タダアキ》（江）・松平忠啓《タダヒラ》（江）・松平頼啓《ヨリユキ》（江）・竹内啓《ヒラク》（江）・飯塚啓《アキラ》（江）・岡田啓《ケイ》（江）・池部啓太《ケイタ》（江）・岡田啓介《ケイスケ》（明）・遠山啓《ヒラク》（明）・日高啓《ヒロシ》（大）・花柳啓之《ヒロユキ》（大）・近藤啓太郎《ケイタロウ》（大）・小此木啓吾《ケイゴ》（昭）・谷啓《ケイ》（昭）・米山公啓《キミヒロ》（昭）・平野啓一郎《ケイイチロウ》（昭）・四宮啓《サトル》（昭）・佐藤啓《ハジメ》（昭）　♀折原啓子《ケイコ》（大）・八木啓代《ノブヨ》（昭）・石坂啓《ケイ》（昭）・中島啓江《ケイコ》（昭）・田村啓美《ヒロミ》（昭）

【経】11（糸・5）常

［読み］音 ケイ（漢）・キョウ（呉）　訓 へる・たていと

［語源］縦糸の意味。これを「經」と表記する。「巠《けい》」は縦に糸を張った織機を描いた図形で、「まっすぐ縦に通る」というイメージを示す記号である。「巠（音・イメージ記号）＋糸（限定符号）」を合わせて、布を織るときの縦糸を表した。「まっすぐ通っていく」というコアイメージがあるので、時代を貫いて変わらぬ道（経典）、また、時間や場所をまっすぐ通っていく（経過）という意味を派生する。

金 　篆 〔巠〕　篆 〔經〕

［字体］「經」は正字（旧字体）。「経」は近世中国で生まれた俗字。

［人名］おさむ・きょう・けい・つね・のぶ・のり　▽「おさむ」は経理の経（おさめる）の意味。「つね（常）」「のり（則）」は不変の道理・法則の意味から。「のぶ」（縦に長く伸びる意）は縦に通る意味から。♂源義経《ヨシツネ》（安）・近衛経忠《ツネタダ》（鎌）・九条経教《ツネノリ》（南）・尼子経久《ツネヒサ》（室）・吉

川経家《ツネイエ》(戦)・中御門経之《ツネユキ》(江)・佐野経彦《ツネヒコ》(江)・増井経夫《ツネオ》(明)・近藤経一《ケイイチ》(明)・国領経郎《ツネロウ》(大)・荒木経惟《ノブヨシ》(昭)・種子島経《オサム》(昭)・若尾経《ケイ》(昭)　♀藤原経子《ケイシ》〔ツネコ〕(鎌)・橋本経子《ツネコ》(江)・太田経子《キョウコ》(昭)

【敬】12(攴・8)　常

【読み】㊥ケイ(漢)・キョウ(呉)　㊒うやまう・つつしむ

【語源】うやまって身を引き締める意味。これを「敬」と表記する。「苟《きょく》」は「髪を逆立てる人+口」を合わせて、何かに驚いて体を緊張させる様子を設定する図形。「はっとして身を引き締める」というイメージを示す。「苟(音・イメージ記号)+攴(限定符号)」を合わせて、貴人などの前で、緊張のあまり身をかたくする様子を暗示させる。

㊙甲 　金 　篆 〔苟〕　篆 〔敬〕

【字体】「敬」は正字(旧字体)。「敬」は俗字。書道などでは「⺿」の部分がよく「卄」の形になる。

【人名】あき・かた・けい・さとし・たか・たかし・とし・のぶ・のり・はや・ひろ・ひろし・もり・ゆき・よし　▽「たか(尊)」は尊敬の意味から。「かた(固)」は身をかたくする意味から。「あき」「さとし」「のぶ」「のり」「ひろ」「ゆき」「よし」は啓の名乗りの流用か。

♂松平定敬《サダアキ》(江)・伊能忠敬《タダタカ》(江)・瀬下敬忠《ノブタダ》(江)・水野忠敬《タダノリ》(江)・渋川敬也《ヒロナリ》(江)・足羽敬明《モリアキ》(江)・徳川篤敬《アツヨシ》(江)・二宮敬作《ケイサク》(江)・西敬《ケイ》(江)・原敬《タカシ》(江)・沢瀉久敬《ヒサユキ》(明)・服部敬雄《ヨシオ》(明)・石黒敬七《ケイシチ》(明)・渋沢敬三《ケイゾウ》(明)・筒井敬介《ケイスケ》(大)・菅原貞敬《サダトシ》(昭)・長野敬《ケイ》(昭)・今井敬《タカシ》(昭)・田中敬人《ヒロト》(昭)　♀敬子《ケイシ》女王(安)・伊福部敬子《トシコ》(明)・山階敬子《ケイコ》(大)・雪代敬子《ケイコ》(昭)

【景】12(日・8)　常

【読み】㊥ケイ(漢)・キョウ(呉)　㊒ひかり・かげ

【語源】日光の意味、また、日光によってはっきり見える物の姿という意味。これを「景」と表記する。「京」は建物の建つ高い丘の図形で、「大きい」というイメージのほかに、「明るい」というイメージもある(該項参照)。したがって「京(音・イメージ記号)+日(限定符号)」を合わせて、明暗のさかい目(光と影)をはっきりと映し出す日の光を暗示させる。エイと読み、影と同じ使い方もある。

【人名】あき・あきら・かげ・きょう・けい・ひろ ▽「ひろ」は大の意味もあるところから。♂梶原景時《カゲトキ》（安）・大江景繁《カゲシゲ》（鎌）・伊達景宗《カゲムネ》（南）・朝倉高景《タカカゲ》（室）・上杉景勝《カゲカツ》（戦）・加藤景次《カゲツグ》（土）・高橋景保《カゲヤス》（江）・三島景雄《カゲオ》（江）・香川景樹《カゲキ》（江）・風巻景次郎《ケイジロウ》（明）・中井景《アキラ》（大）・志茂田景樹《カゲキ》（昭）♀鷹司景子《ヒロコ》（江）・淡島千景《チカゲ》（大）・竹下景子《ケイコ》（昭）・遠山景織子《キョオコ》（昭）・高田景子《アキコ》（昭）

【継】 13（糸・7） 常

【読み】(音) ケイ（漢）・ケ（呉） (訓) つぐ

【語源】切れたものの後をつなぐ意味。これを「繼」と表記する。右側は「㡭」（絶の古文）の反転文字である。「㡭」は四つの「幺（小さな糸）」と「刀」を合わせて、刀で糸をばらばらに断つ様子を示す（断の左側ももとは㡭）。これを反転させた「𢇍」は、逆に、断ち切れたものをつなぐことを表した。「繼」はさらに限定符号の「糸」を添えたもの。

(古)  〔𢇍〕 (篆)  〔繼〕

【字体】「繼」は旧字体。「継」は昔の中国で生まれた俗字。

【人名】けい・つぎ・つぐ ♂阿倍継麻呂《ツグマロ》（奈）・大伴継人《ツグヒト》（奈）・藤原継彦《ツグヒコ》（奈）・讃岐千継《チツグ》（安）・河野道継《ミチツグ》（鎌）・姉小路済継《ナリツグ》（室）・大谷吉継《ヨシツグ》（戦）・木下頼継《ヨリツグ》（土）・河井継之助《ツグノスケ》（江）・竹島継夫《ツギオ》（明）・栗栖継《ケイ》（明）・後庵継丸《ツギマル》（昭）・大石継太《ケイタ》（昭）♀紀吉継《ヨシツグ》（安）・緒継《オツグ》女王（安）・笠継子《ツグコ》（安）・伊勢継子《ツギコ》（安）

【慶】 15（心・11） 常

【読み】(音) ケイ（漢）・キョウ（呉） (訓) よろこぶ

【語源】めでたいことを祝って喜ぶ意味。「鹿の略体＋心＋夊（あし）」を合わせ、シカの皮を持ってお祝いの気持ちを述べに行く場面を設定した図形により、その語を表記する視覚記号とした。

(甲)  (金)  (篆) 

【人名】きょう・けい・のり・やす・よし ▽「のり

(宣)」はお祝いを述べることから。「よし(喜)」はめでたく喜ばしいことから。「やす(安)」(気楽である意)は喜ぶの縁語。♂慶頼《ヨシヨリ》王(安)・大坪慶秀《ヨシヒデ》(南)・伊勢貞慶《サダヨシ》(室)・畠山義慶《ヨシノリ》(戦)・筒井順慶《ジュンケイ》(戦)・遠藤慶隆《ヨシタカ》(土)・前田慶次郎《ケイジロウ》(土)・徳川慶喜《ヨシノブ》(江)・松平頼慶《ヨリノリ》(江)・毛利高慶《タカヤス》(江)・樋口慶千代《ヨシチヨ》(明)・五島慶太《ケイタ》(明)・隆慶一郎《ケイイチロウ》(大)・長谷川慶太郎《ケイタロウ》(昭)・浅利慶太《ケイタ》(昭)・佐藤慶《ケイ》(昭)・飯尾一慶《カズノリ》(昭)　♀藤原慶子《ヨシコ》(安)・百済永慶《エイキョウ》(安)・大浦慶《ケイ》(江)・清水慶子《ケイコ》(明)・松坂慶子《ケイコ》(昭)・鈴木慶江《ノリエ》(昭)

慧→え

【鶏】19(鳥・8)　常　【鷄】21(鳥・10)

[読み]　㊥ケイ(漢)・ケ(呉)　㊞にわとり・とり

[語源]　ニワトリの意味。「鷄」と表記された。「奚《けい》」は「爪(下向きの手)＋幺(ひも)＋大(ひと)」を合わせ、紐でつながれた奴隷のこと。前半の「紐でつなぐ」というイメージだけを取る。「奚(音・イメージ記号)＋鳥(限定符号)」を合わせて、紐でつないで飼い慣らした鳥を暗示させた。

㊙ 　㊞ 　㊋ 

[字体]　「鷄」は旧字体。「雞」は異体字。「鶏」は日本でできた俗字。

[人名]　けい・とり　♂西南宮鶏馬《ケイマ》(江)・畑金鶏《キンケイ》(江)・橋本鶏二《ケイジ》(明)・源氏鶏太《ケイタ》(明)・三木鶏郎《トリロウ》(大)・西本鶏介《ケイスケ》(昭)

【馨】20(香・11)

[読み]　㊥ケイ(漢)・キョウ(呉)　㊞かおる・かおり

[語源]　よい香りが遠くまで漂う意味。「殸《けい》」は∧形の石を紐で吊した楽器をたたく様子を表した図形で、磬(中国の古楽器の名)の原字。「聲(＝声)」はこの記号を含む。「澄んだ音色が通う」というイメージがある。「殸(音・イメージ記号)＋香(限定符号)」を合わせて、右の意味の語を表記した。

㊙ 　㊞ 〔殸〕　㊋ 〔馨〕

[人名]　か・かおり・かおる・きよ・けい・よし　▽

「きよ（清）」「よし（良）」は香りが良いことから。♂安藤信馨《キヨノブ》（江）・伊地知貞馨《サダカ》（江）・井上良馨《ヨシカ》（江）・井上馨《カオル》（江）・中馬馨《カオル》（明）・都筑馨六《ケイロク》（明）・船山馨《カオル》（大）・清水馨八郎《ケイハチロウ》（大）・与謝野馨《カオル》（昭）　♀馨子《ケイシ［カオルコ］》内親王（安）・石川馨栄子《カエコ》（昭）・伊調馨《カオリ》（昭）

【結】12（糸・6）常

［読み］㊥ケツ（漢）・ケチ（呉）　㊞むすぶ・ゆう

［語源］ばらばらにならないように締めて一つにまとめる意味（結合）。これを「結」と表記する。「吉」は容器に物を詰め込んで蓋を被せる様子を示す図形（該項参照）。「吉（音・イメージ記号）＋糸（限定符号）」を合わせて、袋に物を詰めて入り口を糸で締めくくる様子を暗示させる。

［人名］ゆ・ゆい・ゆう　♂植草結樹《ユウキ》（昭）・友利結《ユイ》（昭）　♀岡田結美子《ユミコ》（昭）・竹内結子《ユウコ》（昭）・石川結貴《ユウキ》（昭）・大西結花《ユカ》（昭）・新垣結衣《ユイ》（昭）

【潔】15（水・12）常

［読み］㊥ケツ（漢）・ケチ（呉）　㊞いさぎよい

［語源］汚れがなく清らかの意味（清潔）。「丯《かい》」がコアイメージを提供する記号である。これは縦の線に三つの切れ込みを入れる図形で、「刻み目をつける」というイメージがある。「丯（音・イメージ記号）＋刀（限定符号）」を合わせた「㓞《かつ》」は、刀で刻み目を入れる様子を示し、契（刻む）の原字。「㓞（音・イメージ記号）＋糸（限定符号）」を合わせた「絜《けつ》」は、糸の汚れを削り落とす様子。これで十分「汚れを取ってきれいにする」意味を表すことができるが、水の領域に設定しなおして、「絜（音・イメージ記号）＋水（限定符号）」の組み合わせとした。

㊧

〔丯〕

㊧

〔㓞〕

㊧

〔絜〕

㊧

〔潔〕

［字体］「契」に倣い、「丯」の部分が「主」となった。

［人名］きよ・きよし・すみ・ゆき・よし　▽「すみ（澄）」「ゆき（雪）」「よし（良）」は清らかの意味から。♂大伴潔足《キヨタリ》（奈）・潔世《キヨヨ》王（安）・平潔行《キヨユキ》（安）・藤堂高潔《タカキヨ》（江）・西園寺公潔《キンズミ》（江）・館潔彦《キヨヒコ》（明）・月形潔《キヨシ》（江）・武内潔真《キヨミ》（明）・志賀潔《キヨシ》（明）・永井潔《キヨシ》（大）・

笠井潔《キヨシ》（昭）・大久保潔重《ユキシゲ》（昭）　♀源潔姫《キヨヒメ》（安）・藤原潔子《キヨコ》（安）・栗原潔子《キヨコ》（明）・茂手木潔子《キヨコ》（昭）

【月】4（月・0）常

【読み】音ゲツ（漢）・ゴチ（呉）　ガツ（慣）　訓つき

【語源】「つき」の意味。三日月を描いた図形でこれを表記した。

甲  金  篆 

【人名】がつ・げつ・つき　♂中原月雄《ツキオ》（安）・喜多川月麿《ツキマロ》（江）・鈴木月彦《ツキヒコ》（江）・松尾月山《ガッサン》（江）・秋永月三《ツキゾウ》（明）・青木月斗《ゲット》（明）・生田春月《シュンゲツ》（明）・江田五月《サツキ》（昭）・花村萬月《マンゲツ》（昭）　♀富士月子《ツキコ》（明）・室井佑月《ユウゲツ》（昭）・天野月子《ツキコ》（昭）・雪野五月《サツキ》（昭）

【犬】4（犬・0）常

【読み】音ケン（呉・漢）　訓いぬ

【語源】イヌの意味。これを表記する「犬」はイヌを描いた図形である。ケン（↑クエン）はイヌの鳴き声を写した擬音語に由来する。

甲  金  篆 

【人名】いぬ・けん　♂犬上王《イヌカミオウ》（飛）・坂上犬養《イヌカイ》（奈）・犬王《イヌオウ》（南）・小山若犬丸《ワカイヌマル》（室）・大野道犬《ドウケン》（土）・本多犬千代《イヌチヨ》（江）・四方田犬彦《イヌヒコ》（昭）

【見】7（見・0）常

【読み】音ケン（呉・漢）　訓みる・みえる

【語源】「みる」という意味。これを「見」で表記する。大きな目玉の人を描いた図形だが、目玉人間の意味ではなく、目玉の部分を特に強調することによって、「物がはっきり見える」ことを暗示させる。

甲  金  篆 

【人名】あき・あきら・けん・ちか・はる・み　▽「あきら（明）」ははっきり見える意味から。「はる（晴）」は明の縁語。「ちか（近）」は目の当たりに現れる意味からか。♂阿閉国見《クニミ》（古）・三国広見《ヒロミ》（奈）・壬生忠見《タダミ》（安）・吉川経見《ツネミ》（南）・大内盛見《モリハル［モリミ］》（室）・吉田兼見《カネミ》（戦）・前田利見《トシアキラ》（江）・水野忠見《タダチカ》（江）・青木見

典《チカツネ》(江)・伊藤勝見《カツミ》(江)・西川如見《ジョケン》(江)・物集高見《タカミ》(江)・寺師見国《ミクニ》(明)・臼井吉見《ヨシミ》(明)・袴田里見《サトミ》(明)・富田見二《ケンジ》(明)・佐々木竹見《タケミ》(昭)・持永和見《カズミ》(昭) ♀見子《ケンシ》内親王(南)・岩井友見《ユミ》(昭)・財前直見《ナオミ》(昭)・和久井映見《エミ》(昭)・中山真見《マミ》(昭)

【建】9(廴・6) 常

[読み] 音 ケン(漢)・コン(呉) 訓 たてる・たつ

[語源] 崩れないようにしっかり立てる意味。この語を「建」と表記する。「聿」は筆を立てて持つ図形で、「まっすぐ立てる」というイメージがある。「廴」は長く延びることを示す符号。「聿(イメージ記号)+廴(限定符号)」を合わせて、たるまないようにぴんとのばして、縦にまっすぐに立てる様子を暗示させる。

[人名] けん・たけ・たけし・たける・たつ・たつる・たて・たてる・のり ▽「たけ(長・猛)」(高くて立派である意)は丈夫に立てる意味から。「のり(法)」は法を立てるという意味から。♂熊曽建《タケル》(古)・星川建彦《タケヒコ》(古)・建《タケル》皇子(飛)・物部建麻呂《タテマロ》(奈)・津軽建広《タケヒロ》(江)・細川興建《オキタツ》(江)・井上正建《マサノリ》(江)・大田原建清《タテキヨ》(江)・保母建《タケシ》(江)・大和田建樹《タケキ》(江)・金森建策《ケンサク》(江)・正田建次郎《ケンジロウ》(明)・海野建夫《タケオ》(明)・安福建雄《タツオ》(昭)・赤羽建美《タツミ》(昭)・春日井建《ケン》(昭)・向島建《タツル》(昭)・吉野建《タテル》(昭) ♀松平建子《タケコ》(江)

【研】9(石・4) 常

[読み] 音 ケン(慣)・ゲン(呉・漢) 訓 とぐ・みがく

[語源] 磨いて平らにする意味(研磨)。「平らにそろえる」がコアイメージで、これを示すのが「幵《けん》」。これは「干(棒)」を二つ並べた図形。「幵(音・イメージ記号)+石(限定符号)」を合わせて、砥石ででこぼこな所を平らにそろえる様子を暗示させる。

篆  〔幵〕 篆  〔研〕

[字体] 「研」は正字(旧字体)。古くから書道では「研」と書かれる。

[人名] あき・きよ・けん・よし ▽「あき(明)」「きよ(清)」「よし(良)」は磨くときれいになることから。♂青木研蔵《ケンゾウ》(江)・石井研堂《ケンドウ》(江)・長坂研介《ケンスケ》(明)・薄田研二《ケンジ》(明)・宮本研《ケン》(大)・三隅研次《ケンジ》(大)・大前研

一《イチケン》(昭)・寺脇研《ケン》(昭)・沢田研二《ケンジ》(昭)　♀研子《ケンシ》女王(安)・保持研子《ヨシコ》(明)・南研子《ケンコ》(昭)

【兼】
10(八・8)　常

[読み] ㊞ケン(呉・漢)　㊌かねる

[語源] 二つ以上のものを一つに合わせる意味。これを「兼」と表記する。「秝(稲束を二つ並べる形)＋彐(＝又。手の形)」を組み合わせて、二つのものを合わせて一つにする様子を暗示させる。

㊎ 　㊮ 

[字体] 「兼」が旧字体だが、古くから上部の「八」は「丷」と書かれる。

[人名] かね・けん　♂藤原兼房《カネフサ》(安)・二条兼基《カネモト》(鎌)・吉田兼好《ケンコウ》(鎌)・近衛兼嗣《カネツグ》(南)・一条兼良《カネヨシ[カネラ]》(室)・鷹司兼輔《カネスケ》(戦)・直江兼継《カネツグ》(土)・高木兼寛《カネヒロ》(江)・下村兼史《ケンジ》(江)・今井兼次《ケンジ》(明)・新藤兼人《カネト》(明)・東儀兼彦《カネヒコ》(昭)・中村兼三《ケンゾウ》(昭)・好村兼一《ケンイチ》(昭)　♀兼子《ケンシ[カネコ]》女王(安)・藤原兼子《ケンシ[カネコ]》(安)・上野兼子《カネコ》(江)・柳兼子《カネコ》(明)

【拳】
10(手・6)

[読み] ㊞ケン(漢)・ゲン(呉)　㊌こぶし

[語源] 「こぶし」の意味。これを「拳」と表記する。「𢍏《けん》」は物を播くために手のひらを丸めて握りこぶしを作る様子を表した図形である(巻の項参照)。これに限定符号の「手」を添えて、「こぶし」の専用字とした。

[字体] 「拳」が旧字体。巻→巻に倣って「拳」となった。

[人名] けん　♂土門拳《ケン》(明)・森田拳次《ケンジ》(昭)・疋田清拳《セイケン》(昭)・緒形拳《ケン》(昭)

【健】
11(人・9)　常

[読み] ㊞ケン(漢)・ゴン(呉)　㊌すこやか・したたか

[語源] 体がしっかりして丈夫である、元気がよい意味。この意味の語を表記するために、背筋がぴんとまっすぐに立つことから発想された。「まっすぐに立てる」というイメージをもつ「建」を用いて、「建(音・イメージ記号)＋人(限定符号)」を合わせた字を作った。

[人名] かつ・きよし・けん・こわ・たけ・たけし・た

ける・たつ・たて・つよ・つよし・とし・まさる・やす・よし　▽「かつ（勝）」「まさる（勝）」「たけし（猛）」「とし（敏）」「つよし（強）」「こわ（強）」は体ががっしりと丈夫なことから。「やす（安）」「よし（良・好）」「きよし（清）」はすこやかの縁語。「たつ」「たて」は建と通じ、「まっすぐ立てる」というイメージがあるから。♂伴健岑《コワミネ》（安）・内藤昌健《マサタテ》（江）・伊吹正健《マサヨシ》（江）・大島正健《マサタケ》（江）・大内健《タケシ》（江）・大川健介《ケンスケ》（江）・林健《ケン》（江）・奥宮健之《ケンシ》（江）・弘瀬健太《ケンタ》（江）・犬養健《タケル》（明）・高木健夫《タケオ》（明）・武市健人《タテヒト》（明）・田鍋健《マサル》（大）・土居健郎《タケオ》（大）・増本健《ツヨシ》（昭）・高倉健《ケン》（昭）・大江健三郎《ケンザブロウ》（昭）・荻原健司《ケンジ》（昭）

【堅】12（土・9）常

【読み】（音）ケン（呉・漢）（訓）かたい

【語源】引き締まってかたい意味（堅固）。これを「堅」と表記する。「臣」は見張った目玉の図形で、君前で緊張してかしこまる家臣を横向きの目玉によって象徴的に表したもの。ここに「かたくこわばる」「かたく引き締まる」というイメージがある。「臣（音・イメージ記号）＋又（限定符号）」を合わせた「臤《けん》」は動作・行為の領域でそのイメージを表出する。「臤（音・イメージ記号）＋土（限定符号）」を合わせた「堅」は土の領域に設定しなおすが、土の意味と直接かかわるわけではない。土は比喩的限定符号である。

（甲）　（金）　（篆）〔臤〕　（篆）〔堅〕

【人名】かた・かたし・けん・つよし・み　▽「つよし（強）」はかたくて丈夫なことから。「み（実・身）」は中身が充実して固いイメージからか。♂日鷹堅磐《カタシワ》（古）・紀堅麻呂《カタマロ》（飛）・石上堅魚《カツオ》（奈）・小野国堅《クニカタ》（奈）・佐竹義堅《ヨシカタ》（戦）・伊賀崎治堅《ハルカタ》（土）・多紀元堅《モトカタ》（江）・徳大寺実堅《サネミ》（江）・宮地堅磐《カキワ》（江）・金子堅太郎《ケンタロウ》（江）・今井堅《カタシ》（明）・吉岡堅二《ケンジ》（明）・掛札堅《ツヨシ》（昭）・平井堅《ケン》（昭）　♀蘇我堅塩媛《カタシヒメ》（古）

【絢】12（糸・6）

【読み】（音）ケン（呉・漢）（訓）あや

【語源】模様があって美しい意味（絢爛）。「旬」は「ぐるりと回る」「めぐらす」というイメージがある（該項参照)。「旬(音・イメージ記号)+糸(限定符号)」を合わせて、衣服に色糸をぐるりとめぐらす様子を暗示させる。

[人名] あや・じゅん　▽「じゅん」は旁の「旬」に引きずられた読み。♂石橋絢彦《アヤヒコ》(江)・矢野絢也《ジュンヤ》(昭)　♀棚橋絢子《アヤコ》(江)・神戸絢《アヤ》(明)・堀絢子《ジュンコ》(昭)・川田絢音《アヤネ》(昭)・絢子《アヤコ》女王(平)

【献】13(犬・9) 常

[読み] ㊥ケン(漢)・コン(呉) ㊫たてまつる・ささげる

[語源] 貴人や目上に物を差し上げる意味(献上)。これを「獻」と表記する。「鬳《げん》」は「虍(=虎)+鬲(かなえ)」を合わせて、トラなどの模様で飾った器を表した。神に供物を薦める器であろう。「鬳(音・イメージ記号)+犬(限定符号)」を合わせて、犬の肉を器に入れて神前にささげる様子を暗示させた。

㊎ 　㊕ 

[字体] 「獻」が正字(旧字体)。「献」は近世中国で発生した俗字。

[人名] けん・ささぐ　♂児島献吉郎《ケンキチロウ》(江)・土田献《ケン》(江)・荒井献《ササグ》(昭)・梅谷献二《ケンジ》(昭)

【絹】13(糸・7) 常

[読み] ㊥ケン(呉・漢) ㊫きぬ

[語源] 「きぬ」の意味。これを「絹」と表記する。「肙《えん》」は「○(丸い頭)+月(=肉)」を合わせ、頭の丸いボウフラを暗示させる図形で、蜎(ぼうふら)の原字。頭ではなく体に視点を置くと、「細い」というイメージを表すことができる。「肙(音・イメージ記号)+糸(限定符号)」を合わせて、細いきぬ糸を暗示した。

㊕ 〔肙〕　㊕ 〔絹〕

[人名] きぬ　♀田中絹代《キヌヨ》(明)・人見絹枝《キヌエ》(明)・伊東絹子《キヌコ》(昭)・桜井絹江《キヌエ》(昭)・本間絹子《キヌコ》(昭)

【権】15(木・11) 常

[読み] ㊥ケン(漢)・ゴン(呉) ㊫はかり

[語源] 「はかり」「おもり」、また、重さを量る意味。物の重さを量るとき、はかりの左右に物とおもりを架けて、バランスを取って量る。そのような「はかり」

または「おもり」を表記するのが「權」。「雚《かん》」は「左右にバランスよくそろう」というイメージがある（歓の項参照）。かくて「雚（音・イメージ記号）＋木（限定符号）」を合わせた「權」ができた。力関係をはかる意味、また、他人を支配する力という意味を派生する。

[字体]「權」は正字（旧字体）。「権」は近世中国で発生した俗字。

[人名] ごん・のり　▽はかりは量るときの基準・手本となるので、「のり（法・則）」の名乗りが生じた。♂

金春権守《ゴンノカミ》（南）・川崎権太夫《ゴンダユウ》（室）・下津権内《ゴンナイ》（戦）・仙石権兵衛《ゴンベエ》（土）・松平勝権《カツノリ》（江）・阿部正権《マサノリ》（江）・平井権八《ゴンパチ》（江）・市川権十郎《ゴンジュウロウ》（江）・寺尾権平《ゴンペイ》（江）・山本権兵衛《ゴンベエ》（江）・松田権六《ゴンロク》（明）・青英権《ヒデノリ》（昭）　♀
七条院権大夫《ゴンノダイブ》（安）

【憲】16（心・12）常

[読み] 音 ケン（漢）・コン（呉）　訓 のり

[語源] 人の言動にはめるための枠、つまり「おきて」「のり」の意味。これを「憲」と表記する。上部は「害」と共通の記号を含む。「丯《かい》」は「切れ目を入れる」というイメージがある（潔の項参照）。このイメージは「途中で切って止める」というイメージに展開する。「丯（音・イメージ記号）＋宀（覆い被せることを示すイメージ補助記号）＋口（限定符号）」を合わせた「害」は、人の発言を途中で遮り止める様子を暗示する。「害（音・イメージ補助記号）の略体＋目（イメージ補助記号）＋心（イメージ補助記号）」を合わせて、目や心の欲望によって代表されるかってな振る舞いを制止する様子を暗示させた。

[人名] あきら・けん・さだ・ただし・ただす・とし・のり　▽「ただす（正）」は間違いを正すおきての意味から。「さだ（定）」はおきてによって世の中を安定させることから。「あきら（明）」は憲々（明らかに目立つさま）から。「とし（敏）」は古辞書に敏の訓があるから。♂

藤原通憲《ミチノリ》（安）・上杉憲房《ノリフサ》（鎌）・相馬憲胤《ノリタネ》（南）・鹿島憲幹《ノリモト》（室）・長尾憲長《ノリナガ》（戦）・吉岡憲法《ケンポウ》（戦）・松平忠憲《タダノリ》（江）・大井憲太郎《ケンタロウ》（江）・小堀憲《アキラ》（明）・岩崎憲《ケン》（明）・小林憲雄《トシオ》（明）・守随憲治《ケンジ》（明）・茨木憲《タダシ》（大）・小島憲之《ノリユキ》（大）・楠本憲吉《ケンキチ》（大）・黒木憲《ケン》（昭）・栄久

庵憲司《ケンジ》(昭)・美川憲一《ケンイチ》(昭)・弘兼憲史《ケンシ》(昭)　♀憲子《ケンシ〔ノリコ〕》内親王(南)・憲子《ノリコ》内親王(江)・冨田憲子《ノリコ》(昭)

【賢】16(貝・9)　常

【読み】㊥ケン(漢)・ゲン(呉)　㊞かしこい・まさる

【語源】才知があってかしこい意味(賢明)。この意味の語を表記する視覚記号は、財貨を多くためこむ状況から発想された。「臤《けん》」には「かたく引き締める」というイメージがある(堅の項参照)。「臤(音・イメージ記号)＋貝(限定符号)」を合わせた「賢」は、取り込んだ財貨をかたく引き締めて手放さない場面を想定させる。「抜け目がなく利口である」というニュアンスがある。

【人名】かた・けん・さか・さかし・さと・さとし・さとる・すぐる・たか・たかし・ただ・ただし・とし・とも・のり・まさ・まさる・ます・やす・よし　▽「かた」は堅と通じ、かたく引き締めるイメージから。「さかし」は賢く優れている意。「さとし(慧)」「とし(敏)」は賢い意味から。「たか(高)」(立派、上位)は「まさる」「すぐる」の縁語。「まさ」は「まさる(勝)」から。「ます(増)」は勝ると同源。「ただし(正)」は「まさ」を正と誤解したことからか。♂源義賢《ヨシカタ》(安)・蒲生賢秀《カタヒデ》(戦)・百武賢兼《トモカネ》(戦)・建部賢弘《カタヒロ》(江)・伊達宗賢《ムネヤス》(江)・松平信賢《ノブマス》(江)・加藤泰賢《ヤスマサ》(江)・本多助賢《スケトシ》(江)・丹羽賢《マサル》(江)・吉田賢輔《ケンスケ》(江)・森賢吾《ケンゴ》(明)・宮沢賢治《ケンジ》(明)・友松賢《ケン》(大)・佐治賢使《タダシ》(大)・高田賢三《ケンゾウ》(昭)・深江賢《タカシ》(昭)・吉岡賢《マサル》(昭)・石川賢《サトル》(昭)・石黒賢《ケン》(昭)　♀藤原賢子《ケンシ〔カタイコ〕》(安)・賢子《サトコ》女王(江)・川崎賢子《ケンコ》(昭)

【謙】17(言・10)　常

【読み】㊥ケン(呉・漢)　㊞へりくだる

【語源】控え目にして人にゆずる意味。これを「謙」と表記する。「兼」は「二つのものを一つに合わせる」というイメージから、「二つの線が一点で出会う」というイメージにつながり、また、∨の形や∧の形、つまり「かど」のイメージにも展開する(廉・鎌の項参照)。∨の形は「くぼむ」「へこむ」というイメージである。「兼(音・イメージ記号)＋言(限定符号)」を合わせて、でしゃばらないで一歩後ろにへこんで下がる様子を暗示させる。

【人名】あき・かた・かね・けん・しず・のり・ゆずる・よし ▽「あき（明・空）」は空虚（へこんでからっぽになる）の意味から。「しず（下・垂）」（沈んで下がる意）はへこんで下がる意味から。「かね」は兼の訓の流用。「のり（則）」は謙譲の美徳が手本となることからか。「かた（形・型）」（手本の意）は「のり」の派生か。♂上杉謙信《ケンシン》（戦）・毛利高謙《タカアキ》（江）・土井利謙《トシカタ》（江）・矢部定謙《サダノリ》（江）・小笠原貞謙《サダヨシ》（江）・増田謙之《カネユキ》（江）・梅謙次郎《ケンジロウ》（江）・後藤謙《ケン》（江）・大久保利謙《トシアキ》（明）・阿部謙夫《シズオ》（明）・岡田謙《ユズル》（明）・上原謙《ケン》（明）・柳田謙十郎《ケンジュウロウ》（明）・石津謙介《ケンスケ》（明）・菅原謙次《ケンジ》（大）・北方謙三《ケンゾウ》（昭）・堀江謙一《ケンイチ》（昭）・中川謙《ユズル》（昭）・渡辺謙《ケン》（昭）

【繭】18（糸・12）常

【読み】音 ケン（呉・漢） 訓 まゆ

【語源】まゆの意味。これを「繭」と表記する。「まゆ」は糸とも虫とも関係がある。「芇」は左右同形を示す記号で、囲碁で持碁を指すことがある。「芇（イメージ記号）＋虫（イメージ補助記号）＋糸（限定符号）」を合わせて、生糸の原料になるカイコの「まゆ」を表した。

篆 

【字体】「繭」が正字（旧字体）だが、「卝」がよく「艹」に変化する。

【人名】まゆ ♀西山繭子《マユコ》（昭）・穂坂繭《ユマ》（昭）・鈴木繭菓《マユカ》（昭）

【顕】18（頁・9）常 【顯】23（頁・14）

【読み】音 ケン（呉・漢） 訓 あきらか・あらわれる

【語源】姿や本性がはっきりと現れる意味（顕現）。これを「顕」と表記する。「㬎《けん》」は「日＋絲（いと）」を合わせて、太陽の下で染め糸をさらす場面を設定した図形。これだけで「はっきりと現す」意味を表すことができるが、「㬎（音・イメージ記号）＋頁（頭部を示す限定符号）」の組み合わせとして、隠していた頭がはっきりと現れる場面を想定した。

篆 〔㬎〕 篆 〔顯〕

【字体】「顯」は正字（旧字体）。「顕」は近世中国で生まれた俗字。

[人名] あき・あきら・けん・たか・てる　▽「たか（高・貴）」は地位・身分が高い意味から。「てる（照・輝）」はあきらの縁語。♂藤原顕輔《アキスケ》（安）・細川顕氏《アキウジ》（南）・北畠顕家《アキイエ》（南）・上杉顕房《アキフサ》（室）・相馬顕胤《アキタネ》（戦）・長尾顕長《アキナガ》（土）・酒井忠顕《タダテル》（江）・三浦顕次《タカツグ》（江）・山田顕義《アキヨシ》（江）・河野顕三《ケンゾウ》（江）・本多顕彰《アキラ》（明）・宮本顕治《ケンジ》（明）・五十嵐顕《アキラ》（大）・森顕《アキラ》（昭）・安田顕《ケン》（昭）　♀源顕子《ケンシ》（鎌）・顕子《アキコ［ケンシ］》内親王（江）・矢野顕子《アキコ》（昭）

【元】 4（儿・2）常

[読み] (音)ゲン（漢）・ゴン（呉）　ガン（慣）　(訓)もと

[語源] 本来は、丸い頭の意味。「一（頭）＋儿（人体）」を合わせた「元」によって、その語を表記する。トップ（元首）、はじめ（元年）、もと（根元）という意味を派生する。

(甲)

(金)

(篆)

[人名] がん・げん・ちか・はじむ・はじめ・はる・もと　▽「ちか（親）」は存在の根元を「おや」に擬えたか。「はる（春）」は四季の始まりのことから。♂百済元忠《ゲンチュウ》（奈）・藤原元真《モトザネ》（安）・大江広元《ヒロモト》（鎌）・島津元久《モトヒサ》（南）・細川勝元《カツモト》（室）・毛利元就《モトナリ》（戦）・今川義元《ヨシモト》（戦）・片桐且元《カツモト》（土）・多紀元簡《モトヤス》（江）・松平武元《タケチカ》（江）・田辺元《ハジメ》（江）・明石元二郎《モトジロウ》（江）・千家元麿《モトマロ》（明）・村上元三《ゲンゾウ》（明）・小峰元《ハジメ》（大）・小原元《ゲン》（大）・山下元利《ガンリ》（大）・藤田元司《モトシ》（昭）・佐野元春《モトハル》（昭）・井沢元彦《モトヒコ》（昭）　♀藤原元子《ゲンシ［モトコ］》（安）・西森元《モト》（明）・木村元子《モトコ》（昭）

【玄】 5（玄・0）常

[読み] (音)ゲン（呉）・ケン（漢）　(訓)くろい

[語源] 微かでよく見えない意味、また、奥深くて暗い意味（幽玄）。「幺（小さい糸）」の上に「へ形」の符号をつけたのが「玄」。宙吊りの糸がゆらゆらしてよく見えない様子を暗示させる。見えない→暗い→黒いとイメージが転化する。

(金)

(古)

(篆)

[人名] くろ・げん・しず・しずか・つね・とお・はじめ・はる・はるか・ひろ・ふか・ふかし・みち・もと ▽「とお（遠）」「ふかし（深）」「しずか（静）」「はるか（悠）」「ひろ（広）」は奥深い意味から連想。「みち（道）」「はじめ（始）」「もと（元）」「つね（経）」は老荘哲学で宇宙の始源・根元の道の意味から。♂高向玄理《クロマロ》（飛）・百済玄風《ゲンプウ》（奈）・藤原玄上《クロカミ》（安）・目賀田玄向《ゲンコウ》（南）・武田信玄《シンゲン》（戦）・斎藤好玄《ヨシハル》（戦）・酒井玄治《ツネハル》（戦）・前田玄以《ゲンイ》（戦）・角倉玄之《ハルユキ》（土）・名古屋玄医《ゲンイ》（江）・桑木一玄《カズハル》（江）・朽木玄綱《トオツナ》（江）・山脇玄《ゲン》（江）・小笠原玄也《ゲンヤ》（江）・久坂玄瑞《ゲンズイ》（江）・木下利玄《トシハル》（明）・田中清玄《キヨハル》（明）・柳宗玄《ムネモト》（大）・高橋玄洋《ゲンヨウ》（昭）・瀬戸山玄《フカシ》（昭）・味方玄《シズカ》（昭）・白岩玄《ゲン》（昭）　♀坂本玄子《ミチコ》（昭）・見延玄子《ハルコ》（昭）

【言】 7（言・0）　常

[読み] ㊥ゲン（漢）・ゴン（呉）　㊙いう・こと

[語源] はっきりと言葉をしゃべる意味、また、はっきりと物を区別することばの意味。この語を表記する「言」は「辛（イメージ記号）＋口（限定符号）」の組み合わせ。「辛」は刃物を描いた図形。刃物の機能は切れ目をつけることにある。音に切れ目をつけないで、ウーウーと連続して出るものを「音」という。これに対して、口で調音して音を区切り、それによって世界の物事を区別するもの、すなわち「ことば」を「言」という。

[人名] あき・あや・げん・こと・ごん・とき・のぶ・のり ▽「あき（明）」ははっきりとしゃべることから。「あや（文）」はことばで文を作ることから。「とき（説）」「のぶ（述）」「のり（宣・告）」はことばを述べることから。♂大江嘉言《ヨシトキ》（安）・藤原言家《トキイエ》（鎌）・山科言国《トキクニ》（室）・久我通言《ミチトキ》（戦）・山科言経《トキツネ》（土）・大隈言道《コトミチ》（江）・長野義言《ヨシトキ》（江）・今出川公言《キンコト》（江）・村田嘉言《ヨシコト》（江）・酒井忠言《タダノブ》（江）・六条有言《アリアヤ》（江）・池西言水《ゴンスイ》（江）・長谷部言人《コトンド》（明）・鈴江言一《ゲンイチ》（明）・杉渓一言《キヨトキ》（大）　♀清少納言《セイショウナゴン》（安）・初井言栄《コトエ》（昭）

【弦】 8（弓・5）　常

【読み】㊥ゲン(呉)・ケン(漢)　㊫つる
【語源】弓のつるの意味。「玄」は糸を宙吊りにした図形なので、「玄(音・イメージ記号)+弓(限定符号)」を合わせた「弦」で弓のつるの意味の語を表記する。楽器のつるなら「絃」と書く。
【人名】げん・つる　♂木村弦雄《ツルオ》(江)・布川弦吾《ゲンゴ》(江)・猪熊弦一郎《ゲンイチロウ》(明)・木村弦三《ゲンゾウ》(明)・若山弦蔵《ゲンゾウ》(昭)・叶弦大《ゲンダイ》(昭)・太田弦貴《ゲンキ》(昭)・羽生結弦《ユヅル》(平)　♀林屋志弦《シヅル》(昭)

【彦】9(彡・6)

【読み】㊥ゲン(呉・漢)　㊫ひこ
【語源】ハンサムで秀でた男性の意味。これを「彦」と表記する。「厂《かん》」が「┌形をなす」というコアイメージを示す記号。「文」「彡」はあや・模様を示す記号で、「美しい」というイメージを添える。「厂(音・イメージ記号)+文(イメージ補助記号)+彡(イメージ補助記号)」を合わせた「彦」は、額が┌形にすっきり整った様子を暗示させる。顔(┌形のひたい→かお)は同源。日本では「ひこ」(男子の尊称)に当てる。

篆 

【字体】「彥」は正字(旧字体)。「彦」は書道などで古くから行われた。
【人名】お・げん・さと・ひこ・よし　▽「お(雄・男)」は男性の意味から。「よし(良・佳)」「さと(聡)」は美しく秀でた男性の意味から。♂藤原継彦《ツグヒコ》(奈)・彦仁《ヒコヒト》王(鎌)・源彦良《ヒコヨシ》(南)・大久保彦左衛門《ヒコザエモン》(土)・猪飼彦博《ヨシヒロ》(江)・北条氏彦《ウジヨシ》(江)・一柳末彦《スエヨシ》(江)・松平忠彦《タダサト》(江)・高山彦九郎《ヒコクロウ》(江)・上野彦馬《ヒコマ》(江)・河上彦斎《ゲンサイ》(江)・安田靫彦《ユキヒコ》(明)・田名部彦一《ヒコイチ》(明)・寺田寅彦《トラヒコ》(明)・岡部冬彦《フユヒコ》(大)・上野正彦《マサヒコ》(昭)・尾崎紀世彦《キヨヒコ》(昭)・富井彦《ゲン》(昭)　♀藤原彦子《ヒココ》(鎌)

【原】10(厂・8)　常

【読み】㊥ゲン(漢)・ゴン(呉)　ガン(慣)　㊫はら
【語源】本来は、みなもと(源)の意味。「厂(がけ)+泉(いずみ)」を合わせたのが「原」。がけの下にある水源を暗示させた。何かが出てくる「もと」の意味を派生する。また、水源の近くに原野もあることが多いので、

「はら」の意味の語もゲンと呼び、この字で表記した。

(金)  (篆) 

【人名】げん・はら・もと　♂松山原造《ゲンゾウ》（明）・赤瀬川原平《ゲンペイ》（昭）・伊谷原一《ゲンイチ》（昭）・金子原二郎《ゲンジロウ》（昭）・芳野原《ゲン》（昭）　♀永原原姫《モトヒメ》（安）・藤原原子《ゲンシ》［モトコ］（安）

【源】13（水・10）常

【読み】(音) ゲン（漢）・ゴン（呉）　(訓) みなもと

【語源】みなもとの意味。「原」がみなもとの意味であったが、「はら」に使われるようになったため、限定符号の「水」を添えた「源」で「みなもと」を表記した。

【人名】げん・はじめ・みなもと・もと・よし　▽「よし（由）」は何かが出てくる「もと」の意味。　♂韓国源《ミナモト》（安）・宍戸元源《モトヨシ》（戦）・赤埴源蔵《ゲンゾウ》（江）・大高源吾《ゲンゴ》（江）・平賀源内《ゲンナイ》（江）・児玉源太郎《ゲンタロウ》（江）・大谷源《ハジメ》（江）・田中源《ゲン》（明）・吉野源三郎《ゲンザブロウ》（明）・今井源衛《ゲンエ》（明）・箕田源二郎《ゲンジロウ》（大）・伊藤源嗣《モトツグ》（昭）・高橋源一郎《ゲンイチロウ》（昭）・星野源《ゲン》（昭）

【厳】17（厂・15）常　【嚴】20（口・17）

【読み】(音) ゲン（漢）・ゴン（呉）　(訓) おごそか・きびしい・いかめしい・いかつい

【語源】差し迫ってきびしい意味、また、いかつくきびしい意味。これを表記するのが「嚴」。「敢」は強い力や堅い意思をもって困難を押しのけて行動すること（勇敢・果敢）で、「強く堅い」というイメージがある。心理的なイメージから物質的なイメージにも転用しうる（その逆も可）。「敢（音・イメージ記号）＋厂（がけとかかわる限定符号）」を合わせた「厳《がん》」は、固く角立ったがけ（巌の項参照）。「厳（音・イメージ記号）＋吅（やかましくしゃべるさまを示すイメージ補助記号）」を合わせた「嚴」は、やかましく角を立ててしゃべる様子を暗示させる。これによって右の意味の語を表記する。

【字体】「嚴」は正字（旧字体）。「厳」は書道で生まれた字体。形が崩れたため部首を失った。仮に厂の部に入れる。

【人名】いかし・いつ・いづ・いつき・げん・たか・とし・よし　▽「いつ」は尊厳な威光の意。「いかし」は立派で厳かの意。「たか（高・尊）」「とし（鋭・敏）」「よし（良）」はいかし・厳かの縁語。♂柳生宗厳《ムネヨシ》（戦）・柳生利厳《トシトシ》（土）・柳生三厳《ミツヨシ》（江）・柳生厳包《トシカネ》（江）・宮地厳夫《イヅオ》（江）・小池厳雄《イツオ》（明）・藤野厳九郎《ゲンクロウ》（明）・桑木厳翼《ゲンヨク》（明）・坂根厳夫《イツオ》（昭）・高山厳《ゲン》（昭）　♀厳子《ゲンシ》女王（安）・源厳子《ゲンシ「イヅコ」》（安）・藤原厳子《タカコ》（南）

己→き

【古】5（口・2）常

［読み］㊥ コ（漢）・ク（呉）　㊧ ふるい・いにしえ

［語源］「ふるい」という意味。この語を表記するために考案されたのが「古」である。これは紐で吊した頭蓋骨を描いた図形。しゃれこうべは干からびて固くなっているから、「時間がたってふるびている」ことを示しうる。

［人名］こ・ひさ・ふる・もと　▽「もと」（以前の意）は古《いにしえ》の類語。♂高市古人《フルヒト》（飛）・伊吉古麻呂《コマロ》（飛）・大伴古麻呂《フルマロ》（奈）・紀古佐美《コサミ》（奈）・佐伯古比奈《コヒナ》（奈）・大江千古《チフル》（安）・小野好古《ヨシフル》（安）・曽我古祐《ヒサスケ》（土）・神方古香《フルカ》（江）・岡本真古《マフル》（江）・清水古博《ヒサヒロ》（江）・織田信古《ノブモト》（江）・藤沢古実《フルミ》（明）・秋山好古《ヨシフル》（明）・岡倉古志郎《コシロウ》（明）・外山滋比古《シゲヒコ》（大）・国井雅比古《マサヒコ》（昭）　♀橘古那可智《コナカチ》（奈）・藤原古子《フルコ》（安）・涌島古代子《コヨコ》（明）

【固】8（囗・5）常

［読み］㊥ コ（漢）・ク（呉）　㊧ かたい・もとより

［語源］がっしりとかたい意味。「かたい」というイメージをもつ「古」を用いて（前項参照）、「古（音・イメージ記号）＋囗（限定符号）」を合わせ、周囲からがっしりとかたく囲まれて動きがとれない様子を暗示させる。

［人名］かた・かたし・かたむ・こ・もと　♂敦固《アツカタ》親王（安）・山代固《カタシ》（鎌）・魚住景固《カゲカタ》（戦）・大岡忠固《タダカタ》（江）・太田貞固《サダモト》（江）・松本氷固《ヒヨウコ》（江）・村川堅固《ケンゴ》（明）・吉岡利固《トシカタ》（昭）

【虎】8（虍・2）常

［読み］㊥ コ（漢）・ク（呉）　㊧ とら

［語源］トラの意味。「虎」はトラの全形を描いた図形。コはトラの鳴き声を模した擬音語に由来する。

甲  金  篆 

［人名］こ・たけ・とら ▽「たけ（猛）」は獰猛なトラのイメージから。♂紀名虎《ナトラ》（安）・武田信虎《ノブトラ》（戦）・上杉輝虎《テルトラ》（戦）・大蔵虎清《トラキヨ》（土）・川崎千虎《チトラ》（江）・加藤行虎《ミチタケ》（江）・島田虎之助《トラノスケ》（江）・武藤虎太《トラタ》（江）・緒方竹虎《タケトラ》（明）・田宮虎彦《トラヒコ》（明）・蜷川虎三《トラゾウ》（明）・石部虎二《トラジ》（大）・徳田虎雄《トラオ》（昭）・川瀬幹比虎《ミキヒコ》（昭） ♀富井虎子《トラコ》（江）

【庫】10（广・7） 常

［読み］音 コ（漢）・ク（呉） 訓 くら

［語源］物をしまっておく建物の意味（倉庫）。「广（やね）＋車（くるま）」を合わせた「庫」でその語を表記する。車庫はその一つ。

［人名］くら・こ ♂判兵庫《ヒョウゴ》（戦）・柳生兵庫助《ヒョウゴノスケ》（土）・白鳥庫吉《クラキチ》（江）・武市庫太《クラタ》（江）・浜口庫之助《クラノスケ》（大）

【五】4（二・2） 常

［読み］音 ゴ（呉・漢） 訓 いつつ・いつ

［語源］数詞の5の意味。これを図形に表すために、数の数え方から発想された。片手で数えるとき、指を折っていくと、5のところで折り返しになる。ここに「↑↓の形」のイメージがある。交差するイメージは「×の形」でも表しうる。そこで「×」という図形で5を暗示させた。やがて「＝」（上下の線）をそえて「五」が生まれた。

甲  金  篆 

［人名］い・いつ・いづ・かず・ご ♂犬養五十君《イキミ》（飛）・三田五瀬《イツセ》（飛）・穂積五百枝《イオエ》（飛）・五百枝王《イオエ》（安）・若菜五郎《ゴロウ》（鎌）・城村五百樹《イオキ》（江）・若杉五十八《イソハチ》（江）・石黒五十二《イソジ》（江）・深井英五《エイゴ》（江）・桂小五郎《コゴロウ》（江）・山県五十雄《イソオ》（明）・直木三十五《サンジュウゴ》（明）・山本五十六《イソロク》（明）・本多秋五《シュウゴ》（明）・伊藤五百亀《イオキ》（大）・宗政五十緒《イソオ》（昭）・江守五夫《イツオ》（昭）・江田五月《サツキ》（昭）・野口五郎《ゴロウ》（昭）・河島英五《エイゴ》（昭） ♀五十河媛《イカワヒメ》（古）・

五百重娘《イオエノイラツメ》（飛）・五百井《イオイ》女王（奈）・亀倉五位女《ゴイジョ》（戦）・伊達五郎八《イロハ》（江）・奥村五百子《イオコ》（江）・山田五十鈴《イスズ》（大）・雪野五月《サツキ》（昭）

【午】4（十・2）常

［読み］ ㊥ゴ（呉・漢）　㊦うま

［語源］ 助数詞の一種である十二支の七番目。指で数えると折り返し点の次に当たる。「⇅の形（交差する）」というイメージがあるので、杵を描いた「午」で表記した。杵は餅などを搗く道具で、その搗き方に「⇅の形に交差する」というイメージがある。なお十二支に動物を配当する考えは漢代に発生した。

㊙ 　㊎ 　㊟ 

［人名］ うま・ご・ま　♂岩波午心《ゴシン》（江）・藤井丙午《ヘイゴ》（明）・館山甲午《コウゴ》（明）・植村甲午郎《コウゴロウ》（明）・吉村午良《ゴロウ》（大）・芝田進午《シンゴ》（昭）・後藤俊午《シシュンゴ》（昭）

【伍】6（人・4）

［読み］ ㊥ゴ（呉・漢）

［語源］ 五人組の意味。「五（音・イメージ記号）＋人（限定符号）」を合わせて表記した。仲間の意味にも転じる。

［人名］ あつむ・いつ・くみ・ご・ひとし　▽「あつむ（集）」「ひとし（等）」は仲間の意味から。♂鶴田伍一郎《ゴイチロウ》（江）・吉田東伍《トウゴ》（江）・守島伍郎《ゴロウ》（明）・池田大伍《ダイゴ》（明）・橋本竜伍《リュウゴ》（明）・谷伍平《ゴヘイ》（大）・松永伍一《ゴイチ》（昭）・大内啓伍《ケイゴ》（昭）・山城新伍《シンゴ》（昭）・荻田伍《ヒトシ》（昭）

【冴】7（冫・5）

［読み］ ㊥ゴ（漢）・コ（呉）　㊦さえる

［起源］ 本来「こおる」「こごえる」意味だが、中国ではこの字を使わない。日本で「さえる」意味に使うだけである。「冱《ご》」が本字。その異体字「冴」が「冴」に変わった。「互」は二つの印が互い違いにかみ合っている姿。「互（音・イメージ記号）＋冫（氷とかかわる限定符号）」を合わせて、じぐざぐに筋が入ってこおる様子を暗示する。

［人名］ さえ　♂天津冴《サエ》（昭）・田中冴樹《サエキ》（平）　♀小月冴子《サエコ》（大）・氷室冴子《サエコ》（昭）・松山冴花《サエカ》（昭）・宇浦冴香《サエカ》（平）

【呉】7（口・4）常

【読み】音ゴ（漢）・グ（呉）訓くれ

【語源】中国南部にあった国の名。「夨（ハテナと首を傾げる人）＋口（ことば）」を合わせた「呉」で表記した。「言葉が食い違う」というイメージがあり、中原の人が南方系の人をこう呼んだもの。なお、日本から見ると西方なので「くれ」（日が暮れる方角の意）と読む。

甲  金  篆 

【字体】「吳」は正字（旧字体）。「呉」は古くから書道で行われた。

【人名】くれ・ご ♂御立呉明《ゴメイ》（奈）・藤田呉江《ゴコウ》（江）・山内竣呉《シュンゴ》（明）・真鍋呉夫《クレオ》（大）・片山晋呉《シンゴ》（昭）

【吾】7（口・4）

【読み】音ゴ（漢）・グ（呉）訓わ・われ

【語源】一人称「われ」の意味。対話する二人（話し手と聞き手）の関係から、視覚記号が発想された。その関係は「⇅（交差する）」というイメージである。「⇅の形」のイメージをもつ「五」を用い（該項参照）、「五（音・イメージ記号）＋口（限定符号）」を合わせて、汝と向き合う「われ」を暗示させる。語（対話する↓かたる）は同源。

【人名】あ・ご・のり・みち ▽「あ」は私の古語。「のり（宣・告）」は語（かたる）の縁語。「みち（道）」は「のり」を法と誤解したことからか。♂日下部吾田彦《アタヒコ》（古）・土師吾笥《アケ》（古）・金沢吾輔《ゴスケ》（江）・沢田吾一《ゴイチ》（江）・関新吾《シンゴ》（江）・箕作省吾《ショウゴ》（江）・阿部吾市《ゴイチ》（明）・河野慎吾《シンゴ》（明）・島田正吾《ショウゴ》（明）・黒岩重吾《ジュウゴ》（大）・白土吾夫《ノリオ》（昭）・稲垣吾郎《ゴロウ》（昭）♀吾田媛《アタヒメ》（古）

【後】9（彳・6）常

【読み】音ゴ（慣）コウ（漢）・グ（呉）訓あと・うしろ・のち・おくれる

【語源】あとにおくれる意味、また、うしろの意味。これを「後」と表記する。「幺」は蚕の細い糸の形で、「小さい」「わずか」のイメージを示す記号（幾の項参照）。「彳」は「行」の左半分で、道を行くことを示す記号。「夂」は引きずる足の形。「幺（イメージ記号）＋夂（イメージ補助記号）＋彳（限定符号）」を合わせた「後」は、足が少ししか進めず、あとにおくれる様子を暗示させる。

㊎  ㊕ 

［人名］ご・のち・のり　▽「のり（伸）」は後ろへ伸びる意。♂藤原後生《ノチオウ》（安）・米倉昌後《マサノリ》（江）・北窓後一《ゴイチ》（江）・佐々木松後《ショウゴ》（江）・福原越後《エチゴ》（江）・島津豊後《ブンゴ》（江）　♀宜秋門院丹後《タンゴ》（安）

【悟】10（心・7）常

［読み］㊥ゴ（漢）・グ（呉）　㊖さとる

［語源］はっきりわからないことを思い当たる（さとる）意味。「わからないこと」と「わかったこと」が一点で交わるという発想から、この語の表記が生まれた。「交差する」というイメージをもつ「吾」を用いて（該項参照）、「吾（音・イメージ記号）＋心（限定符号）」を合わせて「悟」となった。

［人名］ご・さと・さとし・さとる　♂沢口悟一《ゴイチ》（江）・梅根悟《サトル》（明）・中西悟堂《ゴドウ》（明）・納谷悟朗《ゴロウ》（昭）・秋浜悟史《サトシ》（昭）・中嶋悟《サトル》（昭）・山口悟《サトシ》（昭）　♀阿知波悟美《サトミ》（昭）

【梧】11（木・7）

［読み］㊥ゴ（漢）・グ（呉）　㊖あおぎり

［語源］植物のアオギリの意味。この木の特徴は蕚が五つに分かれることにあるので、「五」を含む「吾」を用いて、「吾（音・イメージ記号）＋木（限定符号）」を合わせて視覚記号とする。

［人名］ご　♂浜口梧陵《ゴリョウ》（江）・中野梧一《ゴイチ》（江）・三浦梧楼《ゴロウ》（江）・石丸梧平《ゴヘイ》（明）・野田高梧《コウゴ》（明）・藤田梧郎《ゴロウ》（明）・橋本梧郎《ゴロウ》（大）

【護】20（言・13）常

［読み］㊥ゴ（呉）・コ（漢）　㊖まもる

［語源］かばって守る意味（保護）。これを「護」と表記する。「萑《かん》」は毛角のある鳥（ミミズク）を描いた図形。「又」は物をかばったり囲ったりする右手の形で、「枠に入れてかばう」というイメージがある。「萑（イメージ記号）＋又（イメージ補助記号）」を合わせた「蒦《かく》」は、獲物を捕らえて枠で囲う様子を暗示する（獲の原字）。「枠に入れてかばう」がコアイメージである。「蒦（音・イ

メージ記号）＋言（限定符号）」を合わせた「護」は、言葉をかけて中の物をかばうことを表した。

㊙ ㊎ ㊟〔蒦〕 ㊟〔護〕

【字体】「護」が正字（旧字体）だが、「⺿」は「艹」と書かれることが多い。

【人名】ご・まもる・もり　♂護良《モリナガ》［モリヨシ］親王（鎌）・陶弘護《ヒロモリ》（室）・細川斉護《ナリモリ》（江）・長岡護美《モリヨシ》（江）・正木護《マモル》（江）・堀河護麿《モリマロ》（明）・永野護《マモル》（明）・中沢護人《モリト》（大）・前田護郎《ゴロウ》（大）・細川護熙《モリヒロ》（昭）・星護《マモル》（昭）

【工】3（工・0）常

【読み】㊖コウ（漢）・ク（呉）㊙たくみ

【語源】細工、また、細工をする人の意味。二線の間を縦の線で突き通す図形によって、道具で工作する様子を暗示させた。「突き通す」がコアイメージである。技が上手である意味にもなる。

㊙ ㊎ ㊟

【人名】こう・たくみ・よし　▽「よし（良）」は技がうまいことから。♂尾崎康工《ヤスヨシ》［コウコウ］（江）・品川工《タクミ》（明）・後藤工志《コウシ》（明）・大友工《タクミ》（大）・丸山工作《コウサク》（昭）・岩崎工《タクミ》（昭）

【公】4（八・2）常

【読み】㊖コウ（漢）・ク（呉）㊙おおやけ・きみ

【語源】私（プライベート）ではなく、社会全体に開かれているという意味（公開・公正）。この語の表記には「私」と関係のある「厶《し》」が利用された。「厶」は囲い込む符号。自分のものだと財物などをひそかに囲う様子を示したのが「私」。これに対し、「厶＋八（両側に分ける符号）」を合わせた「公」は、囲い込んだものを開いて見せる様子を暗示させた。政府に関することや高位の人の意味も派生する。

㊙ ㊎ ㊟

【人名】いさお・きみ・きん・く・こう・たか・ただ・ただし・とおる・とも・なお・ひろ・まさ・ゆき　▽「たか」は高位の人の意味から。「ただし（正）」「まさ（正）」「なお（直）」は公正の意味から。「とおる（通）」

は全体に開かれ、どこまでも通じていることから。「ひろ（広）」は開かれていることからの連想。「ゆき（行）」は「とおる」の縁語。「とも（共）」は公に全体（みんな）の意味が含まれていることから。「いさお」は功と通用されることから。♂国中公麻呂《キミマロ》（奈）・藤原公任《キントウ》（安）・坂田公時《キントキ》（安）・菅原清公《キヨトモ》（安）・宇都宮公綱《キンツナ》（鎌）・三条公忠《キンタダ》（南）・今出川公興《キンオキ》（室）・西園寺公朝《キントモ》（戦）・清岡公張《トモハル》（江）・由利公正《キミマサ》（江）・石坂公歴《マサツグ》（明）・吉村公三郎《コウザブロウ》（明）・高梨公之《マサユキ》（大）・公文公《トオル》（大）・安部公房《コウボウ》（大）・中坊公平《コウヘイ》（昭）・藤井公《コウ》（昭）・尾藤公《タダシ》（昭）・日下公人《キミンド》（昭）・森田公一《コウイチ》（昭）・工藤公康《キミヤス》（昭）　♀藤原公子《キミコ》（安）・白石公子《コウコ》（昭）・伊達公子《キミコ》（昭）・森公美子《クミコ》（昭）

【功】5（力・3）常

［読み］ ㊟コウ（漢）・ク（呉）　㊫いさお

［語源］ 手柄の意味。「工」（仕事の意）から派生した意味を「工（音・イメージ記号）＋力（限定符号）」を合わせた「功」で表記する。努力してやりとげた立派な仕事を暗示させる。

［人名］ いさ・いさお・いさおし・かつ・こう・こと・つとむ・なり・なる・のり・よし　▽「こと（事）」「なる（成）」は成し遂げた仕事の意味から。「かつ（勝）」は勝れた功績の意味からか。「よし（良）」は立派な功績の意味から。「つとむ（努）」は功夫（工夫）の意味から。「のり（伸）」は成功する意味。♂車戸宗功《ムネイサ》（江）・園池公功《キンナル》（明）・宗義功《ヨシカツ》（江）・阿部正功《マサコト》（江）・松平定功《サダナリ》（江）・藤谷功彦《イサヒコ》（明）・中西功《ツトム》（明）・木村功《イサオ》（大）・広瀬叔功《ヨシノリ》（昭）・琴錦功宗《カツヒロ》（昭）・小島功《コウ》（昭）・青木功《イサオ》（昭）・輪島功一《コウイチ》（昭）　♀功子《コウシ》内親王（安）・篠崎功子《イサコ》（昭）・勝野功子《ヨシコ》（昭）・引田天功《テンコウ》（昭）

【巧】5（工・2）常

［読み］ ㊟コウ（漢）・キョウ（呉）　㊫たくみ・うまい

［語源］ 技術などが手がこんでうまい意味。これを「巧」と表記する。「丂《こう》」は伸び出ようとして一の線で曲がる様子を示す。「つかえて曲がる」というイメージがあり、「（曲折しながら）とことんまで突き詰める」というイメージにも展開する。「丂（音・イメージ記号）＋工（限定符号）」を合わせて、技を奥まで突き詰めて細工す

る様子を暗示させた。

(甲)  (金)  (篆) 〔丂〕 (篆) 〔巧〕

【人名】 く・こう・たえ・たくみ・よし ▽「たえ(妙)」「よし(良)」は技が上手であることから。♂前原巧山《コウザン》(江)・浅川巧《タクミ》(明)・堀池巧《タクミ》(昭)・是永巧一《コウイチ》(昭)・森巧尚《ヨシナオ》(昭) ♀相沢巧弥子《クミコ》(昭)

【広】5(广・2) 常 【廣】15(广・12)

【読み】 (音) コウ(呉・漢) (訓) ひろい・ひろがる

【語源】 ひろい意味(広大)。これを「廣」と表記する。「黄」は「廿(革の上部で、動物の頭)+矢(や)」を合わせて、動物の脂肪を燃やして火矢を飛ばす様子を暗示する図形。「(黄色い光が)四方に広がる」というイメージがある。「黄(音・イメージ記号)+广(限定符号)」を合わせた「廣」は、建物の枠組を四方に広げて作る場面を設定したもの。広い建物という意味ではなく、空間的に外枠が広がっていることを意味する。

(甲)  (金)  (篆) 〔黄〕 (篆) 〔廣〕

【字体】「廣」は正字(旧字体)。「広」は日本でできた略字。

【人名】 こう・たけ・とお・なが・ひろ・ひろし・ひろむ ▽「たけ(長・丈)」「とお(遠)」「なが(長)」は「広い」の縁語。♂身毛広《ヒロ》(飛)・当麻広麻呂《ヒロマロ》(飛)・垂水広人《ヒロンド》(飛)・紀広名《ヒロナ》(奈)・越智広江《ヒロエ》(奈)・藤原広嗣《ヒロツグ》(奈)・平広常《ヒロツネ》(安)・源広綱《ヒロツナ》(鎌)・松平広忠《ヒロタダ》(戦)・赤松広通《ヒロミチ》(土)・毛利斉広《ナリトオ》(江)・前田斉広《ナリナガ》(江)・安藤広重《ヒロシゲ》(江)・川上広樹《ヒロキ》(江)・永田広志《ヒロシ》(明)・有沢広巳《ヒロミ》(明)・上田広《ヒロシ》(明)・大井広《ヒロム》(明)・樋口広太郎《ヒロタロウ》(大)・原広司《ヒロシ》(昭)・真田広之《ヒロユキ》(昭)・室伏広治《コウジ》(昭)・中居正広《マサヒロ》(昭) ♀広姫《ヒロヒメ》(古)・葛城広子《ヒロコ》(古)・県犬養広刀自《ヒロトジ》(奈)・和気広虫《ヒロムシ》(奈)・有栖川宮妃広子《ヒロコ》(江)・大橋広《ヒロ》(明)・中井広恵《ヒロエ》(昭)・諸田広美《ヒロミ》(昭)

【弘】5(弓・2)

【読み】 (音) コウ(漢)・グ(呉) (訓) ひろい・ひろめる

【語源】 ひろく大きい意味。「厶《こう》」はひじを∠形に張り出す図形で、肱の原字。「枠を張り広げる」というイメージがある。「厶(音・イメージ記号)+弓(限定符号)」

を合わせて、弓をいっぱいに張り広げる様子を暗示させる。

古  〔厶〕 篆 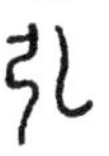 〔弘〕

[人名] お・こう・ひろ・ひろし・ひろむ・みつ ▽「お」は弘の古音から。「みつ（満）」はいっぱいに張り広げることから。♂弘計《オケ》王（古）・藤原弘経《ヒロツネ》（安）・源弘《ヒロム》（安）・湯浅宗弘《ムネヒロ》（鎌）・大内弘茂《ヒロシゲ》（南）・土佐光弘《ミツヒロ》（室）・島津義弘《ヨシヒロ》（戦）・大内教弘《ノリヒロ》（土）・阿部正弘《マサヒロ》（江）・福田弘人《ヒロンド》（江）・中井弘《ヒロシ》（江）・加藤弘之《ヒロユキ》（明）・灘尾弘吉《コウキチ》（明）・宇野弘蔵《コウゾウ》（明）・中曽根康弘《ヤスヒロ》（大）・柿沢弘治《コウジ》（昭）・山内一弘《カズヒロ》（昭）・村上弘明《ヒロアキ》（昭）・犬塚弘《ヒロシ》（昭）・岡田弘《ヒロム》（昭）　♀松本弘子《ヒロコ》（昭）・川上弘美《ヒロミ》（昭）

【甲】 5（田・0） 常

[読み] 音 コウ（漢）・キョウ（呉）　カン（慣）　訓 きのえ・かぶと

[語源] 古代の助数詞、十干の第一位。これを「甲」で表記する。「甲」は中の物を周囲から殻で覆い被せて閉じ込める図形である。植物の生長の最初の段階を象徴的に表した。物の表面に被さる堅い殻（甲羅・甲冑・甲殻類）という意味にも使われる。

甲  金  篆 

[補説] 十干は甲・乙・丙・丁・戊・己・庚・辛・壬・癸。以下のように五行と兄（エ）弟（ト）に分類する。

	甲・乙		丙・丁		戊・己		庚・辛		壬・癸	
五行	木		火		土		金		水	
兄弟	兄	弟	兄	弟	兄	弟	兄	弟	兄	弟
読み方	きのえ	きのと	ひのえ	ひのと	つちのえ	つちのと	かのえ	かのと	みずのえ	みずのと

[人名] か・き・きのえ・こ・こう・はじめ・まさる ▽「か」は音のカフ（カッ）の訛り。「はじめ」「まさる（勝）」は第一位、トップの意味から。♂太羊甲許母《ココモ》（奈）・原田甲斐《カイ》（江）・伊東甲子太郎《カシタロウ「キネタロウ」》（江）・高橋甲太郎《コウタロウ》（江）・阿川甲一《コウイチ》（明）・増田甲子七《カネシチ》（明）・館山甲午《コウゴ》（明）・植村甲午郎《コウゴロウ》（明）・桑原甲子雄《キネオ》（大）・堀内甲《マサル》（大）・安倍甲《コウ「ハジメ」》（昭）　♀上田甲斐子《カイコ》（江）

【亙】 6（二・4）

[読み] 音 コウ（呉・漢）　訓 わたる

【語源】 月の弦の意味。「亙」は「二（上下の線）＋月」を合わせて、上端から下端まで張った月の弦を暗示させる図形。「張りわたる」というイメージがある。

㊄ 

【字体】「亙」と「亘《せん》」は本来別字であるが、よく混同される。

【人名】 わたる　♂村田亙《ワタル》（昭）

【光】 6（儿・4）常

【読み】 ㊥ コウ（呉・漢）　㊞ ひかる・ひかり

【語源】「ひかり」の意味。「火＋儿（人）」を合わせた「光」でその語を表記する。「火」を上部に配置することによって、「（ひかりが）四方に発散する」というイメージを強調した図形である。

㊙ 　㊎ 　㊞ 

【人名】 あき・あきら・こう・てる・ひかり・ひかる・ひろ・ひろし・みつ・みつる　▽「あきら」「てる」は光の縁語。「ひろ（広）」「みつ（満）」は四方に発散し広がることから。♂源義光《ヨシミツ》（安）・源光《ヒカル》（安）・平光盛《ミツモリ》（鎌）・村上義光《ヨシテル》（鎌）・日野邦光《クニミツ》（南）・日野重光《シゲミツ》（室）・明智光秀《ミツヒデ》（戦）・最上義光《ヨシアキ》（土）・狩野光信《ミツノブ》（土）・徳川光圀《ミツクニ》（江）・島津久光《ヒサミツ》（江）・白井光太郎《ミツタロウ》（江）・高村光太郎《コウタロウ》（明）・金子光晴《ミツハル》（明）・安野光雅《ミツマサ》（大）・久世光彦《テルヒコ》（昭）・横山光輝《ミツテル》（昭）・嵐山光三郎《コウザブロウ》（昭）・奥泉光《ヒカル》（昭）・太田光《ヒカリ》（昭）　♀光子《ミツコ》内親王（安）・光子《アキコ》女王（江）・藤原光子《ミツコ》（江）・吾妻光《テル》（明）・森光子《ミツコ》（大）・奈良光枝《ミツエ》（大）・角田光代《ミツヨ》（昭）・木原光知子《ミチコ》（昭）

【向】 6（口・3）常

【読み】 ㊥ コウ（漢）・キョウ（呉）　㊞ むく・むかう・むこう

【語源】 一定の方角にむかう意味。「宀（いえ）＋口（あな）」を合わせたのが「向」。建物の通気口を描いたもの。空気が一定の方角に流れていくので、右の意味の語を表記する視覚記号となる。時間のレベルでは「さき」（現時点から向かって前、または後）になる。

㊙ 　㊎ 　㊞ 

【人名】こう・さき・ひさ・むか・むかう・むき・むこう　▽「ひさ（久）」は「さき」の意味から。♂蘇我日向《ヒムカ》（飛）・中村日向《ヒュウガ》（江）・柳原向《ムコウ》（江）・村越向栄《コウエイ》（江）・宮本裕向《ユウコウ》（昭）　♀杉浦日向子《ヒナコ》（昭）・高野向子《サキコ》（昭）・森末向《ミサキ》（昭）

【好】6（女・3）常

【読み】㊥ コウ（呉・漢）㊞ このむ・すく・よい・よしみ

【語源】このましくて大切にする意味。「女＋子」の組み合わせによって、女性が子供を大切にかわいがる様子を暗示させる。「大事にかばう」というのがコアイメージである。

甲 
金 
篆 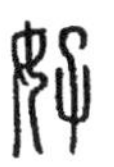

【人名】こう・このみ・このむ・よし・よしみ　♂平好風《ヨシカゼ》（安）・松平好景《ヨシカゲ》（戦）・大賀信好《ノブヨシ》（土）・中西正好《マサヨシ》（江）・秋山好古《ヨシフル》（江）・中野好夫《ヨシオ》（明）・三岸好太郎《コウタロウ》（明）・竹内好《ヨシミ》（明）・須永好《コウ》（明）・石川好《ヨシミ》（昭）　♀好子《ヨシコ》内親王（安）・仲田好江《ヨシエ》（明）・石井好子《ヨシコ》（大）・田中好子《ヨシコ》（昭）・松下好《コノミ》（昭）

【江】6（水・3）常

【読み】㊥ コウ（呉・漢）㊞ え

【語源】中国の長江（揚子江）の意味。この川は中国大陸を西から東へ流れる。曲がりくねる黄河とは違い、ほぼ直通する。「縦に（上下に）突き通る」というイメージをもつ「工」を用い（該項参照）、「工（音・イメージ記号）＋水（限定符号）」を合わせて、その語を表記した。

【人名】え・こ・こう　♂越智広江《ヒロエ》（奈）・中根雪江《ユキエ》（江）・司馬江漢《コウカン》（江）・古賀春江《ハルエ》（明）・藤原義江《ヨシエ》（明）・近松秋江《シュウコウ》（明）・辻村江太郎《コウタロウ》（大）・戸波江二《コウジ》（昭）　♀お江与《エヨ》の方（土）・山下春江《ハルエ》（明）・影万里江《マリエ》（昭）・中島啓江《ケイコ》（昭）・小嶋一江《カズエ》（昭）・木村多江《タエ》（昭）

【考】6（老・3）常

【読み】㊥ コウ（漢）・ク（呉）㊞ かんがえる

【語源】もとは、高齢の老人の意味。「丂《こう》」は「つかえて曲がる」というイメージがあり、「（曲折しながら）とことんまで突き詰める」というイメージにも展開する（巧の項参照）。「丂（音・イメージ記号）＋耂（＝老。限定符号）」

を合わせて、寿命をきわめた老人を暗示させる。一方、「かんがえる」意味の語も「考」で表記する。「奥まで突き詰める」というコアイメージが共通するからである。

(甲)  (金)  (篆) 

【人名】こう・たか・なか・なる・のり・ひさ・やす　▽「たか（尊）」は老人が手本とされることから。「のり（則・範）」は老人が尊敬されることから。「ひさ（久）」「やす（安）」は長寿の意味から。「なか」は心の中で考えることからか。「なる（成）」は落成の意味があったから。♂岡本保考《ヤスタカ》（江）・本多忠考《タダナカ》（江）・清水谷公考《キンナル》（江）・前田利考《トシヤス》（江）・各務支考《シコウ》（江）・石井雨考《ウコ》（江）・植松考昭《ヒサアキ》（明）・別所考治《タカハル》（昭）・中田考《コウ》（昭）・岡田考平《コウヘイ》（昭）

【行】6（行・0）　常

【読み】(音) コウ（漢）・ギョウ（呉）・アン（唐）　(訓) いく・ゆく・おこなう

【語源】進んでいく意味（行進）。十字路を描いた「行」の図形でその語を表記する。動いて動作をすることから、一般に「おこなう」（行為）という意味を派生する。

(甲)  (金)  (篆) 

【人名】こう・つら・のり・ひら・みち・もち・やす・ゆき・ゆく　▽「つら（連）」は行列の意味から。「のり（則・法）」は道の縁語。「ひら（平）」は道が平らなことからか。また、ひら（平）に並、普通の意味もあるから、庸の「もち」「やす」の名乗りが流用されたか。♂在原行平《ユキヒラ》（安）・三善清行《キヨユキ［キヨツラ］》（安）・藤原行房《ユキフサ》（鎌）・楠木正行《マサツラ》（南）・土佐行秀《ユキヒデ》（室）・世尊寺行季《ユキスエ》（戦）・小西行長《ユキナガ》（土）・土井利行《トシヒラ》（江）・小笠原長行《ナガミチ》（江）・貞行《サダモチ》親王（江）・平山行蔵《コウゾウ》（江）・春山行夫《ユキオ》（明）・今西祐行《スケユキ》（大）・和田行《コウ》（昭）・小西行郎《ユクオ》（昭）・周防正行《マサユキ》（昭）・柄谷行人《コウジン》（昭）　♀久慈行子《ユキコ》（大）

【亨】7（亠・5）

【読み】(音) コウ（漢）・キョウ（呉）　(訓) とおる

【語源】スムーズに通る意味。特に易で、運勢が順調なことをいう。本来の表記は「亯」であるが、「亨」と

「亨」に分化した（亨の項参照）。宗廟に物を供えて神と人の意志を通わせることから、「↑↓型に通い合う」というイメージがある。

【人名】あき・あきら・きょう・こう・すすむ・つら・とおる・とし・なり・みち・ゆき　▽「あきら（明）」「とし（利）」は運勢が吉利であることから。「なり（成・就）」は吉運が成就することから。「すすむ」「つら（貫）」「みち」「ゆき」は通るの縁語。♂黒田直亨《ナオユキ》（江）・伊東祐亨《スケユキ》（江）・本野盛亨《モリミチ》（江）・松平信亨《ノブツラ》（江）・土井利亨《トシナリ》（江）・星亨《トオル》（江）・狩野亨吉《コウキチ》（江）・杉亨二《コウジ》（江）・内田亨《トオル》（明）・剣木亨弘《トシヒロ》（大）・緑川亨《トオル》（大）・成田亨《トオル》（昭）・西脇亨輔《キョウスケ》（昭）・安田亨平《キョウヘイ》（昭）

【孝】7（子・4）常

【読み】(音) コウ（漢）・キョウ（呉）

【語源】子が親によく仕えることを古代漢語で*hɔg という。この語は「大切にかばう」というコアイメージをもつ「好」と同源。視覚記号の「孝」は「耂（＝老）＋子」の組み合わせで、子が老いた親を大切にする様子を暗示させる。

【人名】こう・たか・たかし・たつ・のり・みち・ゆき・よし　▽「たか（尊）」は子が親を尊ぶことから。「のり（範・則）」は親を手本とすることから。「みち（道）」は孝が人の道であることから。「ゆき（行）」は道の縁語。「よし（善）」は孝が善行であることから。♂菅原孝標《タカスエ》（安）・宗孝親《タカチカ》（鎌）・朝倉孝景《タカカゲ》（室）・細川藤孝《フジタカ》（戦）・黒田孝高《ヨシタカ》（戦）・織田信孝《ノブタカ》（土）・孝仁《タツヒト》親王（江）・秋田孝季《ノリスエ》（江）・伊達宗孝《ムネミチ》（江）・木戸孝允《タカヨシ》（江）・犬養孝《タカシ》（明）・山田孝雄《ヨシオ》（明）・滝井孝作《コウサク》（明）・中野孝次《コウジ》（大）・横路孝弘《タカヒロ》（昭）・塩見孝也《タカヤ》（昭）・斎藤孝《タカシ》（昭）　♀孝蔵主《コウゾウス》（江）・孝子《タカコ》内親王（江）・嘉悦孝子《タカコ》（江）・三瓶孝子《コウコ》（明）・三雲孝江《タカエ》（昭）

【宏】7（宀・4）

【読み】(音) コウ（漢）・オウ（呉）　(訓) ひろい

【語源】広くあいて大きい意味。「広《こう》」は肱を∠型に張り広げること（雄の項参照）。「広（音・イメージ記号）＋宀（限定符号）」を合わせた「宏」は、家が張り広がっている様子を暗示させる。

[人名] こう・ひろ・ひろし　♂大江宏隆《ヒロタカ》(江)・佐野宏《ヒロシ》(江)・国島宏《コウ》(江)・原島宏治《コウジ》(明)・森宏一《コウイチ》(明)・野間宏《ヒロシ》(大)・岩城宏之《ヒロユキ》(昭)・久米宏《ヒロシ》(昭)・清水宏保《ヒロヤス》(昭)　♀長崎宏子《ヒロコ》(昭)・岩崎宏美《ヒロミ》(昭)

【幸】8(干・5)　常

[読み] ㊥コウ(漢)・ギョウ(呉)　㊦さいわい・さち・しあわせ

[語源] さいわいの意味。本来は僥倖、つまり「まぐれざいわい」のことであった。古代は刑(特に身体を損なう肉刑)が多く、刑を逃れるのは偶然と見なされた。そのため偶然の好運を表すために「幸」が考案された。これは手錠の図形である(執・報にも含まれている)。手錠を逃れるのが偶然だという思いから生まれた字である。

㊙甲 　㊙篆 

[人名] こう・さい・さき・さち・たか・ひで・みゆき・ゆき・よし　▽「さき」は幸の古訓で、栄え↓繁栄・幸福の意となる。「さい」は幸先から。「たか(高)」「ひで(秀)」は「さき」が語源的に咲き・栄えに通じるので、植物が高く成長することへの連想からか。「みゆき」「ゆき」は天子がその場所に行くことを偶然の好運と捉え、行幸といったことから。「よし」は幸運の意味から。♂海野幸広《ユキヒロ》(安)・和気貞幸《サダユキ》(鎌)・山名義幸《ヨシユキ》(南)・村上永幸《ナガユキ》(室)・真田昌幸《マサユキ》(戦)・真田幸村《ユキムラ》(土)・浅野幸長《ヨシナガ》(土)・幸教《タカノリ》親王(江)・長瀬真幸《マサキ》(江)・井伊直幸《ナオヒデ》(江)・衣川幸緒《サチオ》(江)・御木本幸吉《コウキチ》(江)・滝川幸辰《ユキトキ》(明)・浜口雄幸《オサチ》(明)・木戸幸一《コウイチ》(明)・松下幸之助《コウノスケ》(明)・升田幸三《コウゾウ》(大)・橋幸夫《ユキオ》(昭)・三谷幸喜《コウキ》(昭)　♀藤原幸子《コウシ》(安)・渋川幸子《コウシ》(南)・源幸子《コウシ》(室)・足代幸子《ユキコ》(江)・安藤幸《コウ》(明)・左幸子《サチコ》(昭)・十朱幸代《ユキヨ》(昭)・杉浦幸《ミユキ》(昭)

【昂】8(日・4)

[読み] ㊥コウ(漢)・ゴウ(呉)　㊦あがる・たかぶる

[語源] 高く上に上がる意味。「卬《ごう》」は左側に立つ人、右側にひざまずく人を配置した図形。右側から左側に対して見上げる場面にもなり、出迎える場面にもなる。前者に視点を置いたのが「仰」、後者に視点を置いたのが「迎」である。「高く上がる」意味の語は前者の

イメージを用い、「卬（音・イメージ記号）＋日（限定符号）」を合わせて、日が高く上がる情景を作り出したもの。

篆  〔卬〕　篆  〔昂〕

【字体】「昻」は俗字。

【人名】あき・あきら・こう・たか・たかし・のぼる　▽日が高く昇るという図形的解釈から「あきら」「たかし」「のぼる」の名乗りを生じた。♂井原昂《ノボル》（江）・志賀重昂《シゲタカ》（江）・北小路昂《タカシ》（明）・丸山昂《コウ》（大）・上野昂志《コウシ》（昭）・三枝昂之《タカユキ》（昭）・道家昂《アキラ》（昭）・坂元昂《タカシ》（昭）・内山昂輝《コウキ》（平）

【厚】9（厂・7）常

【読み】音 コウ（漢）・グ（呉）　訓 あつい

【語源】物にあつみがたっぷりある意味。これを「厚」と表記する。「㫗《こう》」は「亯《きょう》」の逆転文字である。「亯」は亨・享の原形で、「スムーズに通る」というイメージがある（亨の項参照）。その逆形の「㫗」は「スムーズに通らない」というイメージを示す。「㫗（音・イメージ記号）＋厂（がけや石とかかわる限定符号）」を合わせた「厚」は、土や石がたっぷりたまってスムーズに通らない様子を暗示させる。

甲 　金 　篆 

【人名】あつ・あつし・こう・ひろ・ひろし　▽「ひろし（広）」は厚いことの縁語。♂越智貞厚《サダアツ》（奈）・松平武厚《タケアツ》（江）・佐竹義厚《ヨシヒロ》（江）・五代友厚《トモアツ》（江）・江橋厚《アツシ》（江）・小池厚之助《コウノスケ》（江）・高田博厚《ヒロアツ》（明）・市川厚一《コウイチ》（明）・倉嶋厚《アツシ》（大）・鈴木厚人《アツト》（昭）　♀池田厚子《アツコ》（昭）・二宮厚美《アツミ》（昭）

【恒】9（心・6）常　【恆】9（心・6）

【読み】音 コウ（漢）・ゴウ（呉）　訓 つね

【語源】いつも一定で変わらない意味（恒常）。これを「恒」と表記する。「亙《こう》」は上端から下端まで張り渡る月の弦のことで、「（二線間に）張り渡る」というイメージがある（該項参照）。これは「（幅や長さが）いつも一定である」というイメージにも展開する。「亙（音・イメージ記号）＋心（限定符号）」を合わせて、心構えがいつも変わらずたるまない様子を暗示させる。

[字体]「恆」が正字（旧字体）。「恒」は古くから使われていた字体。

[人名] こう・つね・ひさ・ひさし・ひとし・ゆづる ▽「ひさし（久）」は恒久の意味から。「ひとし（等）」はいつも変わらない意味から。「ゆづる（弓弦）」は亙（弓の弦）の意味もあることから。♂藤原恒佐《ツネスケ》（安）・源貞恒《サダツネ》（安）・恒明《ツネアキ》親王（鎌）・斎藤基恒《モトツネ》（室）・池田恒興《ツネオキ》（戦）・松平忠恒《タダツネ》（江）・加藤恒《ヒサシ》（江）・大給恒《ユヅル》（江）・酒井恒《ツネ》（明）・福田恒存《ツネアリ》（大）・渡辺恒雄《ツネオ》（大）・小和田恒《ヒサシ》（昭）・渡部恒三《コウゾウ》（昭）・秦恒平《コウヘイ》（昭）・渡瀬恒彦《ツネヒコ》（昭）・宮本恒靖《ツネヤス》（昭） ♀恒子《ツネコ》女王（江）・平野恒《ツネ》（明）・中里恒子《ツネコ》（明）

【洸】9（水・6）

[読み] 音 コウ（呉・漢）

[語源] 水がゆらゆらと光る意味、また、水が深くて広い意味。「光（音・イメージ記号）＋水（限定符号）」を合わせた「洸」でこれを表記する。「光」は「（光が）四方に発散し広がる」というイメージがある（該項参照）。

[人名] あきら・こう・たけし・ひろ・ひろし・ふかし ▽「あきら（明）」は光る意味から。「たけし（武）」は武威が輝かしいという意味もあるから。♂新井洸《アキラ》（明）・藤浦洸《コウ》（明）・花柳有洸《ユウコウ》（大）・三浦洸一《コウイチ》（昭）・高橋洸《タケシ》（昭）・三上洸《アキラ》（昭）・土岐田洸平《コウヘイ》（昭）

【皇】9（白・4）常

[読み] 音 コウ（漢）・オウ（呉） 訓 きみ・すめらぎ

[語源] 始祖や君主の美称で、「偉大な」というイメージをもつ語。「白」は色の名ではなく、「自」（鼻の図形）の異体字（皆の項参照）。鼻は顔の突端なので、始まりの意味を生じる（例えば鼻祖）。同様に「自」は「何かがそこ（おおもと）から出てくる」（出自）という意味にもなる。「王」は偉大な人の意味。「王（音・イメージ記号）＋白（イメージ補助記号）」を合わせて、人類がそこから出てくる偉大な始祖を暗示させる。皇帝に使ったのは秦の始皇帝から。

金  篆 

[人名] こう・ただす ▽「ただす」は古辞書に匡正の訓があることから。♂細川皇海《コウカイ》（南）・鈴木皇《スダ》（大）・

三浦皇成《コウセイ》（昭）・宗清皇一《コウイチ》（昭）

【紅】9（糸・3）　常

［読み］(音) コウ（漢）・グ（呉）　ク（慣）　(訓) べに・くれない・あかい

［語源］もとは、白みがかった赤色の意味。「工」は「突き通す」というイメージがある（該項参照）。「工（音・イメージ記号）＋糸（限定符号）」を合わせて、白色の絹地に茜（赤色の染料になる）の汁を突き通して染める様子を暗示させた。

［人名］あか・くれない・こう・べに・もみ　▽「もみ」は紅絹から。♂羽鳥一紅《イッコウ》（江）・尾崎紅葉《コウヨウ》（明）・佐藤紅緑《コウロク》（明）・有里紅良《アカラ》（昭）　♀片野紅子《モミコ》（江）・深沢紅子《コウコ》（明）・山村紅葉《モミジ》（昭）・神田紅《クレナイ》（昭）・永田紅《コウ》（昭）・安良城紅《ベニ》（昭）

【荒】9（艸・6）　常

［読み］(音) コウ（呉・漢）　(訓) あらい・あれる・すさぶ

［語源］土地があれて作物が育たない意味。これを「荒」と表記する。「亡」がコアイメージを提供する記号。「亡」は人をついたて状の縦線で遮る図形で、「遮り止める」というイメージから、「（何かに遮られて）姿が見えなくなる」というイメージに展開する。「亡（音・イメージ記号）＋巜（＝川。イメージ補助記号）」を合わせた「巟《こう》」は、一面に水に覆われて何も見えない様子。「巟（音・イメージ記号）＋艸（限定符号）」を合わせた「荒」は、土地が雑草に覆われて作物が見えない様子を暗示する。

(甲) 　(金) 　(篆) 〔亡〕

(篆) 〔巟〕　(篆) 〔荒〕

［人名］あら・あれ・こう　♂巨勢荒人《アラビト》（飛）・大田部荒耳《アラミミ》（奈）・大石荒河介《アラカワノスケ》（土）・曾禰荒助《アラスケ》（江）・伊藤益荒《マスラ》（江）・栗原荒野《アラノ》（明）・近藤荒樹《アラキ》（明）・今村荒男《アラオ》（明）・松岡荒村《コウソン》（明）・天童荒太《アラタ》（昭）　♀井上荒野《アレノ》（昭）

【虹】9（虫・3）　常

［読み］(音) コウ（漢）・グ（呉）　(訓) にじ

［語源］「にじ」をコウといい、「工（音・イメージ記号）＋虫（限定符号）」を合わせた「虹」で表記する。「工」は

「突き通す」というイメージがあり、天の一方から他方へ突き抜けて現れるものを暗示させる。「にじ」は生物的な現象と考えられ、虫のカテゴリーとされた。雄の「にじ」を虹、雌の「にじ」を蜺《げい》という。

[人名] こう・にじ　♂蕗谷虹児《コウジ》(明)・栗谷川虹《コウ》(昭)・藤家虹二《コウジ》(昭)・藤原虹気《コウキ》(昭)　♀清川虹子《ニジコ》(大)・鶴見虹子《コウコ》(平)

【香】9(香・0)　常

[読み] 音コウ(呉)・キョウ(漢)　訓か・かおり・かおる

[語源] よい臭いの意味。これを「香」と表記する。「黍(キビ)+甘(あまい)」を合わせた図形で、キビを煮たときのおいしそうなかおりを暗示させる。

篆 

[人名] か・かおり・かおる・こう・よし　▽「よし(良)」は良い臭いの意味から。　♂凡河内香賜《カタブ》(古)・都良香《ヨシカ》(安)・源香泉《コウセン》(安)・三条実香《サネカ》(室)・一条兼香《カネヨシ》[カネカ](江)・根岸武香《タケカ》(江)・橘香保留《カホル》(江)・市川香織《カオル》(江)・田中香苗《カナエ》(明)・川端香男里《カオリ》(昭)・亀井静香《シズカ》(昭)・渡辺香津美《カツミ》(昭)　♀香香有媛《カカリヒメ》(古)・河本香芽子《カメコ》(江)・星野香保《カホ》(明)・浅利香津代《カツヨ》(昭)・海老名香葉子《カヨコ》(昭)・山口香《カオリ》(昭)・賀来千香子《チカコ》(昭)・江国香織《カオリ》(昭)・藤原紀香《ノリカ》(昭)・荒川静香《シズカ》(昭)

【晃】10(日・6)

[読み] 音コウ(漢)・オウ(呉)　訓ひかる・あきらか

[語源] 明るくひかる意味。「光(音・イメージ記号)+日(限定符号)」を合わせて、日光が四方に発散する様子を暗示させる。

[人名] あき・あきら・こう・てる・のぼる・ひかる・みつ　▽「てる(輝)」は光るの縁語。「のぼる(昇)」は光が発散することから。「みつ(満)」は光が満ちることから。　♂山階宮晃《アキラ》(江)・星川清晃《キヨアキラ》(江)・荒木田経晃《ツネテル》(江)・勝本正晃《マサアキラ》(明)・小野晃嗣《コウジ》(明)・世良晃志郎《テルシロウ》(大)・西村晃《コウ》(大)・飯干晃一《コウイチ》(大)・平尾昌晃《マサアキ》(昭)・金城晃世《ミツヨ》(昭)・三善晃《アキラ》(昭)　♀上月晃《ノボル》(昭)・福嶋晃子《アキコ》(昭)

【浩】10(水・7)

【読み】 音 コウ（漢）・ゴウ（呉） 訓 ひろい
【語源】 水が勢いよく広がる意味。「告」は「牛＋口（枠の印）」を合わせて、野放図にならないように牛の角を縛りつける様子を示す図形。「縛りつける」というイメージがあるが、その裏には「（たがを外れて）野放図になる」という事態がある。「告（音・イメージ記号）＋水（限定符号）」を合わせて、水がたがを外れて（堰を切って）勢いよく広がることを表した。
【字体】 正字（旧字体）は「告」の部分を「告」と書く。
【人名】 こう・つね・はる・ひろ・ひろし・ゆたか ▽「はる（張）」は広がるの縁語。「ゆたか（裕）」は水が多く豊かなことから。 ♂山川浩《ヒロシ》（江）・神谷浩之助《コウノスケ》（江）・池永浩久《ツネヒサ》（明）・宇野浩二《コウジ》（明）・香椎浩平《コウヘイ》（明）・長谷川浩《コウ》（明）・楠田浩之《ヒロシ》（大）・鶴田浩二《コウジ》（大）・江副浩正《ヒロマサ》（昭）・立木義浩《ヨシヒロ》（昭）・篠田正浩《マサヒロ》（昭）・武田一浩《カズヒロ》（昭）・谷川浩司《コウジ》（昭） ♀愛新覚羅浩《ヒロ》（大）・山崎浩子《ヒロコ》（昭）・小林浩美《ヒロミ》（昭）

【紘】 10（糸・4）

【読み】 音 コウ（漢）・オウ（呉）
【語源】 冠のあごひもの意味。右から左へあごの回りに巡らすので、「外枠を張り広げる」というイメージをもつ「厷《こう》」を用い（雄・宏の項参照）、「厷（音・イメージ記号）＋糸（限定符号）」を合わせた表記とした。
【人名】 こう・ひろ・ひろし ♂加藤紘一《コウイチ》（昭）・清水紘治《コウジ》（昭）・藤田紘一郎《コウイチロウ》（昭）・藤野紘《ヒロシ》（昭）・下野紘《ヒロ》（昭） ♀中村紘子《ヒロコ》（昭）

【耕】 10（耒・4） 常

【読み】 音 コウ（漢）・キョウ（呉） 訓 たがやす
【語源】 田畑をたがやす意味（耕作）。これを「耕」と表記する。「井」は井戸の井ではなく、形・刑に含まれる「开」と同じ（井→开）で、ケイと読む。「四角に区切る」というイメージを示す記号である。「耒」は農具の「すき」の形。「井（音・イメージ記号）＋耒（限定符号）」を合わせて、田畑に区切りを入れる様子を暗示させる。

篆

【字体】 正字（旧字体）は「耒」の部分を「耒」と書く。
【人名】 おさむ・こう・たがやす・やす ▽「おさむ」

（収）」は農耕の縁語。「やす（安）」は農耕が生活を安泰にするからか。♂吉雄耕牛《コウギュウ》（江）・川北耕之助《コウノスケ》（江）・原耕《コウ》（明）・稲村耕雄《ヤスオ》（明）・田中耕太郎《コウタロウ》（明）・生田耕作《コウサク》（大）・胡桃沢耕史《コウシ》（大）・上田耕一郎《コウイチロウ》（昭）・小野耕世《コウセイ》（昭）・田中耕一《コウイチ》（昭）

【貢】 10（貝・3）常

【読み】 (音)コウ（漢）・ク（呉）(訓)みつぐ

【語源】 地方の産物を朝廷にたてまつる意味。産物を自分のものや売り物にしないで、そのまままっすぐ献上することなので、「突き通す」というイメージをもつ「工」を用い（該項参照）、「工（音・イメージ記号）＋貝（限定符号）」を合わせて表記した。

【人名】 こう・すすむ・つぐ・みつぎ・みつぐ　▽「すすむ（進）」は産物を進呈することから。「つぐ」は古典に告の訓がある。♂仙石貢《ミツグ》（江）・岡村貢《ミツギ》（江）・上野山清貢《キヨツグ》（明）・箕田貢《コウ》（明）・田中貢太郎《コウタロウ》（明）・早乙女貢《ミツグ》（大）・鈴木正貢《マサツグ》（昭）・原貢《ミツグ》（昭）・結城貢《ススム》（昭）・奥村貢《コウ》（昭）・村山貢司《コウジ》（昭）・佐藤貢三《コウゾウ》（昭）
♀豊田貢《ミツギ》（江）

【高】 10（高・0）常

【読み】 (音)コウ（呉・漢）(訓)たか・たかい・たかまる

【語源】 場所や位置がたかい意味。この語をたかい建物を描いた図形である「高」で表記する。

(甲) 
(金) 
(篆) 

【人名】 あきら・うえ・こう・たか・たかい・たかし・たけ　▽「あきら（明）」は場所が高い所は明るいから。「うえ（上）」は高の縁語。「たけ（長・丈）」は「たか」が語源であることから。♂高市《タケチ》皇子（飛）・飛驒高市麻呂《タケチマロ》（奈）・源高明《タカアキ》（安）・児島高徳《タカノリ》（鎌）・斯波高経《タカツネ》（南）・京極高光《タカミツ》（室）・黒田孝高《ヨシタカ》（戦）・藤堂高虎《タカトラ》（土）・三井高俊《タカトシ》（土）・明石博高《ヒロアキラ》（江）・入矢義高《ヨシタカ》（明）・木々高太郎《タカタロウ》（明）・坂野正高《マサタカ》（大）・田村高広《タカヒロ》（昭）・矢口高雄《タカオ》（昭）・阿刀田高《タカシ》（昭）・赤木高太郎《コウタロウ》（昭）　♀藤原高子《タカイコ》（安）・高内侍《コウノナイシ》（安）・高尾《タカオ》（江）・川路高子《タカコ》（明）・松山高《タカ》（明）

【康】 11（广・8）常

[読み] 音 コウ(呉・漢) 訓 やすらか

[語源] 体が丈夫である意味(健康)。これを「康」と表記する。「庚+米」に分析できる。「庚」は「干(しん棒)+廾(両手)」を合わせて、籾を脱穀するのに用いる硬い木の棒を暗示する図形で、「固く筋が通っている」というイメージを示す。「庚《こう》(音・イメージ記号)+米(限定符号)」を合わせて、固く筋張った籾殻のように、体に筋が通っていてがっしりしている様子を暗示させる。

甲  金  篆 〔庚〕 篆 〔康〕

[人名] こう・しず・みち・やす・やすし・よし ▽「しず(静)」「よし(良・好)」はやすらかの縁語。「みち(実・満)」は体が充実していることから。♂丹波康頼《ヤスヨリ》(安)・高倉永康《ナガヤス》(鎌)・土岐頼康《ヨリヤス》(南)・飛鳥井雅康《マサヤス》(室)・徳川家康《イエヤス》(戦)・結城秀康《ヒデヤス》(土)・本多康政《ヤスマサ》(江)・川端康成《ヤスナリ》(明)・早川康弌《ミチカズ》(明)・伏見康治《コウジ》(明)・中曽根康弘《ヤスヒロ》(大)・五味康祐《ヤススケ》(大)・大山康晴《ヤスハル》(大)・筒井康隆《ヤスタカ》(昭)・菊池康郎《ヤスロウ》(昭)・秋元康《ヤスシ》(昭)・町田康《コウ》(昭)・北島康介《コウスケ》(昭) ♀康子《ヤスコ》内親王(安)・日野康子《ヤスコ》(室)・原田康子《ヤスコ》(昭)・尾上康代《ヤスヨ》(昭)

【皓】 12(白・7)

[読み] 音 コウ(漢)・ゴウ(呉) 訓 しろい

[語源] 明るく白い意味、また、白くて清らかなさま。「告」は「広い」→「大きい」とイメージが転じ(浩の項参照)、オオハクチョウのことを鵠という。この鳥の色から発想して、輝くような白色を表すために、「告(音・イメージ記号)+白(限定符号)」を合わせて「皓」とした。

[字体] 正字(旧字体)は「告」の部分を「吿」と書く。

[人名] あき・あきら・こう・しろし・てる・ひかる・ひろ・ひろし ▽「あきら」「てる」「ひかる」は輝く白色のことから。「ひろし」は浩の訓の流用。♂鶴田皓《アキラ》(江)・松浦皓《ヒカル》(江)・西村皓平《コウヘイ》(江)・那須皓《シロシ》(明)・大城皓也《コウヤ》(明)・大浜皓《アキラ》(大)・日野皓正《テルマサ》(昭)・藤倉皓一郎《コウイチロウ》(昭)

【綱】 14(糸・8) 常

[読み] 音 コウ(呉・漢) 訓 つな

[語源] 本来は、網を支える丈夫な大づなの意味。これ

を「綱」と表記する。「岡」は「网＋山」の組み合わせ。「网」は鳥を捕らえるために冂型に仕掛ける網の図形。「冂型に突っ立つ」というイメージがある。「网（イメージ記号）＋山（限定符号）」を合わせた「岡」は、冂型に走る山の背筋を表す。ここに「筋張って硬い」というイメージがある。「岡（音・イメージ記号）＋糸（限定符号）」を合わせて、網を支えるためにがっしりと固く作った大づなを暗示させる。

㊙甲 　篆 〔岡〕　篆 〔綱〕

【人名】こう・つな　♂藤原綱手《ツナデ》（奈）・渡辺綱《ツナ》（安）・平頼綱《ヨリツナ》（鎌）・広橋綱光《ツナミツ》（室）・里見義綱《ヨシツナ》（戦）・佐野綱正《ツナマサ》（土）・徳川綱吉《ツナヨシ》（江）・竹内綱《ツナ》（江）・古谷綱武《ツナタケ》（明）・西野綱三《コウゾウ》（明）・西郷信綱《ノブツナ》（大）・高橋三千綱《ミチツナ》（昭）　♀服部綱《ツナ》（江）

【興】16（臼・9）常

【読み】㊥コウ（呉）・キョウ（漢）　㊞おこる・おこす

【語源】物事を立ち上げる意味、また、体を起こして立ち上がる意味。これを「興」と表記する。「舁＋同」の組み合わせ。「舁」は四本の手から成り、「手を組んで持ち上げる」というイメージを示す（挙・与の項参照）。「同」は「一緒にそろう」というイメージがある。「舁（イメージ記号）＋同（イメージ補助記号）」を合わせて、みんなで一緒に手を組んで物事を立ち上げる様子を暗示させた。

篆 

【人名】おき・おこる・きょう・こう・さかん・とも　▽「さかん（盛）」は盛んになる意味から。「とも（共）」はみんなで一緒に起こす意味から。　♂藤原興範《オキノリ》（安）・源興《オコル》（安）・新田義興《ヨシオキ》（南）・山科教興《ノリオキ》（室）・斎藤竜興《タツオキ》（戦）・細川忠興《タダオキ》（土）・藤堂高興《タカオキ》（江）・阿部興人《オキンド》（江）・賀屋興宣《オキノリ》（明）・土屋興《オキ》（明）・平沢興《コウ》（明）・稲葉興作《コウサク》（大）・鈴村興太郎《コウタロウ》（昭）・藤井一興《カズオキ》（昭）　♀興子《オキコ》内親王（江）・三宅興子《オキコ》（昭）・武藤興子《キョウコ》（昭）

【衡】16（行・10）常

【読み】㊥コウ（漢）・ギョウ（呉）　㊞はかり

【語源】本来は、牛の角につける横木の意味。これを「衡」と表記する。「行」は十字路の図形（該項参照）。まっすぐな道、あるいは、まっすぐに進んでいくことから、「まっすぐ」というイメージを示す。「行（音・イメージ記号）＋角＋大（二つ合わせてイメージ補助記号）」を合わせた「衡」は、人を傷つけないように、牛の角に大きな横木をまっすぐに架け渡す様子を暗示させた。また、竿秤の横木の意味も派生する。そこから、左右のバランスを取って量ることや、バランスが取れたことなどの意味にも展開する。

(篆) 

【人名】こう・ちか・ひで・ひとし・ひら・まもる ▽「ひら（平）」は平衡の意味から。「ちか（近）」「ひとし（等）」はバランスがほぼ取れたことから。「ひで（秀）」は権力の中枢の意味からの連想か。「まもる（護）」は古代の環境保護の官職の名から。♂藤原秀衡《ヒデヒラ》（安）・西園寺実衡《サネヒラ》（鎌）・吉良時衡《トキヒラ》（南）・深谷顕衡《アキヒラ》（戦）・堀田正衡《マサヒラ》（江）・桑田衡平《コウヘイ》（江）・永田衡吉《コウキチ》（明）・松尾衡《コウ》（昭）

【鋼】

16（金・8）常

【読み】(音) コウ（呉・漢）(訓) はがね

【語源】はがね、スチールの意味。鉄と炭素の合金で、非常に堅い。その視覚記号には「がっしり堅い」というイメージをもつ「岡」を用い（綱の項参照）、「岡（音・イメージ記号）＋金（限定符号）」を合わせた「鋼」が考案された。

【人名】こう ♂佐藤鋼次郎《コウジロウ》（江）・佐久間鋼三郎《コウザブロウ》（明）・原田鋼《コウ》（明）・内田鋼一《コウイチ》（昭）・阿久根鋼吉《コウキチ》（昭）

【鴻】

17（鳥・6）

【読み】(音) コウ（漢）・グ（呉）(訓) おおとり・ひしくい

【語源】オオハクチョウの意味。これを「鴻」と表記する。「江」は中国大陸を東西に突き抜ける大河、つまり長江（揚子江）を表す図形（該項参照）。「江（音・イメージ記号）＋鳥（限定符号）」を合わせて、長江のように大空を突き抜けて渡っていく大きな鳥を暗示させる。

【人名】こう・とき・ひろ・ひろし ▽「ひろ（広・大）」は大きい意味から。「とき（朱鷺）」は誤読から。♂柳

沢信鴻《ノブトキ》（江）・弘鴻《ヒロシ》（江）・矢田堀鴻《コウ》（江）・桂重鴻《シゲヒロ》（明）・宇野鴻一郎《コウイチロウ》（昭）・北森鴻《コウ》（昭）・秋山鴻市《コウイチ》（昭）

【剛】 10（刀・8） 常

【読み】音 ゴウ（慣） コウ（呉・漢） 訓 つよい

【語源】堅くて丈夫、強くがっしりしている意味。「岡」は「筋張って硬い」というイメージがあるので（綱の項参照）、「岡（音・イメージ記号）＋刀（限定符号）」を合わせた字で表記する。筋金入りの硬い刀というのが図形的意匠である。

【人名】かた・かたし・こう・ごう・こわし・たか・たかし・たけ・たけし・つよし・ひさ・まさ・よし ▽「たけ（長・武・猛）」「こわし（強）」は堅くこわばっている意。「たけ（長・武・猛）」は強い意味から。「たか（高）」は「たけ（長）」と同源の意識からか。「ひさ（久）」は長からの連想か。「まさ（正）」「よし（善）」は壊れぬ強さが正しくて立派だということからか。♂水野勝剛《カツカタ》（江）・島津忠剛《タダタケ》（江）・南部利剛《トシヒサ》（江）・松平定剛《サダヨシ》（江）・石川剛《タケシ》（江）・佐伯剛平《ゴウヘイ》（江）・中野正剛《セイゴウ》（明）・鈴木剛《コウ》（明）・千石剛資《タケヨシ》（大）・内村剛介《ゴウスケ》（大）・逢坂剛《ゴウ》（昭）・田中義剛《ヨシタケ》（昭）・内藤剛志《タカシ》（昭）・浜田剛史《ツヨシ》（昭）・吉田剛《タカシ》・（昭）・青木剛《タケシ》（昭）・草彅剛《ツヨシ》（昭） ♀長島剛子《タケコ》（昭）・阿部剛子《ヨシコ》（昭）

【豪】 14（豕・7） 常

【読み】音 ゴウ（漢） コウ（呉） 訓 つよい

【語源】ヤマアラシの意味。この動物は敵に遭うと、針状の長い剛毛を逆立てるのが特徴。したがって「丈が高く長い」というイメージを示す「高」を用い、「高（音・イメージ記号）＋豕（限定符号）」を合わせた「豪」で表記する。その性状のイメージから、荒々しく強い意味、さらに、力や才知の優れた人の意味を派生する。

篆 

【人名】かた・かつ・ごう・たけ・たけし・つよ・つよし・とし・ひで ▽「かた（固）」「とし（利）」は鋭い剛毛のことから。「たけ（猛）」は荒々しい意味から。「かつ（勝）」「ひで（秀）」は他より勝れる意味から。♂藤原豪信《ゴウシン》（鎌）・富山定豪《サダカツ》（江）・久保田豪秀《タケヒデ》（江）・島津重豪《シゲヒデ》（江）・岩畔豪雄《ヒデオ》（明）・永井豪《ゴウ》（昭）・北澤豪《ツヨシ》

（昭）・山本豪志《タケシ》（昭）・坂本豪大《タケヒロ》（昭）・町豪将《カツマサ》（昭）・阿部豪一《ヒデカズ》（昭）・屋敷豪太《ゴウタ》（昭）　♀豪姫《ゴウヒメ》（土）

【克】7（儿・5）常

【読み】 音 コク（呉・漢）　訓 かつ・よく

【語源】 耐えて打ち勝つ意味（克服）。これを「克」と表記する。これは頭に冑のような重いものをいただき、背を曲げた人の図形。重みに耐え抜いて頑張る様子を暗示させる。「よく～できる」という意味にもなる。

甲 　金 　篆 

【人名】 え・かつ・すぐる・たえ・なり・まさる・よし　▽「すぐる（勝）」「まさる（勝）」は勝つ意味から。「たえ（耐）」は耐え抜いてやりぬく意味から。「え（得）」「よし」はよくできる意味から。「なり（成）」も可能であるという意味がある。　♂克明《ヨシアキラ》親王（安）・久保克明《カツアキ》（江）・萩原元克《モトエ》（江）・星克《カツ》（明）・関野克《マサル》（明）・木内克《ヨシ》（明）・赤松克麿《カツマロ》（明）・梅本克己《カツミ》（明）・中村克郎《カツロウ》（大）・佐々木克《スグル》（昭）・内橋克人《カツト》（昭）・野村克也《カツヤ》（昭）・高橋克彦《カツヒコ》（昭）・鈴木克美《カツミ》（昭）　♀鴨脚克子《カツコ》（江）・金井克子《カツコ》（昭）・東海林克江《カツエ》（昭）・青木克世《カツヨ》（昭）

【谷】7（谷・0）常

【読み】 音 コク（呉・漢）　訓 たに・きわまる

【語源】 「たに」をコクといい、「谷」と表記する。「八（両側に分かれる符号）＋口（あな）」を合わせて、水が分かれ出てくる大きな穴を暗示する図形。これによって、山間のくぼんだ所、つまり「たに」を表す。

甲 　金 　篆 

【人名】 こく・たに・や　▽「や」は「やつ」（低湿地の意）と同じ。　♂藤田幽谷《ユウコク》（江）・川田谷五郎《タニゴロウ》（江）・山下谷次《タニジ》（明）　♀北林谷栄《タニエ》（明）・丹阿弥谷津子《ヤツコ》（大）

【国】8（口・5）常　【國】11（口・8）

【読み】 音 コク（呉・漢）　訓 くに

【語源】 「くに」を意味する語を「國」と表記した。「或《わく》」にコアイメージがある。「口」（場所を線で仕切る形）＋戈（ほこ」を合わせて、道具で境界線を仕切る様子を暗示する図形で、「枠を区切る」というイメージがある。「或(音・イメージ記号)＋囗(囲いを示す限定符号)」を合わせた「國」は、ここは自分の領土だと境界線で囲う様子を暗示させる。「域」(区切った土地や範囲の意)は同源。

㊙甲  ㊎金  篆  〔或〕 篆  〔國〕

[字体] 「國」が正字(旧字体)。俗字の「国」は早く発生したが、近代になって王を玉に替えて「国」となった。ちなみに「圀」は七世紀に生まれた則天文字の一つ。

[人名] くに　♂阿閉国見《クニミ》(古)・中臣国《ニク》(飛)・坂上国麻呂《クニマロ》(飛)・大伴友国《トモクニ》(飛)・多治比国人《クニヒト》(奈)・佐伯国益《クニマス》(奈)・平国香《クニカ》(安)・今川範国《ノリクニ》(鎌)・畠山基国《モトクニ》(南)・武田国信《クニノブ》(室)・尼子国久《クニヒサ》(戦)・山名豊国《トヨクニ》(土)・平野国臣《クニオミ》(江)・橋本国彦《クニヒコ》(明)・柳田国男《クニオ》(明)・岸田国士《クニオ》(明)・高安国世《クニヨ》(大)・内藤国雄《クニオ》(昭)　♀藤原国子《クニコ》(江)

【黒】 11(黒・0)　常　【黑】 12(黑・0)

[読み] 音 コク(呉・漢)　訓 くろ・くろい

[語源] 「くろ」の意味。「黑」は煙突の煤の色から発想された。「囱(煤が点々とついた煙突の形)＋炎(ほのお)」を合わせて、火を燃やした後に煤が生じる情景を暗示させる図形。

金  篆 

[字体] 「黑」は正字(旧字体)。「黒」は古く中国で発生した俗字。

[人名] くろ・こく　♂高市黒人《クロヒト》(飛)・大伴黒麻呂《クロマロ》(奈)・大伴黒主《クロヌシ》(安)・山口黒露《コクロ》(江)　♀黒媛《クロヒメ》(古)・黒売刀自《クロメトジ》(飛)・宇遅部黒女《クロメ》(奈)・相馬黒光《コッコウ》(明)

【今】 4(人・2)　常

[読み] 音 コン(呉)・キン(漢)　訓 いま

[語源] 現在のことをコンといい、その視覚記号を「今」とする。長い時の流れの中で一点を捕まえるという発想をしたのが「今」である。「亼(蓋をかぶせる)＋一(ある物)」を合わせて、上から蓋を被せて、その中に物を閉じ込める様子を暗示させる図形。「捕まえたこの一

瞬」という感覚でもって現在の時間を表象するのである。

㊙甲  ㊎金  ㊙篆 

［人名］いま・こん　♂藤原今川《イマガワ》（奈）・大原今城《イマキ》（奈）・多治比今麻呂《イママロ》（安）・大伴今人《イマヒト》（安）・額田今足《イマタリ》（安）・大槻今雄《イマオ》（安）・後藤今四郎《イマシロウ》（江）・古今亭今輔《イマスケ》（江）・中島今朝吾《ケサゴ》（明）・山崎今朝弥《ケサヤ》（明）　♀藤原今子《イマコ》（安）・四条今子《コンシ》（室）・今参局《イママイリノツボネ》（室）・今紫《イマムラサキ》（江）・松井今朝子《ケサコ》（昭）・小泉今日子《キョウコ》（昭）・中村明日美子《アスミコ》（昭）

【昆】8（日・4）常

［読み］㊥コン（呉・漢）㊙あに

［語源］集まった一団、仲間、群れの意味（昆虫）。「比」はいくつかの物が並ぶというイメージを示す記号。「比（イメージ記号）＋日（イメージ補助記号）」を合わせた「昆」は、丸い太陽のように、物が並んで集まる様子を暗示させる。「丸い一団をなす」というのがコアイメージである。

㊎金  ㊙篆 

［人名］こん・ひで・やす　▽「ひで（秀）」は「あに」の意味から連想。「やす（安）」は仲良く一緒になる意味から連想。♂一柳末昆《スエヒデ》（江）・沢木員昆《カズヤス》（江）・青木昆陽《コンヨウ》（江）・宇津木昆台《コンダイ》（江）・有村昆《コン》（昭）

【根】10（木・6）常

［読み］㊥コン（呉・漢）㊙ね

［語源］植物の「ね」の意味。「ね」は土中の定位置にあって動かず、本体が枯れてもあとを残すものであるという発想から、「艮（音・イメージ記号）＋木（限定符号）」を合わせた「根」が生まれた。「艮《こん》」は「いつまでも痕を残す」というイメージがある（銀の項参照）。

［人名］こん・ね・もと　♂山代根子《ネコ》（古）・高田根麻呂《ネマロ》（飛）・小野岩根《イワネ》（奈）・赤石貞根《サダネ》（安）・亘理宗根《ムネモト》（江）・安部井磐根《イワネ》（江）・河村益根《マスネ》（江）・古川松根《マツネ》（江）・宮田真津根《マツネ》（江）・桑原幹根《ミキネ》（明）・松井石根《イワネ》（明）　♀諏訪根自子《ネジコ》（大）・上田三根子《ミネコ》（昭）・大村美根子《ミネコ》（昭）

【左】5（工・2）常

［読み］㊥サ（呉・漢）㊖ひだり・たすける

［語源］「ひだり」をサといい、「左」と表記する。「𠂇」はひだり手の図形。工作するとき、右手の支えになる「ひだり」手というのが「左」の図形的意匠である。「支えて助ける」意味を派生する。

㊙  ㊎  ㊬ 

［人名］さ・すけ　♂磯村左近《サコン》（戦）・明智左馬助《サマノスケ》（土）・島左近《サコン》（土）・高杉左膳《サゼン》（江）・市川左団次《サダンジ》（江）・不破左門《サモン》（江）・橋本左内《サナイ》（江）・伊藤左千夫《サチオ》（江）・竹腰左織《サオリ》（江）・河上左京《サキョウ》（明）・津田左右吉《ソウキチ》（明）・森比左志《ヒサシ》（大）・笹沢左保《サホ》（昭）・小松左京《サキョウ》（昭）・千宗左《ソウサ》（昭）・野坂和左《カズサ》（昭）・金城宰之左《スズノスケ》（昭）　♀加賀左衛門《サエモン》（安）・野間左衛《サエ》（江）・川森左智子《サチコ》（明）・尾崎左永子《サエコ》（昭）・上月左知子《サチコ》（昭）・山崎左織《サオリ》（昭）・小栗左多里《サタリ》（昭）・長田渚左《ナギサ》（昭）

【佐】7（人・5）常

［読み］㊥サ（呉・漢）㊖たすける・すけ

［語源］脇から手で支えて助ける意。「左」も同様の意味があるが、「ひだり」に専用されるために、「助ける」意味は「左（音・イメージ記号）＋人（限定符号）」を合わせた「佐」によって表記する。左—佐は同源。

［展開］古代の四等官の第二位を「すけ」といい、兵衛・衛門の官職に「佐」と書く。

［人名］さ・すけ・たすく・よし　♂狭井佐夜《サヨ》（古）・山口佐美麻呂《サミマロ》（奈）・藤原佐世《スケヨ》（安）・有元佐弘《スケヒロ》（鎌）・植月重佐《シゲスケ》（南）・伊東佐忠《スケタダ》（戦）・内山隆佐《リュウスケ》（江）・佐藤藤佐《トウスケ》（江）・豊田佐吉《サキチ》（江）・山崎佐《タスク》（明）・秦佐八郎《サハチロウ》（明）・出光佐三《サゾウ》（明）・前川佐美雄《サミオ》（明）・大来佐武郎《サブロウ》（大）・中尾佐助《サスケ》（大）・中村健佐《ケンスケ》（昭）　♀松浦佐用姫《サヨヒメ》（古）・高松院右衛門佐《ウエモンノスケ》（安）・大館佐子《サンゴ》（室）・佐香保《サカホ》（江）・千葉佐那《サナ》（江）・林佐野《サノ》（江）・牧野千佐《チサ》（江）・佐紀子《サキコ》女王（明）・中村佐喜子《サキコ》（明）・東佐与子《サヨコ》（明）・三枝佐枝子《サエコ》（大）・江里佐代子《サヨコ》（昭）・辻佐保子《サホコ》（昭）・有吉佐和子《サワコ》（昭）・西田佐知子《サチコ》（昭）・

渡辺美佐《ミサ》(昭)・立花理佐《リサ》(昭)

【沙】7（水・4）常
【読み】(音) サ(漢)・シャ(呉)　(訓) すな・まさご・よなげる
【語源】「すな」の意味。「少」は「小（小さくばらばらになる）＋ノ（斜めに払う符号）」を合わせ、そぎ取って少なくなる様子を暗示する図形。「少（イメージ記号）＋水（限定符号）」を合わせた「沙」は、水で洗われて小さくなった石を暗示させる。

(金) 　(篆) 

【人名】さ・しゃ　♂三方沙弥《シャミ》(飛)・安倍沙弥麻呂《サミマロ》(奈)・沙也可《サヤカ》(土)・堀田沙羅《シャラ》(江)・森田沙伊《サイ》(明)　♀野村沙知代《サチヨ》(昭)・紺野美沙子《ミサコ》(昭)・押谷沙樹《サキ》(昭)・神田沙也加《サヤカ》(昭)・吉田沙保里《サオリ》(昭)・和希沙也《サヤ》(昭)

【砂】9（石・4）常
【読み】(音) サ(漢)・シャ(呉)　(訓) すな
【語源】「すな」の意味。「沙」が「すな」の意味であったが、沙汰の沙（よなげる）に転用されたので、「沙（音・イメージ記号）の略体＋石（限定符号）」を合わせた「砂」が作られた。
【人名】さ・すな　♂本因坊算砂《サンサ》(土)・加倉井砂山《サザン》(江)・大坪砂男《スナオ》(明)・小西砂千夫《サチオ》(昭)・支倉凍砂《イスナ》(昭)・藤代冥砂《メイサ》(昭)　♀吉田比砂子《ヒサコ》(大)・坂東真砂子《マサコ》(昭)・飛鳥井千砂《チサ》(昭)・横田砂選《サエリ》(昭)・鈴木砂羽《サワ》(昭)・山口美砂《ミサ》(昭)・水谷理砂《リサ》(昭)

【紗】10（糸・4）
【読み】(音) サ(漢)・シャ(呉)
【語源】「うすぎぬ（薄絹）」の意味。「沙」は小さい砂のことから、「小さい」「細かい」というイメージに展開する。「沙（音・イメージ記号）の略体＋糸（限定符号）」を合わせた「紗」は、細い糸で織った薄い絹織物を表した。
【人名】さ　♂星野紗一《サイチ》(大)・相川紗登士《サトシ》(昭)・中条比紗也《ヒサヤ》(昭)　♀紗手媛《サテヒメ》(古)・桜緋紗子《ヒサコ》(明)・大方斐紗子《ヒサコ》(昭)・山村美紗《ミサ》(昭)・中原美紗緒《ミサオ》(昭)・庄司紗矢香《サヤカ》(昭)・小谷美紗子《ミサコ》(昭)・一色紗英《サエ》(昭)・相武紗季《サキ》(昭)・早水千紗《チサ》(昭)

【才】3（手・0） 常

【読み】(音) サイ（漢）・ザイ（呉）

【語源】何かをするすぐれた働き、能力の意味。この語を視覚記号化するためにせき（堰）から発想し、「才」の図形が考案された。「才」は水をせき止めるダムを描いている。川の流れを途中で止めるから、「途中で断ち切る」「そこでストップさせる」というイメージがある。このコアイメージを利用して、物事をずばっと断ち切って処理する技（能力）を暗示させる。

(甲)  (金)  (篆) 

【人名】さい・さや・わざ ♂高志才智《サイチ》（飛）・可児才蔵《サイゾウ》（土）・大畑才助《サイスケ》（江）・椎本才麿《サイマロ》（江）・武田才吉《サイキチ》（江）・長谷川才次《サイジ》（明）・丸谷才一《サイイチ》（昭）・石川才顕《ワザアキ》（昭） ♀秋元才加《サヤカ》（昭）

【妻】8（女・5） 常

【読み】(音) サイ（呉）・セイ（漢） (訓) つま

【語源】つまの意味の語を「妻」で表記する。これは「中（飾り物）＋又（て）＋女」を合わせた図形によって、頭に髪飾りをつけた既婚の女性を暗示させたもの。

(篆) 

【人名】つま ♂阪東妻三郎《ツマサブロウ》（明）・比留間妻吉《ツマキチ》（明）・泡坂妻夫《ツマオ》（昭） ♀萩花妻《ハナヅマ》（江）

【采】8（爪・4） 常

【読み】(音) サイ（呉・漢） (訓) とる

【語源】えらびとる意味。「爪（下向きの手）＋木」を合わせて、木の芽や葉を摘み取る場面を設定した図形。採（とる）の原字。

(甲)  (金)  (篆) 

【字体】「采」は正字（旧字体）。「采」は古くから中国で使われていた俗字。なお康熙字典では「釆」の部に所属させたが無理なので、「爪」の部とする。

【人名】あや・うね・さい ▽「あや（文・綾）」は彩（いろどり）と通用することから。 ♂藤堂采女《ウネメ》（江）・既白寿采《ジュサイ》（江） ♀伊勢采女《ウネメ》（古）・原采蘋《サイヒン》（江）・一色

采子《サイコ》(昭)

【哉】 9(口・6)

[読み] ㊅音 サイ(呉・漢) ㊅訓 かな・や

[語源] 感嘆・疑問などの語気を表出する助詞(「かな」「や」と訓じる)。「才」は「断ち切る」というイメージがある(該項参照)。「𢦏《さい》」は「才(音・イメージ記号)+戈(限定符号)」を合わせて、ほこで断ち切る様子で、「断ち切って途中で止める」というイメージを示す。「𢦏(音・イメージ記号)+口(限定符号)」を合わせた「哉」は、文を発する際、気分が高まって、途中で止める様子を暗示させる。

㊙甲

㊙金

㊙篆

〔𢦏〕
㊙篆

〔哉〕

[人名] か・かな・き・さい・しげ・すけ・ちか・とし・はじめ・や　▽「はじめ」は「はじめる(始)」「はじめて(初)」という意味にも使われたことから。「ちか」は始まる↓時間が近づくと連想したからか。♂青山幸哉《ユキシゲ》(江)・永井直哉《ナオチカ》(江)・牧野康哉《ヤストシ》(江)・本因坊秀哉《シュウサイ》(江)・山本信哉《ノブキ》(明)・志賀直哉《ナオヤ》(明)・尾崎放哉《ホウサイ》(明)・野口晴哉《ハルチカ》(明)・西丸震哉《シンヤ》(大)・江藤俊哉《トシヤ》(昭)・北村有起哉《ユキヤ》(昭)・木村拓哉《タクヤ》(昭)・松本哉《ハジメ》(昭)　♀行吉哉女《カナメ》(明)・島田智哉子《チャコ》(昭)・内田也哉子《ヤヤコ》(昭)・松谷彼哉《カヤ》(昭)・立花美哉《ミヤ》(昭)

【彩】 11(彡・8) 常

[読み] ㊅音 サイ(呉・漢) ㊅訓 いろどる

[語源] 美しいいろどりの意。「采」は「選んで摘み取る」というイメージがある(采の項参照)。「采(音・イメージ記号)+彡(限定符号)」を合わせて、模様にする色を選び取る様子を暗示させる。

[字体] 「彩」は正字(旧字体)。「彩」は古くから中国では使われていた。

[人名] あや・さい・ひかる　♂神生彩史《サイシ》(明)・堀井彩《ヒカル》(昭)　♀杉本彩《アヤ》(昭)・上戸彩《アヤ》(昭)・木佐彩子《アヤコ》(昭)・三上彩子《サイコ》(昭)・酒井彩名《アヤナ》(昭)

【済】 11(水・8) 常

[読み] ㊅音 サイ(呉)・セイ(漢) ㊅訓 すむ・すくう・なす・わたる

[語源] 「でこぼこな事態を過不足なく調節する」とい

うイメージをもち、具体的な文脈では、「バランスよくまとめ上げる（なす・なる）」「アンバランスな所に手を加えて補う（すくう）」「川などでこぼこな場所を乗り切る（わたる）」などの意味。「齊」は「そろえる」というコアイメージがある（斉の項参照）。「齊（音・イメージ記号）＋水（限定符号）」を合わせて、水量を過不足なくそろえることを表した。

【展開】「なす」（まとめ上げる）の意味から連想して、日本では「すむ」（完了する）の訓を生じた。

【字体】「濟」は正字（旧字体）。「済」は近世中国で発生した俗字。

【人名】さい・さだ・さとる・すみ・せい・ただ・とおる・なり・なる・まさ・ます・わたす・わたり・わたる　▽「さだ（定）」はなしとげて定まる意から。「ただ（正）」は正しく定まる意からか。「まさ」は正の訓。「とおる」は古典で「通」の訓がある。「ます」は古典で「益」の訓がある。♂新漢済文《サイモン》（飛）・百済《クダラ》王（飛）・藤原済時《ナリトキ》（安）・姉小路済継《ナリツグ》（室）・一橋治済《ハルサダ》（江）・柳沢里済《サトズミ》（江）・南保利済《トシタダ》（江）・島津忠済《タダナリ》（江）・牧野康済《ヤスマサ》（江）・清水済《ワタル》（江）・菅原通済《ミチナリ［ツウサイ］》（明）・片山敬済《タカズミ》（昭）・大野済也《セイヤ》（昭）・鶴見済《ワタル》（昭）　♀済子《サイシ［ナリコ］》女王（安）・源済子《サイシ［スミコ］》（安）

【菜】11（艸・8）　常

【読み】音 サイ（呉・漢）　訓 な

【語源】食用にする草の意味。「采」は「選んで摘み取る」というイメージがある（采の項参照）。「采（音・イメージ記号）＋艸（限定符号）」を合わせて、食べるために摘み取る草を表した。

【字体】「菜」は正字（旧字体）。「菜」は中国で古くから使われた俗字。

【人名】さい・な　♂堀越菜陽《サイヨウ》（江）・田村魚菜《ギョサイ》（大）　♀久保菜穂子《ナホコ》（昭）・中森明菜《アキナ》（昭）・植村花菜《カナ》（昭）・戸田菜穂《ナホ》（昭）・酒井若菜《ワカナ》（昭）・木下優樹菜《ユキナ》（昭）

【斎】11（齊・3）　常

【読み】音 サイ（漢）・セ（呉）　訓 いつき・とき

【語源】物忌みする意味（潔斎・斎戒沐浴）。これを「齋」と表記する。「齊」は「そろえる」というコアイメージがある（斉の項参照）。「齊（音・イメージ記号）＋示（限定符号）」を合わせて、祭りをする準備のため、身の回りの雑然としたものをきちんと整える様子を暗示させる。

［字体］「齋」は旧字体。「斎」は近世中国の俗字。

［人名］いつ・いつき・さい・ただ・とき・ひとし・よし　▽「いつき」は潔斎の意。「とき」は僧に出す食事の意味。「ただ（正）」「ひとし（等）」は身を正しく整える意から。「よし」は正しいの縁語。♂細川幽斎《ユウサイ》（戦）・藤野斎《イッキ》（江）・沖垣斎宮《イッキ》（江）・松平斉斎《ナリヨシ》（江）・小本村斎太《サイタ》（江）・毛利貞斎《テイサイ》（江）・大西斎《サイ》（明）・山本寛斎《カンサイ》（昭）・外山斎《イッキ》（昭）・後藤斎《ヒトシ》（昭）

【歳】13（止・9）常

［読み］㊥サイ（呉）・セイ（漢）　㊟とし

［語源］一年の巡り、「とし」の意味。これを表記する図形は「歩＋戌」と分析できる。「歩」は歩くこと（歩の項参照）。「戌」は刃のついた農具の形で、作物の刈り入れを連想させる。したがって「歳」は時間が進み作物を刈り取る頃になった様子を暗示させる。時間の進行を人の歩行にたとえたもの。中国の古代では稲を刈る頃が正月であった（十月を歳首とする暦法があった）。

［字体］「歳」は正字（旧字体）。「歳」は古くから書道で使われていた。

［人名］さい・とし・とせ　♂丸子大歳《オオトシ》（奈）・尾崎重歳《シゲトシ》（室）・島津歳久《トシヒサ》（戦）・千葉歳胤《トシタネ》（江）・土方歳三《トシゾウ》（江）・井植歳男《トシオ》（明）・北村歳治《トシハル》（昭）　♀三千歳《ミチトセ》（江）・林千歳《チトセ》（明）・平中歳子《トシコ》（明）・山本千歳《チトセ》（昭）

【載】13（車・6）常

［読み］㊥サイ（呉・漢）　㊟のせる・のる

［語源］荷物を車にのせる意味（積載）。「戋《さい》」は「途中で止める」というイメージがある（哉の項参照）。「戋（音・イメージ記号）＋車（限定符号）」を合わせて、荷物が落ちないよう車の箱でせき止める様子を暗示させる。書物に書き止める（掲載）、年（千載一遇）の意味も派生する。

［人名］こと・さい・とし・のり　▽「こと」は古典に「事」の訓がある。♂大友貞載《サダトシ「サダノリ」》（鎌）・猪苗代兼載《ケンサイ》（室）・立花鑑載《アキトシ》（戦）・閑院宮載仁《コトヒト》親王（江）・橋本

崇載《タカノリ》(昭)

【在】6(土・3)常

[読み] 音 ザイ(呉)・サイ(漢) 訓 ある

[語源] 何かがある場所にあるという意味。この語を「在」と表記する。「才」は「途中で断ち切る」というイメージから、「そこでストップする」というイメージに展開する(該項参照)。「才(音・イメージ記号)+土(限定符号)」を合わせた「在」は、その場所にじっと止まる様子を暗示させる。

金  篆 

[人名] あり・ざい ♂都在中《アリナカ》(安)・藤原在衡《アリヒラ》(安)・賀茂在弘《アリヒロ》(南)・唐橋在数《アリカズ》(室)・畠山在氏《アリウジ》(戦)・足利義在《ヨシアリ》(土)・荷田在満《アリマロ》(江)・原在中《ザイチュウ》(江)・永山在兼《アリカネ》(明)・大沢在昌《アリマサ》(昭) ♀源在子《ザイシ》[アリコ](安)・太田在《アリ》(昭)

【材】7(木・3)常

[読み] 音 ザイ(呉)・サイ(漢) 訓 き

[語源] 建築などの原料になる木の意(木材)。これを「材」と表記する。「才」は「途中で断ち切る」というイメージがある(該項参照)。「才(音・イメージ記号)+木(限定符号)」を合わせて、用途に応じたサイズに断ち切った木を暗示させる。

[人名] き・たね・もとき ▽「もとき」「たね」はもとになるもの意味から。♂小野美材《ヨシキ》(安)・大蔵種材《タネキ》(安)・足利義材《ヨシキ》(室)・上条良材《ヨシキ》(江)・堀政材《マサタネ》(江)・松永材《モトキ》(明)・山本良材《ヨシキ》(昭)

冴→ご

【作】7(人・5)常

[読み] 音 サク(呉・漢) サ(呉・漢) 訓 つくる・おこる

[語源] 手を加えて物をつくり出す意味(創作)。「乍《さ》」は刃物でぎざぎざの切れ目をつける様子を描いた図形で、「切れ目を入れる」というイメージがある。「乍(音・イメージ記号)+人(限定符号)」を合わせて、自然の素材に切れ目を入れて人工の物をつくり出す様子を暗示させる。

甲  金  篆  〔乍〕 篆  〔作〕

【人名】さ・さく・つくり・つくる　♂斎部作賀斯《サカシ》(飛)・紀作良《サクラ》(奈)・本多作左衛門《サクザエモン》(戦)・相馬大作《タイサク》(江)・二宮敬作《ケイサク》(江)・藤村作《ツクル》(明)・吉野作造《サクゾウ》(明)・藤岡作太郎《サクタロウ》(明)・夢野久作《キュウサク》(明)・伊丹万作《マンサク》(明)・織田作之助《サクノスケ》(大)・藤原作弥《サクヤ》(昭)・吉村作治《サクジ》(昭)・丸山工作《コウサク》(昭)・屋良有作《ユウサク》(昭)・夢野太作《タイサク》(昭)　♀加藤作子《サクコ》(昭)・佐藤万作子《マサコ》(昭)

咲→しょう

【朔】10(月・6)

【読み】音 サク(呉・漢)　訓 ついたち

【語源】月の始め、ついたちの意味。「屰《ぎゃく》」は「大」の逆転文字で、「逆方向に行く」というイメージを示す。「屰(イメージ記号)+月(限定符号)」を合わせて、暦法で、月が終わってまた始めに戻ることを表した。

甲  金  篆  〔屰〕 篆  〔朔〕

【人名】きた・さく・はじめ　▽「きた」は朔に北の意味があるから。十二支の始めの子《ね》は方角では北に当たる。　♂上野朔《サク》(江)・田辺朔郎《サクオ》(江)・緒方春朔《シュンサク》(江)・斎藤朔郎《キタロウ》(明)・近藤朔風《サクフウ》(明)・萩原朔太郎《サクタロウ》(明)・沢渡朔《ハジメ》(昭)・町野朔《サク〔ハジメ〕》(昭)　♀吉野朔実《サクミ》(昭)

【策】12(竹・6)　常

【読み】音 サク(漢)・シャク(呉)　訓 はかりごと

【語源】もとは、馬を打つ「むち」の意味で、この語を「策」と表記した。「朿《し》」はぎざぎざのあるとげを描いた図形で、刺の原字。「朿(音・イメージ記号)+竹(限定符号)」を合わせた「策」は、先端がぎざぎざした竹製の「むち」を暗示させた。

甲  金  篆  〔朿〕 篆  〔策〕

【展開】文字を書くための竹の札の意味、さらに、意見を記して天子に差し出す文書(対策)、はかりごと(政策)などの意味を派生する。

【人名】かず・さく・はかる・ふみ　▽「かず」は計算用具、数の意味もあるから。　♂安楽庵策伝《サクデン》(土)・松

平頼策《ヨリフミ》（江）・山内豊策《トヨカズ》（江）・竹内正策《セイサク》（江）・奥村三策《サンサク》（江）・本因坊秀策《シュウサク》（江）・橋本策《ハカル》（明）・三木宗策《ソウサク》（明）・小泉策太郎《サクタロウ》（明）・大川栄策《エイサク》（昭）・松村雄策《ユウサク》（昭）

【察】 14（宀・11）常

【読み】(音) サツ（漢）・セチ（呉）

【語源】隅から隅まで調べてはっきりさせる（考察）、また、明らかに見分ける意味（洞察）。この語を「察」と表記する。「祭」は「肉＋又（手）＋示（祭壇）」を合わせて、肉を祭壇に供える様子。「祭」という語には「汚れを祓う」というコアイメージがあり、「清らか」というイメージに展開する。「祭（音・イメージ記号）＋宀（限定符号）」を合わせた「察」は、家の隅々まで清らかにする場面を設定した図形。これによって右の意味を暗示させる仕掛けである。

(甲)  (金)  (篆)  （祭） (篆)  （察）

【人名】あき・あきら・さ・さつ・さと ▽「さと（敏）」は明の縁語。 ♂徳川治察《ハルサト》（江）・佐野察行《アキユキ》（江）・本因坊察元《サツゲン》（江）・山口察常《サツジョウ》（明）・遠藤察男《サツオ》（昭） ♀松田察《サツ》（江）・倉地察通《サツ》（江）

【颯】 14（風・5）

【読み】(音) サツ（慣） ソウ（呉・漢）

【語源】風の吹く音を形容する語。「立（イメージ記号）＋風（限定符号）」を合わせて、風がさっと吹き起こる様子を暗示させる。

【人名】さつ・そう・はやて・はやと ♂伊東颯々《サツサツ》（江）・雨音颯《ソウ》（昭）・山下颯《ハヤト》（平）・山内颯《ハヤテ》（平） ♀岡本颯子《サツコ》（昭）・太田颯衣《サツエ》（昭）・隼颯希《サツキ》（昭）

【薩】 17（艸・14）

【読み】(音) サツ（漢）・サチ（呉）

【語源】梵語を音写するために作られた字（菩薩・薩埵）。

【人名】さち・さつ ♂藤原薩雄《サチオ》（奈）・弓削薩摩《サツマ》（奈）・弓削等薩《トウサツ》（戦）・富松薩摩《サツマ》（江）・山本薩夫《サツオ》（明）

【三】 3（一・2）常

【読み】(音) サン（呉・漢） (訓) み・みつ・みっつ

［語源］数詞の3の意味。これを横線三本を引いた図形で表記した。3の数は「多数」のイメージがあり、参（多くのものが入り交じる）・森（木がたくさん茂るさま）と同源。

㊙甲  ㊙金  ㊙篆 

［人名］かず・さ・さぶ・さむ・さん・そ・そう・ぞう・ただ・み・みつ　▽「さむ」「さぶ」「そう」は古音サム→サン→サウ→ソウから。♂上毛野三千《ミチ》（飛）・淡海三船《ミフネ》（奈）・藤原三守《タダモリ［ミモリ］》（安）・八幡三郎《サブロウ》（安）・斎藤道三《ドウサン》（戦）・斎藤利三《トシミツ》（戦）・石田三成《ミツナリ》（土）・柳生三厳《ミツヨシ》（江）・森三樹三郎《ミキサブロウ》（江）・日下部伊三次《イソウジ》（江）・呉秀三《シュウゾウ》（江）・鈴木三重吉《ミエキチ》（明）・武谷三男《ミツオ》（明）・直木三十五《サンジュウゴ》（明）・小林一三《イチゾウ》（明）・上田三四二《ミヨジ》（大）・小林与三次《ヨソジ》（大）・野口三千三《ミチゾウ》（大）・不破哲三《テツゾウ》（昭）・連城三紀彦《ミキヒコ》（昭）　♀県犬養三千代《ミチヨ》（飛）・三位局《サンミノツボネ》（戦）・松原三穂子《ミホコ》（江）・高峰三枝子《ミエコ》（大）・嵯峨三智子《ミチコ》（昭）・青江三奈《ミナ》（昭）

【山】3（山・0）　常

［読み］㊥サン（漢）・セン（呉）　㊞やま

［語源］「やま」のことをサンといい、三つの峰のある やまを描いた図形で表記する。「∧形をなす」というイメージがあり、散（中心から四方へ散らばる）・繖（＝傘。∧形の「かさ」）と同源。

㊙甲  ㊙金  ㊙篆 

［人名］さん・たか・たかし・やま　♂吉備山《ヤマ》（古）・山部《ヤマベ》王（飛）・大伴山守《ヤマモリ》（奈）・道嶋三山《ミヤマ》（奈）・名古屋山三郎《サンサブロウ》（土）・加賀美山登《ヤマト》（江）・武藤山治《サンジ》（江）・石川丈山《ジョウザン》（江）・貴司山治《ヤマジ》（明）・向井山雄《ヤマオ》（明）・若木山《タカシ》（明）・下村観山《カンザン》（明）　♀物部山無媛《ヤマナシヒメ》（古）・当麻山背《ヤマシロ》（奈）

【杉】7（木・3）　常

［読み］㊥サン（漢）・セン（呉）　㊞すぎ

［語源］植物のスギの意味。「彡」は三つ並ぶ模様、あるいは、髪や須（＝鬚）に含まれる「彡」と同じく、まばらに生えた髪の毛の図形。「細いものがすきまを開けて並ぶ」というイメージがある。「彡（音・イメージ記号）＋木（限定符号）」を合わせて、細い葉がたくさん並

ぶ木を暗示させる。
【人名】 さん・すぎ　♂入江杉蔵《スギゾウ》(江)・青山杉作《スギサク》(明)・青山杉雨《サンウ》(明)

【参】 8(ム・6)　常

【読み】 (音)サン(呉・漢)　シン(呉・漢)　(訓)まいる
【語源】 三つ星、数の3、また、「たくさん入り交じる」という意味。古い図形は頭に三つの玉を飾った女性を描いた図形。これで「三つのもの」というイメージを表しうる。また3は「多数」のイメージをもつので、「たくさんのものが入り交じる」というイメージも表せる。原形に限定符号の「彡」(模様、飾りを示す)を添えて「參」となった。
【補説】 オリオン座の三つ星の場合はシンと読む。また、人参の場合もシンである。

(金) 　(篆) 

【字体】 「參」は正字(旧字体)。「参」は行書から生まれた俗字。
【人名】 かず・さぶ・さん・み・みつ　♂三上参次《サンジ》(江)・遠山参良《サブロウ》(江)・板垣政参《マサミツ》(明)・野坂参三《サンゾウ》(明)・伍代参平《サンペイ》(昭)　♀大石参月《ミツキ》(昭)

【算】 14(竹・8)　常

【読み】 (音)サン(漢)・ソン(呉)　(訓)かぞえる
【語源】 数を数える意味。「具」は必要な物を取りそろえること(該項参照)。「具(イメージ記号)+竹(限定符号)」を合わせた「算」は、竹の棒(計算用具)を取りそろえて数える様子を暗示させる。
【人名】 かず・さん　♂算延《サンエン》(安)・津田算長《カズナガ》(戦)・安井算知《サンチ》(江)・深田康算《ヤスカズ》(明)・中田義算《ヨシカズ》(明)

【賛】 15(貝・8)　常

【読み】 (音)サン(呉・漢)　(訓)たすける・ほめる
【語源】 脇から力を添えて助ける意味。「先」は足先の形。これを二つ並べた「兟《しん》」は一歩進んで足をそろえた後また一歩進む様子で、「そろえる」というイメージを示す。「兟(音・イメージ記号)+貝(限定符号)」を合わせた「贊」は、人と会う際に手をそろえて進物を差し出す場面を設定した図形。進物を差し出すことを比喩として、相手に力を進めて助けることを「贊」で表記した。讃（声を合わせてほめる）の代用にもなる。

篆  〔㚘〕 篆  〔贊〕

[字体]「贊」は正字（旧字体）。「賛」は近世中国でできた俗字。

[人名] さん・すけ・すすむ・たすく・よし ▽「よし（好・喜）」は「ほめる」の連想。 ♂森忠贊《タダスケ》（江）・増田贊《サン》（江）・岩田贊《タスク》（明）・塩谷贊《サン》（大）・友岡贊《ススム》（昭）

【之】3（丶・2）

[読み] 音 シ（呉・漢） 訓 ゆく・の・これ

[語源] 進んで行く意味。「止（足の形）＋一（一線の印）」を合わせて、目標めざしてまっすぐ進む様子の図形で、その語を表記する。助詞の「の」「これ」は仮借的用法。

甲  金  篆 

[人名] いたる・これ・し・すすむ・の・ゆき・よし ▽「いたる」は行くの縁語。「よし」はみゆきのユキ（幸）から連想か。 ♂源重之《シゲユキ》（安）・細川義之《ヨシユキ》（南）・吉川之経《ユキツネ》（室）・松井康之《ヤスユキ》（戦）・真田信之《ノブユキ》（土）・保科正之《マサユキ》（江）・黒田之勝《ユキカツ》（江）・常見一之《カズユキ》（江）・清水登之《トシ》（明）・樋口清之《キヨユキ》（明）・奥宮健之《ケンシ》（明）・芥川龍之介《リユウノスケ》（明）・関之《イタル》（明）・中根之《ススム》（明）・相沢英之《ヒデユキ》（大）・五木寛之《ヒロユキ》（昭）・日野之彦《コレヒコ》（昭）・梯剛之《タケシ》（昭） ♀亀山野之子《コノコ》（昭）・梅崎之梨子《コノリコ》（昭）

【士】3（士・0） 常

[読み] 音 シ（呉・漢） 訓 おとこ

[語源] 成人した男、また立派な男の意味。これを「士」で表記する。「士」はペニスが立つ姿を描いた図形で、「まっすぐ立つ」がコアイメージ。仕（貴人の側に立って仕える）と同源。

甲  金  篆 

[人名] あき・あきら・お・おさむ・こと・し・ただ・つかさ・と・のり・ひこ・ひと・まもる ▽「あきら」は古典に「察」の訓がある。「お」「ひこ」は男の意味から。「こと」は古典に「事」の訓がある。「おさむ」「つかさ」「まもる」は士が支配階級だったことから。「の

り〔範〕」は模範となる立派な男子の意味から。「ひと」「と」は男の縁語。♂藤原富士麻呂《フジマロ》(安)・菊池武士《タケヒト》(南)・入谷澄士《スミオ》(江)・谷川士清《コトスガ》(江)・曾我士郎《シロウ》(江)・青山士《アキラ》(明)・岸田国士《クニオ》(明)・菊池正士《セイシ》(明)・大塚正士《マサヒト》(大)・篠田一士《ハジメ》(昭)・三浦雅士《マサシ》(昭)・中村泰士《ヤスシ》(昭)・輪島大士《ヒロシ》(昭)・末木文美士《フミヒコ》(昭)・森士《オサム》(昭)　♀山本富士子《フジコ》(昭)

【子】3(子・0)　常

[読み]　(音)シ(呉・漢)　ス(唐)　(訓)こ・ね

[語源]　親から生まれたこどもの意。「子」はよちよち歩きのこどもを描いた図形。「小さい」「小さいものが殖える」というイメージがある。また、この図形でもって十二支の第一位を表す語を表記する。生命が初めて生まれ、次々と殖えていくことに着目したもの。

(甲) 　(金) 　(篆) 

[補説]　十二支に動物を配当したのは後漢に始まり、「子」を鼠とした。

[人名]　こ・し・しげ・しげる・たか・たね・つぐ・とし・ね・み・やす　▽「しげる」は繁殖のイメージがあるから。古典では「滋」の訓がある。「たか〔尊〕」は孔子のように尊称から。「たね」「み」は種子の意味から。「つぐ」は親を継ぐものの意から。「とし」は十二支の子が年を記す最初の名に当たるから。♂蘇我馬子《ウマコ》(飛)・小野妹子《イモコ》(飛)・日下部子麻呂《コマロ》(奈)・栗原子公《コキミ》(奈)・村国子老《コオユ》(奈)・広岡子之次郎《ネノジロウ》(江)・林三子雄《ミネオ》(江)・林子平《シヘイ》(江)・永井建子《ケンシ》(江)・正岡子規《シキ》(江)・高浜虚子《キョシ》(明)・川端龍子《リュウシ》(明)・増田甲子七《カネシチ》(明)・原子朗《シロウ》(大)・加古里子《サトシ》(大)・毛利子来《タネキ》(昭)　♀安倍子美奈《コミナ》(奈)・藤原薬子《クスコ》(安)・藤原英子《エイシ》(鎌)・藤原舎子《イエコ》(江)・子々姫《ネネヒメ》(江)・向井千子《ネチコ》(江)・愛子《アイコ》内親王(平)

【巳】3(巳・0)

[読み]　(音)シ(漢)・ジ(呉)　(訓)み

[語源]　十二支の第六位。胎児の姿を描いた図形である「巳」で表記する。「巳」は包・熙・祀などに含まれる。

(甲) 　(金) 　(篆) 

【人名】し・み ♂大神巳井《ミイ》(安)・板倉勝巳《カツミ》(江)・家城巳代治《ミヨジ》(明)・成瀬巳喜男《ミキオ》(明)・林巳奈夫《ミナオ》(大)・高橋和巳《カズミ》(昭)・木谷寿巳《ヒサシ》(昭) ♀藤本朝巳《トモミ》(昭)・小林巳記《ミキ》(昭)・結城巳貴《ミキ》(平)

【氏】4(氏・0) 常

【読み】音 シ(漢)・ジ(呉) 訓 うじ

【語源】血筋を示す「うじ」の意味。これを「氏」と表記する。「氏」はある種のスプーンを描いた図形。形態の上では「薄くて平ら」というイメージがあり、食物を取り分けるという機能の面では「一つのものから分ける」というイメージを表しうる。後者のイメージを利用して、もとの一族から血を分けた仲間であることを示す標識、つまり「うじ」を表した。ちなみに前者のイメージをもとにしたのが紙・舐(なめる)である。

甲  金  篆 

【人名】うじ・し ♂藤原氏雄《ウジオ》(安)・今井国氏《クニウジ》(鎌)・足利尊氏《タカウジ》(鎌)・島津氏久《ウジヒサ》(南)・今川氏親《ウジチカ》(室)・北条氏康《ウジヤス》(戦)・中村一氏《カズウジ》(土)・折戸氏麻呂《ウジマロ》(江)・水野温氏《アツシ》(昭)・竹村豪氏《カツシ》(昭) ♀橘氏子《ウジコ》(安)・中原氏女《ウジノメ》(鎌)・足利氏姫《ウジヒメ》(土)

【史】5(口・2) 常

【読み】音 シ(呉・漢) 訓 ふみ・ふびと

【語源】出来事を記録する役人、またその文書の意味。「中(枠の中を棒が貫く形)+又(手)」を合わせ、筆記用具を手に持つ場面を設定した図形である「史」でもってこの語を表記する。

甲  金  篆 

【人名】あや・し・ちか・ちかし・ひと・ひろし・ふひと・ふみ・み ▽「あや(文)」は「ふみ」から派生。♂恒岡直史《ナオシ》(江)・長岡外史《ガイシ》(江)・浦辺史《ヒロシ》(明)・奥村博史《ヒロシ》(明)・国枝史郎《シロウ》(明)・溝口正史《セイシ》(明)・長谷部親史《チカフミ》(昭)・西谷史《アヤ》(昭)・小川史《ヒロシ》(昭)・三好史《フミ》(昭)・藤宮史《フヒト》(昭)・弘兼憲史《ケンシ》(昭)・鴻上尚史《ショウジ》(昭)・中山雅史《マサシ》(昭)・小林幸史《ユキヒト》(昭) ♀斎藤史《フミ》(明)・奥野史子《フミコ》(昭)・西川史子《アヤコ》(昭)・中島史恵《フミエ》(昭)・江崎史恵《シエ》(昭)・吉竹史《フミ》(昭)

【司】5(口・2) 常

[読み] 音 シ(呉・漢)・ス(唐) 訓 つかさ

[語源] 役目、役所の意味。「司」は「㇆(左向きの人)＋口(あな)」の組み合わせ。これは「𠂆(右向きの人)＋口(あな)」を合わせた「后」の反転文字である。「后」は肛門の穴→後ろを暗示させる。それに対し「司」は尿道の穴だが、前という意味ではなく、「小さいすきま」というイメージを示す記号とする。役所は分担ごとに小さく仕切られているので、役所の意味の語を「司」で表記した。

甲  金  篆 

[人名] おさむ・かず・し・つかさ・つとむ・もと・もり ▽「おさむ(治)」「つとむ(勤)」「もり(守)」は役人・役目の意味からの連想。「かず」は「主」(つかさどる)の訓の流用。「もと(基)」は司直(基準によって曲直を裁く意)から。♂斎藤司《ツカサ》(江)・成島司直《モトナオ》(江)・沖田総司《ソウジ》(江)・橘川司亮《モリアキ》(明)・大辻司郎《シロウ》(明)・吉田司《ツカサ》(昭)・寺山修司《シュウジ》(昭)・尾崎将司《マサシ》(昭)・谷村新司《シンジ》(昭)・役所広司《コウジ》(昭) ♀早川司寿乃《シズノ》(昭)

【四】5(囗・2) 常

[読み] 音 シ(呉・漢) 訓 よ・よつ・よっつ・よん

[語源] 数詞の4の意味。数の性質から「四」の図形が考案された。4は2と2に分かれる数である。「囗(区画を示す符号)＋八(二つに分ける符号)」を合わせて、区画を二つに分ける様子を暗示させる。

甲  金  篆 

[人名] し・よ ♂大伴四綱《ヨツナ》(奈)・伊具四郎《シロウ》(鎌)・茶屋四郎次郎《シロウジロウ》(戦)・茶屋小四郎《コシロウ》(土)・天草四郎《シロウ》(江)・西川一四《イッシ》(江)・藤田小四郎《コシロウ》(江)・二葉亭四迷《シメイ》(江)・牧野四子吉《ヨネキチ》(明)・金栗四三《シソウ》(明)・上田三四二《ミヨジ》(大)・長谷川千四《センシ》(大)・巌谷大四《ダイシ》(大)・平岩外四《ガイシ》(大)・近衛十四郎《ジュウシロウ》(大)・関本四十四《シトシ》(昭)・岸辺四郎《シロウ》(昭) ♀安嘉門院四条《シジョウ》(鎌)

【市】5(巾・2) 常

[読み] 音 シ(漢)・ジ(呉) 訓 いち

[語源] 品物を売買する所、「いちば」の意味。「市」は「止+乎の略体」が変わったもの。「止」は足の形。足は進む機能もあれば止まる機能もある。「乎」は呼(よぶ)の原字。「止(音・イメージ記号)+乎(イメージ補助記号)」を合わせ、人を呼び止める場面を設定する図形を作って、右の語を表記した。市場の意味から「まち」の意味を派生する。

㊎  ㊮ 

[人名] いち・し・ち・まち ♂文室大市《オオチ》(奈)・雑賀孫市《マゴイチ》(土)・山川市郎《イチロウ》(江)・古河市兵衛《イチベエ》(江)・高木市之助《イチノスケ》(明)・宮崎市定《イチサダ》(明)・金沢嘉市《カイチ》(明)・石原幹市郎《カンシロウ》(明)・渡部市美《イチミ》(大)・青野照市《テルイチ》(昭)・深浦康市《コウイチ》(昭)・佐藤浩市《コウイチ》(昭) ♀お市《イチ》の方(戦)・市丸《イチマル》(明)・神近市子《イチコ》(明)・清水市代《イチヨ》(昭)・今市子《イチコ》(昭)

【矢】5(矢・0) 常

[読み] ㊐ シ(呉・漢) ㊙ や

[語源] 「や」の意味をもつ語をシといい、「や」を描いた図形「矢」で表記した。「まっすぐ」のイメージがあるので、「直線状に並べる(つらねる)」「言葉をまっすぐに述べる(ちかう)」という意味を派生する。

㊙甲  ㊎  ㊮ 

[人名] ちかう・つら・や ♂羽田矢国《ヤクニ》(飛)・永井直矢《ナオツラ》(江)・山田直矢《ナオヤ》(江)・芳賀矢一《ヤイチ》(江)・仲代達矢《タツヤ》(昭)・武田鉄矢《テツヤ》(昭)・藤田雅矢《マサヤ》(昭)・澤村國矢《クニヤ》(昭)・森聖矢《セイヤ》(昭) ♀沢田亜矢子《アヤコ》(昭)・悠城早矢《サヤ》(昭)・平野早矢香《サヤカ》(昭)・衿野未矢《ミヤ》(昭)・浜丘麻矢《マヤ》(昭)

【糸】6(糸・0) 常

[読み] ㊐ シ(呉・漢) ㊙ いと

[語源] 「いと」の意味。「糸」は蚕の繭から出る細い原糸を描いた図形。ベキと読む。これを二つ並べた「絲」は、シルクを意味するシという語を表記する。

㊙甲  ㊎  ㊮ 

[字体] 「絲」は正字(旧字体)。「糸」は「絲」の代用。

[人名] いと・し ♂斎藤遊糸《シユウ》(江)・武藤糸治《イトジ》(明) ♀糸媛《イトヒメ》(古)・糸織媛《イトオリヒメ》(古)・糸姫《イトヒメ》(江)・糸子《イトコ》(土)・

中糸《イト》(江)・松島糸寿《イトジュ》(江)・神中糸子《イトコ》(江)・橘糸重子《イトエコ》(明)・北原糸子《イトコ》(昭)・南波糸江《イトエ》(昭)・小川糸《イト》(昭)

【至】6（至・0） 常

[読み] 音 シ（呉・漢） 訓 いたる

[語源] これ以上進めない所まで来る意味。「矢＋一」を合わせ、矢が地面に届く情景を設定した図形によって、その語を表記する。「これ以上行けない所」のイメージから、「この上がない、最高である」の意味を派生する。

甲  金  篆 

[人名] いたる・し・ちか・とおる・のり・みち・むね・ゆき・よし ▽「ちか（近）」「とおる（通）」「ゆき（行）」「みち（道）」は至るの縁語。「のり（法）」は道からの連想か。「むね」は致の訓を流用。「よし（良）」は最高の意味からの連想か。 ♂蜂須賀至鎮《ヨシシゲ》(土)・高橋至時《ヨシトキ》(江)・戸田忠至《タダユキ》(江)・松原至大《ミチトモ》(明)・伊藤至郎《シロウ》(明)・丘灯至夫《トシオ》(大)・大村厚至《アツジ》(昭)・小林孝至《タカシ》(昭)・川嶋至《イタル》(昭)・中村至男《ノリオ》(昭)・坂井秀至《ヒデユキ》(昭)・安藤至大《ムネトモ》(昭)・片桐淳至《アツシ》(昭)

【志】7（心・3） 常

[読み] 音 シ（呉・漢） 訓 こころざす・こころざし

[語源] 心がある目標を目指して動く意味、またその心の意味。これを「志」と表記する。「士」は「之《し》」の変形で、「之」は「まっすぐ進む」というイメージがある（該項参照）。「之（音・イメージ記号）＋心（限定符号）」を合わせて、心が何かを目指してまっすぐ進む様子を暗示させる。

[人名] さね・し・しるす・むね・ゆき ▽「しるす」は志が誌と通用するから。「ゆき（行）」は心が目標に向けて進んで行く意味から。「さね（実）」は胸の内からの連想か。「むね（胸）」は意志の意味から。 ♂刑部志加麻呂《シカマロ》(奈)・礪波志留志《シルシ》(奈)・永井尚志《ナオムネ》(江)・松平信志《ノブユキ》(江)・鳥居志摩《シマ》(江)・棟方志功《シコウ》(明)・土方与志《ヨシ》(明)・芥川也寸志《ヤスシ》(大)・大坂志郎《シロウ》(大)・香原志勢《ユキナリ》(昭)・大江志乃夫《シノブ》(昭)・日野日出志《ヒデシ》(昭)・荘村清志《キヨシ》(昭)・松本人志《ヒトシ》(昭)・新庄剛志《ツヨシ》(昭)・本山雅志《マサシ》(昭) ♀柏木志那子《シナコ》(江)・村松志保子《シホコ》(江)・佐

藤志津《シヅ》(江)・坂西志保《シホ》(明)・佐藤志都子《シヅコ》(大)・佐藤志満《シマ》(大)・岩下志麻《シマ》(昭)・池波志乃《シノ》(昭)・藤堂志津子《シヅコ》(昭)

【始】8(女・5) 常

【読み】音 シ(呉・漢) 訓 はじめる・はじまる

【語源】行為をしはじめる意味、また、物事の起こりはじめの意味。「ム(=㠯《い》)」は農具のすき(鋤)の図形で、「道具を用いて動作や行為を起こす」というイメージがある(以の項参照)。「ム(音・イメージ記号)+口(場所や物を示すイメージ補助記号)」を合わせた「台」は、道具を用いてはじめて手を加える、あるいは、何かをしはじめる様子を暗示させる。「台(音・イメージ記号)+女(限定符号)」を合わせた「始」は、女性としての兆し(初潮や妊娠など)が起こりはじめる情況を設定した図形である。女性にかかわることは捨象して、ただ「はじまる」「はじめ」の意味を「始」によって表す。

㊎  篆  (台) 篆  (始)

【人名】し・はじめ・もと ▽「もと(元)」は始めの縁語。♂池尻始《ハジメ》(江)・太田資始《スケモト》(江)・鈴木始卿《シケイ》(江)・木島始《ハジメ》(昭)・小林聖始《セイジ》(昭)

【枝】8(木・4) 常

【読み】音 シ(呉・漢) 訓 えだ

【語源】木の「えだ」の意味。「支」は「个(竹の半分)+又(手)」を合わせて、竹の枝を手に持つ図形。「細かく枝分かれする」というイメージを示す。「支(音・イメージ記号)+木(限定符号)」を合わせて、木から細かく分かれ出るもの、つまり「えだ」を表す。

篆  (支) 篆  (枝)

【人名】え・えだ・き・し・しげ ▽「き(木)」「しげ(茂)」はえだの縁語。♂河辺百枝《モモエ》(飛)・穂積五百枝《イオエ》(飛)・藤原枝良《エダヨシ》(安)・清原枝賢《エダカタ》(戦)・日野資枝《スケキ》(江)・上杉義枝《ヨシエダ》(江)・佐藤枝彦《エダヒコ》(江)・植木枝盛《エモリ》(江)・猪飼三枝《サンシ》(江)・桂三枝《サンシ》(昭) ♀富本一枝《カズエ》(明)・伊藤野枝《ノエ》(明)・清川玉枝《タマエ》(明)・高群逸枝《イツエ》(明)・米倉美枝《ミエ》(大)・中根千枝《チエ》(大)・高峰三枝子《ミエコ》(大)・鈴木光枝《ミツエ》(大)・高橋和枝《カズエ》(昭)・市毛良枝《ヨシエ》(昭)・楠田

枝里子《エリコ》（昭）・原田美枝子《ミエコ》（昭）・椎名麻紗枝《マサエ》（昭）・門脇利枝《リエ》（昭）・三浦友理枝《ユリエ》（昭）

【思】9（心・5）常

【読み】㊥シ（呉・漢）㊊おもう

【語源】心を働かせて物をおもう意味の語をシといい、「思」と表記する。「田」は「囟」の変形。「囟《しん》」は赤ん坊の頭にある「おどり」（医学用語では泉門）の図形。頭蓋骨の未縫合部で、ひくひくと脈打ち、細いすきまがあって軟らかい。したがって「囟」は「ひくひく動く」「細い」「軟らかい」などのイメージを示す記号となる。「囟（音・イメージ記号）＋心（限定符号）」を合わせて、心臓が細々と働く様子を暗示させる。近代以前は心臓に思考の座があると考えられた。

㊄ 　㊇ 〔囟〕　㊇ 〔思〕

【人名】こと・し・もと　♂内藤信思《ノブモト》「ノブコト」（江）・安芸思温《シオン》（江）・森田思軒《シケン》（江）・花田比露思《ヒロシ》（明）・河野鷹思《タカシ》（明）・北条不可思《フカシ》（昭）・佐伯啓思《ケイシ》（昭）・水鳥寿思《ヒサシ》（昭）

【師】10（巾・7）常

【読み】㊥シ（呉・漢）㊊いくさ・もろ

【語源】軍隊などの集団の意味。「𠂤《たい》」は土の塊が二つ連なった図形で、堆積の堆（土の集まり）と同じ（官の項参照）。これで集団のイメージを表すことができる。「帀」は「之」（まっすぐ進む）の逆転文字で、まっすぐ進まないで向きを変える→ぐるりと回るというイメージを示す。「𠂤（イメージ記号）＋帀（イメージ補助記号）」を合わせた「師」は、ぐるりと回って丸くなった集団を暗示させる。「集まり」「集団」がコアイメージで、具体的文脈では兵士の集団（京師）、人が集中する所（京師）、大衆を導く人（教師）などの意味になる。

㊎ 　㊇ 

【人名】おさ・かず・し・つかさ・のり・もと・もろ　▽「おさ（長）」「つかさ（首）」は先生の意味から。「のり（範）」「もと（基）」は師が万人の手本（模範・基準）となることから。「かず（数）」「もろ（諸）」は集団→数が多い（もろもろ）の意味になるから。♂藤原師輔《モロスケ》（安）・

高師直《モロナオ》（鎌）・虎関師錬《シレン》（鎌）・島津師久《モロヒサ》（南）・石川総師《フサノリ》（江）・菱川師宣《モロノブ》（江）・松井克師《カツシ》（昭）　♀藤原師子《モロコ［シシ］》（安）・師子《オサコ》女王（江）

【梓】 11（木・7）

［読み］ 音 シ（呉・漢）　訓 あずさ

［語源］ 本来はキササゲの意味。「辛」は刃物の図形で、「先が尖る」というイメージがある。「辛（音・イメージ記号）＋木（限定符号）」を合わせて、葉の先端の尖った木を暗示させる。日本ではアズサの表記に利用する。

［人名］ あずさ・し　♂小野梓《アズサ》（江）・籾山梓月《シゲツ》（江）・勝目梓《アズサ》（昭）・藤井喬梓《タカシ》（昭）　♀中島梓《アズサ》（昭）・坂本梓馬《アズマ》（昭）・宮島梓帆《ホシ》（昭）

【視】 11（見・4）　常　【視】 12（見・5）

［読み］ 音 シ（漢）・ジ（呉）　訓 みる

［語源］ まっすぐ見つめる意味（凝視）。これを「視」と表記する。「示」は足のついた祭壇の図形で、「まっすぐ立つ」というイメージがある（該項参照）。「示（音・イメージ記号）＋見（限定符号）」を合わせて、視線をまっすぐ対象に向けて見る様子を暗示させる。

［字体］ 「視」は正字（旧字体）。「視」は行書でできた字体。

［人名］ し・み　♂菅原高視《タカミ》（安）・足利義視《ヨシミ》（室）・岩倉具視《トモミ》（江）・坂口右左視《ウサミ》（明）・村松友視《トモミ》（昭）・片山博視《ヒロシ》（昭）・島卓視《タクミ》（昭）　♀黒崎視音《ミオ》（昭）・筒井視穂子《ミホコ》（昭）

【紫】 12（糸・6）　常

［読み］ 音 シ（呉・漢）　訓 むらさき

［語源］ 色の名、また草の名。「此《し》」は「止（足の形）＋匕（変な姿勢に傾く人の形）」を合わせ、足がそろわずつんのめる情景を設定した図形。「ちぐはぐでそろわない」というイメージを示す。「此（音・イメージ記号）＋糸（限定符号）」を合わせて、青や赤の純色ではなく、青と赤が不ぞろいに混ざった中間色を暗示させる。色は糸の染色と関係があるので糸偏だが、草の名に限定する場合は「茈」と書く（後に「紫」を代用）。

甲  金  篆 〔此〕 篆 〔紫〕

【人名】し・むらさき　♂藤堂紫朗《シロウ》(江)・国井紫香《シコウ》(明)・石井紫郎《シロウ》(昭)　♀三浦屋小紫《コムラサキ》(江)・清水紫琴《シキン》(明)・藤間紫《ムラサキ》(大)・山藍紫姫子《シキコ》(昭)・尾上紫《ユカリ》(昭)・涼紫央《シオ》(昭)・南紫音《シオン》(平)

【嗣】13(口・10) 常

【読み】音 シ(呉・漢)　訓 つぐ

【語源】跡目を継ぐ、また、跡継ぎ人の意味。「司」は「小さい」というイメージがある(該項参照)。「冊」は文字を書く札。「司(音・イメージ記号)＋口＋冊(二つともイメージ補助記号)」を合わせた「嗣」は、族譜や家譜に記した小さな子を暗示させる。

【人名】し・つぎ・つぐ　♂藤原広嗣《ヒロツグ》(安)・近衛道嗣《ミチツグ》(鎌)・万里小路嗣房《ツグフサ》(南)・足利義嗣《ヨシツグ》(室)・姉小路嗣頼《ツグヨリ》(戦)・前田利嗣《トシツグ》(江)・河田嗣郎《シロウ》(明)・藤田嗣治《ツグハル》(明)・山崎晃嗣《アキツグ》(大)・関谷勝嗣《カツツグ》(昭)・金子嗣郎《ツグオ》(昭)・佐田の海鴻嗣《コウジ》(昭)・竹田青嗣《セイジ》(昭)　♀広田嗣子《ツグコ》(江)・佐藤嗣麻子《シマコ》(昭)

【詩】13(言・6) 常

【読み】音 シ(呉・漢)　訓 うた

【語源】韻文の一つ、ポエムの意味。「寺」の上部は「之」の変形で、「(目標めざして)まっすぐ進む」というイメージを示す(該項参照)。「寸」は「又」と同じく手の動作にかかわる符号。「之(音・イメージ記号)＋寸(限定符号)」を合わせた「寺」は、作業をまっすぐ進めていく様子を暗示させる。もともと役人や役所を「寺」といったが、「寺」には「まっすぐ進める」というコアイメージがある。「寺(音・イメージ記号)＋言(限定符号)」を合わせた「詩」は、対象を目指してまっすぐ進む心を表現する言葉(叙情詩)を表した。之・志・詩は同源の語である。

金  篆 〔寺〕 篆 〔詩〕

【人名】うた・し　♂金谷興詩《オキウタ》(江)・大窪詩仏《シブツ》(江)・江口夜詩《ヨシ》(明)・川島喜代詩《キヨシ》(大)・菅野詩朗《シロウ》(昭)・岡仁詩《ヒトシ》(昭)・桐生康詩《コウジ》(昭)・伊藤優詩《マサシ》(平)　♀君島夜詩《ヨシ》(明)・松島詩子《ウタコ》(明)・小山田詩乃《シノ》(昭)・神崎詩

織《シオリ》（昭）

【資】 13（貝・6）常

【読み】 ㊊シ（呉・漢） ㊋もと・たち・たすける・とる

【語源】 何かの用に役立てる金品（もとで）の意味。「次」は「並べそろえる」というイメージがある（該項参照）。「次（音・イメージ記号）＋貝（限定符号）」を合わせて、手元に並べそろえておく財貨を暗示させる。「何かの用に役立てる（たすける）」意味を派生する。

【人名】 し・すけ・たすく・ただ・とし・もと・やす・より　▽「とし（利）」は古典に「利」の訓がある。「より（依・頼）」はもとでが頼りになるからか。「やす（安）」はもとでがあれば安泰だからか。　♂平資盛《スケモリ》（安）・大江公資《キンヨリ》（安）・山内通資《ミチスケ》（鎌）・柳原資衡《スケヒラ》（南）・土御門資家《スケイエ》（室）・日野資名《スケナ》（戦）・那須資晴《スケハル》（土）・樺山資雄《スケオ》（江）・岡田資《タスク》（明）・福井資明《スケアキ》（明）・大和資雄《ヤスオ》（明）・木村資生《モトオ》（大）・龍岡資晃《スケアキ》（昭）・富樫宜資《ヨシモト》（昭）・三浦恭資《キョウシ》（昭）・井口資仁《タダヒト》（昭）・斉藤資《タスク》　♀資子《シシ［スケコ］》内親王（安）・源資子《スケコ》（南）・日野西資子《スケコ》（室）・下島資子《モトコ》（昭）

【示】 5（示・0）常

【読み】 ㊊ジ（呉）・シ（漢） ㊋しめす

【語源】 はっきりと現ししめす意味（指示）。この語を足のついた祭壇の図形である「示」で表記する。神の意向がここへまっすぐに現される所という意匠がこめられている。

（甲）　（古）　（篆）

【人名】 し・じ・しめす　♂稲垣示《シメス》（江）・清水多嘉示《タカシ》（明）・村上行示《コウジ》（大）・鈴木啓示《ケイシ》（昭）・吉村光示《コウジ》（昭）・野田裕示《ヒロジ》（昭）・大田泰示《タイシ》（昭）

【次】 6（欠・2）常

【読み】 ㊊ジ（慣）　シ（呉・漢） ㊋つぎ・つぐ

【語源】 一休みしてとまる（やどる）が本来の意味。「二」は二つ並ぶことを示す象徴的符号。「欠」は大口を開けて欠伸をする図形で、口を開けて何かをする行為にかかわる符号。「二（イメージ記号）＋欠（限定符号）」を合わせて、旅や行軍の途中、人たちが並んで一休みする場面を設定した図形。「つぎつぎに並ぶ」というのがコアイメージで、「その後につぐ」「その後に続いて」という意味を派生する。

甲 金 篆
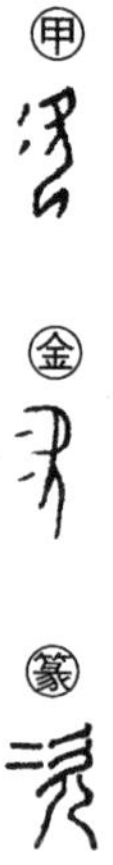

【人名】じ・ちか・つぎ・つぐ・やどる ▽「ちか（近）」はすぐ後に続くことから。♂県次任《ツギトウ》（安）・本田次郎《ジロウ》（安）・日置正次《マサツグ》（室）・大久保家次《イエツグ》（戦）・豊臣秀次《ヒデツグ》（土）・佐々木小次郎《コジロウ》（土）・歌川国次《クニツグ》（江）・児玉次郎彦《ジロヒコ》（江）・牧野克次《カツジ》（江）・松田定次《サダツグ》（明）・白洲次郎《ジロウ》（明）・大手拓次《タクジ》（明）・本郷次雄《ツグオ》（大）・菅原謙次《ケンジ》（大）・荻原次晴《ツギハル》（昭）・平松政次《マサジ》（昭）・大谷龍次《リュウジ》（昭）・松尾光次《コウジ》（昭） ♀大鹿次代《ツギヨ》（昭）・相沢次子《ツギコ》（昭）

【而】6（而・0）

【読み】音 ジ（漢）・ニ（呉） 訓 しかして

【語源】「しかして」「しかるに」という助詞を表す語。「而」はふさふさと垂れるひげを描いた図形。軟らかい→軟らかく粘るというイメージがあり、耐（粘り強くたえる）と同源。

甲 金 篆
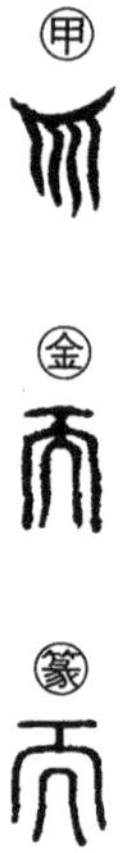

【人名】じ・に ♂古関裕而《ユウジ》（明）・石原研而《ケンジ》（昭）・吉田集而《シュウジ》（昭） ♀上田真而子《マニコ》（昭）

【耳】6（耳・0）常

【読み】音 ジ（漢）・ニ（呉） 訓 みみ

【語源】「みみ」の意味。みみを描いた図形である「耳」で表記する。「柔らかい」というイメージがある。

甲 金 篆

【人名】じ・みみ ♂大田部荒耳《アラミミ》（奈）・初音耳次郎《ミミジロウ》（江）・森巻耳《ケンジ》（江）・渋川玄耳《ゲンジ》（明） ♀藤原耳面刀自《ミミノモトジ》（飛）・蜂飼耳《ミミ》（昭）

【自】6（自・0）常

【読み】音 ジ（呉）・シ（漢） 訓 みずから

【語源】みずから、自分で、の意味。「自」は鼻を描いた図形だが、鼻という意味ではない。鼻は顔の先端にあるので、「ある物を起点としてそこから（〜より）」という意味のジという語を「自」で表記する。人はおのれ自身を起点とするから「みずから」の意味にもなり、人間以外では、その物を起点として他の何物にも拠らないことが「おのずから」の意味である。自然の自とはこの意味。

【人名】おの・これ・じ・より　♂伊福部都牟自《ツムジ》（飛）・多自然麻呂《ジネンマロ》（安）・源自明《ヨリアキラ》（安）・千葉自胤《ヨリタネ》（室）・姉小路自綱《コレツナ》（戦）・中川自休《ジキユウ》（江）・高橋健自《ケンジ》（明）・川俣晃自《コウジ》（大）・宮出隆自《リュウジ》（昭）・山田拓自《タクジ》（昭）　♀県犬養広刀自《ヒロトジ》（奈）・守部秀刀自《ヒデトジ》（安）・凡貞刀自《サダトジ》（安）・諏訪根自子《ネジコ》（大）

【児】7（儿・5）常　【兒】8（儿・6）

【読み】音 ジ（漢）・ニ（呉）　訓 こ

【語源】まだ小さい子どもの意味。頭蓋骨がまだ完全には固まっていない子どもの図形である「兒」によって表記する。

【字体】「兒」は正字（旧字体）。「児」は近世中国で発生した俗字。

【人名】こ・じ・のり・はじめ・る　▽「る」は児の中国語rから。　♂佐伯児屋麻呂《コヤマロ》（奈）・藤原児従《コヨリ》（奈）・古橋暉児《テルノリ》（江）・大下宇陀児《ウダル》（明）・青木正児《マサル》（明）・竹下健児《ケンジ》（大）・杉狂児《キョウジ》（大）・麿赤児《アカジ》（昭）・竜崎遼児《リョウジ》（昭）・安美錦竜児《リュウジ》（昭）　♀児島《コジマ》（奈）

【治】8（水・5）常

【読み】音 ジ（呉）・チ（漢）　訓 おさめる・なおる

【語源】よくない事態に手を加えてうまく整える（おさめる）意味。具体的文脈では、水の調整（治水）、世の中の調整（政治）、病気の調整（治病）などで使われる。「台」は「（道具を用いて）手を加える」というイメージがある（始の項参照）。「台（音・イメージ記号）＋水（限定符号）」を合わせて、洪水が起こった時など、川の水があふれないように、人工を加えて調整する様子を暗示させる。

【人名】おさむ・さだ・じ・ただす・つぐ・のぶ・は

る・よし ▽「さだ（定）」「ただす（正）」は事態がうまく定まることから。「はる（墾）」は荒れ地を整えることから（新治の治と同じ）。「よし（良）」「のぶ（伸）」は病気がよくなって伸びやかになることから。♂源頼治《ヨリハル》（安）・小田治久《ハルヒサ》（鎌）・源宗治《ムネハル》（南）・甲斐常治《ツネハル》（室）・別所長治《ナガハル》（戦）・大野治長《ハルナガ》（土）・徳川家治《イエハル》（江）・椙原治人《ハルンド》（江）・渡辺治《オサム》（江）・国定忠治《チュウジ》（江）・嘉納治五郎《ジゴロウ》（江）・中野重治《シゲハル》（明）・野間清治《セイジ》（明）・森本治吉《ジキチ》（大）・生島治郎《ジロウ》（昭）・王貞治《サダハル》（昭）・羽生善治《ヨシハル》（昭）・藤翔治《ショウジ》（昭）・岡嶋博治《ヒロジ》（昭）・室伏広治《コウジ》（昭） ♀治子《ハルコ》内親王（南）・太田治子《ハルコ》（昭）・下田治美《ハルミ》（昭）・井上治代《ハルヨ》（昭）・谷川治恵《ハルエ》（昭）

【持】 9（手・6） 常

［読み］ ㊥ジ（呉）・チ（漢） ㊙もつ

［語源］ もつ意味の語を「持」と表記する。「寺」は「まっすぐ進む」というイメージがあるが（詩の項参照）、「じっと止まる」というイメージにも展開する。それは「止」（足の形）が「進む」と「止まる」の相反するイメージをもつのと同じで、足自体の機能に基づく。「寺（音・イメージ記号）＋手（限定符号）」を合わせて、手にじっと止めてもつことを表した。

［人名］ じ・もち・もつ ♂県犬養持男《モチオ》（奈）・大伴家持《ヤカモチ》（奈）・大中臣清持《キヨモチ》（安）・服部持法《ジホウ》（鎌）・斯波直持《タダモチ》（南）・足利義持《ヨシモチ》（室）・鵜殿長持《ナガモチ》（戦）・今出川季持《スエモチ》（土）・島津忠持《タダモチ》（江）・佐藤多持《タモツ》（大）・山田隆持《リュウジ》（昭）・有沢賢持《ケンジ》（昭） ♀手持《タモチ》女王（飛）

【時】 10（日・6） 常

［読み］ ㊥ジ（呉）・シ（漢） ㊙とき

［語源］ ときの意味の語を「時」と表記する。「寺」は「まっすぐ進む」というイメージがある（詩の項参照）。「寺（音・イメージ記号）＋日（限定符号）」を合わせて、日にちが進行する様子を暗示させる。

［人名］ じ・とき・よし・より ▽「よし（善）」はちょうどいい時の意味から。「より（度）」はよりより（時々）のよりと同じ。♂藤原時平《トキヒラ》（安）・和気時雨《シグレ》（安）・北条時宗《トキムネ》（鎌）・楠木正時《マサトキ》（南）・三浦時高《トキタカ》（室）・種子島時尭《トキタカ》（戦）・狩野時信《トキノブ》（江）・加藤時次郎《トキジロウ》（江）・橋川時雄《トキオ》（明）・佐藤時啓《トキヒロ》（昭）・黒崎健時《ケンジ》（昭）・団

時朗《ジロウ》(昭) ♀平時子《トキコ》(安)・伊達時《トキ》(江)・長谷川時雨《シグレ》(明)・岩谷時子《トキコ》(大)・柴田時江《トキエ》(昭)

【滋】 12(水・9) 常

【読み】(音)ジ(慣) シ(呉・漢) (訓)しげる・ます

【語源】草木などがどんどん殖える(しげる・ます)意味。「幺」は「糸」の上の部分で、蚕の吐き出す細い糸。これを二つ並べて「小さいものがもう一つ(次々と)ふえる」というイメージを示す。「𢆶(イメージ記号)+艸(限定符号)」を合わせた「茲《じ》」は、草が小さい芽からどんどん殖える様子。後に「茲」が「これ」という助字に使われるようになったため、限定符号の「水」を添えて、水分を得て繁殖する意をこめた。

(甲)  (金)  (篆) 〔茲〕 (篆) 〔滋〕

【字体】「滋」が正字(旧字体)。古くから書道では茲↓茲と書かれる。

【人名】じ・しげ・しげし・しげる・ます ♂小野滋野《シゲノ》(奈)・藤原滋実《シゲザネ》(安)・由良具滋《トモシゲ》(鎌)・蘆名盛滋《モリシゲ》(戦)・有馬胤滋《タネシゲ》(江)・古沢滋《シゲル》「ウロウ」(江)・近藤滋弥《シゲヤ》(明)・戸山滋比古《シゲヒコ》(大)・俊藤浩滋《コウジ》(大)・江国滋《シゲル》(昭)・中川了滋《リョウジ》(昭)・上田滋夢《シゲム》(昭)・内田滋《シゲシ》(昭) ♀平滋子《シゲコ》(安)・室井滋《シゲル》(昭)

【慈】 13(心・9) 常

【読み】(音)ジ(呉)・シ(漢) (訓)いつくしむ

【語源】上の者(君・親)から下の者(臣・子)に対する愛情の意味。「茲《じ》」は「小さいものがどんどん殖える」というイメージがある(前項参照)。「茲(音・イメージ記号)+心(限定符号)」を合わせて、母が子を生み殖やして大事に育てる心を暗示させる。

【人名】じ・しげ・しげる・ちか・なり ▽「ちか(親)」は慈愛の意味からの連想。「なり(成・生)」は母が子を生むことから。「しげる(滋)」は生み殖やすことから。♂戸田光慈《ミツチカ》(江)・松平勝慈《カツナリ》(江)・水原慈音《ジオン》(江)・本田弘慈《コウジ》(明)・遠藤征慈《セイジ》(昭)・川平慈英《ジェイ》(昭)

【爾】 14(爻・10)

【読み】(音)ジ(漢)・ニ(呉) (訓)なんじ

【語源】二人称の「なんじ」の意味。「爾」は上に飾り紐をつけ、下に文字を刻んだはんこを描いた図形で、璽の原字。はんこは下に押しつけるものだから、「二つのものがくっつく」「近づく」というイメージがある。自分に近い相手を呼ぶ称に「爾」を用いた。

金  篆 

［人名］あき・じ・ちか・に ♂石原莞爾《カンジ》(明)・前田陳爾《ノブアキ》(明)・水島爾保布《ニオウ》(明)・藤原審爾《シンジ》(大)・千葉徳爾《トクジ》(大)・小沢征爾《セイジ》(昭)・高階秀爾《シュウジ》(昭)・瀧口喜兵爾《キヘイジ》(昭)・笠井爾示《チカシ》(昭)

【式】6(弋・3) 常

［読み］音 シキ(呉)・ショク(漢) 訓 のり

［語源］決められたやり方、ルールの意味。「弋《よく》」は先端が二股になった棒の図形で(代の項参照)、ここでは「道具を用いる」というイメージを示す。「弋(音・イメージ記号)＋工(イメージ補助記号)」を合わせて、道具を用いて工作する様子を暗示させる。

［人名］しき・つね・のり ▽「つね(常)」はいつも決まったやり方ということから。♂佐伯式麻呂《シキマロ》(奈)・式明《ノリアキ》親王(安)・蜷川式胤《ノリタネ》(江)・池田正式《マサノリ》(江)・竹内式部《シキブ》(江)・秋元式弥《シキヤ》(江) ♀式子《ノリコ》［シキシ・ショクシ］内親王(安)・紫式部《ムラサキシキブ》(安)

【織】18(糸・12) 常

［読み］音 シキ(呉)・ショク(漢) 訓 おる

［語源］布をおる意味。「戠《しょく》」は「目印で見分ける」というイメージがある(次項参照)。「戠(音・イメージ記号)＋糸(限定符号)」を合わせて、染め糸の模様を見分けて布を織る様子を暗示させる。

［人名］おり・おる・しき ♂古田織部《オリベ》(土)・宮本伊織《イオリ》(江)・佐竹織江《オリエ》(江)・安藤織馬《シキマ》(江)・北島織衛《オリエ》(明)・藤原伊織《イオリ》(昭) ♀織子《オリス》女王(江)・平田織瀬《オリセ》(江)・市川香織《カオル》(江)・井上織子《オリコ》(明)・市橋織江《オリエ》(昭)・南沙織《サオリ》(昭)・江国香織《カオリ》(昭)・村治佳織《カオリ》(昭)・山本志織《シオリ》(昭)・神崎詩織《シオリ》(昭)

【識】19(言・12) 常

［読み］音 シキ(呉)・ショク(漢) 訓 しる

［語源］物事を区別して見分ける意味。「戠《しょく》」は「音(音

楽の音ではなく、杙のような標識の形）＋戈（ほこ）」を合わせて、武器で標識を打ちつける情景を設定する図形。「見分けるための目印」というイメージを示す。「戠（音・イメージ記号）＋言（限定符号）」を合わせて、言葉という記号を用いて物事を見分ける様子を暗示させる。

㊙甲  ㊙金  ㊙篆 （戠） ㊙篆 （識）

【人名】さと・さとる・し・しき・つね　▽「さとる（覚）」は識るの縁語。「つね（常）」は古典に常の訓がある。♂丹羽氏識《ウジサト》（戦）・阿部正識《マサツネ》（江）・小池友識《ユウシキ》（江）・沖識名《シキナ》（明）・古葉竹識《タケシ》（昭）・一色識央《サトオ》（昭）・宮田識《サトル》（昭）　♀識子《サトコ［シキシ］》内親王（安）

【七】2（一・1）常

【読み】㊂シチ（呉）・シツ（漢）　㊓なな・ななつ・なの

【語源】数詞の7の意味。「七」は数の性質から考案された図形。これは縦の線の途中を横の線で切る様子を象徴的に示している。切られた後半は線が残ってはみ出た形になる。7を1と7以外の数で割ると、割り切れないで端数が残るので、このイメージを「七」の図形で表すことができる。

㊙甲  ㊙金  ㊙篆 

【人名】しち・な・なな　♂白井半七《ハンシチ》（江）・滋野七郎《シチロウ》（江）・浅野七之助《シチノスケ》（明）・石黒敬七《ケイシチ》（明）・島村三七雄《ミナオ》（明）・深沢七郎《シチロウ》（大）・山本七平《シチヘイ》（大）・坂東彌七《ヤシチ》（昭）・島田洋七《ヨウシチ》（昭）　♀野溝七生子《ナオコ》（明）・鷲谷七菜子《ナナコ》（大）・津田三七子《ミナコ》（昭）・青山七恵《ナナエ》（昭）・塩野七生《ナナミ》（昭）・葛城七穂《ナナホ》（昭）・相川七瀬《ナナセ》（昭）・岩井七世《ナナセ》（平）・藤本七海《ナナミ》（平）

【質】15（貝・8）常

【読み】㊂シツ（漢）・シチ（呉）　チ（呉・漢）　㊓もと・たち・ただす

【語源】抵当、かたが本義。「斤」は斧の形であるが、重さの単位にもなる。「斤」を二つ並べて、「（重量が）釣り合っている」というイメージを示す。「所（イメージ記号）＋貝（限定符号）」を合わせて、借りる金に釣り合うだけの価値のあるものを暗示させる。名目に見合うだけの中身（もと）という意味や、中身があるかどうかをただすという意味などを派生する。

㊫  〔所〕 ㊫  〔質〕

【人名】かた・しち・しつ・すなお・ただ・ただし・ただす・なお・み・もと ▽「すなお」「なお」は素質の意味から。♂奈良原質《シタダ》(戦)・渡辺質《スタダ》(江)・三浦義質《ヨシカタ》(江)・西義質《ヨシモト》(江)・河浪質斎《シッサイ》(江)・由比質《タダス》(明)・清宮質文《ナオブミ》(大)・桂川質郎《シチロウ》(昭)

【実】8(宀・5) 常 【實】14(宀・11)

【読み】㊥ジツ(慣) シツ(漢)・ジチ(呉) ㊀み・みのる・みちる・まこと

【語源】中身がいっぱい満ちる意味(充実)。これを「實」と表記する。「毌」は貫の上部とは別で、田んぼにびっしりと苗が生えている図形(周の項参照)。「いっぱい詰まる」というイメージを示す。「毌(イメージ記号)+貝(イメージ補助記号)+宀(限定符号)」を合わせた「實」は、家に宝物がいっぱい詰まっている情況を設定した図形。中身が詰まることから、果物の「み」、内容があっていつわりのないこと、つまり「まこと」などの意味を派生する。

㊎  ㊫ 

【字体】「實」は正字(旧字体)。「実」は草書から生じた字体。

【人名】さね・じつ・なお・のり・まこと・み・みつ・みのる ▽「さね(核)」は果実の意味から。「なお(直)」は実直の意味から。「のり」はみのりの略。♂藤原実頼《サネヨリ》(安)・源実朝《サネトモ》(鎌)・赤松範実《ノリザネ》(南)・三条実香《サネカ》(室)・武田信実《ノブザネ》(戦)・佐久間政実《マサザネ》(土)・酒井忠実《タダミツ》(江)・小出秀実《ヒデミ》(江)・稲毛実《ミノル》(江)・斎藤実《マコト》(江)・沢田実之助《ジツノスケ》(江)・武者小路実篤《サネアツ》(明)・古井喜実《ヨシミ》(明)・千秋実《ミノル》(大)・小田実《マコト》(昭)・石川雅実《マサミ》(昭) ♀藤原実子《ジッシ》〔サネコ〕(安)・木暮実千代《ミチヨ》(大)・吉村実子《ジツコ》(昭)・栗原一実《カズミ》(昭)・小谷実可子《ミカコ》(昭)・竹内実江《ミエ》(昭)・庄畑実恵《ミエ》(昭)・有村実樹《ミキ》(昭)

【若】8(艸・5) 常

【読み】㊥ジャク(漢)・ニャク(呉) ジャ(漢)・ニャ(呉) ㊀わかい・もしくは・ごとし

［語源］ ニャクは「柔らかい」というコアイメージをもつ語。具体的文脈では「言いなりに従う」意味、また、ハイと承諾の返事をする言葉を表した。「若」は女性が両手で髪を梳かしている図形で、女性の体や髪のイメージを利用して、右のコアイメージを表象している。日本では「柔らかい」のイメージが「わかい」に連合するので、「わかい」を「若」で表記する。

㊙  ㊮ 

［人名］ じゃく・わか ♂山口若麻呂《ワカマロ》（奈）・佐伯有若《アリワカ》（安）・上杉竜若丸《タツワカマル》（戦）・榊原幾久若《キクワカ》（江）・竹本若狭《ワカサ》（江）・伊藤若冲《ジャクチュウ》（江）・京山若丸《ワカマル》（明）・藤田若雄《ワカオ》（大）・山村若《ワカ》（昭）・岩井若次郎《ワカジロウ》（昭） ♀久米若女《ワカメ》（奈）・紀若子《ワカコ》（奈）・八板若狭《ワカサ》（戦）・前田若尾《ワカオ》（明）

【主】 5（丶・4） 常

［読み］ ㊥シュ（漢）・ス（呉） ㊖ぬし・おも・あるじ・つかさどる

［語源］ 中心となる人、つまり「あるじ」の意味。ろうそく台の上に炎が立って燃えている図形である「主」で表記する。よそから移動してくる客に対して、家にどっしりと落ち着いて動かない人をシュといい、「じっと立って動かない」というコアイメージがあるので、この図形が考案された。

㊮ 

［人名］ かず・しゅ・す・つかさ・ぬし・もり ▽「かず（数）」は主計（会計を主る）をかずへ（かずえ）と読んだことから。「もり（守）」はあるじからの連想。♂阿倍御主人《ミウシ》（飛）・滋野貞主《サダヌシ》（奈）・大友黒主《クロヌシ》（安）・大久保主水《モンド》（戦）・四井主馬《シュメ》（戦）・大石主税《チカラ》（江）・浅野主計《カズエ》（江）・杉山主殿《トノモ》（江）・長野主膳《シュゼン》（江）・中山琴主《コトヌシ》（江）・狩野主信《モリノブ》（江）・大岩主一《シュイチ》（江）・本多主馬《シュメ》（明）・木村裕主《ヒロシ》（大）・中野主一《シュイチ》（昭）・柴田佳主也《カズヤ》（昭）・佐々木主浩《カズヒロ》（昭） ♀孝蔵主《コウゾウス》（土）

【守】 6（宀・3） 常

［読み］ ㊥シュ・ス（呉）・シュウ（漢） ㊖まもる・もり

［語源］ 周囲から中のものを囲ってまもる意味。これを「宀（屋根）＋寸（手）」を合わせた「守」によって表記

する。屋根の下に囲って手でしっかり持つ情景を暗示させる図形である。

(金)  (篆) 

【人名】 かみ・しゅ・まもる・もり　▽「かみ」は四等官の長官の称で、国の「かみ」を守と書く。♂物部守屋《モリヤ》(古)・中臣宅守《ヤカモリ》(奈)・藤原三守《タダモリ［ミモリ］》(安)・金剛権守《ゴンノカミ》(室)・荒木田守武《モリタケ》(戦)・九鬼守隆《モリタカ》(土)・藤田守《マモル》(江)・沼間守一《シュイチ》(江)・荻原守衛《モリエ》(明)・鹿島守之助《モリノスケ》(明)・熊谷守一《モリカズ》(明)・加藤守雄《モリオ》(大)・佐々木守《マモル》(昭)・富士桜栄守《ヨシモリ》(昭)・徳山昌守《マサモリ》(昭)　♀守子《モリコ》女王(安)

【朱】 6(木・2)　常

【読み】 (音) シュ(漢)・ス(呉)　(訓) あか・あけ

【語源】 色の名。「朱」は「木」の中ほどに「一」の符号をつけて、木を上下に切り離す図形である。切り株の木質部のような赤みがかった色をシュといい、この図形で表記し、切り株は「朱」に木偏を添えた「株」で表記する。

(金)  (篆) 

【人名】 あか・あかし・あき・あけ・あけみ・あや・しゅ・じゅ　▽「あや」は朱色からの連想。♂須田朱八郎《シュハチロウ》(江)・三浦朱門《シュモン》(明)・上野朱《アカシ》(昭)　♀伊藤朱子《シュコ》(昭)・榎崎朱子《アキコ》(昭)・山尾朱子《アカネ》(昭)・浜田朱里《ジュリ》(昭)・山田朱織《シュオリ》(昭)・佐藤朱《アケミ》(昭)・宮里朱《アヤ》(昭)・岡田朱音《アカネ》(平)

【珠】 10(玉・6)　常

【読み】 (音) シュ(漢)・ス(呉)　(訓) たま

【語源】 パール(真珠)の意味。これを「珠」と表記する。「朱」は「上下に切り離す」というイメージがあり、これは「断ち切る」というイメージに展開する(前項参照)。「朱(音・イメージ記号)＋玉(限定符号)」を合わせて、貝を断ち割って取り出した玉を暗示させる。

【人名】 しゅ・じゅ・たま　♂村田珠光《ジュコウ》(室)・筒井八百珠《ヤオジュ》(江)・山田珠樹《タマキ》(明)・寺島珠雄《タマオ》(大)・宮田珠己《タマキ》(昭)・大道珠貴《タマキ》(昭)　♀珠姫《タマヒメ》(土)・五条珠実《タマミ》(明)・鈴木珠《タマ》(明)・中西珠子《タマコ》(大)・水田珠枝《タマエ》(昭)・

さとう珠緒《タマオ》(昭)・高木珠理《ジュリ》(昭)・小沢真珠《マジュ》(昭)・渡辺華珠《カジュ》(平)

【種】14(禾・9)　常

【読み】㊥シュ(呉)・ショウ(漢)　㊞たね・くさ

【語源】植物を植える意味、また、植物の「たね」の意味。「重」は「上から重みをかけて突く」というイメージがある(該項参照)。「重(音・イメージ)＋禾(限定符号)」を合わせた「種」は、作物のたねや苗を地中へ突き通すようにして植えつける様子を暗示させる。

【人名】かず・くさ・しげ・たね・ね・ふさ　▽「かず(数)」「しげ(繁)」「ふさ(多)」は種が多数生じることから。「くさ」は種類の意味。　♂藤原種継《タネツグ》(奈)・大蔵種材《タネキ》(安)・斯波義種《ヨシタネ》(南)・飯尾之種《ユキタネ》(室)・星合具種《トモカズ》(戦)・天草久種《ヒサタネ》(土)・不破正種《マサタネ》(江)・佐久間種《タネ》(江)・柳亭種彦《タネヒコ》(江)・目賀田種太郎《タネタロウ》(江)・副島種臣《タネオミ》(江)・安保清種《キヨカズ》(明)・古畑種基《タネモト》(明)・沖種郎《タネオ》(大)・津嘉山正種《マサネ》(昭)　♀紀種子《タネコ》(安)・関種子《タネコ》(明)

【寿】7(寸・4)　常　【壽】14(士・11)

【読み】㊥ジュ(呉)・シュウ(漢)　㊞ことぶき・いのちながし

【語源】命が長く延びる意味(長寿)。この語を「壽」で表記する。くねくねと延びる田の畦を描いた「𠃬《ちゅう》」がコアイメージを示す記号。「𠃬(音・イメージ記号)＋口(限定符号)」を合わせた「𠷎《ちゅう》」は、声を長く延ばして出す様子。「𠷎(音・イメージ記号)＋老の略体(限定符号)」を合わせて、老人の年が長く延びて久しいことを表した。楷書ではそれに「寸」(動作を示す符号)を添えて「壽」となった。

㊎

(篆)

【字体】「壽」は旧字体。「寿」は近世中国で発生した俗字。

【人名】かず・ことぶき・じゅ・す・ず・たもつ・つね・とし・なが・のぶ・ひさ・ひさし・ひで・ひろし・ほぎ・やすし・よし　▽「かず(数)」は年の意味から。「たもつ(保)」「つね(常)」は年が久しくたっていることから。「ひで(秀)」は寿命が延びることから。「ひろし(広)」は延びるの縁語。「ほぎ」は長寿をことほぐ意味から。「やすし(安・寧)」「よし(善・好)」は

長寿からの連想。♂徳永寿昌《ナガマサ》(戦)・後藤寿庵《ジュアン》(土)・島津久寿《ヒサナガ》(江)・出目寿満《カズミツ》(江)・井上頼寿《ヨリトシ》(江)・久米千寿《チホギ》(江)・小村寿太郎《ジュタロウ》(江)・秋元寿恵夫《スエオ》(明)・桂寿一《ジュイチ》(明)・金関寿夫《ヒサオ》(大)・和田寿郎《ジュロウ》(大)・森川金寿《キンジュ》(大)・岩倉寿《ヒサシ》(昭)・花ノ本寿《コトブキ》(昭)・岩垂寿喜男《スキオ》(昭)・中田英寿《ヒデトシ》(昭)・木谷寿巳《ヒサシ》(昭)・竹内寿《トシ》(平) ♀寿子《ヒサコ》内親王(鎌)・山の井寿女《トシメ》(江)・荻江寿々《スズ》(明)・吉用寿栄《スエ》(明)・氏家寿子《ヒサコ》(明)・大原寿恵子《スエコ》(明)・田中寿美子《スミコ》(明)・村井八寿子《ヤスコ》(明)・橋田寿賀子《スガコ》(大)・市川寿美礼《スミレ》(昭)・岩男寿美子《スミコ》(昭)・杉内寿子《カズコ》(昭)・小林千寿《チズ》(昭)・宝寿栄《ヒサエ》(昭)・森岡寿里《ジュリ》(昭)

【樹】 16(木・12) 常

[読み] ㊥ ジュ(呉)・シュ(漢) ㊙ き・たてる

[語源] 立木の意味。「壴《ちゅう》」は鼓の左側と同じで、台の上に太鼓を立てる図形。「⊥形にじっと立てる」というコアイメージを示す。「壴(音・イメージ記号)+寸(限定符号)」を合わせた「尌《じゅ》」も同様のイメージを示す。「尌(音・イメージ記号)+木(限定符号)」を合わせて、地上に⊥形にじっと立っている木を表した。「しっかりとたてる」という意味を派生する。

[人名] いつき・き・しげ・しげる・じゅ・ず・たつ・たつき・たつる・みき・むら ▽「みき(幹)」「しげる(茂)」「むら(叢)」は「き」の縁語。「いつき」は五十槻《いつき》(多く茂る槻の意)からか。♂坂上茂樹《シゲキ》(安)・香川景樹《カゲキ》(江)・秋月種樹《タネタツ》(江)・相馬樹胤《ムラタネ》(江)・中江藤樹《トウジュ》(江)・山手樹一郎《キイチロウ》(明)・島崎俊樹《トシキ》(大)・小県真樹《マサキ》(昭)・荻巣樹徳《ミキノリ》(昭)・向坂樹興《タツオキ》(昭)・内田樹《タツル》(昭)・山本樹《タツキ》(昭)・川原田樹《イツキ》(昭) ♀松山樹子《ミキコ》(大)・持田真樹《マキ》(昭)・久保樹乃《ミキノ》(昭)・鈴木杏樹《アンジュ》(昭)・湯本香樹実《カズミ》(昭)・沖樹莉亜《ジュリア》(昭)

【収】 4(又・2) 常 **【收】** 6(攴・2)

[読み] ㊥ シュウ(漢)・ス(呉) ㊙ おさめる・おさまる

【語源】いくつかのものをまとめて取り込む意味（収集）。これを「收」と表記する。「丩《きゅう》」は二つの曲がった線をよじり合わせる様子を示す象徴的符号で、「よじり合わせる」から「引き締める」というイメージに展開する。「丩（音・イメージ記号）＋攴（限定符号）」を合わせて、散在したものを一か所に引き締める様子を暗示させる。

甲  篆 〔丩〕 篆 〔收〕

【字体】「收」は正字（旧字体）。「収」は近世中国の俗字。

【人名】おさむ・かず・しゅう　▽「かず（数）」は金銭の収入のことから。♂柴田収蔵《シュウゾウ》（江）・石井収《オサム》（江）・平井収二郎《シュウジロウ》（江）・国木田収二《シュウジ》（明）・久野収《オサム》（明）・重松収《オサム》（昭）・蛭子能収《ヨシカズ》（昭）・笹尾収一《シュウイチ》（昭）・柏原収史《シュウジ》（昭）

【州】6（巛・3）常

【読み】音 シュウ（漢）・ス（呉）　訓 す

【語源】「なかす」の意味。川の中の島を描いた図形である「州」でこの語を表記する。大きな陸地の意味を派生する。

甲  金  篆 

【人名】くに・しゅう・す　▽「くに（国）」は州が行政区域に使われたことから。♂玉泉八州男《ヤスオ》（昭）・内田州昭《クニアキ》（昭）・和田州生《クニオ》（昭）・浅見真州《マサクニ》（昭）

【舟】6（舟・0）常

【読み】音 シュウ（漢）・ス（呉）　訓 ふね・ふな

【語源】「ふね」をシュウといい、ふねを描いた図形の「舟」でこの語を表記した。「船」と対比するときは、比較的小さなものが「舟」である。

甲  金  篆 

【人名】しゅう・ふな・ふね　♂柳生石舟斎《セキシュウサイ》（戦）・柳川子舟守《フナモリ》（江）・英一舟《イッシュウ》（江）・勝海舟《カイシュウ》（江）・高橋泥舟《デイシュウ》（江）・山岡鉄舟《テッシュウ》（江）・田沢稲舟《イナブネ》（明）・尾上柴舟《サイシュウ》（明）・速水御舟《ギョシュウ》（明）・川嶋舟《シュウ》（昭）　♀鈴木小舟《オブネ》（江）・上田信舟《シンシュウ》（昭）

【秀】7（禾・2）常

［読み］ 音 シュウ(漢)・シュ(呉)　訓 ひいでる

［語源］「作物が穂を出す」が本来の意味。「乃《だい》」は曲がって垂れ下がる様子を示す象徴的符号(該項参照)。「乃(イメージ記号)＋禾(限定符号)」を合わせた「秀」は、作物の穂が出て垂れ下がる姿を暗示させる。穂が出ることから、他よりも先に抜き出る意味を派生する。日本語の「ひいづ」はホ(穂)イヅ(出)が語源で、意味の展開は漢語と似ている。

篆 

［人名］ さかえ・しげる・しゅう・すぐる・ひいづ・ひで・ほ・ほつ・ほづ・まさる・みつ・みのる・よし
▽「さかえ(栄)」「しげる(茂)」は穂が出る意味から。「すぐる(勝)」「まさる(勝)」は秀でることから。「ほつ」は秀《ほ》つ枝《え》から。「ほづ」は秀出《ほい》づの略。♂藤原秀郷《ヒデサト》(安)・秀仁《ミツヒト》親王(鎌)・千葉秀胤《ヒデタネ》(鎌)・京極秀綱《ヒデツナ》(南)・豊臣秀吉《ヒデヨシ》(戦)・明智光秀《ミツヒデ》(戦)・小早川秀秋《ヒデアキ》(土)・毛利秀就《ヒデナリ》(江)・高橋秀倉《ホグラ》(江)・三宅秀《ヒイヅ》(江)・呉秀三《シュウゾウ》(江)・与謝野秀《シゲル》(明)・尾崎秀実《ホツミ》(明)・湯川秀樹《ヒデキ》(明)・大滝秀治《ヒデジ》(大)・岸田秀《シュウ》(昭)・吉野秀《スグル》(昭)・米山秀《マサル》(昭)・正木秀《ヒデ》(昭)・谷原秀人《ヒデト》(昭)・金田一秀穂《ヒデホ》(昭)・松井秀喜《ヒデキ》(昭)・♀守部秀刀自《ヒデトジ》(安)・藤原秀子《ヒデコ》(南)・西宮秀《ヒデ》(江)・石橋秀野《ヒデノ》(明)・前畑秀子《ヒデコ》(大)・石川秀美《ヒデミ》(昭)

【周】 8(口・5)　常

［読み］ 音 シュウ(漢)・シュ・ス(呉)　訓 まわり・めぐる・あまねし

［語源］ 広く全体に欠け目なく行き渡る意味。これを「周」と表記する。「口」を除いた部分が原形で、田にびっしりと苗が植えてある情景を描き、「満遍なく行き渡る」というコアイメージを表した。それに「口(領域を示す符号)」を添えて「周」となった。中心から至る所まですべて行き渡ることから、円形のイメージが生まれ、「めぐる」「まわり」の意味を派生する。

甲 
金 
篆 

［字体］「周」は旧字体。書道などでは古くから「周」となっていた。

［人名］ あまね・いたる・かね・しゅう・ただ・ちか・

ちかし・のり・ひろ・ひろし・まこと・めぐる ▽「あまね」はあまねし（余す所なく行き渡る意）の語根。「ひろし（広）」はあまねしから派生。「いたる（至）」は隅々（究極）まで行き届く意味から。「かね（兼）」は欠け目や不足を補って満たす意味から。「ちか（親・近）」は親密の意味から。「まこと（実）」「ただ（忠）」は行き届いて欠け目のないことから。「のり」は「かね」を矩と解したことからか。♂藤原周光《チカミツ》（安）・義堂周信《シュウシン》（鎌）・世良田義周《ヨシチカ》（南）・土佐広周《ヒロチカ》（室）・田北鎮周《シゲカネ》（戦）・本多忠周《タダチカ》（江）・藤田周敏《カネトシ》（江）・岡部長周《ナガノリ》（江）・千葉周作《シュウサク》（江）・江戸周《マコト》（江）・西周《アマネ》（江）・三浦周行《ヒロユキ》（明）・宮下周《イタル》（明）・加藤周一《シュウイチ》（大）・藤沢周平《シュウヘイ》（昭）・加茂周《シュウ》（昭）・田口周《イタル》（昭）・長坂周《カチ》（昭）・森山周《マコト》（昭）・風見周《メグル》（昭）　♀源周子《チカコ》（安）・島津周子《カネコ》（江）・佐藤周子《チカコ》（昭）・伊藤周子《シュウコ》（昭）

宗→そう

【柊】9（木・5）

[読み] 音 シュウ（漢）・シュ（呉）　訓 ひいらぎ

[語源] 木のヒイラギの意味。葉に鋭い鋸歯があり、触れると痛いので、「ひびらく（疼）」が語源。漢字表記は「疼」のやまいだれを木偏に替えて「柊」ができた。半国字。

[人名] しゅう・ひいらぎ　♂大坪柊軒《シュウケン》（江）・宮柊二《シュウジ》（大）・八木柊一郎《シュウイチロウ》（昭）・楠本柊生《シュウセイ》（昭）・青木柊太《シュウタ》（平）　♀野中柊《ヒイラギ》（昭）・藤臣柊子《シュウコ》（昭）

【洲】9（水・6）

[読み] 音 シュウ（漢）・ス（呉）　訓 す

[語源]「なかす」の意味。「州」が大陸の意味に使われるようになったため、限定符号の「水」を添えた「洲」ができた。一般に「州」と「洲」は通用する。

[人名] くに・しゅう・す　♂細井平洲《ヘイシュウ》（江）・尾藤二洲《ジシュウ》（江）・福原満洲雄《マスオ》（明）・阿部九洲男《クスオ》（明）・飛田穂洲《スイシュウ》（明）・早川雪洲《セッシュウ》（明）・坂井洲二《シュウジ》（昭）　♀坂本洲子《クニコ》（昭）

【秋】9（禾・4）　常

[読み] 音 シュウ（漢）・シュ（呉）　訓 あき

【語源】季節の「あき」をシュウといい、「秋」と表記する。「禾（いね）＋火」の組み合わせである。稲のわらを火で焼いたり乾かしたりする情景を設定し、「あき」を暗示させた。

(籀)  (篆) 

【人名】あき・おさむ・しゅう・とき・みのる ▽「とき」は時の意味があるから。「おさむ（収）」「みのる（実）」は秋から連想。♂阿倍秋麻呂《アキマロ》（飛）・津秋主《アキヌシ》（奈）・文室秋津《アキツ》（安）・藤原秋常《アキツネ》（安）・糟屋宗秋《ムネアキ》（鎌）・高師秋《モロアキ》（南）・上杉憲秋《ノリアキ》（室）・秋月光秋《ミツアキ》（戦）・小早川秀秋《ヒデアキ》（土）・上田秋成《アキナリ》（江）・中村秋香《アキカ》（江）・田所千秋《チアキ》（江）・幸徳秋水《シュウスイ》（明）・阿部秋生《アキオ》（明）・山本秋《アキ》［オサム］（明）・都城秋穂《アキホ》（大）・神田真秋《マサアキ》（昭）・野村秋介《シュウスケ》（昭）・湊秋作《シュウサク》（昭） ♀秋子《アキコ》内親王（江）・田村秋子《アキコ》（明）・向井千秋《チアキ》（昭）・八木秋香《アイカ》（昭）

【修】10（人・8） 常

【読み】(音)シュウ（漢）・シュ（呉） (訓)おさめる・おさまる

【語源】スマートな形に整える意味。これを「修」と表記する。「攸《ゆう》」は「人＋｜（縦の線）＋攵（＝攴。手の動作を示す符号）」を合わせて、人の背中にたらたらと水を流す場面を設定し、「細くて長い」というイメージを示す記号とする。「細長い」は「ほっそりとしてスマートな」というイメージにも展開する。「攸（音・イメージ記号）＋彡（飾り模様を示すイメージ補助記号）」を合わせた「修」は、よくない形を整えて美しくスマートにする様子を暗示させる。「細長い」というコアイメージから、「ながい」意味にもなる。

(甲)  (金)  (篆) 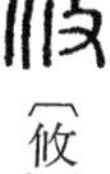〔攸〕 (篆) 〔修〕

【人名】あつむ・おさ・おさむ・さね・しゅ・しゅう・なお・なが・ながし・のぶ・のり・ひさ・まさ・みち・もと・やす・よし・よしみ ▽「あつむ（集）」は本を編集する意味から。「のぶ（伸・延）」は長い意味から。「ひさ（久）」は時間的に長い意味。「さね（実）」「なお（直）」「まさ（正）」は身をまっすぐ修めることから。「みち（道）」は道を修めることから。「もと（基）」「のり（範）」は道の縁語。「よし（良）」は形がよい意味から。♂佐久間修理《シュリ》（土）・修道《ナガミチ》親王（江）・松前修広《ナガヒロ》（江）・

入江修敬《ノブタカ》(江)・三条公修《キンオサ》(江)・久間修文《ヒサフミ》(江)・増山正修《マサナオ》(江)・加藤以修《ユキマサ》(江)・堀田正修《マサモト》(江)・東城修《オサム》(江)・伊沢修二《シュウジ》(江)・三井高修《タカナガ》(明)・外山修之《ヨシユキ》(明)・長野修身《オサミ》(明)・江馬修《ナガシ》(明)・木俣修《オサム》(明)・本多修郎《シュウロウ》(明)・寺山修司《シュウジ》(昭)・司修《オサム》(昭)・小林修《シュウ》(昭)・松岡修造《シュウゾウ》(昭)・石山修武《オサム》(昭)・荒井修光《ノブアキ》(昭)　♀修子《ノブコ》内親王(安)・村田修子《シュウコ》(明)・大村修子《ノブコ》(昭)・広瀬修子《シュウコ》(昭)・小山修加《シュウカ》(昭)

【脩】 11(肉・7)

[読み] 〈音〉シュウ(漢)・シュ(呉)　〈訓〉ほじし

[語源] 干し肉の意味。「攸《ゆう》」は「細長い」というイメージがある(前項参照)。「攸(音・イメージ記号)＋肉(限定符号)」を合わせて、細長く切って干した肉を暗示させる。コアイメージが共通なので、「修」と通用する。

[人名] おさ・おさむ・しゅう・なが・ながし・のぶ・はる　▽「おさむ」などは「修」の名乗りを流用。「はる(張)」は長く延びる意味。♂藤原脩範《ナガノリ》(安)・土御門久脩《ヒサナガ》(土)・守脩《モリオサ》親王(江)・徳川斉脩《ナリノブ》(江)・松浦脩《ナガシ》(江)・外山脩造《シュウゾウ》(江)・藤枝雅脩《マサハル》(明)・宮田脩《シュウ》(明)・三原脩《オサム》(明)・西垣脩《シュウ》(大)・下村脩《オサム》(昭)　♀脩子《シュウシ[ナガコ]》内親王(安)・藤原脩子《シュウシ[ナガコ]》(安)

【就】 12(尢・9)　常

[読み] 〈音〉シュウ(漢)・ジュ(呉)　〈訓〉つく・つける・なる

[語源] ある所や物に寄りつく意味。これを「就」と表記する。「尤《ゆう》」は手にできものが生じる形で、疣の原字。「特定の場所に出現する」というイメージがある。「京」は人々が集まり住む所。「尤(音・イメージ記号)＋京(イメージ補助記号)」を合わせた「就」は、特定の場所に人々が寄り集まってくる様子を暗示させる図形。「ある所に寄って近づく」というイメージの語を表記する。また、ある所に集まって一つにまとまる意味(「なる」と訓じる)を派生する。

〈甲〉  〈金〉  〈篆〉  〔尤〕 〈篆〉  〔就〕

[人名] しゅう・なり・ゆき・より　▽「ゆき(行)」は近づいて行く意味から。♂毛利元就《モトナリ》(室)・平佐就之《ナリユキ》(戦)・井上正就《マサナリ》(土)・菅原道就《ミチナリ》(江)・池田定就《サダヨリ》(江)・松井政就《マサナリ》(昭)・藤沢一就《カズナリ》(昭)・加賀山就臣《ユキオ》

（昭）　♀吉成就子《ナリコ》（江）・寺田就子《シュウコ》（昭）

【萩】

12（艸・9）

【読み】㊥シュウ（漢）・シュ（呉）　㊦はぎ

【語源】植物のハギの意味。秋の代表的な草なので「秋」に草冠を添えて「萩」ができた。半国字。

【人名】はぎ　♂長者園萩雄《ハギオ》（江）・鹿島萩麿《ハギマロ》（明）
♀青木萩子《ハギコ》（昭）

【衆】

12（血・6）　常

【読み】㊥シュウ（漢）・シュ・ス（呉）　㊦おおい

【語源】多くの人々の意味。一番古い図形は「日＋众（三人の人）」の組み合わせ。太陽のもとに大勢の人が集まる情景を設定している。後に「日」が「罒（＝目）」に、さらに「血」に変化した。

㊙甲 　㊙金 　㊙篆 

【人名】あつ・しゅう・たみ・ひろ・もろ　▽「あつ」は集まるの「あつ」。「たみ（民）」は大衆の意味から。「ひろ（広）」は多いの縁語。「もろ（諸）」は多い意。♂森衆利《アツトシ》（江）・松平容衆《カタヒロ》（江）・有馬広衆《ヒロタミ》（江）・内田正衆《マサモロ》（江）・笠智衆《チシュウ》（明）・佐江衆一《シュウイチ》（昭）・出口衆太郎《シュウタロウ》（昭）・田中衆史《ヒロシ》（昭）

【集】

12（隹・4）　常

【読み】㊥シュウ（漢）・ジュウ（呉）　㊦あつまる・あつめる・つどう

【語源】一所に止まる意味、また、多くのものが一所にあつまる意味。「集」は「隹（とり）＋木」を合わせて、鳥が木の上に止まっている情景を設定した図形。「たくさん集まる」のイメージを明確にするため、「雧」という異体字もできた。

㊙甲 　㊙金 　㊙篆  

【人名】あい・い・しゅう・ため・ちか・つどい　▽「あい（会）」は集会の意味から。「い（居・坐）」はじっと止まる意。「ため（溜）」は集めておく意。「ちか（親）」は和集（仲良くなる）の意味から。♂万里集九《シュウキュウ》（室）・岩倉具集《トモアイ》（江）・朝倉集義《チカヨシ》（江）・上田集成《タメシゲ》（江）・高田集蔵《シュウゾウ》（明）・関集三《シュウゾウ》（大）・長谷川集平《シュウヘイ》（昭）・吉

田集而《シュウジ》（昭）・布瀬川集《シュウ》（昭）・緒川集人《シュウト》（昭）

【十】2（十・0）常

【読み】㊀音ジュウ（呉）・シュウ（漢）　訓と・とお

【語源】十進法の単位の一つ。また、数詞の10の意味。数の性質から発想されて、視覚記号の「十」が考案された。十進法では基数は9までで、10から新しい単位になる。この単位を「十」で表す。始めは一本の縦線であったが、後に真ん中を膨らませて「十」の形になった。まとめて一本に締めくくることを象徴的に示す符号である。

甲 　金 　篆 

【補説】詰まり音はジフ→ジッとなり、ジュッとならない。なお数詞の10は漢語では「一十」が正しく、「十」はその省略である。

【人名】かず・しげ・じゅう・そ・と・とお・とみ・ひさし・みつ・みつる　▽「そ」は十の意味。「しげ（繁）」は数が多い意味から。「とみ（富）」「みつ（満）」は十全の意味から。♂物部十千根《トオチネ》（古）・観世十郎《ジュウロウ》（戦）・佃十成《カズナリ》（土）・柳生十兵衛《ジュウベエ》（江）・小野寺十内《ジュウナイ》（江）・西条八十《ヤソ》（明）・守分十《ヒサシ》（明）・高野素十《スジュウ》（明）・椋鳩十《ハトジュウ》（明）・近衛十四郎《ジュウシロウ》（大）・斎藤十一《ジュウイチ》（大）・伊丹十三《ジュウゾウ》（昭）・久間十義《ジュウギ》（昭）・戸井十月《ジュウガツ》（昭）・藪中三十二《ミトジ》（昭）・古城十忍《トシノブ》（昭）　♀気太十千代《トオチヨ》（奈）・三谷十糸子《トシコ》（明）・早川十志子《トシコ》（明）・和田夏十《ナット》（大）・矢口十詩子《トシコ》（昭）・神津十月《カンナ》（昭）

【充】6（儿・4）常

【読み】音ジュウ（慣）・シュウ（漢）・シュ（呉）　訓あてる・みちる

【語源】成長して大きくなる意味、また、中身がいっぱいになる（みちる）意味。「𠫓《とつ》」は「子」の逆転文字で、頭を下にして生まれる赤ん坊（育の項参照）。「𠫓＋儿（二本足、または人体を示す符号）」を合わせて、赤ん坊が二本足で立てるほど成長する様子を暗示させる。「中身がいっぱい詰まる」というイメージがあり、欠けた所を満たす（充てる）意味を派生する。

篆 

【人名】あつ・じゅう・たかし・まこと・み・みち・みつ・みつる　▽「あつ」は充てる意味。「たかし（高）」は大きくなる意味から。「まこと（実）」は中身が充実する意味から。♂西園寺実充《サネミツ》（戦）・万里小路充房《アツフサ》（土）・松平忠充《タダミツ》（江）・大河内輝充《テルミチ》（江）・石田充之《ミツユキ》（明）・児玉充次郎《ジュウジロウ》（明）・大宮敏充《トシミツ》（大）・小浪充《タカシ》（昭）・松岡充《ミツル》（昭）・田中充《タカシ》（昭）・山口智充《トモミツ》（昭）・加藤充志《アツシ》（昭）♀西脇充子《ミツコ》（昭）・松本充代《ミチヨ》（昭）・岡本端充《マサミ》（昭）・壱岐充恵《ミエ》（昭）

【重】9（里・2）　常

【読み】㊥ジュウ（呉）・チョウ（漢）　㊙おもい・え・かさねる・おもんじる

【語源】目方がおもい意味。これを「重」と表記する。「重」には「東」が含まれている。「東」は「突き通す」というイメージがある（該項参照）。「東（音・イメージ記号）＋人＋土（二つとも、イメージ補助記号）」を合わせた「重」は、人が足で地面をトントンと突く場面を設定した図形。これによって「上から下に重みが加わるさま」を暗示させる。上から重みが加わることから、「（物が層をなして）かさなる」意味を派生する。

㊎ 　㊇ 

【人名】あつ・あつし・え・おもし・かず・しげ・しげし・しげる・じゅう　▽「あつし」は古典に「厚」の訓がある。「え（へ）」は重なるものを数える言葉。「しげ（繁）」「かず（数）」は数が増し加わる意味から。♂平重盛《シゲモリ》（安）・北条重時《シゲトキ》（鎌）・瓜生重《シゲシ》（鎌）・工藤重貞《シゲサダ》（南）・日野重光《シゲミツ》（室）・竹中重治《シゲハル》（戦）・木村重成《シゲナリ》（土）・伊東重《シゲル》（江）・近藤重蔵《ジュウゾウ》（江）・大隈重信《シゲノブ》（江）・五来重《シゲル》（明）・河田重《シゲシ》（明）・都留重人《シゲト》（明）・日野原重明《シゲアキ》（明）・畑田重夫《シゲオ》（大）・宇野重吉《ジュウキチ》（大）・蓮見重彦《シゲヒコ》（昭）・糸井重里《シゲサト》（昭）・山鳥重《アツシ》（昭）・与座重理久《エリク》（昭）♀県犬養八重《ヤエ》（奈）・重子《シゲコ》内親王（安）・日野重子《シゲコ》（室）・西郷千重子《チエコ》（江）・水谷八重子《ヤエコ》（明）・大竹一重《ヒトエ》（昭）・西島三重子《ミエコ》（昭）・岸本多万重《タマエ》（昭）・山之内重美《シゲミ》（昭）

【従】10（彳・7）　常　【從】11（彳・8）

【読み】㊥ジュウ・ジュ（呉）・ショウ（漢）　㊙したがう・したが

える・より

[語源] 後にしたがう意味。これを「従」と表記する。「从《じゅう》」が原形で、同じ方向に並ぶ二人の人を描き、Aの後にBがついていく様子を暗示させる図形。これに「彳+止」(辵と同じで、進行にかかわる限定符号)を添えて「従」となった。

甲 金 篆 〔从〕
甲 金 篆 〔従〕

[字体] 「從」は正字(旧字体)。「従」は近世中国で発生した俗字。

[人名] じゅう・つぐ・より ▽「つぐ」は次の意味から。「より」はどこそこからと起点を示す言葉。♂藤原真従《マヨリ》(奈)・板倉勝従《カツヨリ》(江)・萩原兼従《カネヨリ》(江)・西郷従道《ツグミチ》(江)・西郷従吾《ジュウゴ》(明)・矢萩喜従郎《キジュウロウ》(昭)・鈴木従道《ツグミチ》(昭) ♀小侍従《コジジュウ》(安)・佐藤従子《ヨリコ》(昭)

【叔】 8(又・6) 常

[読み] 音 シュク(漢)・スク(呉)

[語源] 本来は「拾う」意味。「朩《しゅく》」はつるを出した豆を描いた図形で、「小さい」というイメージがあり、「小さく(細く)引き締まる」というイメージに展開する。「朩(音・イメージ記号)+又(手の動作を示す限定符号)」を合わせて、手の指を引き締めて物を取る様子を暗示させる。「小さい」というコアイメージから、兄弟のうち小さい方の弟をシュクといい、同じ図形で表記する。

甲 金 篆

[人名] さだ・しゅく・はじめ・よし ▽「よし」「はじめ」は「淑」の名乗りの流用。「さだ(貞)」も貞淑の意味から。♂曾我紹叔《ショウシュク》(戦)・東条義叔《ヨシサダ》(江)・柘植叔順《シュクジュン》(江)・宮本叔《シュク》(明)・広瀬叔功《ヨシノリ》(昭)・板坂叔典《ヨシフミ》(昭) ♀伊藤叔《ヨシ》(昭)・竹村叔子《ヨシコ》(昭)

【祝】 9(示・5) 常 【祝】 10(示・5)

[読み] 音 シュク(呉・漢) シュウ(漢)・シュ(呉) 訓 いわう

[語源] 祭祀を司る人、「はふり」(神官)の意味。「示(祭壇の形)+兄(頭の大きな人の形)」を合わせて、右の意味をもつシュクという語を表記する。祝詞をあげて祈る意

味、また、めでたいことをことほぐ（いわう）意味を派生する。

甲  金  篆 

【字体】「祝」は正字（旧字体）。「祝」は古くから書道などで使われた字体。

【人名】いわい・いわお・しゅく・とき・のり・はじめ・よし ▽「のり（宣・告）」は祝詞を述べることから。「とき」は祝詞を説くことから。「よし（吉・善）」は吉事をことほぐ意味から。「はじめ」は古典に「始」の訓がある。♂松平信祝《ノブトキ》（江）・大西祝《ハジメ》（江）・中田祝夫《ノリオ》（大）・木下祝郎《シュクオ》（大）・瀬藤祝《イワオ》（昭）・今井祝雄《ノリオ》（昭）・後藤祝秀《ノリヒデ》（昭） ♀祝子《シュクシ》内親王（南）・聖祝《セイシュク》女王（江）・津川祝子《シュクコ》（昭）

【淑】11（水・8） 常

【読み】音 シュク（漢）・ジュク（呉） 訓 よい・しとやか

【語源】もとは「水が清らか」の意味。「叔」は「小さい」というイメージがある（該項参照）。「叔（音・イメージ記号）＋水（限定符号）」を合わせて、水勢が小さくなり、じっと落ち着いて清らかに澄む様子を暗示させる。一方、「叔」は「小さい」というイメージから、「小さく（細く）引き締まる」というイメージに展開する。こぢんまりと引き締まった姿はスマートで美しい印象を与える。そこで「淑」は一般に「清らかで美しい」「よい」意味に転用されるが、特に詩経で「淑女」「淑姫」と使われてから、女性のしとやかさを形容するようになった。

【人名】いつ・きよ・きよし・しず・しゅく・すなお・すみ・とし・はじめ・ふかし・よし ▽「しず（静）」「すみ（澄）」「ふかし（深）」「いつ（凍）」は水が清らかに澄む意味から。「すなお」「とし（敏・利）」は「よし」の縁語。「はじめ（始）」は俶（はじめ）と通用することから。♂紀淑望《ヨシモチ》（安）・増子淑時《ヨシトキ》（江）・中根淑《シュク［キヨシ］》（江）・紀淑雄《トシオ》（明）・池田淑人《ヨシト》（明）・丸元淑生《ヨシオ》（昭）・石堂淑朗《トシロウ》（昭）・岩崎淑《シュク》（昭）・若井淑《ハジメ》（昭）・坂井淑晃《ヨシアキ》（昭） ♀藤原淑子《ヨシコ》（安）・藤原淑姫《ヨシヒメ》（安）・淑子《スミコ》内親王（江）・有明淑《シズ》（明）・関淑子《トシコ》（明）・山口淑子《ヨシコ》（大）・暉峻淑子《イツコ》（昭）・藤田淑子《トシコ》（昭）・平淑恵《ヨシエ》（昭）・戸部淑《スナホ》（昭）・有橋淑和《スミナ》（昭）

【粛】11（聿・5）常

［読み］(音)シュク（漢）・スク（呉）　(訓)つつしむ

［語源］身を引き締める意味。これを「肅」と表記する。「聿」は筆を手で立てて持つ図形で、「まっすぐ立つ」というイメージがある（建の項参照）。「𣶒」は淵（ふち）の原字。「聿（イメージ記号）＋𣶒（イメージ補助記号）」を合わせた「肅」は、崖淵の上に立って下を臨む情景を設定して、恐ろしさで身を縮める様子を想像させる。雑然とした状態が引き締まってひっそりとなる（しずか）の意味を派生する。

(金) 　(篆) 

［字体］「肅」は正字（旧字体）。「粛」は近世中国で発生した俗字。

［人名］かた・きよし・しゅく・すすむ・たか・ただ・とし・のり・まさ・まさし　▽「きよし（清）」は静かの縁語。「すすむ（進）」は恭しく進める意味から。「たか（尊・敬）」は恭敬の意味から。「ただ（正）」「まさ（正）」「かた（固）」は厳正・厳重の意味から。「とし（疾）」は古典に疾の訓がある。　♂諏訪忠粛《タダカタ》（江）・浅野斉粛《ナリタカ》（江）・本多忠粛《タダトシ》（江）・野田忠粛《タダノリ》（江）・景山粛《シュク》（江）・松村粛《ススム》（明）・杉山粛《マサシ》（昭）・櫟粛之《タダシ》（昭）　♀粛子《シュクシ》内親王（鎌）

【出】5（凵・3）常

［読み］(音)シュツ（漢）・スチ（呉）　スイ（呉・漢）　(訓)でる・だす・いだす

［語源］内から外にでる意味。「出」は「止（足の形）＋凵（くぼみの形）」を合わせて、へこみから外へ足をだす情景を設定した図形である。

(甲) 　(金) 　(篆) 

［人名］いず・いずる・で　♂篠原出羽《デワ》（土）・鎌田出雲《イズモ》（江）・津田出《イズル》（江）・新村出《イズル》（明）・今日出海《ヒデミ》（明）・岸田日出刀《ヒデト》（明）・須藤出穂《イズホ》（大）・青木日出雄《ヒデオ》（昭）・日野日出志《ヒデシ》（昭）・清水出美《イズミ》（昭）・高柳出己《イズミ》（昭）　♀吉田日出子《ヒデコ》（昭）・伊藤日出代《ヒデヨ》（昭）

【述】8（辵・5）常

【読み】 ㊥ジュツ（呉）・シュツ（漢） ㊞のべる

【語源】 既定のルートに従う意味（祖述）。「朮《じゅつ》」は穂に種子が生じる姿を描き、種子に粘性のあるアワを表す。「くっついて離れない」というイメージを示す記号となる。「朮（音・イメージ記号）＋辵（限定符号）」を合わせて、コースから外れないで行く様子を暗示させる。話の筋道に従って言い表す（のべる）意味を派生する。

㊮ 〔朮〕 ㊮ 〔述〕

【字体】 「述」は正字（旧字体）。「述」は古くから書道などで使われた。

【人名】 あきら・じゅつ・とも・のぶ・のぶる・のり ▽「あきら（明）」ははっきりと述べることから。「のり（宣・告）」は述べる意味から。「とも（伴）」は従う意味から。 ♂河鰭公述《キンアキラ》（江）・甲斐庄正述《マサノブ》（江）・林述斎《ジュッサイ》（江）・伊藤述史《ノブフミ》（明）・太田述正《ノブマサ》（昭）・森貞述《サダノリ》（昭）・白井述《ノブ》（昭） ♀述子《ジュツシ［ノブコ］》内親王（安）・藤原述子《ジュツシ［ノブコ］》（安）・江川述子《ノリコ》（昭）

【俊】 9（人・7） 常

【読み】 ㊥シュン（呉・漢） ㊞すぐれる

【語源】 他より抜きん出る意味。「允《いん》」は均整がとれてすらりと立つ人の形（該項参照）。「允＋夂（足の形）」を合わせた「夋《しゅん》」はすらりと高く立つ様子。「夋（音・イメージ記号）＋人（限定符号）」を合わせて、ひときわ高く抜きん出る人を暗示させる。

㊮ 〔夋〕 ㊮ 〔俊〕

【人名】 さとし・しゅん・すぐる・たかし・とし・まさり・まさる・よし ▽「さとし（慧）」「とし（敏）」「まさる（勝）」「よし（良）」はすぐれる意味から。「たかし（高）」は高く抜きん出る意味から。 ♂藤原俊成《トシナリ［シュンゼイ］》（安）・日野俊光《トシミツ》（鎌）・巨勢俊久《トシヒサ》（南）・飛鳥井雅俊《マサトシ》（室）・二宮俊実《トシザネ》（戦）・三井高俊《タカトシ》（江）・村田俊《シュン》（江）・伊藤俊輔《シュンスケ》（江）・石原俊《タカシ》（明）・近江俊郎《トシロウ》（大）・小尾俊人《トシト》（大）・海部俊樹《トシキ》（昭）・谷川俊太郎《シュンタロウ》（昭）・大出俊《シュン》（昭）・高島俊《スグル》（昭）・一條俊《サトシ》（昭）・塩屋俊《トシ》（昭） ♀藤原俊子《トシコ》（鎌）・中島俊子《トシコ》（江）・田村俊子《トシコ》（明）・丸木俊《トシ》（明）・高野俊《トシ》（昭）・橘俊江《トシエ》（昭）・野々村俊恵《トシエ》（昭）・酒井俊《シュン》（昭）

【春】 9（日・5）　常

[読み] ㊥シュン（呉・漢）　㊧はる

[語源] 季節の「はる」の意味。「春」は「屯」を含む。「屯」は地下に根がずっしりと蓄えられ、芽が地上に出かかる図形（純の項参照）。「屯（音・イメージ記号）＋艸（イメージ補助記号）＋日（限定符号）」を合わせた「萅」は、草が活動する時期を暗示させる。

㊜ 

[字体] 「萅」が本字。隷書で「春」となった。

[人名] あずま・かず・しゅん・とき・はじめ・はる ▽「あずま」は五行説で春が東方と対応するから。「かず（数）」「とき（時）」は年の意味から。「はじめ（始）」は四季の最初だから。♂春日皇子《カスガ》（古）・紀春主《ハルヌシ》（安）・藤原春景《ハルカゲ》（安）・万里小路春房《ハルフサ》（室）・明智光春《ミツハル》（戦）・徳川宗春《ムネハル》（江）・荷田春満《アズママロ》（江）・小島春比古《ハルヒコ》（江）・桃井春蔵《シュンゾウ》（江）・高津春繁《ハルシゲ》（明）・古賀春江《ハルエ》（明）・上山春平《シュンペイ》（大）・金田一春彦《ハルヒコ》（大）・猪谷千春《チハル》（昭）・本田靖春《ヤスハル》（昭）・村上春樹《ハルキ》（昭）・三浦春馬《ハルマ》（平）♀春日局《カスガノツボネ》（安）・昭訓門院春日《カスガ》（鎌）・伊藤春《ハル》（江）・杉村春子《ハルコ》（明）・赤木春恵《ハルエ》（大）・市川春代《ハルヨ》（大）・露崎春女《ハルミ》（昭）・新山千春《チハル》（昭）・近藤春菜《ハルナ》（昭）

【峻】 10（山・7）

[読み] ㊥シュン（呉・漢）　㊧たかい・けわしい

[語源] 山がすっくと高い意味。「高く立つ」というイメージをもつ「夋《しゅん》」を用いて（俊の項参照）、「夋（音・イメージ記号）＋山（限定符号）」を合わせた図形によって、その語を表記する。

[人名] しゅん・たか・たかし・とし・みち・みね ▽「とし（敏）」は高く飛び抜ける意味から。「みち」は峻路（けわしい山道）からか。「みね（峰）」は山が高いことからの連想。♂子安峻《タカシ》（江）・三浦峻次《トシツグ》（江）・内藤政峻《マサミチ》（江）・有馬峻太郎《シュンタロウ》（江）・神代峻通《タカミチ》（明）・和久峻三《シュンゾウ》（昭）・葉山峻《シュン》（昭）・佐々木峻《タカシ》（昭）

【竣】 12（立・7）

[読み] ㊥シュン（呉・漢）

[語源] すっくと高く立つ意味（竣工）。「高く立つ」と

いうイメージをもつ「夋《しゅん》」を用いて（俊の項参照）、「夋（音・イメージ記号）＋立（限定符号）」を合わせた図形によって、その語を表記する。

［人名］しゅん　♂松本竣介《シュンスケ》（明）・大沼竣《シュン》（昭）・愛沢竣也《シュンヤ》（昭）

【舜】13（舛・6）

［読み］㊥シュン（呉・漢）

［語源］中国古代の聖王の名。「舛」は舞の下部と同じで、ステップを踏む両足の形。ダンスなどの動作に限定する符号である。「舛」を省いた部分は「匚（わく）＋炎（ほのお）」を合わせて、炉の中で炎がゆらゆら燃える様子。「㷔（イメージ記号）＋舛（限定符号）」を合わせた「舜」は、ひっきりなしに足を動かす様子を暗示させる図形。「すばやく動く」というコアイメージから、精神がすばやく働き、行動が敏捷な人という意味を寓する名前とした。

（篆）

［人名］きよ・しゅん・とし・ひとし・よし　▽「きよ（聖）」は聖王からの連想。「とし（敏）」は敏捷なことから。「ひとし（斉）」はそろっていて完全だということから。「よし（佳）」は「きよ（清）」の縁語。♂佐竹義舜《ヨシキヨ》（室）・蘆名盛舜《モリキヨ》（室）・北条氏舜《ウジトシ》（戦）・北川舜治《シュンジ》（江）・大住舜《シュン》（明）・岡本舜三《シュンゾウ》（明）・青江舜二郎《シュンジロウ》（明）・山本舜勝《キヨカツ》（大）・西沢舜一《シュンイチ》（昭）・山崎舜平《シュンペイ》（昭）・久田舜一郎《シュンイチロウ》（昭）・溝口舜亮《シュンスケ》（昭）・八尋舜右《シュンスケ》（昭）

【駿】17（馬・7）

［読み］㊥シュン（呉・漢）

［語源］背が高く、足の速い馬の意味。「すっくと高く立つ」というイメージをもつ「夋《しゅん》」を用い（俊の項参照）、「夋（音・イメージ記号）＋馬（限定符号）」を合わせて、背の高いすぐれた馬を暗示させた。

［人名］しゅん・すすむ・する・たかし・とし・はや・はやお・はやし　▽「すすむ（進）」「とし（敏）」「はや（速）」は足が速い馬の意味から。「はやお」は隼人の「はや」（敏捷の意）に「お（男）」がついたもの。♂阿倍駿河《スルガ》（奈）・小倉武駿《タケトシ》（江）・多田駿《ハヤオ》（明）・野村駿

吉《シュンキチ》(明)・衣笠駿雄《ハヤオ》(大)・高原駿雄《トシオ》(大)・堺駿二《シュンジ》(大)・秋山駿《シュン》(昭)・赤木駿介《シュンスケ》(昭)・宮崎駿《ハヤオ》(昭)・斎藤駿《ススム》(昭)・鈴木駿也《シュンヤ》(平)　♀駿河《スルガ》内親王(安)

【瞬】18(目・13)　常

【読み】(音)シュン(呉・漢)　(訓)またたく・まばたく

【語源】まばたきする意味。「舜」は「すばやく動く」というイメージがある(該項参照)。「舜(音・イメージ記号)+目(限定符号)」を合わせて、目をぱちぱちとすばやく動かす様子を暗示させる。

【人名】しゅん　♂伊岡瞬《シュン》(昭)・塩谷瞬《シュン》(昭)・堂場瞬一《シュンイチ》(昭)

【旬】6(日・2)　常

【読み】(音)ジュン(呉)・シュン(漢)

【語源】十日間の意味。これを「旬」と表記する。「勹」は包の原形とは別の記号で、手をぐるりと回す図形。「勹(イメージ記号)+日(限定符号)」を合わせて、一月のうち一回りする日数を表す。古代中国で一月を十日ごとに区切って、日数の目安とした。

【人名】しゅん・じゅん・とき・ひとし・まさ　▽「とき(時)」は時間とのつながり。「ひとし」は旬をキンと読ませて、均と通用したから。「まさ(正)」は均しくすることから。♂長尾旬《ヒトシ》(昭)・河村旬記《マサキ》(昭)・古矢旬《ジュン》(昭)・望月旬《ジュン》(昭)・小栗旬《シュン》(昭)　♀内沢旬子《ジュンコ》(昭)・牧村旬子《ジュンコ》(昭)

【洵】9(水・6)

【読み】(音)ジュン(呉)・シュン(漢)　(訓)まことに

【語源】もとは川の名で、水が渦巻くことから名づけられた。「ぐるりと回る」というイメージをもつ「旬」を用いて(該項参照)、「旬(音・イメージ記号)+水(限定符号)」を合わせた図形で表記した。他方、「旬」は一回りすることから、欠け目なく行き渡るというイメージに展開し、行き届いた心(まこと、真実)の意味を同じ図形で表記した。後者は「恂」とも書かれる(ただし人名漢字ではない)。

【人名】じゅん・のぶ・まこと　♂宇佐美洵《マコト》(明)・半

沢洵《ジュン》（明）・沢村洵《ジュン》（昭）・須田洵《マコト》（昭）

【盾】9（目・4）常

【読み】㊀ジュン（呉）・シュン（漢）㊁たて

【語源】たての意味。「厈（たての形）＋目」を合わせ、目の前を覆って身をかばい守る武器を暗示させる図形である。

篆 

【人名】じゅん・たて　♂神田盾夫《タテオ》（明）・俣木盾夫《タテオ》（昭）・高橋盾《ジュン》（昭）

【准】10（冫・8）常

【読み】音 ジュン（呉）・シュン（漢）訓 なぞらえる・ならう

【語源】「準」と同じだが、専ら「ゆるす」の意味（批准）に使われる。日本では上位に準じる意味（准尉）でも使われる。

【字体】「準」の俗字に「凖」があり、下部を省略して生まれた字体。

【人名】じゅん・ちか・のり　▽「ちか（近）」は上位と同じような待遇を受ける意味から。♂岡田准一《ジュンイチ》（昭）・石川准《ジュン》（昭）・塩屋准《ジュン》（昭）・村本准也《ジュンヤ》（昭）・伊波伴准《トモチカ》（昭）

【純】10（糸・4）常

【読み】音 ジュン（呉）・シュン（漢）

【語源】蚕の糸が本来の意味。これを「純」と表記する。「屯」は地下に根がずっしりと蓄えられ、芽が地上に出かかる図形。「中に多くの物を蓄える」というイメージがある。「屯（音・イメージ記号）＋糸（限定符号）」を合わせて、蚕の繭に蓄えられた糸を暗示させる。混じりけがない意味や、ほかに何もなくただそれだけ（もっぱら）の意味などを派生する。

金 　篆 〔屯〕　篆 〔純〕

【人名】あつ・あつし・あや・いたる・いと・きよし・じゅん・すなお・すみ・つな・とう・まこと・よし　▽「あつし」は古典に厚の訓がある。「いたる」は古典に至の訓がある。「きよし（清）」「すみ（澄）」「よし（良）」「すなお」は混じりけがない意味から。「まこと」は古典に誠の訓がある。「つな（綱）」「あや（綾）」は糸の縁語。♂紀広純《ヒロズミ》（奈）・藤原純友《スミトモ》（安）・畠山義純《ヨシズミ》（鎌）・熊谷直純《ナオズミ》（室）・有馬晴純《ハルズミ》（戦）・大村純頼《スミヨリ》（土）・本多正純《マサズミ》（江）・住友友純《トモイト》（江）・小川志純《ユキトウ》（江）・寺井純司《ジュンジ》（江）・川村純義《スミヨシ》（明）・石原純《ジュン》（明）・野沢純《キヨシ》（明）・五味川純平《ジュンペイ》（大）・多々良純《ジュン》（大）・小泉純一郎《ジュンイチロウ》（昭）・泉田純至《ジュンジ》（昭）・石田純一《ジュンイチ》（昭）・石原良純《ヨシズミ》（昭）　♀純子《ジュンシ［スミコ］》内親王（安）・富司純子《スミコ》（昭）・久保純子《ジュンコ》（昭）・戸川純《ジュン》（昭）・山本真純《マスミ》（昭）・小沢摩純《マスミ》（昭）・石川佳純《カスミ》（平）

【隼】10（隹・2）

［読み］㊥ジュン（慣）　シュン（呉・漢）　㊫はやぶさ

［語源］鳥のハヤブサの意味。飛ぶのが速い鳥なので、「一（イメージ記号）＋隹（限定符号）」を合わせて、一直線にまっすぐ飛ぶ鳥を暗示させる図形が考案された。

㊧篆 

［人名］しゅん・じゅん・たか・はや・はやぶさ　▽「たか」はタカ（鷹）の類であるところから。♂大道寺隼人《ハヤト》（土）・池上隼之助《ハヤノスケ》（江）・門倉隼太《ハヤタ》（江）・島津隼彦《ハヤヒコ》（明）・河合隼雄《ハヤオ》（昭）・宮下隼一《ジュンイチ》（昭）・赤瀬川隼《シュン》（昭）・谷隼人《ハヤト》（昭）・今野隼史《タカシ》（昭）・柳沢隼《ジュン》（昭）・下田隼成《ハヤナリ》（昭）・田中隼磨《ハユマ》（昭）・田谷隼《ハヤト》（平）

【惇】11（心・8）

［読み］㊥ジュン（慣）　シュン（呉・漢）　㊫あつい・まこと

［語源］人格に真心があって手厚い意味。「享《じゅん》」は「重みがあってずっしりと落ち着く」というイメージを示す（敦の項参照）。「享（音・イメージ記号）＋心（限定符号）」を合わせて、右の意味の語を表記する。

［人名］あつ・あつし・じゅん・すなお・つとむ・とし・まこと・よし　▽「すなお（直）」「よし（善・良）」はまことから連想。♂山内豊惇《トヨアツ》（江）・酒井忠惇《タダトシ［タダトウ］》（江）・村田惇《アツシ》（江）・足利惇氏《アツウジ》（明）・大木惇夫《アツオ》（明）・深代惇郎《ジュンロウ》（昭）・伊藤惇夫《アツオ》（昭）・大貫惇睦《ヨシチカ》（昭）・宮崎惇《ツトム》（昭）・山西惇《アツシ》（昭）・鈴木惇《ジュン》（昭）　♀惇子《ジュンシ［アツコ］》内親王（安）・坂野惇子《アツコ》（大）・松原惇子《ジュンコ》（昭）

【淳】11（水・8）

【読み】㊥ジュン(呉)・シュン(漢)　㊙あつい
【語源】味が濃く厚いという意味。これを「淳」と表記する。「享」は享楽の享ではなくジュンと読み、「重みがあってずっしりと落ち着く」というイメージがある（敦の項参照）。「享（音・イメージ記号）＋水（限定符号）」を合わせて、食べ物の味が水で薄めてなく濃い様子を暗示させる。人情が厚い、混じりけがない意味などを派生する。
【人名】あき・あつ・あつし・きよ・きよし・じゅん・すなお・すみ・ただし・とし・のぶ・まこと・よしすなお・すみ・ただし・とし・のぶ・まこと・よし　▽「まこと（誠）」は人情が厚い意味から。「きよ（清）」は混じりけがない意味から。「すなお（直）」は飾りけがない意味から。「ただし（正）」はすなおの縁語。「すみ（澄）」「よし（美）」「あき（明）」は清いの縁語。「とし（敏）」は「あき（明）」のつながりか。　♂菅原淳茂《アツシゲ》(安)・徳大寺実淳《サネアツ》(室)・東坊城長淳《ナガアツ》(戦)・松平忠淳《タダアツ》(江)・佐々木長淳《ナガノブ》(江)・平井淳麿《スミマロ》(江)・磯淳《アツシ》(江)・田原淳《スナオ》(明)・石川淳《ジュン》(明)・伴淳三郎《ジュンザブロウ》(明)・吉行淳之介《ジュンノスケ》(大)・中原淳一《ジュンイチ》(大)・江頭淳《ジュン》(昭)・山際淳司《ジュンジ》(昭)・土井淳《キヨシ》(昭)・片桐淳至《アツシ》(昭)　♀淳子《アツコ》〔ジュンシ〕女王(安)・高畑淳子《アツコ》(昭)・安奈淳《ジュン》(昭)・桜田淳子《ジュンコ》(昭)・倉沢淳美《アツミ》(昭)

【順】12（頁・3）　常

【読み】㊥ジュン(呉)・シュン(漢)　㊙したがう
【語源】筋道・ルートに寄り沿う（したがう）意味。これを「順」と表記する。「川」は水が筋をなして流れる図形で、「筋をなして通る」というイメージのほかに、「ルートにしたがう」というイメージもある。「川（音・イメージ記号）＋頁（限定符号）」を合わせた「順」は、頭を所定のルートに向けて、それに寄り沿っていく情景を設定した図形。

【人名】あや・あり・おさ・おさむ・かず・しげ・したごう・じゅん・すなお・とし・なお・のぶ・のり・まさ・みち・むね・もと・やす・ゆき・よし・より　▽「あや」「おさむ」「みち」「のり」は古典に理（筋道の意）の訓があるところから。「かず（数）」は順番の意味から。「しげ（繁）」は数のつながり。「すなお」「なお（直）」

「まさ(正)」は逆らわず従う意味から。「より(従・寄)」「ゆき(行)」は寄り沿っていくことから。「よし(由・寄)」は「より(寄)」から派生。「のぶ(伸)」は「ゆき(行)」から連想。「むね(宗・棟・旨)」は筋を通すことのつながり。「やす」は古典に安の訓がある。♂源順《シタゴウ》(安)・高階信順《ノブノリ》(安)・畠山尚順《ヒサノブ》(室)・多久安順《ヤスシゲ》(土)・相馬順胤《アリタネ》(江)・今出川実順《サネアヤ》(江)・醍醐忠順《タダオサ》(江)・大久保忠順《タダトシ》(江)・村上忠順《タダマサ》(江)・柳生俊順《トシムネ》(江)・石川信順《ノブユキ》(江)・松本順《ジュン》(江)・生源寺順《カズ》(明)・唐木順三《ジュンゾウ》(明)・中川順《スナオ》(大)・木下順二《ジュンジ》(大)・紀田順一郎《ジュンイチロウ》(昭)・井上順孝《ノブタカ》(昭)・野田順康《トシヤス》(昭)・野口祥順《ヨシユキ》(昭)　♀藤原順子《ジュンシ〔ノブコ〕》(安)・順子《ヨリコ》内親王(江)・米沢順子《ノブコ》(明)・川口順子《ヨリコ》(昭)・宮下順子《ジュンコ》(昭)

【楯】13(木・9)

[読み] 音 ジュン(呉)・シュン(漢)　訓 たて

[語源] てすり、欄干の意味。「盾」は目の前を覆って身をかばい守る武器、「たて」のことで、「かばい守る」というイメージがある(該項参照)。「盾(音・イメージ記号)+木(限定符号)」を合わせて、人が落ちないようにかばい守る横木、つまり「てすり」を暗示させる。また、「盾」と同義にも使う。

[人名] じゅん・たて　♂石川楯《タテ》(古)・山部大楯《オオタテ》(古)・道嶋御楯《ミタテ》(奈)・藤原真楯《マタテ》(奈)・桑原楯雄《タテオ》(江)・太田楯臣《タテオミ》(江)・城戸千楯《チタテ》(江)・菅楯彦《タテヒコ》(明)・今村楯夫《タテオ》(昭)

【準】13(水・10)　常

[読み] 音 ジュン(慣)　シュン(呉・漢)　訓 のり・なぞらえる・ならう

[語源] みずもり、水準器の意味。これを「準」と表記する。「隼《じゅん》」は「(直線状に)まっすぐ」というイメージがあるが(該項参照)、平面に移して、「まっすぐで平ら」というイメージにもなりうる。「隼(音・イメージ記号)+水(限定符号)」を合わせて、水平を基準にして面が平らかどうかを計る道具を暗示させる。物事をはかる目安(「のり」)、主位(上位)に倣った扱いをする(「なぞらえる」「ならう」)などの意味を派生する。

[人名] じゅん・とし・ならう(なろう)・のり・ひとし
▽「ひとし」は平らなことから。「とし」は「ひとし」

の略。▽♂吉田正準《マサトシ》(江)・曾我祐準《スケノリ》(江)・黒沢準《ヒトシ》(明)・水谷準《ジュン》(明)・与田準一《ジュンイチ》(明)・升味準之輔《ジュンノスケ》(大)・市川準《ジュン》(昭)・中尾準吾《ジュンゴ》(昭)・曽ヶ端準《ヒトシ》(昭)　♀中西準子《ジュンコ》(昭)

【詢】 13(言・6)

【読み】 音 ジュン(慣)　シュン(呉・漢)　訓 とう・はかる

【語源】 問いかはる、相談する意味。「旬」は「一回りする」というイメージがある(該項参照)。「旬(音・イメージ記号)+言(限定符号)」を合わせて、みんなの所を回って物をたずねる様子を暗示させる。

【人名】 じゅん・まこと　▽「まこと」は古典に信の訓がある。恂と通用。　♂鈴木詢《マコト》(昭)　♀石原詢子《ジュンコ》(昭)

【潤】 15(水・12)　常

【読み】 音 ジュン(呉)・ニン(漢)　訓 うるおう・うるおす・うるむ

【語源】 水分でうるおう意味。「閏《じゅん》」は「門+玉」を合わせて、家の中が宝であふれる情景を写した図形。「たっぷり余る」というイメージがある。「閏(音・イメージ記号)+水(限定符号)」を合わせて、水分がたっぷり余るほどある様子を暗示させる。

篆  〔閏〕　篆  〔潤〕

【人名】 うる・うるう・うるお・さかえ・じゅん・ひろ・ひろし・まさる・ます・みつ　▽「さかえ(栄)」「ひろし(広)」「ます(益・増)」「みつ(満)」はもうけ(利潤)の意味から。「まさる(増)」は増すの自動詞。♂池田徳潤《ノリマス》(江)・土岐頼潤《ヨリミツ》(江)・横山潤《ジュン》(江)・次田潤《ウル》(明)・谷崎潤一郎《ジュンイチロウ》(明)・西沢潤一《ジュンイチ》(大)・庄野潤三《ジュンゾウ》(大)・石原潤《ヒロシ》(昭)・名倉潤《ジュン》(昭)　♀高見沢潤子《ジュンコ》(明)・岩男潤子《ジュンコ》(昭)・新井潤美《メグミ》(昭)・山田潤《ジュン》(昭)・岡田潤音《ジュンネ》(昭)

【諄】 15(言・8)

【読み】 音 ジュン(慣)　シュン(呉・漢)　訓 くどい

【語源】 丁寧に教え諭す意味。「享《じゅん》」は「重みがあってずっしりと落ち着く」というイメージがあり、「手厚い」というイメージに展開する(淳の項参照)。「享(音・イメージ記号)+言(限定符号)」を合わせて、手厚く丁寧に話す様子を暗示させる。

【人名】あつ・いたる・じゅん・まこと　▽「あつ（厚）」は淳（厚い意）と通用する。「いたる（至）」は古典に至の訓がある。「まこと（誠）」は誠実の意味から。惇と通用。♂舟橋諄一《ジュンイチ》（明）・大越諄《マコト》（明）・田村諄之輔《ジュンノスケ》（昭）・山中諄《マコト》（昭）　♀諄子《ジュンシ》内親王（鎌）・宗諄《ソウジュン》女王（江）・初風諄《ジュン》（昭）

【遵】15（辵・12）　常

【読み】（音）ジュン（慣）　シュン（呉・漢）　（訓）したがう
【語源】ルートに寄り沿って行く意味。「尊」は「じっと安定する」というイメージから、「定位置から外れない」というイメージに展開しうる。「尊（音・イメージ記号）＋辵（限定符号）」を合わせて、決まったルートから外れないで行く様子を暗示させる。ルールに外れない意味（遵法）を派生する。
【人名】したがう・じゅん・たかし・ちか・のぶ・ゆき・より　▽「より（寄）」「ゆき（行）」はルートに寄り沿って行く意味から。「のぶ（伸）」「ちか（近）」は行くの縁語。「たかし」は古典に俊の訓がある。♂大路一遵《イチジュン》（室）・谷遵《ジュン》（江）・野口遵《シタガウ》（明）・金森遵《タカシ》（明）・塩崎遵《ジュン》（昭）・北村美遵《ヨシユキ》（昭）・家永遵嗣《ジュンジ》（昭）　♀藤原遵子《ジュンシ》［ノブコ］（安）・岩田遵子《ジュンコ》（昭）

【醇】15（酉・8）

【読み】（音）ジュン（呉）・シュン（漢）　（訓）あつい
【語源】酒が濃く厚い意味。「享《じゅん》」は「重みがあってずっしりと落ち着く」というイメージがある（敦の項参照）。「享（音・イメージ記号）＋酉（限定符号）」を合わせて、水で薄めてなくて、こってりとした濃さのある原酒を暗示させる。
【人名】あつ・あつし・じゅん　♂内藤正醇《マサアツ》（江）・河島醇《ジュン》（江）・鈴木醇《ジュン》（明）・笹井醇一《ジュンイチ》（大）・浦口醇二《ジュンジ》（昭）・森本醇《ジュン》（昭）　♀西村醇子《ジュンコ》（昭）

【初】7（刀・5）　常

【読み】（音）ショ（漢）・（呉）　（訓）はじめ・はつ・うい・そめる
【語源】はじめの意味。「衣＋刀」を合わせて、衣を裁つ場面を設定することによって、「はじめ」「はじまり」の意味をもつショという語を表記する。

(甲)  (金)  (篆) 

[人名] はじめ・はつ・もと ▽「もと（元）」は初めの縁語。♂早川初瀬《ハツセ》（江）・明石屋初太郎《ハツタロウ》（江）・平林初之輔《ハツノスケ》（明）・大塚初重《ハツシゲ》（大）・内藤初穂《ハツホ》（大）・山谷初男《ハツオ》（昭） ♀柳原初子《ハツコ》（江）・中野初《ハツ》（明）・長谷川初音《ハツネ》（明）・佐藤初女《ハツメ》（大）・高見沢初枝《ハツエ》（昭）・西初恵《ハツエ》（昭）・松嶋初音《ハツネ》（昭）・小原初美《ハツミ》（昭）

【渚】11（水・8）【渚】12（水・9）

[読み] (音) ショ（呉・漢） (訓) なぎさ

[語源] 中州の意味。「者」はこんろの上で薪を燃やす図形で、「多くのものを一つの所に集める」というコアイメージがある。「者（音・イメージ記号）＋水（限定符号）」を合わせて、土砂が集まってできた小さな島を暗示させる。水辺の意味も派生する。

(金)  (篆)  〔者〕 (篆)  〔渚〕

[字体] 「者」の旧字体は「者」で、「日」の右上に点があるが、点を打つ必然性はない。中国では古くから「者」が普通。他はこれに倣えばよい。

[人名] しょ・なぎさ ♂磯野秋渚《シュウショ》（江）・大島渚《ナギサ》（昭）・牛島渚男《ナギサオ》（昭）・新垣渚《ナギサ》（昭） ♀長田渚左《ナギサ》（昭）・川嶋梨渚《リナ》（昭）

【緒】14（糸・8） 常 【緖】15（糸・9）

[読み] (音) ショ（漢）・ジョ（呉） チョ（慣） (訓) お

[語源] 糸の端、「いとぐち」の意味。「者」は「一つの所に集まる」というイメージがある（渚の項参照）。「者（音・イメージ記号）＋糸（限定符号）」を合わせて、糸を紡ぐ時、蚕の原糸を寄せ集めて引き出す先端を表した。「いと」「始め」「継ぐ」などの意味を派生する。

[人名] お・つぐ ▽「お」は細長い紐、また、切れずに長く続くものの意味。♂藤原緒嗣《オツグ》（安）・藤原冬緒《フユオ》（安）・衣川幸緒《サチオ》（江）・保篠竜緒《タツオ》（明）・林伊佐緒《イサオ》（明）・法村牧緒《マキオ》（昭）・宗政五十緒《イソオ》（昭）・はかま満緒《ミツオ》（昭） ♀藤原緒夏《オナツ》（安）・原阿佐緒《アサオ》（明）・中原美紗緒《ミサオ》（昭）・中村玉緒《タマオ》（昭）・山本文緒《フミオ》（昭）・今野緒雪《オユキ》（昭）・富野幸緒《ユキオ》（昭）・石橋幸緒《サチオ》（昭）・宮地真緒《マオ》（昭）・室田伊緒《イオ》（平）・橘美緒《ミオ》（平）

【諸】15（言・8）常　【諸】16（言・9）

［読み］㊥ショ（呉・漢）㊟もろもろ

［語源］多くの、もろもろのという意味。「者」は「多くのものが一つの所に集まる」というコアイメージがある（渚の項参照）。これに「言」を添えた「諸」でもって右の語の表記とする。「言」は言語行為を限定する符号だが、言語行為の主体者と考えてよい。

［人名］もろ　♂紀諸人《モロヒト》（飛）・橘諸兄《モロエ》（奈）・加納諸平《モロヒラ》（江）　♀飯高諸高《モロタカ》（奈）・藤原諸姉《モロアネ》（奈）

【女】3（女・0）常

［読み］㊥ジョ（漢）・ニョ（呉）　ニョウ（慣）㊟おんな・め

［語源］「おんな」をニョといい、「女」と表記する。「女」は両手を前に組み、ひざまずいた人を描いた図形で、体の柔らかい女性のイメージを意匠とする。

㊙  ㊎  ㊫ 

［人名］じょ・にょ・ひめ・み・め　▽「ひめ（姫）」は女の縁語。「み」は「おみな」の「み」で、女性の意。♂藤堂采女《ウネメ》（江）・市川男女蔵《オメゾウ》（江）　♀伊勢采女《ウネメ》（古）・石川郎女《イラツメ》（飛）・山田女嶋《ヒメシマ》（奈）・川辺東女《アズマメ》（奈）・椋椅部弟女《オトメ》（奈）・松平幾百女《イクオジョ》（江）・青山豊女《トヨジョ》（江）・斯波園女《ソノメ》（江）・坂本乙女《オトメ》（江）・鹿島卯女《ウメ》（明）・豊増一女《ハジメ》（明）・杉田久女《ヒサジョ》（明）・佐藤初女《ハツメ》（大）・遠藤泉女《センニョ》（昭）・露崎春女《ハルミ》（昭）

【如】6（女・3）常

［読み］㊥ジョ（漢）・ニョ（呉）㊟ごとし・しく・もし

［語源］相手に物柔らかに（逆らわずに）従う意味。また、物柔らかに言うこと、つまり、AはBだと断定しないで、AはBのようだという婉曲な言い方。「柔らかい」というイメージのある「女」を用い（前項参照）、「女（音・イメージ記号）＋口（限定符号）」を合わせた「如」でもって右の語を表記する。「従う」ことから「ルートに沿って行く」という意味を派生する。

［人名］いく・じょ・すけ・なお・もと・ゆき　▽「すけ」（次官の意）は上に従うことから。「なお」はすなお（従順の意）から。♂藤原相如《スケユキ》（安）・黒田如水《ジョスイ》（土）・内藤如安《ジョアン》（土）・松平頼如《ヨリユキ》（江）・北条氏如《ウジスケ》（江）・西

川如見《ジョケン》(江)・野坂昭如《アキユキ》(昭)

【助】7(力・5) 常

【読み】音ジョ(呉)・ソ(漢) 訓たすける・たすかる・すけ

【語源】力を添えてたすける意味。「且」は物をだんだんと重ねる様子を示す象徴的符号で、「上に重ねる」というコアイメージがある。「且(音・イメージ記号)+力(限定符号)」を合わせて、人の足りない力の上に別の力を重ね加える様子を暗示させる。

甲  金  篆  (且) 篆  (助)

【人名】すけ・たすく ♂佐伯助《タスク》(奈)・文室助雄《スケオ》(安)・紀助正《スケマサ》(安)・飯沼助宗《スケムネ》(鎌)・曾我助乗《スケノリ》(戦)・山本勘助《カンスケ》(戦)・原田助《タスク》(江)・児玉幸助《コウスケ》(江)・難波大助《ダイスケ》(明)・石田礼助《レイスケ》(明)・照屋林助《リンスケ》(昭)・阿部慎之助《シンノスケ》(昭)

【序】7(广・4) 常

【読み】音ジョ(呉)・ショ(漢) 訓のべる

【語源】中国古代建築で、正堂(母屋)から東西に延びた脇屋の意味。「予」は機織りで横糸を通す舟形の道具を描いた図形で、杼(ひ)の原字。縦糸の間を行ったり来たりして横糸を引き出していくので、「横に延びる」というイメージを示す(予の項参照)。「予(音・イメージ記号)+广(限定符号)」を合わせて、右の語を表記する。順々にきちんと並ぶこと(順序)、心中の思いを押し伸ばすこと(述べる)などの意味を派生する。

【人名】じょ・つね・のぶ・ひさし ▽「つね(常)」は秩序の意味から。「ひさし(庇)」は脇屋の縁語。♂菊池序克《ツネカツ》(江)・菅野序遊《ジョユウ》(江)・岡光序治《ノブハル》(昭) ♀藤原有序《ユウジョ》(安)

【叙】9(又・7) 常 【敍】11(攴・7)

【読み】音ジョ(呉)・ショ(漢) 訓のべる

【語源】順序よく述べる意味、また、順序の意味。「余」は「平らに押し伸ばす」というイメージがあり(該項参照)、「徐々に伸びて広がる」というイメージに展開する。「余(音・イメージ記号)+攴(限定符号)」を合わせた「敍」は、話を次第に押し伸ばして展開させる様子を暗示させる。

【字体】「敍」は正字（旧字体）。「叙」は中国で古くから俗字として使われていた。

【人名】のぶ・みち　▽「みち」（筋道の意）は秩叙（＝秩序）の意味から。♂川島叙清《ノブキヨ》（江）・津軽承叙《ツグミチ》（江）　♀持田叙子《ノブコ》（昭）

【恕】 10（心・6）

【読み】㊥ジョ（慣）　ショ（呉・漢）　㊀ゆるす

【語源】思いやり、仁愛の意味。「如」は「柔らかい」というイメージがある（該項参照）。「如（音・イメージ記号）＋心（限定符号）」を合わせて、相手を柔らかく包みこむ心を暗示させる。また、物柔らかく（寛大に）扱う→許す意味を派生する。

【人名】くみ・じょ・ただし・のり・はかる・ひろ・ひろし・みち・もろ・ゆき・ゆるす・よし　▽「くみ（与）」（仲間の意）「もろ（諸）」（二つ、いっしょの意）は仁（隣人愛）の意味から。あるいは「くみ」は「酌み」（思いやる）か。「ただし（正）」「みち（道）」は仁愛の意味から連想。「のり（法・則）」は道の縁語。「はかる」は古典に忖（はかる）の訓がある。「ひろし（寛）」は寛大に扱うことから。「ゆき（幸）」は仁愛の意味から連想か。「よし」は「よしみ（好・誼）」（親しい交わり）の略。♂岩城隆恕《タカノリ》（江）・香月恕経《ユキツネ》（江）・松平頼恕《ヨリヒロ》（江）・諏訪忠恕《タダミチ》（江）・相馬恕胤《モロタネ》（江）・長谷部恕連《ヨシツラ》（江）・松岡恕庵《ジョアン》（江）・徳川義恕《ヨシクミ》（明）・金関恕《ヒロシ》（昭）　♀徳永恕《ユキ》（明）・寺田恕子《ヒロコ》（昭）

【小】 3（小・0）常

【読み】㊥ショウ（呉・漢）　㊀ちいさい・こ・お

【語源】「ちいさい」の意味。三つの小さな点の図形によって、小さくばらばらになる様子を暗示させる。

㊙甲

㊙金

㊙篆

【人名】お・こ・さ・ささ・しょう・ち　▽「さ」は名詞などにつける接頭語で、「小」を当てる。♂紀小弓《オユミ》（古）・文石小麻呂《オマロ》（古）・役小角《オヅヌ》（飛）・蜂須賀小六《コロク》（戦）・佐々木小次郎《コジロウ》（土）・桂小五郎《コゴロウ》（江）・横井小楠《ショウナン》（江）・勝小吉《コキチ》（江）・岩崎小弥太《コヤタ》（明）・巌谷小波《サザナミ》（明）・田中小実昌《コミマサ》（大）・森中小太郎《コタロウ》（昭）　♀大伴小手古《オテコ》（古）・小野小町《コマチ》（安）・花柳小菊《コギク》（大）・山口

小夜子《サヨコ》（昭）・吉永小百合《サユリ》（昭）・如月小春《コハル》（昭）・小雪《コユキ》（昭）・塚越小幸《チサチ》（昭）・半井小絵《サエ》（昭）・槇小奈帆《サナホ》（昭）

【升】 4（十・2）常

［読み］ ㊥ショウ（呉・漢）㊥ます・のぼる

［語源］「ます」の意味、また、容量の単位。「斗」は柄杓や枡のことで、これに「一」または「ノ」の符号をつけたのが「升」。穀物を量る際、枡を持ち上げる様子を設定した図形である。「ます」の意味のほかに、「のぼる」意味をもつ。

甲  金  篆 

［人名］ しょう・たか・のぼる・のり・ます・みのる・ゆき　▽「たか（高）」は上に上がる（のぼる）ことから。「のり（乗）」は上にのぼる意味から。「みのる（実）」は成熟する意味があるから。「ゆき（行）」はのぼる（登）の縁語。　♂西川升吉《マスキチ》（江）・本多忠升《タダタカ》（江）・友部方升《マサノリ》（江）・松平勝升《カツユキ》（江）・向井元升《ゲンショウ》（江）・広渕升彦《マスヒコ》（昭）・杉村升《ノボル》（昭）・市川升一《ショウイチ》（昭）

【少】 4（小・1）常

［読み］ ㊥ショウ（呉・漢）㊥すくない・すこし

［語源］「すくない」の意味。「小」は「小さくばらばらになる」というイメージがある（該項参照）。「小（音・イメージ記号）＋ノ（斜めに払うことを示すイメージ補助記号）」を合わせた「少」は、そぎとって小さくする様子を暗示させる。

甲  金  篆 

［人名］ お・しょう・すくな　♂佐味少麻呂《スクナマロ》（飛）・大伴部少歳《オトシ》（奈）・時田少輔《ショウスケ》（江）　♀手越少将《ショウショウ》（安）

【匠】 6（匚・4）常

［読み］ ㊥ショウ（漢）・ゾウ（呉）㊥たくみ

［語源］ 大工の意味。これを「匚（箱）＋斤（斧）」を合わせた「匠」によって表記する。

［人名］ たくみ　♂五十嵐匠《タクミ》（昭）・根本匠《タクミ》（昭）

【庄】 6（广・3）

[読み] 音 ショウ(呉)・ソウ(漢)

[語源] 田舎の家の意味。これを「广(いえ)＋土」を合わせた「庄」で表記する。

[字体] 本来は近世中国でできた「莊」の俗字。現代中国でも「莊」の簡体字に使われている。

[人名] しょう　♂石井庄助《ショウスケ》(江)・木村庄八《ショウハチ》(江)・金沢庄三郎《ショウザブロウ》(明)・秋山庄太郎《ショウタロウ》(大)・横井庄一《ショウイチ》(大)・貴田庄《ショウ》(昭)

【肖】 7(肉・3) 常

[読み] 音 ショウ(呉・漢) 訓 にる・あやかる

[語源] 原物に似せる意味(肖像)。「小」は「小さくばらばらになる」というイメージから、「小さく削る」というイメージに展開する(該項参照)。「小(音・イメージ記号)＋肉(限定符号)」を合わせた「肖」は、人体の塑像を造る場面を設定し、素材を削って原物に似せた小さな像を造る様子を暗示させる。

金 　篆 

[字体] 「肖」は旧字体だが、古くから書道などでは「肖」と書かれた。

[人名] あゆ・しょう・たか・ゆき　▽「あゆ」は「あやかる」(形が似る意)と同じ。「たか(尊)」は子が不肖(親に似ない愚か者)と謙遜するのに対し、親を尊敬することからか。「ゆき(幸)」は肖り者(幸せ者の意)からか。♂菅野惟肖《コレユキ》(安)・牡丹花肖柏《ショウハク》(室)・佐藤肖嗣《タカシ》(昭)　♀山田肖子《ショウコ》(昭)・山川肖美《アユミ》(昭)

【尚】 8(小・5) 常

[読み] 音 ショウ(漢)・ジョウ(呉) 訓 なお・たっとぶ・たかい・ひさしい

[語源] 「高く上がる」というコアイメージをもつ語で、具体的文脈では「高く持ち上げる(たかくする・たっとぶ)」「その上に加えて(なお)」「時間的に上の方へさかのぼる(ひさしい)」などの意味となる。この語を「尙」と表記する。「八」は両側に分かれる符号。「向」は空気抜きの孔。「八(イメージ記号)＋向(イメージ補助記号)」を合わせた「尙」は、空気が抜けて空中に分散する情景を設定し、「高く上がる」というコアイメージを捉えるようにした図形。

[字体]「尙」が旧字体だが、古くから書道などでは「尚」と書かれる。

[人名] しょう・たか・たかし・なお・なが・なり・ひさ・ひさし・まさ・よし　▽「なが（永）」は久しい意味から。「まさ」はまさる（俊）の「まさ」で、「たかし」の縁語。「よし（善・美）」はまさ（真・正）から連想か。♂藤原良尚《ヨシヒサ》(安)・宗重尚《シゲヒサ》(鎌)・足利義尚《ヨシヒサ》(室)・若槻清尚《キヨナオ》(戦)・曾我尚祐《ナオスケ》(土)・邦尚《クニナリ》親王(江)・内藤頼尚《ヨリタカ》(江)・永井尚志《ナオムネ》(江)・佐分利尚古《ヨシフル》(江)・奥村尚寛《ナガノブ》(江)・伊牟田尚平《ショウヘイ》(江)・磯部尚《ヒサシ》(明)・木下尚江《ナオエ》(明)・田辺尚雄《ヒサオ》(明)・一万田尚登《ヒサト》(明)・新井尚《タカシ》(大)・木村尚三郎《ショウザブロウ》(昭)・鴻上尚史《ショウジ》(昭)・野沢尚《ヒサシ》(昭)・岩崎尚人《ナオト》(昭)　♀藤原尚子《ヒサコ》(江)・長谷川尚代《ヒサヨ》(昭)・高橋尚子《ナオコ》(昭)・松嶋尚美《ナホミ》(昭)

【承】 8（手・4）常

[読み] ㊥ショウ(漢)・ジョウ(呉)　㊞うけたまわる

[語源] 受けいただく意味。「承」は「丞＋手」に分析できる。「丞《じょう》」は「上に持ち上げる」というコアイメージを示す記号である（該項参照）。「丞（音・イメージ記号）＋手（限定符号）」を合わせた「承」は、両手で恭しく捧げていただく様子を暗示させる。前のものから受けつぐ意味を派生する。

[人名] こと・しょう・すけ・つぐ・よし　▽「こと」は古典に事の訓がある。「すけ」は丞（助ける）と通用することから。♂小倉宮聖承《セイショウ》(南)・津軽承保《ツグヤス》(江)・大河内輝承《テルヨシ》(江)・勝承夫《ヨシオ》(明)・宇佐美承《ショウ》(大)・吉田茂承《シゲツグ》(昭)・月田承一郎《ショウイチロウ》(昭)　♀承子《ツグコ》女王(昭)

【昇】 8（日・4）常

[読み] ㊥ショウ(呉・漢)　㊞のぼる

[語源]「のぼる」の意味。「升」は「上に上がる」というコアイメージがある（該項参照）。「升（音・イメージ記号）＋日（限定符号）」を合わせて、太陽が上に上がる情景を設定した図形によって、右の語を表記する。比喩的

に、地位が上がる意味（昇進）にも使われる。

【人名】しょう・すすむ・のぼり・のぼる・のり　▽「のり（乗）」は昇るの縁語。♂源昇《ノボル》（安）・山井昇清《ショウセイ》（南）・謝花昇《ノボル》（江）・内藤昇一郎《ショウイチロウ》（江）・大岡昇平《ショウヘイ》（明）・霧島昇《ノボル》（大）・三谷昇《ノボル》（昭）・会田昇《ショウ》（昭）・原田昇左右《ショウゾウ》（昭）・渡辺昇一《ショウイチ》（昭）　♀昇子《ショウシ》内親王（鎌）・浅間昇子《ショウコ》（昭）

【昌】8（日・4）

【読み】㊥ショウ（呉・漢）㊧あきらか・さかん

【語源】明るい意味、また、盛んという意味。「日」は太陽。太陽は明るいものの代表であり、また、光を盛んに発するものである。「曰」は言語行為にかかわることを示す符号。「日（イメージ記号）＋曰（限定符号）」を合わせた「昌」は、明るく美しい声を盛んに発する情景を想像させる図形。唱（うたう）は同源。

㊎

㊕

【人名】あき・あきら・さかえ・さかん・しげ・しょう・すけ・はる・まさ・まさし・まさる・ます・よし　▽「さかえ（栄）」は盛んから連想。「しげ（繁）」「ます（増）」「まさる（増）」は数が増えることで、「さかん」「さかえ」から連想。「まさ」「まさし」は「まさる」から派生。「よし」は美の意味から。♂佐竹昌義《マサヨシ》（安）・藤原昌能《マサヨシ》（南）・姉小路昌家《マサイエ》（室）・真田昌幸《マサユキ》（戦）・駒井昌長《マサナガ》（土）・板倉昌信《シゲノブ》（江）・鍋島茂昌《シゲハル》（江）・松浦昌《マサシ》（江）・安田昌《マサル》（明）・美土路昌一《マスイチ》（明）・結城昌治《ショウジ》（明）・岸昌《サカエ》（大）・小柴昌俊《マサトシ》（大）・樋口隆昌《タカヨシ》（昭）・高梨昌《アキラ》（昭）・今村昌平《ショウヘイ》（昭）・平尾昌晃《マサアキ》（昭）・千昌夫《マサオ》（昭）・喜納昌吉《ショウキチ》（昭）　♀昌子《ショウシ》［マサコ］内親王（安）・大宅昌《マサ》（明）・京塚昌子《マサコ》（昭）・河西昌枝《マサエ》（昭）・山本昌代《マサヨ》（昭）・下釜千昌《チアキ》（昭）

【松】8（木・4）常

【読み】㊥ショウ（漢）・ジュ（呉）㊧まつ

【語源】植物のマツの意味。「公」は「おおやけに開いて見せる」というイメージから、「あけすけに透いて見える」というイメージに展開する（該項参照）。「公（音・イメージ）＋木（限定符号）」を合わせて、針葉が間を置いて生じ、すけすけに見えるマツの特徴を捉える。

【人名】しょう・まつ　♂藤原松影《マツカゲ》(安)・大高坂松王丸《マツオウマル》(鎌)・豊臣国松《クニマツ》(江)・古川松根《マツネ》(江)・尾上松緑《ショウロク》(江)・吉田松陰《ショウイン》(江)・岡田武松《タケマツ》(明)・川口松太郎《マツタロウ》(明)・荒木松雄《マツオ》(大)・梶与四松《ヨシマツ》(大)・鈴木松美《マツミ》(昭)・水野松也《マツヤ》(昭)　♀武田松《マツ》(土)・山川捨松《ステマツ》(江)・木戸松子《マツコ》(江)・南方松枝《マツエ》(明)・秋元松代《マツヨ》(明)・寺本松野《マツノ》(大)・馬渡松子《マツコ》(昭)

【咲】9(口・6)　常

【読み】(音)ショウ(呉・漢)　(訓)さく

【語源】本来は「わらう」の意味。「关」は送や朕の旁とは別で、「八＋夭」の組み合わせ。「八」は両側に分かれる符号で、息や声が分かれ出る様子を象徴的に示す。「夭」は体をくねらせ、頭をかしげる人の形。この二つの記号を合わせた「关」は人が声を立てて笑う姿を写した図形である。後に口偏を添えて「咲」となった。

【展開】花がさくことを漢文で「花咲(＝花咲《わら》ふ)」と擬人化して表現することがあったので、日本では「さく」に「咲」の表記を用いるようになった。

【字体】「咲」が正字(旧字体)。「咲」は俗字。

【人名】えみ・さ・さき・さく・しょう　♂芳賀真咲《マサキ》(江)・藤原咲平《サクヘイ》(明)・園原咲也《サクヤ》(明)・福田夕咲《ユウサク》(明)・山崎咲十郎《サクジュウロウ》(昭)　♀小沢咲《サキ》(江)・伊藤咲子《サキコ》(昭)・観村咲子《ショウコ》(昭)・佃咲江《サキエ》(昭)・雨蘭咲木子《サキコ》(昭)・伊東美咲《ミサキ》(昭)・粟飯原理咲《リサ》(昭)・島井咲緒里《サオリ》(昭)・中山咲《サキ》(平)・武井咲《エミ》(平)

【昭】9(日・5)　常

【読み】(音)ショウ(呉・漢)　(訓)あきらか

【語源】(日の光が)明るい意味。「刀」は「へ(形や)形に反り返る」というイメージがある(該項参照)。「刀(音・イメージ記号)＋口(限定符号)」を合わせた「召」は手を(形に曲げて人を招く様子を表す。ここにも「へ(形や)形をなす」というイメージがある。「召(音・イメージ記号)＋日(限定符号)」を合わせて、日の光が反射して周辺を明るくする様子を暗示させる。

(甲)  (金)  (篆)  〔召〕 (篆)  〔昭〕

【人名】あき・あきら・しょう・てる・はる　▽「てる」

は照と通用することから。「はる（晴）」は照るの縁語。♂昭登《アキノリ》親王（安）・足利義昭《ヨシアキ》（戦）・二条昭実《アキザネ》（土）・徳川斉昭《ナリアキ》（江）・上野直昭《ナオテル》（明）・盛田昭夫《アキオ》（大）・吉村昭《アキラ》（昭）・大河内昭爾《ショウジ》（昭）・小沢昭一《ショウイチ》（昭）・野坂昭如《アキユキ》（昭）・石川昭人《アキヒト》（昭）　♀藤原昭子《ショウシ「アキコ」》（安）・昭子《アキコ》内親王（江）・山東昭子《アキコ》（昭）

【省】9（目・4）常

【読み】音 ショウ（呉）・セイ（漢）　訓 かえりみる・はぶく

【語源】物事を細かくはっきりと見る意味。この語の表記は古くは「生＋目」であった。「生」は「汚れなく澄む」というイメージがある（該項参照）。「生（音・イメージ記号）＋目（限定符号）」を合わせて、汚れのない目でよく物事を見通す様子を暗示させる。後に「少（イメージ記号）＋目（限定符号）」に変わり、物事を細かく見分ける様子を暗示させる。「少」は「すくない」のイメージから「細かい」のイメージにつながる。「余計なものを減らす（はぶく）」の意味には「少ない」「細かい」のイメージがあるので、同じ音形をもち、同じ図形を用いる。

甲　金　篆

【人名】あきら・さだ・さとる・しょう・せい・はぶく・み・よし　▽「あきら（明）」「さとる（覚）」ははっきり見る意味から。「み」は見るの語根。「よし」は古典に善の訓がある。♂渡辺省《ハブク》（安）・邦省《クニミ》親王（鎌）・長倉祐省《スケヨシ》（戦）・志野省巴《ショウハ》（戦）・松平斉省《ナリサダ》（江）・箕作省吾《ショウゴ》（江）・片桐省介《セイスケ》（江）・小倉三省《サンセイ》（江）・河西三省《ミツミ》（明）・竹田省《ショウ》（明）・野間省一《ショウイチ》（明）・大竹省二《ショウジ》（大）・藤田省三《ショウゾウ》（昭）・中条省平《ショウヘイ》（昭）・仮屋崎省吾《ショウゴ》（昭）・田村勝省《カツヨシ》（昭）・藤堂省《サトル》（昭）　♀大屋省子《ショウコ》（昭）

【宵】10（宀・7）常

【読み】音 ショウ（呉・漢）　訓 よい

【語源】「よい」の意味。「肖」は「小さく削る」のイメージから「小さい」のイメージに展開する（該項参照）。「肖（音・イメージ記号）＋宀（限定符号）」を合わせて、家の中に差し込む光が小さくなる様子を暗示させる。

【人名】しょう・よい　♂高畠華宵《カショウ》（明）　♀長山宵子

《ショウコ》（江）・ハル宵子《ヨイコ》（昭）

【将】10（寸・7）常　【將】11（寸・8）

［読み］ ㊥ショウ（漢）・ソウ（呉）　㊂ひきいる・まさに・はた

［語源］ 先頭に立ってひきいること、また、その人の意味。これを「將」と表記する。「爿《しょう》」はベッドを縦に描いた図形で、「細く長い」というイメージを示す記号（壮の項参照）。「爿（音・イメージ記号）＋肉（イメージ補助記号）＋寸（限定符号）」を合わせた「將」は、細くて長い指（中指）を暗示させる。これによって、他よりも先に立ってひきいることを意味する語を表記する。ここから「行く」「進む」「送る」「持つ」「用いる（～を用いて、～でもって）」などの意味を派生する。また、未来のことを推量する言葉（「まさに」と読む）、AかはたまたBかと判断する言葉（「はた」と読む）に用いる。

㊎ 　㊞ 　〔將〕

［字体］「將」は正字（旧字体）。「将」は古くから書道などで行われた字体。

［人名］ しょう・すけ・すすむ・たか・たすく・ただし・たもつ・のぶ・はた・ひとし・まさ・まさる・もち・ゆき　▽「たか」は古典に威の訓がある。「たすく」は古典に扶・助の訓がある。「ただし」は「まさ」を正と取ったことからか。「たもつ（保）」は持つ意味から。「ひとし」は古典に斉・等の訓がある。「まさる」は古典に壮・大の訓がある。　♂平将門《マサカド》（安）・金沢貞将《サダユキ》（鎌）・斯波義将《ヨシマサ》（南）・島津忠将《タダマサ》（戦）・大野将監《ショウゲン》（土）・本多康将《ヤスマサ》（江）・徳川宗将《ムネノブ》（江）・相良福将《トミモチ》（江）・清水将夫《マサオ》（明）・三堀将《ショウ》（明）・宮原将平《ショウヘイ》（大）・古賀将夫《ハタオ》（昭）・大麒麟将能《タカヨシ》（昭）・尾崎将司《マサシ》（昭）・田中将大《マサヒロ》（昭）・菊地光将《コウスケ》（昭）・名取将《ススム》（昭）・橋本将《タスク》（昭）・松永将《タダシ》（昭）・宮崎将《マサル》（昭）　♀伊賀少将《ショウショウ》（安）・河本将《マサ》（大）

【祥】10（示・6）常　【祥】11（示・6）

［読み］ ㊥ショウ（漢）・ゾウ（呉）　㊂さいわい

［語源］ 幸いという意味、また、めでたいしるしという意味。古代中国ではヒツジは大牢（牛・羊・豚のそろった供物）にも入れられ、祭りに用いられた。そこで「羊」は「姿が美しい」「味がおいしい」「たっぷりと豊かな」

「めでたい」などのイメージを示す記号となる。「羊（音・イメージ記号）＋示（限定符号）」を合わせて、神がたっぷり豊かなしるしを下す様子を暗示させる。

［字体］「祥」は正字（旧字体）。「祥」は古くから書道などで行われた字体。

［人名］ あきら・さか・さき・さだ・さち・しょう・ただ・なが・まさ・やす・やすし・よし　▽「あきら」ははっきり現れるめでたいしるし（発祥の祥）の意味から。「さち（幸）」は幸福の意味。「さき（幸）」「さか（栄）」は栄えの意で、さち（幸）から派生。あるいは「さか」は「さが（祥）」（しるし、前兆の意）の転か。「よし（吉・善）」はめでたい意味から。「ただ（正）」「まさ（正）」はよし（善）から連想。「なが」は古典に長の訓がある。「やす（安）」は「さち」から連想。「さだ（定）」は「やす」（安らかに落ち着く意）から派生。♂益田元祥《モトナガ［モトヨシ］》（戦）・相馬祥胤《ヨシタネ》（江）・嶋正祥《マササダ》（江）・野呂正祥《マサナガ》（江）・丹羽長祥《ナガアキラ》（江）・細川興祥《オキサキ》（江）・平野長祥《ナガヨシ》（明）・鈴木祥枝《サカエ》（明）・加島祥造《ショウゾウ》（明）・奈良林祥《ヤスシ》（大）・今江祥智《ヨシトモ》（昭）・衣笠祥雄《サチオ》（昭）・中祥人《マサト》（昭）・中村祥《アキラ》（昭）・浅野祥《ショウ》（平）　♀祥子《ショウシ》内親王（鎌）・西谷祥子《ヨシコ》（昭）・本間祥公《ヨシキ》（昭）・安田祥子《ショウコ》（昭）・荒井祥恵《サチエ》（昭）・田口祥《サキ》（平）

【笑】10（竹・4）常

［読み］ ㊥ショウ（呉・漢）　㊞わらう・えむ

［語源］ わらう意味。本字は「关」で、後に「咲」と「笑」に分化した（咲の項参照）。「关」の上部が「艹」に変わり、さらに「竹」に変わった。

［人名］ え・えみ・えむ・しょう　♂三好笑岩《ショウガン》（戦）・山中笑《エム》（江）・森本笑《ショウ》（江）・伊庭可笑《カショウ》（江）・山本笑月《ショウゲツ》（明）・三遊亭歌笑《カショウ》（大）・市川笑也《エミヤ》（昭）　♀吉本笑子《ショウコ》（昭）・北浦共笑《トモエ》（昭）・宮本笑里《エミリ》（昭）

【唱】11（口・8）常

［読み］ ㊥ショウ（呉・漢）　㊞となえる・うたう

［語源］ 声高く呼ばわる（となえる）意味、また、歌をうたう意味。「昌」は「盛ん」と「明るい」の二つのイメージが同居する（該項参照）。「昌（音・イメージ記号）＋口（限定符号）」を合わせて、明るい声を盛んに発する様子を暗示させる。

[人名] うた・しょう・ひろ　▽「ひろ」は広める意（広く伝える意）の「ひろ」で、唱導から連想。♂賀集唱《ショウ》（大）・もず唱平《ショウヘイ》（昭）・瀧澤仁唱《ヒトヒロ》（昭）・和田唱《ショウ》（昭）♀中島唱子《ショウコ》（昭）

【捷】 11（手・8）

[読み] (音) ショウ（漢）・ジョウ（呉）　(訓) かつ・はやい

[語源] 打ち勝つ意味、また、すばやい意味。「疌《しょう》」は「屮＋又＋止」に分析できる。「屮《てつ》」は草が芽を出す形で、「突き出る」というイメージがあり、「前に突き進む」というイメージに展開する。「又」は手の形、「止」は足の形である。「屮（イメージ記号）＋又＋止（ともにイメージ補助記号）」を合わせた「疌」は、手足をすばやく前に突き出す場面を想像させる図形。「疌（音・イメージ記号）＋手（限定符号）」を合わせて、すばやく前に突き進んで目標に達する様子を暗示させる。これによって、右の意味の語を表記する。

(篆)  〔疌〕　(篆)  〔捷〕

[人名] かち・かつ・さとし・しょう・すぐる・とし・はや・まさる　▽「さとし（敏）」「とし（敏）」「はや（速）」は敏捷の意味から。「すぐる（勝）」「まさる（勝）」は勝を別の訓で読んだもの。♂三宅捷《スグル》（明）・杉捷夫《トシオ》（明）・実吉捷郎《ハヤオ》（明）・木山捷平《ショウヘイ》（明）・木村捷司《ショウジ》（明）・寺沢捷年《カツトシ》（昭）・三浦捷一《ショウイチ》（昭）・戸張捷《ショウ》（昭）♀小川捷子《ショウコ》（昭）

【梢】 11（木・7）

[読み] (音) ショウ（呉）・ソウ（漢）　(訓) こずえ

[語源] 枝の先、「こずえ」の意味。「肖」は「小さい」というイメージがある（該項参照）。「肖（音・イメージ記号）＋木（限定符号）」を合わせて、木の細く小さな枝先を表す。

[人名] こずえ・しょう　♂村松梢風《ショウフウ》（明）・沢木梢《コズエ》（明）・風見梢一郎《ショウイチロウ》（昭）　♀安藤梢《コズエ》（昭）

【渉】 11（水・8）常　【涉】 10（水・7）

[読み] (音) ショウ（漢）・ジョウ（呉）　(訓) わたる

[語源] 川を歩いて渡る意味。この語を「水＋歩」を合わせた「渉」によって表記する。

甲  金  篆 

【字体】「渉」が旧字体。「渉」は歩→歩に倣った字体。

【人名】しょう・わたり・わたる ♂田実渉《ワタル》（明）・広松渉《ワタル》（昭）・阿井渉介《ショウスケ》（昭） ♀太田渉子《ショウコ》（昭）

【章】11（立・6） 常

【読み】音ショウ（呉・漢） 訓あや・しるし

【語源】はっきりと目立つ模様、あやの意味。これを「章」と表記する。「辛（刃物の形）」の中間に「曰（印や模様の符号）」を入れた図形で、刃物で鮮やかな模様をつける様子を暗示させる。印によってはっきりと識別されるもの（印章・徽章）、だらだらと続くものをはっきりと区分けしたもの（文章・楽章）などの意味を派生する。

金  篆 

【人名】あき・あきら・あや・しょう・たか・とし・のり・ふさ・ふみ・ゆき ▽「あき（明）」は明の意味から。「のり（法）」は憲章（法度、決まり）の意味から。「たか（尊）」は法を尊ぶことからの連想か。「ふみ」は文章の意味から。「ふさ（房）」は飾りになるので「あや」（模様）を連想したか。♂長田道章《ミチアキ》（飛）・平知章《トモアキラ》（安）・中原章房《ノリフサ》（鎌）・藤原隆章《タカアキ》（南）・久世通章《ミチフミ》（江）・坊城俊章《トシアヤ》（江）・前田利章《トシアキラ》（江）・瀬川章友《ノリトモ》（明）・花柳章太郎《ショウタロウ》（明）・岩井章《アキラ》（大）・安田章生《アヤオ》（大）・久間章生《フミオ》（昭）・四方章人《アキト》（昭）・堺正章《マサアキ》（昭）・山藤章二《ショウジ》（昭）・鳴海章《ショウ》（昭） ♀章子《アキコ》内親王（安）・寿岳章子《アキコ》（大）・江間章子《ショウコ》（大）・草地章江《フミエ》（昭）・五十嵐章恵《アキエ》（昭）

【紹】11（糸・5） 常

【読み】音ショウ（漢）・ジョウ（呉） 訓つぐ

【語源】前のものに後のものをつなげる、つまり「受け継ぐ」意味。「召」は手をへ形に反らして招き寄せることで、「へ形に曲げる」というイメージがある（昭の項参照）。「召（音・イメージ記号）＋糸（限定符号）」を合わせて、一つの糸の端に別の糸の端を寄せて、二つを曲げてつなぐ様子を暗示させる。

【人名】あき・しょう・じょう・つぎ・つぐ ▽「あき」

は昭の訓の流用。♂山科景紹《カゲツグ》(室)・里村紹巴《ジョウハ》(戦)・千紹二《ショウジ》(土)・松平直紹《ナオツグ》(江)・古田紹欽《ショウキン》(明)・田中良紹《ヨシツグ》(昭)・新里紹也《ショウヤ》(昭) ♀江川紹子《ショウコ》(昭)

【勝】 12(力・10) 常

[読み] 音 ショウ(呉・漢) 訓 かつ・まさる・たえる

[語源] 「上に上がる」というコアイメージをもつ語で、具体的文脈では、相手の上に出て打ち負かす(かつ)、力量が相手より上になる(まさる)、物を上げてじっと持ちこたえる(たえる)などの意味を実現する。「朕」の旁は「送」にも含まれ、「午(杵)+廾(両手)」を合わせ、杵を持ち上げる図形。「上に持ち上げる」というイメージを示す記号となる。「关(音・イメージ記号)+舟(限定符号)」を合わせた「朕」は、舟が浮力で水上に浮き上がる情景を設定した図形で、これも「上に上がる」というイメージがある。「朕(音・イメージ記号)+力(限定符号)」を合わせて、力で相手をしのいで上に出る様子を暗示させる。

金  篆  〔朕〕 篆  〔勝〕

[人名] かつ・しょう・すぐる・とう・のり・まさ・まさる・よし ▽「とう」は「たふ」(たえる)から。「のり(乗)」は升(上に上がる)の意味から。「よし」は克(よくたえる)・能(よくたえる)の意味から。♂中臣勝海《カツミ》(古)・海犬養勝麻呂《カツマロ》(飛)・源勝《マサル》(安)・大伴勝雄《カツオ》(安)・細川勝元《カツモト》(室)・柴田勝家《カツイエ》(戦)・渡辺勝《スグル》(戦)・鍋島勝茂《カツシゲ》(土)・牧野貞勝《サダノリ》(江)・嵯峨公勝《キントウ》(江)・小倉勝介《ショウスケ》(江)・灰田勝彦《カツヒコ》(明)・亀井勝一郎《カツイチロウ》(明)・佐田勝《カツ》(大)・益田勝美《カツミ》(大)・梨元勝《マサル》(昭)・本多勝一《カツイチ》(昭)・松浦勝人《マサト》(昭) ♀勝子《ショウシ[マサルコ]》内親王(安)・広瀬勝代《カツヨ》(明)・猿渡勝子《カツコ》(大)・三輪勝恵《カツエ》(昭)

【晶】 12(日・8) 常

[読み] 音 ショウ(呉)・セイ(漢) 訓 あきらか

[語源] 明かに輝くさま、また、光るものの意味。星が三つある情景を写した「晶」によって、その語を表記する。「星」の上部の「日」は「晶」を省略したものである。

甲  篆 

【人名】あ・あき・あきら・しょう・てる・ひかり・まさ　▽「まさ」は昌と混同した読み。♂芳賀一晶《イッショウ》（江）・吉田晶《アキラ》（大）・鈴木晶《ショウ》（昭）・柳本晶一《ショウイチ》（昭）・歌野晶午《ショウゴ》（昭）・日高晶彦《マサヒコ》（昭）・新城晶淑《テルヨシ》（昭）　♀与謝野晶子《アキコ》（明）・諏訪内晶子《アキコ》（昭）・橋本晶子《ショウコ》（昭）・進藤晶子《マサコ》（昭）・北斗晶《アキラ》（昭）・磯山晶《アキ》（昭）・原千晶《チアキ》（昭）・羽野晶紀《アキ》（昭）・広瀬晶《アキ》（平）・土橋晶《ヒカリ》（平）

【翔】12（羽・6）

【読み】㊥ショウ（漢）・ゾウ（呉）㊙かける

【語源】（鳥が）飛び回る意味。「羊」は「姿が美しい」というイメージのほかに「たっぷりと豊かな」というイメージもあり（祥の項参照）、「大きく広がる」というイメージにも展開する。「羊（音・イメージ記号）＋羽（限定符号）」を合わせて、鳥が翼を大きく張り広げて、ゆったりと空を旋回する様子を暗示させる。

【字体】「翔」が正字。「翔」は羽→羽に合わせた字体。

【人名】かける・しょう　♂羽栗翔《カケル》（奈）・柴田翔《ショウ》（昭）・坂東翔次《ショウジ》（昭）・佐藤翔治《ショウジ》（昭）・三浦翔平《ショウヘイ》（昭）・松田翔太《ショウタ》（昭）・薬丸翔《ショウ》（平）　♀相田翔子《ショウコ》（昭）

【詔】12（言・5）常

【読み】㊥ショウ（呉・漢）㊙みことのり

【語源】天子が告げる言葉（みことのり）を意味する語は召（めす）や招（まねく）と同源で、「召（音・イメージ記号）＋言（限定符号）」を合わせた「詔」で表記する。臣下を召して（招いて）告げる言葉という意匠になっている。

【人名】あき・しょう・つぐ・のり　▽「あき（明）」は昭の訓の流用。「のり（宣）」は告ぐ意味。♂荒川詔四《ショウシ》（昭）・加藤詔士《ショウジ》（昭）・大友詔雄《ノリオ》（昭）・橋木俊詔《トシアキ》（昭）・佐野貴詔《タカツグ》（昭）

【象】12（豕・5）常

【読み】㊥ショウ（漢）・ゾウ（呉）㊙かたどる

【語源】動物のゾウの意味。「象」はゾウを描いた図形である。姿・形を意味する語もゾウ（ショウ）といい、この図形を用いる。それはゾウが大きく目立つ姿をした動物の代表だからである。

㊙甲

㊙金

㊙篆

［人名］かた・きさ・しょう・ぞう　▽「かた（形）」は姿・形の意味。また、「かたどる（象）」の「かた」。「きさ」はゾウの古語。♂紀真象《マカタ》（奈）・佐久間象山《ショウザン》（江）・後藤象二郎《ショウジロウ》（江）・池辺義象《ヨシカタ》（江）・増田象江《キサエ》（江）・高村象平《ショウヘイ》（明）・川添象郎《ショウロウ》（昭）・辻岡健象《ケンゾウ》（昭）・小沢象《ゾウ》（昭）

【奨】13（大・10）常　【奬】14（大・11）

［読み］音 ショウ（漢）・ソウ（呉）　訓 すすめる

［語源］前に引き立てる、すすめる意味。この語を表記するために、犬を使う場面から発想され、「奬」が作られた。「將」は先に立ってひきいることから、「前に進める」というイメージがある（将の項参照）。「將（音・イメージ記号）の略体＋犬（限定符号）」を合わせて、犬をけしかけて前に進める様子を暗示させた。

［字体］奬→奬→奨と変わった。「奨」は將→将に倣った字体。

［人名］しょう・すすむ・たすく・つとむ　▽「たすく（助）」はすすめる意味から派生。古典に助の訓がある。「つとむ（努）」は奨励（すすめ励ます）の意味から。♂井上奨輔《ショウスケ》（江）・速水奨《ショウ》（昭）・山田奨治《ショウジ》（昭）・遠山奨志《ショウジ》（昭）・小林奨《ススム》（平）　♀奨子《ショウシ》内親王（鎌）

【照】13（火・9）常

［読み］音 ショウ（呉・漢）　訓 てる・てらす

［語源］明るく輝く、つまり「てる」の意味。「昭」は「日光が明るい」という形容詞で、「明るく輝く」という動詞を表すため、「昭（音・イメージ記号）＋火（限定符号）」を合わせて「照」が作られた。

［人名］あき・あきら・しょう・てらし・てらす・てる　♂瓜生照《テラス》（鎌）・鵜殿長照《ナガテル》（戦）・皆川広照《ヒロテル》（土）・榊原照久《テルヒサ》（江）・立花照夫《テルオ》（江）・見砂直照《タダアキ》（明）・安藤照《ショウ》（明）・高橋照《アキラ》（大）・関口照生《テルオ》（昭）・藤森照信《テルノブ》（昭）・青野照市《テルイチ》（昭）・吉田照美《テルミ》（昭）　♀照子《テルコ》女王（江）・杵屋照《テル》（江）・大月照江《テルエ》（明）・春日照代《テルヨ》（昭）・鈴鹿照《テル》（昭）

【詳】13（言・6）常

［読み］音 ショウ（漢）・ゾウ（呉）　訓 くわしい・つまびらか

［語源］くわしい意味（詳細）。「羊」は「たっぷりと豊

かな」というイメージがあり、「大きく広がる」というイメージに展開する（祥・翔の項参照）。「羊（音・イメージ記号）＋言（限定符号）」を合わせて、言葉がすみずみまで欠け目なく行き届いる様子を暗示させる。

【人名】しょう・よし　▽「よし」は祥と通用するから。また、古典に善の訓がある。♂佐々木庸詳《ツネヨシ》（江）・常田享詳《タカヨシ》（昭）・友野詳《ショウ》（昭）　♀艾沢詳子《ショウコ》（昭）

【頌】13（頁・4）

【読み】㊥ショウ（漢）・ジュ・ズ（呉）　㊞たたえる

【語源】功績などをほめたたえて歌う意味。「公」は「開く」というイメージがあり、「透き通る」「スムーズに通る」というイメージに展開する（公・松の項参照）。喉から声をなめらかに通して歌う場面を設定して、「公（音・イメージ記号）＋頁（限定符号）」を合わせて「頌」が考案された。

【人名】しょう・たたう・つぐ・のぶ　▽「つぐ（告）」は声をあげて読む意味から。「のぶ（延・伸）」は声を長く延ばして歌う意味から。♂堀田正頌《マサツグ》（江）・松平容頌《カタノブ》（江）・速水頌一郎《ショウイチロウ》（明）・西永頌《タタウ》（昭）・井上頌夫《ノブオ》（昭）　♀頌子《ショウシ[ノブコ]》内親王（安）・天野頌子《ショウコ》（昭）

【彰】14（彡・11）常

【読み】㊥ショウ（呉・漢）　㊞あきらか・あらわす

【語源】はっきりと現れた模様や色彩の意味、また、明らかに表に現す意味（表彰）。「章」は「はっきりと現し出す」というイメージがある（該項参照）。「章（音・イメージ記号）＋彡（模様を示す限定符号）」を合わせて、右の語を表記する。

【人名】あき・あきら・しょう・たか・てる　♂小松宮彰仁《アキヒト》（江）・酒井忠彰《タダアキラ》（江）・松平信彰《ノブタカ》（江）・勧修寺顕彰《アキテル》（江）・植松彰《ショウ》（江）・藤原彰《アキラ》（大）・池宮彰一郎《ショウイチロウ》（大）・三枝成彰《シゲアキ》（昭）・中村彰彦《アキヒコ》（昭）・池上彰《アキラ》（昭）・城彰二《ショウジ》（昭）・暮川彰《アキラ》（昭）　♀藤原彰子《アキコ》（安）・蛸島彰子《アキコ》

【鐘】20（金・12）常

【読み】㊥ショウ（漢）・シュ（呉）　㊞かね

【語源】「かね」の意味。「童」は「突き抜く」というイメージがあり、「中が突き抜ける→筒抜け」というイメージに展開する（該項参照）。「童（音・イメージ記号）＋金（限定符号）」を合わせて、中を筒抜けにした金属製の「かね」を暗示させる。

[人名] あつみ・あつむ・かね・しょう・みつ ▽「あつむ（集）」は鍾（あつまる）と通用するから。「みつ（満）」は「あつむ（集）」から連想か。♂伊東祐鐘《スケミツ》（江）・若葉山鐘《アツミ》（明）・須藤鐘一《ショウイチ》（明）・夏田鐘甲《ショウコウ》（大）・室町鐘緒《カネオ》（昭）

【上】 3（一・2） 常

[読み] 〔音〕ジョウ（呉）・ショウ（漢） 〔訓〕うえ・うわ・かみ・あがる・のぼる

[語源] 「うえ」「うえにあがる」の意味をもつ語を、下の長い線の上に短い線が乗っている象徴的符号によって表記する。

〔甲〕  〔金〕  〔古〕  〔篆〕 

[人名] うえ・かみ・じょう・たか・たかし・のぼる・ほず ▽「たかし（高）」は上にあがる意味から。「ほず（ほづ）」は「ほつえ（上枝）」（上の枝の意）から。♂石上皇子《イソノカミ》（飛）・坂本人上《ヒトカミ》（奈）・藤原玄上《クロカミ》［ハルカミ］（安）・出目上満《タカミツ》（江）・吉良上野介《コウズケノスケ》（江）・紀上太郎《ジョウタロウ》（江）・斉藤上太郎《ジョウタロウ》（昭） ♀井上《イノウエ》［イカミ］内親王（奈）・藤原上子《カミコ》（安）・堀河院中宮上総《カズサ》（安）

【丈】 3（一・2） 常

[読み] 〔音〕ジョウ（呉）・チョウ（漢） 〔訓〕たけ

[語源] 長さの単位で、十尺の意味。「十＋又（手）」を合わせたのが「丈」で、手の指を広げて計る尺の十倍を暗示させる図形。長い（特に、背たけが高い）意味を派生し、日本では「たけ」に用いる。

〔篆〕 

[人名] じょう・たけ・たけし・とも・ひろ・ます ▽「たけし（威・猛）」は丈人（長老の尊称）から。「とも」はともがらの「とも」（仲間の意）で人の名に添える語から。「ひろ」は長さの単位である「尋《ヒロ》」のつながり。「ます」は丈夫《ジョウフ》（ますらお）から。♂滝本千丈《チタケ》（江）・並木丈輔《ジョウスケ》（江）・野呂元丈《ゲンジョウ》（江）・金関丈夫《タケオ》（明）・河上丈太郎《ジョウタロウ》（明）・日影丈吉《ジョウキチ》（明）・奥田真丈《シンジョウ》（大）・若林

正丈《マサヒロ》(昭)・鈴木丈之《トモユキ》(昭)・銀河万丈《バンジョウ》(昭)・辰吉丈一郎《ジョウイチロウ》(昭)・鳴海丈《タケシ》(昭)・小野寺丈《ジョウ》(昭)　♀松浦丈子《タケコ》(昭)・吉井丈絵《トモエ》(昭)

【丞】 6(一・5)

[読み] ㊥ジョウ(呉)・ショウ(漢)　㊟たすける

[語源] 補佐する意味(丞相)。「丞」は「卩(しゃがんだ人)+廾(両手)+凵(くぼんだ穴)」を合わせて、穴に落ちた人を両手ですくい上げる情景を設定した図形。これによって、両手で持ち上げて助ける意味の語を表記する。蒸(気体が上に上がる)は同源。

[人名] じょう・すけ・すすむ　▽「すすむ(進)」は烝・蒸と通用して、進む意味があるから。♂三宅丞四郎《ジョウシロウ》(江)・潮田又之丞《マタノジョウ》(江)・北川丞《ススム》(明)・佐々木丞平《ジョウヘイ》(昭)・森雪之丞《ユキノジョウ》(昭)・大西健丞《ケンスケ》(昭)・高橋勇丞《ユウスケ》(昭)

【条】 7(木・3)　常　**【條】** 11(木・7)

[読み] ㊥ジョウ(呉)・チョウ(漢)　㊟えだ

[語源] 木の「えだ」の意味。「細長い」というイメージをもつ「攸《ゆう》」を用い(修の項参照)、「攸(音・イメージ記号)+木(限定符号)」を合わせた「條」でもって、その語を表記する。細長い筋などの意味を派生する。

[字体] 「條」は正字(旧字体)。「条」は草書から生まれた俗字。

[人名] え・えだ・じょう　♂惟条《コレエダ》親王(安)・三条西公条《キンエダ》(戦)・徳川綱条《ツナエダ》(江)・江口定条《サダエ》(江)・山本条太郎《ジョウタロウ》(江)・加藤条治《ジョウジ》(昭)

【乗】 9(丿・8)　常　**【乘】** 10(丿・9)

[読み] ㊥ジョウ(呉)・ショウ(漢)　㊟のる

[語源] 物の上にのる意味。「大(人の形)+舛(両足)+木」を合わせた「乘」でその語を表記する。人が木の上に乗っている情景を設定した図形である。

[字体] 「乘」は正字(旧字体)。「乗」は古くから書道などで使われた俗字。

【人名】じょう・のり　♂後藤祐乗《ユウジョウ》（室）・松平真乗《マサノリ》（戦）・加藤景乗《カゲノリ》（土）・松平乗邑《ノリサト》「ノリムラ」（江）・御堂義乗《ヨシノリ》（昭）

【城】9（土・6）常

【読み】音ジョウ（呉）・セイ（漢）　訓しろ

【語源】城壁、また、城壁で囲った町・都市が本来の意味。「成」は土を固めて城壁を仕上げる情景を設定した図形（該項参照）。「成（音・イメージ記号）＋土（限定符号）」を合わせて、右の語を表記する。日本では日本式建築の「しろ」の表記とした。

【字体】「城」が正字（旧字体）。「城」は古くから書道で用いられた字体。

【人名】き・くに・さね・しげ・じょう・しろ・なり・むら　▽「き（柵・城）」は垣をめぐらした城塞、また墓地の意味。「くに（国）」「むら（邑）」は町・都市の意味から。「さね（核）」は城が行政区画の中心だからか。「しげ」「なり」は成の訓の流用。　♂山田春城《ハルキ》（安）・伊達宗城《ムネナリ》（江）・徳大寺公城《キンムラ》（江）・谷干城《タテキ》（江）・緒方城太郎《ジョウタロウ》（江）・土浦亀城《カメキ》（明）・石川城太《シロタ》（昭）・三宅弘城《ヒロキ》（昭）

【浄】9（水・6）常　【淨】11（水・8）

【読み】音ジョウ（呉）・セイ（漢）　訓きよい

【語源】汚れがない、きよらかの意味。その表記はもとは「瀞」であった。「静」は「じっと落ち着く」というイメージがある（静の項参照）。「静（音・イメージ記号）＋水（限定符号）」を合わせて、水中の垢がじっと下に落ち着き、水質がきれになる様子を暗示させる。後に「浄」（本来は川の名）を代用した。なお日本では「瀞」は「とろ」の表記に用いる。

【字体】「淨」は旧字体。「浄」は古くから書道などで用いられた字体。

【人名】きよ・きよし・きよら・しず・じょう　▽「しず」は静の訓を流用。　♂坂上浄野《キヨノ》（奈）・佐伯浄麻呂《キヨマロ》（奈）・田中浄人《キヨヒト》（安）・五条為浄《タメキヨ》（戦）・木下浄庵《ジョウアン》（江）・小岩井浄《キヨシ》（明）・姫野浄《キヨシ》（昭）・小石沢浄孝《キヨタカ》（昭）・嶋崎浄《ジョウ》（平）　♀大原浄子《キヨコ》（安）・梅村浄《キヨラ》（昭）

【娘】10（女・7）常

【読み】〔音〕ジョウ（漢）・ニョウ（呉）　〔訓〕むすめ

【語源】少女、むすめの意味。「良」は「汚れがない」というイメージがある（該項参照）。「良（音・イメージ記号）＋女（限定符号）」を合わせて、その語を表記する。

【人名】いらつめ・じょう　♀春日娘子《イラツメ》（古）・舎人娘子《オトメ》（飛）・膳大娘《オオイラツメ》（飛）・藤原喜娘《キジョウ》（奈）・松村六娘《ムム》（昭）

【常】11（巾・8）常

【読み】〔音〕ジョウ（呉）・ショウ（漢）　〔訓〕つね・とこ

【語源】もともとスカート（裳）の意味であったが、「裳」をスカートに、「常」をつねの意味に使い分けるようになった。「尚」は「高く上がる」というコアイメージがあり（該項参照）、「長い」というイメージに展開する。「尚（音・イメージ記号）＋巾（限定符号）」を合わせて、丈の長い衣服、つまり下半身に着て下に長く垂らす「も」（スカート）を暗示させる。ここに「長い」というイメージがあるので、時間的に長く経って久しい意味の語を同じ音形で呼び、同じ図形を用いて表記する。

【人名】じょう・つね・とき・ときわ・とこ・のぶ・ひさ・ひさし　▽「とこ」は永久不変の意。「ときわ（ときは）」はとこ（常）いは（磐）の約。「のぶ（伸）」は長いの縁語。　♂佐伯常人《ツネヒト》（奈）・藤原常嗣《ツネツグ》（安）・源常《トキワ》（安）・和田常盛《ツネモリ》（鎌）・甲斐常治《ツネハル》（室）・山本常朝《ツネトモ》（江）・宮地常磐《トキワ》（江）・小島充常《ミツノブ》（江）・富田常雄《ツネオ》（明）・宮本常一《ツネイチ》（明）・力武常次《ツネジ》（大）・田中光常《コウジョウ》（大）・中島常幸《ツネユキ》（昭）・寺尾常史《ツネフミ》（昭）・筑波常治《ヒサハル》・平常《ジョウ》（昭）　♀常子《ツネコ》内親王（江）・広瀬常《ツネ》（江）・豊永常代《ツネヨ》（明）・向原常美《ツネミ》（昭）

【縄】15（糸・9）常

【読み】〔音〕ジョウ（呉）・ショウ（漢）　〔訓〕なわ

【語源】「なわ」の意味。これを「縄」と表記する。「黽《ぼう》」は腹の大きなカエルの図形。腹が膨れているイメージを用いて、ハエを「黽（音・イメージ記号）＋虫（限定符号）」を合わせた「蠅」で表記する。次に「なわ」の語を図形化する際、ハエが∞形にぐるぐる飛ぶ姿に焦点を当て、「蝿（音・イメージ記号）の略体＋糸（限定符号）」を合わせて、糸を∞形にぐるぐる巻く（つまり、なわをなう）姿を意匠にしたのが「縄」である。

甲  金  篆  〔黽〕 篆  〔繩〕

【字体】「繩」は正字（旧字体）。「縄」は書道で生まれた字体。

【人名】ただ・つぐ・つな・なお・なわ・のり・まさ

▽「ただ（正）」「まさ（正）」「なお（直）」は墨縄で曲がりを正す意味から。「のり（法）」は物事の基準の意味から。「つぐ（続）」は縄々（長く続くさま）の意味から。「つな（綱）」は縄の縁語。♂内蔵縄麻呂《ナワマロ》（奈）・藤原乙縄《オトタダ》（奈）・伴清縄《キヨタダ》（安）・河野通縄《ミチナワ》（土）・松平頼縄《ヨリツグ》（江）・内藤正縄《マサツナ》（江）・鍋島直縄《ナオタダ》（明）・稲葉正縄《マサナオ》（明）　♀滋野縄子《ツナコ》（安）

【錠】16（金・8）常

【読み】㊥ジョウ（呉）・テイ（漢）

【語源】煮炊きをする足のついた器の意味。「定」は「一所に落ち着く」というイメージがある（該項参照）。「定（音・イメージ記号）＋金（限定符号）」を合わせて、足がついて座りのよい金属製の器を暗示させる。

【人名】じょう・てい　♂槙島錠之助《ジョウノスケ》（江）・渡辺錠太郎《ジョウタロウ》（明）・綱淵謙錠《ケンジョウ》（大）・宍戸錠《ジョウ》（昭）・松岡錠司《ジョウジ》（昭）　♀木内錠子《テイコ》（明）

【穣】18（禾・13）【穰】22（禾・17）

【読み】㊥ジョウ（漢）・ニョウ（呉）　㊒みのる・ゆたか

【語源】作物が豊かに実る意味、また、収穫が多い意味。これを「穰」と表記する。「㲅《じょう》」の原形は人が土を耕す場面を描いた図形。後に「吅（二つ並べる符号）＋爻（二つ交える符号）＋邑（田の畝の形）」を合わせた図形に変わった。田を鋤き返して肥料などを混ぜて、土を柔らかくする様子を暗示させ、「中に物を入れて柔らかくする」「中に割り込ませる」というイメージを示す記号とする。「㲅（音・イメージ記号）＋衣（限定符号）」を合わせた「襄《じょう》」は、衣の中に綿などを詰め込んで柔らかくする様子で、これも同様のコアイメージをもつ。「襄（音・イメージ記号）＋禾（限定符号）」を合わせた「穰」は、作物の穂に種子がたくさん割り込んで柔らかく熟した様子を暗示させる。

金  篆  〔㲅〕

(金)  (篆) 〔襄〕 (篆) 〔穣〕

[字体]「穰」は正字。「穣」は譲→譲などに倣った字体。

[人名] おさむ・しげ・じょう・みのり・みのる・ゆたか　▽「おさむ（収）」は収穫が多い意味から。「しげ（繁）」は種子がたくさん実る意味から。♂米田穣《ミノル》（江）・本多康穣《ヤスシゲ》（江）・高橋穣《ユタカ》（明）・真田穣一郎《ジョウイチロウ》（明）・豊田穣《ジョウ》（大）・鴨志田穣《ユタカ》（昭）・山岸穣《ミノル》（昭）・石田穣《ミノリ》（昭）　♀大原穣子《ジョウコ》（昭）

【譲】20（言・13）常　【讓】24（言・17）

[読み] (音) ジョウ（漢）・ニョウ（呉）　(訓) ゆずる

[語源] 他人に場所や物をゆずって自分は身をひく意味（譲位）。これを「讓」と表記する。「襄《じょう》」は「中に割り込ませる」というイメージがある（前項参照）。「襄（音・イメージ記号）＋言（限定符号）」を合わせた「讓」は、他人が中に割り込んできたため、その人に場所をゆずる様子を暗示させる。

[字体]「讓」は正字（旧字体）。「譲」は近世中国でできた俗字。

[人名] じょう・ゆずり・ゆずる　♂高峰譲吉《ジョウキチ》（江）・松岡譲《ユズル》（明）・坪田譲治《ジョウジ》（明）・谷譲次《ジョウジ》（明）・安部譲二《ジョウジ》（昭）・世良譲《ユズル》（昭）・久石譲《ジョウ》（昭）

織→しき

【心】4（心・0）常

[読み] (音) シン（呉・漢）　(訓) こころ

[語源] 心臓、また、精神の意味。「心」は心臓を描いた図形。古代では心臓に思考の座があると考えられたので、「こころ」の意味を派生する。

(甲)  (金)  (篆) 

[人名] きよ・ご・こころ・さね・しん・なか・み・むね・もと　▽「きよ（精）」は精神の意味から。「ご」は「なかご（中子）」（中心の意）から。「さね（核）」「なか（中）」「み（実）」「もと（基・本）」は心臓が中枢の器官と考えられたことから。「むね（胸）」は心臓のある所で、こころの意味にもなるから。♂関口氏心《ウジムネ》（江）・内藤中心《ナカゴ》（江）・岡倉天心《テンシン》（江）・草野心平《シンペイ》（明）・東野英心

《エイシン》(昭)・犬童一心《イッシン》(昭)・結城心一《シンイチ》(昭)　♀心月《シンゲツ》女王(土)・高橋清心《キヨミ》(昭)・矢沢心《シン》(昭)

【申】5(田・0) 常

[読み] ㊖ シン(呉・漢) ㊟ もうす・のべる・さる

[語源] 十二支の九番目、また、「のべる」意味。「申」はいなずまが光る姿を描いた図形。「申」に雨冠をつけると「電」(いなずま)、示偏をつけると「神」(雷神、一般に「かみ」)になる。光が長く延びることから、「長く延(伸)びる」というコアイメージがあり、まっすぐに引き伸ばす意味、また、言葉を引き伸ばして説明する(述べる)意味を派生する。一方、殷代から十二支の九番目に使われ、年や日付けを記す序数詞とする。猿に当てたのは漢代から。

㊙甲  ㊙金  ㊙篆 

[人名] さる・しげ・しげる・しん・のぶ・み ▽「しげ(重)」は古典に重の訓がある。♂柳沢保申《ヤスノブ》(江)・内藤戊申《シゲノブ》(明)・山田申吾《シンゴ》(明)・矢吹申彦《ノブヒコ》(昭)・安延申《シン》(昭)・森下申一《シンイチ》(昭)

【伸】7(人・5) 常

[読み] ㊖ シン(呉・漢) ㊟ のびる・のばす

[語源] まっすぐに引き伸ばす意味。もともと「申」がこの意味をもっていた(前項参照)。「申」が別の意味を派生したため、限定符号の「人」を添えて「伸」を作り、「申」と区別した。

[人名] しん・ただ・のぶ・のぶる ▽「ただ(正)」はまっすぐに伸ばす意味から。♂牧野伸顕《ノブアキ》(江)・中村伸郎《ノブオ》(明)・長谷川伸《シン》(明)・大類伸《ノブル》(大)・芦田伸介《シンスケ》(大)・真継伸彦《ノブヒコ》(昭)・久保田利伸《トシノブ》(昭)・大和田伸也《シンヤ》(昭)・南伸坊《シンボウ》(昭)・小野伸二《シンジ》(昭)・宅麻伸《シン》(昭)　♀坊城伸子《タダコ》(江)・田中伸子《ノブコ》(昭)・花房伸江《ノブエ》(昭)

【臣】7(臣・0) 常

[読み] ㊖ シン(漢)・ジン(呉) ㊟ おみ

[語源] 家来の意味。「臣」は大きく見張った目玉を横向きのアングルで写した図形。家来が君主の前で伏し目がちにかしこまる姿を、目玉に焦点を当てて捉えたものである。

(甲)

(金)

(篆)

【人名】お・おみ・おん・しげ・しん・じん・たみ・ちか・とみ・み・みつ　▽「おみ」は家来の古語。「お」「おん」「み」「とみ」は「おみ」の転。「たみ（民）」は臣の縁語。「ちか」は主人の側近く仕えることからか。「みつ（満）」は「とみ」を富と取ったことからか。「しげ（繁）」（多い意）は満からの連想か。♂島田忠臣《タダオミ》（安）・中臣祐臣《スケオミ》（鎌）・今川貞臣《サダオミ》（南）・松尾臣善《シゲヨシ》（江）・平野国臣《クニオミ》（江）・副島種臣《タネオミ》（江）・黒沢良臣《ヨシタミ》（明）・鷲見臣一郎《シンイチロウ》（明）・梅沢博臣《ヒロオミ》（大）・細野晴臣《ハルオミ》（昭）・毛利臣男《トミオ》（昭）・塚本徳臣《ノリチカ》（昭）・加賀山就臣《ユキオ》（昭）・国分建臣《タケミ》（昭）・斎藤臣《ジン》（平）　♀須藤臣《トミ》（昭）

【身】

7（身・0）　常

【読み】(音) シン（呉・漢）　(訓) み

【語源】「み」の意味。「身」は女性が胎児をみごもった姿を描いた図形で、「みごもる」という意味も表した。一般に、なかみの詰まった生身の体をシンといい、この図形で表記する。

(金)

(篆)

【人名】しん・ただ・ちか・のぶ・み・もと　▽「ただ」は「ただ」（父または母の意、また、自分の意）の転か。「身は親（父母）の遺体なり」と古典にある。「ちか（親）」は親《みずか》らの意味から。「のぶ（伸）」は古典に伸の訓がある。「もと（基）」は四肢に対して体が基幹であることから。♂尾張馬身《マミ》（飛）・若倭部身麻呂《ミマロ》（奈）・陽胡真身《マミ》（奈）・観世身愛《タダチカ》（土）・阿部正身《マサチカ》（江）・橋村正身《マサノブ》（江）・柿沼広身《ヒロミ》（江）・小保内定身《テイシン》（江）・西川正身《マサミ》（明）・大串夏身《ナツミ》（昭）　♀藤間身加栄《ミカエ》（明）・石原身知子《ミチコ》（昭）・片岡身江《ミエ》（昭）

【辰】

7（辰・0）

【読み】(音) シン（呉・漢）　(訓) たつ

【語源】十二支の五番目の意味。「辰」は舌を出している二枚貝を描いた図形。「弾力性がある」「ぶるぶる震え動く」というイメージがあり、振・震などは同源。殷代からこの図形を十二支の一つに用いる。竜に当てるのは漢代に始まる。

甲

金

篆

【人名】しん・たつ・とき・のぶ・のぶる ▽「とき」は時の意味から。「のぶ（伸）」は古典に伸の訓がある。♂村田久辰《ヒサトキ》（江）・馬場辰猪《タツイ》（江）・南部辰丙《シンペイ》（江）・高野辰之《タツユキ》（明）・布施辰治《タツジ》（明）・滝川幸辰《ユキトキ》（明）・奈良本辰也《タツヤ》（大）・西川辰美《タツミ》（大）・志水辰夫《タツオ》（昭）・原辰徳《タツノリ》（昭）・石島辰太郎《シンタロウ》（昭） ♀石井辰子《タツコ》（江）・増淵辰子《タツコ》（明）

【信】9（人・7） 常

【読み】音 シン（呉・漢） 訓 まこと

【語源】偽りがない意味。「言」は「はっきり区別（けじめ）をつける」というイメージがある（該項参照）。「言（イメージ記号）＋人（限定符号）」を合わせて、対人関係においてはっきりけじめがついて、心が相手にスムーズに伝わる様子を暗示させる。「まっすぐに通っていく」というコアイメージがあり、さわりなく伝わる心（まこと）の意味のほかに、スムーズに伝わる便り（通信・書信）などの意味を派生する。

【人名】あき・あきら・さだ・さね・しげ・しの・しん・ちか・のぶ・のぶる・まこと・まさ ▽「あき（明）」は誠に（明確に、確実に）の意味から。「さだ（貞）」「まさ（正）」は邪がなくまっすぐのイメージから。「さね（実）」は誠実の意味から。「しげ（重）」は古典に重の訓がある。「しの」はシンの訛り。「のぶ（伸）」は伸・申と通用し、まっすぐ伸びる意味があるから。♂源信明《サネアキラ》（安）・三善康信《ヤスノブ》（鎌）・山名正信《マサノブ》（室）・武田信玄《シンゲン》（戦）・織田信長《ノブナガ》（戦）・徳川信康《ノブヤス》（土）・山内豊信《トヨシゲ》（江）・大隈重信《シゲノブ》（江）・佐佐木信綱《ノブツナ》（明）・折口信夫《シノブ》（明）・小泉信三《シンゾウ》（明）・生田信《ノブ》（明）・小尾信弥《シンヤ》（大）・駒田信二《シンジ》（大）・佐高信《マコト》（昭）・鳥越信《シン》（昭）・中町信《アキラ》（昭）・木村一信《カズアキ》（昭）・原久仁信《クニチカ》（昭） ♀吉屋信子《ノブコ》（明）・音羽信子《ノブコ》（大）・九条信乃《ノシ》（昭）・矢野紫信《シノブ》（平）

【津】9（水・6） 常

【読み】音 シン（呉・漢） 訓 つ

【語源】体液（唾や汗など）の意味。「聿《しん》」は「聿（筆）＋彡（しずくを示す符号）」を合わせて、筆からしずくがしたたる情景を設定した図形。「にじみ出る」というイメージを示す。「聿（音・イメージ記号）＋水（限定符号）」を合わせて、水分がにじみ出る様子を暗示させる。渡し場の意味もあるが、本来は「進（音・イメージ記号）の略体＋舟（イメージ補助記号）＋水（限定符号）」を合わせて、舟を進めて水を渡る様子を暗示させる図形。後に「津」を代用する。

篆 〔聿〕 古  篆 〔津〕

【人名】つ・づ ▽「つ」は唾の意味と、渡し場の意味。♂大伴津麻呂《ツマロ》（古）・斎藤津守《ツモリ》（江）・猪俣津南雄《ツナオ》（明）・木原津与志《ツヨシ》（明）・榛葉賀津也《カツヤ》（昭） ♀高梨美津《ミツ》（江）・矢田津世子《ツセコ》（明）・西川勢津子《セツコ》（大）・倍賞美津子《ミツコ》（昭）・中島伊津子《イツコ》（昭）・安藤和津《カヅ》（昭）

【振】10（手・7）常

【読み】音 シン（呉・漢） 訓 ふる・ふるう

【語源】ふり動く、また、ゆすって動かす意味。「（弾力性があって）ぶるぶる震え動く」というイメージをもつ「辰《しん》」を用い（該項参照）、「辰（音・イメージ記号）＋手（限定符号）」を合わせた図形でその語を表記する。

【人名】しん・ふり・ふる ♂出雲振根《フルネ》（古）・尺振八《シンパチ》（江）・田辺振太郎《シンタロウ》（明）・朝永振一郎《シンイチロウ》（明）・南大路振一《シンイチ》（大）・植村振作《シンサク》（昭）・中野振一郎《シンイチロウ》（昭） ♀振媛《フルヒメ》（古）・徳川振姫《フリヒメ》（土）

【晋】10（日・6）

【読み】音 シン（呉・漢） 訓 すすむ

【語源】前に進む意味。「晉」の上部はもとは二本の矢の形。後に「至（矢が地面に届いた形）」を並べて「臸」となった。「曰」は箱の形。この二つを合わせた「晉」は、矢を挿したプレゼントの箱を差し出す場面を設定した図形。これによって「前に進める」ことを暗示させる。

甲  金  篆 

【字体】「晉」は旧字体。「晋」は近世中国の俗字。

【人名】あき・くに・しん・すすむ・みち・ゆき ▽「あき」は古典に明進の訓がある。「くに」は州や国の名に使われたことからか。「ゆき（行）」は進むの縁語。♂遠山景晋《カゲクニ》「カゲミチ」（江）・高杉晋作《シンサク》（江）・別府晋介《シンスケ》

（江）・中山晋平《シンペイ》（明）・児玉晋匡《ユキマサ》（明）・大野晋《ススム》（大）・安倍晋太郎《シンタロウ》（大）・大崎映晋《エイシン》（大）・山本晋也《シンヤ》（昭）・片山晋呉《シンゴ》（昭）・香田晋《シン》（昭）

【真】10（目・5）常 【眞】10（目・5）

［読み］ ㊌シン（呉・漢） ㊋ま・まこと

［語源］「まこと」の意味（真実）。古い表記は「匕（スプーン）＋鼎（かなえ）」を合わせて、鼎に料理を詰め込む場面を設定した図形。これによって、中身がいっぱい充実して空っぽではないというイメージを作る。中身がなく空っぽなことが「うそ」であり、それの逆が「まこと」である。

㊎  ㊕ 

［字体］「眞」は正字（旧字体）。「真」は古くから書道などで使われた。

［人名］ さだ・さな・さね・しん・ただ・ただし・ちか・ま・まこと・まさ・ます・まな・み ▽「さだ（貞）」「ただ（正）」「まさ（正）」は真正の意味から。「さね（実）」は真実の意味。「さな」は「さね」の転。「み」は古典に身の訓がある。「ちか（親）」は身の訓を流用か。「ます」はますぐ（真直）の略か。「まな」はまなお（真直）の略か。 ♂平群真鳥《マトリ》（古）・紀真人《マヒト》（飛）・吉備真備《マキビ》（奈）・菅原道真《ミチザネ》（安）・諏訪真種《マサタネ》（南）・細川真之《サネユキ》（戦）・多胡真清《サネキヨ》（土）・葛城真純《マスミ》（江）・菅江真澄《マスミ》（江）・津田真道《マミチ》（江）・広橋真光《タダミツ》（明）・谷口尚真《ナオミ》（明）・勝部真長《ミタケ》（大）・沼田真《マコト》（大）・天藤真《シン》（大）・辻真先《マサキ》（昭）・山根一真《カズマ》（昭）・近藤真彦《マサヒコ》（昭） ♀多治比真宗《マムネ》（奈）・真子《シンシ［サネコ］》内親王（安）・坂本真琴《マコト》（明）・巌本真理《マリ》（大）・冨士真奈美《マナミ》（昭）・大空真弓《マユミ》（昭）・小川真由美《マユミ》（昭）・田中真紀子《マキコ》（昭）・坂東真砂子《マサコ》（昭）・井田真木子《マキコ》（昭）・千住真理子《マリコ》（昭）・幸田真音《マイン》（昭）・石野真子《マコ》（昭）・大地真央《マオ》（昭）・塚田真希《マキ》（昭）・冨樫真《マコト》（昭）・佐藤真海《ミマ》（昭）・石倉志真《シマ》（平）

【晨】11（日・7）

［読み］ ㊌シン（漢）・ジン（呉） ㊋あさ・あした

［語源］「あさ」の意味。「震え動く」というイメージをもつ「辰《しん》」を用い（該項参照）、「辰（音・イメージ記号）＋日（限定符号）」を合わせて、生物が活動を始める時間

を暗示させる。賑（流通が活発で勢いがよい→にぎわう）は同源。
【人名】あき・あきら・あさ・しん・てる・とき　▽「あき（明）」「てる（照・輝）」は朝の意味から連想。「とき（時）」は辰と通用し、時の意味がある。♂壬生晨照《アサテル》（室）・荒木田守晨《モリトキ》（室）・檜垣常晨《ツネアキ》（土）・青地晨《シン》（明）・嶋岡晨《シン》（昭）・後藤晨《アキラ》（昭）

【深】11（水・8）常

【読み】音 シン（呉・漢）訓 ふかい・ふかまる
【語源】（水が）ふかい意味。「深」の旁は「罙《しん》」の変形。これは「穴（あな）＋又（手）＋火」を組み合わせて、かまどや煙突の中に手を入れて探る場面を設定した図形。「奥深くまで達する」というイメージを示す。「罙（音・イメージ記号）＋水（限定符号）」を合わせて、水面から底まで深い様子を暗示させる。

金 　篆 〔罙〕　篆 〔深〕

【人名】しん・とお・ふか・ふかし・み　▽「とお（遠）」は深遠の意味から。「み」はみやま（深山）やみゆき（深雪）の「み」で、本来は単なる接頭語。♂紀深江《フカエ》（安）・清原深養父《フカヤブ》（安）・畠山義深《ヨシトオ》（南）・飯塚深四《フカシ》（江）・藤井深造《シンゾウ》（明）・伊東深水《シンスイ》（明）・花田深《フカシ》（昭）
♀飯田深雪《ミユキ》（明）・辻村深月《ミツキ》（昭）・七瀬亜深《アミ》（昭）

【紳】11（糸・5）常

【読み】音 シン（呉・漢）
【語源】男性用の大帯の意味。「申」は「長く伸びる」というコアイメージがある（該項参照）。「申（音・イメージ記号）＋糸（限定符号）」を合わせて、端の長く垂れた大帯を表す。
【人名】しん　♂西紳六郎《シンロクロウ》（江）・渡辺紳一郎《シンイチロウ》（明）・山田紳《シン》（昭）・島田紳助《シンスケ》（昭）・高尾紳路《シンジ》（昭）・安住紳一郎《シンイチロウ》（昭）

【進】11（辵・8）常

【読み】音 シン（呉・漢）訓 すすむ・すすめる
【語源】前にすすむ意味。この語の表記は鳥の特徴から発想された。鳥は前へ飛ぶもので、退くことはない。ずんぐりした小鳥を描いた「隹《すい》」を用い（維の項参照）、

「隹（イメージ記号）＋辵（限定符号）」を合わせて、前へ前へと進んでいく様子を暗示させた。

［人名］しん・すすむ・のぶ・みち・ゆき　▽「みち（道）」「ゆき（行）」は進むの縁語。「のぶ」（長く延びる）は進むから連想。♂牧園進士《ノブコト》（江）・酒井忠進《タダユキ》（江）・大石進《ススム》（江）・竹添進一郎《シンイチロウ》（江）・小倉進平《シンペイ》（明）・橋本進吉《シンキチ》（明）・古橋広之進《ヒロノシン》（昭）・利根川進《ススム》（昭）・森進一《シンイチ》（昭）・櫟本大進《ダイシン》（昭）・山上暁之進《アキノシン》（平）　♀進子《シンシ[マスコ]》内親王（南）

【森】12（木・8）常

［読み］㊥シン（呉・漢）㊙もり
［語源］多くの木が茂る状態を形容する語で、これを「木」を三つ重ねた「森」の図形で表記した。日本では「もり」に用いる。
［人名］しげる・しん・もり　♂内藤政森《マサモリ》（江）・伊奈森太郎《モリタロウ》（明）・池原森男《モリオ》（大）・岸田森《シン》（昭）・市川森一《シンイチ》（昭）・石川森彦《モリヒコ》（昭）　♀吉良森子《モリコ》（昭）

【慎】13（心・10）常　【愼】13（心・10）

［読み］㊥シン（漢）・ジン（呉）㊙つつしむ
［語源］「つつしむ」の意味（謹慎）。これを「愼」と表記する。「眞」は「中身がいっぱい詰まる」というコアイメージがある（真の項参照）。「眞（音・イメージ記号）＋心（限定符号）」を合わせて、心にすきまがなく十分に気を配る様子を暗示させる。
［字体］「愼」は正字（旧字体）。眞→真に倣って「慎」となった。
［人名］しん・ちか・のり・まこと・よし　▽「まこと」は古典に誠の訓がある。「ちか（親）」は真の訓の流用か。「のり」「よし」は古典に順の訓があり、この名乗りの流用か。♂加納久慎《ヒサチカ》（江）・松平頼慎《ヨリヨシ》（江）・大橋慎《シン》（江）・中岡慎太郎《シンタロウ》（江）・高田慎吾《シンゴ》（明）・浅井慎平《シンペイ》（昭）・江藤慎一《シンイチ》（昭）・森末慎二《シンジ》（昭）・足立慎史《シンジ》（昭）・高平慎士《シンジ》（昭）・阿部慎之助《シンノスケ》（昭）・三田村慎《マコト》（昭）　♀勝野慎子《シンコ》（昭）

【新】13（斤・9）常

［読み］㊥シン（呉・漢）㊙あたらしい・あらた・にい
［語源］あたらしい意味。この語を「新」と表記する。

左側は「辛＋木」の組み合わせ。「辛」は刃物の図形で、刃物の機能面を捉えて、「物を切る」というイメージを示す。「辛（音・イメージ記号）＋木（限定符号）」を合わせた「亲《しん》」は、木を切る様子。「亲（音・イメージ記号）＋斤（限定符号）」を合わせた「新」は、切ったばかりの生木（薪）という具体物のイメージを借りて、「切り立てで生々しい」という抽象的なイメージを表す。

篆 〔亲〕 篆 〔新〕

【人名】あきら・あら・あらた・しん・すすむ・ちか・にい・はじめ・よし・わか ▽「あきら（明）」は新鮮の意味から連想。「ちか」は親と音通で、その訓を流用。「はじめ（初）」「わか（若）」は新しいの縁語。♂調新麻呂《ニイマロ》（奈）・伊勢新九郎《シンクロウ》（室）・毛利新介《シンスケ》（戦）・中江新八《シンパチ》（土）・香川景新《カゲチカ》（江）・青木一新《カズヨシ》（江）・浜尾新《アラタ》（江）・江藤新平《シンペイ》（江）・本郷新《シン》（明）・矢口新《ハジメ》（大）・星新一《シンイチ》（大）・磯崎新《アラタ》（昭）・長新太《シンタ》（昭）・勝新太郎《シンタロウ》（昭）・藤原新也《シンヤ》（昭）・秦新二《シンジ》（昭）・谷村新司《シンジ》（昭） ♀高野新笠《ニイガサ》（奈）・新家《ニイノミ》皇女（奈）・新子《シンシ》内親王（安）・時実新子《シンコ》（昭）

【榛】14（木・10）

【読み】音 シン（呉・漢） 訓 はしばみ・はり・はん

【語源】ハシバミをシンといい、「榛」と表記した。「秦《しん》」は「午（杵）＋廾（両手）＋禾（いね）」を組み合わせて、杵を上下に忙しく動かして穀物を搗く場面を設定した図形。進・晋・迅などと同源で、「速く進む」というイメージを示す記号である。「秦（音・イメージ記号）＋木（限定符号）」を合わせて、生長が速くどんどん叢生する木を暗示させる。日本ではハンノキに当てる。

甲  金  篆 〔秦〕 篆 〔榛〕

【人名】しん・はり・はる ♂池辺真榛《マハリ》（江）・宇田川榛斎《シンサイ》（江）・江口榛一《シンイチ》（大） ♀三宅榛名《ハルナ》（昭）・中村榛花《ハルカ》（平）

【審】15（宀・12）常

【読み】音 シン（呉・漢） 訓 つまびらか

【語源】細かく見極める意味。もとは「宷」と表記した。「釆《はん》」は握りこぶしを開いて種子を播く図形で、「四方に開く（散らばる）」というイメージがあり、「細かく分かれる」というイメージに展開する（巻の項参照）。「釆（イメージ記号）＋宀（限定符号）」を合わせて、家の中のものを細かく分けて調べ尽くす様子を暗示させる。後に「釆」を「番」に替えて「審」となった。

〔審〕　〔釆〕

【人名】しん　♂島本審次郎《シンジロウ》（江）・渡部審也《シンヤ》（明）・藤原審爾《シンジ》（大）・マギー審司《シンジ》（昭）

【震】15（7）常

【読み】音 シン（呉・漢）訓 ふるう・ふるえる

【語源】雷が鳴って物をふるい動かすことが本来の意味。「（弾力性があって）ふるえ動く」というイメージをもつ「辰《しん》」を用い（該項参照）、「辰（音・イメージ記号）＋雨（限定符号）」を合わせて右の語を表記する。

【人名】しん・なり・のぶ　▽「なり」は雷が鳴ることから。♂岩瀬忠震《タダナリ》（江）・瓜生震《シン》（江）・伊吹震《シン》（明）・中村震太郎《シンタロウ》（明）・西丸震哉《シンヤ》（大）

【親】16（見・9）常

【読み】音 シン（呉・漢）訓 おや・したしい・したしむ・ちかしい・みずから

【語源】身近でしたしい意味、また、「おや」の意味。これを「親」と表記する。「亲《しん》」は刃物で切った生木という具体物のイメージを通して、「じかに接する」「肌身に触れる」というイメージをつかませる記号である（新の項参照）。「亲（音・イメージ記号）＋見（限定符号）」を合わせて、いつも身近に（肌身に触れるほど）接して見ている様子を暗示させる。自分でじかに（みずから）の意味も派生する。

【人名】したし・しん・ちか・ちかし・み・もと・よしみ・より　▽「ちか（近）」は身近で親しい意味から。「み（身）」は自分、みずからの意味から。「もと（元）」は親が子にとって根元であることから。「より（頼）」は子が頼るものの意味から。「よしみ（好）」は親しみの縁語。♂藤原親経《チカツネ》（安）・北畠親房《チカフサ》（鎌）・紀親文《チカフミ》（南）・武田信親《ノブチカ》（室）・長宗我部元親《モトチカ》（戦）・波多親《シン》（土）・毛利敬親《タカチカ》（江）・馬詰親音《モトネ》（江）・大倉和親《カズチカ》

(明)・中島親《シタシ》(明)・田口親《チカシ》(大)・山谷親平《シンペイ》(大)・溝上知親《トモチカ》(昭)・中西親志《チカシ》(昭)　♀親子《チカコ》内親王(安)・北畠親子《シンシ》《［チカコ］》(鎌)・中山親子《チカコ》(土)

【人】

2(人・0)　常

[読み]　㊥ジン(漢)・ニン(呉)　㊫ひと

[語源]「ひと」の意味。人間を略画的に描いた図形である「人」で表記する。

㊙ 　㊎ 　㊟ 

[人名]　さね・じん・たみ・と・ひと・ひとし　▽「さね」「ひとし」は仁の訓を流用。「たみ(民)」は人の縁語。♂巨勢人《ヒト》(飛)・柿本人麻呂《ヒトマロ》(飛)・紀真人《マヒト》(飛)・山部赤人《アカヒト》(奈)・武生国人《クニヒト》(奈)・大江音人《オトンド》(安)・紀淑人《ヨシヒト》(安)・人康《サネヤス》親王(安)・佐竹義人《ヨシヒト》(室)・津田隼人《ハヤト》(土)・堀田康人《ヤスヒト》(江)・赤根武人《タケト》(江)・都留重人《シゲト》(明)・刑部人《ジン》(明)・鶴岡一人《カズト》(大)・菅直人《ナオト》(昭)・内柴正人《マサト》(昭)・松本人志《ヒトシ》(昭)・無良崇人《タカヒト》(平)

【仁】

4(人・2)　常

[読み]　㊥ジン(漢)・ニン(呉)　ニ(慣)　㊫ひと

[語源]　人間として親しみ愛すること、思いやりの意味。これを「仁」と表記する。「二」は「二つひとしく並ぶ」というイメージを示す記号(該項参照)。「二(音・イメージ記号)＋人(限定符号)」を合わせて、二人が並んで親しみ合う様子を暗示させる。

[人名]　きみ・さね・じ・しのぶ・じん・ただし・と・に・にん・のり・ひさし・ひと・ひとし・ひろ・ひろし・まさ・まさし・み・めぐみ・めぐむ・やすし・よし　▽「きみ(君)」は仁を備えた君子(人格者)の意味から。「さね(核)」「み(実)」は果実の核の意味(杏仁などの仁)がある。「しのぶ」は古典に忍の訓がある。「ただし(正)」「まさ(正)」「ひさし(恒)」は正しく不変の徳のことから。「のり(範)」は仁者が模範になることから。「ひと」「と」は「人」と通用することから。「ひとし(等)」「ひろし(博)」は博愛(差別のない愛)の意味から。「めぐみ」は恩愛の意味から。「やすし(安)」は仁が安宅に喩えられることから。「よし(善・美)」は善なる美徳のことから。♂深根輔仁《スケヒト》(安)・藤原良仁《ヨシヒト》(安)・敦仁《アツギミ》親王(安)・頼仁《ヨリヒト》親王(鎌)・多田仁綱《ノリツナ》(鎌)・義

仁《ヨシヒト》親王（南）・長谷川宗仁《ソウニン》（土）・山本仁平《ニヘイ》（江）・上田仁《マサシ》（明）・矢野仁一《ジンイチ》（明）・宮崎仁郎《ジロウ》（大）・宇治仁人《マサヒト》（昭）・山下和仁《カズヒト》（昭）・今村仁司《ヒトシ》（昭）・広瀬仁紀《ニキ［ヨシノリ］》（昭）・高木仁三郎《ジンザブロウ》（昭）・安部修仁《シュウジ》（昭）・草野速仁《ハヤト》（昭）・龍村仁《ジン》（昭）・草野仁《ヒトシ》（昭）・三木仁《マサシ》（昭）・菊池仁《メグミ》・江草仁貴《ヒロタカ》（昭）・荒川仁彦《ヨシヒコ》（昭）　♀仁子《ジンシ［ヨシコ］》内親王（安）・藤原仁善子《ニゼコ［ヒトヨシコ］》（安）・深井仁子《ジンコ》（江）・甲斐仁代《ヒトヨ》（明）・三浦仁《ジン》（明）・今井久仁恵《クニエ》（昭）・近内仁子《ジンコ》（昭）・佐藤仁美《ヒトミ》（昭）・鈴木真仁《マサミ》（昭）

【壬】4（士・1）

［読み］（音）ジン（漢）・ニン（呉）（訓）みずのえ

［語源］十干の九番目、「みずのえ」の意味。「壬」は糸巻きを描いた図形。十干については甲の項参照。

（甲）　（金）　（篆）

［人名］じん・つぐ・み・みず・よし　▽「み」「みず」はみずのえの略。「よし」は任と通じるので、その訓を流用。　♂高木壬太郎《ミズタロウ》（江）・稲山壬子《ジンシ》（明）・寺谷弘壬《ヒロミ》（昭）・黒須洋壬《ヒロツグ》（昭）　♀佐藤南壬子《ナミコ》（昭）

【迅】6（辵・3）常

［読み］（音）ジン（慣）　シン（呉・漢）（訓）はやい

［語源］速度がはやい意味。「卂《じん》」は「飛」の中だけを取って周りを省略した図形で、羽が見えないほど速く飛ぶ様子を暗示させる。「卂（音・イメージ記号）＋辵（限定符号）」を合わせて、右の語を表記する。

（金）　（篆）〔卂〕　（篆）〔迅〕

［人名］じん・とき・とし・はや・はやし　▽「とし（敏）」「とき」は進行が速い意。　♂鳥見迅彦《ハヤヒコ》（明）・松野迅《ジン》（昭）・佐々木迅《ハヤシ》（昭）・五十畑迅人《ハヤト》（昭）・窪迅史《トキフミ》（昭）

【甚】9（甘・4）常

［読み］（音）ジン（呉）・シン（漢）（訓）はなはだ

［語源］程度がひどい意味。「甚」は「甘＋匹」に分析できる。「甘（うまい・あまい）」は食欲、「匹（カップル）」は性欲に関係がある。だれしも食欲や性欲に深入りしやすい。そこで、人間の代表的な欲望を示す二つの記

号を合わせて、程度が深いことを暗示させる。

㊎  ㊇ 

［人名］ じん　♂本多甚七郎《ジンシチロウ》（戦）・脇坂甚内《ジンナイ》（土）・左甚五郎《ジンゴロウ》（江）・亀山甚《ジン》（明）・植草甚一《ジンイチ》（明）・根津甚八《ジンパチ》（昭）・須藤甚一郎《ジンイチロウ》（昭）

【尋】 12（寸・9）　常

［読み］ ㊤ ジン（呉）・シン（漢）　㊥ たずねる・ひろ

［語源］ 長さを計る単位の一つ、「ひろ」の意味。これを「尋」と表記する。「彐（＝又）＋口＋工＋寸（＝又）」から成る。「又＋口」は「右」、「又＋工」は「左」に当たる。要するに、「左」と「右」を合体させて、配置替えしたのが「尋」。左右の手を広げて長さを計る様子を暗示させる図形である。次々とたどっていく↓さぐり求めるという意味を派生する。

㊇ 

［字体］ 篆書では「彡」（飾りの印）がついていた。「尋」は旧字体。新字体では彐↓ヨになる。

［人名］ じん・たずぬ・ひろ・ひろし　▽「ひろし（広）」は両手を広げて計ることから。「ひろ」も広げるの「ひろ」に由来（大言海）。　♂藤原千尋《チヒロ》（奈）・源尋《タズヌ》（安）・足利義尋《ヨシヒロ》（室）・安東尋季《ヒロスエ》（戦）・田島尋枝《ヒロエ》（江）・園八尋《ヤヒロ》（江）・伊佐千尋《チヒロ》（昭）・伊藤利尋《トシヒロ》（昭）・三原光尋《ミツヒロ》（昭）・港大尋《オオヒロ》（昭）・安藤尋《ヒロシ》（昭）　♀雛田千尋《チヒロ》（明）・米倉千尋《チヒロ》（昭）・小沢美尋《ミヒロ》（昭）

【稔】 13（禾・8）

［読み］ ㊤ ジン（漢）・ニン（呉）　㊥ みのる

［語源］ 作物がみのる意味。「今」のコアイメージは「中に閉じ込める」（該項参照）。「今（音・イメージ記号）＋心（限定符号）」を合わせた「念」は、心の中に思いをこめる様子（心に留めて忘れない意）。「中に閉じ込める」というイメージだけを用い、「念（音・イメージ記号）＋禾（限定符号）」を合わせて、作物の穂の中に実がいっぱい詰まる様子を暗示させる。作物が年ごとにみのることから、年の意味を派生する。

㊎ 

㊇  〔念〕

㊇  〔稔〕

【人名】 とし・なり・なる・ねん・みのる ▽「なる（成）」は作物が成熟する意味から。「ねん」は念に引きずられた読み。♂吉田稔麿《トシマロ》（江）・勝間田稔《ミノル》（江）・東久邇稔彦《ナルヒコ》（明）・徳田御稔《ミトシ》（明）・安井稔《ミノル》（大）・多賀谷真稔《シンネン》（大）・金田喜稔《ノブトシ》（昭）・吉岡稔真《トシマサ》（昭）・古賀稔彦《トシヒコ》（昭） ♀田中稔子《トシコ》（昭）・吉田稔美《トシミ》（昭）

【須】 12（頁・3） 常

【読み】 ㊖ ス（呉）・シュ（漢） ㊙ もとめる・すべからく

【語源】 本来はあごひげ（鬚）の意味であった。「彡（ひげの形）＋頁（頭）」を合わせた「須」で表記する。ひげは「柔軟性がある」というイメージがあり、これは「粘り強い」というイメージに展開する。「じっと粘り強く待つ」という意味、また、「求めたものが来るのをじっと待つ」という意味を派生する。

㊎  ㊯ 

【人名】 す・もとむ ♂台須美《スミ》（飛）・藤原須麻呂《スマロ》（奈）・藤原久須麻呂《クスマロ》（奈）・大野万須夫《マスオ》（昭）・呂比須《ロペス》ワグナー（昭） ♀須和《スワ》（土）・一色須賀《スガ》（江）・伊集院須磨《スマ》（江）・禿須美《スミ》（明）・松井須磨子《スマコ》（明）・城須美子《スミコ》（大）・島本須美《スミ》（昭）

【水】 4（水・0） 常

【読み】 ㊖ スイ（呉・漢） ㊙ みず

【語源】 「みず」の意味。「水」はみずが流れる様子を写した図形。

㊙  ㊎  ㊯ 

【人名】 いずみ（いづみ）・すい・み・みず・みな ♂田治比水守《ミズモリ》（飛）・伊勢水通《ミナミチ》（奈）・大久保主水《モンド》（戦）・諏訪頼水《ヨリミズ》（土）・賀茂水穂《ミズホ》（江）・山本由水《ヨシミ》（江）・為永春水《シュンスイ》（江）・和田水《ミズ》（明）・太田水穂《ミズホ》（明）・川村一水《カズミ》（明）・田河水泡《スイホウ》（明）・吉武泰水《ヤスミ》（大）・熊井英水《ヒデミ》（昭）・飴屋法水《ノリミズ》（昭）・井上陽水《ヨウスイ》（昭）・普天王水《イヅミ》（昭） ♀狩野水子《ミズコ》（江）・朝吹登水子《トミコ》（大）・藤水名子《ミナコ》（昭）・上野水香《ミズカ》（昭）・小鴨由水《ミユ》（昭）

【翠】 14（羽・8）

【読み】 ㊖ スイ（呉・漢） ㊙ みどり

【語源】 鳥のカワセミ（翡翠）の意味。「卒」は「衣」に「ノ」のマークをつけた図形で、そろいの衣服をつけた一まとまりの集団（兵卒や従卒）を暗示させる。ここに「小さくそろってまとまる」というイメージがあり、「細く引き締める」というイメージに展開する。「卒（音・イメージ記号）＋羽（限定符号）」を合わせて、体形が細っそりと引き締まった鳥を暗示させる。カワセミの雄を翡、雌を翠という。カワセミの羽の色から、「みどり」の意味を派生する。

㊎ 　㊑ 〔卒〕　㊑ 〔翠〕

【字体】「翠」が旧字体。新字体は羽→羽に倣ったもの。

【人名】 すい・みどり　♂山本芳翠《ホウスイ》（江）・井上翠《ミドリ》（明）・松井翠声《スイセイ》（明）　♀杉浦翠子《スイコ》（明）・尾崎翠《ミドリ》（明）・中野翠《ミドリ》（昭）・薪谷翠《ミドリ》（昭）

【穂】15（禾・10）　常　【穗】17（禾・12）

【読み】 ㊟スイ（漢）・ズイ（呉）　㊓ほ

【語源】 作物の「ほ」の意味。これを「穂」と表記する。「恵」は「丸く包み込む」というイメージがある（恵の項参照）。「恵（音・イメージ記号）＋禾（限定符号）」を合わせて、実を丸く包み込む作物の「ほ」を暗示させる。

【字体】「穗」は正字（旧字体）。「穂」は恵→恵に倣った字体。

【人名】 お・すい・ほ　♂弓削豊穂《トヨホ》（古）・藤原有穂《アリホ》（安）・高井八穂《ヤツホ》（江）・稲垣足穂《タルホ》（明）・佐々部晩穂《クレオ》（明）・飛田穂洲《スイシュウ》（明）・秋沢穂《スイ》（明）・窪田空穂《ウツボ》（明）・吉田穂高《ホダカ》（大）・安原美穂《ヨシホ》（大）・米沢穂信《ホノブ》（昭）・水島朝穂《アサホ》（昭）　♀吾妻徳穂《トクホ》（明）・福島瑞穂《ミズホ》（昭）・中山美穂《ミホ》（昭）・牧瀬里穂《リホ》（昭）・沢穂希《ホマレ》（昭）

【瑞】13（玉・9）

【読み】 ㊟ズイ（呉）・スイ（漢）　㊓みず

【語源】 爵位などのしるしとする玉の意味、また、めでたい兆しの意味。「耑《たん》」は植物が芽を出し、根が左右にそろって生える図形。「きちんとバランスが取れている」というイメージから、「バランスよく整う」というイメージに展開する。「耑（音・イメージ記号）＋玉（限定符号）」を合わせて、形の整った美しい玉を暗示させる。

㊎ 　㊋ 〔耑〕　㊋ 〔瑞〕

[人名] ずい・たま・みず・みつ　▽「みず（みづ）」はめでたいしるしの意。♂葛城山田瑞子《ミズコ》（古）・半井瑞策《ズイサク》（戦）・細木瑞枝《ミズエ》（江）・河村瑞賢《ズイケン》（江）・青柳瑞穂《ミズホ》（明）・大谷光瑞《コウズイ》（明）・池田瑞臣《ミズオミ》（昭）・金原瑞人《ミズヒト》（昭）・笠井瑞丈《ミツタケ》（昭）・芝生瑞和《ミツカズ》（昭）　♀瑞子《ミズコ》女王（鎌）・佐久間瑞枝《ミズエ》（江）・安田瑞代《ミズヨ》（昭）・坂口瑞子《タマコ》（昭）

【崇】

11（山・8）　常

[読み] ㊥スウ（慣）　シュウ（漢）・ズウ（呉）　㊦たかい・たっとぶ・あがめる

[語源]（山が）高い意味。「宗」は本家、つまり先祖代々中心となってきた家柄のことから、「中心となるもの」というイメージがあり、「縦に通る本筋」というイメージに展開する（該項参照）。「宗（音・イメージ記号）＋山（限定符号）」を合わせて、山の中心線が縦に通っている（高くそびえ立つ）様子を暗示させる。対象を高く見上げる（あがめる）意味を派生する。

[人名] すう・たか・たかし　♂金地院崇伝《スウデン》（土）・松前崇広《タカヒロ》（江）・桑木崇明《タカアキラ》（明）・三笠宮崇仁《タカヒト》（大）・乾崇夫《タカオ》（大）・山口崇《タカシ》（昭）・福西崇史《タカシ》（昭）・辻内崇伸《タカノブ》（昭）・無良崇人《タカヒト》（平）　♀崇子《タカコ》内親王（安）・西崎崇子《タカコ》（昭）

【嵩】

13（山・10）

[読み] ㊥スウ（呉）・シュウ（漢）　㊦たかい・かさ

[語源] 山が高い意味。「山＋高」を合わせて、スウという語を表記する。崇と同源。日本では「かさ」（体積の意）に当てる。

[人名] すう・たか・たかし　♂磯田嵩山《スウザン》（江）・平山嵩《タカシ》（明）・小島嵩弘《タカヒロ》（昭）・麻耶雄嵩《ユタカ》（昭）

【数】

13（攴・9）　常

[読み] ㊥スウ（慣）　ス（漢）・シュ（呉）　㊦かず・かぞえる

[語源]「かず」の意味、また、数をかぞえる意味。これを「數」と表記する。「毌」は「女」を横棒で貫く形。「中」は真ん中を縦棒で突き通す形。「毌（イメージ記号）＋中（イメージ記号）＋女（限定符号）」を合わせた「婁《ろう》」は、

女奴隷を紐で通して引っ張る情景を設定した図形で、「数珠つなぎになる」「次々に連なる」というイメージを示す記号となる。「婁（音・イメージ記号）」＋攴（限定符号）」を合わせて、数珠つなぎに並ぶものを一つ二つとかぞえる様子を暗示させる。

㊮ 〔婁〕　㊮ 〔數〕

【字体】「數」は正字（旧字体）。「数」は近世中国で発生した俗字。

【人名】かず　♂京極高数《タカカズ》（室）・石川数正《カズマサ》（土）・渡辺数馬《カズマ》（江）・村田数之亮《カズノスケ》（明）・蔵内数太《カズタ》（明）・堀井数男《カズオ》（大）・広嶋禎数《ヨシカズ》（昭）　♀原田数子《カズコ》（江）・八雲数枝《カズエ》（明）・細木数子《カズコ》（昭）

杉→さん

【世】 5（一・4）常

【読み】㊍セ（呉）・セイ（漢）㊓よ

【語源】人の一代、ゼネレーションの意味。これを「世」と表記する。ほぼ三十年で一つの世代が交代するので、「十」を三つ並べて、下でつないでいる図形が考案された。世代交代は世の中の変遷にもつながるので、時代、世間という意味も派生する。

㊎ 　㊮ 

【人名】せ・ぜ・せい・つぎ・つぐ・とき・とし・なが・よ・よし　▽「つぎ（継）」は親から子へ継ぐことから。「とき（時）」「とし（年）」は時代の意味から。「なが（長）」は比較的長い年月のことから。♂藤原佐世《スケヨ》（安）・姉小路実世《サネヨ》（鎌）・世良《トキヨシ》親王（鎌）・世阿弥《ゼアミ》（南）・伊東政世《マサヨ》（土）・室谷賀世《ヨシツグ》（江）・江田世恭《ナガヤス》（江）・那珂通世《ミチヨ》（江）・上原世美《セイビ》（江）・野口英世《ヒデヨ》（明）・金守世士夫《ヨシオ》（大）・本間長世《ナガヨ》（昭）・村上世彰《ヨシアキ》（昭）・長谷川法世《ホウセイ》（昭）・青山世多加《セダカ》（昭）　♀前田千世《チヨ》（土）・森田千世《チセ》（江）・久松喜世子《キヨコ》（明）・嶋津千利世《チトセ》（大）・山根基世《モトヨ》（昭）・岩井七世《ナナヨ》（平）

瀬→らい

【是】 9（日・5）常

【読み】㊥ゼ（呉）・シ（漢）㊠これ
【語源】正しい意味。この語の視覚記号は日用家具から発想された。「是」はスプーンの形と「止（あし）」を合わせ、頭が丸く、柄が長くまっすぐで、末端に足（掛ける所）のついたスプーンを示す図形。匙（さじ）の原字である。具体物は捨象して、柄に焦点を当て、まっすぐなイメージだけを取る。「まっすぐ」のイメージは「正しい」の意味に展開する。また、近い物に対してまっすぐ指さし示すから、「これ」という意味の近称の指示詞に使われる。

㊎ 　㊮ 

【人名】これ・すなお・ぜ・ただし・なおし・ゆき・よし　▽「すなお（直）」「なおし（直）」は正しい意味から。「よし（善・良）」は正しいの縁語。「ゆき」は古典に之（これ）の訓があるからか。♂大宅賀是麻呂《カゼマロ》（奈）・藤原是公《コレキミ》（奈）・菅原是善《コレヨシ》（安）・山名是豊《コレトヨ》（室）・米田是政《コレマサ》（戦）・大黒常是《ジョウゼ》（土）・六人部是香《ヨシカ》（江）・高橋是清《コレキヨ》（江）・中村是公《コレキミ「ゼコウ」》（江）・林是《ナオシ》（明）・千田是也《コレヤ》（明）・西田友是《トモユキ》（昭）・松永是《タダシ》（昭）

【井】4（二・2）常

【読み】㊥セイ（漢）・ショウ（呉）㊠い
【語源】いど（井戸）の意味。いげたを描いた「井」で表記する。人が集まる所（市井）の意味を派生する。
【人名】い・しょう・せい　♂石田三千井《ミチイ》（江）・竹添井井《セイセイ》（江）・佐藤井岐雄《イキオ》（明）・松下井知夫《イチオ》（明）　♀橘御井子《ミイコ》（奈）・大隅三井子《ミイコ》（江）・松岡計井子《ケイコ》（昭）・北野井子《ショウコ》（昭）

【正】5（止・1）常

【読み】㊥セイ（漢）・ショウ（呉）㊠ただしい・ただす・まさ・かみ
【語源】まっすぐで間違いがない意味。「一」は一直線、「止」は足の形。「一（イメージ記号）＋止（限定符号）」を合わせた「正」は、まっすぐ進んでいく様子を暗示させる。具体的状況は捨象して、「まっすぐ」のイメージだけを取る。「正（ただしい）」という語には「まっすぐ」のコアイメージがある。まっすぐに（まともに）当たっている意味、中心的な、主なという意味、また長官の意味などを派生する。

(甲)  (金)  (篆) 

[展開] 日本で、四等官の長官を「かみ」といい、司・監の官職に「正」の表記を用いた。

[人名] あきら・おさ・かみ・きみ・さだ・しょう・せい・たか・ただ・ただし・ただす・なお・まさ・まさし　▽「おさ(長)」「きみ(君)」は長官の意味から。「さだ」は定かの「さだ」で、確か、正確の意。「あきら(明)」は定か(確かではっきりしている)から派生。「たか(高・貴)」は長官の意味から連想。「なお(直)」はまっすぐの意味。「まさ(正・当・将)」は「まさに」の「まさ」。目前の事態にまっすぐ当たっていることから、確かに、本当にの意味。♂藤原正家《マサイエ》(安)・楠木正成《マサシゲ》(鎌)・狩野正信《マサノブ》(室)・蜂須賀正勝《マサカツ》(戦)・福島正則《マサノリ》(土)・保科正之《マサユキ》(江)・有栖川宮正仁《タダヒト》(江)・清水谷公正《キンナオ》(江)・遠藤正《マサシ》(江)・唐橋在正《アリサダ》(江)・田中正造《ショウゾウ》(江)・三条西公正《キンオサ》(明)・今井正《タダシ》(明)・橋川正《タダス》(明)・鳥居正博《キミヒロ》(大)・石母田正《ショウ》(大)・金田正一《マサイチ》(昭)・堺正章《マサアキ》(昭)・石坂正《イセ》(昭)　♀正子《セイシ「マサコ」》内親王(安)・藤原正子《ショウシ「マサコ」》(安)・白洲正子《マサコ》(明)・松村正代《マサヨ》(昭)

【生】 5(生・0) 常

[読み] (音)セイ(漢)・ショウ(呉)　(訓)いきる・うまれる・うむ・おう・はえる・き・なま・なる

[語源] 生命がうまれる意味。「生」は「中(草の芽)+土」を合わせて、土の中から草の芽が生え出てくる情景を設定した図形。生命がうまれることから、「物が新しく出てくる(おこる)」「いきいきしている」「いきる」「なまなましい」などの意味を派生する。

(甲)  (金)  (篆) 

[人名] い・いき・いく・いける・う・お・き・しょう・すすむ・せい・たか・なり・ふ・ぶ・み　▽「お」は「おふ(おう)」(大きく生育する意)から。「き」は生きの「き」で、生まれたままの意。「すすむ(進)」「たか(高)」は大きく生長することから連想。「なり」は物が新たに出てくる意、また、実がなる(実る)意。「ふ」「う(ふ)」は草木が多く生える所の意(芝生の「ふ」、蓬生の「う」)。「み」は生みの「み」か。あるいは、実るの「み

（実）」か。♂源生《イケル》（安）・小野俊生《トシナリ》（安）・松平一生《カズナリ》（土）・中村昌生《マサオ》（江）・谷千生《チナリ》（江）・日下生駒《イコマ》（江）・有島生馬《イクマ》（明）・辻邦生《クニオ》（大）・藤間生大《セイタ》（大）・藤原一生《カズオ》（大）・関口照生《テルオ》（昭）・有田芳生《ヨシフ》（昭）・三宅一生《イッセイ》（昭）・井上康生《コウセイ》（昭）・石川直生《ナオヤ》（昭）・柄本時生《トキオ》（平）　♀園生羽女《イクハノメ》（飛）・藤原生子《セイシ［イクコ・ナリコ］》（安）・青木生子《タカコ》（大）・桐野夏生《ナツオ》（昭）・岡本夏生《ナツキ》（昭）・吉田秋生《アキミ》（昭）・小松史生子《ショウコ》（昭）

【戍】 6（戈・2）　常

［読み］ ㊥セイ（漢）・ジョウ（呉）　㊫なる・なす

［語源］ 仕上げる、なし遂げる意味。この語の視覚記号化は築城（城壁の建設）の場面から発想された（城の項参照）。「丁」は釘を描いた図形で、「T形に突き当たる」「T形に打ちたたく」というイメージを示す。「戊」は武器の形だが、道具と考えてよい。「丁（音・イメージ記号）＋戊（イメージ補助記号）」を合わせて、土を枠に入れて道具でトントンと突き固める場面を設定した図形。この図形的意匠によって、「まとめて仕上げる」というコアイメージを表す。

㊙甲  ㊙金  ㊙篆 

［字体］「成」は正字（旧字体）。古くから書道などでは「戍」と書かれた。

［人名］ あきら・おさむ・さだ・さだむ・しげ・しげる・じょう・せい・なり・なる・ひら・ふさ・まさ・まさし・みのる・よし　▽「おさむ（治・収）」「みのる（実）」は完成の意味から連想。「さだむ（定）」は古典に定の訓がある。仕上がって定まる意味から。「しげ（重・茂）」は古典に重・茂の訓がある。また、盛と通用することから、その名乗りを利用。「ひら（平）」はたいらぎ（平和）の意味から。「ふさ（総）」はまとまる意味から連想。「まさ」は古典に誠の訓があり、これの読みの流用か。「よし（善）」は古典に善の訓がある。♂多治比広成《ヒロナリ》（飛）・巨勢君成《キミナリ》（奈）・藤原家成《イエナリ》（安）・藤原朝成《アサヒラ》（安）・楠木正成《マサシゲ》（鎌）・細川成之《シゲユキ》（室）・貞成《サダフサ》親王（室）・佐々成政《ナリマサ》（戦）・石田三成《ミツナリ》（土）・水野忠成《タダアキラ》（江）・水野成之《ナリユキ》（江）・三好成《セイ》（江）・宇垣一成《カズシゲ》（明）・加藤成之《ヨシユキ》（明）・安部能成《ヨシシゲ》（明）・三枝成彰《シゲアキ》（昭）・正森成二《セイジ》（昭）・秋山成勲《ヨシヒロ》（昭）・池野成《セイ》（昭）・

脇田成《シゲル》（昭）・池田成《マサシ》（昭）・川本成《ナル》（昭）　♀成子《セイシ［シゲコ］》・岩瀬成子《ジョウコ》（昭）・安田成美《ナルミ》（昭）
内親王（安）・藤原成子《セイシ［ナリコ］》（安）・東久邇成子《シゲコ》（大）・岩

【西】6（襾・0）常

［読み］音セイ（漢）・サイ（呉）　訓にし

［語源］「にし」の意味。「西」はざる（笊）を描いた図形。ざるはすきまから水を通して流すので、「分散する」というイメージがある。洒（水を分散して流す→あらう）・晒（分散する日光に当ててさらす）はこのコアを含む。「にし」は太陽が沈む方角であり、光が緩くなり分散しながら次第に消えていくという情況を捉えて、「にし」をセイと呼び、「西」の図形で表記する。

甲 　金 　篆 

［人名］あき・さい・せ・せい・にし　▽「あき（秋）」は五行説で西が秋に当たるから。♂山口西成《ニシナリ》（安）・戸田一西《カズアキ》（土）・井原西鶴《サイカク》（江）・田中西二郎《セイジロウ》（明）・北村西望《セイボウ［ニシモ］》（明）・加藤西樹《サイキ》（大）　♀加藤西里奈《セリナ》（昭）

【征】8（彳・5）常

［読み］音セイ（漢）・ショウ（呉）　訓いく・ゆく・うつ

［語源］目的地に向かってまっすぐ進んで行く意味（遠征）。「正」は「まっすぐ」というイメージがある（該項参照）。「正（音・イメージ記号）＋彳（限定符号）」を合わせて、右の語を表記する。敵を討ちに行く意味を派生する。

［人名］いく・さち・せい・そ・ただし・ただす・まさ・ゆき・ゆく　▽「そ」は「そや（征矢）」（戦に用いる矢）の「そ」から。「さち（幸）」は「そや」の縁語で、「さつや（猟矢）」（狩猟に用いる矢）から。「ただし（正）」「まさ（正）」は正と通用することから。♂永井尚征《ナオユキ》（江）・板垣征四郎《セイシロウ》（明）・中村征夫《イクオ》（昭）・小沢征爾《セイジ》（昭）・坂口征二《セイジ》（昭）・松島征《タダシ》（昭）・白石征《セイ》（昭）・小池征人《マサト》（昭）・小沢征悦《ユキヨシ》（昭）　♀中島征矢子《ソヤコ》（昭）・羽根田征子《ユキコ》（昭）

【青】8（青・0）常

［読み］音セイ（漢）・ショウ（呉）　訓あお・あおい

［語源］色の名、「あお」の意味。「青」は「生＋井」が

変わったもの。「生」は草が芽を出す姿を捉え、「汚れがなくすがすがしい」というイメージを示す（該項参照）。「井」は井桁の中に点を入れて、枠の中に水があることを暗に示す。「生（音・イメージ記号）＋井（イメージ補助記号）」を合わせて、井戸の中の水のように澄み切って汚れがない様子を暗示させる。あお色は水や空の澄み切ってすがすがしい印象を与える色なので、「青」をその表記とする。

㊎ 　㊫ 

[字体]「青」は正字（旧字体）。「青」は古くから書道などで使われていた。

[人名] あお・お・せい　♂身狭青《アオ》(古)・華岡青洲《セイシュウ》(江)・東郷青児《セイジ》(明)・塚本青史《セイシ》(昭)・竹田青嗣《セイジ》(昭)・辻井南青紀《ナオキ》(昭)　♀有吉玉青《タマオ》(昭)・森青花《セイカ》(昭)・谷口奈青理《ナオリ》(昭)

【斉】8（齊・0）常　【齊】14（齊・0）

[読み] ㊀音 セイ（漢）・ザイ（呉）　サイ（慣）　㊀訓 ととのう・ひとしい

[語源] でこぼこがなくきちんとそろう意味。これを「齊」と表記する。「二」を除いた部分が原形で、三つのものが並ぶ様子を象徴的に示した図形。これに「二」（並ぶ符号）を添えて「齊」となった。「同じようなものが等しくそろっている」というコアイメージを示す記号である。

㊙甲 　㊎ 　㊫ 

[字体]「齊」は正字（旧字体）。「斉」は近世中国で発生した俗字。

[人名] さい・せい・ただ・とき・とし・なり・ひとし・まさ　▽「ただ（正）」「まさ（正）」は古典に正の訓がある。等しく整うことから派生。「とし（敏）」「とき」は古典に疾の訓がある。「なり」は済（なす、なる）と通用することから。♂紀斉名《タダナ》(安)・斉邦《トキクニ》親王(安)・気比斉晴《ナリハル》(鎌)・徳川家斉《イエナリ》(江)・藤斉延《マサノブ》(江)・道家斉《ヒトシ》(江)・五藤斉三《セイゾウ》(明)・氏家斉一郎《セイイチロウ》(大)・米倉斉加年《マサカネ》(昭)・江藤漢斉《カンサイ》(昭)・宇佐美斉《ヒトシ》(昭)・山本斉《ヒトシ》(平)　♀斉子《サイシ「タダコ」》女王(安)・藤原斉子《セイシ「タダコ・トキコ」》(安)・神谷斉子《サイコ》(昭)・定塚斉子《セイコ》(昭)

【政】
9（攴・5） 常

［読み］ 音 セイ（漢）・ショウ（呉） 訓 まつりごと

［語源］ 国や社会の物事を正しく整え治める意味。「まつすぐ」というイメージのある「正」を用い、「正（音・イメージ記号）＋攴（限定符号）」を合わせて、右の語を表記する。論語に「政は正なり」とあり、正―政が言語上の同源を示しただけでなく、政治の理念を教えた言葉である。

［人名］ おさ・かず・きよ・こと・すなお・ただ・ただし・ただす・のり・まさ・まさし ▽「おさ」は政治（おさめる）から。「きよ（潔）」「すなお（直）」は正すの縁語。「こと（事）」はまつりごと（祭り事）から。「のり」は古典に法の訓がある。「まさ」は正と通用することから、これの訓を流用。♂源頼政《ヨリマサ》（安）・新田政義《マサヨシ》（鎌）・二階堂政元《マサモト》（南）・足利政氏《マサウジ》（室）・伊達政宗《マサムネ》（戦）・池田輝政《テルマサ》（土）・坊城俊政《トシタダ》（江）・周布政之助《マサノスケ》（江）・桑原政《タダス》（江）・久保田政周《キヨチカ》（明）・中川一政《カズマサ》（明）・古賀政男《マサオ》（明）・石橋政嗣《マサシ》（大）・山本政志《マサシ》（昭）・柴田政人《マサト》（昭）・平松政次《マサジ》（昭） ♀北条政子《マサコ》（安）・政子《マサコ》女王（江）・松尾政《マサ》（明）・鈴木政江《マサエ》（昭）

【星】
9（日・5） 常

［読み］ 音 セイ（漢）・ショウ（呉） 訓 ほし

［語源］ 「ほし」の意味。「生」は「すがすがしく澄み切っている」というコアイメージがある（生・青の項参照）。「生（音・イメージ記号）＋晶（イメージ補助記号）」を合わせた「曐」は、澄み切った光を発する「ほし」を表した。「晶」は三つの星を写した図形である（該項参照）。

甲

金

篆

［字体］ 「曐」が本字。「星」はその異体字。

［人名］ せい・ほし ♂安倍高星《タカボシ》（安）・岡星之助《ホシノスケ》（江）・光永星郎《ホシロウ》（江）・梁川星巌《セイガン》（江）・小林亜星《アセイ》（昭）・馳星周《セイシュウ》（昭）・冨永星《ホシ》（昭） ♀芦名星《セイ》（昭）

省→しょう

【晟】
10（日・6）

［読み］ 音 セイ（漢）・ジョウ（呉） 訓 あきらか

【語源】明るい意味、また、盛んの意味。「成」は古典では「盛」と通用し、「盛ん」というイメージも表しうる。「成（音・イメージ記号）＋日（限定符号）」を合わせて、日光が盛んに輝く様子を暗示させる。

【字体】成の項参照。

【人名】あきら・しげ・せい・てる・まさ　▽「しげ」は成や盛の名乗りを流用。「てる（輝）」は輝いて明るい意味から。「まさ」は成の名乗りの流用。♂浅野長晟《ナガアキラ》（土）・深沢晟雄《マサオ》（明）・白井晟一《セイイチ》（明）・松登晟郎《シゲオ》（大）・衛藤晟一《セイイチ》（昭）・丹羽晟《アキラ》（昭）　♀樋口晟子《セイコ》（昭）

【栖】10（木・6）

【読み】㊥セイ（漢）・サイ（呉）　㊞す
【語源】鳥のすみか、巣の意味。「西」はざる（笊）の図形（該項参照）。これを比喩的に用い、「西（音・イメージ記号）＋木（限定符号）」を合わせて、目の粗いざるのような形をした鳥の巣を暗示させる。
【人名】す・すみか・せい　♂竹内栖鳳《セイホウ》（江）・笠井栖乙《セイオツ》（明）・恒松栖《スミカ》（昭）・元島栖二《セイジ》（昭）・有栖川有栖《アリス》（昭）　♀後藤栖子《セイコ》（昭）

【清】11（水・8）常

【読み】㊥セイ（漢）・ショウ（呉）　㊞きよい・きよらか・きよめる
【語源】澄み切ってすがすがしい、きよらかの意味。「青」は「澄み切って汚れがない」というイメージがある（青の項参照）。「青（音・イメージ記号）＋水（限定符号）」を合わせて、水が澄み切って汚れがないことを表す。液体という具体的情況を離れて、一般に「きよらか」の意味の語を表記する。
【字体】「淸」は旧字体。「清」は靑→青に倣った字体。
【人名】きよ・きよし・さや・すが・すみ・すむ・せい　▽「さや」はすがすがしい意味。♂和気清麻呂《キヨマロ》（奈）・紀清人《キヨヒト》（奈）・橘清友《キヨトモ》（奈）・平清盛《キヨモリ》（安）・源清《キヨシ》（安）・佐々木泰清《ヤスキヨ》（鎌）・太田資清《スケキヨ》（室）・村上義清《ヨシキヨ》（戦）・加藤清正《キヨマサ》（土）・谷川士清《コトスガ》（江）・黒田清隆《キヨタカ》（江）・樋口清之《キヨユキ》（明）・土師清二《セイジ》（明）・松本清張《セイチョウ》［キヨハル］（明）・鈴木清順《セイジュン》（大）・渥美清《キヨシ》（昭）・忌野清志郎《キヨシロウ》（昭）・荘村清志《キヨシ》（昭）・錦織一清《カズキヨ》（昭）　♀清江《スミノエ》娘子（飛）・橘清子《セイシ》（安）・清少納言《セイショウナゴン》（安）・清子《セイシ》内親王（土）・森清子《セイコ》（江）・辻元清美《キヨミ》（昭）・黒田清子《サヤコ》（昭）

【盛】11（皿・6）常

［読み］ 音 セイ（漢）・ジョウ（呉）　訓 もる・さかん・さかる

［語源］ 器に食べ物をもりつける意味。「成」は土を枠に入れて城壁を作る場面から発想され、「まとめて仕上げる」というコアイメージがある（該項参照）。「成（音・イメージ記号）＋皿（限定符号）」を合わせて、食器に食べ物を入れて（形にもり上げる様子を暗示させる。上に重なって盛り上がることから、勢いがさかんという意味を派生する。

［字体］ 成の項参照。

［人名］ さかり・さかん・しげ・しげる・せい・たけ・もり　▽「しげ（重）」は重なって盛り上がることから、重の名乗りを流用。「たけ（威・武）」は勢いが盛んなことから連想。　♂遠藤盛遠《モリトオ》（安）・平清盛《キヨモリ》（安）・北条盛房《モリフサ》（鎌）・蘆名盛高《モリタカ》（室）・二階堂盛義《モリヨシ》（戦）・長宗我部盛親《モリチカ》（土）・杉浦盛樹《シゲキ》（江）・盛仁《タケヒト》親王（江）・武林盛一《セイイチ》（江）・植木枝盛《エモリ》（江）・安芸盛《サカン》（明）・江森盛弥《モリヤ》（明）・新崎盛暉《モリテル》（昭）・青ノ里盛《サカリ》（昭）・大淵盛人《モリト》（昭）　♀平盛子《モリコ［セイシ］》（安）・源盛子《モリコ［セイシ］》（安）

【晴】12（日・8）常

［読み］ 音 セイ（漢）・ジョウ（呉）　訓 はれる・はらす

［語源］ 空に雲がなくはれる意味。「青」は「汚れがなく澄み切っている」というイメージがある（青の項参照）。「青（音・イメージ記号）＋日（限定符号）」を合わせて、日が照って空が澄み切った状態になることを暗示させる。

［字体］ 「晴」が旧字体。「晴」は青→青に倣った字体。

［人名］ せい・てる・はる・はれ　♂安倍晴明《セイメイ》（安）・足利義晴《ヨシハル》（室）・尼子晴久《ハルヒサ》（戦）・狩野晴信《ハルノブ》（江）・加藤晴生《ハルオ》（江）・宮脇晴《ハル》（明）・野口晴哉《ハルチカ》（明）・大山康晴《ヤスハル》（大）・水野晴郎《ハルオ》（昭）・細野晴臣《ハルオミ》（昭）・志水晴児《セイジ》（昭）・長谷川朝晴《トモハル》（昭）・初野晴《セイ》（昭）・川口晴《ハレ》（昭）　♀鰐淵晴子《ハルコ》（昭）・藤原晴子《ハルコ》（戦）・瀬戸内晴美《ハルミ》（大）・江川晴《ハル》（昭）・逸見晴恵《ハルエ》（昭）・工藤晴香《ハルカ》（平）

【勢】13（力・11）常

［読み］ 音 セイ（漢）・セ（呉）　ゼイ（慣）　訓 いきおい

［語源］ 物事を従わせる大きな力、「いきおい」の意味（権勢）。これを「勢」と表記する。「埶」は「屮（草）＋

六（土盛り）＋土」を合わせて、寄せ集めた土の上に草が生えている形。「丸」は「丮」の変形で、両手を差し出す形。この二つを合わせた「埶《げい》」は、植物に手を加えて育てることを表し、藝（園芸の芸）の原字。「人工を加えて対象に目当ての影響を与える」というイメージがある。「埶（音・イメージ記号）＋力（限定符号）」を合わせて、対象に力を加えて自分の思い通りに操る様子を暗示させる。

甲  金  篆 〔埶〕 篆 〔勢〕

【人名】せ・せい・なり ▽「なり（形）」は形勢の形の読みを流用。♂境部摩理勢《セマリ》（飛）・橘逸勢《ハヤナリ》（安）・志方勢七《セイシチ》（江）・岡田勢一《セイイチ》（明）・香原志勢《ユキナリ》（昭）・大野勢太郎《セイタロウ》（昭） ♀国島勢以《セイ》（江）・潮田千勢子《チセコ》（江）・稲村喜勢子《キセコ》（江）・松尾多勢子《タセコ》（江）・西川勢津子《セツコ》（大）・小林千登勢《チトセ》（昭）

【聖】13（耳・7） 常

【読み】音 セイ（漢）・ショウ（呉） 訓 ひじり

【語源】知恵があり徳の高い人、「ひじり」の意味。「壬《てい》」は人が背伸びしてまっすぐ立つ姿を描いた図形で、「まっすぐ」というコアイメージを示す。「壬（音・イメージ記号）＋耳＋口（ともにイメージ補助記号）」を合わせて、耳と口（頭脳と言語）の働きが鋭く、物事にまっすぐ通じている様子を暗示させる。

甲  篆 〔壬〕

甲  金  篆 〔聖〕

【字体】「聖」が正字（旧字体）。「聖」は古くから書道で使われた字体。

【人名】あきら・きよ・きよし・さと・さとし・さとる・しょう・せい・たかし・とおる・とし・ひじり・まさ ▽「あきら（明）」「とし（敏）」「さとし（聡・慧）」は明敏・聡明なことから。「たかし（高）」は徳が高いことから。「とおる（通）」は古典に通の訓がある。諸事に通じている意味。「まさ（勝）」は徳が勝れていることから。「きよ（清）」は舜（古代の聖人の名）の名乗りを流用。♂川路聖謨《トシアキラ》（江）・舟橋聖一《セイイチ》（明）・馬淵聖《トオル》（大）・板倉聖宣《キヨノブ》（昭）・西本聖《タカシ》（昭）・北村聖《キヨシ》（昭）・村上聖《サトシ》（昭）・高部聖《アキラ》（昭）・竹河聖《セイ》（昭）・萩原聖人《マサト》

（昭）・船木聖士《サトシ》（昭）・内田聖陽《マサアキ》（昭）・森聖矢《セイヤ》（昭）・花井聖《ショウ》（平）　♀藤原聖子《セイシ「マサコ」》（安）・上村聖恵《サトエ》（大）・田辺聖子《セイコ》（昭）・鈴木聖美《キヨミ》（昭）・真飛聖《セイ》（昭）・小島聖《ヒジリ》（昭）・岡井千聖《チサト》（平）

【誠】

13（言・6）　常

【読み】音 セイ（漢）・ジョウ（呉）　訓 まこと

【語源】真心の意味。「成」は「仕上げてまとめる」というイメージがある（該項参照）。「成（音・イメージ記号）＋言（限定符号）」を合わせて、言うことがまとまっていて欠けた所がない様子を暗示させる。この図形的意匠によって、うそのない心という意味の語を表記する。

【字体】成の項参照。

【人名】あき・あきら・さね・しげ・すみ・せい・たか・たかし・とも・なり・なる・のぶ・まこと・まさ・み・もと・よし　▽「さね（実）」「み（実）」は誠実の実を別の訓で読んだもの。「のぶ（信）」は信（まこと）を別の訓で読んだもの。「たか（敬）」は古典に敬の訓がある。「なり」「しげ」は成の名乗りの流用。「まさ（正）」は偽りがないことから。「もと（本）」は本当（偽りがない）の意味から。「よし（良）」「すみ（澄）」「あき（明）」はうそがない心→汚れがなく清らかという印象があるからか。♂藤原誠信《サネノブ》（安）・岩間誠之《シゲユキ》（江）・牧野誠成《タカシゲ》（江）・久我通誠《ミチトモ》（江）・高見正誠《マサナリ》（江）・水野忠誠《タダノブ》（江）・岡本保誠《ヤスマサ》（江）・堀田正誠《マサミ》（江）・田中世誠《ツグヨシ》（江）・前原一誠《イッセイ》（江）・兼松誠《マコト》（江）・樋口誠康《ナルヤス》（明）・時枝誠記《モトキ》（明）・茅誠司《セイジ》（明）・江崎誠致《マサノリ》（大）・三田誠広《マサヒロ》（昭）・森村誠一《セイイチ》（昭）・椎名誠《マコト》（昭）・窪島誠一郎《セイイチロウ》（昭）・山中誠晃《セイコウ》（平）　♀誠子《トモコ「マサコ」》内親王（江）・小川誠子《トモコ》（昭）・中条誠子《セイコ》（昭）

【靖】

13（青・5）

【読み】音 セイ（漢）・ジョウ（呉）　訓 やすらか

【語源】（世の中が）安らかに落ち着く意味。「青」は「澄み切っている」というイメージがある（青の項参照）。水の汚れが沈んで澄み切ると、じっと落ち着くイメージになる。「青（音・イメージ記号）＋立（イメージ補助記号）」を合わせて、世の中の乱れなどが落ち着いて、しっかり立って危なくない状態になる様子を暗示させる。

【字体】「靖」が旧字体。「靖」は青→青に倣った字体。

【人名】おさむ・きよ・きよし・しず・しずか・せい・のぶ・やす・やすし　▽「おさむ（治）」は世の中が治まる意味から。「きよし（清）」は古典に清の訓がある。「しず（静）」は落ち着いて静かになる意味から。「のぶ（伸）」は伸びやかになる（くつろぐ）意味で、やすし（靖）の縁語。♂江副靖臣《ヤスオミ》（江）・平山靖彦《ヤスヒコ》（江）・前田重靖《シゲノブ》（江）・野村靖《ヤスシ》（江）・浅羽靖《シズカ》（江）・井上靖《ヤスシ》（明）・杉靖三郎《ヤスサブロウ》（明）・泉靖一《セイイチ》（大）・本田靖春《ヤスハル》（昭）・田辺靖雄《ヤスオ》（昭）・矢口史靖《シノブ》（昭）・梅野泰靖《ヤスキヨ》（昭）・宮本恒靖《ツネヤス》（昭）　♀靖子《セイシ》［ヤスコ］内親王（安）・沢口靖子《ヤスコ》（昭）・山岸靖代《ヤスヨ》（昭）

【精】14（米・8）常

【読み】㊜ セイ（漢）・ショウ（呉）　㊙ くわしい

【語源】米をついて白くする意味（精米）。「青」は「汚れがなく澄み切っている」というイメージがある（青の項参照）。「青（音・イメージ記号）＋米（限定符号）」を合わせて、玄米を搗いて汚れを取り去り、澄んだ色にする様子を暗示させる。汚れのないエキス、混じりけがない、雑でなく細かい（くわしい）などの意味を派生する。

【字体】「精」は旧字体。「精」は青→青に倣った字体。

【人名】あき・あきら・きよ・きよし・くわし・さや・すみ・せい・ただ・ただし・つとむ・ひとし・まこと・まさし・よし　▽「あき（明）」「きよ（清）」「さや（清）」「すみ（澄）」「よし（良）」は清らかに澄み切っている意味から。「つとむ（努）」は精進（努め励む意）から。「ただし（正）」「まさし（正）」は汚れがない→邪がないということから。「まこと（誠）」は邪がない心ということから。あるいは、雑念がなく専一の意味から。「ひとし（斉）」は専一の意味から。♂前田利精《トシアキ》（江）・佐久間信精《ノブヨシ》（江）・小金井良精《ヨシキヨ》（江）・岡沢精《クワシ》（江）・男谷精一郎《セイイチロウ》（江）・荒尾精《セイ》（江）・兵頭精《タダシ》（明）・中島精《キヨシ》（明）・香西精《ツトム》（明）・上野精一《セイイチ》（明）・宮口精二《セイジ》（大）・窪田精《セイ》（大）・工藤精一郎《セイイチロウ》（大）・水島精二《セイジ》（昭）　♀西脇精《サヤ》（昭）

【誓】14（言・7）常

【読み】㊜ セイ（漢）・ゼ（呉）　ゼイ（慣）　㊙ ちかう

【語源】ちかう意味。これを「誓」と表記する。「折」

は「二つに切り分ける」というイメージがある（哲の項参照）。「折（音・イメージ記号）＋言（限定符号）」を合わせて、白黒をはっきり分けて、うそのないことを告げる様子を暗示させる。

【人名】せい・ちかし　♂木村誓太郎《セイタロウ》（江）・高松誓《セイ》（江）・山口誓子《セイシ》（明）・河合誓徳《セイトク》（昭）・北斗誓一《セイイチ》（昭）・久保田誓《チカシ》（昭）

【静】14（青・6）常　【靜】16（青・8）

【読み】（音）セイ（漢）・ジョウ（呉）（訓）しず・しずか・しずまる

【語源】じっとして動かない、「しずか」の意味。これを「靜」と表記する。「青」は「汚れがなく澄み切っている」というコアイメージを示す（青の項参照）。水の汚れが沈んで澄むと、じっと下に落ち着くというイメージにつながる。「争」は「爪（下向きの手）＋ノ（引っ張る符号）＋又（上向きの手）」を合わせて、上下から互いに引っ張り合う情景を設定した図形。「靑（音・イメージ記号）＋爭（イメージ補助記号）」を合わせた「靜」は、引き合う力が釣り合って、じっと落ち着いて動かない様子を暗示させる。

（金）　（篆）

【字体】「靜」は正字（旧字体）。「静」は古くから書道で使われた字体。

【人名】きよ・しず・しずか・せい・ちか・つぐ・なが・やす・やすし・よし　▽「きよ（清）」「よし（良）」は清らかに澄む意味から。「やすし（安）」は靖と通用する。また、古典に安・寧の訓がある。♂桜井静《シズカ》（江）・板倉勝静《カツキヨ》（江）・黒田直静《ナオチカ》（江）・島津久静《ヒサナガ》（江）・中村静嘉《ヤスヨシ》（江）・伊東静雄《シズオ》（明）・久松静児《セイジ》（明）・梶山静六《セイロク》（大）・矢代静一《セイイチ》（昭）・亀井静香《シズカ》（昭）・伊集院静《シズカ》（昭）　♀紀静子《シズコ》（安）・静御前《シズカゴゼン》（安）・清岡静《シズ》（江）・乃木静子《シズコ》（江）・夏川静枝《シズエ》（明）・夏樹静子《シズコ》（昭）・山崎静代《シズヨ》（昭）・荒川静香《シズカ》（昭）

【整】16（支・12）常

【読み】（音）セイ（漢）・ショウ（呉）（訓）ととのう・ととのえる

【語源】ととのえる意味。「正」は「（ゆがみを）まっすぐにする」というイメージを示す記号（該項参照）。「束」は木を束ねる図形で、「締めつける」というイメージがある。「束（音・イメージ記号）＋攴（限定符号）」を合わせた「敕」は、たるみを引き締める様子。「正（音・イメージ記号）＋敕（イメージ補助符号）」を合わせて、乱れたものを引き締めて、きちんと正す様子を暗示させる。

金  篆 〔敕〕 篆 〔整〕

【人名】おさむ・せい・なり・のぶ・ひとし・まさ ▽「おさむ（治・修）」は整えるの縁語。「ひとし（斉）」はきちんとそろえる意味から。「なり」は斉（ひとし）を別の訓で読んだもの。「のぶ」は古典に信の訓がある。「まさ（正）」は整えて正しくすることから。♂安藤良整《ヨシナリ》（戦）・相馬整胤《マサタネ》（戦）・伊藤整《ヒトシ》［セイ］（明）・信藤整《オサム》（昭）・竹内整一《セイイチ》（昭） ♀神谷整子《セイコ》（昭）

【夕】3（夕・0） 常

【読み】音 セキ（漢）・ジャク（呉） 訓 ゆう

【語源】ゆうがたの意味。三日月を描いた「夕」の図形で表記する。

甲  金  篆 

【人名】せき・ゆ・ゆう ♂武井夕庵《セキアン》（戦）・針ヶ谷夕雲《セキウン》（江）・前田夕暮《ユウグレ》（明）・木下夕爾《ユウジ》（大）・志摩夕起夫《ユキオ》（大）・小島剛夕《ゴウセキ》（昭）・内田夕夜《ユウヤ》（昭） ♀夕霧《ユウギリ》（江）・轟夕起子《ユキコ》（大）・山下夕美子《ユミコ》（昭）・佐伯夕利子《ユリコ》（昭）・藤森夕子《ユウコ》（昭）・水野歌夕《カユウ》（昭）・玉井夕海《ユウミ》（昭）・庄司夕起《キユ》（昭）・大矢真夕《マユ》（昭）

【石】5（石・0） 常

【読み】音 セキ（漢）・ジャク（呉） シャク（慣） コク（慣） 訓 いし

【語源】「いし」の意味。「石」は「厂（がけ）＋口（いしころ）」を合わせて、がけの下にいしころが転がっている情景を写した図形。

甲  金  篆 

【人名】いし・いそ・いわ・せき ▽「いそ」は「いし」の転。♂小野石根《イワネ》（飛）・佐伯石湯《イワユ》（奈）・高麗石麻呂《イシマロ》（奈）・門部石足《イソタリ》（奈）・柳生石舟斎《セキシュウサイ》（戦）・犬丸石雄《イワオ》（江）・中山美石《ウマシ》（江）・日柳燕石《エンセキ》（江）・大浜石太郎《イシタロウ》（明）・見田石介《セキスケ》（明） ♀清水谷石子《イワコ》（江）

【汐】6（水・3）

［読み］㊥セキ（漢）・ジャク（呉）　㊠うしお・ゆうしお

［語源］潮（あさしお）に対し、夕方に起こるしお、「ゆうしお」の意味。「夕（音・イメージ記号）＋水（限定符号）」を合わせて、右の語を表記する。

［人名］しお・せき　♂奈良屋道汐《ドウセキ》（江）　♀川口汐子《シオコ》（大）・宮崎真汐《マシオ》（昭）・忽那汐里《シオリ》（平）

【赤】7（赤・0）常

［読み］㊥セキ（漢）・シャク（呉）　㊠あか・あかい・あからむ

［語源］色の名、「あか」の意味。「赤」を分析すると「大＋火」となる。「大」は両手両足を大きく広げている人の形。「大（イメージ記号）＋火（イメージ補助記号）」を合わせて、火が四方に広がり燃えさかる情景を設定した図形。これによって「あか」の色を表象する。

㊙ 　㊎ 　㊞ 

［人名］あか・か・せき　♂吉士赤鳩《アカハト》（古）・蘇我赤兄《アカエ》（飛）・山部赤人《アカヒト》（奈）・大伴赤麻呂《アカマロ》（奈）・都腹赤《ハラカ》（安）・四方赤良《アカラ》（江）・島木赤彦《アカヒコ》（明）・富沢赤黄男《カキオ》（明）・山田虹赤《コウセキ》（昭）・麿赤児《アカジ》（昭）・大西赤人《アカヒト》（昭）　♀引田部赤緒子《アカイコ》（古）・赤須《アカス》（奈）

【碩】14（石・9）

［読み］㊥セキ（漢）・ジャク（呉）

［語源］中身がいっぱいあって大きい意。「石」は「いし」の意味だが、「中身が詰まる」というコアイメージがある。「石（音・イメージ記号）＋頁（限定符号）」を合わせて、頭が充実して大きい様子を暗示させる。

［人名］おお・せき・ひろ・ひろし・みち・みつる・ゆたか　▽「ひろ（広）」は大きいことから派生。「みち（満）」「みつる（充・実）」は中身が充実している意味から。「ゆたか（裕）」は中身が大きいことから連想。♂渡辺碩也《セキヤ》（江）・井上因碩《インセキ》（江）・井野碩哉《ヒロヤ》（明）・服部碩彦《ミチヒコ》（明）・佐野碩《セキ》（明）・上田碩三《セキゾウ》（明）・杉岡碩夫《セキオ》（大）・中尾碩志《ヒロシ》（大）・奥田碩《ヒロシ》（昭）・松永碩《セキ》（昭）・島碩弥《ヒロミ》（昭）・鳴海邦碩《クニヒロ》（昭）　♀館碩子《セキコ》（江）

【積】16（禾・11）常

［読み］ ㊅ セキ（漢）・シャク（呉） ㊇ つむ・つもる

［語源］ 上につみ重なる意味。「責」の上部は「朿《し》」の変形。「朿」はぎざぎざした刺の形。『ぎざぎざ（不揃い）の形』というイメージを取る（策の項参照）。「朿（音・イメージ記号）＋貝（限定符号）」を合わせた「責」は、財貨が重なって不揃いになった情況、つまり借金の山を暗示させる（負債の債の原字）。「ぎざぎざに（不揃いに）積み重なる」というイメージがここにもある。「責（音・イメージ記号）＋禾（限定符号）」を合わせて、刈り取った作物を集めてつみ重ねる様子を暗示させる。

㊙  ㊎  ㊕ 〔責〕 ㊕ 〔積〕

［人名］ あつ・かず・かつ・さね・せき・つみ・つむ・つもる・もり　▽「あつ」は古典に聚（集める意）の訓がある。「かず」は数多く集めることから。「さね」は重ねの「さね」。「もり（盛）」は重なるの縁語。♂坂合部石積《イワツミ》（飛）・穂積《ホヅミ》親王（飛）・安積《アサカ》親王（奈）・高階積善《モリヨシ》（安）・滝川一積《カズアツ》（土）・東久邇通積《ミチツム》（江）・川村羽積《ハツミ》（江）・富田厚積《アツミ》（江）・宮子義積《ヨシサネ》（江）・安里積千代《ツミチヨ》（明）・山内積良《セキリョウ》（明）・近藤積《ツモル》（大）・長谷川穂積《ホツミ》（昭）　♀石川積子《セキコ》（昭）

【績】 17（糸・11） 常

［読み］ ㊅ セキ（漢）・シャク（呉） ㊇ つむぐ・うむ・いさお

［語源］ 麻などの繊維を重ねて縒り、糸を作る意味。「重ねる」というイメージをもつ「責」を用い（前項参照）、「責（音・イメージ記号）＋糸（限定符号）」を合わせて、右の語を表記する。積み重ねてきた仕事（いさお）の意味を派生する。

［人名］ いさ・いさお・しげ・せき　▽「しげ」は古典に成の訓があり、これの名乗りを流用。♂酒井忠績《タダシゲ》（江）・野島績《イサオ》（江）・中西績介《セキスケ》（大）・小幡績《セキ》（昭）　♀中山績子《イサコ》（江）

【雪】 11（雨・3） 常

［読み］ ㊅ セツ（漢）・セチ（呉） ㊇ ゆき・すすぐ

［語源］「ゆき」の意味。これを「雪」と表記する。「彐」は「彗《すい》」が省略されたもの。「彗」は箒を手に持つ形（慧の項参照）。箒はごみを掃き清める道具なので、「汚れを清める」というイメージがある。「彗（イメージ記号）＋

雨（限定符号）」を合わせて、掃き清めたように真っ白なもの（気象の現象）、すなわち「ゆき」を暗示させる。汚れを取って清める（すすぐ）意味を派生する。

甲 

【字体】「霻」は本字。「雪」は旧字体。新字体では「彐」↓ヨとなる字体がある。

【人名】きよ・きよみ・きよむ・せつ・ゆき　♂狩野祐雪《ユウセツ》（戦）・由井正雪《ショウセツ》（江）・中根雪江《ユキエ［セッコウ］》（江）・岩藤雪夫《ユキオ》（明）・早川雪洲《セッシュウ》（明）・相田雪雄《ユキオ》（大）・清川雪彦《ユキヒコ》（昭）・蛍雪次朗《ユキジロウ》（昭）　♀神保雪子《ユキコ》（江）・飯田深雪《ミユキ》（明）・相馬雪香《ユキカ》（大）・越路吹雪《フブキ》（大）・朝丘雪路《ユキジ》（昭）・那州雪絵《ユキエ》（昭）・川庄美雪《ミユキ》（昭）・小雪《コユキ》（昭）

【摂】13（手・10）常　【攝】21（手・18）

【読み】音セツ（慣）ショウ（呉・漢）　訓とる

【語源】いくつも兼ね合わせる意味。これを「攝」と表記する。「聶《じょう》」は「耳」を三つ重ねた図形で、「いくつも重ねる」というイメージを示す。「聶（音・イメージ記号）＋手（限定符号）」を合わせて、右の意味を暗示させる。

篆 〔聶〕　篆 〔攝〕

【字体】「攝」は正字（旧字体）。「摂」は日本で生まれた略字。

【人名】おさむ・せつ　♂小松摂郎《セツロウ》（明）・金光摂胤《セツタネ》（明）・片山摂三《セツゾウ》（大）・金沢攝《オサム》（昭）・中村摂《セツ》（昭）　♀朝倉摂《セツ》（大）・長谷川摂子《セツコ》（昭）

【節】13（竹・7）常　【節】15（竹・9）

【読み】音セツ（漢）・セチ（呉）　訓ふし

【語源】竹のふし、また、一段ずつ切れ目のあるものの意味。これを「節」と表記する。「卽」は「皀（器に食べ物を盛った形）＋卩（ひざまずく人）」を合わせて、器の側にひざまずく情景を設定した図形。ひざまずく姿に焦点を当てると、膝の所で節目がつくというイメージが捉えられる。「卽（イメージ記号）＋竹（限定符号）」を合わせて、一段一段と区切れた竹の「ふし」を表す。

甲 　金 　篆 〔即〕　篆 〔節〕

【字体】「節」は旧字体。「節」は異体字。「節」は古くから書道などで使われていた字体。
【人名】さだ・さだめ・せつ・たか・たかし・たけ・ただ・とき・のり・ふ・ふし・まこと・みさ・みさお・みね・よ・よし ▽「さだめ（定）」「のり（法）」は法度の意味から。「たかし（高）」は古典に高峻の訓がある。「ただ（正）」は古典に正の訓がある。「とき（時）」は時節の意味から。「みさお」は節操の意味から。「まこと（誠）」は操の縁語。「みね（峰）」は高から連想。「よ（節）」は節と節との間の意。♂大伴部節麻呂《フシマロ》（奈）・藤原節信《トキノブ》（安）・観世宗節《ソウセツ》（戦）・節仁《ミサヒト》親王（江）・酒井忠節《タダタカ》（江）・喜多村信節《ノブヨ》（江）・小野節《ミサオ》（江）・飯田節《セツ》（江）・長塚節《タカシ》（明）・大塚敬節《ヨシノリ》（明）・亀井節夫《タダオ》（大）・田淵節也《セツヤ》（大）・鎌倉節《サダメ》（昭）・水野節彦《サダヒコ》（昭）・小塩節《タカシ》（昭）・岡田節人《トキンド》（昭）・倉島節尚《トキヒサ》（昭） ♀三岸節子《セツコ》（明）・原節子《セツコ》（大）・五嶋節《セツ》（昭）・篠田節子《セツコ》（昭）

【説】14（言・7） 常

【読み】㊥セツ（漢）・セチ（呉） ゼイ（慣） ㊟とく
【語源】とき明かす意味。「兌《だ》」は「八（左右に分ける符号）＋兄（頭の大きな子の形）」を合わせて、親が子供の衣服を脱がしている場面を設定した図形（脱の原字）。「中身が抜け出る」というイメージを示す記号となる。「兌（音・イメージ記号）＋言（限定符号）」を合わせて、疑問や不明の点が抜け出るように言葉で述べる様子を暗示させる。

㊙甲  ㊙金  ㊙篆 〔兌〕 ㊙篆 〔説〕

【字体】「説」が旧字体。崩して書くと「八」の部分が「丷」の形になるので、新字体では「説」と定められた。
【人名】かね・こと・せつ・つぐ・とき・のぶ・ひさ・もと・よし ▽「こと（言）」は言葉で説くことから。「つぐ（告）」「のぶ（述）」は説くの縁語。「よし」は悦と通用することから。♂和気貞説《サダトキ》（安）・町尻説久《トキヒサ》（江）・松平頼説《ヨリヒサ》（江）・松平近説《チカヨシ》（江）・北小路説光《コトミツ》（江）・清岡長説《ナガツグ》（江）・竹山説三《セツゾウ》（明）・広橋説雄《セツオ》（昭）・甲斐説宗《セッシュウ》（昭） ♀羽仁説子《セツコ》（明）・目加田説子《モトコ》（昭）

【千】3（十・1） 常

【読み】㊥セン（呉・漢） ㊟ち

[語源] 十進法の数の単位の名。また、数詞の１０００の意味。漢語の記数法では位を表す名が必要である。１０００の位の名をセンといい、「千」と表記する。これは「人」に「一」の符号をつけた図形。「人」は人の集団（兵士など）を寓したものであろう。本来「千」は一千（数詞の１０００）のことで、これが単位名にもなった。

㊙甲

㊙金

㊙篆

[人名] かず・せん・ち・ゆき　▽「ち」は１０００を意味する古語。「ゆき（行）」は千の大字「阡」に道の意味もあるから、これの縁語か。　♂藤原千尋《チヒロ》（奈）・大江千里《チサト》（安）・藤原千晴《チハル》（安）・秋田千季《ユキスエ》（江）・江木千之《カズユキ》（江）・杉原千畝《チウネ》（明）・猪谷千春《チハル》（昭）・黒井千次《センジ》（昭）　♀千姫《センヒメ》（土）・向井千子《チネ》（江）・加賀千代《チヨ》（江）・中村千賀《チカ》（江）・森田千世《チセ》（江）・佐藤千夜子《チヤコ》（明）・浪花千栄子《チエコ》（明）・木谷千種《チグサ》（明）・林千歳《チトセ》（明）・中根千枝《チエ》（大）・淡島千景《チカゲ》（大）・新珠三千代《ミチヨ》（昭）・宮迫千鶴《チヅル》（昭）・上野千鶴子《チヅコ》（昭）・倍賞千恵子《チエコ》（昭）・中山千夏《チナツ》（昭）・向井千秋《チアキ》（昭）・菊間千乃《ユキノ》（昭）

【仙】 5（人・3）

[読み] ㊥ セン（呉・漢）

[語源] 術によって不老不死を得た人。「人＋山」を合わせた「仙」でこの語を表記する。深山に隠れ住む人を暗示させる。深山に住む仙人は地仙、天に昇る仙人は天仙と称される。

[人名] せん・たかし・のり・ひと　▽「たかし（高）」は空高く昇ることから。「のり（乗）」は風に乗ることができることから。　♂逸見祥仙《ショウセン》（戦）・山口仙之助《センノスケ》（江）・津田仙《セン》（江）・安井仙知《センチ》（江）・原仙作《センサク》（明）・山口仙二《センジ》（昭）・星野仙一《センイチ》（昭）・坂口千仙《チセン》（昭）・佐野仙好《ノリヨシ》（昭）　♀笠森お仙《セン》（江）・水野仙子《センコ》（明）

【亘】 6（二・4）

[読み] ㊥ セン（呉・漢）　㊯ めぐる・わたる

[語源] 周りをぐるりと回る意味。「亘」は「二（周囲を区切る符号）＋回（＝回。渦巻き模様）」を合わせて、周囲を丸くめぐらす様子を暗示させる図形。よく「亙《こう》」と混同される（亙の項参照）。

㊙甲  ㊙篆 

[人名] こう・せん・のぶ・わたり・わたる　▽「こう」「わたり」「わたる」は亙と混同した読み。「のぶ」は宣の名乗りの流用。♂高田亘《ワタル》(江)・鹿地亘《ワタル》(明)・箭内亘《ワタリ》(明)・岩城亘太郎《コウタロウ》(明)・橋本公亘《キミノブ》(大)・森亘《ワタル》(大)・山本亘《セン》(昭)・高杉亘《コウ》(昭)・前田亘輝《ノブテル》(昭)　♀松原亘子《ノブコ》(昭)・畠山亘世《ノブヨ》(昭)

【先】 6(儿・4) 常

[読み] ㊍音 セン(呉・漢) ㊍訓 さき

[語源] 空間的・時間的に前の方、「さき」の意味。「先」の上部は「之《し》」の変形。「之」は「止(足)+一」を合わせて、前にまっすぐ進む足を示している(該項参照)。「之(前に進む足)+儿(人体)」を合わせた「先」は、足さきを前に出して進む情景を設定した図形。具体物は捨象して、ただ「さき」に焦点を合わせる。人より前に進んで何かを行う意味を派生する。

甲  金  篆 

[人名] さき・すすむ・せん・ゆき　▽「すすむ(進)」「ゆき(行)」は進んで行く意味から。♂藤原真先《マサキ》(奈)・小寺清先《キヨサキ》(江)・屋井先蔵《センゾウ》(江)・宮脇先《ススム》(明)・高柳先男《サキオ》(昭)・辻真先《マサキ》(昭)・坂井宏先《ヒロユキ》(昭)

【宣】 9(宀・6) 常

[読み] ㊍音 セン(呉・漢) ㊍訓 のる・のたまう

[語源] 全体に広く行き渡る意味。そのコアにあるイメージは「円形」で、視覚記号化には「亘」を用いる。「亘」は「丸くめぐる」というイメージがある(該項参照)。「亘(音・イメージ記号)+宀(限定符号)」を合わせて、建物の周りに塀を満遍なくめぐらす様子を暗示させる。この図形的意匠によって、「あまねく行き渡る」という意味の語を表記する。垣(周囲にめぐらすかきね)も同じコアイメージをもつ。

[人名] しめす・せん・とおる・のぶ・のぶる・のり・ひさ・ふさ・よし　▽「しめす」は古典に示の訓がある。「とおる」は古典に通の訓がある。「のぶ(述)」「のり(告)」は広く告げる意味から。「よし(美・善)」は良い諡に使われたことからか。♂刀利宣令《センリョウ》[ノブヨシ・ミノリ]

(奈)・菅原宣義《ノブヨシ》(安)・大仏宣時《ノブトキ》(鎌)・中御門宣明《ノブアキ》(南)・清原宣賢《ノブカタ》(室)・吉良宣経《ノブツネ》(戦)・朽木宣綱《ノブツナ》(土)・本居宣長《ノリナガ》(江)・沢宣嘉《ノブヨシ》(江)・牧野宣成《フサシゲ》(江)・乃美宣《ノブル》(江)・山本宣治《センジ》(明)・神谷宣郎《ノブロウ》(大)・矢野宣《セン》(昭)・高須賀宣《トオル》(昭)・海部宣男《ノリオ》(昭)・大林宣彦《ノブヒコ》(昭)・朝原宣治《ノブハル》(昭)・青木宣親《ノリチカ》(昭) ♀宣子《ノブコ》内親王(安)・宣子《ヨシコ》女王(安)・藤原宣子《センシ「ノブコ」》(鎌)・葉室宣子《ノブコ》(江)・宮崎宣子《ノブコ》(昭)

【専】9(寸・6) 常 【專】11(寸・8)

[読み] 音 セン(呉・漢) 訓 もっぱら

[語源] それだけ一筋に、「もっぱら」の意味。これを「専」で表記する。「叀《せん》」は何本かの糸を集めて縒る紡錘のおもりを描いた図形(恵の項参照)。くるくる回って糸を巻き取るので、「一つにまとめる」というイメージがある。「叀(音・イメージ記号)+寸(限定符号)」を合わせた「專」は、いくつかのものを一つにまとめる様子を暗示させる。

甲  金  篆  〔叀〕

甲  篆  〔專〕

[字体] 「專」は正字(旧字体)。「専」は古くから書道で使われた字体。

[人名] あつし・あつむ・せん・たか・もろ ▽「あつし」は古典に厚の訓がある。「あつむ(集)」は糸を集めて縒る紡錘の意味から。「たか(高)」は擅に通じるので、おごり高ぶる意からか。♂池坊専好《センコウ》(戦)・真田幸専《ユキタカ》(江)・河合専尭《モロタカ》(江)・長与専斎《センサイ》(江)・古賀専《アツシ》(明)・岩田専太郎《センタロウ》(明)・上原専禄《センロク》(明)・谷垣専一《センイチ》(大)・池坊専永《センエイ》(昭)

【泉】9(水・5) 常

[読み] 音 セン(漢)・ゼン(呉) 訓 いずみ

[語源] 「いずみ」の意味。丸い岩穴から細い水が流れる姿を描いた「泉」の図形で表記する。

甲  篆 

[人名] いずみ・きよし・せん・み・もと ▽「きよし(清)」は泉の水から連想。「み(水)」は泉水の意味から。

「もと」は源泉の意味から。♂吉備泉《イズミ》(奈)・小野春泉《ハルイズミ》(安)・物部広泉《ヒロイズミ》(安)・城泉太郎《センタロウ》(江)・鷹見泉石《センセキ》(江)・渓斎英泉《エイセン》(江)・柳田泉《イズミ》(明)・新井泉《セン》(明)・大浜信泉《ノブモト》(明)・長谷川泉《イズミ》(大)・舘野泉《イズミ》(昭)・大橋巨泉《キョセン》(昭)　♀原泉《イズミ》(明)・遠藤泉女《センジョ》(昭)・川原泉《イズミ》(昭)・佐山和泉《イズミ》(昭)・新垣泉子《モトコ》(昭)

【浅】9(水・6)　常

【読み】㊟セン(呉・漢)　㊫あさい

【語源】あさい意味。これを「淺」で表記する。「戔《せん》」は「戈(ほこ)」を二つ重ねて、刃物で削って小さくする様子を示す。「戔(音・イメージ記号)＋水(限定符号)」を合わせて、水かさが少ないことを表した。

篆  〔戔〕　篆  〔淺〕

【字体】「淺」は正字(旧字体)。「浅」は近世中国で発生した俗字。

【人名】あさ・せん　♂木村浅七《アサシチ》(江)・丘浅次郎《アサジロウ》(明)・北島浅一《センイチ》(明)・庄司浅水《センスイ》(明)・佐野浅夫《アサオ》(大)　♀浅尾《アサオ》(江)・島田浅野《アサノ》(江)・広岡浅子《アサコ》(江)

【茜】9(艸・6)

【読み】㊟セン(呉・漢)　㊫あかね

【語源】草のアカネの意味。アカネはひげ根に特徴があるので、視覚記号化には「(すきまがあって)分散する」というイメージをもつ「西」が用いられた(該項参照)。「西(音・イメージ記号)＋艸(限定符号)」を合わせて、根がひげのように多数分散して出る草を暗示させる。

【人名】あかね・せん　♂永村茜山《センザン》(江)　♂勅使河原茜《アカネ》(昭)・山口茜《アカネ》(昭)・小田茜《アカネ》(昭)・加藤茜《アカネ》(平)

【詮】13(言・6)　常

【読み】㊟セン(呉・漢)

【語源】物事の道理を解き明かす意味。「全」は「欠け目なけそろう」というイメージがある(該項参照)。「全(音・イメージ記号)＋言(限定符号)」を合わせて、言葉を十分にそろえて理屈をはっきりさせる様子を暗示させる。

【人名】あき・あきら・さと・さとし・さとる・せん・とし・のり・はる・よし　▽「あきら(明)」は道理を明

かにする意味から。「さと（敏）」「とし（敏）」は明（明敏）から連想。「のり（告）」は解き明かして述べることから。「はる（春）」は明の名乗りを流用。「よし」は古典に善の訓がある。♂京極高詮《タカノリ》（南）・足利義詮《ヨシアキラ》（室）・尼子詮久《アキヒサ》（戦）・桂忠詮《タダノリ》（土）・松浦詮《アキラ》（江）・間部詮房《アキフサ》（江）・伊東長詮《ナガトシ》（江）・指田詮《セン》（江）・大島詮幸《ヨシユキ》（明）・内田詮三《センゾウ》（昭）　♀藤原詮子《センシ》［アキコ］（安）

【潜】15（水・12）常

［読み］㊥セン（漢）・ゼン（呉）　㊓もぐる・ひそむ

［語源］水中にもぐる意味。これを「潜」で表記する。「先《しん》」は髪に挿すかんざし（簪）の形。これを二つ合わせた「兟《しん》」は「すきまにもぐりこむ」というイメージを示す記号。「兟（音・イメージ記号）＋曰（動作の限定符号）」を合わせた「朁《せん》」も同じイメージを示す。「朁（音・イメージ記号）＋水（限定符号）」を合わせて、水の中に深くもぐりこむ様子を暗示させる。奥深く入って隠れる（ひそむ）意味を派生する。

㊦  〔先〕　㊦  〔兟〕　㊦  〔朁〕

㊦  〔潛〕

［字体］「潛」は正字（旧字体）。「潜」は近世中国で発生した俗字。

［人名］せん・ひそむ　♂今井潜《ヒソム》（江）・片山潜《セン》（江）・永井潜《ヒソム》（明）・佐賀潜《セン》（明）・久松潜一《センイチ》（明）

【選】15（辵・12）常

［読み］㊥セン（呉・漢）　㊓えらぶ・える・よる

［語源］より分ける意味。これを「選」で表記する。「巽《そん》」は「（いくつかのものを）並べそろえる」というイメージがある（巽の項参照）。「巽（音・イメージ記号）＋辵（限定符号）」を合わせて、良いものを取りそろえて送る様子を暗示させる。この図形的意匠によって、より分けて良いものをえらぶ意味を表す。

［字体］「選」は正字（旧字体）。「選」は書道などで書かれた字体。

［人名］えら・えらぶ・えり・かず・すぐる・せん・のぶ・よし・より　▽「かず（数）」は古典に数・算の訓がある。「よし（良・善）」は古典に善の訓がある。また、

良いものを選ぶことから。「すぐる(優)」は良(よし)から連想。「のぶ」は古典に宣の訓があり、これの名乗りを流用。♂岩倉具選《トモカズ》(江)・神田選吉《センキチ》(明)・秀村選三《センゾウ》(大)・奥原選《スグル》(昭) ♀選子《センシ「ノブコ」》内親王(安)・吉本選江《ヨリエ》(昭)・横田砂選《サエリ》(昭)

【全】 6(入・4) 常

[読み] ㊥ゼン(呉)・セン(漢) ㊮まったく

[語源] 欠けたところがなく、すべてに渡ってそろっている意味(完全)。「全」はもともと「入+王(=玉)」の組み合わせ合わせであった。「入」は中に入っていくことを示す象徴的符号。「入(イメージ記号)+玉(イメージ補助記号)」を合わせて、象嵌などの工作の際、びっしりと玉をはめ込む場面を設定した図形を作り、「欠け目がなくそろう」という意味の語を表記する。

㊫ 

[人名] あきら・うつ・ぜん・たけ・たもつ・とも・のり・はる・まさ・また・みつ・やす ▽「あきら(明)」「のり(告)」「はる(春)」は詮の名乗りの流用。「うつ(全)」はすっかり、全くの意。「たもつ(保)」は保全の意味から。「また(全)」はまたしの語根。完全、正直の意。「まさ(正)」はまたしの縁語。「やす(安)」は安全の意味から。♂佐伯全成《マタナリ》(奈)・阿野全成《ゼンジョウ》(安)・梶原性全《ショウゼン》(鎌)・全仁《マタヒト》親王(南)・香川景全《カゲハル》(室)・山名宗全《ソウゼン》(室)・氏家卜全《ボクゼン》(戦)・明石全登《タケノリ「テルズミ」》(戦)・板倉勝全《カツマタ》(江)・内藤信全《ノブノリ》(江)・徳大寺公全《キントモ》(江)・酒井忠全《タダヤス》(江)・久保全雄《マサオ》(明)・村田全《タモツ》(大)・河相全次郎《ゼンジロウ》(昭)・岡本全勝《マサカツ》(昭)・高橋全《アキラ》(昭) ♀紀全子《ゼンシ「マタコ」》(安)・源全姫《マタヒメ》(安)・赤堀全子《マサコ》(明)

【前】 9(刀・7) 常

[読み] ㊥ゼン(呉)・セン(漢) ㊮まえ

[語源] まえに進む意味、また、「まえ」の意味。これを「前」で表記する。「刀」を省いた部分は「歬《ぜん》」の変形。歩幅をそろえて進むことをゼンといい、「止(足の形)+舟」を合わせたこの図形で表記した。足と舟は進むものの代表として用いている。一方、物を切りそろえることもゼンといい、「歬(音・イメージ記号)+刀(限定符号)」を合わせた「前」で表記した。やがて「歬」

の代わりに「前」が使われ、「切る」には「剪」が作られた。歬—前—剪には「そろえる」という共通のイメージがコアにあり、これが表層に現れたのが「揃」(そろえる) である。

(甲)  (金)  (篆)  〔歬〕 (篆)  〔前〕

【人名】あき・さき・すすむ・ぜん・ちか・まえ ♂物部大前《オオマエ》(古)・相良前頼《サキヨリ》(南)・近衛前久《サキヒサ》(戦)・大村喜前《ヨシアキ》(土)・柳原前光《サキミツ》(江)・三浦前次《チカツグ》(江) ♀藤原前子《サキコ》(土)

【善】12(口・9) 常

【読み】(音)ゼン(呉)・セン(漢) (訓)よい

【語源】好ましくてけっこうである、との意味。古くは「譱」と表記した。これは「誩+羊」から成る。「誩」は「言」を二つ並べた形で、口々にほめそやす様子を暗に示す。「羊」は姿がよくめでたいものというイメージがある (羊・祥の項参照)。「羊 (イメージ記号)+誩 (イメージ補助記号)」を合わせた「譱」は、けっこうなものだとほめそやす場面を設定した図形。

(金)  (篆)  

【字体】「譱」が本字。「善」はその異体字。

【人名】ぜん・よし ♂百済善光《ゼンコウ》(飛)・伴善男《ヨシオ》(安)・善統《ヨシムネ》親王(鎌)・四辻善成《ヨシナリ》(南)・善阿弥《ゼンアミ》(室)・名越善正《ゼンセイ》(土)・原善材《ヨシキ》(江)・小山善《ゼン》(江)・安田善次郎《ゼンジロウ》(江)・長与善郎《ヨシロウ》(明)・土岐善麿《ゼンマロ》(明)・堀田善衛《ヨシエ》(大)・羽生善治《ヨシハル》(昭)・末国善己《ヨシミ》(昭) ♀善子《ヨシコ》内親王(安)・藤原仁善子《ニゼコ》〔ヨシコ・ヒトヨシコ〕(安)・内田善美《ヨシミ》(昭)

【禅】13(示・9) 常 【禪】17(示・12)

【読み】(音)ゼン(呉)・セン(漢) (訓)ゆずる

【語源】天を祭る儀式の意味。これを「禪」で表記する。「單」は扁平な形の道具を描き、「薄くて平ら」というコアイメージを示す記号。「單 (音・イメージ記号)+示 (限定符号)」を合わせて、平らな祭壇を築いて祭る様子を暗示させる。天子の特権である儀式を譲り受ける意味を派生する。

(甲)  (金)  (篆)  〔單〕 (篆)  〔禪〕

[展開] 禅定の禅は梵語のdhyāna（静思の意）の音写。

[人名] ぜん・ゆずる・よし　♂細川定禅《ジョウゼン》（鎌）・上杉禅秀《ゼンシユウ》（室）・岡本禅哲《ゼンテツ》（戦）・宮崎友禅《ユウゼン》（江）・広川弘禅《コウゼン》（明）・山田禅二《ゼンジ》（大）・佐々木禅《ユズル》（昭）・石川禅《ゼン》（昭）　♀池禅尼《イケノゼンニ》（安）・磯禅師《イソノゼンジ》（安）・松下禅尼《マツシタゼンニ》（鎌）

【素】10（糸・4）常

[読み] 音 ソ（漢）・ス（呉）　訓 もと・しろい

[語源] 白絹が本来の意味。「素」の上部は「𠂹《すい》」で、植物の枝葉が垂れ下がる形（垂の原字）。「垂れ下がる」というイメージだけを取り、「𠂹（イメージ記号）＋糸（限定符号）」を合わせて、蚕の繭から垂れ下がる絹糸を暗示させる。まだ手を加えていない生地のままのことから、白い意味、また、もとになるものの意味などを派生する。

篆  〔𠂹〕　篆  〔素〕

[人名] しろ・す・すなお・そ・はじめ・もと・もとい　▽「すなお（直）」は飾りけがない意味から。「はじめ（初）」はもと（基・元）の縁語。♂角倉素庵《ソアン》（土）・楫取素彦《モトヒコ》（江）・野村素介《モトスケ》（江）・山鹿素行《ソコウ》（江）・高畠素之《モトユキ》（明）・高野素十《スジユウ》（明）・玉城素《モトイ》（大）・我孫子素雄《モトオ》（昭）・坂井素思《モトシ》（昭）・川口素生《スナオ》（昭）・折本素《スナオ》（昭）　♀竹本素女《モトメ》（明）・新井素子《モトコ》（昭）・続素美代《スミヨ》（昭）・浅野素女《モトメ》（昭）

【曽】11（日・7）常　【曾】12（日・8）

[読み] 音 ソ・ゾ（呉）・ソウ（漢）　訓 かつて

[語源] 「重なる」というコアイメージをもつ語で、具体的文脈では「世代が重なる」（曾祖父など）、「時間が重なる→かつて」（未曾有など）の意味を実現する。「曾」は焜炉の上に蒸籠を乗せ、その上に湯気が出ている図形（甑の原字）。ここに「段々と上に重なる」というイメージがある。

金 　篆 

[字体] 「曾」は正字。「曽」は古くから書道で使われた字体。

[人名] かつ・そ・そう・つね　▽「つね（常）」はかつ

ての縁語。♂飛鳥井曽衣《ソエ》(戦)・河合曽良《ソラ》(江)・中島与曽八《ヨソハチ》(明)・木内曽益《ツネノリ》(明)・安井曾太郎《ソウタロウ》(明)・金子曽政《カツマサ》(大)・河崎曾一郎《ソウイチロウ》(昭)　♀源久曽《ソク》(安)

【双】4(又・2)　常

[読み]　㊥ソウ(呉・漢)　㊙ふた・ふたつ・ならぶ

[語源]　二つ並ぶもの、ペアの意味。これを「雙」で表記する。「雔(二つ並ぶ鳥)＋又(手)」を合わせ、二つ並ぶ鳥を手で持つ図形を作って、右の意味を暗示させる。

㊡ 

[字体]　「雙」は正字(旧字体)。「双」は近世中国で発生した俗字。

[人名]　そう・ならぶ・ふた　♂源双《ナラブ》(安)・原双桂《ソウケイ》(江)・沙羅双樹《ソウジュ》(明)・滝沢双《ソウ》(昭)・双葉双一《ソウイチ》(昭)・武田双雲《ソウウン》(昭)　♀一木双葉《フタバ》(昭)・有田双美子《フミコ》(昭)

【壮】6(士・3)　常　【壯】7(士・4)

[読み]　㊥ソウ(漢)・ショウ(呉)　㊙さかん

[語源]　元気の盛んな年ごろの意味。これを「壯」で表記する。「爿《しょう》」はベッドを縦に描き、「細長い」というイメージを示す(将の項参照)。このイメージは「丈が長い」「スマートな」というイメージに展開する。「爿(音・イメージ記号)＋士(限定符号)」を合わせて、背が高く体格のいい男を暗示させる。この図形的意匠によって、若くて元気が盛んなことを表す。また、大きくて立派な、堂々として勇ましいなどの意味を派生する。

㊤ 　㊡ 〔爿〕　㊡ 〔壯〕

[字体]　「壯」は正字(旧字体)。「壮」は近世中国で発生した俗字。

[人名]　あき・お・さかえ・さかり・さかん・そう・たけ・たけし・つよし・まさ・もり　▽「お(男・雄)」は雄壮(雄々しい)の意味から。「たけし(武)」「つよし(強)」は勇ましい意味から。「まさ(勝)」は体格が勝れることから。「もり(盛)」は盛(さかん)を別訓で読んだもの。「あき(秋)」は陰暦八月の意味から。♂会津壮麻呂《オマロ》(奈)・永井直壮《ナオタケ》(江)・橋口壮介《ソウスケ》(江)・宮良当壮《マサモリ》(明)・大宅壮一《ソウイチ》(明)・小岸壮二《ソウジ》(明)・山内壮夫《タケオ》(明)・山本壮一郎《ソウイチロウ》(大)・山口壮《ツヨシ》(昭)・寺内壮《タケシ》

(昭)・田口壮《ソウ》(昭)・竹中壮《サカエ》(昭)・小池壮彦《タケヒコ》(昭)・真喜志康壮《ヤスマサ》(昭)・梅田壮史《タケシ》(昭)・川島壮雄《モリオ》(昭)・山内壮馬《ソウマ》(昭)・池松壮亮《ソウスケ》(平)・工藤壮人《マサト》(平)

【早】 6(日・2) 常

[読み] 音 ソウ(呉・漢) サッ(慣) 訓 はやい・はやまる

[語源] 時刻がはやい意味。この語の視覚記号化は早朝の薄暗い色から発想された。「早」は「白(ドングリの形)+十(殻のついた形)」を合わせて、殻斗を表す図形。この図形から「皁《そう》」と「早」に分かれた。古代では殻斗を黒色の染料に用いたので、黒色を「皁」で表し、黒い→暗いというイメージの展開に基づき、日の出前の暗い時間を「早」で表した。

篆 

[人名] さ・そう・はや ♂早良《サワラ》親王(奈)・井早太《ハヤタ》(安)・北条早雲《ソウウン》(室)・山本英早《ヒデハヤ》(江)・山田早苗《サナエ》(江)・白石早出男《サデオ》(明)・松尾早人《ハヤト》(昭)・橋本早十《ハヤト》(昭) ♀鈴木早智子《サチコ》(昭)・高木麻早《マサ》(昭)・八木早希《サキ》(昭)・金子早樹《サキ》(昭)・成嶋早穂《サホ》(昭)・悠城早矢《サヤ》(昭)・平野早矢香《サヤカ》(昭)

【宗】 8(宀・5) 常

[読み] 音 ソウ(漢)・ソ(呉) シュウ(慣) 訓 むね

[語源] 先祖を祭る所の意味(宗廟)。「宀(家)+示(祭壇)」を合わせた「宗」によってその語を表記する。宗廟を祭る中心の家(本家)の意味、中心となるもの(むね)、中心として尊ぶなどの意味を派生する。

甲  金  篆 

[人名] かず・しゅう・そう・たかし・とき・のり・ひろ・むね・もと ▽「かず(数)」は古典に主の訓があり、これの名乗りを流用。「たかし(尊)」は中心として尊ぶ意味から。「のり(法・範)」は手本としてのっとる意味から。「もと(本)」は中心の意味から。「とき(説)」は宗教でもと(根本)を説くことからか。♂田治比真宗《マムネ》(奈)・藤原宗忠《ムネタダ》(安)・北条時宗《トキムネ》(鎌)・島津宗久《ムネヒサ》(南)・一休宗純《ソウジュン》(室)・伊達政宗《マサムネ》(戦)・立花宗茂《ムネシゲ》(土)・徳川吉宗《ヨシムネ》(江)・海後宗臣《トキオミ》(明)・本田宗一郎《ソウイチロウ》(明)・川上宗薫《ソウクン》(大)・横松宗《タカシ》(昭)・沢村宗

《ソウ》(昭)・見田宗介《ムネスケ》(昭)・鈴木宗男《ムネオ》(昭)・山田宗樹《ムネキ》(昭)・琴錦功宗《カツヒロ》(昭)・菊沢研宗《ケンシユウ》(昭) ♀宗子《ムネコ〔ソウシ〕》内親王(安)・藤原宗子《ムネコ》(安)・水田宗子《ノリコ》(昭)・黒沢宗子《カズコ》(昭)

【奏】9(大・6) 常

[読み] ㊌ ソウ(漢)・ス(呉) ㊋ かなでる

[語源] 物を進めて差し上げる意味。「奏」を分析すると「夲の略体＋廾(両手)」となる。「夲《こつ》」は拝の右側と同じで、神前にささげる玉串の形。玉串を両手で差し上げるというのが「奏」の図形的意匠である。具体的文脈では、文書を進めて差し上げる(上奏)、音楽を進めて聴かせる(演奏)などの意味になる。

(篆) 

[人名] かな・かなで・そう ♂村治奏一《ソウイチ》(昭)・谷端奏人《カナト》(平)・高尾奏之介《ソウノスケ》(平) ♀月路奏《カナデ》(昭)・星野奏子《カナコ》(昭)・横西奏恵《カナエ》(昭)

【相】9(目・4) 常

[読み] ㊌ ソウ(呉)・ショウ(漢) ㊋ あい・たすける

[語源] 対象をよく見定める意味。見る主体と見られる客体が互いに向き合う関係を視覚記号化して、「木(見られる対象)＋目(見る主体)」を合わせた図形が考案された。二つの向き合う関係というイメージがコアにあるので、あい互いに(相互)の意味、主たるものの側について従たるものが支える(助ける)(宰相)などの意味を派生する。

(甲)  (金)  (篆) 

[人名] あい・さ・すけ・そう・たすく・とも・まさ・み ▽「さ」は旧音「サウ」の約。「とも(伴)」は主たるもののお伴をして助ける意味から。「まさ(正)」はまっすぐ向き合って見ることから。「み(見)」は見るの語根。 ♂文部川相《カワアイ》(奈)・藤原相如《スケユキ》(安)・藤原良相《ヨシミ》(安)・西園寺公相《キンスケ》(鎌)・久我通相《ミチスケ》(南)・相阿弥《ソウアミ》(室)・海田相保《スケヤス》(戦)・薄田兼相《カネスケ》(土)・大岡忠相《タダスケ》(江)・伊東祐相《スケトモ》(江)・入江相政《スケマサ》(明)・青木清相《キヨミ》(大)・平山相太《ソウタ》(昭) ♀相模《サガミ》(安)・小宰相《コザイショウ》(安)・藤原相子《ソウシ》(鎌)

【草】9（艸・6）常

[読み] ㊥ソウ（呉・漢）㊞くさ

[語源] 「くさ」の意味。「艸《そう》」は「屮（くさの芽の形）」を二つ並べた図形で、「くさ」を表した。しかし「艸」は専ら漢字を構成する限定符号に使われ、「くさ」の視覚記号としては別に「草」が生まれた。「早」は「暗い」というイメージがある（該項参照）。これは「はっきりしない」というイメージに展開する。「早（音・イメージ記号）＋艸（限定符号）」を合わせて、名もわからない下等な雑草を暗示させた。一般に「くさ」の総称とする。

㊯ 〔艸〕　㊯ 〔草〕

[人名] かや・くさ・そう　▽「かや」は屋根を葺く草の意。♂草壁《クサカベ》皇子（飛）・竹下草丸《クサマル》（江）・内藤丈草《ジョウソウ》（江）・中村草田男《クサタオ》（明）・森田草平《ソウヘイ》（明）・大坪草二郎《ソウジロウ》（明）・上山草人《ソウジン》（明）・日野草城《ソウジョウ》（明）・登史草兵《ソウヘイ》（大）・森本草介《ソウスケ》（昭）・由紀草一《ソウイチ》（昭）・青山草太《ソウタ》（昭）　♀草嬢《カヤノオトメ》（奈）・広沢草《ソウ》（昭）・平沢草《カヤ》（昭）

【荘】9（艸・6）常　【莊】10（艸・7）

[読み] ㊥ソウ（漢）・ショウ（呉）

[語源] 形が立派に整っている意味。これを「荘」で表記する。「壮」は「形がスマートである」「丈が長い」というイメージがある（壮の項参照）。「壮（音・イメージ記号）＋艸（限定符号）」を合わせた「荘」は、草がぐんぐんと伸びて、丈が高くスマートな姿になった情景を設定した図形。形が立派なことから、雰囲気が厳かである意味を派生する。

[字体] 「莊」は正字（旧字体）。「荘」は壮→壮に倣った字体。

[人名] しょう・そ・そう・たか・たかし・ただし・まさ　▽「たか」は古典に敬の訓がある。荘厳→恭敬の意味を派生。「ただし（正）」「まさ（正）」は形が端正である意味から。♂徳川斉荘《ナリタカ》（江）・菊池荘介《ショウスケ》（江）・松平康荘《ヤスタカ》（明）・木村荘平《ショウヘイ》（江）・木村荘十二《ソトジ》（明）・山岡荘八《ソウハチ》（明）・足立荘《ソウ》（明）・大森荘蔵《ショウゾウ》（大）・冲永荘一《ショウイチ》（昭）・島田荘司《ソウジ》（昭）・田島荘三《ショウゾウ》（昭）　♀荘子《ショウシ[タケコ]》女王（安）・家田荘子《ショウコ》（昭）

【爽】 11（爻・7）

［読み］ ㊔ ソウ（漢）・ショウ（呉）　㊫ さわやか

［語源］「二つに分かれる」というコアイメージがあり、具体的文脈では暗さを分ける→明るい、もやもやを分ける→さわやかなどの意味となる。「大（立つ人の形）」の両脇に「爻（交わる符号）」をつけて、右のコアイメージを暗示する。

㊎ 　㊮ 

［人名］ さや・さわ・そう　♂鷹見爽鳩《ソウキュウ》（江）・皆吉爽雨《ソウウ》（明）・波多野爽波《ソウハ》（大）・西沢爽《ソウ》（大）・福井爽人《サワト》（昭）・倉多爽平《ソウヘイ》（昭）・山根爽一《ソウイチ》（昭）・森平爽一郎《ソウイチロウ》（昭）　♀金田爽《サワ》（昭）・清水爽香《サヤカ》（平）

【創】 12（刀・10）　常

［読み］ ㊔ ソウ（漢）・ショウ（呉）　㊫ きず・はじめる

［語源］「きず」の意味、また、「はじめる」意味。古くは「刅」と書かれた。「刅」は両刃の刀の図形で、刃物で切ってきずつけることを表した。やがて「はじめる」意味を派生したため、後者の表記に「倉（音・イメージ記号）＋刀（限定符号）」を合わせた「創」が生まれた。布を裁ち切って衣を作る意匠によって「初」（はじめ）ができたのと同様の手法を用いて、材木を断ち切って倉を作る意匠によって、「はじめる」（新たに作り出す）を表象した。

㊎ 　㊮ 〔刅〕　㊮ 〔倉〕　㊮ 〔創〕

［人名］ そう・はじめ　♂碑文谷創《ハジメ》（昭）・金沢創《ソウ》（昭）・宮下創平《ソウヘイ》（昭）・田島創志《ソウジ》（昭）・小森創介《ソウスケ》（昭）・岡村創太《ソウタ》（昭）・柴田創一郎《ソウイチロウ》（昭）

【惣】 12（心・8）

［読み］ ㊔ ソウ（漢）・ス（呉）

［語源］ すべる、すべての意味。「総」と同義。

［字体］ 緫（總の異体字）↓揔↓惣↓惣と変わった。

［人名］ そう　♂佐倉惣五郎《ソウゴロウ》（江）・武田惣角《ソウカク》（江）・山川惣治《ソウジ》（明）・鈴木惣太郎《ソウタロウ》（明）・佐藤惣之助《ソウノスケ》（明）・荒川惣兵衛《ソウベエ》（明）・萩原弥惣治《ヤソウジ》（昭）・山下惣一《ソウイチ》（昭）

【想】13（心・9） 常

［読み］音 ソウ（呉）・ショウ（漢） 訓 おもう

［語源］対象を思いやる意味。見る主体と見られる客体の相互関係から「相」（対象を見定める意）が生まれた（該項参照）。同様に、「相互に向き合う」のイメージに基づき、「相（音・イメージ記号）＋心（限定符号）」を合わせて、思考の主体（心）が対象と向き合って、それを思い浮かべる様子を暗示させた。

［人名］そう ♂伊庭想太郎《ソウタロウ》（江）・北村想《ソウ》（昭）

【蒼】13（艸・10）

［読み］音 ソウ（呉・漢） 訓 あおい

［語源］色の名、「あお」の意味。「青」とは違い、黒みがかった青色で、これの視覚記号化は草の色から発想された。牧草などを収める建物をもってきて、「倉（音・イメージ記号）＋艸（限定符号）」を合わせて、牧草などのくすんだあお色を暗示させる。

［人名］あお・あおい・そう ♂大塚蒼梧《ソウゴ》（江）・勅使河原蒼風《ソウフウ》（明）・平井蒼太《ソウタ》（明）・不二本蒼生《アオイ》（昭）・行宗蒼一《ソウイチ》（昭）・高岡蒼甫《ソウスケ》（昭）・沖田蒼樹《ソウジュ》（昭）・中村蒼《アオイ》（平） ♀荷田蒼生子《タミコ》（江）・二木蒼生《アオイ》（平）

【総】14（糸・8） 常

［読み］音 ソウ（漢）・ス（呉） 訓 ふさ・すべる

［語源］糸を束ねて締めくくった「ふさ」の意味、また、多くのものを一つにまとめる意味。これを「總」で表記する。「囱《そう》」は窓を描いた図形。窓は空気を通す機能があるから、「一所にまとめて通す」「スムーズに通り抜ける」というイメージがある。「囱（音・イメージ記号）＋心（限定符号）」を合わせた「悤《そう》」は、心の中に何かがそわそわと通り抜ける感じ（匆々・怱卒）を表す。「悤」は「囱」と同様のイメージを示す記号となる。「悤（音・イメージ記号）＋糸（限定符号）」を合わせて、多くの糸を一か所でまとめ、締めくくった所から糸の端が通り抜けて垂れたもの（ふさ）を暗示させる。

篆 （囱） 篆 （悤） 篆 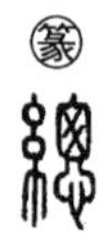（總）

［字体］「總」は正字（旧字体）。「総」は近世中国で生まれた俗字。

【人名】 おさ・すぶる・そう・ふさ　▽「おさ」は綜の訓を流用。♂巨勢総成《フサナリ》(奈)・藤原総継《フサツグ》(安)・畠山義総《ヨシフサ》(戦)・垣屋恒総《ツネフサ》(土)・小笠原忠総《タダフサ》(江)・相楽総三《ソウゾウ》(江)・沖田総司《ソウジ》(江)・浅野総一郎《ソウイチロウ》(江)・石川総男《フサオ》(明)・服部之総《シソウ》(明)・岡村総吾《ソウゴ》(大)・田原総一朗《ソウイチロウ》(昭)　♀天地総子《フサコ》(昭)

【聡】 14(耳・8)

【読み】 (音) ソウ(漢)・ス(呉)　(訓) さとい

【語源】 物わかりがよい、「さとい」の意味。これを「聰」で表記する。「恖《そう》」は「スムーズに通る」というイメージがある(前項参照)。「恖(音・イメージ記号)＋耳(限定符号)」を合わせて、耳がよく通って、物事を聞き分ける様子を暗示させる。

【字体】 「聰」は正字。「聡」は近世中国で生まれた俗字。

【人名】 あき・あきら・さと・さとし・さとる・そう・とし・とみ　▽「あき(明)」は聡明の意味から。「とし(敏・疾)」はさとい意、また、すばやい意。「とみ(疾・頓)」は「とし(疾)」から派生。♂大友高聡《コウソウ》(飛)・京極高聡《タカトシ》(江)・足利聡氏《サトウジ》(江)・松平武聡《タケアキラ》(江)・宮田聡《アキラ》(明)・山村聡《ソウ》(明)・倉本聡《ソウ》(昭)・野口聡一《ソウイチ》(昭)・谷川聡《サトル》(昭)・妻夫木聡《サトシ》(昭)・高橋秀聡《ヒデアキ》(昭)　♀聡子内親王《ソウシ》(安)・東久邇聡子《トシコ》(明)・田中聡子《サトコ》(昭)・小林聡美《サトミ》(昭)・近藤聡乃《アキノ》(昭)

【操】 16(手・13)　常

【読み】 (音) ソウ(呉・漢)　(訓) みさお・あやつる

【語源】 手先を動かして物を取る、「あやつる」の意味。「品」は「口」を三つ重ねた形。品物ではなく、多くの口が音を発する様子を暗示する。「品(イメージ記号)＋木(限定符号)」を合わせた「喿《そう》」は、木の上で鳥が口々に騒ぐ情景を設定した図形。「せわしなく動く」というイメージを示す記号になる。「喿(音・イメージ記号)＋手(限定符号)」を合わせて、右の意味の語を表記する。しっかり手に持つ意味、また、言動をしっかり守ること(みさお)の意味を派生する。

(金)

(篆)

〔喿〕

(篆)

〔操〕

【人名】 そう・みさ・みさお・もち　▽「もち(持)」はしっかり手に持つ意味から。♂畠山常操《ツネモチ》(江)・玉松

操《ミサオ》（江）・川上操六《ソウロク》（江）・藤村操《ミサオ》（明）・羽石操《ミサオ》（昭）♀常盤操子《ミサコ》（明）・松原操《ミサオ》（明）・桐生操《ミサオ》（昭）

【造】 10（辵・7）常

[読み] ㊟ゾウ（呉）・ソウ（漢）　㊙つくる・いたる

[語源] 物をつくる意味。古くは「艁」と書かれた。「告」は「牛＋口（四角い枠の符号）」を合わせて、牛の角を縛る図形。「きつく縛りつける」というイメージを示す。「告（イメージ記号）＋舟（限定符号）」を合わせて、川を渡る際、舟を縛って急場の橋をつくる様子を暗示させる。これによって、材料をつけ合わせて物をつくることを表した。のち、目的地に至りつく意味を派生し、「舟」を「辵（進行を示す限定符号）」に替えて「造」が生まれた。

甲　金　篆　〔告〕
金　古　篆　〔造〕

[人名] いたる・ぞう・なり　▽「なる（就）」は古典に就の訓がある。至る意味からの転義。♂本木昌造《ショウゾウ》（江）・田中正造《ショウゾウ》（江）・松山造《イタル》（江）・吉野作造《サクゾウ》（明）・加島祥造《ショウゾウ》（大）・松岡修造《シュウゾウ》（昭）

象→しょう

【増】 14（土・11）常　**【增】** 15（土・12）

[読み] ㊟ゾウ（慣）ソウ（呉・漢）　㊙ます・ふえる・ふやす

[語源] 上に加えてふやす、「ます」の意味。「上に重なる」というイメージのある「曾」を用い（曽の項参照）、「曾（音・イメージ記号）＋土（限定符号）」を合わせて、土を上に重ね加える様子を暗示させる。

[字体] 「增」は正字（旧字体）。「増」は近世中国で生まれた俗字。

[人名] ぞう・なが・ます　▽「なが」は古典に長の訓がある。♂土居通増《ミチマス》（鎌）・増阿弥《ゾウアミ》（室）・大関高増《タカマス》（戦）・八島増行《マスユキ》（土）・品川範増《ノリマス》（江）・細川興増《オキナガ》（江）・小西増太郎《マスタロウ》（江）・橋本増吉《マスキチ》（明）・溝淵増巳《マスミ》（明）・村松増美《マスミ》（昭）・魚谷増男《マスオ》（昭）♀増子《マスコ》女王（江）・手塚増子《マスコ》（江）

【蔵】 15（艸・12）常　**【藏】** 18（艸・15）

[読み] ㊟ゾウ（呉）・ソウ（漢）　㊙くら・おさめる

[語源] 物をしまいこむ所、「くら」の意味、また、し

まいこむ（収める）意味。これを「藏」で表記する。「爿《しょう》」が基本の記号で、「細長い」というコアイメージを示す（将・壮の項参照）。「爿（音・イメージ記号）＋戈（限定符号）」を合わせた「戕《しょう》」は、武器で細長い傷をつける様子。「戕（音・イメージ記号）＋臣（限定符号）」を合わせた「臧《ぞう》」は、細長い焼き印をつけられた奴隷のこと。爿—戕—臧は「細長い」のイメージをコアとする。「臧（音・イメージ記号）＋艸（限定符号）」を合わせた「藏」は、草や穀物などをしまいこむ細長い納屋を暗示させる。

篆 〔戕〕　篆 〔臧〕　篆 〔藏〕

[字体] 「藏」は正字（旧字体）。「蔵」は近世中国で発生した俗字。

[人名] おさむ・くら・ぞう・ただ・まさ・よし　▽「よし（良）」は古典で臧（良い意）と通用するから。「ただ（正）」「まさ（正）」は「よし」から連想か。♂藤原蔵規《マサノリ》（安）・丸目蔵人《クランド》（土）・服部半蔵《ハンゾウ》（土）・堀親蔵《チカタダ》（江）・大石内蔵助《クラノスケ》（江）・池内蔵太《クラタ》（江）・村田蔵六《ゾウロク》（江）・青木周蔵《シュウゾウ》（江）・鈴木蔵《オサム》（昭）・孫泰蔵《タイゾウ》（昭）・佐々木蔵之介《クラノスケ》（昭）

【束】 7（木・3）　常

[読み] 音 ソク（呉）・ショク（漢）　訓 たば・つかねる

[語源] たばねる意味。「束」は「木＋○（丸く取り巻く符号）」を合わせた図形。木をぎゅっと締めつけてしばる様子を暗示させる。

甲 　金 　篆 

[人名] つか・つかぬ・つかね　▽「つかぬ」は一つにまとめ束ねる意。♂阿須波束麻呂《ツカマロ》（奈）・藤原八束《ヤツカ》（奈）・今田束《ツカヌ》（明）・石原八束《ヤツカ》（大）・谷本束《ツカネ》（昭）

【足】 7（足・0）　常

[読み] 音 ソク（呉）・ショク（漢）　訓 あし・たりる・たる・たす

[語源] 「あし」の意味。「足」は膝小僧から足先までを描いた図形。足の機能は歩幅を縮める動作を繰り返して、二点間の距離を十分埋めることができる。ここから「いっぱい満ちる（たりる）」というイメージが現れる。

甲 　金 　篆 

[人名] あし・そく・たり・たる・たんぬ ♂藤原鎌足《カマタリ》(飛)・鴨足人《タルヒト》(奈)・石川名足《ナタリ》(奈)・伊藤常足《ツネタル》(江)・木暮足翁《ソクオウ》(江)・稲垣足穂《タルホ》(明)・尾崎足《タンヌ》(明)・古田足日《タルヒ》(昭) ♀畑足子《タルコ》(明)

【則】 9(刀・7) 常

[読み] ㊥ソク(呉・漢) ㊞のり・のっとる・すなわち

[語源] 従うべき手本・決まり(のり)の意味。「則」の左側は「鼎」の変形。「鼎(肉を盛る器、かなえ)+刀」を合わせて、本体(料理)の側に添え物(ナイフ)がつけられている図形によって、「側にくっつく」というコアイメージを表す。具体的文脈では、いつも離れられないルールの意味、Aという条件があればいつもBという事態が続くことを示す接続詞などが実現される。

㊎  (篆) 

[人名] そく・つね・とき・のり ▽「つね(常)」は古典に常の訓がある。いつも従うべき決まりの意味から。「とき(時)」は常からの連想か。♂紀友則《トモノリ》(安)・赤松則祐《ノリスケ》(鎌)・城井則房《ノリフサ》(南)・楠木正則《マサノリ》(室)・有馬則頼《ノリヨリ》(戦)・織田信則《ノブノリ》(土)・勧修寺経則《ツネトキ》(江)・寺島宗則《ムネノリ》(明)・松平頼則《ヨリツネ》(明)・蒲池則《ノリ》(大)・木島則夫《ノリオ》(大)・横尾忠則《タダノリ》(昭)・陣内智則《トモノリ》(昭) ♀則子《ノリコ》女王(江)・小林則子《ノリコ》(昭)

【速】 10(辵・7) 常

[読み] ㊥ソク(呉・漢) ㊞はやい・はやめる・すみやか

[語源] スピードがはやい意味。「束」は「ぎゅっと締めつける」というイメージがあり、「ちぢめる」というイメージに展開する(該項参照)。「束(音・イメージ記号)+辵(限定符号)」を合わせて、歩幅を縮めてせかせかと行く様子を暗示させる。

[人名] そく・ちか・はや・はやし ▽「ちか(近)」はスピードが速いと距離が近くなることから。♂六郷政速《マサチカ》(江)・三宅速《ハヤシ》(江)・筧速水《ハヤミ》(江)・島村速雄《ハヤオ》(江)・川島浪速《ナニワ》(江)・志水速雄《ハヤオ》(昭)・上野速人《ハヤト》(昭)・両角速《ハヤシ》(昭)

【存】 6(子・3) 常

[読み] ㊥ソン(漢)・ゾン(呉) ㊞ある・ながらえる

【語源】何事もなくいつまでもじっと同じ状態を保つ意味（存在・保存）。「存」の「子」を除いた部分は「才」の変形。「才」は「途中で断ち切る」というイメージから、「じっとそこで止まる」というイメージに展開する（才・在の項参照）。「才（イメージ記号）＋子（限定符号）」を合わせた「存」は、子供をいたわって、じっとその状態にとどめておく情況を設定した図形。

篆 

【人名】あきら・あり・さだ・すすむ・そん・たもつ・つぎ・なが・ながろう・のぶ・まさ・やす・やすし
▽「あきら」は古典に察の訓があり、これの名乗りの流用か。「あり（在・有）」は存在の意味から。「たもつ（保）」は保存の意味から。「なが（長）」はいつまでも長く無事にいる（ながらえる）意味から。「のぶ（延）」「すすむ（進）」「つぎ（続）」は時間的に長くなることからの連想。「さだ（定）」「やすし（安・泰）」は無事でじっとしていることから。♂大洞存長《ソンチョウ》（室）・植村家存《イエサダ》（戦）・十河一存《カズマサ》（戦）・十河存英《ナガヒデ》（土）・酒井忠存《タダアキラ》（江）・井伊直存《ナオアリ》（江）・畔田伴存《トモアリ》（江）・大河内存真《ソンシン》（江）・青木存義《ナガヨシ》（明）・小林存《ナガロウ》（明）・関口存男《ツギオ》（明）・福田恒存《ツネアリ》（大）・佐藤存《タモツ》（昭）

【村】7（木・3）常

【読み】音 ソン（呉・漢） 訓 むら

【語源】「むら」の意味。古くは「邨」と書いた。「屯」は「中に多くの物を蓄える」というイメージがある（純の項参照）。「屯（音・イメージ記号）＋邑（限定符号）」を合わせて、多くの人を集めて住まわせる場所を暗示させる。のち「寸（音・イメージ記号）＋木（限定符号）」を合わせた「村」に表記を替えた。「寸」は「又（て）＋一」を合わせて、手の指一本の幅の長さを表す。また、中国医学で手首から一寸ほどにある脈を診る所を指す。ここから「そっと押さえる」「じっと落ち着ける」というイメージが現れる。木の柵で囲い、人々が腰を落ち着ける場所というのが「村」の図形的意匠である。

篆 〔邨〕　篆 〔寸〕

【人名】そん・むら ♂大伴金村《カナムラ》（古）・坂上田村麻呂《タムラマロ》（奈）・赤松則村《ノリムラ》（鎌）・山城宗村《ムネムラ》（南）・荒木村重《ムラシゲ》

(戦)・真田幸村《ユキムラ》(土)・本多忠村《タダムラ》(江)・島崎藤村《トウソン》(明)・荒畑寒村《カンソン》(明)・田中一村《イッソン》(明)

【孫】 10(子・7) 常

[読み] ㊥ ソン(呉・漢) ㊞ まご

[語源] 「まご」の意味。「系」は「ノ(延ばす符号)+糸」を合わせて、糸を一筋につなぐ様子。「系(イメージ記号)+子(限定符号)」を合わせて、子—子—子…と血統が一筋につながっていく子孫を暗示させる。

[人名] そん・ただ・ひこ・まご ▽「ただ(直)」は子—子…と直線的につながることから連想か。「ひこ」は古語でまごの意味。♂百済英孫《エイソン》(奈)・雑賀孫一《マゴイチ》(戦)・佐々孫介《マゴスケ》(戦)・奥田孫太夫《マゴダユウ》(江)・千家尊孫《タカヒコ》(江)・野口孫市《マゴイチ》(明)・大原孫三郎《マゴサブロウ》(明)・井出孫六《マゴロク》(明)・串田孫一《マゴイチ》(大)・山本孫春《マゴハル》(昭)

【尊】 12(寸・9) 常

[読み] ㊥ ソン(呉・漢) ㊞ たっとい・とうとい・たっとぶ・とうとぶ

[語源] 儀礼に用いる座りのよい酒器というのが本来の意味。最古の表記は「酉(酒壺の形)+廾(両手)」を合わせて、酒壺を大事そうに捧げ持つ情景を設定した図形。篆書では「酋(香りの出ている酒壺)+寸(手)」に変わった。「ずっしりと重々しい」というコアイメージがあり、人を大事にして敬う意味、地位・身分が高い意味を派生する。

[字体] 「尊」が旧字体だが、書くとき「八」はよく「丷」になるので、「尊」が定着した。

[人名] そん・たか・たかし・たける・もと ▽「たか(高)」は身分が高い意味から。「たける(哮)」(声高にのしる意)は高のつながり。♂為尊《タメタカ》親王(安)・足利尊氏《タカウジ》(鎌)・吉良尊義《タカヨシ》(南)・多賀谷尊経《タカツネ》(室)・大内義尊《ヨシタカ》(戦)・二宮尊徳《ソントク》(江)・稲葉尊通《モトミチ》(江)・福永尊介《タカスケ》(明)・岡田尊司《タカシ》(昭)・田中尊《タカシ》(昭)・小林尊《タケル》(昭)・宮崎尊《ソン》(昭)・柳川武尊《タケル》(平) ♀尊子《タカコ》内親王(安)・藤原尊子《ソンシ[タカコ]》(安)・赤阪尊子《タカコ》(昭)

【巽】12（己・9）

【読み】㊟音 ソン（呉・漢）　㊟訓 たつみ

【語源】八卦の一つを「巽」で表記する。「卪（ひざまずいて並ぶ二人）＋丌（台の形）」を合わせて、台上にいくつかのものを並べそろえる情景を設定した図形。選（多くのものの中からいいものをより分ける）の原字だが、易の記号に用いられた。方位では東南に当たり、日本では「たつみ（辰巳）」と読む。

㊟古 　㊟篆 

【字体】「巽」は正字。「巽」は選→選に倣った字体。

【人名】そん・たつみ　♂都野巽《タツミ》（江）・志賀巽軒《ソンケン》（江）・牧野巽《タツミ》（明）・土方巽《タツミ》（昭）

【太】4（大・1）常

【読み】㊟音 タ・ダ（慣）　タイ（呉・漢）　㊟訓 ふとい・ふとる

【語源】たっぷりあって大きい意味。「太」は「大＋二（重ねる符号）」を合わせて、大きい上にも大きい様子を暗示させる図形。

㊟古 

【字体】「泰」の古文「夳」↓「夳」↓「太」と変わった。

【人名】うず・おお・た・たい・だい・たか・ひろ・ふと・ふとし・ふとる・ます・もと　▽「うづ（珍）」（尊貴の意）「たか（高・尊）」は太公などの太（尊称）から。「ひろ（広）」「ます（増）」は大きい・太いの縁語。「もと（元）」は太極（宇宙の根元）から連想。♂俵藤太《トウタ》（安）・前田利太《トシタカ》（戦）・久留島義太《ヨシヒロ》（江）・浅利太賢《フトカタ》（江）・稲垣太篤《モトアツ》（江）・大黒屋光太夫《コウダユウ》（江）・伊東忠太《チュウタ》（江）・岡本太郎《タロウ》（明）・中村寅太《トラタ》（明）・飯田竜太《リュウタ》

（大）・山田太一《タイチ》（昭）・中西太《フトシ》（昭）・勝部太《フトル》（昭）・井山裕太《ユウタ》（昭）・杉浦太雄《タカオ》（昭）・須見太輔《ダイスケ》（昭）　♀佐藤太圭子《タカコ》（昭）・朝川太恵《タエ》（昭）

【多】6（夕・3）常

［読み］㊥タ（呉・漢）　㊦おおい

［語源］「おおい」の意味。これを「多」で表記する。「夕」は夕方の夕ではなく、肉の形。肉が重なる情景を写した図形でもって、物がたっぷりあることを暗示させる。

㊙甲　㊙金　㊙篆

［人名］あま・お・おお・おおし・かず・た・とみ・な・まさ・まさる・ます　▽「かず（数）」は多数の意味から連想。「とみ（富）」は多いから連想。「ます（増）」「まさる（増）」はいっそう多くなる意味。♂巨勢徳多《トクタ》（飛）・丸子多麻呂《オオマロ》（奈）・源多《マサル》（安）・浅井道多《ミチアマ》（土）・松本頼多《ヨリタ》（江）・井上聞多《モンタ》（江）・小林多喜二《タキジ》（明）・児玉幸多《コウタ》（明）・清水多栄《トミヒデ》（明）・守屋多々志《タダシ》（大）・垣野多鶴《タヅル》（昭）・山元清多《キヨカズ》（昭）・中田祥多《ショウタ》（平）　♀藤原多比能《タビノ》（飛）・藤原多子《マサルコ》（安）・藤原多美子《タミコ》（安）・片倉喜多《キタ》（戦）・菊川多賀《タカ》（江）・榎本多津《タツ》（江）・金井多計子《タケコ》（江）・松尾多勢子《タセコ》（江）・沼田多美《タミ》（明）・松本佐多《サタ》（明）・高津多代子《タヨコ》（明）・橋本多佳子《タカコ》（明）・河野多恵子《タエコ》（大）・岩本多代《マスヨ》（昭）・仁木多鶴子《タヅコ》（昭）・石川多映子《タエコ》（昭）・里谷多英《タエ》（昭）・岸本多万重《タマエ》（昭）・小栗左多里《サオリ》（昭）・上原多香子《タカコ》（昭）

【汰】7（水・4）常

［読み］㊥タ（慣）　タイ（呉・漢）

［語源］たっぷりの水で洗い流す意味（淘汰）。「たっぷりある」のイメージをもつ「太」を用い（該項参照）、「太（音・イメージ記号）＋水（限定符号）」を合わせた図形で右の語を表記する。

［人名］た・たい　♂荒木汰久治《タクジ》（昭）・青山汰詩《タイシ》（昭）・藤間匠汰《ショウタ》（昭）・市川隼汰《シュンタ》（平）

【泰】10（水・5）常

［読み］㊥タイ（呉・漢）　㊦やすい・やすらか

［語源］ゆったりと大きい意味、また、ゆったりと落ち

着く意味。「泰」は「大＋廾＋氺（＝水）」に分析できる。「大」は「ゆったりと大きい」のイメージから、「たっぷりある」のイメージに展開する（該項参照）。「大（音・イメージ記号）＋廾（イメージ補助記号）＋水（限定符号）」を合わせて、水をたっぷり通して洗い流す様子を暗示させる。「ゆったりと大きい」のコアイメージがあるので、大きい、甚だの意味（泰西）、ゆったりと落ち着く（やすらか）意味（安泰）などを派生する。

㊫ 

【人名】あきら・たい・とおる・ひろ・ひろし・やす・やすし・ゆたか・よし　▽「とおる（通）」は古典に通の訓がある。「ひろ（寛）」「ゆたか（裕）」は古典に寛の訓がある。たっぷりと大きい意味から。「よし（佳）」は否泰の泰（幸運）から転義。♂藤原泰衡《ヤスヒラ》（安）・北条泰時《ヤストキ》（鎌）・今川泰範《ヤスノリ》（南）・植村泰忠《ヤスタダ》（戦）・朝比奈泰澄《ヤスズミ》（土）・柳沢保泰《ヤスヒロ》（江）・磯部泰《タイ》（江）・跡見泰《ユタカ》（明）・田村泰次郎《タイジロウ》（明）・殿山泰治《タイジ》（大）・横山泰三《タイゾウ》（大）・宮川泰《ヒロシ》（昭）・児玉泰《ヤスシ》（昭）・谷泰《ユタカ》（昭）・豊田泰光《ヤスミツ》（昭）・本田泰人《ヤスト》（昭）　♀藤原泰子《タイシ》［ヤスコ］（安）・溝上泰子《ヤスコ》（明）・川田泰代《ヤスヨ》（大）・坂井泰子《ヨシコ》（昭）

【乃】2（丿・1）

【読み】㊥ダイ（漢）・ナイ（呉）　㊙すなわち・なんじ・の

【語源】接続詞「すなわち」の意味。「乃」は曲がって垂れる様子を象徴的に示した図形。秀や耳朶（柔らかく垂れる耳たぶ）の朶にも含まれている。

㊙ 　㊎ 　㊫ 

【人名】いまし・ない・の・のり・より　▽「いまし」は汝の意味。「の」は古音がノなので、日本語の格助詞「の」に当てた。「のり（則）」は「すなわち」の訓をもつ「則」から。♂物部宇麻乃《ウマノ》（飛）・本庄実乃《サネヨリ》（戦）・神田乃武《ナイブ》（江）・瀬尾乃武《ノリタケ》（明）・中村乃武夫《ノブオ》（明）・大江志乃夫《シノブ》（昭）・豊田弓乃《ユミノ》（昭）　♀生駒吉乃《ヨシノ》［キツノ］（戦）・鈴木乃婦《ノブ》（明）・福地文乃《フミノ》（明）・山岡久乃《ヒサノ》（大）・木村佳乃《ヨシノ》（昭）

【大】3（大・0）常

【読み】㊥ダイ（呉）・タイ（漢）　㊙おお・おおきい・おおいに

【語源】おおきい意味。両手両足を広げて立つ人を描いた図形「大」で表記する。具体物は捨象して、「おおきい」という抽象的イメージだけを取った。

甲  金  篆 

【人名】お・おお・おおき・た・だい・たかし・たけし・とも・なが・はじめ・はる・ひろ・ひろし・ふとし・まさ・まさる・もと・ゆたか　▽「たかし（高）」「なが（長）」「ひろ（広）」「ふとし（太）」「ゆたか（裕）」は大きいの縁語。「たけし（威・偉）」「まさる（優・勝）」は偉大から連想。「はじめ（初）」は古典に初の訓がある。「もと（元）」ははじめ（元）とのつながりか。♂山口大麻呂《オオマロ》（飛）・紀大人《ウシ》（飛）・阿刀大足《オオタリ》（奈）・本居大平《オオヒラ》（江）・岡田光大《ミツヒロ》（江）・酒井忠大《タダモト》（江）・相馬大作《ダイサク》（江）・松原至大《ミチトモ》（明）・島津久大《ヒサナガ》（明）・松平容大《カタハル》（明）・井深大《マサル》（明）・加東大介《ダイスケ》（明）・林大《オオキ》（大）・藤間生大《セイタ》（大）・色川武大《タケヒロ》（昭）・中村八大《ハチダイ》（昭）・輪島大士《ヒロシ》（昭）・鈴木大地《ダイチ》（昭）・松坂大輔《ダイスケ》（昭）・田中将大《マサヒロ》（昭）・河井博大《ヒロオ》（昭）・森山大《ハジメ》（昭）・土田大《ヒロシ》（昭）・宮内大《ユタカ》（昭）・木村大《ダイ》（昭）

【代】 5（人・3）　常

【読み】音 ダイ（呉）・タイ（漢）　訓 かわる・かえる・よ・しろ

【語源】入れかわる意味（交代）。これを「代」で表記する。「弋《よく》」は先端が二股になった道具、「いぐるみ」を描いた図形。糸をつけた矢を発射して獲物をぐるぐるに巻きつけることから、「∞形を呈する（互い違いに入れかわる）」というイメージを示す記号となる。「弋（音・イメージ記号）＋人（限定符号）」を合わせて、同じ場所に別の人と入れかわる様子を暗示させる。王朝などが次々と入れかわる→「よ」の意味（時代・世代）を派生する。

金  篆 〔弋〕　篆 〔代〕

【人名】しろ・だい・とし・よ　▽「しろ」は代わりの物の意。「とし（年）」は時代の意味から。♂羽田八代《ヤシロ》（古）・中臣名代《ナシロ》（奈）・辛島代豆米《ヨヅメ》（奈）・市川代治郎《ダイジロウ》（江）・泉重千代《シゲチヨ》（江）・白石代吉《ダイキチ》（明）・東千代之介《チヨノスケ》（大）・石井代蔵《ダイゾウ》（昭）　♀加賀千代《チヨ》（江）・乾御代子《ミヨコ》（明）・白石加代子《カヨコ》（昭）・浅田美代子《ミヨコ》（昭）・庄野真代《マヨ》（昭）・松居一代《カズヨ》（昭）

滝→ろう

【卓】8（十・6） 常

［読み］ 音 タク（呉・漢）

［語源］ 高く抜きん出る、ひときわ優れるという意味。これを「卓」で表記する。「匕」は「比」に含まれる「匕」と同じで、人の形。「早」は一日の最初の時間のことから、いちばんはじめ、先端というイメージに展開する（該項参照）。「早（イメージ記号）＋匕（イメージ補助記号）」を合わせた「卓」は、人の先頭に抜きん出る様子を暗示させる。

金 　篆 

［人名］ すぐる・たか・たかし・たく・まさる　♂大江卓《タク》（江）・菅原卓《タカシ》（明）・花井卓蔵《タクゾウ》（明）・清岡卓行《タカユキ》（大）・眉村卓《タク》（昭）・江川卓《スグル》（昭）・原卓也《タクヤ》（昭）・深江卓次《タクジ》（昭）・中村卓史《タカシ》（昭）・林卓人《タクト》（昭）

【拓】8（手・5） 常

［読み］ 音 タク（呉・漢）　訓 ひらく

［語源］ 土地を切り開く意味。「石」は「中身が詰まる」というイメージのほかに、「堅い」というイメージがある。後者からさらに「（内外から力を加えて）堅いものをぶちこわす」というイメージに展開する。「石（音・イメージ記号）＋手（限定符号）」を合わせて、堅い石をたたき割って土地を開く様子を暗示させる。

［人名］ たく・ひらく・ひろ・ひろし・ひろむ　▽「ひろし（広）」は古典に広の訓がある。開拓から派生。♂岩原拓《タク》（明）・大手拓次《タクジ》（明）・山崎拓《タク》（昭）・川谷拓三《タクゾウ》（昭）・吉田拓郎《タクロウ》（昭）・木村拓哉《タクヤ》（昭）・中村拓武《ヒロム》（昭）・西森拓《ヒラ》（昭）・竹村拓《ヒロシ》（昭）・植竹拓《ヒロム》（昭）

【琢】11（玉・7）　【琢】12（玉・8）

［読み］ 音 タク（呉・漢）　訓 みがく

［語源］ 玉を磨く意味。「豖《ちょく》」は「豕（ブタ）＋乀」を合わせて、ブタの足を紐で縛って止める情景を設定した図形。「一点を止める」というイメージから、「一点に突き当たる」というイメージに展開する。「豖（音・イメージ記号）＋玉（限定符号）」を合わせた「琢」は、鑿で一点をトントンと突いて角を取る様子を暗示させる。

篆  〔豖〕 篆  〔琢〕

【字体】「琢」は正字。「琢」は中国でできた俗字。

【人名】あや・たか・たく・てる・みがく ▽「あや（文・綾）」「てる（輝）」は玉を磨いて美しくすることから連想。♂京極高琢《タカテル》（江）・團琢磨《タクマ》（江）・児玉琢《タク》（江）・小川琢治《タクジ》（明）・吉江琢児《タクジ》（明）・玉上琢弥《タクヤ》（大）・藤岡琢也《タクヤ》（昭）・辰巳琢郎《タクロウ》（昭）

【達】12（辵・9）常

【読み】音タツ（漢）・ダチ（呉）訓とおる

【語源】スムーズに通る、滞りなくすらすらといく意味。「達」の右側は「羍《たつ》」の変形。「大」は「ゆったりと大きい」というイメージがある（該項参照）。「大（音・イメージ記号）＋羊（限定符号）」を合わせた「羍」は、ヒツジがゆったりとゆとりをもって産道から子を生む情景を設定した図形。ヒツジは安産の象徴とされた。ここに「スムーズに通る」というイメージがある。「羍（音・イメージ記号）＋辵（限定符号）」を合わせて、道がスムーズに通じることを表した。

篆  〔羍〕 篆  〔達〕

【人名】あきら・いたる・さと・さとし・さとる・しげ・すすむ・たけ・ただ・たつ・たつし・たて・とおる・のぶ・ひろ・みち・よし ▽「いたる（至）」「すすむ（進）」は通るの縁語。「さとし（敏・聡）」「さとる（悟・暁）」はすらすらと理解する意味から。「ただ（直）」「のぶ（伸）」はまっすぐ通ることから。「たけ」「たて」は古典に建の訓がある。「みち（道）」は四方に通じる道の意味から。「よし（良）」は「さとし」から連想。♂司馬達等《タット〔タチト〕》（古）・斯波義達《ヨシタツ》（戦）・高坂信達《ノブタツ》（土）・俵屋宗達《ソウタツ》（江）・徳川家達《イエサト》（江）・河喜多能達《ミチタダ》（江）・武藤盛達《モリシゲ》（江）・山口弘達《ヒロヨシ》（江）・宗義達《ヨシアキラ》（江）・川勝広達《ヒロタケ》（江）・加藤達《ススム》（江）・熊倉達《タツ》（明）・高碕達之助《タツノスケ》（明）・三好達治《タツジ》（明）・弓削達《トオル》（大）・石崎達《タッシ》（大）・森博達《ヒロミチ》（昭）・仲代達矢《タツヤ》（昭）・山下達郎《タツロウ》（昭）・金子達仁《タツヒト》（昭）・上本達之《タツユキ》（昭）・小久保達《サトシ》（昭）♀伊能達《ミチ》（江）・小池達子《タツコ》（昭）

【丹】4（丶・3）常

【読み】(音)タン（呉・漢）(訓)に・あかい
【語源】鉱物の名、硫化水銀の意味。「丹」は井桁の形の中に点を入れて、地中から掘り出す鉱物を暗示させた図形。赤色の鉱物を意味するタンという語をこの図形で表記する。赤色から血を連想し、熱い血の通った心→まことの意味を派生する。

甲  金  篆 

【人名】あかし・あきら・たん・に・まこと　♂朝日丹波《タンバ》（江）・赤尾丹治《タンジ》（江）・小泉丹《マコト》（明）・野崎丹斐太郎《ニイタロウ》（明）・小沼丹《タン》（大）・大鶴義丹《ギタン》（昭）　♀丹生《ニウ》女王（奈）・宜秋門院丹後《タンゴ》（安）・小野寺丹《タン》（江）

【旦】5（日・1）常

【読み】(音)タン（呉・漢）(訓)あした
【語源】夜が明ける意味、また、朝の意味。「日＋一」を合わせて、日が地平線の上に現れ出る様子の図形で表記する。

甲  金  篆 

【人名】あき・あきら・あさ・たん　♂下間頼旦《ライタン》（戦）・千宗旦《ソウタン》（土）・鈴木安旦《ヤスアキ》（江）・平松旦海《タンカイ》（江）・錦野旦《アキラ》（昭）・日向旦《アキラ》（昭）　♀中山旦子《アキコ》（昭）

【坦】8（土・5）

【読み】(音)タン（呉・漢）(訓)たいらか
【語源】平らの意味。「旦」は「隠れたものが平面上に現れ出る」というイメージがある（前項参照）。ここから「平ら」というイメージを示す記号にもなりうる。「旦（音・イメージ記号）＋土（限定符号）」を合わせて、土地が平らな様子を表す。
【人名】しずか・たいら・たん・ひら・ひろ・ひろし・ひろむ・やす・ゆたか　▽「しずか（静）」は平坦から連想。「ひら」は平たいの語根。「ひろ（寛）」「ひろし（広）」は平らから連想。「やす（安）」は古典に安の訓がある。平坦から安らかを派生。「ゆたか（裕）」はひろ（寛）のつながり。　♂高木正坦《マサヒラ》（江）・近藤坦平《タンペイ》（江）・坂崎坦《シズカ》（明）・幣原坦《タイラ》（明）・額田坦《ヒロシ》（明）・薗田坦《タン》（昭）

【男】7（田・2）常

【読み】㊜ダン（漢）・ナン（呉）㊞おとこ
【語源】おとこの意味。視覚記号化は男の労働の一場面から発想され、「田＋力」を合わせた図形が考案された。「田」は農作業または狩猟をイメージさせる。「田（イメージ記号）＋力（限定符号）」を合わせて、力仕事にいそしむ様子を暗示させる。

㊙  ㊎  ㊞ 

【人名】お・おと・おのこ・だん ♂紀男麻呂《オマロ》（古）・佐伯男《オノコ》（飛）・宇努男人《オヒト》（奈）・県犬養吉男《ヨシオ》（奈）・宗像氏男《ウジオ》（戦）・佐々木男也《オトヤ》（江）・奥平昌男《マサオ》（江）・野口男三郎《オサブロウ》（明）・安藤次男《ツグオ》（大）・川端香男里《カオリ》（昭）・黒沢年男《トシオ》（昭）・段田男《ダン》（昭）

【地】6（土・3）常

【読み】㊜チ（漢）・ジ（呉）㊞つち
【語源】広々としたつち、大地の意味。「也」はヘビを描いた図形（該項参照）。蛇（＝蛇）の原字。ヘビの形態を捉えて、「うねうねと曲がりくねる」「長く伸びる」というイメージを示す記号となる。「也（音・イメージ記号）＋土（限定符号）」を合わせて、山脈や陸がうねうねと曲がったり伸びたりする（起伏のある）様子を暗示させる。
【人名】くに・ち ♂中村地平《チヘイ》（明）・鈴木大地《ダイチ》（昭）

【知】8（矢・3）常

【読み】㊜チ（呉・漢）㊞しる
【語源】物事がはっきりわかる意味。「矢《し》」は「や」を描いた図形（該項参照）。矢はまっすぐ飛んで、標的に突き当たるものである。このイメージを用いて、「矢（音・イメージ記号）＋口（限定符号）」を合わせて、物事の本質をずばりと言い当てる様子を暗示させる。

㊞ 

【人名】あき・あきら・おき・かず・さと・さとし・さとる・しり・しる・ち・ちか・つぐ・とし・とも・のり ▽「あきら（明）」ははっきりとわかる意味から。「かず（数）」は古典に主の訓があり、この訓の流用。「さとる（覚・悟）」は古典に覚の訓がある。はっきり知る意味から派生。「おき（起）」は覚（さめる）から連想。

「さとし（聡）」「とし（敏）」は「さとる」のつながり。「とも（友）」は知り合いの意味から。「ちか（親）」はとも（友）から連想。「つぐ」は古典に接の訓がある。♂藤原辛加知《シカチ》（奈）・平知盛《トモモリ》（安）・藤原知家《トモイエ》（鎌）・茂木知貞《トモサダ》（南）・足利政知《マサトモ》（室）・尾藤知宣《トモノブ》（戦）・明石元知《モトトモ》（土）・尻子元知《モトサト》（土）・大西克知《ヨシアキラ》（江）・土岐頼知《ヨリオキ》（江）・松平基知《モトチカ》（江）・天野重知《シゲノリ》（明）・阿部知二《トモジ》（明）・成田知巳《トモミ》（大）・寺本知《サトル》（大）・野田知佑《トモスケ》（昭）・三浦知良《カズヨシ》（昭）・島田英知《ヒデアキ》 ♀内藤波知《ハチ》（江）・竜知恵子《チエコ》（明）・加藤知世子《チヨコ》（明）・村山美知子《ミチコ》（大）・西田佐知子《サチコ》（昭）・吉田知子《トモコ》（昭）・大竹佐知《サチ》（昭）・相沢知《モト》（昭）

【致】

10（至・4） 常

［読み］ ㊌チ（呉・漢） ㊠いたす

［語源］ どんづまりまで来させる意味（致死・致命傷）。これを「致」で表記する。「夂」は「夊（足の形）」の変形。「至」は「これ以上進めない所まで来る」というイメージがある（該項参照）。「至（音・イメージ記号）＋夂（限定符号）」を合わせて、歩いてぎりぎりの所まで届く様子を暗示させる。ぎりぎりまで来させることから、どんづまり（極致・一致）、気持ちのいたる所（おもむき）（風致・筆致）などの意味を派生する。

［人名］ いたす・いたる・おき・ち・とも・のり・むね・ゆき・よし ▽「おき（置）」は古典に置の訓がある。「むね（胸）」はおもむき（志向）の意味から。「のり」「ゆき」「よし」は至の名乗りの流用。♂源致公《オキタダ》（安）・平致頼《ムネヨリ》（安）・曾我時致《トキムネ》（鎌）・畠山慶致《ヨシムネ》（室）・山名致豊《オキトヨ》（戦）・阿部致康《オキヤス》（土）・細川利致《トシユキ》（江）・松平頼致《ヨリヨシ》（江）・松室致《イタス》（江）・松浦致《イタル》（江）・江崎誠致《マサノリ》（大）・荒井致徳《ヨシノリ》（昭）

【智】

12（日・8）

［読み］ ㊌チ（呉・漢） ㊠さとい

［語源］ 物事をずばりと見通して賢い意味。古くは「知＋亏＋曰」を合わせた図形で表記した。「知」は「物事の本質を突き通す」というイメージがある（該項参照）。「亏（＝于）」は「へ形に曲がる」というイメージがあり（宇の項参照）、「覆い被さるもの」を暗に示す。「曰」は言語にかかわることを示す符号。「知（音・イメージ記

号）＋亏（イメージ補助記号）＋曰（限定符号）」を合わせて、覆われて見えないものを突き通してずばりと言い当てる様子を暗示させる。

㊙甲 　金 　篆 

【人名】あきら・さと・さとし・さとみ・さとる・ち・とし・とも・のり・まさる・よし　▽「あきら（明）」「さとし（聡）」「とし（敏）」は聡明の意味から。「とも」は知の名乗りの流用。「のり（範）」は智者が模範になることから。「まさる（勝）」「よし（良）」は賢い意味から連想。♂蘇我満智《チマ》（古）・当麻智徳《チトク》（飛）・宇治智麻呂《チマロ》（奈）・深水長智《ナガトモ》（戦）・智仁《トシヒト》親王（土）・宗義智《ヨシトモ》（土）・内藤信智《ノブトモ》（江）・沢井智明《ヨシアキラ》（江）・桑田智《サトル》（明）・江藤智《アキラ》（明）・五味智英《トモヒデ》（明）・片桐顕智《アキノリ》（明）・笠智衆《チシユウ》（明）・永井智雄《トモオ》（大）・野沢那智《ナチ》（昭）・福島智《サトシ》（昭）・宮本智《サトミ》（昭）・内野智《トモ》（昭）・小川智也《トモヤ》（昭）・八嶋智人《ノリト》（昭）・中田大智《ダイチ》（平）　♀橘古那可智《コナカチ》（奈）・智子《トシコ》内親王（江）・大谷智子《サトコ》（明）・高村智恵子《チエコ》（明）・皇后美智子《ミチコ》（昭）・里中満智子《マチコ》（昭）・山口智子《トモコ》（昭）・綾戸智絵《チエ》（昭）・葵千智《チサト》（昭）・俵万智《マチ》（昭）・桜井智《トモ》（昭）・佐藤智加《トモカ》（昭）・黒川智花《チカ》（平）

【稚】13（禾・8）常

【読み】音チ（漢）・ジ（呉）　訓いとけない・わかい

【語源】まだ小さくて幼い意味。これを「穉」で表記する。「屖《さい》」は「尾（イメージ記号）＋牛（限定符号）」を合わせて、尾に剛毛のある牛に似た動物（サイ）を表す。サイの特徴から、「歩みが遅い」というイメージを示す記号になる。遲（＝遅）はこのイメージがコアにある。「屖（音・イメージ記号）＋禾（限定符号）」を合わせて、作物の生長が遅く、まだ小さい様子を暗示させる。

金 　篆 〔屖〕　篆 〔穉〕

【字体】「穉」は旧字字。「稚」は俗字。「稺」は異体字。

【人名】ち・のり・わか　♂稚狭《ワカサ》王（飛）・大分稚見《ワカミ》（飛）・高取稚成《ワカナリ》（江）・山本稚彦《ワカヒコ》（明）・井上稚川《チセン》（江）・多梅稚《ウメワカ》（明）・岸田稚魚《チギヨ》（大）　♀吉備稚媛《ワカヒメ》（古）・小出稚子《ノリコ》（昭）・小山実稚恵《ミチエ》（昭）

【竹】6（竹・0）常

【読み】（音）チク（呉・漢）（訓）たけ
【語源】「たけ」の意味。「竹」は二本のタケの枝を描いた図形。

（金）　（篆）

【人名】たか・たけ・ちく　♂金春禅竹《ゼンチク》（室）・竹阿弥《チクアミ》（戦）・佐野竹之介《タケノスケ》（江）・藤井竹外《チクガイ》（江）・緒方竹虎《タケトラ》（明）・大谷竹二郎《タケジロウ》（明）・林竹二《タケジ》（明）・西郷竹彦《タケヒコ》（大）・中村竹弥《タケヤ》（大）・佐々木竹見《タケミ》（昭）・古葉竹識《タケシ》（昭）・中山竹通《タケユキ》（昭）　♀竹野《タカノ［タケノ］》女王（奈）・中野竹子《タケコ》（明）

【丑】4（一・3）

【読み】（音）チュウ（呉・漢）（訓）うし
【語源】十二支の二番目、「うし」の意味。「丑」は手の指先を曲げて物をつかもうとする図形。

（甲）　（金）　（篆）

【人名】うし　♂尾上丑之助《ウシノスケ》（江）・中江丑吉《ウシキチ》（明）・斉藤丑松《ウシマツ》（大）・竹内丑雄《ウシオ》（大）

【中】4（丨・3）常

【読み】（音）チュウ（呉・漢）（訓）なか・うち・あたる
【語源】まんなかの意味（中心）、また、あたる意味（命中）。「中」は枠のまんなかを縦線が突き通る様子を示す象徴的符号である。「（まんなかを）突き通る」というコアイメージがある。

（甲）　（金）　（篆）

【人名】あたる・かなめ・ただ・ただし・ちゅう・なか・なかば・のり・ひとし・みつ・よし　▽「かなめ（要）」は中心の意味から。「ただし（正）」は古典に正の訓がある。中正の意味から。「ひとし（等）」は偏りがないことから。「みつ（満）」は古典に満の訓がある。「よし（良）」は正しから連想。　♂大伴三中《ミナカ》（奈）・伴中庸《ナカツネ》（安）・平中興《ナカキ》（安）・越後中太《チュウタ》（安）・丹羽氏中《ウジノリ》（江）・板倉中《ナカバ》（江）・佐藤尚中《ナオナカ［ショウチュウ］》（江）・河野広中《ヒロナカ》（江）・小林中《アタル》（明）・船田中《ナカ》（明）・中原中也《チュウヤ》（明）・石川中《ヒトシ》（大）・中村中《アタル》（昭）　♀坊城中子《ナカコ》（昭）・田伏中子《ミツコ》（昭）

【仲】 6（人・4） 常

［読み］ ㊥チュウ（漢）・ジュウ（呉） ㊞なか

［語源］ 真ん中の兄弟（伯仲）、また、時期の中ほどの意味（仲春）。「中（音・イメージ記号）＋人（限定符号）」を合わせた図形で表記する。人と人の間に立つ意味（仲介）を派生する。

［人名］ ちゅう・なか ♂阿部仲麻呂《ナカマロ》（奈）・源義仲《ヨシナカ》（安）・北条仲時《ナカトキ》（鎌）・広橋仲光《ナカミツ》（南）・七条兼仲《カネナカ》（戦）・桃ヶ谷国仲《クニナカ》（土）・富永仲基《ナカモト》（江）・酒井仲《チュウ》（江）・坂仲輔《ナカスケ》（明）・内藤多仲《タチュウ》（明）・塚原仲晃《ナカアキラ》（昭）・丸森仲吾《チュウゴ》（昭）・和田仲三郎《チュウザブロウ》（昭） ♀藤原仲子《ナカコ》（南）・永田仲《ナカ》（明）・山口仲美《ナカミ》（昭）

【虫】 6（虫・0） 常

［読み］ ㊥チュウ（漢）・ジュウ（呉） ㊞むし

［語源］ 「むし」の意味。「虫」はマムシを描いた図形で、キと読む。虺《き》（まむし）の原字。「虫」を三つ重ねた「蟲」は、さまざまなむしを暗示し、昆虫、また動物の総称であるチュウという語を表記する。

㊙甲  ㊎金  ㊎篆 〔虫〕 ㊎篆 〔蟲〕

［字体］ 「蟲」は正字（旧字体）。「虫」はその代用。

［人名］ む・むし ♂舎人糠虫《ヌカムシ》（飛）・高橋虫麻呂《ムシマロ》（奈）・大伴子虫《コムシ》（奈）・吉本虫雄《ムシオ》（江）・池永大虫《ダイチュウ》（江）・小栗虫太郎《ムシタロウ》（明）・手塚治虫《オサム》（昭） ♀和気広虫《ヒロムシ》（奈）・当麻浦虫《ウラムシ》（安）

【宙】 8（宀・5） 常

［読み］ ㊥チュウ（漢）・ジュウ（呉） ㊞そら

［語源］ 棟木が本来の意味。「由」は壺を描いた図形（該項参照）。液体が口を通り抜けて出てくる姿に着目して、「通り抜ける」というイメージを示す記号となる。「由（音・イメージ記号）＋宀（限定符号）」を合わせて、屋根の頂上に通す木を暗示させる。宇と組みになって、宇宙（屋根と棟木）が天空の意味に転じた。

［人名］ ちゅう・とき・ひろ・ひろし・みち ▽「ひろし（広）」は宇宙（無限の空間）から連想。「とき（時）」は無限の空間から無限の時間の意に転じたことから。「みち（道）」は中国哲学の「道」が宇宙の根元とされたこ

とからか。♂後藤宙外《チュウガイ》(江)・兼子宙《ヒロシ》(明)・岩田宙造《チュウゾウ》(明)・市古宙三《チュウゾウ》(大)・小山宙丸《チュウマル》(昭)・藤田宙靖《トキヤス》(昭)・渡辺宙明《ミチアキ［チュウメイ］》(昭)・水島大宙《タカヒロ》(昭)・芝草宇宙《ヒロシ》(昭)・大久保宙《ヒロシ》(昭)・照井宙斗《ヒロト》(平)

【忠】8(心・4) 常

【読み】音 チュウ(呉・漢) 訓 まごころ

【語源】真心の意味。「中」は「まんなか」→「偏らない」というイメージに展開する。「中(音・イメージ記号)+心(限定符号)」を合わせて、偏りなく行き届いた心を暗示させる。古典では「中心を尽くす」ことと解している。

【展開】日本では四等官の第三位を「じょう」といい、弾正台の官職では「忠」と書く。

【人名】あつ・あつし・きよし・じょう・すなお・ただ・ただし・ただす・ちゅう・のり・まこと ▽「あつし(厚)」は古典に厚の訓がある。「きよし(清)」は忠義・忠孝の美徳から連想。「すなお(直)」「ただし(正)」は古典に直の訓がある。「のり(法)」は忠義の人が手本となることとからか。♂平忠盛《タダモリ》(安)・島津忠久《タダヒサ》(鎌)・伊集院忠国《タダクニ》(南)・二階堂忠行《タダユキ》(室)・松平広忠《ヒロタダ》(戦)・大久保忠世《タダヨ》(戦)・細川忠興《タダオキ》(土)・松平忠輝《タダテル》(江)・丸橋忠弥《チュウヤ》(江)・伊東忠太《チュウタ》(江)・浅井忠《チュウ》(江)・斎藤忠《タダシ》(明)・長谷部忠《タダス》(明)・穂積忠《キヨシ》(明)・矢内原忠雄《タダオ》(明)・牧定忠《サダノリ》(明)・横尾忠則《タダノリ》(昭)・深谷忠記《タダキ》(昭)・杉浦忠《タダシ》(昭)・西部忠《マコト》(昭) ♀忠子《タダコ［チュウシ］》内親王(安)・三善忠子《タダコ》(鎌)

【兆】6(儿・4) 常

【読み】音 チョウ(漢)・ジョウ(呉) 訓 きざす・きざし

【語源】占いの意味。「兆」は亀の甲羅を焼いて占いをする時、甲羅の表面に現れたひび割れの姿を描いた図形。物事の前触れの意味を派生する。また数詞にも用いる。

古

篆

【人名】きざし・ちょう・とき・よし ▽「よし」は吉兆から連想か。♂野沢凡兆《ボンチョウ》(江)・中江兆民《チョウミン》(明)・花田春兆《シュンチョウ》(大)・村田兆治《チョウジ》(昭)・渋谷沢兆《タクチョウ》(昭)・斎藤兆史《ヨシフミ》(昭)・柿崎兆《キザシ》(昭) ♀富安兆子《ヨシコ》(昭)

【町】7（田・2）常

【読み】(音)チョウ（呉）・テイ（漢）(訓)まち

【語源】田畑の「あぜ」の意味。「丁」は釘を描いた図形で、「T形をなす」「T形に突き当たる」というイメージがある。「丁（音・イメージ記号）＋田（限定符号）」を合わせて、田と田を区切るT形のあぜ道を暗示させる。日本ではあぜのように区切られた「まち」に用いる。

(甲)(金)(篆)〔丁〕(篆)〔町〕

【人名】まち　♂宝田千町《チマチ》（江）・恋川春町《ハルマチ》（江）　♀小野小町《コマチ》（安）・正親町町子《マチコ》（江）・長谷川町子《マチコ》（大）・雨宮町子《マチコ》（昭）

【長】8（長・0）常

【読み】(音)チョウ（漢）・ジョウ（呉）(訓)ながい・おさ・たける

【語源】長さがながい意味。髪の毛を長く伸ばした老人の姿を描いた図形である「長」でこの語を表記する。空間的イメージを時間的イメージに転化させて、時が長く経っている意味（長久）、年を長く重ねた人の意味（年長・長老）、上に立つ人の意味（首長）などを派生する。

(甲)(金)(篆)

【人名】おさ・たけ・たけし・たつ・ちょう・つね・なが・ながし・ひさ・ひさし・まさ・まさる・ます　▽「たけ（丈）」は身長の意。「たけし（猛）」は丈が高いことから、雄々しい意。「たつ（立）」は長く（高く）伸び出ることから。「つね（恒）」「ひさ（久）」は長久の意味から。「まさる（勝）」は長じる（優れる）意味。♂沢田長《オサ》（古）・大伴長徳《ナガトコ》（飛）・多治比長野《ナガノ》（奈）・藤原道長《ミチナガ》（安）・紀長谷雄《ハセオ》（安）・鴨長明《チョウメイ》（安）・名和長年《ナガトシ》（鎌）・狩野貞長《サダナガ》（南）・甘露寺親長《チカナガ》（室）・織田信長《ノブナガ》（戦）・黒田長政《ナガマサ》（土）・本居宣長《ノリナガ》（江）・木場貞長《サダタケ》（江）・逸見元長《モトマス》（江）・矢部長克《ヒサカツ》（明）・松本長《ナガシ》（明）・山口長男《タケオ》（明）・佐藤長《ヒサシ》（大）・勝部真長《ミタケ》（大）・桜井長一郎《チョウイチロウ》（大）・本間長世《ナガヨ》（昭）・碇矢長一《チョウイチ》（昭）・伊藤一長《イッチョウ》[カズナガ]（昭）　♀長子《ナガコ》内親王（安）・藤原長子《チョウシ》[ナガコ]（安）

【張】11（弓・8）常

【読み】(音)チョウ（呉・漢）(訓)はる

【語源】ぴんと張り渡す、長く伸ばし広げる意味。「長」は「長く伸びる」というイメージがある（前項参照）。「長（音・イメージ記号）＋弓（限定符号）」を合わせて、弓の弦を長く伸ばして張り渡す様子を暗示させる。

【人名】ちょう・とも・はる　▽「とも（鞆）」は弓の縁語。♂織田信張《ノブハル》（戦）・波平安張《ヤスハル》（土）・九鬼隆張《タカハル》（江）・清岡公張《タカトモ》（江）・岩倉具張《トモハル》（明）・小池張造《チョウゾウ》（明）・松本清張《セイチョウ》［キヨハル］（明）

【鳥】11（鳥・0）常

【読み】㊥チョウ（呉・漢）(訓)とり

【語源】「とり」の意味。「鳥」は尾の長いとりを描いた図形。

(甲)  (金)  (篆) 

【人名】ちょう・とり　♂鞍作鳥《トリ》（飛）・忌部鳥麻呂《トリマロ》（奈）・藤原鳥養《トリカイ》（奈）・長尾名鳥《ナトリ》（江）・林諸鳥《モロトリ》（江）・吉岡鳥平《トリヘイ》（明）・正宗白鳥《ハクチョウ》（明）・片岡飛鳥《アスカ》（昭）　♀若杉鳥子《トリコ》（明）・財部鳥子《トリコ》（昭）・金子飛鳥《アスカ》（昭）・木立美鳥《ミドリ》（昭）

【朝】12（月・8）常

【読み】(音)チョウ（呉・漢）(訓)あさ・あした

【語源】「あさ」の意味。「朝」の左側は「中（草）＋日＋中」を合わせて、太陽が草の間から出てくる様子。右側はもとは月（舟）ではなく、水流の形であった。この二つを合わせた「朝」は、日の出のころに潮が満ちてくる情景を設定した図形。この図形でもって、「あさ」の意味と「ある方向へ向かう」という意味の語を表記する。後者から、諸侯や群臣が集まってくる政治の中心の意味（朝廷）を派生する。

(金)  (篆) 

【人名】あさ・あした・ちょう・とき・とも・はじめ　▽「とき（時）」は朝の縁語。「とも（友）」は朝臣（朝廷の仲間）から連想。「はじめ（初）」は一日の最初の時間の意味から。♂大江朝綱《アサツナ》（安）・源頼朝《ヨリトモ》（安）・日野資朝《スケトモ》（鎌）・菊池武朝《タケトモ》（南）・結城成朝《シゲトモ》（室）・一色直朝《ナオトモ》（戦）・山本常朝《ツネトモ》［ジョウチョウ］（江）・尾高朝雄《トモオ》（明）・坂本朝一《トモカズ》（大）・小池朝雄《アサオ》（昭）・水島朝穂《アサホ》（昭）　♀朝原

《アサハラ[アシタハラ]》内親王(安)・源朝子《アサコ》(室)・黒柳朝《チョウ》(明)・岸朝子《アサコ》(大)・川田朝子《トモコ》(昭)・曽谷朝絵《アサエ》(昭)・大江朝美《トモミ》(平)

【超】 12(走・5) 常

[読み] ㊥ チョウ(呉・漢) ㊦ こえる・こす

[語源] とびこえる意味。「召」は手を〈形にして招き寄せることで、「〈形に曲がる」というイメージがある(昭の項参照)。「召(音・イメージ記号)＋走(限定符号)」を合わせて、〈形に曲線を描いて物の上を躍り上がる様子を暗示させる。

[人名] こえる・すすむ・ちょう・とお・ゆき　▽「すすむ(進)」「ゆき(行)」はこえて行くことから。「とお(遠)」は古典に遠の訓がある。♂田中超清《チョウセイ》(鎌)・江原瑞超《ズイチョウ》(戦)・清水超波《チョウハ》(江)・幻超二《チョウジ》(昭)・柳沢超《ススム》(昭)　♀藤原超子《チョウシ[トオコ]》(安)

【暢】 14(日・10)

[読み] ㊥ チョウ(呉・漢) ㊦ のびる

[語源] 長く伸びる意味、また伸び伸びとする意味。「昜《よう》」は太陽が昇ることから、「高く上がる」というイメージがあり、「長く伸びる」というイメージに展開する(陽の項参照)。「申」は伸びること(該項参照)。「昜(音・イメージ記号)＋申(イメージ補助記号)」を合わせて、長く伸びることを表す。すらすらと通る意味を派生する。

[人名] いたる・ちょう・とおる・なが・のぶ・のぶる・のぼる・まさ・みつ・みつる・よう　▽「いたる(至)」は通るから連想。「まさ(勝)」は長の意味から、長じる(勝る)につなげたか。「みつる(充)」は古典に充の訓がある。「よう」は暢の旁に引きずられた読み。♂宗義暢《ヨシナガ》(江)・五島盛暢《モリノブ》(江)・渡辺暢《ノブ》(江)・佐藤暢《チョウ》(江)・島津貴暢《タカミツ》(明)・荒木暢夫《ノブオ》(明)・大谷光暢《コウチョウ》(明)・北村暢《ミツル》(大)・阪倉宜暢《ヨシノブ》(大)・野呂邦暢《クニノブ》(昭)・森暢平《ヨウヘイ》(昭)・古屋暢一《ヨウイチ》(昭)・藤野暢央《ノブオ》(昭)・木村暢《ノボル》(昭)・吉田暢《トオル》(昭)・若林暢《ノブ》(昭)　♀永嶋暢子《ヨウコ》(明)・長崎暢子《ノブコ》(昭)・秋野暢子《ヨウコ》(昭)

【肇】 14(聿・8)

[読み] ㊥ チョウ(漢)・ジョウ(呉) ㊦ はじめる

【語源】物事を始める意味。「肇」の上部は「啓(閉じたものを開く)」から「口」を省いた形。「聿」は筆。建や畫(=画)に含まれ、そのイメージに関係がある。「啓(イメージ記号)の略体+聿(イメージ補助記号)」を合わせて、まだ何もない所を押し開けて、事業などを計画する様子を暗示させる。

【人名】ただ・ただし・はじむ・はじめ・はつ　▽「ただ(正)」は古典に正の訓がある。♂本多忠肇《タダハツ》(江)・河上肇《ハジメ》(明)・十返肇《ハジメ》(大)・高島肇久《ハツヒサ》(昭)・鴻池祥肇《ヨシタダ》(昭)・入沢肇《ハジム》(昭)・飯合肇《ハジメ》(昭)・谷本肇《タダシ》(昭)　♀肇子《ハツコ》女王(昭)

【潮】15(水・12)　常

【読み】㊊チョウ(漢)・ジョウ(呉)　㊚しお・うしお

【語源】「うしお」の意味。「朝」は「ある方向へ向かう」というイメージがある(該項参照)。「朝(音・イメージ記号)+水(限定符号)」を合わせて、一定の方向に向かって流れる水を暗示させる。特に朝しおを「潮」、夕しおを「汐」と区別する。

【人名】うしお・しお・ちょう　♂谷真潮《マシオ》(江)・明石潮《ウシオ》(明)・海音寺潮五郎《チョウゴロウ》(明)・安達潮花《チョウカ》(明)・塩田潮《ウシオ》(昭)　♀木藤潮香《シオカ》(昭)・湯川潮音《シオネ》(昭)・福本潮子《シオコ》(昭)

【澄】15(水・12)　常

【読み】㊊チョウ(漢)・ジョウ(呉)　㊚すむ・すます

【語源】清らかにすみ切る意味。「登」は「上に上がる」というイメージがある(該項参照)。「登(音・イメージ記号)+水(限定符号)」を合わせて、上澄みが上に上がって水が透き通る様子を暗示させる。

【人名】きよ・きよし・きよむ・さやか・すみ・すめる・とおる　▽「さやか」(はっきり見える意)は清しの縁語。「とおる(通)」は清く透き通ることから。♂河野玉澄《タマスミ》(飛)・源澄《スメル》(安)・平盛澄《モリズミ》(安)・藤原秀澄《ヒデズミ》(鎌)・少弐頼澄《ヨリズミ》(南)・足利義澄《ヨシズミ》(室)・細川澄之《スミユキ》(戦)・織田昌澄《マサズミ》(土)・菅江真澄《マスミ》(江)・半井澄《サヤカ》(江)・平泉澄《キヨシ》(明)・清水澄《トオル》(明)・森澄雄《スミオ》(大)・岡田真澄《マスミ》(昭)・今井澄《キヨシ》(昭)　♀田中澄江《スミエ》(明)・羽田澄子《スミコ》(大)・小坂井澄《スミ》(昭)・石橋澄恵《スミエ》(昭)・服部真澄《マスミ》(昭)・宮内美澄《ミスミ》(昭)・藤田安澄《アズミ》(昭)・塙花澄《カズミ》(昭)・石井

澄《サヤカ》(昭)・高畠華澄《カスミ》(平)

【蝶】15(虫・9)
[読み] ㊥ チョウ(漢)・ジョウ(呉)
[語源] 昆虫の名、チョウチョウの意味。「枼《よう》」は「薄い」というイメージがある(葉の項参照)。「枼(音・イメージ記号)＋虫(限定符号)」を合わせて、羽の薄い虫を暗示させる。
[人名] ちょう　♂英一蝶《イッチョウ》(江)・春川秀蝶《シュウチョウ》(江)・花川蝶十郎《チョウジュウロウ》(江)・中山蝶二《チョウジ》(明)・生田蝶介《チョウスケ》(明)・馬場孤蝶《コチョウ》(明)　♀帰蝶《キチョウ》(土)・飯田蝶子《チョウコ》(明)・ミヤコ蝶々《チョウチョウ》(大)

【直】8(目・3)　常
[読み] ㊥ チョク(漢)・ジキ(呉)　㊞ ただちに・なおす・なおる
[語源] まっすぐの意味。これを「直」で表記する。「十」は「丨(まっすぐな線)」の変形。「乚」は隅に隠れることを示す符号。「丨(イメージ記号)＋目(イメージ補助記号)＋乚(イメージ補助記号)」を合わせて、隠れているものにまっすぐ目を向ける様子を暗示させる。

㊚

㊎

㊕

[人名] あたい・すぐ・すなお・ただ・ただし・ただす・ちか・ちょく・つね・なお・なおき・なおし・なが・のぶる・まさ　▽「あたい(値)」は直に値段の意味がある。「すなお」は正直の意味から。「ただ」「ただし(正)」「まさ(正)」はまっすぐの意味から。「ちか」は「ぢか」の転か。「なが」「のぶる」(長く伸びる意)「つね」(同じ状態が長く続く意)はまっすぐから連想か。♂佐伯直《アタイ》(古)・熊谷直実《ナオザネ》(安)・足利直義《タダヨシ》(鎌)・一色直氏《ナオウジ》(南)・千葉胤直《タネナオ》(室)・宇喜多直家《ナオイエ》(戦)・安藤直次《ナオツグ》(土)・志水直《タダシ》(江)・寺島直《ナオシ》(江)・坂本直《ナオ》(江)・井伊直弼《ナオスケ》(江)・吉田直人《ナオンド》(江)・徳永直《スナオ》(明)・内村直也《ナオヤ》(明)・福武直《タダシ》(大)・金井直《チョク》(大)・植村直己《ナオミ》(昭)・菅直人《ナオト》(昭)・石川直《ナオキ》(昭)・椿直《ナオ》(平)　♀直子《ツネコ》女王(江)・佐良直美《ナオミ》(昭)・飯島直子《ナオコ》(昭)・末永直海《ナオミ》(昭)・池山直《ナオ》(昭)

【珍】9(玉・5)　常
[読み] ㊥ チン(呉・漢)　㊞ めずらしい

【語源】めったになく貴いものの意味、また、貴くてめずらしい意味。「㐱《しん》」は「人＋彡（髪の毛）」を合わせて、髪の毛がびっしり生えている情景を写した図形。「緻密で細かい」というイメージを示す記号になる。「㐱（音・イメージ記号）＋玉（限定符号）」を合わせて、きめの細かい上質の玉を暗示させる。

(金) 
(篆) 〔㐱〕
(篆) 〔珍〕

【人名】うず・たか・ちん・のり・はる・みち・よし
▽「うず（うづ）」は貴く珍しい意。「たか（貴・尊）」は貴い宝物の意味から。「のり（法）」は尊い仏法から連想か。「みち（道）」は法から連想か。「よし」は古典に美の訓がある。♂松井道珍《ドウチン》（土）・内藤元珍《モトヨシ》（土）・島津珍彦《ウズヒコ》（江）・本多正珍《マサヨシ》（江）・加倉井忠珍《タダハル》（江）・大友義珍《ヨシタカ》（江）・種子島久珍《ヒサミチ》（江）・清水珍一《チンイチ》（江）・豊岡珍平《チンペイ》（江）・小林珍雄《ヨシオ》（明）・田中珍彦《ウズヒコ》（昭）　♀珍子《チンシ［ヨシコ］》内親王（安）・中村珍《チン》（昭）

【陳】11（阜・8）常

【読み】(音)チン（漢）・ジン（呉）　(訓)ならべる・つらねる・のべる

【語源】並べ連ねる意味。「阝（＝阜）」は盛り土の形。「東」は土を詰めた袋の形。「阝＋東」を合わせて、堤防工事などで盛り土をする際に土嚢を敷き並べる様子を暗示させる。言葉を並べて述べる意味を派生する。

【人名】かた・ちん・つら・のぶ・のぶる　♂藤原陳忠《ノブタダ》（安）・北向道陳《ドウチン》（室）・熊谷直陳《ナオツラ》（土）・上杉義陳《ヨシツラ》（江）・三室戸陳光《カタミツ》（江）・随朝陳《ノブル》（江）・穂積陳重《ノブシゲ》（江）・前田陳爾《ノブアキ》（明）・岸本重陳《シゲノブ》（昭）・野末陳平《チンペイ》（昭）・内藤陳《チン》（昭）　♀藤原陳子《チンシ［ノブコ］》（鎌）

【椿】13（木・9）

【読み】(音)チン（慣）　チュン（呉・漢）　(訓)つばき

【語源】木の名、チャンチンの意味。春先に芽を出す特徴を捉えて、「春（音・イメージ記号）＋木（限定符号）」を合わせた図形で表記する。日本では、冬から春にかけて花を咲かせるツバキに対して「春」に木偏を添えた字を創作した。これは半国字。

【人名】ちん・つばき　♂紀椿守《ツバキモリ》（奈）・斎藤妙椿《ミョウチン》（室）・椿椿山《チンザン》（江）・大西椿年《チンネン》（江）・山口椿《ツバキ》（昭）　♀猫背椿《ツバキ》（昭）・寺田椿《ツバキ》（昭）

【鎮】18（金・10）常　【鎭】18（金・11）

[読み] ㊥チン（呉・漢）㊞しずめる・しずまる

[語源] 押さえになる重いものの意味。また、重みをかけて押さえつける（しずめる）意味（重鎮）。これを「鎭」と表記する。「眞」は「中身がいっぱい詰まる」というイメージがある（真の項参照）。「眞（音・イメージ記号）＋金（限定符号）」を合わせて、中身が詰まって重い金属を暗示させる。

[字体] 「鎭」は正字（旧字体）。「鎮」は近世中国の俗字。

[人名] おさむ・しげ・しず・しずむ・しずめ・しん・たね・ちん・つね・まさ・まもる・やす・やすし　▽「おさむ（理）」は古典に理の訓がある。鎮める意味から派生。「まさ」は理の別訓を流用。「しげ」は古典に重の訓があり、これの別訓を流用。「しん」は真にひきずられた読み。「つね」は古典に常の訓がある。「まもる（守）」は鎮守から連想。「やすし（安）」は古典に安の訓がある。鎮静から派生。　♂源鎮《シズム》（安）・斎藤鎮実《シゲザネ》（室）・大友義鎮《ヨシシゲ》（戦）・福島正鎮《マサシゲ》（土）・蜂須賀至鎮《ヨシシゲ》（土）・阿部正鎮《マサタネ》（江）・牧野忠鎮《タダツネ》（江）・野津鎮雄《シズオ》（江）・根岸鎮衛《ヤスモリ》（江）・中村鎮《チン》（明）・鈴木鎮一《シンイチ》（明）・野口鎮《シズ》（大）・小山鎮男《シズオ》（昭）・畠山鎮《マモル》（昭）　♀佐々鎮子《シズコ》（江）・大橋鎮子《シズコ》（大）

【通】10（辵・7）常

[読み] ㊥ツウ・ツ（呉）・トウ（漢）㊞とおる・とおす・かよう

[語源] 突き抜けてとおる意味。これを「通」で表記する。「用」は「突き抜ける」というイメージがある（該項参照）。「用（音・イメージ記号）＋筒型の印（イメージ補助記号）」を合わせた「甬《よう》」は、筒型に突き通す様子で、箭（つつ）の原字。「甬（音・イメージ記号）＋辵（限定符号）」を合わせて、道を突き抜けて行く様子を暗示させる。

㊙甲

㊙金

㊙篆

[人名] かよう・つう・とお・とおり・とおる・なお・ひらく・みち・みつ・ゆき　▽「ひらく」は古典に開の訓がある。「みち（道）」「ゆき（行）」は道を通って行くことから。「みつ」はみち（道）を満と解して読んだもの。　♂平通盛《ミチモリ》（安）・河野通有《ミチアリ》（鎌）・久我具通《トモミチ》（南）・近衛尚通《ヒサミチ》（室）・林通勝《ミチカツ》（戦）・渡辺通《カヨウ》（戦）・

稲葉道通《ミチトオ》(土)・立花鑑通《アキナオ》(江)・橋本通《トオル》(江)・井上通《ツウ》(江)・大久保利通《トシミチ》(江)・那珂通世《ミチヨ》(江)・菅原通済《ミチナリ》［ツウサイ］(明)・森嶋通夫《ミチオ》(大)・有藤通世《ミチヨ》(昭)・中山竹通《タケユキ》(昭)・藤原通《トオル》(昭)　♀衣通姫《ソトオリヒメ》(古)・源通子《ミチコ》(鎌)・井上通女《ツウジョ》(江)・今井通子《ミチコ》(昭)・橋本通代《ミチヨ》(昭)

【汀】 5(水・2)

[読み] ㊮ テイ(漢)・チョウ(呉)　㊯ みぎわ・なぎさ

[語源] 水辺の意味。「丁」は「T形に突き当たる」というイメージがある(町の項参照)。「丁(音・イメージ記号)＋水(限定符号)」を合わせて、波が打ち寄せてT形に当たる所を暗示させる。

[人名] てい・なぎさ・みぎわ　♂福田蓼汀《リョウテイ》(明)　♀中村汀女《テイジョ》(江)・稲畑汀子《テイコ》(昭)・前橋汀子《テイコ》(昭)・前田華汀《カテイ》(昭)

【弟】 7(弓・4) 常

[読み] ㊮ テイ(漢)・ダイ(呉)　デ(慣)　㊯ おとうと

[語源] おとうとの意味。「弟」は「弋＋弓」に分析できる。「弋」は先端が二股になった武器の形(代の項参照)。「弓」はゆみではなく、巻きつく符号。武器の柄に段々と紐を巻きつける情景を写した図形が「弟」である。「下から上に段々と上がる」というイメージ、視点を変えれば「上から下に低く垂れ下がる」というイメージを示す。「おとうと」は身長や年齢が低い方なので、テイと呼び、この視覚記号で表記する。

㊙

㊎

㊧

[人名] おと・ちか・つぎ・てい　▽「つぎ(次)」は次第の意味から。または、兄について生まれるから。「ちか(親)」は悌(兄を親愛し仕える意)と通用するから。♂大伴弟麻呂《オトマロ》(奈)・藤原弟貞《オトサダ》(奈)・尾張弟広《オトヒロ》(安)・春山弟彦《オトヒコ》(江)・福岡孝弟《タカチカ》(江)・立山弟四郎《テイシロウ》(江)・間島弟彦《ツギヒコ》(明)　♀弟姫《オトヒメ》(古)・弟媛《オトヒメ》(古)・弟橘媛《オトタチバナヒメ》(古)・椋椅部弟女《オトメ》(奈)

【定】 8(宀・5) 常

[読み] ㊮ テイ(漢)・ジョウ(呉)　㊯ さだめる・さだまる・さだか

[語源] 一所に落ち着く意味。「止」は足の形で、その

機能から、「止まる」と「進む」の対のイメージがある。「止＋一」を合わせた「正」も同様に「まっすぐ進む」と「じっと止まる」のイメージを表すことができる。後者のイメージを用い。「正（音・イメージ記号）＋宀（限定符号）」を合わせて、屋根の下に止まって落ち着く様子を暗示させる。

(甲) 　(金) 　(篆) 

【人名】さだ・さだむ・さだめ・じょう・てい・やす・やすし　▽「やす（安）」は落ち着く意味から。古典に安の訓がある。♂藤原定頼《サダヨリ》（安）・源定《サダム》（安）・藤原定家《サダイエ［テイカ］》（鎌）・上杉憲定《ノリサダ》（南）・一色義定《ヨシサダ》（室）・安藤定次《サダツグ》（戦）・筒井定慶《サダヨシ》（土）・松平定信《サダノブ》（江）・土方定一《テイイチ》（明）・渡辺定《ジョウ》（明）・西嶋定生《サダオ》（大）・中川久定《ヒサヤス》（昭）・山口定《ヤスシ》（昭）　♀藤原定子《テイシ［サダコ］》（安）・阿部定《サダ》（明）・児玉定子《サダコ》（大）・柏本定子《サダコ》（昭）

【貞】9（貝・2）常

【読み】(音) テイ（漢）・チョウ（呉）　(訓) ただしい

【語源】占って問うが本義。これを「貞」で表記する。「貝」は「鼎」の変形。三本足の器の図形で、「安定して立つ」というイメージがあり、「まっすぐ立つ」「まっすぐ当たる」というイメージに展開する。「卜」は占いにかかわる符号。「鼎（音・イメージ記号）＋卜（限定符号）」を合わせて、神意がまっすぐ当たるべく占いによって伺う様子を暗示させる。「まっすぐ」のコアイメージがあるので、まっすぐで正しい意（貞操）を派生する。

(甲) 　(金) 　(篆) 

【人名】さだ・ただ・ただし・ただす・てい・みさお　▽「さだ（定）」は神意を問うて決めることから。「みさお（操）」は正しく自らを守る意味。♂安倍貞任《サダトウ》（安）・新田義貞《ヨシサダ》（鎌）・今川貞臣《サダオミ》（南）・小笠原貞朝《サダトモ》（室）・林秀貞《ヒデサダ》（戦）・松永貞徳《テイトク》（土）・宮崎安貞《ヤスサダ》（江）・関野貞《タダシ》（明）・西村貞《テイ》（明）・衣笠貞之助《テイノスケ》（明）・宮之原貞光《サダミツ》（大）・王貞治《サダハル》（昭）　♀凡貞刀自《サダトジ》（安）・藤原貞子《サダコ》（安）・酒井貞《サダ》（江）・川上貞奴《サダヤッコ》（明）・帯刀貞代《サダヨ》（明）・都築貞枝《サダエ》（明）・小笠原貞子《サダコ》（大）・緒方貞子《サダコ》（昭）・笹野貞子《テイコ》（昭）

【悌】10（心・7）

［読み］ ㊜ テイ（漢）・ダイ（呉）

［語源］ 弟の兄に対する親愛の情の意味。「弟（音・イメージ記号）＋心（限定符号）」を合わせた図形で表記する。

［人名］ てい・とも・やす・やすし・よし　▽「とも（伴）」は弟が兄に従うことから連想。「やす（易）」「よし（喜）」は古典に易の訓がある。愷悌（楽しみやすらぐ意）から。♂戸田光悌《ミツヨシ》（江）・黒井悌次郎《テイジロウ》（江）・酒井忠悌《タダヤス》（明）・野手悌士《トモオ》（明）・石井悌《テイ》（明）・中山悌一《テイイチ》（大）・牟田悌三《テイゾウ》（昭）・谷宮悌二《テイジ》（昭）　♀紀平悌子《テイコ》（昭）

【禎】13（示・9）　【禎】14（示・9）

［読み］ ㊜ テイ（漢）・チョウ（呉）　㊙ さいわい

［語源］ さいわいの意味。「貞」は「まっすぐ当たる」というイメージがある（該項参照）。「貞（音・イメージ記号）＋示（限定符号）」を合わせて、まっすぐ示される神の恵みを暗示させる。

［字体］ 「禎」は正字。「禎」は祥→祥などに倣った字体。

［人名］ さだ・さだむ・さち・ただ・ただし・つぐ・てい・よし　▽「さだ」「ただ」は貞と通用することから。「よし」は古典に善の訓がある。祥（さいわい）の意味から派生。♂小笠原長禎《ナガヨシ》（江）・本多康禎《ヤスツグ》（江）・藤代禎輔《テイスケ》（江）・池田禎政《タダマサ》（明）・岩元禎《テイ》（明）・門脇禎二《テイジ》（大）・谷川禎次郎《テイジロウ》（昭）・高杢禎彦《ヨシヒコ》（昭）・谷垣禎一《サダカズ》（昭）・平松禎史《タダシ》（昭）・久保禎《タダシ》（昭）　♀禎子《テイシ》［サダコ］内親王（安）・山内禎子《サチコ》（明）・岡田禎子《テイコ》（明）・富小路禎子《ヨシコ》（大）・佐々木禎子《サダコ》（昭）

【迪】8（辵・5）

［読み］ ㊜ テキ（漢）・ジャク（呉）　㊙ みち・すすむ

［語源］ 道の意味。「由」は「通り抜ける」というイメージがある（該項参照）。「由（音・イメージ記号）＋辵（限定符号）」を合わせて、道を通り抜けていく様子を暗示させる。

［人名］ すすむ・ただす・てき・なり・ひら・ひら・みち　▽「ただす」は古典に正の訓がある。「ひら（開）」は啓迪（道を開いて導く意）から。♂徳大寺公迪《キンナリ》［キンミチ］（江）・河田迪斎《テキサイ》（江）・鈴木迪彦《ミチヒコ》（明）・筒井迪夫《ミチオ》（大）・出馬迪男《ミチオ》（昭）・川村匡迪《マサミチ》（昭）・伊吹迪人《ミチト》（昭）・小関迪《ススム》

（昭）♀江後迪子《ミチコ》（昭）

【哲】10（口・7）常

【読み】㊥テツ（漢）・テチ（呉）

【語源】道理に明るく賢い意味。「折」の左側は「屮（草）」を縦に二つ並べた形。「斤」は斧。この二つを合わせた「折」は、斧で草を断ち切る情景を設定した図形。「途中で断ち切る」「二つに切り分ける」というイメージを示す記号になる。「折（音・イメージ記号）＋口（限定符号）」を合わせて、物事の善し悪しをずばりと切り分ける様子を暗示させる。

㊙甲  ㊙金  ㊙篆 （折） ㊙篆 （哲）

【人名】あき・あきら・さとし・さとる・てつ・とおる・とし・のり・ひろ・よし ▽「さとし（慧）」「とし（敏）」は賢い意。「のり（範・則）」は哲人が凡人の模範になることから連想。「ひろ（広）」は知（智恵・知識）が広いことから連想。「よし（善）」は徳がすぐれて立派なことから連想。♂百済王俊哲《シュンテツ》（奈）・岡本禅哲《ゼンテツ》（戦）・酒井忠哲《タダアキラ》（江）・小笠原貞哲《サダトシ》（江）・安井算哲《サンテツ》（江）・宇野哲人《テツト》（江）・中村哲《アキラ》（明）・片山哲《テツ》（明）・和辻哲郎《テツロウ》（明）・八木哲浩《アキヒロ》（大）・土屋哲《サトル》（大）・山岸哲《サトシ》（昭）・萩原哲晶《ヒロアキ》（昭）・比留間由哲《ヨシノリ》（昭）・岩国哲人《テツンド》（昭）・中西哲生《テツオ》（昭）・大賀哲《トオル》（昭）♀小林哲子《テツコ》（昭）

【鉄】13（金・5）常

【読み】㊥テツ（漢）・テチ（呉）㊮くろがね

【語源】金属の名、「てつ」の意味。これを「鐵」で表記する。「壬《てい》」は「まっすぐ」のイメージを示す記号（聖の項参照）。「壬（音・イメージ記号）＋口（限定符号）」を合わせた「呈」はまっすぐ差し出すことで、同じく「まっすぐ」のイメージをもつ。「呈（音・イメージ記号）＋戈（限定符号）」を合わせた「戜《てつ》」は、刃物が鋭利でまっすぐ切れる様子を表す。「戜（音・イメージ記号）＋大（人を示すイメージ補助記号）」を合わせた「𢧜《ちつ》」は人を切ることを表す。「𢧜（音・イメージ記号）＋金（限定符号）」を合わせた「鐵」は、加工すると鋭利でよく切れる金属を暗示させる。壬→呈→戜→𢧜→鐵と変貌するが「まっすぐ」のイメージがコアにある。

篆〔呈〕　篆〔或〕　篆〔戜〕

篆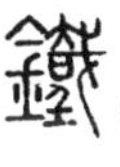〔鐵〕

【字体】「鐵」は旧字体。「鉄」は近世中国で生まれた俗字。本来存在した「鉄」（音はチツで、縄の意味）と同形衝突した。

【人名】かね・てつ・とし　▽「とし（利）」は鉄製の刃物が鋭利なことから。♂稲葉一鉄《イッテツ》（戦）・戸田氏鉄《ウジカネ》（江）・関鉄之介《テツノスケ》（江）・山岡鉄太郎《テッタロウ》（江）・会津小鉄《コテツ》（江）・萬鉄五郎《テツゴロウ》（明）・高橋鉄《テツ》（明）・片岡鉄兵《テッペイ》（明）・武智鉄二《テツジ》（大）・武田鉄矢《テツヤ》（昭）・養父鉄《テツ》（昭）♀高倍鉄子《テツコ》（昭）

【徹】15（彳・12）常

【読み】音テツ（漢）・テチ（呉）　訓とおる

【語源】ある範囲をスムーズに通り抜ける意味。「𠫓」は「子」の逆転文字で、生まれ出る赤ん坊。「通って出てくる」というイメージがある。「𠫓（イメージ記号）＋肉（限定符号）」を合わせた「育」は子が生まれ出る様子（該項参照）。「育（イメージ記号）＋攴（持つことを示すイメージ補助記号）＋彳（限定符号）」を合わせた「徹」は、何かを持って通って出ていく様子を暗示させる。「通り抜けていく」という意味と、「その場にあるものを取り去る」という意味を同時にもつ語であるが、やがて「徹」と「撤」に分化した。

【人名】あきら・いたる・おさむ・てつ・とおる・ひとし・みち・ゆき　▽「あきら（明）」は古典に明・暁の訓がある。はっきり見通す意味。「いたる（至）」「ゆき（行）」は通るの縁語。「おさむ（収）」は撤と通用し、撤収の意味から。「ひとし」は古典に均の訓がある。「みち（満）」は徹夜・徹底など、ある範囲内をすべて行き渡る（いっぱいになる）意味から。♂島津忠徹《タダユキ》（江）・武内徹《トオル》（江）・河上徹太郎《テツタロウ》（明）・谷川徹三《テツゾウ》（明）・矢野徹《テツ》（大）・春名徹《アキラ》（昭）・江守徹《トオル》（昭）・小池徹平《テッペイ》（昭）♀黒柳徹子《テツコ》（昭）

【天】4（大・1）常

【読み】音テン（呉・漢）　訓あめ・あま

【語源】そらの意味。「天」は「大」（手足を広げて立つ人の形）の上に「一」の符号をつけた図形。これによって、頭上に広がる「そら」を暗示させる。

㊙甲 　金 　篆 

【人名】 あま・あめ・たか・たかし・てん　▽「たか（高）」は高い空から連想。♂並河天民《テンミン》（江）・岡倉天心《テンシン》（江）・柴田天馬《テンマ》（明）・渋谷天外《テンガイ》（明）・下山天《テン》（昭）・鷲尾天《タカシ》（昭）・江草天仁《タカヒト》（昭）・佐藤天彦《アマヒコ》（昭）　♀園田天光光《テンコウコウ》（大）・引田天功《テンコウ》（昭）

【典】8（八・6）　常

【読み】 音 テン（呉・漢）　訓 のり・ふみ・つかさどる

【語源】 大切な書物の意味（経典・古典）。「冊」は文字を書いた竹や木の札を紐でつないだ形。「丌」は足のついた台の形。「冊＋丌」を合わせた「典」は、台の上にそなえておく重々しい書物を暗示させる。経典が基準になることから、「のり」「つね」の意味を派生する。

甲 　金 　篆 

【人名】 おき・すけ・つかさ・つね・てん・のり・ふみ・まさ・みち・よし　▽「おき（置）」は奠（置く意）と混同か。「すけ」は内侍司の次官を典侍（すけ）といったことから。「つかさ（司）」は典に司る意味があるから。「みち（道）」「まさ（正）」「よし（義）」はのり（法）から連想。♂平安典《ヤスノリ》（安）・稲葉典通《ノリミチ》（土）・松平斉典《ナリツネ》（江）・京極高典《タカマサ》（江）・乃木希典《マレスケ》（江）・柴山典《テン》（江）・守屋典郎《フミオ》（明）・太田典礼《テンレイ》（明）・熊谷典文《ヨシフミ》（大）・大賀典雄《ノリオ》（昭）・加納典明《テンメイ》（昭）・松井孝典《タカフミ》（昭）・高橋克典《カツノリ》（昭）・石毛宏典《ヒロミチ》（昭）・沼尻竜典《リュウスケ》（昭）・横沢典《ツカサ》（昭）　♀山内典子《ノリコ》（江）・山田典枝《ノリエ》（昭）・青田典子《ノリコ》（昭）

【展】10（尸・7）　常

【読み】 音 テン（呉・漢）　訓 のべる・ひろげる

【語源】 平らに伸び広がる意味。「展」を分析すると、「尸＋㠭＋衣」となる。「㠭《てん》」は「工」を四つ重ねた形。「㠭（音・イメージ記号）＋衣（イメージ補助記号）＋尸（限定符号）」を合わせて、重ねて置いた衣の上に尻を乗せて皺を伸ばす情景を設定した図形。

篆 〔㠭〕　篆 〔展〕

【人名】あつし・のぶ・のり・ひろ・まこと　▽「のり（宣）」は古典に申の訓がある。「まこと」は古典に誠の訓がある。「あつし（敦・淳）」は誠から連想。♂六郷政展《マサノブ》（江）・阿部展也《ノブヤ》（大）・保坂展人《ノブト》（昭）・佐山展生《ノブオ》（昭）・岡田展和《ヒロカズ》（昭）・三浦展《アツシ》（昭）・利根川展《マコト》（昭）　♀高橋展子《ノブコ》（大）・遠藤展子《ノブコ》（昭）・佐藤展子《ノリコ》（昭）

【田】5（田・0）　常

【読み】音 デン（呉）・テン（漢）　訓 た

【語源】「た」の意味。「田」は縦横にあぜ道をつけたたんぼを描いた図形。

甲 　金 　篆 

【人名】た・でん・みち　♂坂上田村麻呂《タムラマロ》（奈）・藤原田麻呂《タマロ》（奈）・賀茂田守《タモリ》（奈）・紀田上《タウエ》（安）・米津田盛《タモリ「ミチモリ」》（江）・米津田賢《ミチカタ》（江）・安芸田面《タノモ》（江）・沢村田之助《タノスケ》（江）・浅見田鶴樹《タヅキ》（江）・平櫛田中《デンチュウ》（明）・藤田田《デン》（大）　♀橘田村子《タムラコ》（安）・井上田鶴子《タヅコ》（江）・谷口田女《デンジョ》（江）

【伝】6（人・4）　常　【傳】13（人・11）

【読み】音 デン（呉）・テン（漢）　訓 つたえる・つたわる・つたう

【語源】次々と送りつたえる意味。この語を「傳」で表記する。「叀《せん》」はくるくる回る紡錘のおもりの形。「叀＋寸」を合わせた「專《せん》」は「くるくる回る」というイメージがコアにある（專の項参照）。轉（＝転）にはこのイメージがはっきりしている。「專（音・イメージ記号）＋人（限定符号）」を合わせて、人から人へ転々と転がるように次々に送っていく様子を暗示させる。古代中国の駅伝（リレー式に人馬をつなぐこと）を念頭に置いた造形の意匠になっている。

【字体】「傳」は正字（旧字体）。「伝」は由来不明。

【人名】ただ・つぐ・つた・つたう・つたえ・つとう・でん・のぶ・のり　▽「つぐ」は古典に次の訓がある。「のぶ」は古典に述の訓がある。「のり（宣・告）」は述べるの縁語。♂塚原卜伝《ボクデン》（室）・建部伝内《デンナイ》（戦）・安楽庵策伝《サクデン》（戦）・金地院崇伝《スウデン》（土）・楠不伝《フデン》（土）・南部信伝《ノブツグ》（江）・菅原伝《ツタウ》（江）・小原伝《ツトウ》（江）・宗伝次《タダツグ》（江）・大槻伝蔵《デンゾウ》（江）・原伝《ツタエ》（明）・和田伝《デン》（明）・大河

内伝次郎《デンジロウ》(明)・黒島伝治《デンジ》(明)・青井伝《デン》(昭)　♀井上伝《デン》(江)

【斗】4(斗・0)　常

【読み】㊥ト(慣)　トウ(漢)・ツ(呉)　㊙ます

【語源】液体を汲む柄杓、また、容量を量る「ます」の意味。柄のついた柄杓の図形である「斗」でこの語を表記する。

㊙ 　㊎ 　㊕ 

【人名】と・はかる・ます　♂原斗南《トナン》(江)・玉村方久斗《ホクト》(明)・伊藤斗福《マストミ》(大)・旭国斗雄《マスオ》(昭)・高野斗志美《トシミ》(昭)・岡田斗司夫《トシオ》(昭)・藪内佐斗司《サトシ》(昭)・大西泰斗《ヤスト》(昭)・横山北斗《ホクト》(昭)・高橋大斗《ダイト》(昭)・小野健斗《ケント》(平)　♀片寄斗史子《トシコ》(昭)

【兎】7(儿・5)

【読み】㊥ト(漢)・ツ(呉)　㊙うさぎ

【語源】ウサギの意味。「兔」はウサギの姿を描いた図形。

㊙ 　㊕ 

【字体】「兔」は本字。「兔」は異体字。「兎」は俗字。

【人名】う・うさ・うさぎ・と　♂兎皇子《ウサギ》(古)・根岸兎角《トカク》(土)・小野田兎毛《トモウ》(江)・大串兎代夫《トヨオ》(明)・大串兎紀夫《トキオ》(昭)・古屋兎丸《ウサマル》(昭)

【杜】7(木・3)

【読み】㊥ト(漢)・ズ(呉)　㊙もり

【語源】木の名、マメナシの一種。この果実を食うと吐き出すくらい渋いので、吐と同源。「土(音・イメージ記号)+木(限定符号)」を合わせた「杜」で表記した。「もり」(神社の森)は国訓である。

【人名】と・もり　♂河本杜太郎《モリタロウ》(江)・坪井杜国《トコク》(江)・小林杜人《モリト》(明)・北杜夫《モリオ》(昭)・風間杜夫《モリオ》(昭)・村瀬杜詩夫《トシオ》(昭)　♀大神杜女《モリメ》(奈)・武知杜代子《トヨコ》(明)・中野早杜子《サトコ》(昭)

【都】11(邑・8)　常　【都】12(邑・9)

【読み】㊥ト(漢)・ツ(呉)　㊙みやこ

【語源】みやこの意味。「者」は「多くのものを一つの所に集める」というコアイメージがある（渚の項参照）。「者」（音・イメージ記号）＋邑（限定符号）」を合わせて、多くの人が集中する町を暗示させる。

【人名】いち・くに・さと・つ・と・ひろ・みやこ　▽「いち（市）」は都市の市から。「くに」は古典に国の訓がある。「さと」は古典に邑（むら、さと）の訓がある。「ひろ」は古典に大の訓がある。♂秦都理《トリ》（飛）・秦都岐麻呂《ツキマロ》（安）・佐竹義都《ヨシクニ》（江）・九鬼隆都《タカヒロ》（江）・可部安都志《アツシ》（江）・中尾都昭《クニアキ》（明）・占部都美《クニヨシ》（大）・西園正都《マサト》（昭）・長友佑都《ユウト》（昭）　♀都子《クニコ》内親王（安）・伊都《トイ》内親王（安）・藤原美都子《ミツコ》（安）・森本都々子《ツツコ》（江）・岡部伊都子《イツコ》（大）・道浦母都子《モトコ》（昭）・鷲津名都江《ナツエ》（昭）・吉田都《ミヤコ》（昭）・竹内都子《ミヤコ》（昭）・萩原望都《モト》（昭）・森絵都《エト》（昭）

【渡】

12（水・9）　常

【読み】㊥ト（漢）・ド（呉）　㊥わたる・わたす

【語源】わたる意味。「度」は手の指を使って一尺また一尺と計ること（該項参照）。「回を重ねて進んでいく」というイメージがある。「度（音・イメージ記号）＋水（限定符号）」を合わせて、足を使って歩を一回一回と重ねて水を進んでいく、つまり「わたる」ことを暗示させる。

【人名】ただ・と・ど・わたり・わたる　▽「ただ」は度の名乗りを流用。♂渡辺渡《ワタル》（安）・松平頼渡《ヨリタダ》（江）・佐野渡《ワタリ》（江）・楢山佐渡《サド》（江）・三浦渡世平《トヨヘイ》（江）・楢橋渡《ワタル》（明）・小原啓渡《ケイト》（昭）・堀井茶渡《チャド》（昭）

【土】

3（土・0）　常

【読み】㊥ド（呉）・ト（漢）　㊥つち

【語源】「つち」の意味。「土」は盛り上げたつちを描いた図形。

甲

金

篆

【人名】つち・と・ど・はに・ひじ　▽「はに（埴）」（黄赤色の粘土の意）「ひじ（泥）」は土の縁語。♂山田土麻呂《ヒジマロ》（奈）・多治比土作《ハニシ》（奈）・豊臣土丸《ツチマル》（土）・栗田土満《ヒジマロ》（江）・但木土佐《トサ》（江）・奥村土牛《ドギュウ》（明）・駒田泰土《ヤスト》（昭）・本橋尚土《ナオト》（昭）・田中亜土夢《アトム》（昭）　♀黒田土佐

子《トサコ》（明）・水森亜土《アド》（昭）・滝山麻土香《マドカ》（昭）

【努】 7（力・5） 常

［読み］㊥ド（漢）・ヌ（呉） ㊬つとめる

［語源］力をこめてがんばる意味。これを「努」と表記する。「女」は「柔らかい」というイメージがあり、「粘り強い」というイメージに展開する（該項参照）。「女（音・イメージ記号）＋又（手を示すイメージ補助記号）」を合わせた「奴」は、粘り強く働く奴隷（特に女の奴隷）を暗示させる。「奴（音・イメージ記号）＋力（限定符号）」を合わせて、粘り強く力をこめる様子を表す。

㊙  ㊎  ㊕  〔奴〕

［人名］つとむ・ぬ　♂美努《ミヌ》王（飛）・阿倍久努《クヌ》（飛）・文室智努《チヌ》（奈）・多賀努《ツトム》（江）・山崎努《ツトム》（昭）・亀山努《ツトム》（昭）

【度】 9（广・6） 常

［読み］㊥ド（呉）・ト（漢）　タク（漢）・ダク（呉） ㊬わたる・はかる・たび

［語源］長さを計る意味、また、ものさしの意味。この語の視覚記号化は家の調度を設置する場面から発想された。「度」が考案された。「廿」は「革」の上部と同じで、「席」（敷物の意）にも含まれている。「广（家）＋廿（革）＋又（手）」を合わせて、敷物にする革をサイズに合わせるために計る様子を暗示させる。手尺を使って一回一回と進めて計ることをドといい、この図形で表記する。一歩一歩と渡る意味、計るときの基準（ものさし）、また、回数の意味などを派生する。「はかる」意味ではタク、「ものさし」ではドと呼び、区別した。

㊕ 

［人名］たく・ただ・と・ど・のり・わたる　▽「のり（法）」は基準の意味から派生。「ただ（正）」は基準の意味から連想。♂平忠度《タダノリ》（安）・志賀親度《チカノリ》（戦）・九鬼隆度《タカノリ》（江）・天春度《ワタル》（江）・竹内度道《タダミチ》（江）・懐月堂安度《アンド》（江）・増村度次《タクジ》（明）・武田一度《イチド》（昭）　♀山崎左度子《サトコ》（昭）

【刀】 2（刀・0） 常

［読み］ ㊥トウ（呉・漢）㊞かたな

［語源］ かたなの意味。「刀」は刃の部分が反り返ったかたなを描いた図形。「（形に曲がる」というイメージがある。

㊙  ㊟ 

［人名］ かたな・と・とう ♂錦部刀良《トラ》（飛）・安曇刀《カタナ》（奈）・伊藤一刀斎《イットウサイ》（戦）・小松帯刀《タテワキ》（江）・岡田刀水士《トミジ》（明）・岸田日出刀《ヒデト》（明）・伊武雅刀《マサトウ「マサト」》（昭）・風間勇刀《ユウト》（昭） ♀御刀媛《ミハカシヒメ》（古）・大原大刀自《オオトジ》（飛）・物部刀自売《トジメ》（奈）・酒人刀自古《トジコ》（奈）・守部秀刀自《ヒデトジ》（安）

【冬】 5（冫・3） 常

［読み］ ㊥トウ（呉・漢）㊞ふゆ

［語源］ 季節の「ふゆ」の意味。この語の視覚記号化は保存食を作る場面から発想された。原形は干し柿のようなものを天秤状にぶら下げている図形。これに「冫」（＝氷。寒さを示す符号）を添えて「冬」となった。

㊙  ㊎  ㊟ 

［字体］ 「冬」が正字（旧字体）。「冬」は書道で古くから使われていた。

［人名］ とう・ふゆ ♂藤原冬嗣《フユツグ》（安）・鷹司冬平《フユヒラ》（鎌）・高師冬《モロフユ》（南）・万里小路冬房《フユフサ》（室）・足利義冬《ヨシフユ》（戦）・柳生宗冬《ムネフユ》（江）・正木千冬《チフユ》（明）・安西冬衛《フユエ》（明）・岡部冬彦《フユヒコ》（大）・童門冬二《フユジ》（昭） ♀三条冬子《フユコ》（室）・織田冬姫《フユヒメ》（土）・富岡冬野《フユノ》（明）・上坂冬子《フユコ》（昭）・坂本冬美《フユミ》（昭）

【当】 6（小・3） 常

［読み］ ㊥トウ（呉・漢）㊞あたる・あてる・まさに

［語源］ ぴったりあてはまる意味。これを「當」で表記する。「尚」は通気孔から空気が抜けて出ていく様子で、「高く上がる」というイメージがある（該項参照）。「高く上がる」というイメージは「平らに広がる」というイメージにも展開する。「平らに広がる」というイメージは分散することに視点を置くと、「尚（音・イメージ記号）＋田（限定符号）」を合わせた「當」は、田の売買の場面を設定した図形で、Aの田の面積とBの面積がぴったり重なるように合う、つまり相当することを暗示させる。平面に物がぴったり当たる意味を派生する。

［字体］「當」は正字（旧字体）。「当」は近世中国で発生した俗字。形が崩れたため部首を失った。仮に小の部に入れる。

［人名］ とう・まさ ▽「まさ」は漢文で当然などの当を「まさに…べし」と読む。♂文部黒当《クロマサ》（奈）・源当時《マサトキ》（安）・前波景当《カゲマサ》（戦）・酒井忠当《タダマサ》（江）・宮良当壮《マサモリ》（明）・本多当一郎《トウイチロウ》（昭） ♀当子《トウシ[マサコ]》内親王（安）

【到】 8（刀・6） 常

［読み］ ㊥ トウ（呉・漢） ㊦ いたる

［語源］ 最後の所まで行き着く意味。「刀」は「⌒形に曲がる」というイメージがある（該項参照）。直線状に進むものが曲がって行けなくなるのは、そこにたどりついたことである。したがって、遠くからやっと目的の所までたどりつくことを「刀（音・イメージ記号）＋至（限定符号）」を合わせた「到」で表記する。

［人名］ いたる・とう ♂松浦到《イタル》（江）・佐々木到一《トウイチ》（明）・菊村到《イタル》（大）・松枝到《イタル》（昭）・橋本到《イタル》（平）

【東】 8（木・4） 常

［読み］ ㊥ トウ（漢）・ツウ（呉） ㊦ ひがし・あずま

［語源］ 方位の「ひがし」の意味。この語の視覚記号化は太陽が昇ることと関連づけて発想された。中国神話では太陽は暘谷から出てくるとされる。「（中から外へ）突き通って出る」というイメージを捉えて「東」が考案された。これは心棒を突き通し、両端を紐で括った土嚢を描いた図形である。

㊙甲

㊙金

㊙篆

［人名］ あきら・あずま・と・とう・はじめ・はる・ひがし ▽「あきら（明）」は日が出る方角から連想。「あずま」は東国の意。「はじめ（初）」は日が最初に出る方角から連想。「はる（春）」は五行説で東が春に当たるから。♂小治田東麻呂《アズママロ》（奈）・大野東人《アズマヒト[アズマンド]》（奈）・紀東人《アズマヒト》（安）・佐久良東雄《アズマオ》（江）・児島東雄《ハルオ》（江）・吉田東伍《トウゴ》（江）・奥田東《アズマ》（明）・高木東六《トウロク》（明）・松永東《トウ[ハジメ]》（明）・今東光《トウコウ》（明）・坪井東《ハジメ》（大）・森崎東《アズマ》（昭）・黒田東彦《ハルヒコ》（昭）・鎌田東二《トウジ》（昭） ♀川辺東女《アズマメ》（奈）・東子《トウシ》女王（安）・藤原東子《トウシ[ヒガシコ]》（安）・橘東世子《トセコ》（江）・野村望東尼《モトニ》（江）・古内東子《トウコ》（昭）

【島】 10（山・7）　常　**【嶋】** 14（山・11）

［読み］ ㊀トウ（呉・漢）　㊁しま

［語源］ 「しま」の意味。「鳥（音・イメージ記号）＋山（限定符号）」を合わせた「𡶒」で表記する。鳥が止まる海上の山というのが図形的意匠である。古代中国では三神山（蓬萊・方丈・瀛洲）のように島を「山」と表現することがある。

［字体］ 「𡶒」は本字。「嶋」「嶌」「島」は異体字。

［人名］ しま・とう　♂多治比島《シマ》（飛）・阿倍島麻呂《シママロ》・鈴木島吉《シマキチ》（江）・本居清島《キヨシマ》（江）・村上三島《サントウ》（大）　♀山田女島《ヒメシマ》（奈）・島姫《シマヒメ》（奈）・絵島《エジマ》（江）・玉島《タマシマ》（江）・吉村島《シマ》（江）

【桃】 10（木・6）　常

［読み］ ㊀トウ（漢）・ドウ（呉）　㊁もも

［語源］ 木の名、モモの意味。「兆」はひび割れの形から、「左右に割れる」というイメージがある（該項参照）。「兆（音・イメージ記号）＋木（限定符号）」を合わせて、割れたような溝のある果実の生る木を暗示させる。

［人名］ とう・もも　♂丹羽桃丸《モモマル》（江）・半井桃水《トウスイ》（江）・福沢桃介《モモスケ》（明）・北川桃雄《モモオ》（明）　♀石井桃子《モモコ》（明）・篠田桃紅《トウコウ》（大）・鴨桃代《モモヨ》（昭）・菊池桃子《モモコ》（昭）・山崎小桃《コモモ》（昭）・栗山桃実《モモミ》（昭）・小関桃《モモ》（昭）・古峰桃香《モモカ》（平）

【桐】 10（木・6）

［読み］ ㊀トウ（漢）・ズウ（呉）　ドウ（慣）　㊁きり

［語源］ 木の名、キリの意味。「同」は「𠔼（筒型）＋口（穴）」を合わせて、上下のそろった筒型の穴を示す図形。「筒型」のイメージがあり、「突き通る」のイメージに展開する。「同（音・イメージ記号）＋木（限定符号）」を合わせて、材質が軽くて軟らかく、突き通しやすい木を暗示させる。

〔同〕　〔桐〕

［人名］ きり・とう　♂久鳳舎桐丸《キリマル》（江）・佐々倉桐太郎《キリタロウ》（江）・横山桐郎《キリオ》（明）・河東碧梧桐《ヘキゴトウ》（明）・浦山桐郎《キリオ》（昭）　♀青山桐子《トウコ》（昭）

【透】10（辵・7）常

【読み】音トウ（漢）・ツ（呉）　訓すく・すける・とおる

【語源】走って通り抜ける意味、また、すき通る意味。「秀」は穂が出ることから、「先に抜け出る」というイメージがある（該項参照）。「秀（音・イメージ記号）＋辵（限定符号）」を合わせて、先の方へ通って抜け出る様子を暗示させる。

【人名】すき・とう・とお・とおる　♂松平吉透《ヨシトオ》（江）・北村透谷《トウコク》（明）・岩村透《トオル》（明）・藤井真透《マスキ》（明）・寺田透《トオル》（大）・宮川透《トオル》（昭）　♀三浦透子《トウコ》（平）

【棟】12（木・8）常

【読み】音トウ（漢）・ツウ（呉）　訓むね・むな・むなぎ

【語源】むなぎの意味。「東」は「突き通る」というイメージをもつ（該項参照）。「東（音・イメージ記号）＋木（限定符号）」を合わせて、屋根の頂上を突き通る木を暗示させる。

【人名】たかし・とう・むなぎ・むね　♂藤原棟世《ムネヨ》（安）・度会朝棟《トモムネ》（鎌）・小笠原長棟《ナガムネ》（戦）・別所重棟《シゲムネ》（土）・松浦棟《タカシ》（江）・竹内棟《ムナギ》（江）・鈴木棟一《トウイチ》（昭）　♀平棟子《ムネコ》（鎌）

【登】12（癶・7）常

【読み】音トウ（呉・漢）ト（慣）　訓のぼる

【語源】高い所に上がる意味。これを「登」で表記する。「癶」は左右の両足を開く形（発の原字）。「豆（たかつき）＋廾（両手）」を合わせた「登《とう》」はたかつきを上に持ち上げる様子から、「上に上がる」というイメージを示す。「登（音・イメージ記号）の略体＋癶（限定符号）」を合わせた「登」は、両足で上に上がる様子を暗示させる。高い位に就く意味、穀物の実が熟する（みのる）意味を派生する。

甲 　篆 〔登〕

甲 　金 　篆 〔登〕

【人名】たか・たつ・ちか・と・とう・とみ・とも・なり・なる・のぼり・のぼる・のり・み・みのる　▽「たか（高）」は古典に高の訓がある。「たつ（立）」「のり（乗）」「ちか（近）」は登るの縁語。「なる（成）」は古典に成の訓がある。成熟の意味から。「み（実）」「とみ（富）」は実るの縁語。「とも（伴・友）」はちか（近・親）から連想か。♂昭登《アキノリ》親王（安）・藤原登任《ナリトウ》・明石全登《タケノリ》（戦）・渡辺登綱《ナリツナ》（江）・秋月登之助《ノボリノスケ》（江）・毛利登人《ノボル》（江）・一万田尚登《ヒサト》（明）・佐々木登《ミノル》（明）・前登志夫《トシオ》（大）・辻原登《ノボル》（昭）・窪田登司《タカシ》（昭）・笹山登生《タツオ》（昭）・高須司登《シトミ》（昭）・清水一登《カズト》（昭）　♀能登《ノト》内親王（奈）・藤原登子《トウシ[ナリコ]》（安）・藤原賀登子《カトコ》（安）・赤橋登子《トウコ》（鎌）・山村登久《トク》（江）・黒沢登幾《トキ》（江）・寺田屋登勢《トセ》（江）・岩上登波子《トワコ》（江）・新穂登免《トメ》（明）・土光登美《トミ》（明）・宮尾登美子《トミコ》（大）・朝吹登水子《トミコ》（大）・千登三子《トミコ》（昭）・小林千登勢《チトセ》（昭）・加藤登紀子《トキコ》（昭）・根岸登喜子《トキコ》（昭）

【等】 12（竹・6）　常

［読み］ ㊌トウ（呉・漢）　㊉ひとしい・など・ら

［語源］ 同じようにそろっている意味。「寺」は「じっと止まる」というイメージがある（持の項参照）。「寺（音・イメージ記号）＋竹（限定符号）」を合わせて、竹簡がでこぼこにならないように、紐で止めて整理する様子を暗示させる。同類のもの（たぐい）の意味、そろえた順序の意味を派生する。

［人名］ しな・と・とう・とし・とも・ひと・ひとし　▽「しな（品・階）」は等級の意味から。「とし」はひとしの略。「とも（友）」は等輩（なかま）の意味から。♂司馬達等《タット[タチト]》（古）・藤原不比等《フヒト》（飛）・藤原部等母麻呂《トモマロ》（奈）・源等《ヒトシ》（安）・宇都宮等綱《ヒトツナ》（室）・長谷川等伯《トウハク》（土）・金光等平《トウヘイ》（江）・多田等観《トウカン》（明）・本島等《ヒトシ》（大）・近藤等則《トシノリ》（昭）・植木等《ヒトシ》（昭）・小室等《ヒトシ》（昭）　♀平等子《トモコ》（安）

【統】 12（糸・6）　常

［読み］ ㊌トウ（呉・漢）　㊉すべる・おさめる

［語源］ 糸口が本来の意味。「充」は「中身がいっぱい詰まる」というイメージがある（該項参照）。これは「全体に行き渡る」というイメージに展開する。「充（音・イメージ記号）＋糸（限定符号）」を合わせて、すべての糸を引き出す最初の先端、「いとぐち」を暗示させる。全体をつなぐ筋（系統）、全体を一つにまとめる（すべる、おさめる）などの意味を派生する。

【人名】おさ・おさむ・かね・すみ・すめる・つな・つね・と・とう・のぶ・のり・はじめ・むね・もと・もとい ▽「かね（兼）」は一つにまとめる意味から。「すみ（統）」「すめる」はすべると同じ。「つな」は糸の縁語。「つね」は古典に経の訓がある。「のぶ（述）」は古典に序の訓がある。「のり（紀）」は綱紀の意味から。「もと（本）」「もとい（基）」は古典に本の訓がある。「むね（宗）」は本から連想。♂藤原統行《ムネツラ》（安）・善統《ヨシムネ》親王（鎌）・豊原統秋《ムネアキ》（室）・大友義統《ヨシムネ》（戦）・吉弘統幸《ムネユキ》（土）・本多忠統《タダムネ》（江）・遠藤胤統《タネノリ》（江）・統仁《オサヒト》親王（江）・篠田統《オサム》（明）・山田統《スメル》（明）・原口統三《トウゾウ》（昭）・吉田美統《ミノリ》（昭）・勝呂壽統《ヒロノリ》（昭）・三田村統之《ツネユキ》（昭）・宮田統樹《ノブキ》（昭）・安藤統男《モトオ》（昭）・稲葉統也《モトナリ》（昭）・桜庭統《モトイ》（昭）・設楽統《オサム》（昭）・高窪統《ハジメ》（昭） ♀統子《ムネコ》内親王（安）・藤本統紀子《トキコ》（昭）

【董】12（艸・9）

［読み］(音) トウ（漢）・ツウ（呉） (訓) ただす

［語源］本来はハスの根の意味。「重」は「上から下に重みをかける」というイメージがあるが、そのコアは「突き通す」というイメージである（該項参照）。「重（音・イメージ記号）＋艸（限定符号）」を合わせて、多くの穴の突き通ったハスの根を暗示させる。「突き通す」というイメージから、物事を正しく見通す意味を派生する。

【人名】しげ・しげる・ただ・ただし・ただす・とう・まこと・まさ・よし ▽「しげ」は字面の重を読んだもの。「ただ」「ただし」「まさ（正）」は正すの意味から。「よし（良）」は正しの縁語。♂細川通董《ミチタダ》（戦）・稲葉董通《マサミチ》（江）・高井几董《キトウ》（江）・田内董史《タダフミ》（江）・林董《タダス》（江）・中島董一郎《トウイチロウ》（明）・鈴木董《タダシ》（昭）・菊地董《タダス》（昭）・石井董久《シゲヒサ》（昭） ♀有栖川宮妃董子《タダコ》（江）・松浦董子《シゲコ》（明）・青山俊董《シュンドウ》（昭）

【稲】14（禾・9）常　【稻】15（禾・10）

［読み］(音) トウ（漢）・ドウ（呉） (訓) いね・いな

［語源］穀物の名、イネの意味。この語の視覚記号化は用途から発想された。「舀《よう》」は「爪（下向き手）＋臼（うす）」を合わせて、臼を搗く場面を設定した図形。搗いたり捏ねたりして、満遍なく均すというイメージを示す。「舀（音・イメージ記号）＋禾（限定符号）」を合わせ

た「稲」は、米を満遍なく搗いて食品にする作物を暗示させる。

篆  〔舀〕 金  篆  〔稲〕

【字体】「稲」は正字（旧字体）。「稲」は近世中国の俗字。

【人名】いな・いね・とう ♂蘇我稲目《イナメ》（古）・丈部稲麻呂《イナマロ》（奈）・井上稲丸《イネマル》（江）・秋田稲人《イナンド》（江）・小畑美稲《ウマシネ》（江）・新渡戸稲造《イナゾウ》（江）・浅沼稲次郎《イネジロウ》（明）・森村宜稲《ギトウ》（明）・岡田稲男《イナオ》（昭）♀伊能稲《ネイ》（江）・佐多稲子《イネコ》（明）・有馬稲子《イネコ》（昭）・秋田稲美《イネミ》（昭）

【藤】 18（艸・15）常

【読み】音 トウ（漢）・ドウ（呉） 訓 ふじ

【語源】草の名、フジの意味。「朕《ちん》」は「上に上がる」というイメージがある（勝の項参照）。「朕（音・イメージ記号）＋氺（＝水。限定符号）」を合わせた「滕《とう》」は、水が上に湧き上がる様子で、これも「上に上がる」というイメージを示す記号になる。「滕（音・イメージ記号）＋艸（限定符号）」を合わせて、蔓が他の木に絡みついてよじ登る植物を暗示させる。

篆  〔滕〕

【人名】とう・ふじ ♂三宅藤麻呂《フジマロ》（奈）・藤原高藤《タカフジ》（安）・俵藤太《トウタ》（安）・上杉憲藤《ノリフジ》（鎌）・安宅頼藤《ヨリフジ》（南）・足利義藤《ヨシフジ》（室）・細川藤孝《フジタカ》（戦）・木下藤吉郎《トウキチロウ》（戦）・坂田藤十郎《トウジュウロウ》（江）・中江藤樹《トウジュ》（江）・佐藤藤佐《トウスケ》（江）・島崎藤村《トウソン》（明）・大谷藤郎《フジオ》（大）・石原藤夫《フジオ》（昭）♀葛井藤子《フジコ》（奈）・山口藤《フジ》（江）・村山藤子《フジコ》（明）・五十嵐藤江《フジエ》（昭）・小島藤子《フジコ》（平）

【童】 12（立・7）常

【読み】音 ドウ（慣） トウ（漢）・ズウ（呉） 訓 わらべ・わらわ

【語源】男の奴隷の意味。「童」を分析すると「辛＋重」となる。「辛」は鋭い刃物の形。「重」は「突き通す」というイメージがある（該項参照）。古字はさらに「目」を含む。「重（音・イメージ記号）＋目（イメージ記号）＋辛（イメージ補助記号）」を合わせて、刃物を目に突き通して見えなくする様子を暗示させる。奴隷の意味は物の道理が見えない人間という蔑称であった。また、物事の判断がまだできない子供の意味も生じる。

㊎  ㊡ 

［人名］ どう・わらべ・わらわ　♂井上童平《ドウヘイ》（江）・荒木古童《コドウ》（江）・福田蘭童《ランドウ》（明）・妹尾河童《カッパ》（昭）・飛鳥童《ワラベ》（昭）・中村獅童《シドウ》（昭）・山崎海童《カイドウ》（昭）・宇崎竜童《リュウドウ》（昭）　♀童女君《オミナギミ》（古）・藤原小童子《ワラワコ》（安）・森田童子《ドウジ》（昭）

【道】 12（辶・9） 常

［読み］ ㊅ドウ（呉）・トウ（漢） ㊒みち・いう

［語源］「みち」の意味。「首」は髪の生えている頭を描いた図形。くびから上までの頭全体が「首」である。くびは胴体から抜け出て延びた形になっているので、「首」は「ある方向に延びていく」というイメージを示す記号になる。「みち」は一定の方向へ延びており、人がそこを抜けて通っていくから、「首（音・イメージ記号）＋辶（限定符号）」を合わせた図形が考案された。

㊙ 

㊎  ㊡  〔首〕

㊎  ㊡  〔道〕

［人名］ おさむ・つね・どう・なおし・のり・まさ・みち・ゆき・より・わたる　▽「おさむ（治）」は古典に治の訓がある。「つね（経）」「のり（法）」は道（道理）の縁語。「なおし（直）」「まさ（正）」は古典に直の訓がある。「ゆき（行）」「より（由）」「わたる（渡）」は道（道路）の縁語。　♂粟田道麻呂《ミチマロ》（奈）・藤原道長《ミチナガ》（安）・近衛道経《ミチツネ》（鎌）・井伊道政《ミチマサ》（南）・太田道灌《ドウカン》（室）・斎藤道三《ドウサン》（戦）・稲葉道通《ミチトオ》（土）・油小路隆道《タカマサ》（江）・篦野道明《ミチアキ》（江）・松田道雄《ミチオ》（明）・立原道造《ミチゾウ》（大）・黛弘道《ヒロミチ》（昭）・有藤道世《ミチヨ》（昭）　♀藤原道子《ミチコ》（安）・河井道《ミチ》（江）・石牟礼道子《ミチコ》（昭）・大楠道代《ミチヨ》（昭）・保田道世《ミチヨ》（昭）

【瞳】 17（目・12） 常

［読み］ ㊅ドウ（慣）　トウ（漢）・ズウ（呉） ㊒ひとみ

［語源］「ひとみ」の意味。「童」は「突き通す」というイメージがある（該項参照）。「童（音・イメージ記号）＋目（限定符号）」を合わせて、目玉の中心を突き通る黒い穴（瞳孔）を暗示させる。

［人名］ ひとみ・め　♂山口瞳《ヒトミ》（大）　♀黒木瞳《ヒトミ》（昭）・有坂来瞳《クルメ》（昭）

【得】11（彳・8）常

【読み】㊥トク（呉・漢）㊧える・うる

【語源】手に入れる意味。「得」の右側の「㝵」は古くは「見」、さらに遡ると「貝」であった。「貝（財貨）＋寸（手にかかわる符号）＋彳（行くにかかわる符号）」を合わせた「得」は、出かけていって財貨を手に入れる情景を設定した図形。

【人名】あり・え・とく・なり・のり　▽「あり」は所有の有と関連づけた読みか。「なり」は古典に生の訓がある。「のり」は徳と通用するから。♂酒井忠得《タダエ》（江）・池田定得《サダノリ》（江）・阪口仙得《セントク》（江）・高木正得《マサナリ》（明）・小汀利得《トシエ》（明）・小西得郎《トクロウ》（明）・素木得一《トクイチ》（明）・亀田得治《トクジ》（大）・中司得三《トクゾウ》（昭）・木暮得雄《トクオ》（昭）・野母得見《トクミ》（昭）・小城得達《アリタツ》（昭）・猿田浩得《ヒロノリ》（昭）　♀藤原得子《ナリコ「トクシ」》（安）・東海林路得子《ルツコ》（昭）

【督】13（目・8）常

【読み】㊥トク（呉・漢）㊧かみ

【語源】よく見張る意味。「叔」は「小さく（細く）引き締まる」というイメージがある（淑の項参照）。「叔（音・イメージ記号）＋目（限定符号）」を合わせて、細かい所までよく見張る様子を暗示させる。また、事態を悪化させないよう引き締める意味を派生する。

【展開】日本で四等官の第一位を「かみ」といい、衛府の長官に「督」の字を当てる。

【人名】おさ・おさむ・かみ・こう・すけ・すすむ・ただ・ただし・ただす・とく・まさ・よし　▽「おさむ（理）」は古典に理の訓がある。「こう（かう）」は「かみ」の転。「すすむ」は古典に勧の訓がある。「ただ（正）」「まさ（正）」は古典に正の訓がある。「よし（良）」は正して良くすることから。♂青山幸督《ヨシマサ》（江）・梶浦福督《ヨシマサ》（明）・原田督三《トクゾウ》（大）・土屋統督《ノリオサ》（昭）・福田督《タダシ》（昭）・松本基督《モトスケ》（昭）・大森章督《アキマサ》（昭）・加納督大《マサヒロ》（昭）　♀小督《コゴウ》（安）・永福門院右衛門督《ウエモンノカミ》（鎌）・小督局《オゴウノツボネ》（土）・渡辺督子《トクコ》（昭）・長野督《コウ》（昭）

【徳】14（彳・11）常

【徳】15（彳・12）

【読み】㊥トク(呉・漢)
【語源】正しい品行、品性の意味。これを「徳」で表記する。「悳」は「惪」の変形。「直」は「まっすぐ」というイメージがある(該項参照)。「直(音・イメージ記号)＋心(限定符号)」を合わせた「惪」はまっすぐな心。「惪(音・イメージ記号)＋彳(行いにかかわる限定符号)」を合わせて、まっすぐで正しい行いを暗示させる。

㊙甲  ㊎金  篆 

【字体】「德」は正字(旧字体)。「徳」は近世中国の俗字。
【人名】あきら・あつ・あつし・あり・いさお・え・かつ・ただし・とく・とこ・とみ・なが・なり・なる・のぼる・のり・めぐむ・やす・よし　▽「あきら(明)」「さと(慧)」は有徳者が賢明であることから。「あつし(厚)」は古典に「地は厚きを以て徳と為す」とある。「いさお」は功徳から連想。「え」「あり」「なり」は得と通用することから。「のぼる」は徳に昇の意味がある。「のり(範・則)」は有徳者が手本となることから。「めぐむ(恵)」は古典に恩・恵の訓がある。恩徳の意味から。「とみ(富)」は古典に福の訓がある。「やす(安)」は福から連想。「よし(善)」は古典に善・善行の訓がある。♂大伴長徳《ナガトコ》(飛)・児島高徳《タカノリ》(鎌)・狩野永徳《エイトク》(土)・大河内輝徳《テルアキラ》(江)・酒井忠徳《タダアリ》(江)・伊達宗徳《ムネエ》(江)・大原重徳《シゲトミ》(江)・徳川茂徳《モチナガ》(江)・川瀬教徳《ノリナリ》(江)・柳沢徳忠《ノリタダ》(江)・戸田光徳《ミツヤス》(江)・竹田恒徳《ツネヨシ》(江)・正親町実徳《サネアツ》(江)・片岡徳《トク》(江)・山岸徳平《トクヘイ》(明)・西山徳《イサオ》(大)・入江徳郎《トクロウ》(大)・徳仁《ナルヒト》親王(昭)・大島康徳《ヤスノリ》(昭)・塚本徳臣《ノリチカ》(昭)・坂野徳隆《ナルタカ》(昭)　♀平徳子《トクコ「ノリコ」》(安)・橘徳子《トクシ》(安)・吾妻徳穂《トクホ》(明)・三浦徳子《ヨシコ》(昭)

【篤】16(竹・10)　常

【読み】㊥トク(呉・漢)　㊙あつい
【語源】手厚い意味。竹は円筒形で厚みがある。このイメージを利用して、「竹(音・イメージ記号)＋馬(限定符号)」を合わせた図形が作られた。丸みを帯びて太った馬を暗示させる。これによって、厚みがあって重い意味の語を表記する。空間的なイメージは心理的なイメージにも転化し、病勢が深く重い意味を派生する。
【人名】あつ・あつし・すみ・とく・ひろ　▽「すみ」

は古典に純の訓がある。♂藤原篤茂《アツシゲ》(安)・佐竹義篤《ヨシアツ》(鎌)・平田篤胤《アツタネ》(江)・酒井忠篤《タダズミ》(江)・税所篤《アツシ》(江)・中江篤介《トクスケ》(江)・安岡正篤《マサヒロ》(明)・柴谷篤弘《アツヒロ》(大)・渡部篤郎《アツロウ》(昭)・片岡篤史《アツシ》(昭)・内田篤人《アツト》(昭)　♀篤子《トクシ》[アツコ]内親王(安)・篤姫《アツヒメ》(江)・安西篤子《アツコ》(昭)

【人名】 あつ・あつし・のぶ　▽「のぶ」は古典に信の訓がある。♂平敦盛《アツモリ》(安)・綾小路敦有《アツアリ》(南)・貞敦《サダアツ》親王(戦)・堀田正敦《マサアツ》(江)・中島敦《アツシ》(明)・中村敦夫《アツオ》(昭)・古田敦也《アツヤ》(昭)　♀敦子《アツコ》内親王(安)・須賀敦子《アツコ》(昭)・仙道敦子《ノブコ》(昭)

【敦】 12(攴・8)

【読み】 ㊥トン(呉・漢)　㊒あつい

【語源】 手厚い、重厚の意味。「享」は「𦎫」の変形。「亯《きょう》(=享)」は「一方から他方へスムーズに通る」というイメージがある(享の項参照)。「亯(イメージ記号)+羊(イメージ補助記号)」を合わせた「𦎫《じゅん》」は、火をよく通して煮込む様子。煮込まれたものは程よくなじんでいって段々と落ち着く。ここから「どっしりと落ち着く」「ずっしりとした重みがある」というイメージに展開する。「𦎫(音・イメージ記号)+攴(限定符号)」を合わせた「敦」は、ずっしりと重みがあって安定していることを表した。

㊙ 　㊎ 　㊮  〔𦎫〕　㊮  〔敦〕

【那】 7(邑・4) 常

[読み] (音) ナ(呉)・ダ(漢)

[語源] もとは地名。「冄《ぜん》(音記号)+邑(限定符号)」の組み合わせである。「冄」はしなやかに垂れたひげの図形(髯の原字)。「しなやか」のイメージを利用して、しなやかで美しいさまを阿那《あだ》(=婀娜)という。

(金)  (篆)  〔冄〕 (篆)  〔那〕

[人名] とも・な ♂淡海常那《ツネナ》(安)・牧野康那《ヤストモ》(江)・三上千那《センナ》(江)・谷萩那華雄《ナカオ》(明)・月形那比古《ナヒコ》(大)・野沢那智《ナチ》(昭) ♀紀音那《オンナ》(飛)・北村美那《ミナ》(江)・柏木志那子《シナコ》(江)・菅支那《シナ》(明)・福原美那枝《ミナエ》(大)・吉開那津子《ナツコ》(昭)・長内美那子《ミナコ》(昭)・鈴木環那《カンナ》(昭)

【奈】 8(大・5) 常

[読み] (音) ナ(呉)・ダ(漢)

[語源] もとは木の名で、中国産のリンゴの一種。これを「柰」と表記する。「示」は祭壇の形。物を載せる台である。この木はつぎ木の台木によく用いられたので、「示(イメージ記号)+木(限定符号)」を合わせた「柰」が考案された。

(篆) 

[字体] 「柰」は本字。「奈」はその俗字。

[人名] な ♂橘奈良麻呂《ナラマロ》(奈)・大伴宿奈麻呂《スクナマロ》(奈)・原田奈翁雄《ナオオ》(明)・林巳奈夫《ミナオ》(大)・江崎玲於奈《レオナ》(大) ♀真間手児奈《テコナ》(古)・奈多夫人《ナダ》(戦)・奈阿姫《ナアヒメ》(江)・六条奈美子《ナミコ》(明)・沢松奈生子《ナオコ》(昭)・冨士真奈美《マナミ》(昭)・戸田奈津子《ナツコ》(昭)・青江三奈《ミナ》(昭)・渡辺満里奈《マリナ》(昭)・葉月里緒奈《リオナ》(昭)・安室奈美恵《ナミエ》(昭)

【内】 4(入・2) 常

[読み] (音) ナイ(呉)・ダイ(漢) (訓) うち

[語源] 物のうちがわの意味。「入」は入り口が開いて中にはいる様子。「入(音・イメージ記号)+冂(イメージ補助記号)」を合わせて、納屋の内部に入っていく情景を設定した図形。

㊙甲

㊙金

㊙篆

【字体】「内」は正字。古くから書道では「内」と書かれる。

【人名】うち・だい・ただ・ない・まさ　♂物部河内《カワチ》(飛)・藤原内麻呂《ウチマロ》(安)・一条内経《ウチツネ》(鎌)・日野内光《ウチミツ》(戦)・一条内政《タダマサ》(土)・赤星内膳《ナイゼン》(土)・浅野内匠頭《タクミノカミ》(江)・大石内蔵助《クラノスケ》(江)・平賀源内《ゲンナイ》(江)・橋本左内《サナイ》(江)・赤津誠内《ノブマサ》(明)・藤島宇内《ウダイ》(大)・松尾伴内《バンナイ》(昭)　♀紀内侍《ナイシ》(安)

【南】9(十・7)　常

【読み】㊥ナン(呉)・ダン(漢)　ナ(慣)　㊟みなみ

【語源】方位の「みなみ」の意味。方位の視覚記号化は具体的な物のイメージから発想された。「南」は全体が植物を保存する建物の図形と考えられるが、細かく分析すると、「屮(草)＋冂(建物)＋羊(差し込むことを示す符号)」を合わせて、植物を寒さから守る温室のような建物を暗示させる図形。暖かさ→「みなみ」と連想させる。

甲

金

篆

【人名】な・なみ・なん・みな・みなみ　♂海老名南阿弥《ナアミ》(南)・太田南畝《ナンポ》(江)・内藤湖南《コナン》(江)・柴田南雄《ミナオ》(大)・新美南吉《ナンキチ》(大)・平川南《ミナミ》(昭)　♀藤原南子《ナンシ[ミナミコ]》(奈)・森南海子《ナミコ》(昭)・樋口可南子《カナコ》(昭)・滝沢乃南《ノナミ》(昭)・安田南《ミナミ》(昭)

【楠】13(木・9)

【読み】㊥ナン(呉)・ダン(漢)　㊟くすのき

【語源】クスノキ科のナンムーと呼ばれる木の名。暖かい地方に生えるので、「南(音・イメージ記号)＋木(限定符号)」を合わせて表記する。日本ではクスノキに用いた。

【人名】くす・ただ・な・なん　♂横井小楠《ショウナン》(江)・南方熊楠《クマクス》(江)・青木楠雄《クスオ》(明)・甲斐庄楠音《タダオト》(明)・関楠生《クスオ》(大)・浜口楠彦《クスヒコ》(昭)　♀大塚楠緒子《クスオコ[ナオコ]》(明)・原楠緒子《ナオコ》(昭)

【二】2(二・0)　常

【読み】音ニ（呉）・ジ（漢）　訓ふた・ふたつ

【語源】数詞の2の意味。二本の横線の図形によって表記する。

【人名】おと・かず・じ・つぎ・つぐ・に・ふ・ふた　▽「おと（乙）」「つぎ（次）」は二番目に当たるから。♂沢村二三次《ニソウジ》（江）・大久保不二《フジ》（江）・竹久夢二《ユメジ》（明）・鯵坂二夫《ツギオ》（明）・茂木知二《トモカズ》（明）・阿部知二《トモジ》（明）・上田三四二《ミヨジ》（大）・赤塚不二夫《フジオ》（昭）・浜元二徳《ツギノリ》・山口二矢《オトヤ》（昭）・加藤一二三《ヒフミ》（昭）　♀山川二葉《フタバ》（江）・畔柳二美《フタミ》（明）・豊田二十子《ハタコ》（明）・志道不二子《フジコ》（昭）

【弍】6（弋・3）常

【読み】音ニ（呉）・ジ（漢）　訓ふたつ

【語源】二番目、また、二つの意味。これを「貳」と表記する。「二＋弋（棒）」を合わせた「弍《に》」は「二」と同じ。「弍（音・イメージ記号）＋貝（限定符号）」を合わせた「貳」は、貝（財貨）がもう一つある様子を暗示させる。「二」の大字として用いることが多い。

【字体】「貳」は正字（旧字体）。「弍」は由来が不明。

【人名】かず・じ・つぐ・に　♂山県大弍《ダイニ》（江）・岩田弍夫《カズオ》（明）・奥島啓弍《ケイジ》（大）・渡辺浩弍《コウジ》（昭）・八巻建弍《ケンジ》（昭）・瀬尾育弍《ヤスツグ》（昭）　♀大弍《ダイニ》（安）

【日】4（日・0）常

【読み】音ニチ（呉）・ジツ（漢）　訓ひ・か

【語源】「ひ」の意味。「日」は太陽を描いた図形。

【人名】あき・か・にち・はる・ひ　▽「あき（明）」は太陽から連想。または「陽」の名乗りを流用。「はる（晴）」は太陽が出ると晴れることから連想。または「陽」の名乗りを流用。♂蘇我日向《ヒムカ》（飛）・中村日向《ヒュウガ》（江）・木村日紀《ニチキ》（明）・今日出海《ヒデミ》（明）・古田足日《タルヒ》（昭）・青木日出雄《ヒデオ》（昭）・前田日明《アキラ》（昭）・岡田日郎《ニチオ》（昭）・菅井日人《ニット》（昭）　♀岸田今日子《キョウコ》（昭）・吉田日出子《ヒデコ》（昭）・伊藤日出代《ヒデヨ》（昭）・杉浦日向子《ヒナコ》（昭）

【任】 6（人・4） 常

【読み】 音 ニン（呉）・ジン（漢） 訓 まかせる・まかす

【語源】 重い役目や仕事を抱えもつ意味、また、そのような仕事の意味。「壬《じん》」は「中ほどがふくれる」というイメージがある（該項参照）。「壬（音・イメージ記号）＋人（限定符号）」を合わせて、荷物を腹の前に抱えて、腹がふくれたような姿になる様子を暗示させる。仕事を与えてまかせる意味、また、重みにじっとたえる意味を派生する。

【人名】 あたる・あつ・じん・たえ・たか・たかし・ただ・たもつ・とう・にん・のり・ひで・まこと・よし・より ▽「あたる（当）」は古典に当の訓がある。「たえ」「とう（たふ）」は古典に堪の訓がある。「たもつ（保）」は古典に保の訓がある。「のり」は古典に載の訓がある。「まこと」は古典に信の訓がある。「よし」は古典に能の訓がある。 ♂藤原公任《キントウ》（安）・中御門経任《ツネタダ》（鎌）・今岡道任《ミチトウ》（南）・烏丸資任《スケトウ》（室）・遠山景任《カゲトウ》（戦）・立花鑑任《アキタカ》（江）・秋月種任《タネタダ》（江）・安部信任《ノブヨリ》（江）・大木喬任《タカトウ》（江）・松村任三《ジンゾウ》（江）・本名文任《フミノリ》（明）・立原任《ジン》（明）・松本任弘《タダヒロ》（昭）・田中任《タカシ》（昭）・佐藤任《タモツ》（昭）・玉城任《マコト》（昭） ♀藤原任子《ニンシ》［タエコ］（安）・任子《アツコ》（江）・玉地任子《ヒデコ》（昭）

【忍】 7（人・3） 常

【読み】 音 ニン（呉）・ジン（漢） 訓 しのぶ

【語源】 じっとこらえる意味。「刃」は「刀」に「丶」をつけて、鍛えた刀の刃を示す図形。ここに「粘り強い」というイメージがある。「刃（音・イメージ記号）＋心（限定符号）」を合わせて、心が粘り強くがまんする様子を暗示させる。

甲  篆 〔刃〕 篆 〔忍〕

【字体】 「忍」は正字（旧字体）。「忍」は古くから書道で書かれた。

【人名】 おさ・おし・しの・しのぶ・にん ▽「おさ」「おし」は「押さふ」（こらえ忍ぶ意）から。 ♂忍壁《オサカベ》親王（飛）・紀忍人《オシヒト》（飛）・玉作部国忍《クニオシ》（奈）・大日能忍《ノウニン》（奈）・野村忍介《オシスケ》（江）・岩村忍《シノブ》（明）・斎藤忍随《ニンズイ》（大）・吉岡忍《シノブ》（昭） ♀神取忍《シノブ》（昭）

【祢】9（示・5）　【禰】19（示・14）

［読み］ 音 ネ・ナイ（呉）・デイ（漢）

［語源］ 父を祭る廟の意味。「近い」というイメージをもつ「爾《じ》」を用い（該項参照）、「爾（音・イメージ記号）＋示（限定符号）」を合わせて、身近な親を祭る様子を暗示させる。

［字体］ 「禰」は正字。「禰」「祢」はその俗字。

［人名］ ね ♂武内宿禰《スクネ》（古）・文禰麻呂《ネマロ》（奈）　♀禰々《ネネ》（戦）・折本美禰子《ミネコ》（昭）

【寧】14（宀・11）常

［読み］ 音 ネイ（漢）・ニョウ（呉）　訓 やすい・やすらか・むしろ

［語源］ 安らかに落ち着く意味。「寍《ねい》」は「宀（いえ）＋心＋皿（さら）」を合わせて、住まいと食べ物が安定して心が安らぐ様子を暗示させる図形。これで十分右の語を表記できる意匠をもっているが、のち「寍（音・イメージ記号）＋丂（イメージ補助記号）」を合わせて「寧」とした。「丂」は呼吸の呼の右側に含まれ、曲がりつつ息が出ることを示す。心が安らいでほっと一息つく情景を設定した意匠である。

甲 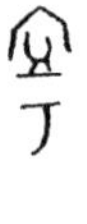　金 　篆 

［字体］ 「寧」は正字（旧字体）。「寧」は古くから書道で用いられた。

［人名］ しず・ね・ねい・やす・やすし・よし　▽「しず（静）」は古典に静の訓がある。「よし（好）」は安らかから連想。♂藤原倫寧《トモヤス》（安）・阿部正寧《マサヤス》（江）・酒井忠寧《タダヨシ》（江）・土方寧《ヤスシ》（江）・人見寧《イネ》（江）・野口寧斎《ネイサイ》（江）・岡村寧次《ヤスジ》（明）・久野寧《ヤス》（明）・安倍寧《ヤスシ》（昭）・脇田寧人《ヤスヒト》（昭）　♀藤原寧子《ネイシ［ヤスコ］》（鎌）・大塚寧々《ネネ》（昭）・田島寧子《ヤスコ》（昭）・松尾寧夏《ヤスカ》（平）・長尾寧音《シズネ》（平）

【年】6（干・3）常

［読み］ 音 ネン（呉）・デン（漢）　訓 とし

［語源］ 穀物が実ることが本来の意味。この語を古くは「禾＋人」、後には「禾＋千」で表象したが、前者が語源にかなう図形である。「人《にん》」は身近につきあう仲間のことから、「（べたべたと）くっつく」というイメージを示す記号となる。「人（音・イメージ記号）＋禾（限定符

号)」を合わせて、稲の種子がくっついて熟する様子を暗示させる。稲の成熟する期間のことから、一年の意味を派生する。

㊙甲  ㊎金  篆 

【人名】かず・すすむ・ちか・とし・とせ・なが・ね・ねん・みのる　▽「かず(数)」は年数の意味から。「すすむ(進)」は古典に進の訓がある。「ちか」は周年の周の名乗りの流用か。「なが(長)」は穀物の成熟↓生長と連想か。　♂下野毛年継《トシツグ》(奈)・若宮年魚麻呂《アユマロ》(奈)・南淵年名《トシナ》(安)・名和長年《ナガトシ》(南)・佐久間勝年《カツトシ》(土)・加藤千年《チトセ》(江)・土方雄年《カツナガ》(江)・月岡芳年《ヨシトシ》(江)・高浜年尾《トシオ》(明)・永田年《ススム》(明)・松村松年《ショウネン》(明)・三輪年朗《トシロウ》(大)・米倉斉加年《マサカネ》(昭)・黒沢年雄《トシオ》(昭)　♀藤原年子《トシコ》(安)・立花美年子《ミネコ》(明)・北村年子《トシコ》(昭)

稔→じん

乃→だい

【納】10(糸・4)　常

【読み】音ノウ(呉)・ドウ(漢)・ナ(唐)　ナン・ナッ・トウ(慣)　訓おさめる

【語源】内部におさめ入れる意味。「内」は納屋の中に入っていく様子を示す図形(該項参照)。「内(音・イメージ記号)+糸(限定符号)」を合わせて、織物を倉庫などにしまいこむ様子を暗示させる。

【人名】おさむ・な・の・もり　▽「もり(盛)」は入れる意味からか。　♂本多正納《マサモリ》(江)・飯塚納《オサム》(江)・福間納《オサム》(昭)　♀清少納言《セイショウナゴン》(安)・柴崎美納《ミノ》(昭)・三浦加納子《カナコ》(昭)

【能】10(肉・6)　常

【読み】音ノウ・ノ(呉)・ドウ(漢)　訓あたう・よく

【語源】物事がよくできる意味、また、物事をなしうる力や働きの意味。「能」はクマ(熊)を描いた図形で、足の特徴を捉えている。力強いというイメージを利用し、粘り強く何かをなしうる力がある意味の語を表記する。

金  篆 

【人名】の・のう・のぶ・のり・みち・やす・よし ▽「のり(範・則)」は才能のある人を手本とすることからか。「みち」は古典に道芸の訓がある。「やす」は古典に安の訓がある。「よし」は古典に善の訓がある。よくできることから。♂源能俊《ヨシトシ》(安)・一条能保《ヨシヤス》(鎌)・上杉能憲《ヨシノリ》(南)・長尾能景《ヨシカゲ》(室)・宇喜多能家《ヨシイエ》(戦)・河喜多能達《ミチタダ》(江)・中山忠能《タダヤス》(江)・岸本能武太《ノブタ》(江)・松岡能一《ノウイチ》(江)・安倍能成《ヨシシゲ》(明)・西谷能雄《ヨシオ》(大)・木曾好能《ヨシノブ》(昭)・田沼武能《タケヨシ》(昭)・川口能活《ヨシカツ》(昭)・伊藤能《ノウ》(昭) ♀藤原多比能《タビノ》(飛)・藤原能子《ノウシ》[ヨシコ](安)・淵沢能恵《ヨシエ》(江)・田村能里子《ノリコ》(昭)・金石与志能《ヨシノ》(昭)

【農】13(辰・6) 常

【読み】(音)ノウ・ノ(呉)・ドウ(漢)

【語源】耕作する意味。この語の視覚記号化は赤ん坊の頭にある「おどり」から発想された。「囟」がそれを描いた図形で、「軟らかい」というイメージがある(思の項参照)。「臼」は両手。「辰」は大きな貝の形で、古代では農具に利用された。「囟(イメージ記号)+臼(イメージ補助記号)+辰(イメージ補助記号)」を合わせた「農」は、道具で土を軟らかくする様子を暗示させる。

(甲)  (金)  (篆) 

【人名】の・のう・みのり ▽「みのり(稔)」は穀物を植えることからの連想か。♂太田美農里《ミノリ》(江)・大城石農《セキノウ》(江)・上田哲農《テツノ》(明)・飯野農夫也《ノブヤ》(大)・井本農一《ノウイチ》(大)・寺田農《ミノリ》(昭)

【濃】16(水・13) 常

【読み】(音)ノウ(慣)・ジョウ(漢)・ニュウ(呉) (訓)こい

【語源】液体がこい意味。「農」は「軟らかい」というイメージがあり(前項参照)、「ねっとりしている」というイメージに展開する。膿(ねっとりした「うみ」)はこのイメージをもつ。「農(音・イメージ記号)+水(限定符号)」を合わせて、液体がねっとりしている様子を暗示させる。

【人名】の・のう ♂壱志濃王《イチシノ》(奈)・佐伯美濃麻呂《ミノマロ》(奈)・稲野美濃《ミノ》(江) ♀濃子《ノウシ》内親王(安)・濃姫《ノウヒメ》(土)・伏屋美濃《ミノ》(江)

【巴】 4(己・1)

[読み] ㊜ ハ(漢)・ヘ(呉) ㊋ ともえ

[語源] ヘビの類を意味する語で、「巴」はそれを描いた図形。日本では渦巻の形に見立て、文様の一つ「ともえ」に当てる。

㊑ 

[人名] とも・ともえ・は ♂里山紹巴《ジョウハ》(戦)・志野省巴《ショウハ》(戦)・豊竹巴太夫《トモエダユウ》(江)・栗田久巴《ヒサトモ》(江)・早野巴人《ハジン》(江) ♀巴御前《トモエゴゼン》(安)・山代巴《トモエ》(明)・隆巴《トモエ》(昭)・伊藤巴子《トモコ》(昭)・中尾巴美《トモミ》(昭)

【波】 8(水・5) 常

[読み] ㊜ ハ(呉・漢) ㊋ なみ

[語源] 「なみ」の意味。「皮」は獣の毛皮の形に「又」(手の形)を添えて、毛皮を被る情景を設定した図形。「斜めに被さる」「斜めに傾く」というイメージがある。「皮(音・イメージ記号)＋水(限定符号)」を合わせて、水が斜めに被さってくる様子を暗示させる。

㊎  ㊑  〔皮〕 ㊑  〔波〕

[人名] なみ・は ♂師岡一波《イッパ》(土)・長野美波留《ミハル》(江)・巌谷小波《サザナミ》(明)・秋元波留夫《ハルオ》(明)・古川緑波《ロッパ》(明)・江上波夫《ナミオ》(明)・石田波郷《ハキョウ》(大)・中島千波《チナミ》(昭) ♀丹波局《タンバノツボネ》(安)・北川波津《ハツ》(江)・山口波津女《ハツジョ》(明)・多田美波《ミナミ》(大)・前田美波里《ビバリ》(昭)・園田小波《コナミ》(昭)

【馬】 10(馬・0) 常

[読み] ㊜ バ(漢)・メ(呉)・マ(唐) ㊋ うま・ま

[語源] ウマの意味。ウマを描いた図形である「馬」で表記する。バという語は驀進の驀(まっしぐらに進む)や武と同源。

㊙  ㊎  ㊑ 

[人名] うま・たけ・たけし・ば・ま・め ▽「たけし(武)」は古典に武の訓がある。 ♂蘇我馬子《ウマコ》(古)・土師馬手《ウマテ》(飛)・紀馬養《ウマカイ》(奈)・寺尾求馬助《モトメノスケ》(江)・渡辺

数馬《カズマ》(江)・式亭三馬《サンバ》(江)・坂本龍馬《リョウマ》(江)・上野彦馬《ヒコマ》(江)・坪井九馬三《クメゾウ》(江)・有島生馬《イクマ》(明)・柴田天馬《テンマ》(明)・森田正馬《マサタケ》(明)・西岡徳馬《トクマ》(昭)・池上翔馬《ショウマ》(昭)・三浦春馬《ハルマ》(平)　♀香川絵馬《エマ》(昭)・坂本梓馬《アズマ》(昭)・下田美馬《ミマ》(昭)

【梅】10(木・6)　常　【梅】11(木・7)

[読み] 音 バイ(漢)・メ・マイ(呉)　訓 うめ

[語源] 木の名、ウメの意味。これを「梅」で表記する。「毎」は「次々に生み増やす」というイメージがある(海の項参照)。ウメの実は酸味があって妊婦に好まれるので、妊娠や出産と関係づけられ、「毎(音・イメージ記号)＋木(限定符号)」を合わせた図形が考案された。

[字体] 「梅」は正字(旧字体)。「梅」は海→海などに倣ったもの。

[人名] うめ・ばい・め　♂高市許梅《コメ》(飛)・雪村友梅《ユウバイ》(鎌)・穴山梅雪《バイセツ》(戦)・三浦梅園《バイエン》(江)・鈴木梅太郎《ウメタロウ》(明)・佐伯梅友《ウメトモ》(明)・中村梅吉《ウメキチ》(明)・井上梅次《ウメジ》(大)・中村梅之助《ウメノスケ》(昭)　♀橋本梅尾《ウメオ》(江)・津田梅子《ウメコ》(江)・木村梅《ウメ》(明)・赤坂小梅《コウメ》(明)・森梅代《ウメヨ》(昭)

【白】5(白・0)　常

[読み] 音 ハク(漢)・ビャク(呉)　訓 しろ・しら・しろい

[語源] 色の名、「しろ」の意味。「白」はクヌギなどのドングリを描いた図形。ドングリの中身の淡い色のイメージから(あるいは、ドングリを漂白して食べたことから)、色の名に用いた。色のイメージから、汚れがない(潔白)、はっきりしている(明白)などの意味を派生する。

甲 
金 
篆 

[人名] あきら・きよし・しら・しろ・はく　▽♂紀白麻呂《シロマロ》(奈)・白壁王《シラカベ》(奈)・白菊丸《シラギクマル》(鎌)・牧野古白《コハク》(室)・加舎白雄《シラオ》(江)・新井白石《ハクセキ》(江)・杉田玄白《ゲンパク》(江)・北原白秋《ハクシュウ》(明)・田波御白《ミシロ》(明)・小森白《キヨシ》(大)　♀手白香《タシラカ》皇女(古)・白女《シロメ》(安)

【伯】7(人・5)　常

[読み] 音 ハク(漢)・ヒャク(呉)

[語源] 人の上に立つ人、かしら、長老、長官の意味。古代漢語でこれをハクといい、覇(はたがしら)・父(長

老）・甫（長老）などと同源であった。ハクという語を表記するために「白（音記号）＋人（限定符号）」を合わせた図形が作られた。

【人名】 お・おさ・おじ・たけ・とも・のり・はか・はく・みち　▽「お（夫）」は妻の夫に対する称呼から。「おさ（長）」「たけ（長）」は古典に長の訓がある。「おじ」は伯父の読み。「のり（法・則）」は長となる者を手本としたことから。「みち（道）」は「のり」の縁語。♂大伴伯麻呂《オジマロ》（奈）・岐秀玄伯《ゲンパク》（戦）・長谷川等伯《トウハク》（土）・阿部伯孝《ミチタカ》（江）・丹波秀伯《ヒデオ》（明）・宇井伯寿《ハクジュ》（明）・宮岡伯人《オサヒト》（昭）・政野光伯《ミツノリ》（昭）・柳沢伯夫《ハクオ》（昭）・鈴木伯《ハク》（昭）　♀大伯《オオク》皇女（飛）・菊地伯子《ノリコ》（昭）・中原伯子《トモコ》（昭）

【博】 12（十・10）常

【読み】 音 ハク（呉・漢）　バク（慣）　訓 ひろい

【語源】 大きく広がる、広く行き渡る意味。「甫《ほ》」は「ぴっしりくっつく」というイメージがある（該項参照）。くっつくとすきまがなくなるから、「薄い」→「平ら」へとイメージが展開する。「甫（音・イメージ記号）＋寸（限定符号）」を合わせた「尃《ふ》」は平らに敷き広げる様子を示す。「尃（音・イメージ記号）＋十（イメージ補助記号）」を合わせて、十全に（欠けた所がなく）広く行き渡る様子を暗示させる。

篆  〔尃〕　篆  〔博〕

【字体】 「博」は正字（旧字体）。「博」は古くから書道で行われた。

【人名】 はか・はく・ひろ・ひろし・ひろむ　♂大伴部博麻《ハカマ》（飛）・源博雅《ヒロマサ》（安）・藤原隆博《タカヒロ》（鎌）・久我通博《ミチヒロ》（室）・伊藤博文《ヒロブミ》（江）・三枝博音《ヒロト》（明）・末川博《ヒロシ》（明）・鳥井博郎《ハクロウ》（明）・村松博雄《ヒロオ》（大）・伊藤博《ハク》（大）・中島丈博《タケヒロ》（昭）・清原和博《カズヒロ》（昭）・森博嗣《ヒロシ》（昭）・山本博《ヒロシ》（昭）　♀東久世博子《ヒロコ》（江）・皆川博子《ヒロコ》（昭）・湯木博恵《ヒロエ》（昭）・星野博美《ヒロミ》（昭）

【麦】 7（麥・0）常

【読み】 音 バク（漢）・ミャク（呉）　訓 むぎ

【語源】 穀物の名、ムギの意味。これを「麥」で表記する。「來」はムギを描いた図形（来の項参照）。「來（音・イメージ記号）＋夊（足とかかわる限定符号）」を合わせて、神が中国にもたらしたというめでたいムギを表した。オオムギは中央アジア、コムギは西アジアから中国に伝播した。

㊙甲  金  篆 

［字体］「麥」は正字（旧字体）。「麦」は近世中国の俗字。

［人名］ばく・み・むぎ ♂小川風麦《フウバク》（江）・服部麦生《ムギオ》（明）・土田麦僊《バクセン》（明）・神尾麦《ムギ》（昭）・畠山麦《バク》（昭）・佐伯一麦《カズミ》（昭） ♀和久井冬麦《ムギ》（平）

【八】

2（八・0） 常

［読み］㊥ハチ（呉）・ハツ（漢） ㊦や・やつ・やっつ・よう

［語源］数詞の8の意味。「八」は両側に分けることを示す象徴的符号である。8は4と4、4は2と2というぐあいに次々に二等分される。この数の特徴を捉えて、「八」の図形が考案された。

甲  金  篆 

［人名］かず・は・はち・や・やつ ♂物部八坂《ヤサカ》（古）・岡田八十次《ヤソジ》（土）・大塩平八郎《ヘイハチロウ》（江）・園八尋《ヤヒロ》（江）・穂積八束《ヤツカ》（江）・村田新八《シンパチ》（江）・会津八一《ヤイチ》（明）・西条八十《ヤソ》（明）・平塚八兵衛《ハチベエ》（大）・岡本喜八《キハチ》（大）・中村八大《ハチダイ》（昭）・中川八洋《ヤツヒロ》（昭）・藤田敏八《トシヤ》（昭）・木村一八《カズヤ》（昭） ♀八田《ヤタ》皇女（古）・県犬養八重《ヤエ》（奈）・伊達五郎八《イロハ》（江）・北畠八穂《ヤホ》（明）・水谷八重子《ヤエコ》（明）・村井八寿子《ヤスコ》（明）・岡田八千代《ヤチヨ》（明）・貝谷八百子《ヤオコ》（大）・岡野八代《ヤヨ》（昭）・瀬戸内美八《ミヤ》（昭）

【半】

5（十・3） 常

［読み］㊥ハン（呉・漢） ㊦なかば

［語源］二つに分けた片方の意味。「八」は「二つに分ける」というイメージがある「八（音・イメージ記号）＋牛（限定符号）」を合わせた「半」で右の語を表記する。牛の解体の場面を設定した図形である。

金  篆 

［字体］「半」は正字（旧字体）。「半」は古くから書道で行われた。

［人名］なか・なかば・はん ♂竹中半兵衛《ハンベエ》（戦）・服

部半蔵《ハンゾウ》（土）・宍野半《ナカバ》（江）・近松半二《ハンジ》（江）・武市半平太《ハンペイタ》（江）・中村半次郎《ハンジロウ》（江）・長岡半太郎《ハンタロウ》（江）・三町半左《ハンザ》（昭）

【帆】6（巾・3）常

【読み】 ㊥ハン（漢）・ボン（呉）　㊀ほ

【語源】 「ほ」の意味。「凡」は帆を描いた形（該項参照）。「凡（音・イメージ記号）＋巾（限定符号）」を合わせて、「ほ」を表す。

【人名】 はん・ほ　♂高島秋帆《シュウハン》（江）・前川千帆《センパン》（明）・樋浦一帆《イッポ》（昭）　♀槙小奈帆《サナホ》（昭）・日下千帆《チホ》（昭）・白石美帆《ミホ》（昭）・須之内美帆子《ミホコ》（昭）・鈴里真帆《マホ》（昭）・野坂麻帆《マホ》（昭）・船津未帆《ミホ》（昭）

【汎】6（水・3）常

【読み】 ㊥ハン（漢）・ホン（呉）

【語源】 広く全体に行き渡る意味。「凡」は帆の形で、「張り広げる」「広く覆う」というイメージがある（該項参照）。「凡（音・イメージ記号）＋水（限定符号）」を合わせて、水が広く全体を覆う様子を暗示させる。

【人名】 はん・ひろ・ひろし　♂平手汎秀《ヒロヒデ》（土）・中条信汎《ノブヒロ》（江）・魚住汎英《ヒロヒデ》（昭）・国貞泰汎《ヤスヒロ》（昭）・木村汎《ヒロシ》（昭）・青井汎《ヒロシ》（昭）　♀西村汎子《ヒロコ》（昭）

【伴】7（人・5）常

【読み】 ㊥ハン（漢）・バン（呉）　㊀ともなう・とも

【語源】 カップルの片方の意味（伴侶）。「二つに分ける」のイメージをもつ「半」を用い（該項参照）、「半（音・イメージ記号）＋人（限定符号）」を合わせた図形によって、右の語を表記する。

【人名】 とも・はん・ばん　♂県犬養大伴《オオトモ》（飛）・長狭常伴《ツネトモ》（安）・浅井井伴《イトモ》（戦）・本多康伴《ヤストモ》（江）・太田黒伴雄《トモオ》（江）・幸田露伴《ロハン》（江）・大野伴睦《バンボク》（明）・原田伴彦《トモヒコ》（大）・松尾伴内《バンナイ》（昭）・剣持伴紀《トモキ》（昭）　♀林伴子《トモコ》（昭）・三橋伴美《トモミ》（昭）

【範】15（竹・9）常

【読み】 ㊥ハン（漢）・ボン（呉）　㊀のり

【語源】 物をコピーする型の意味。「㔾」は「𢎘《かん》」の変形で、はみ出ないように被せる枠の形（犯・氾の右側と同じ)。「弓＋車」を合わせた「軓《はん》(＝帆)」は車の前部に被せる保護板。これも「はみ出ないように被せる枠」のイメージがある。「軓(音・イメージ記号)＋竹(限定符号)」を合わせた「範」は、同形のものを作る時に被せる竹製の鋳型を表す。基準となるもの、手本の意味を派生する。

(篆) 

[人名] すすむ・のり・はん ▽「すすむ」は古典に前の訓がある。♂藤原範兼《ノリカネ》(安)・熊坂長範《チョウハン》(安)・赤松範資《ノリスケ》(鎌)・一色範氏《ノリウジ》(南)・今川範将《ノリマサ》(室)・浪岡顕範《アキノリ》(戦)・仙石秀範《ヒデノリ》(土)・浅川範彦《ノリヒコ》(江)・南条範夫《ノリオ》(明)・井上範《ハン》(明)・川内康範《コウハン》(大)・豊国範《ススム》(昭)・大塚範一《ノリカズ》(昭)・清水義範《ヨシノリ》(昭)・村野武範《タケノリ》(昭)・小林範仁《ノリヒト》(昭) ♀範子《ハンシ[ノリコ]》内親王(安)・小川範子《ノリコ》(昭)・土井範江《ノリエ》(昭)

【繁】 16(糸・10) 常 **【繁】** 17(糸・11)

[読み] (音)ハン(漢)・ボン(呉) (訓)しげる

[語源] どんどんふえる意味(繁殖・繁茂)。古くは「緐」と書いた。「毎」は「どんどん生み増やす」というイメージがある(海の項参照)。「毎(音・イメージ記号)＋糸(限定符号)」を合わせて、糸をたくさん集めて垂らした馬の房飾りを表す。「次々に増える」という意味を派生し、表記が「敏＋糸」に変わった。

(篆) 

[字体] 「繁」は旧字体。敏→敏に倣って「繁」となった。

[人名] しげ・しげし・しげる・とし・はん ▽「とし」は敏の名乗りを流用。♂平繁盛《シゲモリ》(安)・五大院宗繁《ムネシゲ》(鎌)・細川繁氏《シゲウジ》(南)・赤松則繁《ノリシゲ》(室)・武田信繁《ノブシゲ》(戦)・北条繁広《シゲヒロ》(土)・奈良原繁《シゲル》(江)・坪井繁治《シゲジ》(明)・加藤繁《シゲシ》(明)・若林繁太《シゲタ》(大)・植木繁晴《シゲハル》(昭)・高田繁《シゲル》(昭) ♀繁子《ハンシ[シゲコ]》内親王(安)・黒井繁乃《シゲノ》(江)・瓜生繁子《シゲコ》(江)

【盤】 15(皿・10) 常

[読み] (音)バン(呉)・ハン(漢)

[語源] 口の大きな平らな皿の意味。「般」は「舟＋攴

（棒を手にもつ形）」を合わせて、かじをきって舟を〈型にめぐらす様子。円を描くようにして元に戻ることから、「円形」のイメージ、さらに「円く平らに広がる」のイメージに展開する。「般（音・イメージ記号）＋皿（限定符号）」を合わせて、円形の平らな皿を暗示させる。

甲  金  籀 

【人名】いわ・ばん・わ　▽「いわ」は磐と通用することから。♂志水盤谷《バンコク》（江）　♀常磐御前《トキワゴゼン》（安）・池崎美盤《ワミ》（昭）

【磐】15（石・10）

【読み】音 バン（呉）・ハン（漢）　訓 いわ

【語源】大きな石の意味。「円く平らに広がる」のイメージをもつ「般」を用い（前項参照）、「般（音・イメージ記号）＋石（限定符号）」を合わせて、大きく広がった石を暗示させる。

【人名】いわ・いわお・ばん・わ　♂磐城《イワキ》皇子（古）・大伴磐《イワ》（古）・紀大磐《オオイワ》（古）・吉士磐金《イワカネ》（飛）・安部井磐根《イワネ》（江）・宮地常磐《トキワ》（江）・大槻磐渓《バンケイ》（江）・大場磐雄《イワオ》（明）・三宅磐《イワオ》（明）・釘宮磐《バン》（昭）

【比】4（比・0）常

【読み】音 ヒ（呉・漢）　訓 くらべる・ならぶ

【語源】同列に並ぶ意味。「比」は二人が同じ方向に並ぶ情景を設定した図形。並べてくらべる意味、特定の仲間とくっつく（親しくする）意味を派生する。

甲  金  篆 

【人名】たか・たすく・ちか・つら・とも・なみ・ひ・ひさ　▽「たすく」は古典に輔の訓がある。「ちか（近・親）」は古典に近・親の訓がある。「つら（連）」は古典に連の訓がある。「とも（友）」は同じ仲間の意味から。「なみ（並）」は並ぶ意味から。「ひさ」は久し（親しい意）の語根。♂藤原不比等《フヒト》（飛）・阿倍比羅夫《ヒラフ》（飛）・安倍比高《ナミタカ》（安）・松平義比《ヨシチカ》（江）・福岡美比《ヨシツラ》（江）・飯野厚比《アツトモ》（江）・芥川比呂志《ヒロシ》（大）・外山滋比古《シゲヒコ》（大）・井川比佐志《ヒサシ》（昭）・沢井比河流《ヒカル》（昭）　♀藤原多比能《タビノ》（飛）・吉田比砂子《ヒサコ》（大）・黒岩比佐子《ヒサコ》（昭）・紀比呂子《ヒロコ》（昭）・伊藤比呂美《ヒロミ》（昭）・古村比呂《ヒロ》（昭）・石田比奈子

《ヒナコ》(昭)・志村比芽子《ヒメコ》(平)

【妃】 6(女・3) 常

【読み】㊥ヒ(呉・漢) ㊞きさき

【語源】つれあい、特に天子や皇族の妻の意味。これを「妃」で表記する。「己」は「配」の旁と同じ。「配」は「酉(酒壺)+己(ひざまずく人)」を合わせて、酒壺の側に人が寄り添う情景を設定し、「くっついて並ぶ」というイメージを示す。「配(音・イメージ記号)の略体+女(限定符号)」を合わせて、夫と連れ添う女を暗示させる。配偶の配(つれあい)と同源。

【人名】き・ひ・ひめ ▽「き」は己《き》に引きずられた読み。♂盛田幸妃《コウキ》(昭) ♀藤原正妃《セイヒ》「マサヒメ」(安)・芦原妃名子《ヒナコ》(昭)・有沢妃呂子《ヒロコ》(昭)・小野妃香里《ヒカリ》(昭)・宮崎有妃《ユキ》(昭)

【飛】 9(飛・0) 常

【読み】㊥ヒ(呉・漢) ㊞とぶ・とばす

【語源】とぶ意味。鳥が翼を広げて上方に向かってとぶ様子を描いた図形である「飛」で表記する。

㊧ 

【人名】ひ ♂高尾飛騨《ヒダ》(江)・真下飛泉《ヒセン》(明)・赤根谷飛雄太郎《ヒユウタロウ》(大)・鈴木飛雄《ヒユウ》(昭)・小宮山雄飛《ユウヒ》(昭)・岩瀬立飛《タッピ》(昭)・荒木飛呂彦《ヒロヒコ》(昭) ♀飛鳥《アスカ》皇女(飛)・飛鳥田《アスカダ》女王(安)・金子飛鳥《アスカ》(昭)・大空祐飛《ユウヒ》(昭)

【斐】 12(文・8)

【読み】㊥ヒ(呉・漢) ㊞あや

【語源】はっきりと目立つ模様の意味。「非」は反対に向いた羽を描いた図形で、「左右に分かれる」というイメージがあり、「はっきりと(判然と)分かれている」というイメージに展開する。「非(音・イメージ記号)+文(文様にかかわる限定符号)」を合わせて、はっきりと目立つ文様を暗示させる。

㊎  ㊧  〔非〕 ㊧  〔斐〕

【人名】あきら・あや・ひ ▽「あきら(明)」ははっきりしたあやの意味から。♂吉田斐太麻呂《ヒダマロ》(奈)・大伴古慈斐《コシビ》(奈)・原田甲斐《カイ》(江)・脇坂安斐《ヤスアヤ》(江)・菅沼斐

雄《アヤオ》（江）・斎藤斐《アキラ》（江）・野崎丹斐太郎《ニイタロウ》（明）　♀甲斐姫《カイヒメ》（土）・三枝斐子《アヤコ》（江）・上田甲斐子《カイコ》（江）・大方斐紗子《ヒサコ》（昭）

【緋】14（糸・8）

【読み】(音)ヒ（呉・漢）

【語源】鮮やかな赤色の意味。「非」は「はっきり目立つ」というイメージがある（前項参照）。「非（音・イメージ記号）＋糸（限定符号）」を合わせて、鮮やかに目立つ染め糸を暗示させる。

【人名】ひ　♂西村緋禄司《ヒロシ》（昭）　♀梶原緋佐子《ヒサコ》（明）・桜緋紗子《ヒサコ》（大）・藤原緋沙子《ヒサコ》（昭）・渡口緋奈乃《ヒナノ》（平）

【尾】7（尸・4）常

【読み】(音)ビ（漢）・ミ（呉）(訓)お

【語源】しっぽの意味。「尸」は人が尻を突き出している図形。「尸＋毛」を合わせて、動物のしっぽを暗示させる。末端の意味を派生する。

【人名】お・すえ・び　♂物部尾輿《オコシ》（古）・吉備尾代《オシロ》（古）・紀尾佐丸《オサマル》（江）・平島松尾《マツオ》（江）・下村尾山《ビザン》（江）・高浜年尾《トシオ》（明）・伊藤静尾《シズオ》（昭）　♀高尾《タカオ》（江）・中西君尾《キミオ》（江）・荻島滝尾《タキオ》（江）・升田静尾《シズオ》（大）

【弥】8（弓・5）　【彌】17（弓・14）

【読み】(音)ビ（漢）・ミ（呉）(訓)わたる・ひさしい・いや

【語源】最後までいっぱいに行き渡る（満ちる）意味。これを「彌」で表記する。「爾《じ》」は「二つのものがくっつく」「近づく」というイメージがある（該項参照）。「爾（音・イメージ記号）＋弓（限定符号）」を合わせて、弓の弦を一方の端から他方の端へくっつけて張り渡す様子を暗示させる。二点間の距離が遠い、時間が久しい、程度が深い（いよいよ）などの意味を派生する。

(金)

(篆)

【字体】「彌」は正字。「镾」は異体字。「弥」は俗字。

【人名】いや・ひさ・ひさし・ひろ・み・みつ・や・よし・わたる　▽「いや」はいよいよと同じ。「や」は「いや」と同じ。「ひろ（広）」は古典に広の訓がある。「みつ」は古典に満の訓がある。「み」はみつの語根。または呉音のミ。♂中臣弥気《ミケ》（飛）・宮道弥益《イヤマス》（安）・弥

仁《イヤヒト》親王(南)・世阿弥《ゼアミ》(室)・朝比奈弥太郎《ヤタロウ》(室)・木下弥右衛門《ヤエモン》(戦)・吉良義弥《ヨシミツ》(土)・丸橋忠弥《チュウヤ》(江)・那須資弥《スケミツ》(江)・品川弥二郎《ヤジロウ》(江)・伊藤弥《ワタル》(江)・宮城音弥《オトヤ》(明)・安嶋弥《ヒサシ》(大)・森繁久弥《ヒサヤ》(大)・和泉元彌《モトヤ》(昭)・柳楽優弥《ユウヤ》(平) ♀卑弥呼《ヒミコ》(古)・弥努摩《ミヌマ》女王(奈)・吉岡弥生《ヤヨイ》(明)・岡本弥寿子《ヤスコ》(明)・野上弥生子《ヤエコ》(明)・望月弥栄子《ヤエコ》(大)・草間弥生《ヤヨイ》(昭)・鮎川麻弥《マミ》(昭)・松浦亜弥《アヤ》(昭)

【美】 9(羊・3) 常

[読み] (音) ビ(漢)・ミ(呉) (訓) うつくしい

[語源] 姿や味が得もいえず良い意味。この語の視覚記号化は羊から発想され、「羊+大(ゆったりしたさま)」の組み合わせ図形とした。古代中国では、羊は姿も味も良いとされた家畜である(羊・祥の項参照)。

(甲)  (金)  (篆) 

[人名] うま・うまし・きよし・とみ・はる・び・み・よし ▽「きよし(清)」はよしの縁語。「とみ(富)」は美禄から。「はる(春)」は美しい季節から連想か。♂石城美夜部《ミヤベ》(飛)・佐伯美濃麻呂《ミノマロ》(奈)・小野美材《ヨシキ》(安)・美仁親王《ハルヒト》(江)・加藤美樹《ウマキ》(江)・三条実美《サネトミ》(江)・大後美保《ヨシヤス》(明)・田中美知太郎《ミチタロウ》(明)・石本美由起《ミユキ》(大)・東儀俊美《トシハル》(昭)・安藤美紀夫《ミキオ》(昭)・渡辺喜美《ヨシミ》(昭)・米良美一《ヨシカズ》(昭) ♀沢田美喜《ミキ》(明)・多田美波《ミナミ》(大)・神谷美恵子《ミエコ》(大)・瀬戸内晴美《ハルミ》(大)・久我美子《ヨシコ》(昭)・樺美智子《ミチコ》(昭)・小山内美江子《ミエコ》(昭)・工藤美代子《ミヨコ》(昭)・渡辺美佐《ミサ》(昭)・辻元清美《キヨミ》(昭)・安田成美《ナルミ》(昭)

【備】 12(人・10) 常

[読み] (音) ビ(呉)・ヒ(漢) (訓) そなえる・そなわる

[語源] 控えとして用意しておく(そなえる)意味。「荀《び》」は矢を入れておく武具「えびら」を描いた図形。「荀(音・イメージ記号)+人(限定符号)」を合わせて、右の意味の語を表記する。

(甲)  (金)  (篆) 〔荀〕 (篆) 〔備〕

[人名] かた・そなう・とも・なり・のぶ・はる・び・まさ・みつ・みな・よし ▽「とも」は古典に具(一緒

にそろえる）の訓がある。「なり」は成（仕上がる）の訓があり、「はる」「まさ」は全具（全部そろえる）の訓があり、全の名乗りを流用。「みな」は皆の訓がある。「みつ」は満・実の訓がある。「よし（美）」は立派に備わる意味から。♂黄文備《ソナウ》（飛）・吉備真備《マキビ》（奈）・金上盛備《モリハル》（戦）・金光備前《ビゼン》（戦）・阿部正備《マサカタ》（江）・九鬼隆備《タカトモ》（江）・稲葉正備《マサナリ》（江）・立花鑑備《アキノブ》（江）・京極高備《タカマサ》（江）・永井尚備《ナオミツ》（江）・黒岡季備《スエヨシ》（江）・桑田義備《ヨシナリ》（明）
♀吉備《ビキ》内親王（奈）

姫→き

【百】

6（白・1）常

【読み】㊥ヒャク（呉）・ハク（漢）　㊞もも

【語源】数の単位、また、数詞の名。これを「百」で表記する。「白」はドングリの図形で、多数の象徴になる。「白（音・イメージ記号）＋一」を合わせて、数詞の一百（100）を表した。甲骨文字では「一白」（100）、「二白」（200）、「三白」（300）のように合文（二つが合体した字）で記されている。

【人名】お・ひゃく・も・もも　▽「お（ほ）」は百の意で、一二百以上に使われる語。♂安曇百足《モモタリ》（古）・大伴百世《モモヨ》（奈）・三津百枝《モモエ》（奈）・紀百維《モモツグ》（安）・桜田百衛《モモエ》（江）・上田百樹《モモキ》（江）・中尾五百樹《イオキ》（江）・杉百合之助《ユリノスケ》（江）・倉田百三《ヒャクゾウ》（明）・内田百閒《ヒャッケン》（明）・水谷百輔《モモスケ》（昭）　♀藤原百能《モモヨシ》（奈）・奥村五百子《イオコ》（江）・松平幾百女《キオジョ》（江）・宮本百合子《ユリコ》（明）・木下八百子《ヤオコ》（明）・吉永小百合《サユリ》（昭）・山口百恵《モモエ》（昭）

【彪】

11（彡・8）

【読み】㊥ヒョウ（慣）　ヒュウ（呉・漢）　㊞あや

【語源】美しい模様、あやの意味。「虎（トラ）＋彡（模様を示す符号）」を合わせた図形で表記する。体が（トラの）強く健やかの意味の語も同じ図形で表記する。

【人名】あきら・あや・たけ・たけき・たけし・つよし・とら・ひょう　▽「あきら（明）」は鮮明なあやの意味から。♂秋山光彪《コウヒョウ[ミツタケ]》（江）・木下利彪《トシトラ》（江）・原彪《タケシ》（明）・笹鹿彪《ヒョウ》（明）・平林彪吾《ヒョウゴ》（明）・岩下彪《タケキ》（昭）・

横沢彪《タケシ》(昭)・奥村彪生《アヤオ》(昭)

【苗】 8(艸・5) 常

[読み] 音 ビョウ(漢)・ミョウ(呉) 訓 なえ・なわ

[語源] 植物の「なえ」の意味。「艸(艸)+田」を合わせた図形によって表記する。血筋、子孫の意味を派生する。

[人名] しげ・たね・なえ・なり・びょう・みつ ▽「たね」は古典に胤の訓がある。「なり(成)」は苗から成長することから連想。「しげ(繁・茂)」は苗から繁茂することから連想。「みつ(満)」は子孫が繁殖し満ちることからか。♂土方義苗《ヨシタネ》(江)・園田成苗《ナリナエ》(江)・毛利政苗《マサナリ》・小笠原忠苗《タダミツ》(江)・池田菊苗《キクナエ》(江)・高田早苗《サナエ》(江)・田中香苗《カナエ》(明)・禱苗代《シゲシロ》(明)・屋良朝苗《チョウビョウ》(明) ♀久保田真苗《マナエ》(大)・石井苗子《ミツコ》(昭)・中原早苗《サナエ》(昭)・水村美苗《ミナエ》(昭)・竹内香苗《カナエ》(昭)・小林沙苗《サナエ》(昭)・五十木小苗《サナエ》(昭)・田畑菜苗《ナナエ》(昭)

【品】 9(口・6) 常

[読み] 音 ヒン(漢)・ホン(呉) 訓 しな

[語源] しなものの意味。「品」は「口」を三つ重ねて、いろいろな名の物を暗示させる図形。

[人名] かず・しな・のり・ひん・ほむ ▽「かず」は数多くの物の意味から。「のり」は古典に法の訓がある。「ほむ」は品の古音。♂多品治《ホムチ》(飛)・京極高品《タカカズ》(江)・松平吉品《ヨシノリ》(江)・有地品之允《シナノジョウ》(江)・久留品山《ヒンザン》(江) ♀土屋品子《シナコ》(昭)

【浜】 10(水・7) 常

[読み] 音 ヒン(呉・漢) 訓 はま

[語源] 水辺、波打ち際の意味。この語を「濱」で表記する。「賓」の原形は「宀(いえ)+兀または元(人の形)+貝(お宝)」を合わせて、人が礼物を持ってきて家の中に居る場面を設定した図形。主人の側に寄り添う客をヒンといい、「賓」と書く。ここに「側に近づく(接する)」というイメージがコアにある。「賓(音・イメージ記号)+水(限定符号)」を合わせた「濱」は、水と陸がすれすれに接近している所を暗示させる。

甲 金 篆

〔賓〕

［字体］「濱」は正字（旧字体）。「浜」は近世中国の俗字。

［人名］はま・ひん　♂当麻豊浜《トヨハマ》（飛）・藤原浜雄《ハマオ》（安）・紀広浜《ヒロハマ》（安）・清水浜臣《ハマオミ》（江）・根岸浜吉《ハマキチ》（江）・梅田雲浜《ウンビン》（江）・梅沢浜夫《ハマオ》（大）　♀桜井浜江《ハマエ》（明）・辰巳浜子《ハマコ》（明）・海原小浜《コハマ》（大）

【彬】11（彡・8）

［読み］㊌ヒン（呉・漢）

［語源］質（内容）に見合った文（外形のあや）がはっきり現れた様子の意味。「林」は「二つが並ぶ」というイメージを示す。「林（イメージ記号）＋彡（模様にかかわる限定符号）」を合わせた図形で、右の語を表記する。

［人名］あき・あきら・ひで・ひとし・よし　▽「あき（明）」はあやがはっきりしていることから。「ひとし（斉）」は二つがそろって備わることから。「ひで（英）」「よし（美）」は美しいあやから連想。　♂池田成彬《シゲアキ》（江）・島津斉彬《ナリアキラ》（江）・鍋島直彬《ナオヨシ》（江）・島村彬《アキラ》（江）・清宮彬《ヒトシ》（明）・高木彬光《アキミツ》（大）・原彬久《ヨシヒサ》（昭）・宮川彬良《アキラ》（昭）・中尾彬《アキラ》（昭）　♀香山彬子《アヤコ》（大）・彬子《アキコ》女王（昭）

【敏】10（攴・6）常　【敏】11（攴・7）

［読み］㊌ビン（漢）・ミン（呉）　㊞さとい・とし

［語源］行動などがきびきびとすばやい意味（敏捷）。「毎」は「次々に増える」というイメージがある（海・繁の項参照）。「毎（音・イメージ記号）＋攴（限定符号）」を合わせた「敏」は、手の動作が次々に繰り出される様子を暗示させる。精神の働きがすばやい（さとい）意味を派生する。

㊙甲  ㊎金  ㊫篆 

［字体］「敏」は正字（旧字体）。「敏」は毎→毎に倣った字体。

［人名］さと・さとし・すすむ・つとむ・と・とし・はや・はやし・はる・びん・みぬ・ゆき　▽「つとむ」は古典に勉の訓がある。「はや」は古典に疾・速の訓がある。「すすむ（進）」「ゆき（行）」は速の縁語。「みぬ」は呉音ミンから。　♂藤原敏行《トシユキ》（安）・菊池武敏《タケトシ》（鎌）・織田敏広《トシヒロ》（室）・柴田勝敏《カツトシ》（戦）・平賀敏《サトシ》（江）・渡辺敏《ハヤシ》（江）・木沢敏《ビン》（江）・小篠敏《ミヌ》（江）・青山忠敏《タダユキ》（江）・

河野敏鎌《トガマ》(江)・井上敏《シト》(明)・内山敏《ツトム》(明)・暁烏敏《ハヤ》(明)・上田敏《ビン》(明)・三船敏郎《トシロウ》(大)・古谷三敏《ミツトシ》(昭)・藤田敏八《トシヤ》(昭)・今野敏《ビン》(昭)　♀敏子《トシコ》内親王(安)・松田敏江《トシエ》(大)・秋吉敏子《トシコ》(昭)・木村敏美《トシミ》(昭)・伊東敏恵《トシエ》(昭)・山田敏代《トシヨ》(昭)

【不】

4(一・3)　常

[読み]　㊥ フ(呉)・フウ(漢)　ブ(慣)　㊟ ず

[語源]「～ず」と打ち消すことば。漢語では、プーと言って否定するとき、頬がふくれた形を呈する。フという語は「丸くふくれる」というコアイメージをもつので、その視覚記号化には、花の蕚を描いた図形である「不」が考案された。

甲 　金 　篆 

[補説] 人名に用いる場合は意味のイメージではなく、ただ「フ」という音を用いるだけである。

[人名] ふ　♂藤原不比等《フヒト》(飛)・丈部不破麻呂《フワマロ》(奈)・田中不二麿《フジマロ》(江)・中村不折《フセツ》(江)・秋元不死男《フジオ》(明)・芝不器男《フキオ》(明)・柘植不知人《フジト》(明)・八尋不二《フジ》(明)・小酒井不木《フボク》(明)・林不忘《フボウ》(明)・三隅一不二《ジフジ》(大)・赤塚不二夫《フジオ》(昭)・蔵持不三也《フミヤ》(昭)　♀不破《フワ》内親王(奈)・秋野不矩《フク》(明)・石川不二子《フジコ》(昭)・石黒不二代《フジヨ》(昭)・小野不由美《フユミ》(昭)

【夫】

4(大・1)　常

[読み]　㊥ フ(呉・漢)　フウ(慣)　㊟ おっと

[語源] 成人した男子の意味、また、おっとの意味。冠をつけ、大の字型に立つ人を描いた図形によって、大きく成長した男を暗示させる。

甲 　金 　篆 

[人名] お・おの・ふ・ぶ　▽「お(男)」は男子の意味から。「おの」はおのこ(男子)の略。♂壬生夫子《オノコ》(飛)・阿倍比羅夫《ヒラフ》(飛)・小泉次大夫《ジダユウ》(戦)・大黒屋光太夫《コウダユウ》(江)・伊藤左千夫《サチオ》(江)・原夫次郎《フジロウ》(明)・折口信夫《シノブ》(明)・長谷川一夫《カズオ》(明)・三島由紀夫《ユキオ》(大)・小川国夫《クニオ》(昭)・大江志乃夫《シノブ》(昭)・毒蝮三太夫《サンダユウ》(昭)　♀大夫典侍《タイフノスケ》(安)・建礼門院右京大夫《ウキョウノダイブ》(安)・広瀬夫佐子《フサコ》(大)・湯崎夫沙子《フサコ》(昭)

【布】5（巾・2）常

［読み］㊥フ（呉）・ホ（漢）㊀ぬの・しく

［語源］ぬのの意味、また、平らに敷き広げる意味。「布」は「父＋巾」に分析できる。「父」はおのを手に持つ図形で、斧の原字。おのは刃の部分が大きく広がった武器なので、「平らに延び広がる」というイメージがある。「父（音・イメージ記号）＋巾（限定符号）」を合わせた「布」は、平らに延び広がった反物を暗示させる。

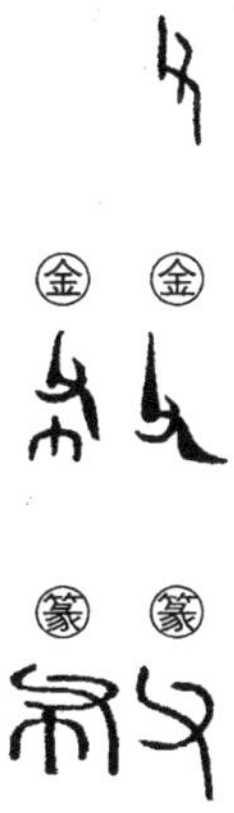

㊙ ㊎ ㊣〔父〕　㊎ ㊣〔布〕

［人名］しき・たえ・ぬの・のぶ・ふ・よし　▽「たえ」はたへ（栲）で、布類の総称。「のぶ（述）」は陳述の意味から。「よし（善）」は布施から連想か。♂坂合部石布《イワシキ》（飛）・阿斗阿加布《アカフ》（飛）・荒氏稲布《イナシキ》（奈）・土岐頼布《ヨリノブ》（江）・杉田日布《ニップ》（江）・水島爾保布《ニオウ》（明）・岡田彰布《アキノブ》（昭）・寺尾由布樹《ユウキ》（昭）　♀武良布枝《ヌノエ》（昭）・三浦布美子《フミコ》（昭）・竹内由布子《ユウコ》（昭）・山本布美江《フミエ》（昭）・岡安乃布子《ノブコ》（昭）

【扶】7（手・4）常

［読み］㊥フ（漢）・ブ（呉）㊀たすける

［語源］支えて助ける意味（扶助）。両脇から∧型に支えて、中のものを崩れないようにしっかりと立たせるというイメージがあるので、「大きく立つ」というイメージをもつ「夫」を用い（該項参照）、「夫（音・イメージ記号）＋手（限定符号）」を合わせて、その語を表記する。

［人名］お・すけ・ふ・もと　▽「お」は夫の名乗りを流用。♂源扶義《スケヨシ》（安）・伊丹元扶《モトスケ》（戦）・三刀屋久扶《ヒサスケ》（戦）・大田原扶清《スケキヨ》（江）・櫛田胅之扶《テツノスケ》（昭）・甲斐扶佐義《フサヨシ》（昭）・和谷泰扶《ヤスオ》（昭）・落合扶樹《モトキ》（平）　♀仁科扶紀《フキ》（昭）・狐野扶実子《フミコ》（昭）

【芙】7（艸・4）

［読み］㊥フ（漢）・ブ（呉）

［語源］「芙蓉」の二音節で、ハスの花、また、ハスの意味。「夫」は「大きく立つ」というイメージがある（該項参照）。「夫（音・イメージ記号）＋艸（限定符号）」を合わせ

て、丅型に立つ大きなハスの花を暗示させる。

[人名] お・のり・ふ　▽「お」は夫の名乗りの流用。「のり（乗）」は葉が水面に乗ることから連想か。♂鈴木芙蓉《フヨウ》（江）・関根逸芙《イップ》（江）・堀田一芙《カズフ》（昭）・岡沢憲芙《ノリオ》（昭）　♀豊田芙雄《フユ》（江）・林芙美子《フミコ》（明）・慶光院芙沙子《フサコ》（大）・中谷芙二子《フジコ》（昭）・村崎芙蓉子《フヨコ》（昭）・阿部芙蓉美《フユミ》（昭）

【婦】 11（女・8）　常

[読み] ㊥フ（慣）　フウ（漢）・ブ（呉）　㊞おんな・つま

[語源] 妻、嫁の意味、また、一般におんなの意味。「帚」は箒（ほうき）の形。「帚（イメージ記号）＋女（限定符号）」を合わせて、右の語を表記する。ブ（フウ）という語は付・服などと同源で、「側に寄り添う」というコアイメージがあり、夫に寄り添う女を意味する。

[字体] 「婦」は正字（旧字体）。「婦」は古くから書道にある字体。

[人名] ふ　♀安曇外命婦《ゲミョウブ》（奈）・小馬命婦《コマノミョウブ》（安）・鈴木乃婦《ノブ》（明）・平野婦美子《フミコ》（明）・大久保婦久子《フクコ》（大）・香月婦美子《フミコ》（大）・宮内婦貴子《フキコ》（昭）

【富】 12（宀・9）　常　【冨】 11（冖・9）

[読み] ㊥フ（呉）・フウ（漢）　㊞とむ・とみ

[語源] （財産などが）たっぷり豊かにある意味。「畐《ふく》」は「ふくれる」↓「いっぱい満ちる」というイメージがある（福の項参照）。「畐（音・イメージ記号）＋宀（限定符号）」を合わせて、家の中が財産などで満ちる様子を暗示させる。

[字体] 「冨」は近世中国の富の俗字。

[人名] あつし・さかえ・と・とみ・とめり・とよ・ひさ・ふ・みつる・ゆたか・よし　▽「あつし（厚）」は古典に厚の訓がある。「さかえ（栄）」は富貴から連想。また、古典に盛の訓がある。「とよ」は豊富の意味。「みつる（満）」「ゆたか（豊）」は財産が豊かに満ちることから。「よし」は古典に福・禄の訓があり、これから連想。　♂藤原富士麻呂《フジマロ》（安）・中原康富《ヤストミ》（室）・千葉胤富《タネトミ》（戦）・谷本富《トメリ》（江）・間重富《シゲトミ》（江）・牧野富太郎《トミタロウ》（江）・宮脇富《アツシ》（明）・佐伯富《トミ》（明）・緒方富雄《トミオ》（明）・

村山富市《トミイチ》（大）・藤村富美男《フミオ》（大）・梅沢富美男《トミオ》（昭）・常田富士男《フジオ》（昭）・国広富之《トミユキ》（昭）♀日野富子《トミコ》（室）・吉良富子《トミコ》（江）・大原富枝《トミエ》（大）・山本富士子《フジコ》（昭）・米沢富美子《フミコ》（昭）

【普】 12（日・8） 常

[読み] 音 フ（呉）・ホ（漢） 訓 あまねし

[語源] 広く行き渡る意味（普遍）。この語を「普」で表記する。「竝《へい》」は「立（地上に立つ人の形）」を二つ並べて、「横に並ぶ」というイメージを示す。これは「横に広がる」というイメージに展開する。「竝（音・イメージ記号）＋日（限定符号）」を合わせて、日光が隅々まで広がり行き渡る様子を暗示させる。

甲  金  篆 〔竝〕 篆 〔普〕

[字体] 「普」は本字。「普」は竝→並に従う字体。

[人名] かた・ひろ・ひろし・ふ ♂斎藤普春《カタハル［ヒロハル］》（江）・本庄普一《フイチ》（江）・伊波普猷《フユウ》（明）・前田普羅《フラ》（明）・日高普《ヒロシ》（大）・川崎普照《ヒロテル》（昭）・大石普人《ヒロト》（昭） ♀普子《ヒロコ》内親王（安）・普光《フコウ》女王（戦）・姉崎普美《フミ》（昭）

【武】 8（止・4） 常

[読み] 音 ブ（漢）・ム（呉） 訓 たけし

[語源] 強く勇ましい、たけだけしい意味（武勇）。「武」は「戈（ほこ）＋止（足）」を合わせて、武器を持ち、歩武堂々と突き進む情景を設定した図形。

甲  金  篆 

[人名] いさむ・たけ・たけし・たける・ぶ・む ♂日本武尊《タケルノミコト》（古）・吉備武彦《タケヒコ》（古）・藤原武智麻呂《ムチマロ》（奈）・清原武則《タケノリ》（安）・菊池武時《タケトキ》（鎌）・和田正武《マサタケ》（南）・相良武任《タケトウ》（戦）・宮本武蔵《ムサシ》（土）・小野田直武《ナオタケ》（江）・赤根武人《タケト》（江）・林武《タケシ》（明）・有島武郎《タケオ》（明）・三木武吉《ブキチ》（明）・越智武臣《タケオミ》（大）・五十嵐武士《タケシ》（昭）・石山修武《オサム》（昭）・塚地武雅《ムガ》（昭）・渋谷武尊《タケル》（平） ♀横川武良子《ムラコ》（江）・九条武子《タケコ》（明）

【舞】 15（舛・8） 常

[読み] 音 ブ（漢）・ム（呉） 訓 まう・まい

[語源] ダンスをする意味。「無」は人が両手に羽飾り

を持って踊る姿を描いた図形（該項参照）。「無」が「ない」の意味に専用されたので、「舛（ステップを踏む両足）」の限定符号を添えて「舞」が作られた。

（甲） （金） （篆）

［人名］ ぶ・ま・まい・ん ♂加藤宗舞《ソウブ》（江） ♀神崎恵舞《エン》（明）・秦利舞子《リンコ》（明）・喜多嶋舞《マイ》（昭）・宝生舞《マイ》（昭）・山本舞衣子《マイコ》（昭）・松浦舞依《マイ》（昭）・門脇舞以《マイ》（昭）・水島舞夏《マイカ》（昭）・原田舞美《マイミ》（平）

【風】 9（風・0） 常

［読み］ （音）フウ・フ（呉）・ホウ（漢） （訓）かぜ・かざ

［語源］ かぜの意味。「凡《ぼん》」はかぜの音声を写した擬音語だけでなく、イメージを示す記号。これは船の帆を描いた図形（帆の項参照）。帆はかぜを孕むものなので、「凡（音・イメージ記号）＋虫（限定符号）」を合わせた「風」ができた。「虫」を限定符号とする理由は、風が生物の生命を発生させる力をもつという古代観念による。

（甲） （篆）

［人名］ かざ・かぜ・つぐ・ふう ▽「つぐ」は古典に告の訓がある。 諷刺の諷と通用。 ♂小野道風《ミチカゼ［トウフウ］》（安）・山路徳風《ヨシツグ》（江）・上田千風《チカゼ》（江）・高崎正風《マサカゼ》（江）・三木露風《ロフウ》（明）・富安風生《フウセイ》（明）・山田風太郎《フウタロウ》（大）・鳴海風《フウ》（昭）・新藤風《カゼ》（昭）・冨沢風斗《カザト》（平） ♀岬風右子《フウコ》（昭）

【楓】 13（木・9）

［読み］ （音）フウ（呉）・ホウ（漢） （訓）かえで

［語源］ マンサク科の木の名。現代中国では楓香という。枝が弱くて風で鳴るので、「風（音・イメージ記号）＋木（限定符号）」を合わせた「楓」で表記する。日本では、秋に紅葉するとある中国の文献から「かえで」と誤読した。

［人名］ かえで・ふう ♂藤原楓麻呂《カエデマロ》（安）・鈴木素楓《ソフウ》（江）・山下晴楓《セイフウ》（昭） ♀壬生楓子《フウコ》（昭）・大瀬楓《カエデ》（平）

【福】 13（示・9） 常 【福】 14（示・9）

［読み］ （音）フク（呉・漢） （訓）さいわい

【語源】　しあわせの意味。「畐《ふく》」は腹のふくれた徳利状の器を描いた図形で、「ふくれる」「いっぱい満ちる」というイメージがある。「畐（音・イメージ記号）＋示（限定符号）」を合わせて、神の恩恵が豊かに満ちる様子を暗示させる。

甲・金・篆

〔畐〕

〔福〕

【字体】　「福」は正字（旧字体）。「福」は古くから書道で用いられた字体。

【人名】　さき・さち・たる・とし・とみ・ふく・よし　▽「さき（幸）」「さち（幸）」は幸福の意味。「たる（足）」「とみ（富）」は豊かに満ちることから。「とし（年）」（みのりの意）は富から連想か。♂鞍作福利《フクリ》（飛）・忍坂福貴《フクキ》（奈）・田辺福麻呂《サキマロ》（奈）・安曇福雄《サキオ》（安）・奥村永福《ナガトミ》（戦）・阿部正福《マサトミ》（江）・松平忠福《タダヨシ》（江）・清閑寺共福《トモサチ》（江）・甲斐福一《フクイチ》（江）・安藤福太郎《フクタロウ》（江）・石川知福《トモヨシ》（明）・荘司福《フク》（明）・岸辺福雄《フクオ》（明）・安藤百福《モモフク》（明）・額賀福志郎《フクシロウ》（昭）　♀福子《フクコ》内親王（江）・小夜福子《フクコ》（明）・黒田福美《フクミ》（昭）・中森福代《フクヨ》（昭）

【文】

4（文・0）　常

【読み】　㊥ブン（漢）・モン（呉）　㊩ふみ・あや

【語源】　あや、模様の意味（文様）。「文」は衣の襟元に見える模様（入れ墨または何らかの印）を描いた図形。模様をなすもの（天文・文字）、彩りや飾りになるもの（文化）などの意味を派生する。

甲・金・篆

【人名】　あき・あや・とも・のぶ・のり・ひとし・ふみ・ぶん・み・もん・やす・ゆき・よし　▽「あき（明・章）」は文章（あや）の章から。「のぶ（述）」は文章の縁語。「のり（法）」は古典に法度の訓がある。「ひとし」は古典に仁の訓がある。「よし（美・善）」は古典に美の訓がある。「やす（安）」「ゆき（幸）」はよし（吉・祥）から連想。♂朝風文将《ブンショウ》（飛）・橘文成《アヤナリ》（奈）・菅原文時《フミトキ》（安）・秋月文種《フミタネ》（戦）・鴻池直文《ナオフミ》（土）・細川興文《オキノリ》（江）・大槻文彦《フミヒコ》（江）・有馬純文《スミアキ》（明）・山下奉文《トモユキ》（明）・獅子文六《ブンロク》（明）・山田無文《ムモン》（明）・蔦文也《フミヤ》（大）・加藤文《ブン》（昭）・菅原文太《ブンタ》（昭）・秋篠宮文仁《フミヒト》（昭）・寺脇康文《ヤスフミ》（昭）

♀多治比文子《アヤコ》（安）・宮城文《フミ》（明）・幸田文《アヤ》（明）・円地文子《フミコ》（明）・若尾文子《アヤコ》（昭）・樫山文枝《フミエ》（昭）・草柳文恵《フミエ》（昭）・迫文代《フミヨ》（昭）・山本文緒《フミオ》（昭）・北原文野《アヤノ》（昭）・塩村文夏《アヤカ》（昭）・長淵文音《アヤネ》（昭）

【聞】 14（耳・8） 常

［読み］ ㊥ ブン（漢）・モン（呉） ㊙ きく・きこえる

［語源］ 耳できく、耳にきこえる意味。「門」は二枚の扉を閉じている図形（該項参照）。「閉じて中が見えない」というイメージがある。これは「隠れて見えない（わからない）ものを見ようとする」というイメージにも展開する。「問」はこのイメージがコアにある。「門（音・イメージ記号）＋耳（限定符号）」を合わせた「聞」は、わからないものを聞き分ける様子を暗示させる。

［人名］ ぶん・もん ♂井上聞多《モンタ》（江）・原口聞一《ブンイチ》（明）・山口多聞《タモン》（明）・結城思聞《シモン》（昭）・早川聞多《モンタ》（昭）・河相我聞《ガモン》（昭）・町田多聞《タモン》（昭）

【丙】 5（一・4） 常

［読み］ ㊥ ヘイ（漢）・ヒョウ（呉） ㊙ ひのえ

［語源］ 十干の三番目、「ひのえ」の意味。「丙」は二股に分かれてぴんと張っている様子を示した象徴的符号である。柄（両側に張る取っ手）はこのイメージがコアにある。

㊙甲  ㊎金  ㊖篆 

［人名］ あき・ひのえ・へい ▽「あき」は古典に明の訓がある。♂岩沢丙吉《ヘイキチ》（江）・稲垣乙丙《オトヘイ》（江）・南部辰丙《シンペイ》（江）・藤井丙午《ヘイゴ》（明）・山川丙三郎《ヘイザブロウ》（明）・大地丙太郎《アキタロウ》（昭）・伊藤丙雄《アキオ》（昭）

【平】 5（干・2） 常

［読み］ ㊥ ヘイ（漢）・ビョウ（呉） ヒョウ（慣） ㊙ たいら・ひら

［語源］ たいらの意味。「平」は水面に浮かぶウキクサの姿を描いた図形。具体物の意味は苹・萍（ウキクサ）に譲り、「平」は「でこぼこがなくそろっている」というイメージだけを用いる。

㊎金  ㊖篆 

［人名］ おさむ・たいら・つね・とし・なる・はかる・

ひとし・ひら・へい・まさる　▽「おさむ」は古典に治の訓がある。「つね」は平常の意味から。「なる」は古典に成の訓がある。「ひとし」は古典に均の訓がある。「はかる」は古典に議の訓がある。♂源義平《ヨシヒラ》(安)・源平《タイラ》(安)・在原業平《ナリヒラ》(安)・九条良平《ヨシヒラ》(鎌)・鷹司政平《マサヒラ》(室)・佐野平明《ヒラアキラ》(戦)・萱野三平《サンペイ》(江)・植場平《ハカル》(江)・両国平《ヘイ》(江)・神田孝平《タカヒラ》(江)・合田平《ヒトシ》(明)・東郷平八郎《ヘイハチロウ》(明)・鷹司平通《トシミチ》(大)・脇本平也《ツネヤ》(大)・高畠平《マサル》(大)・広中平祐《ヘイスケ》(昭)・竹中平蔵《ヘイゾウ》(昭)・藤沢周平《シュウヘイ》(昭)・川田龍平《リュウヘイ》(昭)

【兵】

7(八・5)　常

[読み]　音 ヘイ(漢)・ヒョウ(呉)　訓 つわもの

[語源]　武器、また、戦士の意味。「兵」を分析すると「斤(おのの形)＋廾(両手)」となる。斧を手に持つ情景を写した図形である。

甲 　金 　篆 

[人名]　たか・たけ・ひょう・へい　▽「たか」「たけ」は古典に威の訓がある。♂黒田官兵衛《カンベエ》(戦)・判兵庫《ヒョウゴ》(戦)・伊東祐兵《スケタカ》(土)・平山兵介《ヒョウスケ》(江)・津田兵部《ヒョウブ》(江)・片岡鉄兵《テッペイ》(明)・大内兵衛《ヒョウエ》(明)・鯨岡兵輔《ヒョウスケ》(大)・柏原兵三《ヒョウゾウ》(昭)・坂本新兵《シンペイ》(昭)・柴田恭兵《キョウヘイ》(昭)・上島竜兵《リュウヘイ》(昭)

【米】

6(米・0)　常

[読み]　音 ベイ(漢)・マイ(呉)　訓 こめ

[語源]　こめの意味。「米」は「一」の符号の上下に小さな粒が点々と散らばっている図形。

甲 　篆 

[人名]　べい・め・よね　♂中根米七《ヨネシチ》(江)・青木木米《モクベイ》(江)・野口米次郎《ヨネジロウ》(明)・黒田徳米《トクベイ》(明)・中川米三《ヨネゾウ》(大)・石井米雄《ヨネオ》(昭)・北川米彦《ヨネヒコ》(昭)　♀山田久米子《クメコ》(江)・佐伯米子《ヨネコ》(明)・神尾米《ヨネ》(昭)

【碧】

14(石・9)

[読み]　音 ヘキ(漢)・ヒャク(呉)　訓 みどり・あおい

[語源]　青緑色の宝石の意味、また、色の名。「白」は「淡い」というイメージを示す。「白(音・イメージ記号)

＋玉（イメージ補助記号）＋石（限定符号）」を合わせて、淡く光る玉に似た石を暗示させる。

【人名】あお・あおい・へき・みどり　♂河東碧梧桐《へきごとう》（明）・我妻碧宇《へきう》（明）　♀細川碧《みどり》（明）・鳥越碧《みどり》（昭）・井上碧《あおい》（昭）・尾崎碧里《あおり》（平）

【勉】10（力・8）　常　【勉】9（力・7）

【読み】㊀音 ベン（漢）・メン（呉）　訓 つとめる

【語源】無理にはげむ意味（勉強）。「免」は女性がお産をする情景を写した図形（分娩の娩の原字）。細かく分析すると「⺈（しゃがむ人）＋宀（穴）＋儿（人体）」の組み合わせ。胎児が狭い産道を通り抜けて出ることから、「やっと通る」「無理を冒して出る」というイメージがある。「免（音・イメージ記号）＋力（限定符号）」を合わせて、無理に力を出す様子を暗示させる。

金 　篆 〔免〕　篆 〔勉〕

【人名】つとむ・べん・まさる　▽「まさる」は古典に強（しいる）の訓があり、強い↓勝ると連想したか。♂桜井勉《つとむ》（江）・依田勉三《べんぞう》（江）・久保勉《まさる》（明）・水上勉《つとむ》（大）・和田勉《べん》（昭）・新垣勉《つとむ》（昭）

【甫】7（用・2）

【読み】音 ホ（慣）　フ（呉・漢）　訓 はじめ

【語源】長老、また、男子の美称。「甫」の原形は「屮（草の芽）＋田」を合わせて、田んぼに苗が生えている図形。苗や草がびっしり生えることから、「くっつく」「平らに広がる」というイメージがあり、このイメージは圃（植物を植える園の意）・敷（敷きつめる）などに受け継がれ、「甫」は専ら長老を意味するフという語に使うようになった。そのため字体（篆書）も「父（音・イメージ記号）＋用（イメージ補助記号）」に変わった。働きや能力のある年長者を暗示させる。

甲 　金 　篆 

【人名】お・すけ・とし・なみ・のり・はじめ・ほ・み・もと・よし　▽「すけ」は輔と通用するから。「とし（年）」は年長者の意味から。「のり（範・法）」は長老が手本になるからか。「はじめ（始）」は古典に始の訓がある。「もと（元）」は始めのつながり。「み（身）」は古典に我の訓があるからか。「よし」は古典に美の訓がある。♂小瀬甫庵《ホアン》（土）・京極高甫《タカスケ》（江）・前田正甫《マサトシ》（江）・勢多章甫《ノリミ》（江）・黒田甫《ハジメ》（江）・桂川甫周《ホシユウ》（江）・小野芳甫《ヨシオ》（明）・堀越久甫《ヒサモト》（大）・万年甫《ハジメ》（大）・江遠要甫《ヨウスケ》（昭）　♀押小路甫子《ナミコ》（江）

【歩】8（止・4）常　【步】7（止・3）

[読み]　㊥ホ（漢）・ブ（呉）　フ（慣）　㊙あるく・あゆむ

[語源]　あるく意味。これを「歩」で表記する。上部の「止」は足の形、下部はその反対向きの足。二つを合わせて、左右の足を交互に踏み出す情景を写した図形。

㊙　㊎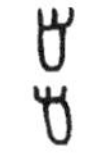　㊟

[字体]　「步」は正字（旧字体）。「歩」は近世中国の俗字。

[人名]　あ・あゆ・あゆみ・あゆむ・お・ほ　♂天野宗歩《ソウホ》（江）・国木田独歩《ドッポ》（明）・江戸川乱歩《ランポ》（明）・富田木歩《モッポ》（明）・松尾歩《アユム》（昭）　♀井本直歩子《ナオコ》（昭）・唯野未歩子《ミアコ》（昭）・大橋歩《アユミ》（昭）・木村歩美《アユミ》（昭）・谷本歩実《アユミ》（昭）・小松未歩《ミホ》（昭）・本田真歩《マホ》（昭）・中田侑歩《ユウホ》（昭）・荒井千歩《チホ》（平）

【保】9（人・7）常

[読み]　㊥ホ・ホウ（呉）　ホウ（漢）　㊙たもつ

[語源]　大切に守る意味。「呆《ほう》」は赤ん坊をおむつで包む姿を描いた図形。「中の物を外側から大切に包む」というイメージがある。「呆（音・イメージ記号）＋人（限定符号）」を合わせて、右の語を表記する。

㊙　㊎　㊟

[人名]　お・たもつ・ほ・まもる・もち・もつ・もり・やす・やすし　▽「もつ（持）」は保持の意味から。「もり（守）」は守るの古語。「やす（安）」は古典に安の訓がある。♂慶滋保胤《ヤスタネ》（安）・阿保親王《アボ》（安）・瓜生保《タモツ》（鎌）・三条西公保《キンヤス》（室）・十河存保《ナガヤス》（戦）・羽柴秀保《ヒデヤス》（土）・柳沢吉保《ヨシヤス》（江）・松平容保《カタモリ》（江）・塙保己一《ホキイチ》（江）・水島爾保布《ニオウ》（明）・高田保《タモツ》（明）・田中保《ヤスシ》（明）・遠藤保仁《ヤスヒト》（昭）　♀北条保子《ヤスコ》（鎌）・保姫《ヤスヒメ》（江）・三保野《ミホノ》（江）・坂西志保《シホ》（明）・吉田理保子《リホコ》（昭）・藤田三保子《ミホコ》（昭）・黒川伊保子《イホコ》（昭）・鈴木保奈美《ホナミ》（昭）・高木美保（昭）・黒川伊保子《イホコ》（昭）

《ミホ》(昭)・松本紀保《キオ》(昭)・吉田沙保里《サオリ》(昭)

【輔】 14(車・7)

[読み] ㊀ ホ(慣)　フ(漢)・ブ(呉)　㊁ たすける・すけ

[語源] 車の添え木の意味。「くっつける」というイメージをもつ「甫」を用い(該項参照)、「甫(音・イメージ記号)＋車(限定符号)」を合わせて、車につけて補強するための板を暗示させる。脇から力を添えて助ける意味を派生する。

[人名] すけ・たすく・ふ・ほ　♂深根輔仁《スケヒト》(安)・宇佐輔景《スケカゲ》(鎌)・千葉輔胤《スケタネ》(室)・杉重輔《シゲスケ》(戦)・吉井幸輔《コウスケ》(江)・伊藤大輔《ダイスケ》(明)・升味準之輔《ジュンノスケ》(大)・浅野輔《タスク》(昭)・永六輔《ロクスケ》(昭)・松坂大輔《ダイスケ》(昭)・中村俊輔《シュンスケ》(昭)・上地雄輔《ユウスケ》(昭)　♀藤原輔子《ホシ》「スケコ」(安)・伊勢大輔《タイフ》(安)・佐藤輔子《スケコ》(明)

【方】 4(方・0)　常

[読み] ㊀ ホウ(呉・漢)　㊁ かた・まさに

[語源] 向き(方角)、また、四角(方形)の意味。「方」は両側に柄の張り出た鋤を描いた図形。「両方に張り出す(↔)」のイメージから、「四方に張り出す(✥)」のイメージ、さらに「四角形(□)」のイメージに展開する。方角、方形、地方の方はこのイメージが具体的文脈で実現されたもの。

[人名] あたる・かた・しげ・すけ・ただし・たもつ・のり・ほう・まさ・まさし・みち　▽「あたる(当)」「まさ(正・将)」はまさに(ちょうど)その時に当たる意味から。「ただし(正)」は方正の意味から。「たもつ(保)」は古典に有の訓がある。「のり(法)」「みち(道)」はやり方(方法)の意味から。古典に法・道の訓がある。♂平直方《ナオカタ》(安)・姉小路忠方《タダカタ》(鎌)・新田貞方《サダカタ》(南)・上杉房方《フサカタ》(室)・武田信方《ノブカタ》(戦)・稲葉方通《マサミチ》(土)・渡辺方綱《マサツナ》(江)・小堀政方《マサミチ》(江)・広田正方《マサスケ》(江)・中島方《マサシ》(明)・坂本四方太《シホウダ》(明)・鏑木清方《キヨカタ》(明)・小松方正《ホウセイ》(大)・久本方《タダシ》(大)・杉原方《タモツ》(大)・白川方明《マサアキ》(昭)・岩下方彦《ノリヒコ》(昭)・松本方哉《マサヤ》(昭)　♀国方姫命《クニカタヒメノミコト》(古)・源方子《マサコ》(安)・中村方子《マサコ》(昭)・高楼方子《ホウコ》(昭)

【包】5（勹・3）常

[読み] 音 ホウ（漢）・ヒョウ（呉） 訓 つつむ

[語源] 中の物を周囲からつつむ意味。「巳《し》」は胎児の形（該項参照）。「勹（丸く取り巻く符号）＋巳」を合わせた「包」は、胎児が子宮の膜で包まれている情景を暗示させる図形。具体物の意味は胞（えな）に譲り、「包」は「外から中の物を丸くつつむ」というイメージを示す記号とする。

篆

[字体]「包」は正字（旧字体）。「包」は俗字。

[人名] かね・ほう ▽「かね（兼）」は古典に兼の訓がある。♂織田信包《ノブカネ》（戦）・三村包常《カネツネ》（江）・青木包高《カネタカ》（江）・宮良長包《チョウホウ》（明）・日下包夫《カネオ》（大）

【芳】7（艸・4）常

[読み] 音 ホウ（呉・漢） 訓 かんばしい

[語源] 香りがよい、かんばしい意味。「四方に張り広がる」というイメージをもつ「方」を用い（該項参照）、「方（音・イメージ記号）＋艸（限定符号）」を合わせて、花の香りが四方に発散する様子を暗示させる。

[人名] か・かおる・ほう・みち・よし ▽「みち（道）」は方の名乗りを流用。♂菅沼定芳《サダヨシ》（江）・勝安芳《ヤスヨシ》（江）・本庄道芳《ミチカ》（江）・大平正芳《マサヨシ》（明）・泉芳朗《ホウロウ》（明）・加藤芳郎《ヨシロウ》（大）・原田芳雄《ヨシオ》（昭）・田中芳樹《ヨシキ》（昭）・森田芳光《ヨシミツ》（昭） ♀藤原芳子《ホウシ》［ヨシコ］（安）・湯浅芳子《ヨシコ》（明）・立石芳枝《ヨシエ》（明）・大石芳野《ヨシノ》（昭）・柏原芳恵《ヨシエ》（昭）・向井芳織《カオリ》（昭）・松井芳《カオル》（昭）

【邦】7（邑・4）常

[読み] 音 ホウ（呉・漢） 訓 くに

[語源] 諸侯が封じられた領土、国の意味。「丰《ほう》」は稲の穂先が∧形に尖った形で、「先端が∧形をなす」「∧形に盛り上がる」というイメージを示す（奉の項参照）。「丰（音・イメージ記号）＋邑（限定符号）」を合わせて、盛り土をして領有の印とした領域を暗示させる。封（領土を与える）は同源。

甲

金

篆

【人名】くに・ほう ♂藤原邦綱《クニツナ》(安)・北条邦時《クニトキ》(鎌)・日野邦光《クニミツ》(南)・久我邦通《クニミチ》(室)・加藤信邦《ノブクニ》(戦)・千葉邦胤《クニタネ》(土)・水野忠邦《タダクニ》(江)・橋本雅邦《ガホウ》(江)・佐々木邦《クニ》(明)・橋田邦彦《クニヒコ》(明)・辻邦生《クニオ》(大)・田中邦衛《クニエ》(昭)・山崎邦正《ホウセイ》(昭) ♀藤原邦子《クニコ》(安)・邦子《ホウシ》[クニコ]内親王(鎌)・織賀邦江《クニエ》(大)・岩橋邦枝《クニエ》(昭)・向田邦子《クニコ》(昭)

【奉】8(大・5) 常

【読み】㊅ホウ(漢)・ブ(呉) ㊋たてまつる

【語源】ささげ持つ意味。「奉」を分析すると「丰+廾+手」となる。「丰《ほう》」は「先端が∧形をなす」というイメージがあり(前項参照)、「↗↖の形に頂点で出合う」というイメージに展開する。「丰(音・イメージ記号)+廾(イメージ補助記号)+手(限定符号)」を合わせて、物を↗↖の形に差し上げる様子を暗示させる。

㊙甲  ㊙金  ㊙篆  〔丰〕 ㊙篆  〔奉〕

【人名】とも・よし ▽「とも(共・同)」は両手をそろえて捧げることから。「よし」は恭しく捧げることから、恭の名乗りを流用か。♂紀奉光《トモミツ》(安)・池田奉永《ヨシナガ》(安)・浅井奉政《トモマサ》(江)・山下奉文《トモユキ》(明)・桃井奉彦《トモヒロ》(昭)・岩井奉信《トモアキ》(昭)

【宝】8(宀・5) 常

【読み】㊅ホウ(呉・漢) ㊋たから

【語源】たからの意味。これを「寶」で表記する。「宀(家)+玉+缶(陶器)+貝(財貨)」を合わせた「寶」は、家の中にさまざまな財物を大切にしまっておく情景を設定した図形。

㊙甲  ㊙金  ㊙篆 

【字体】「寶」は正字(旧字体)。「宝」は近世中国で発生した俗字。

【人名】かね・たか・たかし・たから・たけ・とみ・ほ・ほう・みち・よし ▽「たか(貴)」は貴重なものの意味から。「たけ」は貴の別の名乗りを流用か。「とみ(富)」「かね(金)」はたからの縁語。「みち(道)」は古典に道の訓がある。「よし(吉・祥)」はとみ(富)から連想。♂島津久宝《ヒサタカ》(江)・酒井忠宝《タダトミ》(江)・松浦宝《タカシ》

（江）・小島宝素《ホウソ》（江）・吉松信宝《ノブタカ》（明）・水口宝一《ホウイチ》（大）・久世久宝《キュウホウ》（大）・山田至宝《シホウ》（昭）　♀アンヴィル奈宝子《ナホコ》（昭）・中村宝子《タカラコ》（昭）

【抱】8（手・5）常

【読み】音 ホウ（漢）・ボウ（呉）　訓 だく・いだく・かかえる
【語源】だく意味。「包」は「外から中の物を丸く取り巻く」というイメージがある（該項参照）。「包（音・イメージ記号）＋手（限定符号）」を合わせて、両手を丸く回して中の物を包むようにする様子を暗示させる。
【人名】いだく・ほう　♂物部依網抱《イダク》（飛）・酒井抱一《ホウイツ》（江）・岡本一抱《イッポウ》（江）・島村抱月《ホウゲツ》（明）・野尻抱影《ホウエイ》（明）・野尻抱介《ホウスケ》（昭）

【朋】8（月・4）

【読み】音 ホウ（漢）・ボウ（呉）　訓 とも
【語源】友だちの意味。「朋」は貝をつないで二連並べた図形。「ペアになって並ぶ」というイメージがあるので、仲良く並ぶ友だちを意味する語をこの図形で表記する。

甲  金 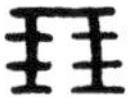 古 

【人名】お・とも・ほう　♂内藤信朋《ノブトモ》（江）・山県有朋《アリトモ》（江）・神保朋世《トモヨ》（明）・藤沢朋斎《ホウサイ》（大）・小島朋之《トモユキ》（昭）・今井朋彦《トモヒコ》（昭）・大森南朋《ナオ》（昭）　♀山崎朋子《トモコ》（昭）・吉田朋代《トモヨ》（昭）・久我朋乃《トモノ》（昭）・雨宮朋絵《トモエ》（昭）・緒方朋恵《トモエ》（昭）・原田朋実《トモミ》（昭）・岡崎朋美《トモミ》（昭）・鈴木朋《トモ》（昭）・中島朋花《トモカ》（平）

【法】8（水・5）常

【読み】音 ホウ（呉・漢）　ハッ・ホッ（慣）　訓 のり・のっとる
【語源】おきて、きまりの意味。この語の視覚記号化は神秘的な動物の習性から発想され、「灋」が作られた。「廌《ち》」は獬廌《かいち》とも呼ばれ、裁判の際に容疑者の有罪・無罪を見分けたという動物で、裁判官のシンボルとされた。「去」は「一線から下がらせる」というイメージを示す。「水」は越えてはならない境界線を示す。「去（イメージ記号）＋廌（イメージ補助記号）＋水（限定符号）」を合わせた「灋」は、越えてはならない一線から引き下がらせるために裁判官が設けた枠を暗示させる。

㊎  ㊟ 

[字体]「灋」は本字。「法」は異体字。

[人名] かず・つね・のり・ほう　▽「かず」は古典に数の訓がある。「つね」は古典に常の訓がある。♂田中法麻呂《ノリマロ》(奈)・松平定法《サダノリ》(江)・河野法善《ホウゼン》(江)・入江義法《ヨシノリ》(明)・古谷法夫《ノリオ》(大)・神崎武法《タケノリ》(昭)・御法川法男《ノリオ》(昭)・片岡孝法《タカノリ》(昭)・飴屋法水《ノリミズ》(昭)　♀酒井法子《ノリコ》(昭)・広井法代《ノリヨ》(昭)

【峰】10(山・7)　常　【峯】10(山・7)

[読み] ㊥ ホウ(漢)・フ(呉)　ブ(慣)　㊙ みね

[語源] みねの意味。「夆《ほう》」は「先端が∧形に尖る」「𠆢の形に頂点で出合う」というイメージがある(邦の項参照)。「夆(音・イメージ記号)＋山(限定符号)」を合わせて、両側から𠆢の形にせりあがって頂上が尖った山を暗示させる。

[字体]「峯」は異体字。

[人名] お・たか・たかし・ほ・ほう・みね　▽「お(を)」は尾根の意味。「たか(高)」は高く尖った山の意味から。♂紀秋峰《アキミネ》(安)・高山峰丸《ミネマル》(江)・山崎八峰《ヤツオ》(江)・徳冨蘇峰《ソホウ》(江)・相良守峯《モリオ》(明)・橋本峰雄《ミネオ》(大)・東峰夫《ミネオ》(昭)・深尾昌峰《マサタカ》(昭)・平井峰太郎《ミネタロウ》(昭)　♀峰姫《ミネヒメ》(江)・西川峰子《ミネコ》(昭)・福家美峰《ミホ》(昭)

【萌】11(艸・8)　【萠】12(艸・8)

[読み] ㊥ ホウ・ボウ(慣)　モウ(漢)・ミョウ(呉)　㊙ もえる・きざす

[語源] 植物が芽を出す意味。「明」は「暗い所を明るくする」というイメージがあり、「見えないものが見えるようになる」というイメージに展開する(該項参照)。「明(音・イメージ記号)＋艸(限定符号)」を合わせて、草が暗い所から明るい所へ現れ出る様子を暗示させる。

[字体]「萌」は正字。「萠」は俗字。

[人名] きざし・ほ・め・めぐむ・も・もえ　♂加藤土師萌《ハジメ》(明)　♀俵萠子《モエコ》(昭)・永田萠《モエ》(昭)・鷺沢萠《メグム》(昭)・萩原萠《メグミ》(昭)・目黒萌絵《モエ》(昭)・高橋萌木子《モモコ》(昭)・春日萌花《モエカ》(昭)・後藤果萌《カホ》(平)・清水萌々子《モモコ》(平)

【豊】13(豆・6)　常

【読み】㊥ ホウ(漢)・フ(呉)　ブ(慣)　㊦ ゆたか

【語源】量がたっぷりある意味。これを「豐」で表記する。「丰《ほう》」は「先端が∧形に尖る」「↗↖の形に頂点で出合う」というイメージがある(奉の項参照)。「山」は盛り上げた形を示す。「豆」はたかつき。「丰(音・イメージ記号)+丰+山(イメージ補助記号)+豆(限定符号)」を合わせた「豐」は、器の上に食物や供物を両側から↗↖の形に盛り上げている様子を暗示させる。

㊙甲 　㊙金 　㊙篆 

【字体】「豐」は正字(旧字体)。「豊」は本来は禮の右側と同じで、レイと読む字だが、「豐」の代用となった。

【人名】あつ・と・とよ・のぼる・ひろ・ひろし・ほう・みのる・もり・ゆたか・よし　▽「あつ(厚)」は古典に厚の訓がある。「とよ」は豊作の意味。「みのる」は「とよ」の縁語。「のぼる(登)」は登にみのる意があるからか。「ひろし(広)」は古典に広の訓がある。「もり(盛)」は豊かの縁語。あるいは盛(さかん)の訓があり、これの名乗りを流用か。「よし(吉・祥)」は「とよ」から連想。♂弓削豊穂《トヨホ》(古)・当麻豊浜《トヨハマ》(飛)・巨勢豊人《トヨヒト》(奈)・大中臣豊雄《トヨオ》(安)・宇都宮豊房《トヨフサ》(鎌)・島津久豊《ヒサトヨ》(南)・久我豊通《トヨミチ》(室)・尼子豊久《トヨヒサ》(戦)・山内一豊《カズトヨ》(戦)・多忠豊《タダモリ》(江)・榊原豊《ユタカ》(江)・岡部豊後《ブンゴ》(江)・賀川豊彦《トヨヒコ》(明)・遠藤豊吉《トヨキチ》(大)・玉村豊男《トヨオ》(昭)・若三藤成豊《シゲトヨ》(昭)・江夏豊《ユタカ》(昭)・人見豊《ミノル》(昭)　♀多治比豊継《トヨツグ》(奈)・中臣豊子《トヨコ》(奈)・藤原豊子《ホウシ》[トヨコ]・豊姫《トヨヒメ》(江)・山崎豊子《トヨコ》(大)・鈴木豊美《トヨミ》(昭)

【鳳】

14(鳥・3)

【読み】㊥ ホウ(漢)・ブ・ブウ(呉)　㊦ おおとり

【語源】空想上の大鳥、鳳凰の意味。雄を鳳、雌を凰という(凰の項参照)。「凡《ぼん》」は帆の形で、張り広げることから、「広く覆う」というイメージを示す(該項参照)。「凡(音・イメージ記号)+鳥(限定符号)」を合わせて、翼が広く覆い被さる大鳥を暗示させる。

㊙甲 　㊙篆 

【人名】ほう　♂金春禅鳳《ゼンポウ》(室)・長瀬鳳輔《ホウスケ》(江)・中根鳳次郎《ホウジロウ》(江)・田川鳳朗《ホウロウ》(江)・竹内栖鳳《セイホウ》(江)・平林鳳二《ホウジ》(明)・日比野五鳳《ゴホウ》(明)・三田村昌鳳《ショウホウ》(昭)

【鵬】19（鳥・8）

[読み] ㊥ホウ（漢）・ボウ（呉）　㊙おおとり

[語源] 空想上の大鳥の意味。「朋」は「ペアをなして並ぶ」というイメージがある（該項参照）。「朋（音・イメージ記号）＋鳥（限定符号）」を合わせて、雌雄がペアをなす瑞鳥を表す。鳳凰の別名である。

[人名] とも・ほう・ゆき　♂山田鵬輔《ホウスケ》（江）・本多忠鵬《タダユキ》（江）・亀田鵬斎《ホウサイ》（江）・大熊鵬《ホウ》（明）・嶋中鵬二《ホウジ》（大）・狩野邑鵬《ユウホウ》（大）

【卯】5（卩・3）

[読み] ㊥ボウ（漢）・ミョウ（呉）　㊙う

[語源] 十二支の四番目。「卯」は門の扉が反対向きになっている図形で、「両側に開ける」というイメージを示す記号。殷代からこの図形を十二支に用いた。動物のウサギに当てるのは漢代に始まる。

㊙甲 　㊎金 　㊕篆 

[字体] 「夘」は「卯」の俗字。

[人名] あきら・う・しげる　♂小柳卯三郎《ウサブロウ》（江）・田口卯吉《ウキチ》（江）・西村卯《ウ》（明）・犬田卯《シゲル》（明）・橋本卯太郎《ウタロウ》（明）・西山夘三《ウゾウ》（明）・清水卯一《ウイチ》（大）・長尾卯《アキラ》（昭）　♀鹿島卯女《ウメ》（明）

【房】8（戸・4）　常

[読み] ㊥ボウ（呉）・ホウ（漢）　㊙ふさ

[語源] 本来は母屋の両側に張り出した部屋の意味。一般に、部屋の意味。「↔型に張り出す」というイメージをもつ「方」を用い（該項参照）、「方（音・イメージ記号）＋戸（限定符号）」を合わせて、右の語を表記する。

[字体] 「房」が正字（旧字体）。「房」は戶→戸に倣った字体。

[人名] のぶ・ふさ・ぼう　▽「のぶ（延）」は両脇に延びた部屋のことからか。♂大江匡房《マサフサ》（安）・北畠親房《チカフサ》（鎌）・飯尾常房《ツネフサ》（室）・大内義房《ヨシフサ》（戦）・邦房《クニノブ》親王（土）・大野治房《ハルフサ》（土）・徳川頼房《ヨリフサ》（江）・林房雄《フサオ》（明）・安部公房《コウボウ》（大）・夏目房之介《フサノスケ》（昭）　♀橘房子《フサコ》（安）・藤原房子《フサコ》（鎌）・市川房枝《フサエ》（明）・角田房子《フサコ》（大）・太田房江《フサエ》（昭）・亀田房代《フサヨ》（昭）

【望】 11（月・7）　常

［読み］ 音 ボウ（漢）・モウ（呉）　訓 のぞむ・もち

［語源］ 遠くを見る意味。これを「望」で表記する。「亡」は「衝立状のもの＋人」を合わせて、人を遮って姿が見えないようにする様子を描き、「姿が見えない」というイメージを示す（荒の項参照）。これは「見えないものを見ようとする」というイメージにも展開する。「壬」は人が背伸びして立つ姿（聖の項参照）。「亡（音・イメージ記号）＋月（イメージ補助記号）＋壬（イメージ補助記号）」を合わせた「望」は、まだ見えない月を見ようと、背伸びして待つ情景を設定した図形。待ちわびる意味を派生する。また、待ちどおしいことから満月（もち）の意味にもなる。

甲 　金 　篆 

［字体］「望」は旧字体。下部が呈・聖に倣って「王」に変わった。「朢」は異体字。

［人名］ のぞみ・のぞむ・ぼう・み・も・もち　♂木使主望足《モチタリ》（奈）・紀淑望《ヨシモチ》（安）・加賀井重望《シゲモチ》（土）・石川雅望《マサモチ》（江）・西園寺公望《キンモチ》（江）・松本望《ノゾム》（明）・北村西望《セイボウ》［ニシモ］（明）・西村望《ボウ》（大）・林望《ノゾム》（昭）・大森望《ノゾミ》（昭）・西望実《ノゾミ》（昭）　♀野村望東尼《モトニ》（江）・萩尾望都《モト》（昭）・古城望《ノゾミ》（昭）・寺岡望美《ノゾミ》（昭）・松岡恵望子《エミコ》（昭）・井上路望《ミロ》（昭）

【眸】 11（目・6）

［読み］ 音 ボウ（漢）・ム（呉）　訓 ひとみ

［語源］ ひとみの意味。「牟《む》」は「ム（声の出るさま）＋牛」を合わせて、モウという牛の鳴き声を表す（該項参照）。反芻する牛の習性から、「むさぼる」の意味もあり、「無理に求める」→「無理を冒して突き進む」というイメージに展開する。「牟（音・イメージ記号）＋目（限定符号）」を合わせて、視線を突き刺すようにして物を見る「ひとみ」を暗示させる。

［人名］ ひとみ　♂高垣眸《ヒトミ》（明）　♀岡本眸《ヒトミ》（昭）

【北】 5（匕・3）　常

［読み］ 音 ホク（呉・漢）　訓 きた・そむく・にげる

［語源］ そむく意味、また、きたの意味。「北」は「人

（左向きの人）＋匕（右向きの人）」を合わせて、互いに背を向ける情景を写した図形。これによって、背をむける（そむく）と方位の名（陽の南に対して、陰の方角）の二つの意味の語を表記する。

甲  金  篆 

【人名】きた・ほく　♂多治比部北里《キタサト》（奈）・葛飾北斎《ホクサイ》（江）・鶴屋南北《ナンボク》（江）・成島柳北《リュウホク》（江）・諸戸北郎《キタロウ》（明）・違星北斗《ホクト》（明）・安倍北夫《キタオ》（昭）

【卜】2（卜・0）

【読み】音ボク（慣）　ホク（呉・漢）　訓うらなう

【語源】占いの意味。「卜」は古代の占いで、亀の甲羅に火箸を入れた時に現れるひび割れを象徴的に示す図形。「何かが急に起こる」「ぽっくり割れる」というイメージがある。

甲  金  篆 

【人名】うら・ぼく　♂塚原卜伝《ボクデン》（戦）・菊岡卜一《ボクイツ》（江）・大岡春卜《シュンボク》（江）・左卜全《ボクゼン》（明）

【木】4（木・0）常

【読み】音ボク（漢）・モク（呉）　訓き・こ

【語源】「き」をモクといい、「き」の全形を描いた「木」の図形でその語を表記する。

甲  金  篆 

【人名】き・こ・しげ・ぼく・もく　♂物部木蓮子《イタビ》（古）・紀木津魚《コツオ》（奈）・宮本三木之助《ミキノスケ》（江）・羽田野栄木《サカキ》（江）・青木木米《モクベイ》（江）・小酒井不木《フボク》（明）・石川啄木《タクボク》（明）・宇野木忠《シゲタダ》（明）・菅木志雄《キシオ》（昭）・山口馬木也《マキヤ》（昭）・石井真木《マキ》（昭）　♀浜木綿子《ユウコ》（昭）・井田真木子《マキコ》（昭）・笹原木実《コノミ》（昭）・今井夏木《ナツキ》（昭）

【朴】6（木・2）常

【読み】音ボク（慣）　ホク（呉）・ハク（漢）　訓えのき・ほお

【語源】手を加えず自然のままの意味。「ぽっくり割れる」というイメージをもつ「卜」を用い（該項参照）、「卜（音・イメージ記号）＋木（限定符号）」を合わせて、木が折れたままでまだ加工されていない様子を暗示させる。

【人名】すなお・なお・ぼく　♂牧朴真《ナオマサ》(江)・立原朴次郎《ボクジロウ》(江)・伊東玄朴《ゲンボク》(江)・江口朴郎《ボクロウ》(明)・萩谷朴《ボク》(大)・望月朴清《ボクセイ》(昭)

【牧】
8(牛・4)　常

【読み】㊥ボク(漢)・モク(呉)　㊙まき

【語源】家畜を飼う意味、また、家畜を放し飼いする場所の意味。「牛（イメージ記号）+攴（限定符号）」を合わせた図形で表記する。

【人名】ぼく・まき　♂品治牧人《マキヒト》(奈)・後藤牧太《マキタ》(江)・鈴木牧之《ボクシ》(江)・若山牧水《ボクスイ》(明)・阿部牧郎《マキオ》(昭)・山口牧生《マキオ》(昭)・法村牧緒《マキオ》(昭)　♀牧《マキ》の方(安)・内舘牧子《マキコ》(昭)・中村牧江《マキエ》(昭)・山川牧《マキ》(昭)

【睦】
13(目・8)　常

【読み】㊥ボク(漢)・モク(呉)　㊙むつむ・むつまじい

【語源】仲良く一緒になる（むつむ、むつまじい）意味。「坴《りく》」は土を盛り上げた丘の形で、「寄せ集める」「多く集まる」というイメージがある（陸の項参照）。「坴（音・イメージ記号）+目（限定符号）」を合わせて、多くの人が目を寄せ合う様子を暗示させる。

【人名】あつし・ちか・ちかし・つか・とき・とも・のぶ・ひろ・ぼく・まこと・みち・むつ・むつみ・よし
▽「あつし（厚）」は古典に厚の訓がある。「ちか（親）」は親の訓がある。「つか（束）」（一つにまとめる意）は一緒になることから連想か。「とき（解）」は親しく解け合うことからか。「とも（友・共）」「よし（良）」は仲良く一緒の意味から。「ひろ」は敬の訓があり、これの名乗りを流用か。「まこと」は信の訓から。「のぶ」は信の別の名乗りを流用か。♂徳川宗睦《ムネチカ》(江)・今川氏睦《ウジミチ》(江)・堀田正睦《マサヨシ》(江)・昆野睦武《ツカノリ》(明)・大野伴睦《バンボク》(明)・柴田睦雄《ムツオ》(大)・山田宗睦《ムネムツ》(大)・高橋睦郎《ムツオ》(昭)・鹿野睦《ムツミ》(昭)・福士睦《アツシ》(昭)・笹本睦《マコト》(昭)・宮崎隆睦《タカヒロ》(昭)・渡辺睦月《ムツキ》(昭)　♀三木睦子《ムツコ》(大)・石井睦美《ムツミ》(昭)・田村睦心《ムツミ》(昭)

【凡】
3(几・1)　常

【読み】㊥ボン(呉)・ハン(漢)　㊙およそ・すべて

【語源】すべて、およその意味。「凡」は船の帆を描いた図形。満遍なく張り広げるので、「広く覆う」というコアイメージがある。「広く全体を覆って→すべて」というのが実現される意味である。

甲 金 篆

【人名】つね・ひろ・ぼん ▽「つね（常）」は古典に常の訓がある。凡庸・平凡の意味。「ひろ」は広く覆っての意味から。あるいは汎の訓を流用。♂野沢凡兆《ボンチョウ》（江）・伊豆凡夫《ツネオ》（江）・白石凡《ボン》（明）・西条凡児《ボンジ》（大）・藤井凡大《ボンダイ》（昭）・平凡太郎《ボンタロウ》（昭）・大木凡人《ボンド》（昭）・世志凡太《ボンタ》（昭）・早野凡平《ボンペイ》（昭）・梅田凡乃《ヒロカズ》（昭）・小泉凡《ボン》（昭）

【麻】 11（麻・0） 常

【読み】（音）マ（唐）・バ（漢）・メ（呉） （訓）あさ

【語源】植物のアサの意味。「朩」はアサの皮を剥ぎ取る図形。「林」はこれを二つ並べた形。「林（イメージ記号）」＋广（イメージ補助記号）」を合わせた形。「麻」は、屋根の下でアサの皮を剥いで繊維を取る場面を設定した図形である。

篆（朩） 篆（林）
金 篆（麻）

【字体】「麻」は正字（旧字体）。「麻」は古くから書道で行われた。

【人名】あさ・お・ま ▽「お（を）」はアサの古語。♂箭括氏麻多智《マタチ》（古）・石上麻呂《マロ》（飛）・三宅麻佐《マサ》（奈）・猪飼麻二郎《アサジロウ》（江）・張間麻佐緒《マサオ》（明）・泉麻人《アサト》（昭）・久保田麻琴《マコト》（昭）・川崎麻世《マヨ》（昭） ♀岩下志麻《シマ》（昭）・

小林麻美《アサミ》（昭）・長田奈麻《ナオ》（昭）・川上麻衣子《マイコ》（昭）・山本麻祐子《マユコ》（昭）・若林麻由美《マユミ》（昭）・深津麻弓《マユミ》（昭）・小林麻耶《マヤ》（昭）・倉木麻衣《マイ》（昭）・関根麻里《マリ》（昭）・藤沢恵麻《エマ》（昭）

【摩】15（手・11）常

［読み］㊥マ（呉）・バ（漢）㊚する・こする

［語源］こする意味（摩擦）。「麻」はアサの皮を剥いで柔らかく揉みほぐすことから、「こすって揉む」というイメージがある。「麻（音・イメージ記号）＋手（限定符号）」を合わせて、「こする」ことを表す。

［人名］きよ・ま　▽「きよ（清）」は磨と通用。♂阿倍摩侶《マロ》（飛）・境部摩理勢《マリセ》（飛）・采女摩礼志《マレシ》（飛）・弓削薩摩《サツマ》（奈）・島田勝摩《カツマ》（江）・山下摩起《マキ》（明）・定岡卓摩《タクマ》（昭）・彦摩呂《ヒコマロ》（昭）　♀摩阿姫《マアヒメ》（土）・村井志摩子《シマコ》（昭）・池田摩耶子《マヤコ》（昭）・大黒摩季《マキ》（昭）・安斎摩紀《マキ》（昭）・小沢摩純《マスミ》（昭）・田中摩弥《マヤ》（昭）

【磨】16（石・11）常

［読み］㊥マ（呉）・バ（漢）㊚みがく

［語源］みがく意味（研磨）。「麻」は「こすって揉む」というイメージがある（前項参照）。「麻（音・イメージ記号）＋石（限定符号）」を合わせて、刃物を砥石でこすることを表す。

［人名］おさむ・きよ・ま・みがく　▽「おさむ（治）」は古典に治石の訓がある。「きよ（清）」は磨くと清らかになるから。♂團琢磨《タクマ》（江）・織田一磨《カズマ》（明）・高木逸磨《イツマ》（明）・團伊玖磨《イクマ》（大）・高見沢磨《オサム》（昭）・鈴木磨人《キヨト》（昭）・青木拓磨《タクマ》（昭）・小池翔磨《ショウマ》（平）　♀伊集院須磨《スマ》（江）・松井須磨子《スマコ》（明）・久保田磨希《マキ》（昭）・安住磨奈《マナ》（昭）

又→ゆう

【末】5（木・1）常

［読み］㊥マツ・マチ（呉）・バツ（漢）㊚すえ

［語源］物の端、すえの意味。「末」は「木」の上部に「一」の符号をつけて、木のこずえを暗示させる図形。

㊎

㊡

【人名】すえ・とめ・ひろし・ま・まつ　▽「とめ（止）」は古典に終の訓がある。♂藤原末茂《スエシゲ》（奈）・紀末次《スエツグ》（安）・平末清《スエキヨ》（鎌）・一柳直末《ナオスエ》（戦）・一柳末彦《スエヒコ》（江）・後藤末雄《スエオ》（明）・西尾末広《スエヒロ》（明）・池田末則《スエノリ》（大）・田中末一《スエカズ》（昭）　♀末姫《スエヒメ》（江）・川上末《スエ》（明）・大塚末子《スエコ》（明）・半藤末利子《マリコ》（昭）・岸野末利加《マリカ》（昭）・森脇真末味《マスミ》（昭）・本多末奈《マナ》（昭）

【茉】 8（艸・5）

【読み】音 マツ・マチ（呉）・バツ（漢）　マ（慣）

【語源】モクセイ科のマツリカを「茉莉」と表記する。梵語mallikaを「末利」と音写し、のち草冠をつけて「茉莉」となった。

【人名】ま　♀森茉莉《マリ》（明）・岡田茉莉子《マリコ》（昭）・宮崎茉祐子《マユコ》（昭）・田村茉紗子《マサコ》（昭）・坂口茉里《マリ》（昭）・西山茉希《マキ》（昭）・三倉茉奈《マナ》（昭）・吉田茉以《マイ》（平）

【麿】 18（麻・7）

【読み】訓 まろ

【語源】男子の名につける語。麻呂の二字で表記されたが、後に「麻＋呂」を合わせた「麿」が創作された。国字である。

【人名】まろ　♂喜多川歌麿《ウタマロ》（江）・土岐善麿《ゼンマロ》（明）・小野三千麿《ミチマロ》（明）・渡部英麿《ヒデマロ》（大）・高久史麿《フミマロ》（昭）・鷲見麿《マロ》（昭）

【万】 3（一・2）常　**【萬】** 12（艸・9）

【読み】音 マン（慣）　バン（漢）・モン（呉）　訓 よろず

【語源】数の単位、また、数詞の名。「萬」はサソリを描いた図形。サソリは多数の子を産むので、多数の象徴になり、数の10000を意味するマンという語を「萬」で表記する。

甲

金

篆

【字体】「萬」は正字（旧字体）。「万」は近世中国の俗字。

【人名】かず・かつ・すすむ・たか・たかし・つむ・つもる・ばん・ま・まさ・まん・よろず　▽「すすむ」は邁進の邁（進んで行く意）からか。「たか（高）」はかず（数）の縁語か。「つむ（積）」（数が重なって多くなる意）は多い数から連想。♂捕鳥部万《ヨロズ》（古）・太安万呂《ヤスマロ》（飛）・国

造雄万《オマ》（奈）・藤原元利万呂《ゲンリマロ》（安）・難波万雄《ヨロズオ》（安）・浅井万福丸《マンプクマル》（戦）・三条実万《サネツム》（江）・谷衛万《モリタカ》（江）・帆足万里《バンリ》（江）・中浜万次郎《マンジロウ》（江）・松岡万《ヨロズ》［ツモル・ムツミ］（江）・上田万年《カズトシ》（明）・鈴木九万《タダカツ》（明）・亀井万《マン》（明）・伊丹万作《マンサク》（明）・荒木万寿夫《マスオ》（明）・藤崎万里《マサト》（大）・斉藤万比古《カズヒコ》（昭）・永倉万治《マンジ》（昭）・向井万起男《マキオ》（昭）・広末哲万《ヒロマサ》（昭）・牛島万《タカシ》（昭）・佐藤祥万《ショウマ》（平）　♀万姫《マンヒメ》（江）・宮部万《マン》（江）・亀井万喜子《マキコ》（江）・青山万里子《マリコ》（明）・影万里江《マリエ》（昭）・岸本多万重《タマエ》（昭）・米原万里《マリ》（昭）・俵万智《マチ》（昭）・高田万由子《マユコ》（昭）・小林万桜《マオ》（平）

【満】 12（水・9）　常

［**読み**］㊥ マン（呉）・バン（漢）　㊦ みちる・みたす

［**語源**］いっぱいになる意味。これを「滿」で表記する。「㒼《まん》」は「廿（革の略）＋㒳（＝兩。左右対称の形）」を合わせて、太鼓に革を平均して張る様子を示す図形。「㒼（音・イメージ記号）＋水（限定符号）」を合わせた「滿」は、水が器に平均して行き渡る様子を暗示させる。

㊞

〔㒼〕

㊞

〔滿〕

［**字体**］「滿」は正字（旧字体）。「満」は由来不明。

［**人名**］ま・ます・まろ・まん・みち・みつ・みつる　▽「ます（益）」は満ちるから連想。「まろ（円・丸）」は円満から連想か。　♂蘇我満智《マチ》（古）・源満仲《ミツナカ》（安）・吉良満氏《ミツウジ》（鎌）・赤松満祐《ミツスケ》（南）・足利義満《ヨシミツ》（室）・井伊直満《ナオミツ》（戦）・出目則満《ノリミツ》（土）・荷田春満《アズママロ》（江）・清沢満之《マンシ》（江）・石井満《ミツル》（明）・金子満広《ミツヒロ》（大）・池田満寿夫《マスオ》（昭）・平田満《ミツル》（昭）・新井満《マン》（昭）・落合満博《ミツヒロ》（昭）　♀藤原満子《ミツコ》（安）・満天姫《マテヒメ》（土）・入江満智《マチ》（江）・伊達満喜子《マキコ》（江）・西郷満左子《マサコ》（江）・内田満寿子《マスコ》（江）・下村満子《ミツコ》（昭）・草野満代《ミツヨ》（昭）・里中満智子《マチコ》（昭）・渡辺満里奈《マリナ》（昭）

【未】 5（木・1）　常

［**読み**］㊥ ミ（呉）・ビ（漢）　㊦ いまだ・ひつじ

［**語源**］十二支の八番目の意味、また、「まだ…しない」と否定する助詞。「未」は木の小枝を描いた図形。まだ十分に伸びきらないことから、「小さくてはっきり見えない」というイメージを示す。その事態がまだはっきり現れていないことを表現する場合に「未～」と

使う。

(甲)  (金)  (篆) 

【人名】み　♂石田未得《ミトク》(土)・小川未明《ミメイ》(明)・阿部未喜男《ミキオ》(大)・萱登未男《トミオ》(昭)・柴田未崎《ミサキ》(昭)　♀南部樹未子《キミコ》(昭)・持田季未子《キミコ》(昭)・川上未映子《ミエコ》(昭)・羽仁未央《ミオ》(昭)・若木未生《ミオ》(昭)・大橋未歩《ミホ》(昭)・山本未來《ミライ》(昭)・倖田來未《クミ》(昭)・立花未樹《ミキ》(平)

【味】8(口・5)　常

【読み】(音) ミ(呉)・ビ(漢)　(訓) あじ・あじわう

【語源】あじ、また、あじわう意味。「未」は「はっきり見えない」というイメージを示す(前項参照)。「はっきり見えないものをはっきり見ようとする」というイメージにも展開する。「未(音・イメージ記号)＋口(限定符号)」を合わせて、はっきりしないあじを舌先で見分ける(あじわう)様子を暗示させる。

【人名】あじ・うまし・たけ・み　▽「うまし(旨)」は古典に美・滋味の訓がある。♂味稲《ウマシネ》(古)・大河内味張《アジハリ》(古)・織田信味《ノブタケ》(江)・佐々木味津三《ミツゾウ》(明)・岡部達味《タツミ》(昭)・吉井一味《カズミ》(昭)　♀伊藤栄味子《エミコ》(昭)・森脇真末味《マスミ》(昭)

【妙】7(女・4)　常

【読み】(音) ミョウ(呉)・ビョウ(漢)　(訓) たえ

【語源】得もいえず美しい意味。「少」は「小さい」↓「細い」というイメージに展開する(該項参照)。「少(音・イメージ記号)＋女(限定符号)」を合わせて、女性が細くて美しい様子を表す。

【人名】たえ・みょう　♂平国妙《クニタエ》(安)・斎藤妙椿《ミョウチン》(室)・鎌田魚妙《ナタエ》(江)・山田美妙《ビミョウ》(明)・大浪妙博《タエヒロ》(昭)　♀本阿弥妙秀《ミョウシュウ》(戦)・葛原妙子《タエコ》(明)・大貫妙子《タエコ》(昭)・小濱妙美《タエミ》(昭)・一青妙《タエ》(昭)

【民】5(氏・1)　常

【読み】(音) ミン(呉)・ビン(漢)　(訓) たみ

【語源】たみの意味。「民」は目を針で刺して見えなくする様子を描いた図形。物の道理が見えないという意味をこめて、支配する側が一般大衆を指した語をこの図形で表記した。

㊎  (篆) 

[人名] たみ・ひと・み・みん・もと　▽「もと」は民を本とする思想から連想か。♂松平民部《ミンブ》(土)・佐野常民《ツネタミ》(江)・本多忠民《タダモト》(江)・川本幸民《コウミン》(江)・中江兆民《チョウミン》(江)・原民喜《タミキ》(明)・岩崎民平《ミンペイ》(明)・北条民雄《タミオ》(大)・砂田重民《シゲタミ》(大)・鳥居民《タミ》(昭)・綿貫民輔《タミスケ》(昭)・小塚雄民《タケヒト》(昭)・川地民夫《タミオ》(昭)・吉田民人《タミト》(昭)・小野剛民《ヨシミ》(昭)　♀菊池民子《タミコ》(江)・戒能民江《タミエ》(昭)・草刈民代《タミヨ》(昭)・野中民美代《タミヨ》(昭)・吉村民《タミ》(昭)

【牟】 6(牛・2)

[読み] (音) ム(呉)・ボウ(漢)

[語源] 牛の鳴き声を表す擬音語。「牟」は「ム(声が出るさま)＋牛」を合わせた図形。

(篆) 

[人名] む　♂磯牟良《ムラ》(飛)・紀牟良自《ムラジ》(奈)・藤原乙牟漏《オトムロ》(奈)・安達以乍牟《イサム》(昭)・秋野亥左牟《イサム》(昭)　♀牟漏《ムロ》女王(奈)

【務】 11(力・9)　常

[読み] (音) ム(呉)・ブ(漢)　(訓) つとめる

[語源] 力を尽くす(つとめる)意味。「矛」はほこの図形。その機能から、「突き進む」「無理に冒す」というイメージがある。「矛(音・イメージ記号)＋攴(限定符号)」を合わせた「敄《む》」は、危険を冒して突き進む様子。「敄(音・イメージ記号)＋力(限定符号)」を合わせた「務」は、困難を冒して力を出す様子を暗示させる。

㊎ 　(篆) 〔務〕　(篆) 〔矛〕　(篆) 〔敄〕

[人名] かね・ちか・つかさ・つとむ・む　▽「つかさ(司)」は職務の意味から。「かね(兼)」は兼務からか。♂松井中務《ナカツカサ》(江)・松村務本《カネモト》(江)・山口弘務《ヒロチカ》(江)・石黒務《ツトム》(江)・江馬務《ツトム》(明)・野中広務《ヒロム》(昭)・米山務《ツカサ》(昭)・安能務《ツトム》(昭)

【無】 12(火・8)　常

[読み] (音) ム(呉)・ブ(漢)　(訓) ない

［語源］「ない」という意味。これを「無」で表記する。神前で舞具を持って舞う人を描いた図形である（舞の項参照）。祈禱して神に福を求める行為なので、「こちらにない物を求める」というイメージがある。これから単に「見えない」→「ない」という極めて抽象化されたイメージに転じる。

(甲)  (金)  (篆) 

［人名］な・む　♂近藤無市《ムイチ》（土）・大石無人《ムジン》（江）・結城無二三《ムニゾウ》（江）・古川太無《タイム》（江）・山田無文《ムモン》（明）・宇井無愁《ムシュウ》（明）・虫明亜呂無《アロム》（大）・竹脇無我《ムガ》（昭）・織田無道《ムドウ》（昭）・鬼怒無月《ナツキ》（昭）

【夢】13（夕・10）常

［読み］(音) ム（呉）・ボウ（漢）　(訓) ゆめ

［語源］ぼんやりとしてはっきり見えないさま、また、「ゆめ」の意味。「苜《べつ》」は逆さ睫毛ができて見えにくい様子を示す図形。「冖」は覆い被せる符号。「苜（音・イメージ記号）＋冖（イメージ補助記号）＋夕（限定符号）」を合わせた「夢」は、夜になって闇に覆われて辺りが見えない様子を暗示させる。目が見えない時（睡眠時）に現れる「ゆめ」の意味を派生する。

(篆)  〔苜〕　(篆)  〔夢〕

［字体］「夢」は正字（旧字体）。「卄」はよく「艹」に書かれる。

［人名］む・ゆめ　♂小曽根好夢《コウム》（江）・竹久夢二《ユメジ》（明）・昇曙夢《ショム》（明）・徳川夢声《ムセイ》（明）・内田吐夢《トム》（明）・井上夢人《ユメヒト》（昭）・平山夢明《ユメアキ》（昭）・上田滋夢《シゲム》（昭）・冴場都夢《トム》（昭）・田中亜土夢《アトム》（昭）　♀月丘夢路《ユメジ》（大）・北岡夢子《ユメコ》（昭）・池田夢見《ユメミ》（昭）・霧矢大夢《ヒロム》（昭）

娘→じょう

【名】6（口・3）常

［読み］(音) メイ（漢）・ミョウ（呉）　(訓) な

［語源］「な」の意味。「夕」は「暗くてはっきり見えない」というイメージがある。「夕（イメージ記号）＋口（限定符号）」を合わせて、人や物につけるなまえを表す。「はっきりわからない物になづけることによって、そ

の物をはっきりわからせる」という意匠である。

[人名] あきら・な・めい・もり　▽「あきら（明）」は古典に明の訓がある。存在を明らかにするものの意味。♂藤原魚名《ウオナ》（奈）・石川名足《ナタリ》（奈）・南淵年名《トシナ》（安）・日野資名《スケナ》（鎌）・西園寺公名《キンナ》（室）・荒武宗名《ムネモリ》（戦）・安藤直名《ナオナ》（江）・松平忠名《タダアキラ》（江）・小園安名《ヤスナ》（明）・石田名香雄《ナカオ》（大）・伊沢正名《マサナ》（昭）　♀日野名子《メイシ》（南）・吉田名保美《ナオミ》（昭）・鷲津名都江《ナツエ》（昭）・藤水名子《ミナコ》（昭）・三宅榛名《ハルナ》（昭）・内山理名《リナ》（昭）・酒井彩名《アヤナ》（昭）

【命】 8（口・5）　常

[読み] ㊥ メイ（漢）・ミョウ（呉）　㊞ いのち・みこと

[語源] 上の者が下の者に告げる意味。「令」は「上から下に授ける」というイメージがある（該項参照）。「令（イメージ記号）＋口（限定符号）」を合わせて、天子などが自分の意図を知らせようと下の者に告げる様子を暗示させる。メイという語は名・明などと同源で、「わからないことをわからせる」というコアイメージがある。天から授かったものの意味（生命・運命）を派生する。

[人名] とし・なが・のぶ・のり・まこと・み・みこと・みち・みょう・めい　▽「とし（年）」は寿命の意味から。「なが（長）」「のぶ（延）」は寿命から連想。「のり（宣・告）」は告げる意味。「まこと（信）」は古典に信の訓がある。「みこと」は神や天皇の言葉・命令の意味。「みち」は古典に道の訓がある。♂稲飯命《イナヒノミコト》（古）・藤原元命《モトナガ》（安）・牧野成命《ナリナガ》（戦）・松平乗命《ノリトシ》（江）・本多康命《ヤスノブ》（江）・安倍保命《ヤスノリ》（江）・三浦命助《メイスケ》（江）・藤原寄命《キメイ》（明）・松井命《マコト》（明）・千葉命吉《メイキチ》（大）・片岡命《ミコト》（昭）　♀百済貴命《キミョウ》（安）・小馬命婦《コウマノミョウブ》（安）・内山命《ミコト》（平）

【明】 8（日・4）　常

[読み] ㊥ メイ（漢）・ミョウ（呉）・ミン（唐）　㊞ あかるい・あきらか・あく・あかり

[語源] あかるい意味。これを「明」または「朙」で表記する。前者は最も明るい天体である「日」と「月」を組み合わせて、「あかるい」「あかるさ」という抽象的な意味の語を表す。後者を構成する「囧《けい》」は明かり

採りの窓の図形。「囧（イメージ記号）＋月（限定符号）」を合わせて、月の光が暗い所を照らして明るくする様子を暗示させる。メイという語は「暗くてはっきり見えない所を明るくしてはっきりわからせる」というコアイメージがある。

(甲)  (金)  (古)  (篆) 

[人名] あか・あき・あきら・あけ・きよし・くに・てる・とおる・とし・はる・ひろ・みつ・みょう・みん・めい　▽「きよし（清）」は古典に清・潔の訓がある。「てる（照）」は古典に照の訓がある。「とおる（徹・透）」はきよし（潔・澄）の縁語。「とし（敏）」は明敏の意味から。「はる（春）」は古典に陽の訓があり、これの名乗りを流用。「みつ」は古典に光の訓があり、これの名乗りを流用。「ひろ」は古典に大の訓があり、これの名乗りを流用。♂藤原明衡《アキヒラ》（安）・明日香《アスカ》親王（安）・源明《アキラ》（安）・安倍晴明《セイメイ》（安）・久明《ヒサアキラ》親王（鎌）・土岐頼明《ヨリアキ》（南）・那須明資《アキスケ》（室）・和気明重《アキシゲ》（戦）・加藤嘉明《ヨシアキ》（土）・酒井明《メイ》（江）・黒沢明《アキラ》（明）・杉浦明平《ミンペイ》（大）・鳥山明《アキラ》（昭）　♀百済明信《ミョウシン》（奈）・源明子《アキコ》（安）・富小路明子《テルコ》（江）・奥村明《ハル》（明）・金沢明子《アキコ》（昭）・中森明菜《アキナ》（昭）・増田明美《アケミ》（昭）・佐保明梨《アカリ》（平）

【茂】 8（艸・5）　常

[読み] (音) モ（呉）・ボウ（漢）　(訓) しげる

[語源] 草木がしげる意味。「戊《ぼ》」はまさかり（鉞）に似た武器を描いた図形。この武器は覆い被さるように打ちかかるので、「上から被さる」というイメージがある。「戊（音・イメージ記号）＋艸（限定符号）」を合わせて、草木の枝葉が覆い被さる様子を暗示させる

(甲)  (金)  (篆)  〔戊〕 (篆)  〔茂〕

[人名] しげ・しげみ・しげる・つとむ・とお・とよ・も・もち・もと　▽「つとむ（勉）」は古典に勉の訓がある。「とよ（豊）」は古典に豊（ゆたか）の訓がある。「もち」は末の音の転化かという（大言海）。「もと（本）」は草木の縁語からか。♂坂上茂樹《シゲキ》（安）・藤原茂明《モチアキラ》（安）・北条茂時《シゲトキ》（鎌）・和田茂実《シゲザネ》（南）・高重茂《シゲモチ》（室）・鍋島直茂《ナオシゲ》（戦）・立花宗茂《ムネシゲ》（戦）・前田茂勝《シゲカツ》（土）・徳川家茂《イエモチ》（江）・間部詮茂《アキトオ》（江）・吉田茂《シゲル》（明）・斎藤茂

吉《モキチ》(明)・斎藤茂太《シゲタ》(大)・長嶋茂雄《シゲオ》(昭)・丸山茂樹《シゲキ》(昭)・久保田茂《ツトム》(昭)・宗茂《シゲル》(昭)　♀藤原茂子《モシ［シゲコ］》(安)・堀茂世子《モセコ》(江)・竹内茂代《シゲヨ》(明)・花柳茂香《シゲカ》(大)・今井登茂子《トモコ》(昭)

【孟】8(子・5)

[読み] ㊥ モウ(漢)・ミョウ(呉)　㊦ はじめ

[語源] 兄弟姉妹の中の一番目の意味。「皿」はさらを描いた図形。「さら」のほかに、器に覆い被せる皿状の蓋を表す。ここに「覆い被せる」というイメージがあり、「(抑えつけられたものが)覆いを払って突き進もうとする」というイメージにも展開する。「皿(音・イメージ記号)＋子(限定符号)」を合わせて、小さな子どもが勢いよく伸びて成長する様子を暗示させる。

㊎ 　㊟ 

[人名] おさ・たけ・たけし・つとむ・とも・なが・はじむ・はじめ・はつ・はる・もう・もと　▽「おさ(長)」は長男・長女の意味から。「たけ」「たけし」は猛と通用することから。「つとむ」は古典に勉の訓がある。「なが」は長の別訓を流用。「はる(春)」は孟春から。「もと(元)」ははじめの縁語。♂天津孟雄《タケオ》(江)・鹿子木孟郎《タケシロウ》(明)・八条隆孟《タカナガ》(明)・池長孟《ハジメ》(明)・高橋孟《モウ》(大)・三井高孟《タカオサ》(大)・北本正孟《マサタケ》(昭)・養老孟司《タケシ》(昭)・江本孟紀《タケノリ》(昭)・金井孟《タケシ》(昭)・田村孟《ツトム》(昭)・高野孟《ハジメ》(昭)　♀孟子《モウシ［ハジメコ］》内親王(安)・佐藤孟江《ハツエ》(大)

【猛】11(犬・8) 常

[読み] ㊥ モウ(漢)・ミョウ(呉)　㊦ たける・たけだけしい

[語源] 荒々しく強い、たけだけしい意味。「孟」は「(抑えつけられたものが)覆いを払って突き進もうとする」というイメージがある(前項参照)。「孟(音・イメージ記号)＋犬(限定符号)」を合わせて、犬が抑えられないほど勢いよく突き進む様子を暗示させる。

[人名] たか・たけ・たけき・たけし・たける　▽「たか(高)」は強い、激しい意があり、たけ(猛・武)と同源。♂島勝猛《カツタケ》(土)・市岡猛彦《タケヒコ》(江)・伏見猛弥《タケヤ》(明)・尾佐竹猛《タケキ》(明)・新村猛《タケシ》(明)・山本猛夫《タケオ》(大)・梅原猛《タケシ》(大)・宗猛《タケシ》(昭)・北沢猛《タケル》(昭)・山崎猛志《タケシ》(昭)・亀井猛斗《タケト》(昭)

【門】8（門・0）常
[読み] ㊀音 モン（呉）・ボン（漢）㊀訓 かど
[語源] 家の出入り口、「かど」の意味。「門」は二枚の扉を閉じている姿を描いた図形。

㊀甲 ㊀金 ㊀篆

[人名] かど・と・もん・ゆき ▽「と（戸・門）」は出入り口の意味。「ゆき（行）」は門内の地を行ということから連想か。♂平将門《マサカド》（安）・筑紫惟門《コレカド》（戦）・竹中重門《シゲカド》（土）・京極高門《タカカド》（江）・海賀宮門《ミヤト》（江）・藤井右門《ウモン》（江）・尾上左門《サモン》（江）・藤山衛門《エモン》（江）・池田門平《モンペイ》（江）・前田多門《タモン》（明）・三浦朱門《シュモン》（大）・放駒輝門《テルユキ》（昭）・鈴木英門《ヒデト》（昭）・青木新門《シンモン》（昭）・宮本亜門《アモン》（昭）♀赤染右衛門《ウエモン》（安）・加賀左衛門《サエモン》（安）

【紋】10（糸・4）常
[読み] ㊀音 モン（呉）・ブン（漢）㊀訓 あや
[語源] 模様の意味。「文」は美しいあや、飾りのこと（該項参照）。「文（音・イメージ記号）＋糸（限定符号）」を合わせて、織物の美しい文様を表す。
[人名] あや・もん ♂尾上紋太郎《モンタロウ》（江）・小島紋次郎《モンジロウ》（江）・椙元紋太《モンタ》（明）・三増紋之助《モンノスケ》（昭）・長谷川大紋《タモン》（昭）♀羽田紋子《アヤコ》（昭）

【也】3（乙・2）

［読み］㊀ヤ（呉・漢）㊁なり

［語源］断定などを示す助詞。「也」はヘビを描いた図形で、虵（＝蛇）の原字。「くねくねと曲がりくねる」というイメージがある。

㊎  ㊌  ㊑ 

［人名］なり・や　♂間宮久也《ヒサナリ》（江）・高橋作也《サクヤ》（江）・横井也有《ヤユウ》（江）・中原中也《チュウヤ》（明）・芥川也寸志《ヤスシ》（大）・小坂一也《カズヤ》（昭）・野村克也《カツヤ》（昭）・二宮和也《カズナリ》（昭）　♀牧美也子《ミヤコ》（昭）・有森也実《ナリミ》（昭）・内田也哉子《ヤヤコ》（昭）

【夜】8（夕・5）常

［読み］㊀ヤ（呉・漢）㊁よ・よる

［語源］よるの意味。「夜」を分析すると「亦＋夕」となる。「亦《えき》」は「大」（両手両足を広げた人の形）の両側に点々をつけて、両脇を示す図形（腋の原字）。「・|・のように同じものが間を挟んでもう一つある」というイメージがある（亦の項参照）。「亦（音・イメージ記号）＋夕（限定符号）」を合わせて、昼（活動する時間帯）を挟んで両側にある「よる」を暗示させる。

㊎  ㊑ 

［人名］や・よ　♂中山小夜之助《サヨノスケ》（江）・江口夜詩《ヨシ》（明）・横瀬夜雨《ヤウ》（明）・藤野千夜《チヤ》（昭）・内田夕夜《ユウヤ》（昭）・村井聖夜《セイヤ》（昭）　♀阿夜御前《アヤゴゼン》（安）・君島夜詩《ヨシ》（明）・川上小夜子《サヨコ》（明）・佐藤千夜子《チヤコ》（明）・大場美夜子《ミヤコ》（明）・門村幸夜《サチヨ》（昭）・岡本真夜《マヨ》（昭）

弥→び

【耶】9（耳・3）

［読み］㊀ヤ（呉・漢）

［語源］疑問を表す助詞で、本来は「邪」と同じ。一方、父を意味するヤという語を「耶」で表記した。これは北方系民族の語を音写したもの。のち、助詞の「耶」と区別するため、父の意味の場合は「父」を添えた

「爺」で表記する。

【人名】や ♂伊平崇耶《タカヤ》(昭)・進藤潤耶《ジュンヤ》(昭)・中嶋悠耶《ユウヤ》(平) ♀池田摩耶子《マヤコ》(昭)・牛島美耶子《ミヤコ》(昭)・多田紗耶子《サヤコ》(昭)・市井紗耶香《サヤカ》(昭)・小林麻耶《マヤ》(昭)・佐藤美耶《ミヤ》(昭)・鈴木沙耶《サヤ》(昭)・瀬尾有耶《アヤ》(平)

【野】11(里・4) 常 【埜】11(土・8)

【読み】音 ヤ(呉・漢) 訓 の

【語源】「の」の意味。「予」は「横に伸びる」というイメージを示す記号である(該項参照)。「予(音・イメージ記号)+里(限定符号)」を合わせて、里(町や村)から横に伸びた空間、つまり野原を暗示させる。

【字体】「埜」は異体字(古字)。

【人名】ぬ・の・や ♂小野毛野《ケヌ》(飛)・刑部三野《ミノ》(奈)・巨勢野足《ノタリ》(奈)・坂上広野《ヒロノ》(安)・藤原吉野《ヨシノ》(安)・関岡野洲良《ヤスラ》(江)・榊原芳野《ヨシノ》(江)・松山芳野里《ヨシノリ》(明)・椹木野衣《ノイ》(昭)・深谷野亜《ノア》(昭) ♀交野《カタノ》女王(安)・吉野《ヨシノ》(江)・伊藤野枝《ノエ》(明)・大石芳野《ヨシノ》(昭)

【由】5(田・0) 常

【読み】音 ユ(呉)・ユウ(漢) ユイ(慣) 訓 よる・よし

【語源】ある所からルートに従って通ってくる意味(経由)。「由」は口のついた壺を描いた図形。液体が口を通って出てくるので、「そこを通ってくる」「通り抜ける」というコアイメージがある。そのことが出てくるもと(理由)などの意味を派生する。

篆 

【人名】ただ・みち・ゆ・ゆう・ゆき・よし・より ▽「ただ」は古典に正の訓がある。「みち」は道の訓がある。「ゆき(行)」は行の訓がある。♂岩城由隆《ヨシタカ》(戦)・大村由己《ユウコ》(土)・吉田光由《ミツヨシ》(江)・九鬼隆由《タカヨリ》(江)・内藤頼由《ヨリユキ》(江)・伊東祐由《スケミチ》(江)・古在由重《ヨシシゲ》(明)・会田由《ユウ》(明)・三島由紀夫《ユキオ》(大)・林由郎《ヨシロウ》(大)・古井由吉《ヨシキチ》(昭)・東由多加《ユタカ》(昭)・仙石由人《ヨシト》(昭)・桐山国由《クニユキ》(昭)・高橋由伸《ヨシノブ》(昭) ♀吉備由利《ユリ》(奈)・お由羅《ユラ》の方(江)・佐藤由理子《ユリコ》(江)・三宅由岐子《ユキコ》(明)・赤木由子《ヨシコ》(昭)・星由里子《ユリコ》(昭)・和由布子《ユウコ》(昭)・小川真由美《マユミ》(昭)・松任谷由実《ユミ》(昭)・斉藤由貴《ユキ》(昭)・村山由佳《ユカ》(昭)・松下由樹《ユキ》(昭)・釈由美子《ユミコ》(昭)・上野由岐子《ユキコ》

(昭)・仲間由紀恵《ユキエ》(昭)

【柚】 9(木・5)

【読み】 音 ユ(呉)・ユウ(漢) 訓 ゆず

【語源】 ブンタン、ザボンが本義。「由」は「通り抜ける」というイメージがあり、滑らかで通りのよい液体を「油」という。果肉に油腺が密生して汁の多い木（ブンタン）を「由（音・イメージ記号）＋木（限定符号）」を合わせた「柚」で表記する。日本ではユズに誤用している。

【人名】 ゆ・ゆず ♂大沼柚希《ユウキ》(平) ♀久我原柚子《ユウコ》(昭)・森田柚花《ユズカ》(昭)・川田柚希《ユズキ》(平)・米田柚乃《ユズノ》(平)

【諭】 16(言・9) 常

【読み】 音 ユ(呉・漢) 訓 さとす・さとる

【語源】 教えさとす意味。「兪《ゆ》」は「舟（ふね）＋亼（道具）＋巜（削り屑）」を合わせて、木を刳り抜いて丸木舟を造る情景を設定した図形。「中身を抜き取ってよそに移す」というイメージを示す記号となる。「兪（音・イメージ記号）＋言（限定符号）」を合わせて、わからないことを抜き取ってわかるように教える様子を暗示させる。

【字体】 「諭」は正字（旧字体）。古くから書道では「諭」と書かれる。

【人名】 さとし・さとる・つぐ・ゆ ▽「つぐ（告）」は古典に告の訓がある。♂福沢諭吉《ユキチ》(江)・森山諭《サトシ》(明)・山崎諭《サトル》(大)・佐藤諭《サトル》(昭)・宮田諭《サトシ》(昭)・佐藤良諭《ヨシツグ》(昭)・高橋諭一《ユイチ》(昭)

【唯】 11(口・8) 常

【読み】 音 ユイ(呉)・イ(漢) 訓 ただ

【語源】 ただそれだけの意味。「隹《すい》」は「一点に重みをかける」というイメージがあり、「一つのことに重点を置く」というイメージに展開する（維の項参照）。「隹（音・イメージ記号）＋口（限定符号）」を合わせて、右の意味の語を表記する。

【人名】 い・ただ・ただし・ゆ・ゆい ♂武林唯七《タダシチ》(江)・山内一唯《カツタダ》(江)・本間唯一《ユイイチ》(明)・草野唯雄《タダオ》(大)・近藤唯之《タダユキ》(昭)・加藤唯史《タダシ》(昭)・山崎唯《タダシ》(昭) ♀宇良田唯子《タダコ》(明)・友井唯起子《ユキコ》(大)・坂井美唯子《ミイコ》

（昭）・夏木唯子《ユイコ》（昭）・渡部唯香《ユイカ》（昭）・浅香唯《ユイ》（昭）

【又】2（又・0） 常

【読み】 音 ユウ（漢）・ウ（呉） 訓 また

【語源】 その上に加えての意味。「又」は右手を描いた図形。物を囲うという右手の働きから、「枠を作ってその中に囲う」「中の物を周囲からかばって助ける」というコアイメージがある（右の項参照）。ある物に枠を被せて（手や力を加えて）助けることから、「もう一つ加える」というイメージに展開する。

甲 金 篆

【人名】 すけ・たすく・また・ゆう ▽「すけ」「たすく」は右の名乗りを流用。♂斎藤又四郎《マタシロウ》（室）・後藤又兵衛《マタベエ》（土）・河合又五郎《マタゴロウ》（江）・内藤政又《マサマタ》（江）・島崎又幻《ユウゲン》（江）・長与又郎《マタロウ》（明）・野田又夫《マタオ》（明）・丹羽又三郎《マタサブロウ》（昭）・加山又造《マタゾウ》（昭）・中西又三《ユウゾウ》（昭） ♀坂上又子《マタコ》（奈）

【友】4（又・2） 常

【読み】 音 ユウ（漢）・ウ（呉） 訓 とも

【語源】 「とも」の意味。「友」は「又＋又」の組み合わせ。「又《ゆう》」は右手の形で、「かばい助ける」というコアイメージがある（前項参照）。かばい合うともだちを「又」と同じ音でユウといい、「友」の図形で表記する。

甲 金 篆

【人名】 とも・ゆ・ゆう ♂大伴友国《トモクニ》（飛）・藤原友人《トモヒト》（奈）・紀友則《トモノリ》（安）・栗生顕友《アキトモ》（南）・福来正友《マサトモ》（室）・島友保《トモヤス》（戦）・高木貞友《サダトモ》（土）・五代友厚《トモアツ》（江）・田中友幸《トモユキ》（明）・今道友信《トモノブ》（大）・河野友美《トモミ》（昭）・村松友視《トモミ》（昭）・西村友《ユウ》（昭）・佐藤友哉《ユウヤ》（昭） ♀松野友《トモ》（明）・山下友枝《トモエ》（明）・岩井友見《トモミ》（昭）・渡辺友子《トモコ》（昭）・森本友《ユウ》（昭）・中野友加里《ユカリ》（昭）

右→う

【有】6（肉・2） 常

【読み】 音 ユウ（漢）・ウ（呉） 訓 ある・たもつ

【語源】 ある意味（有無）、また、たもつ意味（保有）。「又《ゆう》」

は「枠の中に囲う」というイメージがある（該項参照）。「又（音・イメージ記号）＋肉（限定符号）」を合わせて、肉を枠の中に囲う場面を設定した図形。「物が囲まれた枠の中に存在する」「囲った枠の中に物をたもつ」というイメージがあり、さらに「特定の場に無いものがひょっこり現れる」というイメージに展開する。

〔金〕　〔篆〕

【人名】あり・う・たもつ・とも・みち・もち・ゆ・ゆう・ゆたか　▽「とも（友）」は古典に友の訓がある。「みち（満）」は富の訓から連想か。「もち（持）」はたもつ（保）の縁語。　♂有馬《アリマ》皇子（飛）・源有《タモツ》（安）・清原有雄《アリオ》（安）・北条有時《アリトキ》（鎌）・巨勢有忠《トモタダ》（鎌）・巨勢永有《ナガモチ》（鎌）・土御門有世《アリヨ》（南）・日野有光《アリミツ》（室）・一色義有《ヨシアリ》（戦）・織田有楽斎《ウラクサイ》（土）・小林有也《ウナリ》（江）・山県有朋《アリトモ》（江）・森有礼《アリノリ》（江）・山本有三《ユウゾウ》（明）・蒲原有明《アリアケ》（明）・富沢有為男《ウイオ》（明）・高井有一《ユウイチ》（昭）・長島有《ユウ》（昭）・星野有《ユタカ》（昭）　♀有智子《ウチコ》内親王（安）・藤原有子《アリコ》（安）・鮫島有美子《ユミコ》（昭）・岡田有希子《ユキコ》（昭）・三浦有為子《ユイコ》（昭）・横田有加《ユカ》（昭）・石橋有《ユウ》（昭）・宮城有沙《アリサ》（平）

【佑】7（人・5）

【読み】〔音〕ユウ（漢）・ウ（呉）〔訓〕たすける

【語源】かばい助ける意味。「右」に「かばい助ける」意味があるが、「みぎ」に専用されるため、「かばい助ける」は「佑」や「祐」で表記する（右の項参照）。

【人名】すけ・たすく・ゆ・ゆう　♂堀直佑《ナオスケ》（江）・湯浅佑一《ユウイチ》（明）・原佑《タスク》（大）・師岡佑行《スケユキ》（昭）・野田知佑《トモスケ》（昭）・中沢佑二《ユウジ》（昭）・斎藤佑樹《ユウキ》（昭）・柄本佑《タスク》（昭）・神尾佑《ユウ》（昭）　♀津島佑子《ユウコ》（昭）・九重佑三子《ユミコ》（昭）・室井佑月《ユウゲツ》（昭）・鈴木佑季《ユキ》（昭）・坂巻佑《ユウ》（昭）

【侑】8（人・6）

【読み】〔音〕ユウ（漢）・ウ（呉）〔訓〕すすめる

【語源】人の食事を助けて勧める意味。「有」は「枠を作って中の物を囲う」というイメージがあり、「中の物を周囲からかばって助ける」というイメージに展開する（該項参照）。「有（音・イメージ記号）＋人（限定符号）」を合わせて、人を助けて世話することを表す。特に飲食の場面で人の側について世話することに限定した使い方になった。

【人名】すすむ・ゆ・ゆう・ゆき　♂南村侑広《ユウコウ》(大)・多田侑史《ユウジ》(大)・城侑《ススム》(昭)・柴田侑宏《ユキヒロ》(昭)・庄田侑右《ユウスケ》(昭)　♀土屋侑美《ユミ》(昭)・松本侑子《ユウコ》(昭)・三谷侑未《ユミ》(昭)・麻生侑里《ユリ》(昭)・嶋村侑《ユウ》(昭)

【勇】9(力・7)　常

【読み】㊫ユウ(呉)・ヨウ(漢)　㊙いさむ
【語源】いさみ立つ意味。「甬《よう》」は「突き通す」というイメージがある(通の項参照)。「甬(音・イメージ記号)+力(限定符号)」を合わせて、地面を突き通すように踏んづけていさみ立つ様子を暗示させる。
【字体】「勇」は正字(旧字体)。「勇」は古くから書道で行われた。
【人名】いさ・いさお・いさみ・いさむ・お・たけ・たけし・とし・はや・ゆう　▽「お」は勇ましい↓雄々しいと連想。「たけ(武)」は武勇の意味から。古典に猛・健の訓がある。「とし(敏・疾)」「はや(疾)」は勇むの縁語。あるいは「はや」は隼人からか。♂県犬養勇耳《イサミミ》(奈)・守住勇魚《イサナ》(江)・安藤信勇《ノブタケ》(江)・木村重勇《シゲトシ》(江)・近藤勇《イサミ》(江)・島義勇《ヨシタケ》(江)・吉井勇《イサム》(明)・池田勇人《ハヤト》(明)・宮沢胤勇《タネオ》(明)・斎藤勇《タケシ》(明)・長門勇《イサム》(昭)・与勇輝《ユウキ》(昭)・林勇《ユウ》(昭)・田臥勇太《ユウタ》(昭)　♀畠山勇子《ユウコ》(江)・山口勇子《ユウコ》(大)・相原勇《ユウ》(昭)・河村勇希《ユウキ》(昭)

【宥】9(宀・6)

【読み】㊫ユウ(漢)・ウ(呉)　㊙ゆるす・なだめる
【語源】大目に見てかばう意味。「有」は「枠を作って中の物を囲う」というイメージがあり、「中の物を周囲からかばって助ける」というイメージに展開する(該項参照)。「有(音・イメージ記号)+宀(限定符号)」を合わせて、中の物に枠を被せてなだめる様子を暗示させる。
【人名】おき・さだ・ひろ・ゆ・ゆう・ゆたか　▽「ひろ(寛)」は古典に寛の訓がある。ひろい心で許すことから。「ゆたか」は寛の別の名乗りを流用。♂伊奈忠宥《タダオキ》(江)・堀直宥《ナオサダ》(江)・戸田氏宥《ウジヒロ》(江)・石田宥全《ユウゼン》(明)・松沢宥《ユタカ》(大)・青木宥明《ヒロアキ》(昭)　♀田中宥久子《ユクコ》(昭)・竹内美宥《ミユ》(平)

【祐】 9(示・5) **【祐】** 10(示・5)

[読み] ㊥ ユウ(漢)・ウ(呉) ㊞ たすける

[語源] かばい助ける意味。「右」は「かばい助ける」というイメージがある(該項参照)。「右(音・イメージ記号)+示(限定符号)」を合わせて、神が福を下して助けることを表す。

[人名] さち・すけ・たすく・ひろ・ひろし・まさ・ゆ・ゆう・よし ▽「さち(幸)」は古典に福の訓がある。「ひろ」は宥の名乗りを流用か。「よし(吉・祥)」は福から連想。♂工藤祐経《スケツネ》(安)・藤原隆祐《タカスケ》(鎌)・赤松満祐《ミツスケ》(南)・赤松祐則《スケノリ》(室)・伊東義祐《ヨシスケ》(戦)・曽我尚祐《ナオスケ》(土)・細川利祐《トシヒロ》(江)・八条隆祐《タカサチ》(江)・内村祐之《ユウシ》(明)・佐伯祐三《ユウゾウ》(明)・岡野祐《タスク》(明)・五味康祐《ヤススケ「コウスケ」》(大)・広中平祐《ヘイスケ》(昭)・松尾祐孝《マサタカ》(昭)・深田祐介《ユウスケ》(昭)・松岡圭祐《ケイスケ》(昭)・姉小路祐《ユウ》(昭)・高村祐《ヒロシ》 ♀藤原祐姫《スケヒメ》(安)・島田祐子《ユウコ》(昭)・柴田祐規子《ユキコ》(昭)・井上祐美子《ユミコ》(昭)・安達祐実《ユミ》(昭)

【悠】 11(心・7) 常

[読み] ㊥ ユウ(呉・漢) ㊞ はるか

[語源] 心がゆったりしている意味。「攸《ゆう》」は「細くて長い」というイメージがある(修の項参照)。「攸(音・イメージ記号)+心(限定符号)」を合わせて、思いがいつまでも長く続く様子を暗示させる。空間・時間がどこまでも(いつまでも)長く続くさま(はるか)の意味を派生する。

[人名] なが・はるか・ひさ・ひさし・ひろむ・ゆ・ゆう ▽「ひさし(久)」は時間的に長く続く意味から。「ひろむ(広)」は空間的に長く続くことから連想。♂藤堂高悠《タカナガ》(江)・桐生悠々《ユウユウ》(明)・斎藤悠輔《ユウスケ》(明)・近藤悠三《ユウゾウ》(明)・高橋悠治《ユウジ》(昭)・阿久悠《ユウ》(昭)・野口悠紀雄《ユキオ》(昭)・秋篠宮悠仁《ヒサヒト》(昭)・吉沢悠《ヒサシ》(昭)・渡辺悠《ヒロム》(平) ♀薗田悠機子《ユキコ》(明)・塩川悠子《ユウコ》(昭)・山本悠美子《ユミコ》(昭)・中西悠《ハルカ》(昭)・友成悠《ユウ》(昭)・宮城悠理《ユウリ》(平)

【湧】 12(水・9) 常

[読み] ㊥ ユウ(呉)・ヨウ(漢) ㊞ わく

[語源] 液体がわき出る意味。「勇」は「突き通る」というイメージがある(該項参照)。「勇(音・イメージ記号)+

水(限定符号)」は、水が地面を突き通して出る様子を暗示させる。
[人名] ゆう・わく ♂石川湧《ユウ》(明)・山井湧《ユウ》(大)・聖川湧《ユウ》(昭)・桑中湧《ワク》(昭)・光岡湧太郎《ユウタロウ》(昭)・鈴木湧太《ユウタ》(平)

【裕】

12(衣・7) 常

[読み] ㊮ユウ(慣) ユ(呉・漢) ㊯ゆたか

[語源] ゆったりとしてゆとりがある意味。「谷《こく》」は水が分かれ出てくる大きな窪地(谷間)を示し、「ゆったり受け入れる」というイメージがある(該項参照)。「谷(音・イメージ記号)+衣(限定符号)」を合わせて、着物が広くてゆったりしている様子を暗示させる。

[人名] すけ・ひろ・ひろし・まさ・みち・やす・ゆ・ゆう・ゆたか ▽「ひろし(寛)」は古典に寛の訓がある。「まさ」は優(ゆったりの意味)の訓があり、これの名乗りを流用。「みち」は道の訓がある。「やす(易)」は容の訓がある。「ゆたか」は饒の訓がある。♂安藤直裕《ナオヒロ》(江)・青山忠裕《タダヤス》(江)・土岐裕《ユタカ》(江)・古関裕而《ユウジ》(明)・築島裕《ヒロシ》(大)・利根川裕《ユタカ》(昭)・飯田裕《ユウ》(昭)・石原裕次郎《ユウジロウ》(昭)・長門裕之《ヒロユキ》(昭)・内田裕也《ユウヤ》(昭)・真保裕一《ユウイチ》(昭)・島田裕巳《ヒロミ》(昭)・山下泰裕《ヤスヒロ》(昭)・栃東大裕《ダイスケ》(昭)・大江裕《ユタカ》(平) ♀長谷川裕見子《ユミコ》(大)・茅野裕城子《ユキコ》(昭)・多岐川裕美《ユミ》(昭)・丸山裕子《ヒロコ》(昭)・武藤裕代《ヒロヨ》(昭)・有森裕子《ユウコ》(昭)・朝霧裕《ユウ》(昭)・不動裕理《ユウリ》(昭)・原田裕花《ユカ》(昭)

【遊】

12(辶・9) 常

[読み] ㊮ユウ(漢)・ユ(呉) ㊯あそぶ

[語源] 決まった場所にいないで、あっちこっちに動く意味(遊牧)。「㫃」は旗の吹き流しの形。「子」はよちよち歩き子どもの形。二つとも位置を定めず動き回るものである。「斿+子」を合わせた「斿《ゆう》」はそのイメージを示す記号になる。「斿(音・イメージ記号)+辶(限定符号)」を合わせた「遊」でもって右の語を表記する。

㊙甲  ㊎金  〔斿〕 ㊍古  〔遊〕

[人名] ゆ・ゆう ♂一柳可遊《カユウ》(土)・赤松遊《ユウ》(江)・三木天遊《テンユウ》(明)・新橋遊吉《ユウキチ》(昭)・小島遊之《ユウシ》(昭)・伊藤遊《ユウ》(昭)・西條遊児《ユウジ》(昭)・登大遊《ダイユウ》(昭) ♀小倉遊亀《ユキ》

(明)・渡瀬美遊《ミユウ》(昭)・川上未遊《ミユウ》(昭)・大鳥遊《ユウ》(昭)

【雄】 12(隹・4)　常

[読み] ㊟音 ユウ(漢)・ウ・ユ(呉)　㊟訓 お・おす

[語源] 「おす」の意味。「厷《こう》」は「又(手)＋ム(ひじ)」を合わせて、肱を∠型に張り広げる図形(弘・宏の項参照)。「厷(音・イメージ記号)＋隹(限定符号)」を合わせた「雄」は、鳥が翼を大きく張り広げる様子を暗示させる。この図形的意匠によってオスを表す。鳥のオスはメスに対してそんなディスプレーをするものがあるから、理にかなった意匠である。

㊟篆  〔厷〕　㊟篆  〔雄〕

[人名] お・かず・かた・かつ・たか・たけ・たけし・のり・ゆ・ゆう・よし　▽「かた(堅)」「かつ(勝)」は古典に強の訓があり、それから連想。「たけ(武)」は武・長の訓がある。「たか(高)」は「たけ(長)」と同源。「よし(良)」は勝れている意味から連想。　♂物部雄君《オキミ》(飛)・国造雄万《オマ》(奈)・紀長谷雄《ハセオ》(安)・藤原雄敏《オトシ》(安)・長宗我部雄親《カツチカ》(室)・小笠原長雄《ナガタカ》(戦)・土方雄久《カツヒサ》(土)・織田信雄《ノブカツ[ノブオ]》(土)・清原雄風《オカゼ》(江)・南部利雄《トシカツ》(江)・中島雄《ユウ》(江)・浜口雄幸《オサチ》(明)・埴谷雄高《ユタカ》(明)・会田雄次《ユウジ》(大)・石田雄《タケシ》(大)・藤原雄《ユウ》(昭)・三浦雄一郎《ユウイチロウ》(昭)・加山雄三《ユウゾウ》(昭)・村田雄浩《タケヒロ》(昭)・野茂英雄《ヒデオ》(昭)・太田雄貴《ユウキ》(昭)　♀不破雄子《ユウコ》(明)・大神雄子《ユウコ》(昭)

【熊】 14(火・10)

[読み] ㊟音 ユウ(漢)・ウ(呉)　㊟訓 くま

[語源] 動物のクマの意味。「能」はクマを描いた図形(該項参照)。「火(イメージ記号)＋能(限定符号)」を合わせて、火のように勢いがあり、強い力を持つ動物クマを暗示させる。

[人名] くま・たけ　▽「たけ(猛)」はクマの性質から連想。あるいは雄と同源なので、雄の名乗りを流用。♂上野毛小熊《オクマ》(古)・坂上熊毛《クマケ》(飛)・物部熊猪《クマイ》(安)・岩間小熊《オグマ》(土)・真田熊之助《クマノスケ》(江)・賀来惟熊《コレタケ》(江)・時重初熊《ハツクマ》(江)・南方熊楠《クマクス》(江)・遠藤熊吉《クマキチ》(明)・丸山熊雄《クマオ》(明)・仁科熊彦《クマヒコ》(明)・岩井忠熊《タダクマ》(大)・森野熊八《クマハチ》(昭)　♀池田熊子《クマコ》(江)

【融】 16（虫・10）　常

［読み］ 音 ユウ（漢）・ユ（呉）　訓 とける・とかす

［語源］ スムーズに通る意味。「虫」は「蟲《ちゅう》」を省略したもので、「細長い」というイメージがある。「鬲」は三本足のかなえの形。「蟲（音・イメージ記号）＋鬲（限定符号）」を合わせた「融」は、蒸し器で食材を蒸すとき、蒸気が穴を細長く通って出ていく様子を暗示させる図形。物が溶けて通りがよくなる意味を派生する。

籀 　篆 

［人名］ あき・あきら・すけ・とお・とおる・ながし・ゆう　▽「あきら（明）」は古典に明の訓がある。「ながし（長）」は長の訓がある。♂源融《トオル》（安）・板部岡融成《トオナリ》（戦）・本多康融《ヤスアキ》（江）・石崎融思《ユウシ》（江）・久邇宮朝融《アサアキラ》（明）・中村融《トオル》（明）・小寺融吉《ユウキチ》（明）・田中融二《ユウジ》（大）・速水融《アキラ》（昭）・吉田融《トオル》（昭）・内山融《ユウ》（昭）・中路融人《ユウジン》（昭）・中里融司《ユウジ》（昭）

【優】 17（人・15）　常

［読み］ 音 ユウ（漢）・ウ（呉）　訓 やさしい・すぐれる・まさる

［語源］ 芸をする人の意味。「頁」は人の頭部を強調した図形で、心が現れる顔を示す。「頁（イメージ記号）＋心（限定符号）」を合わせた「𢝊《ゆう》」は、物思いに沈んだ表情をする様子を暗示させる。「𢝊（音・イメージ記号）＋夊（ひきずる足にかかわる限定符号）」を合わせた「憂」は、物思いに沈んだ表情で静々と摺り足で歩く情景を設定した図形。俳優の優の原字である。ユウは物思い（うれい）の意味と俳優の意味があり、前者には「憂」を用い、後者には「憂（音・イメージ記号）＋人（限定符号）」を合わせた「優」を作って分化させた。動作がしなやかなことから、やさしい（優雅）、美しく秀でる（優秀）などの意味を派生する。

篆 〔𢝊〕　篆 〔憂〕　篆 〔優〕

［人名］ かつ・すぐる・ひろ・まさ・まさる・やす・ゆ・ゆう・ゆたか　▽「かつ（勝）」「まさ（勝）」は勝（すぐれる）の別訓を流用。「ひろ（寛）」は振る舞いがゆったりしている意味から。古典に寛・裕の訓がある。「ゆたか」は寛・裕の別の名乗り。また古典に饒の訓がある。

♂内藤政優《マサヒロ》(江)・小堀政優《マサヤス》(江)・青柳優《ユタカ》(明)・速水優《マサル》(大)・松田優作《ユウサク》(昭)・乙川優三郎《ユウザブロウ》(昭)・池井優《マサル》(昭)・井上優《スグル》(昭)・加藤優《ユタカ》(昭)・徳井優《ユウ》(昭)・松井優典《マサノリ》(昭)・柳楽優弥《ユウヤ》(平)　♀望月優子《ユウコ》(大)・安藤優子《ユウコ》(昭)・早見優《ユウ》(昭)・西田優香《ユカ》(昭)・木下優樹菜《ユキナ》(昭)・小松美優《ユミ》(平)

【与】 3(一・2)　常　**【與】** 14(臼・7)

[読み] (音)ヨ(呉・漢)　(訓)あたえる・くみする・あずかる・ともに

[語源] 一緒に組み合う、仲間になる意味。これを「與」で表記する。「与《よ》」は二つのものがかみあう符号。「舁」は四本の手の形。「与(音・イメージ記号)＋舁(イメージ補助記号)」を合わせて、手を組み合わせて仲間を作る様子を暗示させる。「一緒に手を組む」というイメージのほかに、「手をそろえて持ち上げる」というイメージもあり、物を持ち上げて相手に差し出す(あたえる)という意味を派生する。

(篆)  〔与〕　(金) 　(篆)  〔與〕

[字体] 「與」は正字(旧字体)。「与」は「与」の変形だが、由来不明。中国の簡体字では「与」と書かれる。

[人名] あたえ・あとう・くみ・とも・のぶ・ひとし・よ・よし　▽「のぶ」は古典に施(ほどこす)の訓があり、これの名乗りの流用か。「ひとし」は「一緒にそろう」のイメージから。古典に同・等の訓がある。♂那須与一《ヨイチ》(安)・佐竹与義《トモヨシ》(室)・松平与副《トモスケ》(戦)・辻与次郎《ヨジロウ》(土)・織田信与《ノブトモ》(江)・酒井忠与《タダヨシ》(江)・神崎与五郎《ヨゴロウ》(江)・土方与志《ヨシ》(明)・保田与重郎《ヨジュウロウ》(明)・豊島与志雄《ヨシオ》(明)・小林与三次《ヨソジ》(大)・西脇与作《ヨサク》(昭)・船戸与一《ヨイチ》(昭)　♀溝口与之《ヨシ》(江)・倉地与年子《ヨネコ》(明)・長谷川加与子《カヨコ》(昭)・橋本佐与子《サヨコ》(昭)・西川佳与《カヨ》(昭)

【予】 4(亅・3)　常

[読み] (音)ヨ(呉・漢)　(訓)あらかじめ・かねて

[語源] あたえる意味。「予」は機織りで、横糸を通す舟型の道具を描いた図形(杼の原字)。この道具は縦糸の間を行ったり来たりして、横糸を引き出す。ここから「横に伸びる」「空間的(また時間的)な幅やゆとりができる」というコアイメージがある。実現される意味は、

物をこちらからあちらへ移して相手に渡す（あたえる）ことである。一方、日本では「豫」の代用とする。これは「予（音・イメージ記号）＋象（限定符号）」を合わせて、ゾウの歩みのようにゆったりしている様子を暗示させる。実現される意味は、間延びさせてぐずぐずすること（猶予）、時間のゆとりを取ること（予定）である。

甲  篆 〔予〕 篆 〔豫〕

【字体】猶予・予定などの予は「豫」が正字（旧字体）。

【人名】たのし・まさ・やす・やすし・よ ▽「たのし」「やすし」は豫に楽・安の意味がある。「まさ」は備の訓があるので、その名乗りを流用か。♂佃一予《カズマサ》（江）・酒井忠予《タダヤス》（江）・谷野予志《ヨシ》（明） ♀柏木君予《キミヨ》（昭）・柴田早千予《サチヨ》（昭）・江沢規予《ノリヨ》（昭）

【余】7（人・5） 常

【読み】音ヨ（呉・漢） 訓あまる・あます・われ

【語源】一人称には「余」、「あまる」意味には「餘」と書いたが、現在は「余」に統合されている。「余」は「亽（スコップに似た道具の形）＋八（左右に分ける符号）」を合わせて、農具で土を平らにかき均す場面を設定した図形。「平らに押し延ばす」「（空間的・時間的に間延びして）ゆったりとゆとりができる」というイメージを示す記号になる。「余（音・イメージ記号）＋食（限定符号）」を合わせて、食べ物にゆとりがある様子を暗示させる。

甲  金  篆 〔余〕 篆 〔餘〕

【字体】余剰・余裕などの「余」は「餘」が正字（旧字体）。

【人名】み・よ ▽「み（身）」は自分の意味。♂戸田忠余《タダミ》（江）・祇園余一《ヨイチ》（江）・阿部余四男《ヨシオ》（明）・秋山余思《ヨシ》（大）・沢井余志郎《ヨシロウ》（昭）・波多野誼余夫《ギヨオ》（昭） ♀鵜殿余野子《ヨノコ》（江）・市野記余子《キヨコ》（昭）・辻和余《カズヨ》（昭）

【誉】13（言・6） 常

【読み】音ヨ（呉・漢） 訓ほまれ・ほめる

【語源】ほめる意味。これを「譽」で表記する。「與」は「手をそろえて持ち上げる」というイメージがある（与の項参照）。「與（音・イメージ記号）＋言（限定符号）」を合わせて、みんなが言葉をそろえて人を持ち上げる（ほめ上げる）様子を暗示させる。

［字体］「譽」は正字（旧字体）。「誉」は草書に由来する字体であろう。中国の簡体字にも使われている。

［人名］しげ・たか・たかし・のり・ほまれ・ほむ・やす・よ・よし　▽「たか（高）」は誉れ（高い評判）の意味から連想。「のり（告）」は誉めて述べることから。「やす」は安の訓がある。「よし」は美・善の訓がある。♂佐々木道誉《ドウヨ》（鎌）・荻清誉《キヨタカ》（戦）・有馬誉純《シゲズミ》（江）・南部信誉《ノブノリ》（江）・桂誉正《タカマサ》（江）・久世広誉《ヒロヤス》（江）・今誉次郎《タカジロウ》（明）・勝呂誉《ホマレ》（昭）・清水誉《タカシ》（昭）・西原誉志《タカシ》（昭）・飯原誉士《ヤスシ》（昭）・加戸誉夫《タカオ》（昭）・河野誉彦《ヤスヒコ》（昭）・松川誉弘《タカヒロ》（昭）・穐野誉輝《ヨシテル》（昭）　♀誉子《ヨシ》［ヨシコ］内親王（鎌）・遠藤誉《ホマレ》（昭）・棚橋美稚誉《ミチヨ》（昭）・宮崎誉子《タカコ》（昭）

【用】5（用・0）常

［読み］(音) ヨウ（漢）・ユウ（呉）　(訓) もちいる

［語源］もちいる意味。「用」は「卜形の印＋筒型の印」を合わせて、上から下に突き通す様子を象徴的に示す図形。「突き通す」「突き抜ける」というイメージを示す記号になる。スムーズに目的のところに効果や働きが通っていくようにする→もちいるという意味を実現する。

(甲)

(金)

(篆)

［人名］ちか・もち・よう　♂和邇部用光《モチミツ》（安）・堀江景用《カゲチカ》（室）・金岡用兼《ヨウケン》（室）・近藤秀用《ヒデモチ》（戦）・後藤用介《ヨウスケ》（土）・酒井忠用《タダモチ》（江）・中西用徳《モチヨシ》（明）・児玉実用《サネチカ》（明）・具志堅用高《ヨウコウ》（昭）

【羊】6（羊・0）常

［読み］(音) ヨウ（呉・漢）　(訓) ひつじ

［語源］ヒツジを意味する語を、ヒツジを描いた図形である「羊」で表記する。古代中国ではめでたい動物のイメージがあり、「羊は祥なり」と捉えている。

(甲)

(金)

(篆)

［人名］ひつじ・よう・よし　▽「よし」は祥の名乗りから。　♂大伴部子羊《コヒツジ》（奈）・荒巻羊三郎《ヨウザブロウ》（江）・桑原羊次郎《ヨウジロウ》（明）・矢島羊吉《ヨウキチ》（明）・大谷羊太郎《ヨウタロウ》（昭）・

小田部羊一《ヨウイチ》(昭)・武藤一羊《イチヨウ》(昭)・逸見輝羊《テルヨシ》(昭)・久坂部羊《ヨウ》(昭)・糸井羊司《ヨウジ》(昭)・小山羊右《ヨウスケ》(昭)　♀鴨居羊子《ヨウコ》(大)・牧羊子《ヨウコ》(昭)・吉田羊《ヨウ》(昭)

【洋】 9(水・6)　常

【読み】㊌ヨウ(呉・漢)　㊋うみ

【語源】水が豊かに広がる意味、また、広い大海原の意味。「羊」はその体形から「形がよい」「たっぷりと豊かな」などのイメージが捉えられた。「羊(音・イメージ記号)＋水(限定符号)」を合わせて、右の意味の語を表記する。

【人名】うみ・きよ・なみ・ひろ・ひろし・ひろみ・み・ゆたか・よう・よし　▽「きよ(清)」「なみ(波)」は海から連想。「ひろし」は古典に広の訓がある。「ゆたか(豊)」は穣(ゆたか)・盛大・衆多の訓がある。「よし」は美の訓がある。　♂吉田東洋《トウヨウ》(江)・松岡洋右《ヨウスケ》(明)・石坂洋次郎《ヨウジロウ》(明)・東洋《ヒロシ》(大)・雨海博洋《ヒロヨシ》(大)・山田洋次《ヨウジ》(昭)・河野洋平《ヨウヘイ》(昭)・佐野洋《ヨウ》(昭)・勝野洋《ヒロシ》(昭)・相田洋《ユタカ》(昭)・塩地洋《ヒロミ》(昭)・中川八洋《ヤツヒロ》(昭)・乙武洋匡《ヒロタダ》(昭)　♀森洋子《ヨウコ》(昭)・永田洋子《ヒロコ》(昭)・田中洋衣《ヒロエ》(昭)

【要】 9(襾・3)　常

【読み】㊌ヨウ(呉・漢)　㊋いる・かなめ

【語源】「こし」が本義。「要」は女性がウェストを両手で締めつけている姿を写した図形。腰は胴体と足のつなぎ目にあたるので、大切なポイント(かなめ)という意味を派生する。一方、腰は人体の中心の細い部分なので、「中心へ向けて細く締めつける」というイメージがあり、引き締めてまとめる(要約)、こちらへ引き寄せて求める(要求)などの意味を派生する。

【人名】かなめ・とし・もとむ・やす・よう　▽「やす(痩)」は細く締まることからの連想か。　♂大久保要《カナメ》(江)・大岡忠要《タダトシ》(江)・江上武要《タケヤス》(江)・湊要之助《ヨウノスケ》(江)・真木要人《カナメ》(江)・中村要吉《ヨウキチ》(明)・岡田要《ヨウ》(明)・中江要介《ヨウスケ》(大)・興津要《カナメ》(大)・小池要之助《ヨウノスケ》(昭)・舛添要一《ヨウイチ》(昭)・田中要次《ヨウジ》(昭)・琴別府要平《ヨウヘイ》(昭)・梓沢要《カナメ》(昭)　♀岩高要子《ヨウコ》(昭)・若葉要《カナメ》(昭)

【容】10（宀・7）常

[読み] ㊐ヨウ（漢）・ユウ（呉）　㊞いれる・かたち

[語源] 中に受け入れる意味。「谷」は「（くぼんだ所に）ゆったり受け入れる」というイメージがある（裕の項参照）。「谷（音・イメージ記号）＋宀（限定符号）」を合わせて、家という空所にゆったりと受け入れる様子を暗示させる。中に入っている中身、また、中身を入れる外枠（かたち）の意味を派生する。

[人名] いるる・おさ・かた・かね・なり・ひろ・ひろし・まさ・もり・やす・よ・よう・よし　▽「おさ（収）」「もり（盛）」は容れるの縁語。「かた（形）」は容れる形の意味。「なり（形）」は形の別訓。「かね」は中身を容れる形の意味。「なり（形）」は形の別訓。「かね」は古典に包の訓があり、これの名乗りを流用。「ひろし」は寛の訓がある。「やす」は庸と通用することがあるので、その名乗りを流用か。「よし」は悦の訓がある。

♂六条有容《アリオサ》（江）・松平容保《カタモリ》（江）・浅野長容《ナガカネ》（江）・島津久容《ヒサナリ》（江）・猿渡容盛《ヒロモリ》（江）・松平忠容《タダヤス》（江）・米津政容《マサヨシ》（江）・山内容堂《ヨウドウ》（江）・正岡容《イルル》（明）・江尻容《ヒロシ》（明）・山本容朗《ヨウロウ》（昭）・金子郁容《イクヨウ》（昭）・大西容平《ヨウヘイ》（昭）・吉野容臣《ヤスオミ》（昭）　♀松山容子《ヨウコ》（昭）・千容子《マサコ》（昭）・納見佳容《カヨ》（昭）・鷲尾容《ヨウ》（昭）

【庸】11（广・8）常

[読み] ㊐ヨウ（漢）・ユウ（呉）　㊞もちいる・つね

[語源] 普通、なみの意味（凡庸）。「庸」は「庚＋用」に分析できる。「庚」は硬い心棒を手に持つ図形（康の項参照）。「用」は「突き通す」というイメージを示す記号（用の項参照）。「用（音・イメージ記号）＋庚（イメージ補助記号）」を合わせた「庸」は、棒でトントンと突き通して全体を満遍なく均す様子を暗示させる。全体に通って及ぶことから、どこにも通用して代わり映えがない（普通、一般的）という意味の語をこの図形で表記する。「用」と同じ意味でも使う。

㊎ 　㊕ 

[人名] いさお・つね・のぶ・のり・ひとし・もち・もちう・やす・よう　▽「いさお」は古典に功の訓がある。「つね（常）」は普通の意味から。常の訓がある。「のり」は法の訓がある。「ひとし（等・斉）」は並の意味か

ら連想。「やす」は易の訓がある。♂飛鳥井雅庸《マサツネ》(戦)・皆川隆庸《タカツネ》(土)・堀部武庸《タケツネ》(江)・水野勝庸《カツノブ》(江)・堀直庸《ナオヤス》(江)・内田庸《モチウ》(江)・滝庸《イサオ》(明)・堀米庸三《ヨウゾウ》(昭)・大森庸雄《ツネオ》(昭)・辺見庸《ヨウ》(昭)・菅原庸《イサオ》(昭)・前田庸《ヒトシ》(昭)・伊藤庸二《ヨウジ》(昭)・中山庸介《ヨウスケ》 ♀五条庸子《ヨウコ》(江)・三田庸子《ツネコ》(明)・荒庸子《ヨウコ》(昭)

【揚】 12(手・9) 常

[読み] ㊥ ヨウ(呉・漢) ㊀ あげる・あがる

[語源] 高く上に上げる意味。「昜《よう》」は「高く上がる」というイメージがある(陽の項参照)。「昜(音・イメージ記号)＋手(限定符号)」を合わせて、右の語を表記する。

[人名] あき・おき・たか・のぶ・よう ▽「あき(明)」は古典に明の訓がある。「おき(起)」は起の訓がある。「たか(高)」は高く上げる意味から連想。「のぶ(述)」は説・道の訓がある。。 ♂松平武揚《タケオキ》(江)・榎本武揚《タケアキ》(江)・青山忠揚《タダタカ》(明)・大日ノ出崇揚《タカアキ》(昭)・山口揚平《ヨウヘイ》(昭) ♀天祭揚子《アキコ》(昭)

【葉】 12(艸・9) 常

[読み] ㊥ ヨウ(呉・漢) ㊀ は

[語源] 草木の「は」の意味。「枼《よう》」は木の上に葉のある姿を写した図形。「薄い」というコアイメージがある。「枼(音・イメージ記号)＋艸(限定符号)」を合わせて、草の薄い「は」を表す。

㊎  ㊟  〔枼〕 ㊟  〔葉〕

[人名] は・よ・よう ♂百瀬葉千助《ハチスケ》(江)・中村白葉《ハクヨウ》(明)・高橋葉介《ヨウスケ》(昭)・森岡葉《ヨウ》(昭) ♀山川二葉《フタバ》(江)・樋口一葉《イチヨウ》(明)・中島葉那子《ハナコ》(明)・瀬沼夏葉《ナツハ》(明)・萩原葉子《ヨウコ》(大)・司葉子《ヨウコ》(昭)・海老名香葉子《カヨコ》(昭)・明野照葉《テルハ》(昭)・山村紅葉《モミジ》(昭)・山田美葉《ミヨウ》(昭)・植村理葉《リヨ》(昭)

【遥】 12(辵・9) **【遙】** 14(辵・10)

[読み] ㊥ ヨウ(呉・漢) ㊀ はるか

[語源] 遠い、はるかの意味。「䍃《よう》」は「肉＋缶(土器)」を合わせて、土器の中に肉を入れてこねる情景を設定した図形。「～～～の形にゆらゆらと揺れ動く」というイメージがあり、「～～～の形に細く長く続く」と

いうイメージに展開する。「䍃（音・イメージ記号）＋辵（限定符号）」を合わせて、道が細く長く続いている様子を暗示させる。

篆 〔䍃〕　篆 〔遙〕

【字体】「遙」は正字。「遥」は古くから書道で行われた。

【人名】はる・はるか・よう　♂坪内逍遥《ショウヨウ》（江）・高千穂遥《ハルカ》（昭）・鈴木遥太《ヨウタ》（平）　♀北原遥子《ヨウコ》（昭）・井川遥《ハルカ》（昭）・立樹遥《ヨウ》（昭）・加藤遥奈《ハルナ》（平）・仲川遥香《ハルカ》（平）

【陽】12（阜・9）　常

【読み】音 ヨウ（呉・漢）　訓 ひ

【語源】山の南側の意味（山陽）。「昜《よう》」は「日＋丂（上に上がることを示す符号）＋彡（光の形）」を合わせて、太陽が大空高くのぼる情景を設定した図形。「高く上がる」「長く伸びる」「明るく開ける」というイメージを示す記号になる。「昜（音・イメージ記号）＋阜（限定符号）」を合わせた「陽」は、日当たりのよい丘の南側を暗示させる。太陽、明るい、また、プラスの性質などの意味を派生する。

甲 　金 　篆 

【人名】あき・あきら・お・おき・きよ・きよし・たか・てる・はる・ひ・ひなた・ひろ・みなみ・や・よ・よう　▽「お（男・夫）」は陽が男・夫を象徴することから。「おき（起）」「たか（高）」は高く上がることから連想。「きよし（清）」「てる（輝）」は明らかから連想。また、清の訓がある。「はる（春）」は「春を陽と為す」の古注がある。「や」は音のヤウの約。♂麻田陽春《ヤス》（奈）・賀陽《カヤ》親王（安）・相良義陽《ヨシヒ》（戦）・内藤政陽《マサアキ》（江）・織田信陽《ノブアキラ》（江）・渋川正陽《マサテル》（江）・井伊直陽《ナオハル》（江）・丸木利陽《トシヒロ》（江）・頼山陽《サンヨウ》（江）・三島通陽《ミチハル》（明）・南部陽一郎《ヨウイチロウ》（大）・池辺陽《キヨシ》（大）・津本陽《ヨウ》（昭）・狩野陽《ミナミ》（昭）・木幡陽《アキラ》（昭）・井上陽水《ヨウスイ》（昭）・上村陽生《ハルオ》（昭）・世古陽丸《タカマル》（昭）・内野聖陽《マサアキ》（昭）・葛原大陽《ヒロアキ》（昭）　♀仲里陽史子《ヨシコ》（明）・矢口陽子《ヨウコ》（大）・浅茅陽子《ヨウコ》（昭）・野本陽代《ハルヨ》（昭）・宮崎陽江《ヨウエ》（昭）・小沢陽佐子《ヒサコ》（昭）・上地陽紗《ヒサ》（昭）・出口陽《アキ》（昭）・小川陽美《ミナ》（平）・有賀小陽《コハル》（平）・西崎陽《ヒナタ》（平）

【楊】13（木・9）

【読み】〈音〉ヨウ（呉・漢）〈訓〉やなぎ

【語源】木の名、ヤナギの意味。「昜《よう》」は「高く上がる」というイメージがある（前項参照）。「昜（音・イメージ記号）＋木（限定符号）」を合わせて、枝葉が上向きに上がるヤナギ（ハコヤナギの類）を暗示させる。枝葉の垂れ下がるヤナギ（柳、シダレヤナギ）とは別。

【人名】よ・よう　♂片山楊谷《ヨウコク》（江）・湊楊郎《ヨウロウ》（明）・山口華楊《カヨウ》（明）・石川九楊《キュウヨウ》（昭）・水木楊《ヨウ》（昭）・針生楊志夫《ヨシオ》（昭）　♀島田楊子《ヨウコ》（昭）

【瑶】13（玉・9）

【読み】〈音〉ヨウ（呉・漢）〈訓〉たま

【語源】美しい玉の意味。「䍃《よう》」は「〜〜〜の形にゆらゆらと揺れ動く」というイメージがある（遥の項参照）。「䍃（音・イメージ記号）＋玉（限定符号）」を合わせて、〜〜〜の形にゆらめき輝く玉を暗示させる。

【字体】「瑤」は正字。「瑶」は遙→遥に倣った字体。

【人名】たま・てる・よう　▽「てる（輝）」は輝く玉の意味から。♂近藤真瑶《マタマ》（江）・小笠原長瑶《ナガテル》（江）　♀森瑶子《ヨウコ》（昭）・井上瑶《ヨウ》（昭）

【蓉】13（艸・10）

【読み】〈音〉ヨウ（漢）・ユウ（呉）

【語源】芙蓉の二音節でハスの花、またハスの意味。「容」は「くぼみにゆったり受け入れる」というイメージがある（該項参照）。「容（音・イメージ記号）＋艸（限定符号）」を合わせて、大型で中央がくぼんでいるハスの花を暗示させる。

【人名】ゆ・よ・よう　♂鈴木芙蓉《フヨウ》（江）・井伊蓉峰《ヨウホウ》（明）　♀梅村蓉子《ヨウコ》（明）・尾原蓉子《ヨウコ》（昭）・村崎芙蓉子《フヨウコ》（昭）・阿部芙蓉美《フユミ》（昭）・水月蓉《ヨウ》（昭）

【養】15（食・6）常

【読み】〈音〉ヨウ（呉・漢）〈訓〉やしなう

【語源】やしない育てる意味。ヒツジは古代中国では美味とされ、太牢（牛・豚・羊のそろったごちそう）に入れられた。したがって「羊」は「おいしい」というイメージを示す記号になる。「羊（音・イメージ記号）＋食（限定符号）」を合わせて、おいしい食べ物で体をやしなう様子を暗示させる。

[人名] おさ・かい・きよ・のぶ・まもる・やす・よし　▽「おさ（治）」は古典に治の訓がある。「かい（かひ）」は飼養の意味。「のぶ（伸）」は生長の意味から連想か。「まもる（守）」は守の訓がある。「やす」は育の訓があり、これの名乗りを流用。「よし」は宜の訓がある。
♂小野馬養《ウマカイ》（飛）・坂上犬養《イヌカイ》（奈）・大伴牛養《ウシカイ》（奈）・大西覚養《カクヨウ》（戦）・狩野養信《オサノブ》（江）・戸田氏養《ウジキヨ》（江）・永井直養《ナオノブ》（江）・堀田正養《マサヤス》（江）・池田政養《マサヨシ》（江）・平岡養一《ヨウイチ》（明）・三宅養三《ヨウゾウ》（昭）・山崎養世《ヤスヨ》（昭）

【曜】 18（日・14） 常

[読み] ㊥ヨウ（呉・漢）　(訓)かがやく

[語源] 明るく光る意味。「翟《てき》」は「羽（はね）＋隹（とり）」を合わせて、羽が高く上がっている特徴をもつ鳥を暗示する図形で、「高く上がる」というイメージを表す記号となる。「翟（音・イメージ記号）＋日（限定符号）」を合わせて、日の光が高く上がって輝く様子を暗示させる。

(金) 　(篆) 　〔翟〕

[字体] 「曜」は正字（旧字体）。「曜」は古くから書道にあった字体。

[人名] あきら・てらす・てる・よう　♂松浦曜《テラス》（江）・沼田曜一《ヨウイチ》（大）・大山曜《ヨウ》（昭）・藤田曜《アキラ》（昭）・多田野曜平《ヨウヘイ》（昭）・松村曜生《ヨウセイ》（昭）　♀入江曜子《ヨウコ》（昭）・前野曜子《ヨウコ》（昭）

【燿】 18（火・14）

[読み] (音)ヨウ（呉・漢）　(訓)かがやく

[語源] 光り輝く意味。「翟《てき》」は「高く上がる」というイメージがある（曜の項参照）。「翟（音・イメージ記号）＋火（限定符号）」を合わせて、火が高く上がって輝く様子を暗示させる。

[人名] てる・よう　♂金子増燿《マステル》（江）・山崎燿《ヨウ》（昭）・上田燿司《ヨウジ》（昭）　♀阿木燿子《ヨウコ》（昭）

【耀】 20（羽・14）

[読み] (音)ヨウ（呉・漢）　(訓)かがやく

【語源】明るく照り輝く意味。「翟《てき》」は「高く上がる」というイメージがある（曜の項参照）。「翟（音・イメージ記号）＋光（限定符号）」を合わせて、右の意味の語を表記する。

【人名】あき・あきら・てる・よう ♂松平伊耀《コレテル》（江）・鳥居耀蔵《ヨウゾウ》（江）・石川栄耀《ヒデアキ》（明）・三浦耀《アキラ》（明）・山口耀久《アキヒサ》（大）・石黒耀《アキラ》（昭）・山本耀司《ヨウジ》（昭）・川口慧耀《ケイヨウ》（昭） ♀新谷耀子《ヨウコ》（昭）

【鷹】24（鳥・13）

【読み】(音)ヨウ（漢）・オウ（呉） (訓)たか

【語源】鳥のタカの意味。「䧹《よう》」の原形は「人＋丨＋隹（とり）」を合わせて、人が胸の前に鳥を受け止める様子を暗示する図形。これは鷹狩りの場面が念頭に置かれている。「䧹（音・イメージ記号）＋鳥（限定符号）」を合わせて、狩猟用に飼い馴らして使う鳥、タカを表す。

(金)  (篆)  〔䧹〕 (篆)  〔鷹〕

【人名】たか・よう ♂中臣鷹主《タカヌシ》（奈）・大宅鷹取《タカトリ》（安）・加茂季鷹《スエタカ》（江）・上杉鷹山《ヨウザン》（江）・板垣鷹穂《タカオ》（明）・河野鷹思《タカシ》（明）・麻田鷹司《タカシ》（昭）・石川鷹彦《タカヒコ》（昭）・津村鷹志《タカシ》（昭）・石和鷹《タカ》（昭）・波多野鷹《ヨウ》（昭） ♀大野鷹子《タカコ》（安）・大野真鷹《マタカ》（安）・西郷鷹《タカ》（江）・三橋鷹女《タカジョ》（明）

【翼】17（羽・11） 常

【読み】(音)ヨク（漢）・イキ（呉） (訓)つばさ・たすける

【語源】鳥のつばさの意味。「異」は頭の大きな人が両手を挙げている姿を描いた図形。両手を挙げることに焦点を置いて、「当面するもののほかに、もう一つ別のものがある」というイメージを示す。「異（音・イメージ記号）＋羽（限定符号）」を合わせて、同じものが左右にある羽を暗示させる。両脇から手を添えて助ける意味を派生する。

(甲)  (金)  (篆)  〔異〕

(金)  (篆)  〔翼〕

【字体】「翼」は旧字体。「翼」は羽→羽に倣った字体。「翼」は異体字。

【人名】すけ・たすく・つばさ・よく ♂羽栗翼《ツバサ》（奈）・

松平忠翼《タダスケ》（江）・宇津木翼《ツバサ》（江）・赤松翼《ヨク》（江）・江木翼《タスク》（明）・桑木厳翼《ゲンヨク》（明）・山口翼《タスク》（昭）・福岡翼《ツバサ》（昭）

♀長野翼《ツバサ》（昭）・山口未翼《ミヨク》（昭）

【羅】 19（网・14）常

［読み］ (音)ラ（呉・漢）(訓)あみ・つらねる

［語源］ 鳥獣を捕らえる網の意味。「网」は×形に糸を編んだ網の形。「隹（とり）＋糸（いと）＋网（限定符号）」を合わせた図形で右の語を表記する。網は糸を次々につなげているので、ずるずると長く連なるという意味（羅列）を派生する。

(篆) 

［人名］ ら　♂阿倍比羅夫《ヒラフ》（飛）・葛城烏那羅《オナラ》（飛）・林羅山《ラザン》（江）・堀田沙羅《シャラ》（江）・沢山保羅《ポウロ》（江）・中村武羅夫《ムラオ》（明）・前田普羅《フラ》（明）・望月秋羅《シュウラ》（大）・荒井宗羅《ソウラ》（昭）・小倉星羅《セイラ》（昭）　♀お由羅《ユラ》の方（江）・高島雅羅《ガラ》（昭）・田嶋紗羅《サラ》（昭）・勝呂玲羅《レイラ》（平）

【来】 7（木・3）常　**【來】** 8（木・4）

［読み］ (音)ライ（呉・漢）(訓)くる・きたる

［語源］ やってくる意味。「來」はムギを描いた図形（麦の項参照）。小麦は地中海沿岸が原産地で、殷代以前には中国に入ってきた。上代の中国人はムギは神がもたらしためでたい穀物と考えた。そのため「（遠くから）もたらす」「（空間的・時間的に）やってくる」という意味の語を「來」で表記した。

㊙甲  金  篆 

［字体］ 「來」は正字（旧字体）。「来」は古くから中国で略字として用いられた。

［人名］ き・きたる・く・くる・こ・ゆき・ら・らい ▽「ゆき（行）」は古典に往の訓がある。♂来目《クメ》皇子（古）・大伴馬来田《マクタ》（飛）・向井去来《キヨライ》（江）・毛利子来《タネキ》（昭）・久保田悠来《ユウキ》（昭）・矢島直来《ナオキ》（昭） ♀大来《オオク》皇女（飛）・島田宣来子《ノブキコ》（安）・有坂来瞳《クルメ》（昭）・藤井来夏《ライカ》（昭）・山本未來《ミライ》（昭）・倖田來未《クミ》（昭）・田村真来《マキ》（昭）・矢口聖来《セイラ》（平）

【頼】 16（頁・7）常　**【賴】** 16（貝・9）

［読み］ ㊥ライ（呉・漢） ㊞たのむ・たよる・よる

［語源］ 他人をあてにする（たよる、たのむ）意味。これを「頼」で表記する。「束」は木をたばねること（該項参照）。「束（イメージ記号）＋刀（限定符号）」を合わせた「剌《らつ》」は、束になったものを刀で切る場面を設定した図形。「（まとまっていたものが）ばらばらになって跳ね返る」というイメージを示す記号になる。「剌（音・イメージ記号）＋貝（限定符号）」を合わせた「頼」は、こちらに来た負債を跳ね返して、他人に押しつける様子を暗示させる。これによって「他人をあてにする」という意味が実現される。

甲  金  篆 〔剌〕 篆 〔頼〕

［字体］ 「賴」は正字（旧字体）。「頼」は近世中国の俗字。

［人名］ たのむ・のり・よし・より・らい ▽「のり（乗）」は他人に乗っかることから連想か。「より（寄・依）」は頼りにする意。「よし」は古典に善の訓がある。♂源頼朝《ヨリトモ》（安）・足利頼氏《ヨリウジ》（鎌）・細川頼有《ヨリアリ》（南）・太田資頼《スケヨリ》（室）・武田勝頼《カツヨリ》（戦）・豊臣秀頼《ヒデヨリ》（土）・徳川頼房《ヨリフサ》（江）・西郷頼母《タノモ》（江）・沢本頼雄《ヨリオ》（明）・松野頼三《ライゾウ》（大）・平岡篤頼《トクヨシ》（昭） ♀源頼子《ヨリコ［ライシ］》（安）・笙野頼子《ヨリコ》

（昭）

【瀬】 19（水・16）常　**【瀨】** 19（水・16）

［読み］ 音 ライ（呉・漢）　訓 せ

［語源］ 水の浅い所、急流の意味。「頼」は「ばらばらになって跳ね返る」というイメージがある（前項参照）。「頼（音・イメージ記号）＋水（限定符号）」を合わせて、水がしぶきになって跳ね返る所を暗示させる。

［字体］ 「瀨」が正字（旧字体）。「瀬」は賴→頼に倣った字体。

［人名］ せ・らい　♂稚桜部五百瀬《イオセ》（飛）・草野石瀬《セキライ》（江）・鳥居瀬兵衛《セベエ》（江）・坂本瀬平《セベイ》（江）・早川初瀬《ハツセ》（江）・飯岡瀬一《セイチ》（昭）　♀相川七瀬《ナナセ》（昭）・山路梨瀬《リセ》（昭）・赤羽奈々瀬《ナナセ》（昭）

【楽】 13（木・9）常　**【樂】** 15（木・11）

［読み］ 音 ラク（呉・漢）　ガク（呉・漢）　訓 たのしい・たのしむ

［語源］ 音楽の意味と「たのしむ」の意味があり、同じく「樂」で表記する。「白」はクヌギなどのドングリの形（該項参照）。「幺」はヤママユガの造る繭の形。「白（イメージ記号）＋幺＋幺（ともにイメージ補助記号）＋木（限定符号）」を合わせた「樂」は、クヌギを暗示させる図形（櫟の原字）。古代漢語では音楽をガクといい、この図形で表記する。その理由は「（ドングリや繭のような）丸いものがごろごろしている」という視覚的イメージから、「（楽器が五音を転がすようにして）がやがやと賑やかな音を立てる」という聴覚的イメージに転換させうるからである。また、音楽の連想から「たのしむ」意味を派生し、語音はガク→ラクとなった。

［字体］ 「樂」は正字（旧字体）。「楽」は近世中国の俗字。

［人名］ がく・たのし・もと・やす・よし・らく　▽「やす（安）」は古典に安の訓がある。楽しむから連想。「よし（喜・悦）」は喜・悦の訓がある。　♂狩野山楽《サンラク》（戦）・織田有楽斎《ウラクサイ》（土）・小松楽成《モトナリ》（江）・吉川楽平《ヨシヒラ》（江）・東洲斎写楽《シャラク》（江）・太田一楽《イチラク》（江）・長井雅楽《ウタ》（江）・今村楽《タノシ》（江）・菊塚千楽《チガク》（明）・桑原楽之《ヤスユキ》（昭）・丸山楽雲《ラクウン》（昭）・栩原楽人《ラクト》（平）　♀楽子《ガクシ》［ヨシコ］内親王（安）・田根楽子《ラクコ》（昭）

【藍】 18（艸・15）常

[読み] ㊜ラン（呉・漢） ㊞あい

[語源] 植物のアイの意味。「監」は「一定の枠の中に収める」というイメージがある（該項参照）。「監（音・イメージ記号）＋艸（限定符号）」を合わせて、葉を容器の中に入れて浸し、染料の原料を採る植物を暗示させる。

[人名] あい・らん ♂高畠藍泉《ランセン》（江） ♀谷紅藍《コウラン》（江）・長山藍子《アイコ》（昭）・宮里藍《アイ》（昭）・七尾藍佳《アイカ》（昭）・松本藍果《アイカ》（昭）

【蘭】 19（艸・16）

[読み] ㊜ラン（呉・漢）

[語源] 植物のフジバカマ（藤袴）の意味。「柬《かん》」は「柬（たば）＋八（二つに分ける符号）」を合わせて、良いものと悪いものを選り分けることを示す記号。「柬（音・イメージ記号）＋門（限定符号）」を合わせた「闌《らん》」は、出入りをチェックする門前の柵を表す。ここに「（枠を設けて）遮り止める」というイメージがある。「闌（音・イメージ記号）＋艸（限定符号）」を合わせて、邪悪なものを遮り止める効果がある（と信じられた）植物を暗示させる。

㊎  ㊮ 〔柬〕 ㊮ 〔闌〕

㊮ 〔蘭〕

[字体] 「蘭」が正字。「蘭」は欄→欄に倣った字体。

[人名] らん ♂森蘭丸《ランマル》（戦）・江間蘭斎《ランサイ》（江）・伊沢蘭軒《ランケン》（江）・今日泊亜蘭《アラン》（明）・久生十蘭《ジュウラン》（明）・福田蘭童《ランドウ》（明）・太田蘭三《ランゾウ》（昭）・川西蘭《ラン》（昭） ♀太田蘭香《ランコウ》（江）・赤木蘭子《ランコ》（大）・鳳蘭《ラン》（昭）・伊藤蘭《ラン》（昭）・鈴木蘭々《ランラン》（昭）・丸山蘭那《ランナ》（昭）・黒田瑚蘭《コラン》（昭）・沢田優蘭《ウラン》（平）

【吏】 6（口・3）常

[読み] ㊜リ（呉・漢）

[語源] 役人の意味。「史」は筆記用具を手に持つ図形（該項参照）。「史（イメージ記号）＋一（一つにまとめることを示すイメージ補助記号）」を合わせて、仕事をきちんとまとめる人を暗示させる。整理の理と同源。

[人名] さと・つかさ・り ♂桜井吏登《リトウ》（江）・菅原俊吏《シュンリ》（昭）・寺田吏宏《サトヒロ》（昭） ♀北川悦吏子《エリコ》（昭）・酒井

麻吏《マリ》（昭）・佐藤吏紗《リサ》（平）

【利】 7（刀・5）常

［読み］ ㊥リ（呉・漢）㊀きく・とし

［語源］ 刃物がよく切れる意味（鋭利）。「利」は「禾（いね）＋刀（かたな）」を合わせて、稲刈りで農具の刃物がよく切れる様子を設定した図形。「スムーズに通る」というコアイメージがあり、すらすらと通って滞りがない（便利）、商品の流通がスムーズにいって益を得る（利益）などの意味を派生する。

㊙  ㊎  ㊞ 

［人名］ さと・さとる・と・とおる・とし・のり・まさ・みのる・よし・り　▽「とし（疾）」は疾の訓があることから、スムーズに通る意味から派生。「さと（敏・聡）」は「とし」を敏と解して、その名乗りを流用。「まさ」は増さるの語根。益の意味から連想。「みのる」は饒（ゆたか）の訓から連想。「よし」は古典に吉・善の訓がある。♂鞍作止利《トリ》（飛）・藤原利基《トシモト》（安）・半井利長《トシナガ》（室）・前田利家《トシイエ》（戦）・千利久《リキュウ》（戦）・土井利勝《トシカツ》（土）・中園公利《キンサト》（江）・大久保利通《トシミチ》（江）・横光利一《リイチ》（明）・半藤一利《カズトシ》（昭）・瀬古利彦《トシヒコ》（昭）・平山利《トシ》（昭）・西堀利《サトル》（昭）　♀利子《リシ［トシコ］》内親王（鎌）・浅野阿久利《アグリ》（江）・秦利舞子《リンコ》（明）・神沢利子《トシコ》（大）・五代利矢子《リヤコ》（昭）・五十嵐麻利江《マリエ》（昭）・門脇利枝《リエ》（昭）・中島恵利華《エリカ》（昭）・橋本由香利《ユカリ》（昭）・川島麻利《マリ》（平）

【李】 7（木・3）

［読み］ ㊥リ（呉・漢）㊀すもも

［語源］ 木の名、スモモの意味。「子」は「小さいものが生まれて殖える」というイメージがある（該項参照）。「子（イメージ記号）＋木（限定符号）」を合わせた「李」は、子が生まれるように、どんどん小さな果実が生る木を暗示させる。

［人名］ すもも・もも・り　♂河野李由《リユウ》（江）・行友李風《リフウ》（明）・知念侑李《ユウリ》（平）　♀花月堂李州《リシュウ》（江）・跡見李子《モモコ》（明）・中川李枝子《リエコ》（昭）・村中李衣《リエ》（昭）・篠原麻李《マリ》（昭）

【里】 7（里・0）常

【読み】㊥リ（呉・漢）㊂さと
【語源】人の住む所、「さと」の意味。「田」は縦横に畝を通したたんぼの形（該項参照）。「田（イメージ記号）＋土（限定符号）」を合わせた「里」は、縦横に道を通した土地、つまり人の住む場所を暗示させる。

㊎  ㊕ 

【人名】さと・り ♂大江千里《チサト》（安）・佐竹義里《ヨシサト》（戦）・清水里安《リアン》（戦）・柳沢吉里《ヨシサト》（江）・浅井八百里《ヤオリ》（江）・高橋里美《サトミ》（明）・丸木位里《イリ》（明）・加古里子《サトシ》（大）・並河萬里《バンリ》（昭）・川端香男里《カオリ》（昭）・糸井重里《シゲサト》（昭）・鈴木亜久里《アグリ》（昭） ♀弘田里《サト》（明）・戸叶里子《サトコ》（明）・田村能里子《ノリコ》（昭）・前田美波里《ビバリ》（昭）・牧瀬里穂《リホ》（昭）・葉月里緒奈《リオナ》（昭）・中江有里《ユリ》（昭）

【莉】10（艸・7）

【読み】㊥リ（慣） レイ（漢）・ライ（呉）
【語源】茉莉の二音節でマツリカを表す。茉の項参照。
【人名】り ♀森茉莉《マリ》（明）・岡田茉莉子《マリコ》（昭）・中山乃莉子《ノリコ》（昭）・水上莉枝子《リエコ》（昭）・太田莉菜《リナ》（昭）・内田莉紗《リサ》（平）・河西莉子《リコ》（平）

【梨】11（木・7）常

【読み】㊥リ（呉・漢）㊂なし
【語源】木の名、ナシの意味。「利」は「よく切れる」「スムーズに通る」というイメージがある（該項参照）。「利（音・イメージ記号）＋木（限定符号）」を合わせて、歯でよく切れて食べやすい果実の生る木を暗示させる。
【人名】り・りん ▽「りん」はマメ科植物の花梨をカリ→カリンと訛った読み。♂高橋梨一《リイチ》（江） ♀頼梨影《リエ》（江）・角梨枝子《リエコ》（昭）・小原乃梨子《ノリコ》（昭）・高橋真梨子《マリコ》（昭）・佐藤江梨子《エリコ》（昭）・かたせ梨乃《リノ》（昭）・加納佐於梨《サオリ》（昭）・松井梨絵子《リエコ》（昭）・望月花梨《カリン》（昭）・梨花《リンカ》（昭）

【理】11（玉・7）常

【読み】㊥リ（呉・漢）㊂ことわり・おさめる
【語源】宝石や皮膚などの表面に見える筋、模様の意味（木理）。「里」は「縦横にきちんと筋道を通す」というイメージがある（該項参照）。「里（音・イメージ記号）＋玉

（限定符号）」を合わせて、玉を筋目に沿って磨いて整える様子を暗示させる。物事の筋道の意味、また、筋道を立てて整える（治める）の意味を派生する。
【人名】おさむ・さだむ・さと・さとし・さとる・すけ・ただ・ただし・ただす・とし・のり・はる・まこと・まさ・まろ・みち・り　▽「さとる（悟）」は理会の意味から。「ただ（正）」「まさ（正）」は古典に正の訓がある。「さだむ（定）」は正すから連想。「とし（慧・敏）」は「さとる」を慧・聡と解した読み。「のり」は法の訓がある。「はる」は治の名乗りを流用。「まこと」は真理から。「みち」は道の訓がある。筋道、道理の意味から。♂高向玄理《クロマロ》（飛）・藤原佐理《スケマサ［サリ］》（安）・藤原為理《タメマサ》（鎌）・山名義理《ヨシタダ》（南）・楠木正理《マサミチ》（室）・吉弘鑑理《アキタダ》（戦）・三浦義理《ヨシサト》（江）・安井理民《ハルタミ》（江）・村田理介《リスケ》（江）・皆川理《オサム》（明）・務台理作《リサク》（明）・柳宗理《ムネミチ》（大）・宇井理生《ミチオ》（昭）・三留理男《タダオ》（昭）・吉井理人《マサト》（昭）・宗田理《オサム》（昭）・三柴理《サトシ》（昭）・山田理《サトル》（昭）・後藤理《タダシ》（昭）・辻理《マコト》（昭）　♀長谷理和《リワ》（江）・真宮理子《サトコ》（江）・安田理貴子《リキコ》（明）・白木万理《マリ》（昭）・吉行理恵《リエ》（昭）・池田理代子《リヨコ》（昭）・岸田理生《リオ》（昭）・平木理化《リカ》（昭）

【璃】15（玉・11）常

【読み】音 リ（呉・漢）
【語源】瑠璃《るり》・琉璃《るり》の二音節で青色の宝石の名。また、玻璃《はり》の二音節で七宝の一つ、水晶の意味。いずれも梵語を音写したもの。
【人名】り　♂嵐璃寛《リカン》（江）　♀瑠璃《ルリ》女御（安）・山岸真璃子《マリコ》（昭）・松岡璃奈子《リナコ》（昭）・伊沢麻璃也《マリヤ》（昭）・成海璃子《リコ》（平）

【力】2（力・0）常

【読み】音 リキ（呉）・リョク（漢）　訓 ちから・つとめる
【語源】筋肉の働き、ちからの意味。「力」は腕の筋肉を筋張らせて力を込めている図形。

甲

金

篆
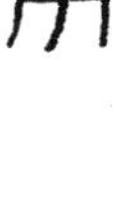

【人名】いさ・いさお・かつ・ちから・つとむ・つよし・りき　▽「いさお」は古典に功の訓がある。「かつ（克）」は力をこめてがんばることから連想。「つよし」は強の訓がある。♂坂英力《エイリキ》（江）・中島力造《リキゾウ》（江）・

五十嵐力《チカラ》(明)・田谷力三《リキゾウ》(明)・安田力《イサオ》(明)・渡辺力《リキ》(明)・堀田力《ツトム》(昭)・田山力哉《リキヤ》(昭)・原田力男《イサオ》(昭)・杉田力之《カツユキ》(昭)・山本一力《イチリキ》(昭)・竹内力《リキ》(昭)・阿部力《ツヨシ》(昭)

【陸】 11(阜・8) 常

[読み] 音 リク(漢)・ロク(呉) 訓 おか・くが

[語源] 小高い地形の続く大地、おかの意味。これを「陸」と表記する。「六」は∩形に土を盛り上げた図形(該項参照)。「六(音・イメージ記号)＋屮(草を示す限定符号)」を合わせた「先《ろく》」は⌓形のキノコ。これも「∩形に盛り上がる」というイメージがある。「先(音・イメージ記号)＋土(限定符号)」を合わせた「坴《りく》」は、土を寄せ集めて∩形に盛り上げる様子を示す。「坴(音・イメージ記号)＋阜(限定符号)」を合わせて、土の盛り上がった地形を暗示させる。六→先→坴→陸と展開するが、「∩形」のイメージがコアにある。

篆〔先〕 篆〔坴〕
甲 金 篆〔陸〕

[人名] あつし・たか・たかし・ひとし・みち・む・むつ・り・りく ▽「あつし」は古典に厚の訓がある。「お(峰・岡)」(尾根の意)は陸の縁語。「たか(高)」は高・高平の訓がある。陸地は海・川・谷などに対しては高く平らのイメージがある。「ひとし」は平の訓から連想。「みち」は道の訓がある。「むつ」は陸奥または睦の読みを借用。♂伊勢貞陸《サダミチ》(室)・松田元陸《モトタカ》(戦)・首藤陸三《リクゾウ》(江)・加藤陸奥雄《ムツオ》(明)・本庄陸男《ムツオ》(明)・渡辺大陸《タイリク》(明)・柴田睦陸《ムツム》(大)・谷口陸男《ムツオ》(大)・根本陸夫《リクオ》(大)・大塚陸毅《ムツタケ》(昭)・五味陸仁《ミチヒト》(昭)・仁田陸郎《ムツオ》(昭)・寺島陸也《リクヤ》(昭)・上原陸《リク》(昭)・浅石陸希《リキ》(平) ♀杉山陸子《ミチコ》(昭)・恩田陸《リク》(昭)

【立】 5(立・0) 常

[読み] 音 リツ(慣) リュウ(呉・漢) 訓 たつ・たてる

[語源] たつ意味。「立」は人が大の字型に地上に立つ姿を描いた図形。「まっすぐ安定して立つ」というイメージがある。

甲 金 篆

【人名】たか・たかし・たつ・たつる・たて・のぼる・はる・りつ・りゅう　▽「たか（高）」は位につく意味から連想か。♂曙立王《アケタツ》（古）・秦立人《タツヒト》（奈）・大伴益立《マスタテ》（奈）・伊東祐立《スケハル》（南）・島津立久《タツヒサ》（室）・細川護立《モリタツ》（江）・麻田剛立《ゴウリュウ》（江）・山内得立《トクリュウ》（明）・志村立美《タツミ》（明）・大城立裕《タツヒロ》（大）・中平立《ノボル》（昭）・二木立《リュウ》（昭）・須田立雄《タツオ》（昭）・植村立郎《リツロウ》（昭）・大森立嗣《タツシ》（昭）・西沢立衛《リュウエ》（昭）　♀九条立子《リッシ》（鎌）・佐久間立枝《タツエ》（江）・星野立子《タツコ》（明）・長尾立子《リツコ》（昭）

【律】9（彳・6）常

【読み】㊥リツ（漢）・リチ（呉）　㊎のり

【語源】秩序づけるための決まりの意味（法律）。これを「律」で表記する。「聿」は筆を手で持つ形（建の項参照）。「聿（イメージ記号）＋彳（道や行いを示す限定符号）」を合わせて、人の進むべき道（行い）を文書に記す様子を暗示させる。

【人名】おさむ・ただし・ただす・のり・りつ　▽「おさむ（治）」「ただす（正）」は法律の意味から連想。♂九鬼隆律《タカノリ》（江）・野田律太《リツタ》（明）・伊藤律《リツ》（大）・細川律夫《リツオ》（昭）・田川律《タダス》（昭）・宮田律《オサム》（昭）　♀中山律子《リツコ》（昭）・川上律美《リツミ》（昭）

【流】10（水・7）常

【読み】㊥リュウ（漢）・ル（呉）　㊎ながれる・ながす

【語源】（水などが）ながれる意味。「𠫓」は生まれ出る赤ん坊（育の項参照）。「巛（＝川）」は水が分かれて流れる形（荒の項参照）。「𠫓＋巛」を合わせた「㐬《りゅう》」は、赤ん坊が生まれる際、羊水が分かれて流れる情景を設定した図形。「巛型に分散して滑らかに動く」というイメージがある。「㐬（音・イメージ記号）＋水（限定符号）」を合わせて、水が滞りなくながれることを表す。

㊀  〔㐬〕　㊟  〔流〕

【人名】とも・はる・りゅう・る　▽「とも（友）」は輩（ともがら、仲間）の訓がある。♂下河辺長流《ナガル》［チョウリュウ］（江）・岸本由豆流《ユズル》（江）・石川流宣《トモノブ》［リュウセン］（江）・平野流香《リュウコウ》（明）・沢井比河流《ヒカル》（昭）・萩原流行《ナガレ》（昭）・北浜流一郎《リュウイチロウ》（昭）・久路流平《リュウヘイ》（昭）・森江流《リュウ》（昭）　♀永井流奈《ルナ》（昭）・おおたか静流《シズル》（昭）

【留】10（田・5）常

【読み】音 リュウ（漢）・ル（呉） 訓 とめる・とまる

【語源】一所にじっととまる意味、また、引きとめる意味。「卯《ぼう》」は反対向きになった戸の形で、「両側に開ける」というイメージのほかに、「するすると滑って止まる」というイメージもある（該項参照）。「卯（音・イメージ記号）＋田（イメージ補助記号）」を合わせた「留」は、流れていく水が田に入ってとまる様子を暗示させる。

金  篆 

【人名】と・たね・とめ・る ♂田沼意留《オキトメ》（江）・長野美波留《ミハル》（江）・遠藤留吉《トメキチ》（明）・秋元波留夫《ハルオ》（昭）・瀬川美能留《ミノル》（明）・牛丸義留《ヨシト》（大）・岡野加穂留《カホル》（昭）・吉川和多留《ワタル》（昭）・岩口留男《トメオ》（昭）・納富信留《ノブル》（昭） ♀土師留女《ルメ》（奈）・高良留美子《ルミコ》（昭）・久宝留理子《ルリコ》（昭）・江頭美智留《ミチル》（昭）・松本留美《ルミ》（昭）・百田留衣《ルイ》（昭）

【竜】10（龍・0）常 【龍】16（龍・0）

【読み】音 リュウ（呉）・リョウ（漢） 訓 たつ

【語源】想像上の動物、タツの意味。「龍」は四本の足を持ち、胴体と尾をくねらせ、頭にとさかのような冠を戴いた動物を描いた図形。

甲  金  篆 

【字体】「龍」は正字（旧字体）。「竜」は近世中国の俗字。

【人名】きみ・しげみ・たつ・とおる・めぐむ・りゅう・りょう ▽「きみ（君）」は竜が君主の象徴とされることから。「しげみ」は蘢（茂る）と通用するから。「とおる」は古典に通の訓がある。「めぐむ（恵）」は恩寵の寵と通用するから。♂占部小竜《オタツ》（奈）・伴竜男《タツオ》（安）・豊原竜秋《タツアキ》（鎌）・斎藤義竜《ヨシタツ》（戦）・雲井竜雄《タツオ》（江）・江川英竜《ヒデタツ》（江）・秋月竜《リョウ》（江）・坂本竜馬《リョウマ》（江）・鳥居竜蔵《リュウゾウ》（明）・芥川竜之介《リュウノスケ》（明）・飯田竜太《リュウタ》（大）・村上龍《リュウ》（昭）・坂本龍一《リュウイチ》（昭）・川田龍平《リュウヘイ》（昭） ♀京極竜子《タツコ》（戦）・坂本竜《リョウ》（江）・川路竜子《リュウコ》（大）

【隆】11（阜・8）常

【読み】音 リュウ（漢）・ル（呉） 訓 たかい

［語源］勢いが盛ん、また、高く盛り上がる意味。「隆」を分析すると「降の省略形＋生」である。「夅《こう》」は「夂（下向きの足）＋ヰ（夂の反転形）」を合わせて、足が下りてくる様子。「夅（音・イメージ記号）＋阜（限定符号）」を合わせた「降」は段々を下りる様子を暗示させる図形。具体は捨象して「↓型」のイメージを取る。「生」は草が土の上に芽を↑型に出す形。「降（イメージ記号）＋生（イメージ補助記号）」を合わせた「隆」は、↓型に来る力を押し返すようにして、↑型に草が勢いよく出る様子を暗示させる。

(篆) 

［字体］本字は「降＋生」からできていた（篆書）。「隆」はその略字（楷書、旧字体）。「隆」はさらにその略字。

［人名］しげ・たか・たかし・ゆたか・りゅう　▽「しげ」は古典に重・繁の訓がある。「ゆたか」は豊の訓がある。　♂藤原忠隆《タダタカ》（安）・村上義隆《ヨシタカ》（鎌）・宇都宮隆房《タカフサ》（南）・小早川隆景《タカカゲ》（戦）・岩城常隆《ツネタカ》（土）・西郷隆盛《タカモリ》（江）・出隆《タカシ》（明）・辰野隆《ユタカ》（明）・横山隆一《リュウイチ》（明）・斎藤隆介《リュウスケ》（大）・佐木隆三《リュウゾウ》（昭）・東郷隆《リュウ》（昭）・松本隆《タカシ》（昭）・土井隆雄《タカオ》（昭）　♀隆姫《タカヒメ》女王（安）・源隆子《タカコ》（安）・大石隆子《タカコ》（明）・植田隆子《タカコ》（昭）

【了】2（亅・1）　常

［読み］(音) リョウ（呉・漢）　(訓) おわる・さとる

［語源］おわる意味、また、はっきりわかる意味。「了」はもつれてからまった状態がはっきり解けていく様子を示す象徴的図形。これによって、「はっきりとけじめをつける」「事態がはっきりとなる」という意味の語を表記する。

(篆) 

［人名］あき・あきら・さとる・すみ・のり・りょう　▽「あき（明）」ははっきりわかる意味から。古典に明の訓がある。「さとる」は覚・慧の訓がある。「すみ（澄）」は明らから連想。「のり（告）」は明言、表明の意味で、明らから連想。　♂今川了俊《リョウシュン》（南）・渡辺了《サトル》（戦）・角倉了以《リョウイ》（戦）・酒井了次《ノリツグ》（江）・浅井了意《リョウイ》（江）・今村了庵《リョウアン》（江）・古賀了《サトル》（明）・蘆原英了《エイリョウ》（明）・黒田了一《リョウイチ》（明）・源了円《リョウエン》（大）・岩松了《リョウ》（昭）・池内了《サトル》

（昭）・薩川了洋《ノリヒロ》（昭）　♀深沢了子《ノリコ》（昭）

【良】 7（良・1） 常

［読み］ ㊥ リョウ（漢）・ロウ（呉） ㊀ よい・まことに

［語源］ 混じりけがなく質がよい意味。「良」は米を水でといで汚れを洗い流す様子を暗示させる図形で、「汚れがなくきれいに澄む」というイメージがある。

㊚  ㊎  ㊧ 

［人名］ あきら・お・かず・かた・すけ・たか・ちかし・なおし・なが・はる・まこと・まさ・よし・ら・りょう・ろう　▽「あきら（明）」は汚れがなく澄むイメージから連想。「お（夫）」は良人（夫）の意味から。「かず（数）」は古典に量の訓がある。「かた」「たか」は賢の訓がある。「なが」は長の訓がある。「はる」は明の別の名乗りを流用。「まこと」は信・実の訓がある。「なおし（直）」「まさ（正）」はまこと（信・実）から連想。「ら」は助詞の「ら」を良（呉音ラウ）に当てる。♂山上憶良《オクラ》（飛）・橘奈良麻呂《ナラマロ》（奈）・都良香《ヨシカ》（安）・護良《モリナガ「モリヨシ」》親王（鎌）・二条良基《ヨシモト》（南）・一条兼良《カネヨシ「カネラ」》（室）・稲葉良通《ヨシミチ》（戦）・織田信良《ノブヨシ》（土）・大石良雄《ヨシオ》（江）・大河内政良《マサカタ》（江）・安倍季良《スエハル》（江）・黒川良安《マサヤス》（江）・綾小路有良《アリカズ》（江）・松浦良《チカシ》（江）・芹沢光治良《コウジロウ》（明）・池部良《リョウ》（大）・中野隆良《タカオ》（昭）・宇野亜喜良《アキラ》（昭）・半村良《リョウ》（昭）・井田良《マコト》（昭）・石田衣良《イラ》（昭）　♀良子《ナガコ》内親王（安）・紀良子《ヨシコ》（南）・水谷良重《ヨシエ》（昭）・佐久間良子《ヨシコ》（昭）・中野良子《リョウコ》（昭）・小沢征良《セイラ》（昭）

【亮】 9（亠・7）

［読み］ ㊥ リョウ（漢）・ロウ（呉） ㊀ あきらか・すけ

［語源］ 明るくはっきりしている意味。「京」は「高くて大きい」というイメージがあり、「高くて明るい」というイメージに展開する（該項参照）。「京（音・イメージ記号）＋儿（人を示す限定符号）」を合わせて、表情や言葉などがはっきりしている様子を暗示させる。わからないことをはっきりさせる（教え導く）→たすけるという意味を派生する。

［人名］ あき・あきら・かつ・きよし・すけ・たすく・とおる・まこと・よし・りょう　▽「かつ（勝）」（勝れる意）はよし（良）から連想。「きよし（清）」「とおる（徹）」

は明の縁語。「たすく」は古典に相・佐の訓がある。「まこと」は信の訓がある。「よし」は善の訓がある。♂源雅亮《マサスケ》(安)・毛利修理亮《シュリノスケ》(室)・浅井亮政《スケマサ》(戦)・井伊直亮《ナオアキ》(江)・島津忠亮《タダアキラ》(江)・堀田正亮《マサスケ》(江)・世良田亮《タスク》(江)・仙石亮《マコト》(江)・溝口直亮《ナオヨシ》(江)・村田数之亮《カズノスケ》(明)・森亮《リョウ》(明)・美濃部亮吉《リョウキチ》(明)・辻亮一《リョウイチ》(大)・鳥羽亮《リョウ》(昭)・加地亮《アキラ》(昭)・八戸亮《トオル》(昭)　♀亮子《リョウシ》内親王(安)・吉益亮子《リョウコ》(江)・谷亮子《リョウコ》(昭)

【涼】 11(水・8)　常　**【凉】** 10(冫・8)

【読み】 ㊥リョウ(漢)・ロウ(呉)　㊀すずしい・すずむ

【語源】 すずしい意味。「京」は高い丘のことから、「高くて大きい」「高くて明るい」というイメージがあり、さらに「風通しがよい」というイメージにも展開する(前項参照)。「京(音・イメージ記号)＋水(限定符号)」を合わせて、風通しがよくて水が冷たい様子を暗示させる。

【字体】 「凉」は涼の俗字。

【人名】 さやか・すけ・すず・すずし・りょう　▽「さやか(清)」―(冷たく澄む意)は涼しいの縁語。「すけ(助)」は古典に佐の訓がある。また亮と通用。♂秋元涼朝《スケトモ》(江)・細川涼一《リョウイチ》(昭)・小田井涼平《リョウヘイ》(昭)・麻野涼《リョウ》(昭)　♀山岸涼子《リョウコ》(昭)・篠原涼子《リョウコ》(昭)・真風涼帆《スズホ》(昭)・吉村涼《リョウ》(昭)・中原涼《スズシ》(昭)・神谷涼《サヤカ》(昭)・森田涼花《スズカ》(平)

【陵】 11(阜・8)　常

【読み】 ㊥リョウ(呉・漢)　㊀みささぎ

【語源】 大きな丘の意味。「圥《ろく》」は「∩型に盛り上がる」というイメージがある(陸の項参照)。「圥(イメージ記号)＋夊(足にかかわる限定符号)」を合わせた「夌《りょう》」は、∩型または∧型に盛り上がった所(山や丘)を踏み越える様子を暗示させる。「∧型をなす」「筋をなす」というイメージを示す記号になる。「夌(音・イメージ記号)＋阜(限定符号)」を合わせて、∧型をした山の尾根、また、それを踏み越えていくことを表す。後者は凌(力ずくで踏み越える→しのぐ)と同じ使い方になる。

㊕  〔夌〕　㊕  〔陵〕

【人名】 りょう　♂浅野陵《リョウ》(江)・海保青陵《セイリョウ》(江)・中村岳陵《ガクリョウ》(明)・武者陵司《リョウジ》(昭)・高倉陵《リョウ》(昭)　♀水月

陵《リョウ》（昭）

【量】12（里・5）　常

【読み】〈音〉リョウ（漢）・ロウ（呉）　〈訓〉はかる

【語源】重さをはかる意味。「量」を分析すると「良の省略形＋重」となる。「良」は穀粒を水でとぐ図形だが、単に穀粒のイメージだけを取る。「良（音・イメージ記号）＋重（イメージ補助記号）」を合わせて、穀粒の重さを計ることを暗示させる。

〈金〉　〈篆〉

【人名】かず・はかる・りょう　♂量仁《カズヒト》親王（南）・足利義量《ヨシカズ》（室）・右田隆量《タカカズ》（戦）・木下俊量《トシカズ》（江）・物集高量《タカカズ》（明）・増本量《ハカル》（明）・須之部量三《リョウゾウ》（大）・新井量大《カズオ》（昭）・広瀬量平《リョウヘイ》（昭）

【稜】13（禾・8）

【読み】〈音〉リョウ（慣）　ロウ（呉・漢）　〈訓〉かど

【語源】かどの意味。「夌」は山の尾根を踏み越えることから、「∧型に筋張る」というイメージがある（陵の項参照）。「夌（音・イメージ記号）＋禾（限定符号）」を合わせて、穀物の筋張った「かど」を暗示させる。

【人名】たか・りょう　▽「たか（威）」は古典に威の訓がある。♂佐伯稜威雄《イズオ》（江）・稲富稜人《タカト》（明）・金子稜威雄《イツオ》（昭）・笹本稜平《リョウヘイ》（昭）・本多稜《リョウ》（昭）・池田稜馬《リョウマ》（昭）　♀深町稜子《リョウコ》（昭）

【僚】14（人・12）　常

【読み】〈音〉リョウ（呉・漢）

【語源】仲間の意味。「尞《りょう》」は火の粉を飛ばして燃える焚き火の情景を写した図形で、「次々に連なる」というイメージがある。「尞（音・イメージ記号）＋人（限定符号）」を合わせて、同じ地位や職についている一連りの人たちを暗示させる。

〈甲〉　〈金〉　〈篆〉〔尞〕　〈篆〉〔僚〕

【人名】りょう　♂窪田僚《リョウ》（昭）・奥野僚右《リョウスケ》（昭）・栗沢僚一《リョウイチ》（昭）・浅井僚馬《リョウマ》（昭）　♀恒吉僚子《リョウコ》（昭）

【綾】14（糸・8）

[読み] ㊥ リョウ（呉・漢）・リン（唐）　㊞ あや

[語源] あやぎぬの意味。「夌《りょう》」は「筋をなす」というイメージがある（陵の項参照）。「夌（音・イメージ記号）＋糸（限定符号）」を合わせて、筋目のある模様を織り出した織物を暗示させる。

[人名] あや・りょう　♂建部綾足《アヤタリ》（江）・服部綾雄《アヤオ》（江）・庭訓舎綾人《アヤンド》（江）・岸本綾夫《アヤオ》（明）・伊藤綾祐《リョウスケ》（昭）・松原綾央《アヤオ》（昭）　♀大菱屋綾衣《アヤギヌ》（江）・岡綾《アヤ》（明）・石垣綾子《アヤコ》（明）・三浦綾子《アヤコ》（大）・岡本綾子《アヤコ》（昭）・一ノ瀬綾《アヤ》（昭）・豊田綾乃《アヤノ》（昭）・平原綾香《アヤカ》（昭）・宇野綾菜《アヤナ》（平）

【諒】 15（言・8）

[読み] ㊥ リョウ（漢）・ロウ（呉）　㊞ まこと・あきらか

[語源] 明らか、また、はっきりとわかる意味。「京」は「明るい」というイメージがある（亮の項参照）。「京（音・イメージ記号）＋言（限定符号）」を合わせて、言葉がはっきりとしていて偽りがないことを暗示させる。

[人名] あき・まこと・まさ・よし・りょう　▽「まこと」は古典に信・誠の訓がある。「まさ」は正の訓がある。「よし」は善の訓がある。♂松平直諒《ナオアキ「ナオヨシ」》（江）・永井直諒《マサナオ》（江）・棚橋諒《リョウ》（明）・鴨宮諒《リョウ》（昭）・香納諒一《リョウイチ》（昭）・中島諒人《マコト》（昭）　♀望月諒子《リョウコ》（昭）・森山諒香《リョウカ》（昭）

【遼】 15（辶・12）

[読み] ㊥ リョウ（呉・漢）　㊞ はるか

[語源] はるか、遠い意味。「尞《りょう》」は「次々に連なる」というイメージがある（僚の項参照）。「尞（音・イメージ記号）＋辶（限定符号）」を合わせて、道がどこまでもずるずると続いている様子を暗示させる。

[人名] はるか・りょう　♂嵯峨根遼吉《リョウキチ》（明）・生島遼一《リョウイチ》（明）・司馬遼太郎《リョウタロウ》（大）・萩原遼《リョウ》（昭）・池上遼一《リョウイチ》（昭）・渡部遼介《リョウスケ》（昭）・石川遼《リョウ》（平）　♀小沢遼子《リョウコ》（昭）・安部遼《ハルカ》（昭）

【瞭】 17（目・12）　常

[読み] ㊥ リョウ（呉・漢）　㊞ あきらか

[語源] 明らかの意味。「尞《りょう》」は焚き火が火の粉を飛ばして燃える図形で、「明かりが発散する」というイメ

ージがある（僚の項参照）。「尞（音・イメージ記号）＋目（限定符号）」を合わせて、光が発散して明るく見える様子を暗示させる。

【人名】あきら・りょう　♂阿部正瞭《マサアキラ》（江）・松村瞭《リョウ》（昭）・上野瞭《リョウ》（昭）・石沢瞭《アキラ》（昭）　♀米川瞭子《リョウコ》（昭）

【緑】 14（糸・8）　常　**【綠】** 14（糸・8）

【読み】㊔ リョク（漢）・ロク（呉）　㊖ みどり

【語源】色の名、みどりの意味。「彔《ろく》」は草木の皮を剥いで、くずがぽろぽろ落ちる情景を写した図形。「表面を剥ぎ取る」というイメージがある。「彔（音・イメージ記号）＋糸（限定符号）」を合わせて、草の茎を剥ぎ取って糸を染める様子を暗示させる。カリヤス（藎）の茎に藍を混ぜて緑の染料とする。

(甲) 　(金) 　(篆) 〔彔〕　(篆) 〔綠〕

【字体】「綠」は正字（旧字体）。「緑」は古くから書道で使われていた。

【人名】みどり・りょく・ろく　♂小松緑《ミドリ》（江）・斎藤緑雨《リョクウ》（明）・古川緑波《ロッパ》（明）・尾上松緑《ショウロク》（大）・市村緑郎《ロクロウ》（昭）　♀西崎緑《ミドリ》（明）・宮崎緑《ミドリ》（昭）

【林】 8（木・4）　常

【読み】㊔ リン（呉・漢）　㊖ はやし

【語源】はやしの意味。「木」を二つ並べた図形によってその語を表記する。この語には「もり」の意味も含まれているが、日本語では「林」と「森」を区別する。

(甲) 　(金) 　(篆) 

【人名】しげ・しげる・はやし・もと・り・りん　▽「しげる（茂）」ははやしの意味から連想。「もと（本）」は多くの物が集まってくる所の意味から連想。♂大伴三林《ミハヤシ》（奈）・杉本林志《シゲユキ》（江）・間宮林蔵《リンゾウ》（江）・気賀林《リン》（江）・森林太郎《リンタロウ》（江）・池田林儀《シゲノリ》（明）・山根林《シゲル》（昭）・袖井林二郎《リンジロウ》（昭）・照屋林助《リンスケ》（昭）　♀長谷川林子《リンコ》（明）・江村林香《リカ》（昭）

【倫】 10（人・8）　常

【読み】㊔ リン（呉・漢）　㊖ たぐい

【語源】同列に並ぶ仲間の意味。「侖《りん》」は「亼（集めることを示す符号）＋冊（文字を書いた木や竹を綴じ合わせた形）」を合わせて、書物を作る際、札を集めて整理する場面を設定した図形。「筋が通るように順序よく並べる」というイメージがある。「侖（音・イメージ記号）＋人（限定符号）」を合わせて、右の意味の語を表記する。秩序のある人間関係の意味を派生する。

篆  〔侖〕　篆  〔倫〕

【人名】おさむ・つぐ・つね・とし・とも・のり・ひとし・みち・りん　▽「おさむ」は古典に理の訓がある。「つぐ」は次・序の訓がある。「つね（常）」は不変の人道の意味から連想。「とも（友）」「ひと（人）」は仲間の意味から。「のり（紀・法）」は紀の訓がある。「とし」は紀の別の名乗りを流用。「ひとし（等）」は等の訓がある。「みち」は道の訓がある。人道の意味から。♂藤原倫寧《トモヤス》（安）・三善倫長《トモナガ》（鎌）・尼子倫久《トモヒサ》（戦）・宗義倫《ヨシツグ》（江）・榊原政倫《マサトモ》（江）・伊達宗倫《ムネノリ》（江）・松平忠倫《タダミチ》（江）・村上倫《リン》（江）・直木倫太郎《リンタロウ》（明）・河北倫明《ミチアキ》（大）・足立倫行《ノリユキ》（昭）・加地倫三《リンゾウ》（昭）・大野倫《リン》（昭）　♀源倫子《リンシ》（安）・倫子《トモコ》女王（江）・柴田倫世《トモヨ》（昭）・佐々木倫子《ノリコ》（昭）・中川倫子《リンコ》（昭）・塩田倫《リン》（昭）

【琳】 12（玉・8）

【読み】音 リン（呉・漢）

【語源】美しい玉の意味。「林」は「並ぶ」というイメージがあり、「きれいにそろう」というイメージに展開する（該項参照）。「林（音・イメージ記号）＋玉（限定符号）」を合わせて、きめのそろった玉を暗示させる。

【人名】りん　♂芝琳賢《リンケン》（戦）・尾形光琳《コウリン》（江）・山崎祥琳《ショウリン》（昭）・鈴木琳太郎（平）　♀深巳琳子《リンコ》（昭）・滝口琳々《リンリン》（昭）・日下部琳加《リンカ》（平）

【凜】 15（冫・13）　**【凛】** 15（冫・13）

【読み】音 リン（呉・漢）

【語源】冷たい意味。「㐭《りん》」は倉の形。「㐭（音・イメージ記号）＋禾（限定符号）」を合わせた「稟《りん》」は米倉を表す。倉に米を詰め込むことから、「ぎゅっと引き締める」というイメージがある。「稟（音・イメージ記号）＋冫（氷とかかわる限定符号）」を合わせて、冷たくて肌身を引き締める様子を暗示させる。気持ちがびしっと引き締まる意味を派生する。

(篆)〔㐭〕　(篆)〔稟〕

【字体】「凛」は凜の俗語。

【人名】りん　♂西凜太朗《リンタロウ》（昭）　♀雨宮処凜《カリン》（昭）・菊池凜子《リンコ》（昭）・伊原凜《リン》（昭）

【隣】16（阜・13）常

【読み】(音)リン（呉・漢）　(訓)となる・となり

【語源】となりの意味。「粦《りん》」は「炎＋舛」に分析できる。「炎」は火が燃える形。「舛」はステップを踏む足の形。「炎（イメージ記号）＋舛（限定符号）」を合わせて、鬼火が踊っている情景を設定した図形（燐の原字）。ここに「点々と連なる」というイメージがある。「粦（音・イメージ記号）＋邑（限定符号）」を合わせた「鄰」は、村や町の中で連なり並ぶ人家を暗示させる。

(金)　(篆)〔粦〕　(篆)〔鄰〕

【字体】「鄰」が本字。「隣」は古くから使われた俗字。

【人名】ただ・ちか・ちかし・となり・なが・りん　▽「ちか（近・親）」は近・親の訓がある。♂寒川元隣《モトチカ》（室）・大久保忠隣《タダチカ》（戦）・佐竹義隣《ヨシチカ》（江）・松岡隣《リン》（江）・松浦鄰《チカシ》（江）・富永有隣《ユウリン》（江）・藤井隣次《リンジ》（明）・前田隣《リン》（昭）

【麟】24（鹿・13）

【読み】(音)リン（呉・漢）

【語源】想像上の動物の名。「粦《りん》」は「点々と連なる」というイメージがある（前項参照）。「粦（音・イメージ記号）＋鹿（限定符号）」を合わせて、群れをなして連なり並ぶ鹿（アンテロープの類）を表した。のち瑞祥動物として空想化されて、麒麟という二音節語となった。雄を麒、雌を麟という。

【人名】りん　♂大友宗麟《ソウリン》（戦）・箕作麟祥《リンショウ》（昭）・勝麟太郎《リンタロウ》（江）・武田麟太郎《リンタロウ》（明）・椎名麟三《リンゾウ》（明）・山本麟一《リンイチ》（昭）・葉室麟《リン》（昭）

【瑠】14（玉・10）常

【読み】(音)ル（呉）・リュウ（漢）

【語源】瑠《る》璃《り》の二音節で、青色の宝石の意味。梵語を音写した。

【人名】る　♂宇野瑠晏《ルアン》(昭)・高橋宗瑠《ソウル》(昭)・阿比留瑠比《ルイ》(昭)・ラモス瑠偉《ルイ》(昭)　♀瑠璃《ルリ》女御(安)・湯浅瑠璃《ルリ》(江)・芥川瑠璃子《ルリコ》(大)・真家瑠美子《ルミコ》(昭)・稲葉瑠奈《ルナ》(昭)・北田瑠衣《ルイ》(昭)・今西郁瑠《カオル》(昭)

【令】5（人・3）常

【読み】㊥レイ（漢）・リョウ（呉）

【語源】指図をする意味（命令）。「令」は「亼（三方から集まることを示す符号）＋卩（ひざまずく人の形）」を合わせて、神の言葉や君主の命令を人々に告げる場面を設定した図形。これによって、上から下にお達しを伝えるという意味の語を表記する。人を集めて指図することから、「次々に並びつながる」というイメージがある。また別に、神が下す言葉の印象を捉えて、「清らかで美しい」「汚れがなく澄んでいる」というイメージを示す記号ともなる。

㊙甲 　㊎金 　㊞篆 

【人名】のり・はる・よし・りょう・れ・れい　▽「のり（告・法）」は古典に告・法の訓がある。「はる（晴・明）」は清らかの意味から連想か。「よし」は善・美の訓がある。　♂清原令望《ヨシモチ》(安)・榊原政令《マサノリ》(江)・野上陳令《ノブハル》(江)・戸沢正令《マサヨシ》(江)・阿刀田令造《レイゾウ》(明)・藤沢令夫《ノリオ》(大)・白島令《レイ》(昭)・川島令三《リョウゾウ》(昭)・志村令郎《ヨシロウ》(昭)・角令央奈《レオナ》(昭)・板倉令奈《レイナ》(昭)・青野令《リョウ》(平)　♀令子《レイシ［ヨシコ］》内親王(安)・団令子《レイコ》(昭)・奥山令子《リョウコ》(昭)・椎名令《レイ》(昭)・川島令美《レミ》(昭)

【礼】5（示・1）常　【禮】18（示・13）

【読み】㊥レイ（漢）・ライ（呉）

【語源】形式の整った作法の意味。これを「禮」で表記する。「豊」は豊（ゆたか）とは別でレイと読む。豆（たかつき）の上に供え物を盛りつけた図形で、儀礼用の器を表す。「形よく整う」というコアイメージがある。「豊（音・イメージ記号）＋示（限定符号）」を合わせて、神前で行う整った儀式を暗示させる。

㊙甲 　㊎金 　㊞篆 〔豊〕

㊂古 　㊞篆 〔禮〕

【字体】「禮」は旧字体。「礼」は古文に由来する異体字で、「礼」は示→ネと変わった俗字。

【人名】あき・あきら・あや・かた・たか・なり・のり・ひろ・ひろし・まさ・まさし・みち・ゆき・よし・れ・れい　▽「あき(明)」は上下尊卑を明らかにすることからか。「あや(文)」は古典に「義の文」の訓がある。「かた(形)」「なり(形)」は形が整っていることから連想。「のり(紀)」は「国の紀」の訓がある。「ひろ」は敬の訓があり、これの名乗りを流用か。「みち(理・道)」は理また人道の訓がある。「まさ(正)」「よし(良)」は形式が整っていることから連想。「ゆき(幸)」はよし(吉・祥)から連想か。　♂稗田阿礼《アレ》(古)・柴田礼能《レイノウ》(戦)・徳川義礼《ヨシアキラ》(江)・村上義礼《ヨシアヤ》(江)・池田政礼《マサカタ》(江)・松平忠礼《タダナリ》(江)・森有礼《アリノリ》(江)・吉川経礼《ツネヒロ》(江)・石坂義礼《ヨシタカ》(江)・若槻礼次郎《レイジロウ》(江)・萩原尊礼《タカヒロ》(明)・黒田長礼《ナガミチ》(明)・江川宇礼雄《ウレオ》(明)・城戸礼《レイ》(明)・土屋礼一《レイイチ》(昭)・伊藤礼《レイ》(昭)　♀源礼子《レイシ》(安)・初音礼子《レイコ》(明)・春野寿美礼《スミレ》(昭)・高島礼子《レイコ》(昭)・高橋礼恵《ノリエ》(昭)・黒田美礼《ミレイ》(昭)・滝井礼乃《アヤノ》(昭)・梅村礼《アヤ》(昭)・前多純礼《スミレ》(平)

【伶】7(人・5)

【読み】音 レイ(漢)・リョウ(呉)
【語源】音楽官の意味。「清らかに澄む」のイメージをもつ「令」を用い(該項参照)、「令(音・イメージ記号)＋人(限定符号)」を合わせて、澄んだ音色を奏でる人を暗示させる。
【人名】れ・れい　♂足立伶二郎《レイジロウ》(明)・杉本伶一《レイイチ》(昭)　♀七尾伶子《レイコ》(大)・嶋沢伶衣子《レイコ》(昭)・山下伶《レイ》(昭)・黒岩伶奈《レナ》(平)

【怜】8(心・5)

【読み】音 レイ(漢)・リョウ(呉)　訓 さとい・かしこい
【語源】聡明である、さとい意味。「清らかに澄む」のイメージをもつ「令」を用い(該項参照)、「令(音・イメージ記号)＋心(限定符号)」を合わせて、心が澄んで賢い様子を暗示させる。
【人名】さと・さとし・れ・れい　♂大久保怜《レイ》(大)・松永怜一《レイイチ》(昭)・片山怜雄《レオ》(昭)・緒川怜《サトシ》(昭)・永井怜《レイ》(昭)・三谷怜央《レオ》(平)　♀奥田怜子《レイコ》(昭)・北原怜子《サトコ》

（昭）・中村千怜《チサト》（昭）・花村怜美《サトミ》（昭）・井上怜奈《レナ》（昭）・菊川怜《レイ》（昭）

【玲】9（玉・5）

【読み】音 レイ（漢）・リョウ（呉）

【語源】玉の鳴る音の形容語、また、澄んではっきりしている意味（玲瓏）。「清らかに澄む」のイメージをもつ「令」を用い（該項参照）、「令（音・イメージ記号）＋玉（限定符号）」を合わせて、玉の澄んだ音色を暗示させる。

【人名】あきら・りょう・れ・れい ♂江崎玲於奈《レオナ》（大）・鴨居玲《レイ》（昭）・永川玲二《レイジ》（昭）・山田玲司《レイジ》（昭）・大岡玲《アキラ》（昭）・内藤玲《リョウ》（昭） ♀駒井玲子《レイコ》（明）・星玲子《レイコ》（大）・山口玲子《レイコ》（昭）・川久保玲《レイ》（昭）・中川玲《アキラ》（昭）

【鈴】13（金・5） 常

【読み】音 レイ（漢）・リョウ（呉）・リン（唐） 訓 すず

【語源】すずの意味。「令」は「清らかに澄む」というイメージがある（該項参照）。「令（音・イメージ記号）＋金（限定符号）」を合わせて、澄んだ音色を発する金属製の器具を暗示させる。

【人名】すず・りん・れい ♂小川鈴之《スズユキ》（江）・筑土鈴寛《レイカン》（明）・川崎鈴彦《スズヒコ》（大）・北沢鈴春《スズハル》（昭） ♀川上鈴子《スズコ》（明）・山田五十鈴《イスズ》（大）・宮下鈴枝《スズエ》（昭）・鴨鈴女《スズメ》（昭）・吉田鈴香《スズカ》（昭）・高橋美鈴《ミスズ》（昭）・夏目鈴《スズ》（平）・一色海鈴《ミスズ》（平）・荻野可鈴《カリン》（平）

【零】13（雨・5） 常

【読み】音 レイ（漢）・リョウ（呉） 訓 おちる・こぼれる

【語源】雨や水滴が落ちる意味。「令」は「次々に並びつながる」というイメージがある（該項参照）。「・・・型に点々と並ぶ」のイメージは「——型に一直線に連なる」のイメージに展開する。「令（音・イメージ記号）＋雨（限定符号）」を合わせて、雨が降る様子を暗示させる。

【人名】れ・れい ♂平野零児《レイジ》（明）・長谷川零余子《レイヨシ》（明）・松本零士《レイジ》（昭）・三枝零一《レイイチ》（昭）・山端零《レイ》（昭） ♀藤原零《レイ》（昭）・岸上零奈《レナ》（平）

【澪】16（水・13）

【読み】音 レイ（漢）・リョウ（呉） 訓 みお

【語源】もとは泠と同じで、水が澄んで清らかの意味。「清らかに澄む」のイメージをもつ「令」を用い（該項参照）、「令（音・イメージ記号）+水（限定符号）」を合わせて、右の語を表記した。のち「令」を「零」に替え、「泠」（水や風が清々しい意）と区別した。日本では「澪」に「みお（水脈）」（船の通り路）を当てる。

【人名】み・みお ♂坂口澪子《ミオコ》（大）・斎藤澪奈子《ミナコ》（昭）・高樹澪《ミオ》（昭）・小口美澪《ミオ》（平）

【嶺】17（山・14）

【読み】㊅ レイ（漢）・リョウ（呉） ㊆ みね

【語源】山脈、また、みねの意味。「令」は「次々に並びつながる」というイメージがある（該項参照）。これは「—・—・—型に連なる」のイメージにもなる。「令（音・イメージ記号）+頁（限定符号）」を合わせた「領」は頭と胴体をつなぐ首を表す。「領（音・イメージ記号）+山（限定符号）」を合わせた「嶺」は、次々に連なる山を暗示させる。

【人名】ね・みね・りょう・れい ♂小笠原信嶺《ノブミネ》（戦）・三宅雪嶺《セツレイ》（江）・田岡嶺雲《レイウン》（明）・金丸重嶺《シゲネ》（明）・杉原高嶺《タカネ》（昭）・中嶋嶺雄《ミネオ》（昭）・宮下嶺夫《ミネオ》（昭）・大雪嶺登《ミネト》（昭）・柴田嶺《リョウ》（昭）・平手嶺佑《リョウスケ》（昭）・木ノ本嶺浩《ミネヒロ》（平）・細山貴嶺《タカネ》（平） ♀水城嶺子《レイコ》（昭）・森田嶺子《レイコ》（昭）・五拾免美嶺《ミレイ》（平）

【麗】19（鹿・8） 常

【読み】㊅ レイ（漢）・ライ（呉） ㊆ うるわしい・うららか

【語源】並び連なる意味。鹿の角が二本並んでいる情景を写した図形である「麗」で表記する。儷（カップル、配偶者）は「並び連なる」のイメージがコアにある。並び方が整ってきれいであることから、「うるわしい」の意味を派生する。また「・・・型（数珠つなぎ）に並ぶ」というイメージから、数の意味も派生する。

㊙甲  ㊙金  ㊙篆 

【人名】あきら・うらら・かず・よし・れい ▽「あきら（明）」は古典に明の訓がある。「よし」は美・好の訓がある。♂蘇我高麗《コマ》（古）・橋本実麗《サネアキラ》（江）・滋野井公麗《キンカズ》（江）・加藤文麗《ブンレイ》（江）・井上麗三《レイゾウ》（明）・古川高麗雄《コマオ》（大）・小島麗逸《レイイツ》（昭）・仲井戸麗市《レイイチ》（昭） ♀

源麗子《レイシ［ヨシコ］》（安）・荒木田麗《レイ》（江）・近松麗江《ヨシエ》（昭）・小原麗子《レイコ》（昭）・宇津木麗華《レイカ》（昭）・田中麗奈《レイナ》（昭）・西山麗《レイ》（昭）・栗田麗《ウララ》（昭）

【烈】 10（火・6） 常

［読み］ 音 レツ（漢）・レチ（呉） 訓 はげしい

［語源］ 勢いが激しい意味。「列」の左側は「歺」の変形。「歺《れつ》」は「巛（三筋に分ける符号）＋歹（ばらばらになった骨の形）」を合わせて、骨を幾筋かに切り分ける情景を設定した図形（動物解体の場面を想定）。「歺（音・イメージ記号）＋刀（限定符号）」を合わせた「列」は、刀でいくつかに切り分ける様子を暗示させる。「列（音・イメージ記号）＋火（限定符号）」を合わせて、切り裂けるように火花が散って燃える様子を暗示させる。

篆  〔歺〕　篆  〔列〕　篆  〔烈〕

［人名］ いさお・たけ・たけし・つよし・つら・やす・よし・れつ　▽「いさお」は古典に功の訓がある。「たけし（猛）」は猛の訓がある。「つよし（強）」は猛しの縁語。「つら」は列（つらなる）の借用。「よし」は美の訓がある。「やす（安）」はよし（吉・祥）から連想か。♂本多忠烈《タダツラ》（江）・大岡忠烈《タダヤス》（江）・岡烈《レツ》（江）・河田烈《イサオ》（明）・本因坊烈元《レツゲン》（江）・瀬戸口烈司《タケシ》（昭）・恩田烈彦《ヤスヒコ》（昭）・福井烈《ツヨシ》（昭）

【連】 10（辵・7） 常

［読み］ 音 レン（呉・漢） 訓 つらなる・つらねる・つれる

［語源］ つらなる意味。「連」は「車（イメージ記号）＋辵（限定符号）」を合わせて、動力（人や家畜）を車につないで引っ張って行く場面を設定した図形。「ずるずるとつながる」というコアイメージがある。

篆 

［人名］ つら・のぶ・むらじ・れん　▽「のぶ（延）」は連なる意味から連想。「むらじ」は古代の姓の一つ。連ね率いることから連と書く（大言海）。♂蘇我連子《ムラジコ》（飛）・平公連《キンツラ》（安）・三善康連《ヤスツラ》（鎌）・飯尾貞連《サダツラ》（室）・長尾景連《カゲノブ》（戦）・戸沢鑑連《アキツラ》（戦）・長連豪《ツラヒデ》（江）・大崎連《ムラジ》（江）・柳生連也《レンヤ》（江）・森連《ムラジ》（明）・三国連太郎《レンタロウ》（大）・石井連蔵《レンゾウ》（昭）・田村連《レン》（昭）　♀酒井連子《レンコ》（昭）

【廉】 13（广・10） 常

[読み] ㊀ レン（呉・漢） ㊁ かど

[語源] 部屋の隅、かどの意味。「兼」は二つのものを合わせることから、「二つの線が一点で会う」↓「∧型や∟型を呈する」というイメージに展開する。「兼（音・イメージ記号）＋广（限定符号）」を合わせて、部屋の∟型を呈する隅を表す。広く、∧型を呈する「かど」の意味、また、行為や欲望にきちんとけじめをつける意味（廉潔・清廉）、価格にけじめをつけて欲張らない（やすい）意味を派生する。

[人名] かど・きよ・きよし・すなお・ただし・やす・れん　▽「きよし（清）」は古典に清・潔の訓がある。「すなお（直）」は直の訓がある。「ただし（正）」は潔い意味から連想。♂橘公廉《キンヤス》（安）・阿野実廉《サネカド》（鎌）・斯波義廉《ヨシカド》（室）・武田信廉《ノブカド》（戦）・松平直廉《ナオキヨ》（江）・花園実廉《サネヤス》（江）・小松清廉《キヨカド》（江）・沢井廉《レン》（江）・滝廉太郎《レンタロウ》（明）・池田廉《キヨシ》（昭）・経種廉彦《ヤスヒコ》（昭）・福山廉士《レンシ》（昭）・福住廉《レン》（昭）　♀廉子《レンシ[ヤスコ]》女王（安）・阿野廉子《ヤスコ[カドコ]》（鎌）・比佐廉《レン》（昭）

【蓮】 13（艸・7）

[読み] ㊀ レン（呉・漢） ㊁ はす

[語源] 植物の名、ハスの意味。「連」は「ずるずるとつながる」というイメージがある（該項参照）。「連（音・イメージ記号）＋艸（限定符号）」を合わせて、花托に無数の小さな孔が連なっている植物を暗示させる。

[人名] はす・れん　♂安東蓮聖《レンショウ》（鎌）・宝生蓮阿弥《レンアミ》（室）・下岡蓮杖《レンジョウ》（江）・北蓮蔵《レンゾウ》（明）・石橋蓮司《レンジ》（昭）・鏑木蓮《レン》（昭）　♀大田垣蓮月《レンゲツ》（江）・清川蓮《レン》（江）・柳原白蓮《ビャクレン》（明）・植原蓮音《ハスネ》（昭）・蓮舫《レンホウ》（昭）・吉岡蓮《レン》（昭）

【憐】 16（心・13）

[読み] ㊀ レン（呉・漢） ㊁ あわれむ

[語源] 同情や好感のために心がひかれる意味。「粦《りん》」は「点々と連なる」というイメージがある（隣の項参照）。「粦（音・イメージ記号）＋心（限定符号）」を合わせて、ある思いがずるずると続いて断ち切れない様子を暗示させる。

【人名】れん　♂河村憐次《レンジ》（大）・斎藤憐《レン》（昭）　♀椎名可憐《カレン》（昭）

【錬】16（金・8）常　【鍊】17（金・9）

【読み】〔音〕レン（呉・漢）〔訓〕ねる

【語源】金属を鍛えて、質の良いものに仕上げる意味。「柬《かん》」は「良いものと悪いものを選り分ける」というイメージがある（蘭の項参照）。「柬（音・イメージ記号）＋金（限定符号）」を合わせて、鉱石から不純物を選り分けて除き、混じりけのないものに練り上げる様子を暗示させる。

【字体】「鍊」は正字（旧字体）。「錬」は練→練に倣った字体。

【人名】とう・れん　▽「とう」は東に引きずられた読み。♂虎関師錬《シレン》（鎌）・鵜飼錬斎《レンサイ》（江）・水野錬太郎《レンタロウ》（江）・竹中錬一《レンイチ》（明）・柴田錬三郎《レンザブロウ》（大）・小松錬平《レンペイ》（昭）・佐藤錬《レン》（昭）　♀清浦錬子《トウコ》（江）

【鎌】18（金・10）

【読み】〔音〕レン（呉・漢）〔訓〕かま

【語源】農具の「かま」の意味。「兼」は「∧型を呈する」というイメージがある（廉の項参照）。「兼（音・イメージ記号）＋金（限定符号）」を合わせて、刃先が鋭く尖った金属製の道具を暗示させる。

【人名】かま・けん　▽「けん」は兼に引きずられた読み。♂藤原鎌足《カマタリ》（飛）・板振鎌束《カマツカ》（安）・由利鎌之助《カマノスケ》（戦）・河野敏鎌《トガマ》（江）・大島鎌吉《ケンキチ》（明）・沢田鎌作《ケンサク》（昭）

【呂】7（口・4）常

【読み】〔音〕ロ（呉）・リョ（漢）

【語源】背骨が本義。「呂」は背骨を描いた図形。「○－○－型に並び連なる」というイメージがあり、音階の意味を派生する。

〔甲〕

〔金〕

〔篆〕

【人名】ろ　♂石上麻呂《マロ》（飛）・藤原仲麻呂《ナカマロ》（奈）・篠原呂友《ロユウ》（江）・水上呂理《ロリ》（明）・芥川比呂志《ヒロシ》（大）・長田一比呂《カズヒロ》（昭）・平野太呂《タロ》（昭）・彦摩呂《ヒコマロ》（昭）　♀伊藤比呂美《ヒロミ》（昭）・古村比呂《ヒロ》（昭）・亜呂奈《アロナ》（昭）

【路】

13（足・6）常

［読み］音 ロ（漢）・ル（呉）　訓 じ・みち

［語源］みちの意味。「各」は歩いてきた足が堅いものにぶつかって止まる情景を設定した図形（格の項参照）。「（堅いものに）つかえて止まる」というイメージのほかに、「二点間を連ねる」というイメージもある。後者を利用し、「各（音・イメージ記号）＋足（限定符号）」を合わせて、A点からB点に連ねる「みち」を暗示させる。

［人名］じ・みち・ろ　▽「じ（ぢ）」は「ち」が元の語形で、みちの意味。♂松平頼路《ヨリミチ》（江）・八十村路通《ロツウ》（江）・羽仁路之《ミチユキ》（明）・並木一路《イチロ》（明）・山上路夫《ミチオ》（昭）・阿部正路《マサミチ》（昭）・高尾紳路《シンジ》（昭）　♀滝沢路《ミチ》（江）・永井路子《ミチコ》（大）・朝丘雪路《ユキジ》（昭）

【露】

21（雨・13）常

［読み］音 ロ（漢）・ル（呉）　ロウ（慣）　訓 つゆ・あらわす

［語源］つゆの意味。「路」は「二点間を連ねる」というイメージがあり、「点々と連なる」というイメージに展開する（前項参照）。「路（音・イメージ記号）＋雨（限定符号）」を合わせて、点々と連なる水の玉を暗示させる。透き通る露のイメージから、はっきり見える（あらわになる）意味を派生する。

［人名］あきら・つゆ・ろ　▽「あきら（明・顕）」は顕の訓がある。♂高田露《アキラ》（江）・幸田露伴《ロハン》（江）・三木露風《ロフウ》（明）　♀松平露《ツユ》（江）・石上露子《ツユコ》（明）

【老】

6（老・0）常

［読み］音 ロウ（呉・漢）　訓 おいる・ふける

［語源］高齢の人、また、おいる意味。「老」は髪が長く、腰の曲がった人が、杖をついている姿を描いた図形。

甲 　金 　篆 

［人名］おい・おきな・おゆ・ろう　▽「おきな（翁）」は老人の縁語。♂坂上老《オキナ》（飛）・小野老《オユ》（奈）・土屋老平《オイヒラ》（江）・荒木田久老《ヒサオユ》（江）・江村老泉《ロウセン》（江）・市川海老蔵《エビゾウ》（江）

【郎】

9（邑・6）常

【郞】

10（邑・7）

【読み】 ㊥ロウ（呉・漢）　㊓おとこ

【語源】 元は「良（音記号）＋邑（限定符号）」を合わせて、古代中国の地名を表記した。「良」には「汚れがなくきれいに澄む」というコアイメージがあるため（該項参照）、ハンサムな男、愛する人（夫）を意味する良人《りょうじん》の代わりに「郎」を用いるようになった。一般に男子の尊称となる。

【字体】 「郞」は正字（旧字体）。「郎」は古くから書道に見られる字体。

【人名】 お・ろ・ろう　▽「お（男・雄）」は男子の意味から。♂新羅三郎《サブロウ》（安）・曾我十郎《ジュウロウ》（鎌）・茶屋四郎次郎《シロジロウ》（戦）・池田三九郎《サンクロウ》（土）・桂太郎《タロウ》（江）・有島武郎《タケオ》（明）　♀石川郎女《イラツメ》（飛）・伊達五郎八《イロハ》（江）

【朗】 10（月・6）常　【朗】 11（月・7）

【読み】 ㊥ロウ（呉・漢）　㊓ほがらか

【語源】 明るくて快活、ほがらかの意味。「良」は「汚れがなくきれいに澄む」というコアイメージがある（該項参照）。「良（音・イメージ記号）＋月（限定符号）」を合わせて、月の光が澄み切って明るい様子を暗示させる。

【字体】 「朗」は正字（旧字体）。「朗」は郎↓郎に倣った字体。

【人名】 あき・あきら・お・さえ・ほがら・ほら・ろう　▽「お」は郎の借用。「さえ（冴）」は明らかの縁語。♂川上久朗《ヒサアキ》（戦）・三浦朗次《アキツグ》（江）・井伊直朗《ナオアキラ》（江）・宇野朗《アキラ》（江）・藤堂高朗《タカホラ》（江）・加納久朗《ヒサアキラ》（明）・三国一朗《イチロウ》（大）・有馬朗人《アキト》（昭）・奥田英朗《ヒデオ》（昭）・平幹二朗《ミキジロウ》（昭）・広岡達朗《タツロウ》（昭）・伴野朗《ロウ》（昭）・生田朗《アキ》（昭）・福沢朗《アキラ》（昭）・鈴木一朗《イチロウ》（昭）　♀生田朗子《アキコ》（昭）

【浪】 10（水・7）常

【読み】 ㊥ロウ（呉・漢）　㊓なみ

【語源】 なみの意味。「良」は「汚れがなくきれいに澄む」というコアイメージがある（該項参照）。「良（音・イメージ記号）＋水（限定符号）」を合わせて、清らかに流れる水を暗示させる。

【人名】 なみ・ろう　♂広岡浪秀《ナミヒデ》（江）・島浪間《ナミマ》（江）・川島浪速《ナニワ》（江）・村上浪六《ナミロク》（江）・広津柳浪《リュウロウ》（江）・小平浪平《ナミヘイ》（明）・落合浪雄《ナミオ》（明）・押川春浪《シュンロウ》（明）・臼田亜浪《アロウ》（明）　♀早川浪《ミナ》（昭）

【滝】13（水・10）　常　**【瀧】**19（水・16）

[読み] ㊥ロウ（呉・漢）　㊈たき

[語源] 水の流れが急である意味、また、急流の意味。「龍」は大蛇に似たその形態から「太い筒型をなす」というイメージを示す記号になる（竜の項参照）。「龍（音・イメージ記号）＋水（限定符号）」を合わせた「瀧」は、水が上の方から筒状をなしてどっと下る様子を暗示させる。日本では「たき」にこの字を当てる。

[字体] 「瀧」は正字（旧字体）。「滝」は龍→竜に倣った俗字。

[人名] たき　♂清原滝雄《タキオ》（安）・堀滝太郎《タキタロウ》（江）・山本滝之助《タキノスケ》（江）・大西滝次郎《タキジロウ》（明）　♀清滝姫《キヨタキヒメ》（奈）・二川滝《タキ》（江）・水の上滝子《タキコ》（大）

【六】4（八・2）　常

[読み] ㊥ロク（呉）・リク（漢）　㊈む・むつ・むっつ・むい

[語源] 数詞の6の意味。「六」は土を寄せ集めた盛り土の図形（陸の原字）。「∩型や∩型に盛り上がる」というイメージがある。数を指で数える時、5で握り拳を作った後、6で一本の指を突き出した形が丘に似ているので、6をロク（陸の音）と呼び、「六」の図形で表記した。

㊙甲 　㊎金 　篆 

[人名] む・むつ・ろく　♂平六代《ロクダイ》（安）・蜂須賀小六《コロク》（戦）・雑賀孫六《マゴロク》（戦）・森川許六《キョロク》（江）・巌谷一六《イチロク》（江）・猪谷六合雄《クニオ》（明）・高木東六《トウロク》（明）・加藤六月《ムツキ》（大）・永六輔《ロクスケ》（昭）　♀六姫《ロクヒメ》（江）・如月六日《ムツヒ》（昭）・土江六子《ムツコ》（昭）

【鹿】11（鹿・0）

[読み] ㊥ロク（呉・漢）　㊈しか

[語源] 動物のシカの意味。シカの全形を描いた「鹿」の図形で表記する。

甲 　金 　篆 

[人名] か・しか・しし・ろく　▽「しし（肉・獣）」は肉を食用とする獣の意で、鹿や猪を指す語。　♂蘇我入鹿《イルカ》（飛）・紀鹿人《シカヒト》（奈）・多入鹿《イルカ》（安）・朝野鹿取《カトリ》

（安）・安藤鹿季《カノスエ》（室）・山中鹿介《シカノスケ》（戦）・百済寺小鹿《オシカ》（土）・佐野鹿十郎《シカジュウロウ》（土）・奥平昌鹿《マサシカ「マサカ」》（江）・勝小鹿《コロク》（江）・岡鹿之助《シカノスケ》（明）・森鹿三《シカゾウ》（明）・松嶋鹿夫《シカオ》（明）・小林高鹿《タカシカ》（昭）　♀紀小鹿《オシカ「オシシ」》（奈）・大岸鹿《カシ》（明）・浜村美鹿子《ミカコ》（昭）・泉京鹿《キョウカ》（昭）

【禄】12（示・8）　【祿】13（示・8）

［読み］ ㊥ロク（呉・漢）　㊦さいわい

［語源］ 幸いの意味。「彔《ろく》」は木の皮を剥いで、屑がぽろぽろ落ちる図形で、「表面を剥き取る」というイメージのほかに、「こぼれ落ちる」というイメージもある（緑の項参照）。「彔（音・イメージ記号）＋示（限定符号）」を合わせて、神の恵みのおこぼれ（余分に下されたもの）を暗示させる。

［字体］「祿」は正字。「禄」は緑→緑に倣った字体。

［人名］ さち・とし・とみ・よし・ろく　▽「とし（寿）」は福禄寿のつながり。寿命は幸福の一つ。「とみ（富）」は俸禄の意味から連想。「よし」は古典に善の訓がある。

♂酒井忠禄《タダトミ》（江）・石川総禄《フサヨシ》（江）・中川禄郎《ロクロウ》（江）・上原専禄《センロク》（明）・岩元禄《ロク》（明）・鈴木禄弥《ロクヤ》（大）・野村万禄《マンロク》（昭）　♀稲葉禄子《ヨシコ》（昭）・菅原禄弥《トシミ》（昭）

【録】16（金・8）常　【錄】16（金・8）

［読み］ ㊥ロク（呉）・リョク（漢）　㊦しるす

［語源］ 文字を書き記す意味。「彔《ろく》」は「表面を剥ぎ取る」というイメージがある（前項参照）。「彔（音・イメージ記号）＋金（限定符号）」を合わせて、文字を刻むために金石の表面を剥ぐ様子を暗示させる。

［字体］「錄」は正字（旧字体）。「録」は緑→緑に倣った字体。

［人名］ とし・ふみ・ろく　▽「とし」は禄の名乗りを流用。「ふみ（文）」は文書の意味から。　♂池田輝録《テルトシ》（江）・岡本則録《ノリフミ》（江）・藤尾録郎《ロクロウ》（江）・長江録弥《ロクヤ》（大）

わ行

【和】8(口・5)　常

【読み】音 ワ(呉)・カ(漢)・オ(唐)　訓 やわらぐ・なごやか・なごむ・あえる

【語源】穏やかにまとまる、角が立たず丸くおさまる意味(穏和)。「禾」はイネやアワが実って、穂が丸くなって垂れ下がる姿を描いた図形(該項参照)。「丸くまとまる」というイメージと、「しなやかに垂れ下がる」というイメージがある。前者を用いて、「禾(音・イメージ記号)＋口(限定符号)」を合わせて、丸く穏やかに言ってまとめる様子を暗示させる。

金 　篆 

【人名】か・かず・かた・かつ・かなう・かの・かのう・たか・ちか・とし・とも・のどか・はる・ひとし・まさ・ます・やす・やすし・やまと・やわ・やわら・よし・より・わ・わたる　▽「かなう」は古典に協・適の訓がある。「かず(数)」「ます(増)」は数を合わせ加える意味から。「ちか(親)」は睦の訓がある。また親和の意味から。「とも(友)」はちか(親)から連想。「のどか」は穏やかの縁語。「ひとし」は斉和の訓がある。「まさ」は順・応の訓があり、その名乗りを流用。「やす(安)」は平和の意味から連想。「よし」は悦の訓がある。「わたる」は済の訓がある。♂細川和氏《カズウジ》(鎌)・東坊城和長《カズナガ》(戦)・関孝和《タカカズ》(江)・内藤政和《マサトモ》(江)・安藤和風《ハルカゼ》(江)・大河内輝和《テルヤス》(江)・前田利和《トシヨシ》(江)・松平義和《ヨシヨリ》(江)・真木和泉《イズミ》(江)・柴原和《ヤワラ》(江)・志賀和多利《ワタリ》(明)・小西和《カナウ》(明)・畑和《ヤワラ》(明)・大塚和《カノ》(大)・中里和人《カツヒト》(昭)・清原和博《カズヒロ》(昭)・奈良和《カズ》(昭)・田代和《ワ》(昭)・高野和《ワタル》(昭)　♀藤原和香子《ワカコ》(安)・徳川和子《カズコ》(江)・大関和《チカ》(江)・小森和子《カズコ》(明)・新川和江《カズエ》(昭)・三田和代《カズヨ》(昭)・酒井和歌子《ワカコ》(昭)・太地喜和子《キワコ》(昭)・長沢千和子《チカコ》(昭)・高橋和《ヤマト》(昭)

【倭】10(人・8)

【読み】音 ワ(呉・漢)　訓 やまと

【語源】昔、中国で日本を指した語。「禾」は「しなやかに垂れ下がる」というイメージがある(該項参照)。

「禾（音・イメージ記号）＋女（限定符号）」を合わせた「委」は、女性が身を屈して他人に従う様子。身を低くすることから、「低く下がる」というイメージに展開する。「委（音・イメージ記号）＋人（限定符号）」を合わせて、背丈の低い人を表す。矮小の矮（低い）と同源。

㊫〔委〕　㊫〔倭〕

【人名】 しず・やまと　▽「しず」はしつ・しづ（倭文）で、和風の織物の意。♂大田倭《ヤマト》麿《マロ》（奈）・林倭《シズ》衛《エ》（明）・高田倭《シズ》男《オ》（昭）　♀油谷倭文《シズ》子《コ》（江）・森田倭文《シズ》子《コ》（明）・増子倭文《シズ》江《エ》（昭）・赤間倭《シズ》子《コ》（昭）

らく—楽《ラク》　らん—藍《ラン》　蘭

り—吏　利　李　里　莉　梨　理　璃　陸　りき—力《リキ》　りく—陸　りつ—立　律　りゅう—立　流　竜　隆　りょう—竜　了　良　亮　涼　陵　量　稜　僚　綾　諒　遼　瞭　令　玲　嶺　りょく—緑　りん—梨　林　倫　琳　凜　隣　麟　鈴

る—児　留　流　瑠

れ—令　礼　伶　怜　玲　零　れい—令　礼　伶　怜　玲　鈴　零　嶺　麗　れつ—烈　れん—連　廉　蓮　憐　錬

ろ—呂　路　露　郎　ろう—良　老　郎　朗　浪　ろく—緑　六　鹿　禄　録

わ—羽　環　盤　磐　和　わか—若　新　稚　わく—湧　わざ—才　わたす—済　わたり—済　渉　亘《セン》　渡　わたる—亙《コウ》　済　渉　亘《セン》　渡　度　道　弥《ビ》　和　わね—羽　わらべ—童　わらわ—童　われ—己《キ》

ん—舞

茂 孟 楽《ラク》 林 もとい—幹 基 素 統 もとき—幹 材 もとむ—求 須《ス》 要 もとめ—求 もみ—紅 もも—杏 桃 百 李 もり—衛《エイ》 閑 謹 兄 敬 護 司 主 守 森 盛 積 壮 杜 納 保 豊 名 容 もろ—師 衆 諸 恕 専 もん—文 聞 門 紋

や—屋 家 谷 哉 矢《シ》 八 弥《ビ》 也 夜 耶 野 陽 やか—家 やす—安 晏《アン》 易《エキ》 尉 慰 育 燕 温 穏 快 懐 貫 閑 簡 宜 休 鳩 恭 恵 慶 健 賢 考 行 耕 康 昆 子 資 修 順 祥 靖 静 全 存 泰 坦 鎮 定 悌 徳 寧 能 文 保 裕 優 予 要 容 庸 養 楽《ラク》 烈 廉 和 やすき—穏 やすし—安 晏 逸 易《エキ》 簡 恭 欣 康 寿 祥 仁 靖 静 存 泰 鎮 定 悌 寧 保 予 和 やすみ—休 やすむ—休 やつ—八 やどる—次 やま—岳 山 やまと—和 倭 やわ—和 やわら—和

ゆ—結 夕 由 柚 諭 唯 友 有 佑 侑 宥 祐 悠 裕 遊 雄 優 蓉 ゆい—惟《イ》 維 結 唯 ゆう—右《ウ》 結 夕 由 又《ユウ》 友 有 佑 侑 勇 宥 祐 悠 湧 裕 遊 雄 融 優 ゆか—縁 ゆかり—因 ゆき—以 移 維 運 介 帰 喜 享 恭 薫 啓 敬 潔 公 行 亨《コウ》 孝 幸 之《シ》 至 志 就 順 遵 如 恕 升 肖 将 章 晋 進 是 征 雪 千 先 致 超 通 徹 道 敏 文 鵬 門 由 侑 来 礼 ゆく—行 征 ゆず—柚 ゆずり—譲 ゆずる—謙 恒 譲 禅 ゆたか—温 完 貫 寛 浩 穣 碩 泰 大 坦 富 豊 有 宥 裕 優 洋 隆 ゆみ—弓《キュウ》 ゆめ—夢 ゆるす—恕

よ—依 四 世 節 代 夜 与 予 余 容 葉 陽 楊 蓉 よい—宵 よう—央 暢《チョウ》 用 羊 洋 要 容 庸 揚 葉 遥 陽 楊 瑶 蓉 曜 燿 耀 鷹 よく—翼 よこ—横 よし—愛 伊 為 惟《イ》 偉 允《イン》 因 英 栄 益 悦 縁 燕 温 佳 嘉 賀 快 凱 覚 寛 幹 歓 紀 記 喜 貴 熙《キ》 宜 祇 義 儀 吉 休 恭 欣 欽 訓 圭 恵 啓 敬 慶 馨 潔 研 健 賢 謙 彦《ゲン》 源 厳 工 功 巧 好 孝 幸 香 康 剛 克 佐 斎 賛 之《シ》 至 治 時 寿 秀 修 叔 祝 淑 俊 舜 純 惇 淳 順 如 恕 尚 承 昌 省 祥 勝 詳 慎 新 壬 仁 世 是 成 誠 精 静 節 説 宣 詮 選 善 禅 蔵 泰 達 致 智 中 兆 珍 悌 禎 哲 典 董 督 徳 任 寧 能 弥《ビ》 美 備 彬 布 富 福 文 甫 芳 奉 宝 豊 睦 由 祐 雄 与 羊 洋 容 養 頼 楽《ラク》 利 良 亮 諒 令 礼 麗 烈 禄 和 よしみ—嘉 好 修 親 よね—米 よみし—嘉 より—依 移 因 縁 帰 宜 義 資 自 時 就 従 順 遵 親 選 乃 道 任 由 頼 和 よる—因 よろし—宜 よろず—万

ら—羅 来 良 らい—来 頼 瀬《ライ》

済 修 粛 旬 順 尚 昌 将 祥
勝 晶 縄 信 真 仁 正 成 征
斉 政 晟 聖 誠 整 全 壮 相
荘 蔵 存 多 大 長 暢《チョウ》 直
鎮 典 当 董 道 督 内 備 方
万 祐 裕 優 予 容 利 理 良
諒 礼 和 まさし—雅 匡 粛 昌
仁 正 成 政 精 方 礼 まさり
—雅 俊 まさる—偉 益 果 雅
冠 健 賢 甲 克 秀 俊 潤 昌
将 捷 勝 多 大 卓 智 長 平
勉 優 まし—益 ます—益 加 賢
済 滋 潤 昌 丈 真 増 多 太《タ》
長 斗 満 和 また—亦 完 全
又《ユウ》 またし—完 まち—市 町 ま
つ—松 末 まど—円 まどか—円
まな—愛 真 まなぶ—学 まもり—
衛《エイ》 まもる—衛 葵《キ》 護 衡 士
守 鎮 保 養 まゆ—繭 まる—円
丸 まれ—希 稀 まろ—丸 麿 満
理 まろし—円 まん—万 満

み—位 允 胤 海 看 監 観 鑑
己《キ》 宮 御 見 堅 三 参 子
巳 史 視 質 実 充 女 省 申
臣 身 真 深 親 壬《ジン》 仁 水
生 誠 泉 相 登 麦 弥《ビ》 美
文 甫 望 未 味 民 命 余 洋
澪《レイ》 みお—澪 みがく—琢 磨 み
き—幹 樹 みぎ—右《ウ》 みぎわ—汀
みこと—命 みさ—節 操 みさお—
節 操 貞 みさと—京 みず—壬
水 瑞 みち—学 岐 義 享 教
訓 玄 吾 行 亨《コウ》 孝 康 至
修 充 峻 順 恕 叙 晋 進 碩
達 宙 珍 通 迪《テキ》 徹 典 田
道 能 伯 方 芳 宝 睦 満 命
由 有 裕 理 陸 倫 礼 路 み
つ—允《イン》 映 円 完 弘 光 晃
三 参 実 秀 十 充 潤 鐘 臣
瑞 全 中 暢《チョウ》 通 弥《ビ》 備 苗
満 明 みつぎ—貢 みつぐ—貢 み
つる—光 十 充 碩 暢《チョウ》 富 満
みどり—翠 碧 緑 みな—皆 水
南 備 みなみ—南 陽 みなもと—
源 みぬ—敏 みね—峻 節 峰 嶺《レイ》
みのり—穣 農 みのる—実 秀 秋
升 穣 稔《ジン》 成 登 年 豊 利
みみ—耳 みや—宮 みやこ—京 都
みやび—雅 みゆき—幸 みょう—妙
命 明 みる—観 鑑 みん—民 明

む—虫 武 牟 務 無 夢 陸 六
むか—向 むかう—向 むき—向 む
ぎ—麦 むこう—向 むし—虫 むつ
—睦 陸 六 むつみ—睦 むなぎ—
棟 むね—意 至 志 順 宗 致
棟 統 むら—群 樹 城 村 むら
さき—紫 むらじ—連 むれ—群

め—芽《ガ》 女 瞳 馬 梅 米 萌
めい—名 命 明 めぐみ—愛 恩
恵 仁 めぐむ—愛 恵 仁 徳 萌
竜 めぐる—周

も—雲 百 萌 望 茂 もう—孟
もえ—萌 もく—木 もち—以 懐
行 持 将 操 保 望 茂 有 用
庸 もちう—庸 もつ—持 保 もと
—意 一 下 雅 幹 紀 帰 基
規 祇 求 恭 元 玄 原 源 古
固 根 司 志 思 師 資 質 修
順 初 如 身 親 誠 説 泉 素
宗 尊 太《タ》 大 統 扶 甫 民

範 繁 ばん—伴 盤 磐 万

ひ— 日 比 妃 飛 斐 緋 陽 び—尾 美 備 ひいず—禾 秀 ひいらぎ—柊《シュウ》 ひがし—東 ひかり—光 晶 ひかる—暉 輝 光 晃 皓 彩 ひき—引 ひこ—彦《ゲン》 士 孫 ひさ—永 栄 央 亀 喜 古 向 考 恒 剛 寿 修 尚 常 説 宣 長 比 弥《ビ》 富 悠 ひさし—永 栄 央 亀 恒 寿 十 序 尚 常 仁 長 弥《ビ》 悠 ひじ—土 ひじり—聖 ひそむ—潜 ひつじ—羊 ひで—偉 一 英 栄 央 禾 薫 幸 衡 豪 昆 寿 秀 任 彬 ひと—一 士 史 人 仁 仙 等 民 ひとし—一 雅 均 伍 恒 衡 斎 舜 旬 準 将 人 仁 斉 精 整 中 徹 等 彬 文 平 与 庸 陸 倫 和 ひとみ—瞳 眸 ひなた—陽 ひのえ—丙 ひめ—媛《エン》 姫《キ》 女 妃 ひゃく—百 ひょう—彪 兵 びょう—苗 ひら—位 開 挙 均 啓 行 衡 成 坦 迪《テキ》 平 ひらき—開 啓 ひらく—開 啓 拓 通 ひろ—淵 演 央 嘉 解 拡 完 官 寛 簡 熙《キ》 巨 勲 啓 敬 景 玄 公 広 弘 光 宏 厚 洸 浩 紘 皓 鴻 周 衆 潤 恕 唱 丈 仁 尋 碩 宗 泰 太《タ》 大 拓 達 坦 宙 哲 展 都 篤 博 汎 弥《ビ》 普 豊 睦 凡 明 宥 祐 裕 優 洋 容 陽 礼 ひろし—演 央 拡 寛 熙《キ》 京 啓 敬 広 弘 光 宏 厚 洸 浩 紘 皓 鴻 史 寿 周 潤 恕 仁 尋 碩 泰 大 拓 坦 宙 博 汎 普 豊 末 祐 裕 洋 容 礼 ひろみ—洋 ひろむ—拡 熙《キ》 啓 広 弘 拓 坦 博 悠 ひん—品 浜 びん—敏

ふ—生 節 二 不 夫 布 扶 芙 婦 富 普 風 輔 ぶ—生 夫 武 舞 ふう—風 楓 ふか—奥 淵 玄 深 ふかし—淵 玄 洸 淑 深 ふさ—維 英 種 章 成 宣 総 房 ふく—福 ふし—節 ふじ—葛《カツ》 藤 ふた—双 二 ふち—淵 ふと—太《タ》 ふとし—太《タ》 大 ふとる—太 ふな—舟 ふね—舟 ふひと—史 ふみ—郁《イク》 簡 記 奎《ケイ》 策 史 章 典 文 録 ふゆ—冬 ふり—振 ふる—雨 古 振 ぶん—文 聞

へ へい—平 丙 兵 べい—米 へき—碧 べに—紅 べん—勉

ほ—秀 穂《スイ》 帆 甫 歩 保 輔 宝 峰 萌 ほう—方 包 芳 邦 宝 抱 朋 法 峰 豊 鳳 鵬 ぼう—房 望 ほか—外 ほがら—朗 ほぎ—寿 ほく—北 ぼく—卜 木 朴 牧 睦 ほし—星 ほず（ほづ）—秀 上 ほつ—秀 ほむ—品 ほら—朗 ぼん—凡

ま—午 真 馬 舞 麻 摩 磨 末 茉 万 満 まい—舞 まえ—前 まき—巻 牧 まご—孫 まこと—一 允《イン》 学 欽 実 周 充 洵 純 惇 淳 詢 諄 信 真 慎 誠 精 節 丹 忠 展 董 任 睦 命 理 良 亮 諒 まさ—維 允 応 雅 完 幹 宜 祇 匡 圭 賢 公 剛

なつ—夏　なな—七　なに—何　なみ—南　波　比　甫　洋　浪　ならう—温　準　ならぶ—双　なり—愛　威　為　育　音　業　功　亨《コウ》　克　済　慈　就　尚　城　震　稔《ジン》　生　成　斉　勢　誠　整　造　迪　登　得　徳　備　苗　也　容　礼　なる—愛　育　燕　完　功　考　済　稔《ジン》　成　誠　登　徳　平　なわ—縄　なん—南　楠

に—而《ジ》　爾《ジ》　仁　丹　二　弐　にい—新　にお—薫　にじ—虹　にち—日　にょ—女　にん—仁　任　忍

ぬ—努　野　ぬき—貫　ぬし—主　ぬの—布

ね—音　根　子　種　祢　寧　年　嶺《レイ》　ねい—寧　ねん—稔《ジン》　年

の—之《シ》　乃　納　能　農　濃　野　のう—能　農　濃　のき—宇　のぞみ—希　望　のぞむ—希　望　のち—後　のどか—温　和　のぶ—惟《イ》　允《イン》　寅《イン》　永　悦　円　延　演　応　温　寛　喜　宜　喬　業　訓　薫　啓　経　敬　言　治　寿　修　脩　述　洵　淳　順　遵　序　叙　将　頌　常　申　伸　身　辰　信　進　震　靖　誠　整　説　亘《セン》　宣　選　全　存　達　暢《チョウ》　陳　展　伝　統　敦　能　備　布　文　房　睦　命　与　庸　揚　養　連　のぶる—延　述　伸　辰　信　宣　暢　直　陳　のぼり—昇　登　のぼる—旭　昂《コウ》　晃　升　昇　上　登　徳　豊　立　のり—愛　位　威　意　応　賀　雅　格　学　官　勘　閑　寛　監　鑑　紀　軌　記　起　基　規　宜　祇　義　儀　御　恭　教　卿　業　謹　矩《ク》　訓　勲　啓　経　敬　慶　建　権　憲　賢　謙　言　吾　後　功　考　行　孝　載　士　至　師　自　式　実　周　修　祝　粛　述　准　順　準　恕　升　昇　章　勝　詔　乗　縄　慎　仁　政　節　仙　宣　詮　宗　則　乃　知　致　智　稚　中　忠　珍　哲　典　展　伝　度　登　統　道　得　徳　任　能　伯　範　品　芙　文　甫　方　法　命　雄　庸　頼　利　理　律　了　倫　令　礼

は—羽　巴　波　八　葉　ば—馬　ばい—梅　はか—伯　博　はかる—究　計　策　恕　斗　平　量　はぎ—萩《シュウ》　はく—白　伯　博　ばく—麦　はし—橋　はじむ—一　基　元　肇　孟　はじめ—一　寅《イン》　魁《カイ》　紀　基　業　啓　元　玄　源　甲　哉　朔　始　自　叔　祝　淑　春　初　新　素　創　大　朝　肇《チョウ》　東　統　甫　孟　はす—蓮　はた—果　将　はたす—果　毅　はち—八　はつ—初　肇《チョウ》　孟　はと—鳩　はな—英　花　華　はなぶさ—英　はに—土　はね—羽　はぶく—省　はま—浜　はや—逸　快　敬　駿　隼　捷　迅　早　速　敏　勇　はやお—駿　はやし—駿　迅　速　敏　林　はやて—颯　はやと—颯　はやぶさ—隼　はやる—逸　はら—原　はり—榛　はる—晏《アン》　栄　温　華　開　喜　啓　見　元　玄　浩　治　脩　春　昌　昭　榛　晴　詮　全　大　張　珍　東　日　美　備　敏　明　孟　遥　陽　理　立　流　良　令　和　はるか—永　玄　悠　遥　遼　はれ—晴　はん—半　帆　汎　伴

土 つつしむ—恭 つどい—集 つとう—伝 つとむ—格 乾 義 強 勤 勲 功 司 惇 奨 精 努 敏 勉 務 茂 孟 力《リキ》 つな—維 紀 綱 純 縄 統 つなぐ—維 つぬ—角 つね—永 雅 幹 矩《ク》 経 玄 恒 浩 式 識 寿 序 常 曽《ソ》 則 長 直 鎮 典 統 道 平 法 凡 庸 倫 つの—角 つばき—椿《チン》 つばさ—翼 つばめ—燕 つぶら—円 つま—妻 つみ—積 つむ—積 万 つもる—積 万 つや—艶《エン》 つゆ—露 つよ—幹 毅 強 健 豪 つよし—威 偉 侃《カン》 幹 毅 強 驍 健 堅 剛 豪 壮 彪 力《リキ》 烈 つら—位 葛《カツ》 貫 享 行 矢《シ》 陳 比 烈 連 つる—鶴《カク》 弦

て てい—錠 汀 弟 定 貞 悌 禎 てき—迪 てつ—哲 鉄 徹 てらし—照 てらす—暉 照 曜 てる—英 映 栄 瑛 央 監 暉 熙《キ》 旭《キョク》 薫 顕 光 晃 皓 昭 晶 照 彰 晨 晟 晴 琢 明 陽 瑶 曜 燿 耀 てん—天 典 でん—田 伝

と—乙 音 外 士 人 仁 斗 兎 杜 都 渡 土 度 刀 東 登 等 統 敏 富 豊 門 利 留 ど—渡 土 度 とう—純 勝 刀 冬 当 東 到 島 桃 桐 透 棟 登 等 統 稲 董 藤 任 錬 どう—童 道 とお—永 延 遠 寛 尭 玄 広 十 深 超 通 透 茂 融 とおし—遠 とおり—通 とおる—叡《エイ》 格 貫 享 公 亨《コウ》 済 至 聖 宣 泰 達 暢 澄 通 哲 徹 透 明 融 利 竜 亮 とき—解 凱 季 訓 言 鴻 斎 時 秋 祝 春 旬 常 辰 晨 迅 世 斉 節 説 宗 則 宙 兆 朝 睦 ときわ—常 とく—得 督 徳 篤 とこ—常 徳 とし—威 逸 慧《エ》 英 鋭 叡《エイ》 翁 快 幹 季 紀 記 毅 暁 勤 訓 恵 敬 健 憲 賢 厳 亨《コウ》 豪 哉 歳 載 子 資 寿 淑 粛 俊 峻 舜 駿 惇 淳 順 準 捷 章 迅 稔《ジン》 世 斉 聖 詮 聡 代 知 智 哲 鉄 等 年 繁 敏 福 平 甫 命 明 勇 要 利 理 倫 禄 録 和 とせ—歳 年 とどむ—乙 となり—隣 とみ—寛 吉 十 臣 聡 多 登 徳 美 富 福 宝 禄 とめ—末 留 とめり—富 とも—以 寅《イン》 皆 寛 幹 具 群 賢 公 興 述 丈 誠 全 相 大 知 致 智 張 朝 悌 登 等 那 巴 伯 伴 比 備 文 奉 朋 鵬 睦 孟 友 有 与 流 倫 和 ともえ—巴 とよ—富 豊 茂 とら—寅《イン》 虎 彪 とり—鶏 鳥

な—魚 菜 七 多 那 奈 南 楠 納 無 名 ない—乃 内 なえ—苗 なお—侃《カン》 巨 均 公 質 実 修 順 如 尚 縄 正 直 朴 なおき—直 なおし—是 直 道 良 なか—央 考 中 仲 半 なが—永 栄 詠 延 温 広 寿 修 脩 尚 祥 世 静 増 存 大 長 暢 直 徳 年 命 孟 悠 良 隣 ながろう—存 ながし—永 修 脩 長 融 なかば—央 中 半 なぎさ—渚 汀

誠 節 専 荘 尊 太 卓 琢 竹 珍 天 登 任 比 兵 宝 峰 万 猛 雄 揚 陽 鷹 陸 立 隆 良 稜 礼 和 たかい―高 たかし―位 郁 岳 幹 貴 京 享 恭 喬 尭 驍 敬 賢 孝 昂《コウ》 高 剛 山 充 俊 峻 駿 遵 尚 上 崇 嵩 聖 誠 節 仙 宗 荘 尊 大 卓 天 棟 任 宝 峰 万 陸 立 隆 たがやす―耕 たから―宝 たき―滝《ロウ》 たく―卓 拓 琢 度 たくみ―工 巧 匠 たけ―威 偉 岳 貴 毅《キ》 赳《キュウ》 強 建 健 虎 広 高 剛 豪 丈 盛 節 全 壮 達 竹 長 馬 伯 彪 武 兵 宝 味 孟 猛 勇 雄 熊 烈 たけき―彪 猛 たけし―威 英 岳 乾 毅《キ》 赳《キュウ》 驍 建 健 洸 剛 豪 丈 壮 大 長 馬 彪 武 孟 猛 勇 雄 烈 たける―威 毅 建 健 尊 武 猛 たず―鶴《カク》 たすく―右《ウ》 介 匡 佐 賛 資 助 将 奨 相 比 輔 又《ユウ》 佑 祐 翼 亮 たずぬ―尋 ただ―伊 惟《イ》 維 一 允《イン》 雅 格 侃《カン》 紀 規 匡 恭 賢 公 済 斎 三 士 質 周 粛 祥 縄 伸 身 真 正 斉 政 精 節 蔵 孫 達 中 忠 肇《チョウ》 直 貞 禎 伝 渡 度 董 督 内 楠 任 由 唯 理 隣 たたう―頌 ただし―雅 格 覚 侃《カン》 紀 規 義 儀 匡 恭 矩《ク》 憲 賢 公 質 淳 恕 将 真 仁 是 正 征 政 精 荘 中 忠 肇 直 貞 禎 董 督 徳 方 唯 理 律 廉 ただす―格 規 匡 矩《ク》 憲 皇 治 質 正 征 政 忠 直 貞 迪《テキ》 董 督 理 律 たつ―起 挙 建 健 孝 樹 辰 達 長 登 立 竜 たつき―樹 たつし―達 たつみ―巽 たつる―建 樹 立 たて―干 建 健 盾 楯 達 立 たてる―建 たに―谷 たね―胤《イン》 材 子 種 鎮 苗 留 たのし―凱 喜 予 楽《ラク》 たま―環 球 玉 圭 朱 瑞 瑶 たまき―環 たみ―衆 臣 人 民 ため―為 集 たもつ―維 完 寿 将 全 存 任 保 方 有 たのむ―頼 たり―足 たる―足 福 たん―丹 旦 坦 だん―男 たんぬ―足

ち―市 小 千 地 知 致 稚 ちか―愛 允《イン》 央 懐 寛 幾 義 恭 均 近 見 元 衡 哉 史 至 次 慈 爾 周 集 准 遵 臣 身 信 真 慎 新 親 静 前 速 知 智 直 弟 登 年 比 睦 務 用 隣 和 ちかう―矢《シ》 ちかし―幾 近 史 周 親 誓 睦 良 隣 ちから―力《リキ》 ちく―竹 ちなみ―因 ちまた―岐 ちゅう―中 仲 宙 忠 ちょう―兆 長 張 鳥 朝 超 暢 潮 蝶 ちょく―直 ちん―珍 陳 椿《チン》 鎮

つ―鶴《カク》 津 都 つう―通 つか―恭 束 睦 つかさ―士 司 師 主 典 務 吏 つかぬ―束 つかね―束 つき―月《ゲツ》 つぎ―亜 乙 継 嗣 次 紹 世 存 弟 二 つぐ―亜 胤《イン》 乙 紀 継 貢 子 嗣 次 治 従 承 紹 詔 頌 縄 壬 世 静 説 知 禎 伝 二 弐 風 諭 倫 つくり―作 つくる―作 つた―伝 つたう―伝 つたえ―伝 つち―

一若　しゅ—主　守　朱　珠　修　じゅ—朱　珠　樹　しゅう—収　州　舟　秀　周　柊《シュウ》　洲　秋　修　脩　就　衆　集　宗《ソウ》　じゅう—十　充　重　従　しゅく—叔　祝　淑　粛　じゅつ—述　しゅん—俊　春　峻　竣　舜　駿　瞬　旬　隼　じゅん—絢《ケン》　旬　洵　盾　准　純　隼　惇　淳　順　楯　準　詢　潤　諄　醇　遵　しょ—渚　じょ—女　如　恕　序　しょう—小　升　肖　尚　承　昇　昌　松　咲　昭　省　宵　将　祥　笑　唱　捷　梢　渉　章　紹　勝　晶　翔　詔　象《ショウ》　奨　照　詳　頌　彰　鐘　井《セイ》　正《セイ》　生　聖　荘《ソウ》　じょう—尉　允　紹　上　丈　丞　条　乗　城　浄　娘　常　錠　穣　譲　成　忠　定　しら—白　しり—知　しる—知　しるす—志　しろ—城　素　代　白　しろがね—銀　しろし—皓　しん—心　申　伸　臣　身　辰　信　振　晋　真　深　晨　紳　進　森　慎　新　榛　審　震　親　鎮《チン》　じん—臣　人　壬　仁　迅　甚　尋　任

す—為　主　寿　州　洲　須《ス》　栖　素　ず—鶴《カク》　寿　樹　すい—水　翠　穂《スイ》　ずい—瑞　すう—崇　嵩　すえ—季　尾　末　すが—菅　清　すき—透　すぎ—杉　すぐ—直　すぐる—逸　英　驍　賢　克　秀　俊　捷　勝　選　卓　優　すけ—允《イン》　右《ウ》　介　左　佐　哉　賛　資　如　助　承　昌　将　丞　相　典　督　扶　甫　輔　方　又《ユウ》　佑　祐　裕　融　翼　理　良　亮　涼　すげ—菅　すず—涼　鈴　すずし—涼　すすむ—益　延　乾　享　軍　亨《コウ》　貢　賛　之《シ》　粛　駿　昇　将　奨　丞　晋　進　新　生　先　前　存　達　超　迪《テキ》　督　年　範　敏　万　侑　すな—砂　すなお—温　侃《カン》　質　淑　純　惇　淳　順　是　政　素　忠　直　朴　廉　すね—強　すぶる—総　すみ—維　奥　角　恭　潔　済　淑　純　淳　清　誠　精　統　篤　了　すみか—栖　すみれ—菫　すむ—清　澄　すめる—澄　統　すもも—李　する—駿

せ—世　西　勢　瀬　ぜ—世　是　せい—済《サイ》　省《ショウ》　世　井　正　生　成　西　征　青　斉　星　晟　栖　清　盛　晴　勢　聖　誠　靖　精　誓　静　整　せき—関　夕　石　汐《セキ》　赤　碩　積　績　せつ—雪　摂　節　せん—千　仙　先　亘《セン》　宣　専　泉　浅　茜　潜　詮　選　ぜん—全　前　善　禅

そ—衣　三　十　征　素　曽《ソ》　荘　そう—颯　三　曽《ソ》　双　壮　早　宗　奏　相　草　荘　爽　創　惣　想　蒼　総　聡　操　ぞう—三　象《ショウ》　造　増　蔵　そく—足　則　速　そと—外　そなう—備　その—苑《エン》　園　其　そん—村　孫　尊　巽

た—太　多　汰　大　田　たい—太《タ》　汰《タ》　泰　だい—太《タ》　大　代　内　たいら—坦　平　たえ—巧　克　任　布　妙　たか—位　威　右《ウ》　宇　運　栄　応　乙　学　岳　官　貴　毅　宜　挙　享　恭　教　喬　尭　欽　圭　啓　敬　賢　顕　厳　公　考　孝　幸　昂《コウ》　高　剛　山　子　粛　峻　隼　升　肖　尚　将　章　彰　上　崇　嵩　正　生

運 応 葛《カツ》 希 紀 起 計 五
策 三 参 算 司 師 主 種 寿
収 十 重 春 順 数 政 積 千
選 宗 多 知 二 弐 年 八 品
法 万 雄 良 量 麗 和 かずえ
—計 かすみ—霞《カ》 かずら—葛《カツ》 か
た—位 確 監 毅 敬 堅 賢 謙
固 剛 豪 質《シツ》 粛 象《ショウ》 陳 備
方 雄 容 良 礼 和 かたし—介
確 堅 固 剛 かたな—刀 かたむ
—固 かち—捷 かつ—一 凱 確
活 葛《カツ》 毅 強 研 功 豪 克
捷 勝 積 曽《ソ》 徳 万 雄 優
力《リキ》 亮 和 がつ—月《ゲツ》 かつら—葛《カツ》
桂 かど—角 葛《カツ》 圭 門 廉 か
な—金 哉 奏 かなう—和 かなで
—奏 かなめ—紀 中 要 かね—懐
監 鑑 鏡 金 銀 矩《ク》 兼 謙
周 鐘 説 鉄 統 包 宝 務 容
かの—和 かのう—和 かま—鎌《レン》
かみ—守 上 正 督 かめ—亀 か
も—鴨 かもめ—鷗 かや—草 かよ
う—通 かり—雁 かわ—河 かん—
干 完 侃《カン》 官 冠 看 栞《カン》 莞《カン》
勘 菅 貫 寒 閑 寛 幹 関 監
簡 歓 環 観 鑑 がん—丸 岩
雁 厳 元《ゲン》

き—幹 己《キ》 伎 気 岐 希 其
季 紀 軌 姫《キ》 帰 記 起 鬼
基 規 亀 喜 幾 稀 葵《キ》 貴
暉 毅 熙 輝 機 麒 宜《ギ》 甲
哉 材 枝 樹 城 生 妃 木 来
ぎ—岐 宜 祇 義 儀 きく—菊
きさ—象《ショウ》 きざし—兆 萌 きし—
岸 きた—朔《サク》 北 きたす—懐 き
たる—来 きち—吉 きつ—吉 きぬ
—衣 絹 きのえ—甲 きのと—乙
きみ—王 乾 卿 君 公 仁 正
竜 きゅう—九 久 休 求 究 球
鳩 玖《ク》 ぎゅう—牛 きょ—巨挙
ぎょ—魚 御 きよ—閑 圭 馨 潔
研 淑 舜 淳 浄 政 清 聖 靖
精 静 雪 澄 摩 磨 洋 陽 養
廉 きょう—匡 杏 京 享 恭 強
教 郷 卿 喬 橋 鏡 兄《ケイ》 経《ケイ》
景 慶 亨《コウ》 興《コウ》 ぎょう—尭 暁
驍 きょく—旭《キョク》 ぎょく—玉 きよ
し—圭 潔 健 淑 粛 純 淳 浄
清 靖 聖 精 泉 忠 澄 白 美
明 陽 亮 廉 きよみ—雪 きよむ
—雪 澄 きよら—浄 きり—桐 き
わむ—究 きわめ—格 きん—均 近
欣 金 衿 菫 勤 琴 欽 謹 公
ぎん—吟 銀

く—九 久 宮《キュウ》 玖 矩《ク》 駒 公
巧 来 ぐ—具 くさ—種 草 くす
—楠 くず—葛《カツ》 くに—一 乙 郷
訓 郡 国 州 洲 城 晋 地 都
邦 明 くま—阿 熊 くみ—伍 恕
与 くも—雲 くら—位 庫 蔵 く
る—来 くれ—呉 くれない—紅 く
ろ—玄 黒 くわう—加 くわし—精
くん—君 訓 勲 薫 ぐん—軍 郡
群

け—化 気 げ—華 解 外 けい—
慧《エ》 佳 卿《キョウ》 兄 圭 奎 計 恵
桂 啓 経《ケイ》 敬 景 継 慶 鶏
馨 げつ—月 けん—巻 乾《カン》 監
犬 見 建 研 兼 拳 健 堅 献
憲 賢 謙 顕 鎌《レン》 げん—元 玄
言 弦 彦《ゲン》 原 源 厳

人名読み漢字索引（五十音順）

＊本書で採用した人名に使われる漢字の読み方（訓読み・音読みを含む）を五十音順に配列した。

＊音の難しいものに片仮名でルビを付す（例、旭キョク）。複数あって紛らわしい音については、本文で立項した際の音を片仮名で記す（例、慧エ）。

あ―亜　阿　安　娃《アイ》　晏《アン》　吾　晶　歩　あい―娃　愛　会　集　相　藍《ラン》　あお―青　蒼　碧　あおい―葵《キ》　蒼　碧　あか―暁　紅　朱　赤　明　あかし―朱　丹　あかつき―暁　あかね―茜　あき―右《ウ》　映　瑛　監　観　鑑　紀　暉　卿《キョウ》　鏡　尭　暁　旭《キョク》　啓　敬　景　見　研　謙　顕　言　光　亨《コウ》　昂《コウ》　晃　皓　察　士　爾　朱　秋　淳　昌　昭　章　紹　晶　詔　照　彰　信　晋　晨　西　誠　精　詮　前　壮　聡　旦　知　哲　日　彬　文　丙　明　融　揚　陽　耀　了　亮　諒　礼　朗　あきら―威　英　映　瑛　叡《エイ》　央　旺　果　開　覚　確　学　侃《カン》　環　鑑　暉　輝　鏡　暁　旭《キョク》　啓　景　見　憲　顕　光　亨《コウ》　昂《コウ》　洸　晃　高　皓　察　士　述　昌　昭　省《ショウ》　祥　章　晶　照　彰　信　晨　新　正　成　晟　聖　誠　精　詮　全　聡　存　泰　達　丹　旦　知　智　哲　徹　東　徳　白　斐　彪　彬　卯《ボウ》　名　明　融　陽　曜　耀　了　良　亮　瞭　礼　玲　麗　露　朗　あく―悪　渥《アク》　あけ―暁　朱　明　あけみ―朱　あさ―旭《キョク》　晨　浅　旦　朝　麻　あさひ―旭《キョク》　あし―葦《イ》　足　あじ―味　あした―朝　あずさ―梓　あずま―春東　あたい―直　あたえ―与　あたる―中　任　方　あつ―渥《アク》　温　恭　強　厚　衆　充　重　純　惇　淳　諄　醇　積　忠　徳　篤　敦　任　豊　あつし―渥《アク》　温　厚　重　純　惇　淳　醇　専　忠　展　徳　篤　敦　富　睦　陸　あつみ―鐘　あつむ―伍　修　鐘　専　あとう―与　あに―兄　あま―海　多　天　あまね―周　あめ―雨　天　あや―郁《イク》　絢《ケン》　言　采　彩　史　朱　純　順　章　琢　斐《ヒ》　彪《ヒョウ》　文　紋　綾　礼　あゆ―肖　歩　あゆみ―歩　あゆむ―歩　あら―荒　新　あらた―新　あり―益　在　順　存　得　徳　有　あれ―荒　あわ―禾　あん―安　晏　庵　杏　あんず―杏

い―以　伊　衣　位　依　威　為　尉　惟　偉　移　意　維　一　壱　亥《ガイ》　五　集　井　生　唯《ユイ》　いえ―屋　家　いお―魚　いおり―庵　いかし―厳　いき―生　いく―育　郁　活　幾　如　生　征　いくさ―軍　いける―生　いさ―驍　勲　軍　功　績　勇　力　いさお―魁《カイ》　勲　公　功　績　徳　勇　庸　力《リキ》　烈　いさおし―功　いさみ―勇　いさむ―偉　魁《カイ》　武　勇　いし―石　いず―何　出　いずみ―水

◉**著者略歴**

加納喜光（かのう・よしみつ）

1940 年　大阪府生まれ
1971 年　東京大学大学院人文科学研究科修士課程（中国哲学専攻）修了
1979 年　茨城大学人文学部助教授
1985 年　茨城大学人文学部教授
2006 年　茨城大学を定年退職
現在、茨城大学名誉教授

主な著書
『詩経 上・下』（学習研究社、1982）
『中国医学の誕生』（東京大学出版会、1987）
『漢字の博物誌』（大修館書店、1992）
『漢字の成立ち辞典』（東京堂出版、1998）
『学研新漢和大字典』（共編著、2005）
『常用漢字コアイメージ辞典』（中央公論新社、2012）
『漢字語源語義辞典』（東京堂出版、2014）
『数の漢字の起源辞典』（東京堂出版、2016）
『漢字源・改訂第六版』（共編、学研、2019）
『動物の漢字語源辞典 新装版』（東京堂出版、2021）
『植物の漢字語源辞典 新装版』（東京堂出版、2021）
『漢字イメージ・ネットワーク辞典』（東京堂出版、2022）

人名の漢字語源辞典　新装版

2021年 9 月20日　初版発行
2024年 7 月20日　再版発行

＊本書は、2009年に小社から刊行した『人名の漢字語源辞典』（四六判）の新装版です。新装に際し、A5判に拡大しています。

著　者　　加納喜光
発行者　　金田　功
発行所　　株式会社 東京堂出版
〒101-0051　東京都千代田区神田神保町1-17
電話　03-3233-3741
http://www.tokyodoshuppan.com/

印刷・製本　　中央精版印刷株式会社

ISBN978-4-490-10928-3 C1581

現代副詞用法辞典　新装版

●使い分けに苦労する現代副詞一〇四一語を豊富な用例とともに詳細に解説。

飛田良文
浅田秀子　著

A5判六六〇頁
本体五五〇〇円

現代形容詞用法辞典　新装版

●日本人の「感じ方」を伝える現代形容詞一〇一〇語の違い、使い分けを詳説。

飛田良文
浅田秀子　著

A5判七二〇頁
本体五五〇〇円

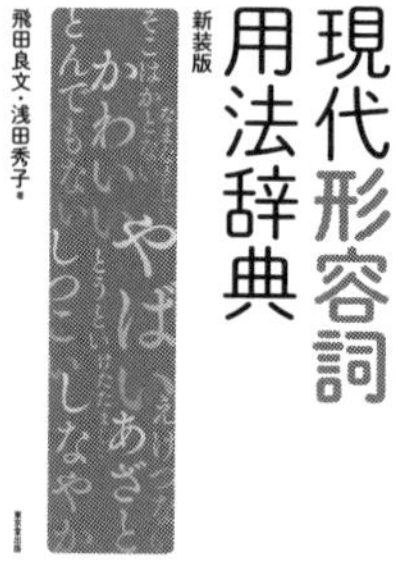

現代擬音語擬態語用法辞典　新装版

●音や様子、心情を表現するオノマトペ一〇六四語の微妙な違い、使い分け方。

飛田良文
浅田秀子　著

A5判七一六頁
本体五五〇〇円

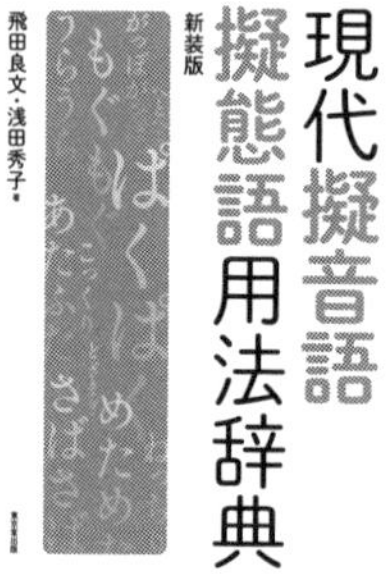